SPSS
数据挖掘与案例分析 应用实践

杨维忠 编著

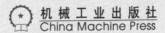

图书在版编目（CIP）数据

SPSS数据挖掘与案例分析应用实践/杨维忠编著. —北京：机械工业出版社，2020.8

ISBN 978-7-111-66177-1

Ⅰ. ①S… Ⅱ. ①杨… Ⅲ. ①统计分析－应用软件 Ⅳ. ①C819

中国版本图书馆CIP数据核字（2020）第133170号

SPSS 是一款经典流行的统计分析软件，完全适合作为各行业进行数据挖掘和数据分析的强大工具。

本书内容共分 12 章，第 1~2 章循序渐进地介绍 SPSS 的基本界面和窗口操作，以及调查研究、数据整理与数据挖掘的基本知识，第 3~12 章以 10 个典型案例详解 SPSS 25.0 版本在数据挖掘与分析中的具体应用。本书的特色在于理论联系实际，所有的案例都来自实践经验的积累和实际应用，丰富的案例指导不仅教给读者如何使用 SPSS 功能，更重要的是教给读者应用 SPSS 开展具体工作的方法和技巧，如 SPSS 在客户满意度调查中的应用、在产品需求市场调研中的应用等。希望通过本书的学习，读者可以掌握 SPSS 软件以提高工作效率，从而解决实际问题。

本书内容丰富，适用面广，实用性强。企业中的经营预测者与决策者以及财会、市场营销、生产管理、经济管理部门或政府的广大工作者都可将本书用作参考书，而对于高等院校经济管理类各专业的高年级本科生、研究生和 MBA 学员来说，本书可作为即将迈入职场的训练指导书。

SPSS数据挖掘与案例分析应用实践

出版发行：机械工业出版社（北京市西城区百万庄大街22号　邮政编码：100037）
责任编辑：迟振春　　　　　　　　　　　　　　　责任校对：王　叶
印　　刷：中国电影出版社印刷厂　　　　　　　　版　　次：2020年9月第1版第1次印刷
开　　本：188mm×260mm　1/16　　　　　　　　印　　张：30
书　　号：ISBN 978-7-111-66177-1　　　　　　　定　　价：119.00元

客服电话：（010）88361066　88379833　68326294　　投稿热线：（010）88379604
华章网站：www.hzbook.com　　　　　　　　　　　读者信箱：hzit@hzbook.com

版权所有·侵权必究
封底无防伪标均为盗版
本书法律顾问：北京大成律师事务所　韩光/邹晓东

前 言

大数据时代已全面来临，数据挖掘技术也在各行各业中得到了广泛的应用。利用数据挖掘技术，可以应用算法搜索隐藏于海量数据中的信息，并对相关数据信息进行分析和探索，提炼出具有共同性、系统性、规律性的信息，从而在一定程度上帮助企业的管理层或决策层防控风险或者提高效率、降低成本。SPSS 是一款优秀的统计软件，深受各行各业用户的青睐。采用 SPSS 软件工具进行数据挖掘和分析是当前的应用主流，越来越多的人在系统地学习 SPSS 数据统计分析软件，以提高自己的研究水平、工作效率或职场竞争力。

数据的统计分析和挖掘是当前的一个热门技术，岗位需求量大，吸引了众多的高校毕业生纷纷投身这个领域。令人遗憾的是，很多刚迈入职场的大学生虽然在校期间系统学习了统计学或计量经济学的相关知识，甚至非常熟悉 SPSS 的基本操作，但是往往很难应用 SPSS 有效地解决工作中遇到的问题。或者说，即便会用 SPSS 软件对数据进行某种具体方法的分析，却不知道该如何使用 SPSS 来解决实际问题，不知如何结合具体数据来开展研究。这些困惑其实反映的是研究思路、工作方法的问题。为了解决这一问题，编者总结了这些年积累的一些经验和所走的一些弯路，用心写作了本书，旨在抛砖引玉，让具备一定基础却无法将 SPSS 软件灵活应用于实践的读者找到研究感觉，提升实践水平。

全书共 12 章，前两章介绍 SPSS 的基本界面和窗口操作，以及调查研究、数据整理与数据挖掘的基本知识。后续各章以 10 个综合案例介绍 SPSS 在工作与科研实践中的应用。第 1 章介绍 SPSS 25.0 版本的文件、窗口、界面、语法等的基本操作。第 2 章讲解调查研究的基本思路与方法、如何把调查研究获得的数据整理到 SPSS 文件中，以及 SPSS 中常用的数据挖掘分析技术等。第 3 章以某手机产品为例，讲解如何使用 SPSS 软件开展新产品上市前的调研工作。第 4 章以某财产保险公司为例，讲解如何使用 SPSS 软件开展服务行业客户满意度的调研工作。第 5 章讲解如何使用 SPSS 软件辅助电子商务营销拓展工作。第 6 章以医药制造业为例，讲解如何使用 SPSS 软件开展上市公司估值与业绩表现影响因素研究工作。第 7 章讲解如何使用 SPSS 软件开展 C2C 电子商务顾客信任影响因素研究工作。第 8 章以某地区绿茶产品为例，讲解如何使用 SPSS 软件开展区域市场产品消费需求的调研工作。第 9 章讲解如何使用 SPSS 软件开展企业内部讲师素质与培训效果的调查研究工作。第 10 章讲解如何使用 SPSS 软件开展员工健康管理数据挖掘分析工作。第 11 章讲解如何使用 SPSS 软件开展城镇居民消费支出结构研究工作，为消费类产品的市场拓展提供研究基础。第 12 章讲解如何使用 SPSS 软件开展大学生就业相关问题调查研究，侧重于科研实践方面的指导。

本书的特色在于所有的案例都非常实用，不仅讲解 SPSS 的功能，更重要的是教读者如何使用

SPSS 开展工作，比如 SPSS 在客户满意度调查中的应用、在产品需求市场调研中的应用等，这些案例都与当前职场人的本职工作紧密相关。通过学习本书，读者可以使用 SPSS 软件来解决实际问题，提高工作效率。

在编写本书的过程中，有些 SPSS 的操作参考了 SPSS 官方网站的帮助文档，有些概念的介绍借鉴了百度百科、搜狗百科等相关知识，在此对提供借鉴帮助的机构或个人表示感谢！

本书提供视频教学和数据源文件可以登录机械工业出版社华章公司的网站（www.hzbook.com）下载，方法是：搜索到本书，然后在页面上的"资源下载"模块下载。如果下载有问题，请发送电子邮件至 booksaga@126.com。

由于编者水平有限，书中的错误或不当之处在所难免，诚恳地希望各位同行专家和广大读者批评指正，并提出宝贵的意见。

编　者

2020 年 5 月

目 录

前言

第1章 SPSS 概述与基本操作 ······ 1

1.1 SPSS 软件界面的基本操作 ······ 3
1.1.1 SPSS 软件的打开 ······ 3
1.1.2 SPSS 软件的关闭 ······ 7
1.2 SPSS 数据文件的操作 ······ 8
1.2.1 使用数据编辑器 ······ 8
1.2.2 直接读取其他格式的数据文件 ······ 37
1.3 SPSS 统计分析报告 ······ 49
1.4 SPSS 帮助系统 ······ 54

第2章 研究方案、调查问卷设计与数据挖掘介绍 ······ 57

2.1 研究方案设计 ······ 57
2.2 调查问卷的制作 ······ 60
2.2.1 调查问卷 ······ 60
2.2.2 调查问卷的制作步骤 ······ 60
2.2.3 制作调查问卷时需要注意的问题 ······ 61
2.3 数据挖掘介绍 ······ 64
2.3.1 数据挖掘概念及过程 ······ 64
2.3.2 SPSS 中的数据挖掘分析方法 ······ 65

第3章 新产品上市前的调查研究：以某手机产品为例 ······ 73

3.1 研究背景及目的 ······ 73
3.1.1 研究背景 ······ 73

  3.1.2 研究目的 ··· 74
 3.2 研究方法 ··· 75
 3.3 研究过程 ··· 76
  3.3.1 为联合分析生成计划文件 ··· 76
  3.3.2 根据计划文件以及其他相关因素设计调查问卷 ······················ 92
  3.3.3 发放问卷进行社会调查并将所得数据录入到 SPSS 中 ············· 96
  3.3.4 SPSS 分析 ·· 96
 3.4 研究结论 ··· 120

第 4 章 服务行业客户满意度调研：以某财产保险公司为例 ············· 123

 4.1 案例背景与理论基础 ··· 123
 4.2 数据来源与研究思路 ··· 127
 4.3 描述分析 ··· 130
  4.3.1 SPSS 分析过程 ··· 130
  4.3.2 结果分析 ·· 134
 4.4 信度分析 ··· 141
  4.4.1 SPSS 分析过程 ··· 142
  4.4.2 结果分析 ·· 144
 4.5 相关分析 ··· 146
  4.5.1 SPSS 分析过程 ··· 146
  4.5.2 结果分析 ·· 148
 4.6 建立模型 ··· 151
  4.6.1 客户满意度影响因素的实证分析 ······································ 151
  4.6.2 客户再次购买行为影响因素的实证分析 ····························· 161
  4.6.3 关于客户推荐购买行为影响因素的实证分析 ······················· 167
 4.7 研究结论 ··· 174

第 5 章 数据挖掘技术在电子商务营销拓展中的应用 ························ 175

 5.1 研究背景 ··· 175
 5.2 研究方法 ··· 176

5.3 数据分析与报告 ··176
　　5.3.1 关于高频次购买行为的回归分析 ···177
　　5.3.2 关于高价值购买行为的回归分析 ···187
5.4 研究结论 ··192

第6章 上市公司估值与业绩表现影响因素研究：以医药制造业为例 ············ 193
6.1 数据来源与研究思路 ··193
6.2 描述分析 ··195
　　6.2.1 SPSS 分析过程 ··196
　　6.2.2 结果分析 ··198
6.3 相关分析 ··211
　　6.3.1 SPSS 分析过程 ··211
　　6.3.2 结果分析 ··213
6.4 建立模型 ··216
　　6.4.1 市盈率口径估值与业绩表现研究 ···216
　　6.4.2 市净率口径估值与业绩表现研究 ···230
6.5 研究结论 ··240

第7章 C2C 电子商务顾客信任影响因素研究 ·· 242
7.1 研究背景 ··242
7.2 研究方法 ··243
7.3 数据分析与报告 ··245
　　7.3.1 回归分析 ··247
　　7.3.2 单因素方差分析 ··258
　　7.3.3 单因变量多因素方差分析 ···273
7.4 研究结论 ··289

第8章 区域市场产品消费需求调研：以某地区绿茶产品为例 ······················ 291
8.1 研究背景及目的 ··291
8.2 研究方法 ··292

8.3 研究过程 293
    8.3.1 为联合分析生成计划文件 293
    8.3.2 根据研究需要设计调查问卷 296
    8.3.3 发放问卷进行社会调查并将所得数据录入到 SPSS 中 296
    8.3.4 SPSS 分析 297
8.4 研究结论 310

第 9 章 关于企业内部讲师素质与培训效果的调查研究 311

9.1 研究背景及目的 311
    9.1.1 研究背景 311
    9.1.2 研究目的 313
9.2 研究方法 313
9.3 问卷调查与数据获取 313
    9.3.1 根据研究需要设计指标体系和调查问卷 313
    9.3.2 发放问卷进行社会调查并将所得数据录入到 SPSS 中 315
    9.3.3 获得教学效果的外部统计数据 316
9.4 SPSS 分析 317
    9.4.1 因子分析 317
    9.4.2 数据的二次整理 326
    9.4.3 内部讲师素质与获奖成果情况的线性回归分析 327
    9.4.4 内部讲师素质与评教得分情况的线性回归分析 336
    9.4.5 内部讲师素质与达标达优情况的 Ordinal 回归分析 341
9.5 研究结论 346

第 10 章 员工健康管理数据挖掘实例研究 348

10.1 研究背景及目的 348
10.2 研究方法 349
10.3 数据整理 349
10.4 描述分析 351
    10.4.1 定距变量的描述分析 352

    10.4.2 分类变量的交叉表分析 ·· 353
  10.5 相关分析 ··· 360
  10.6 回归分析 ··· 365
  10.7 因子分析 ··· 369
  10.8 研究结论 ··· 377

第 11 章 城镇居民消费支出结构研究及政策启示 ································ 379
  11.1 研究背景 ··· 379
  11.2 研究方法 ··· 382
  11.3 数据分析与报告 ·· 382
    11.3.1 回归分析 ··· 384
    11.3.2 相关分析 ··· 413
    11.3.3 因子分析 ··· 417
    11.3.4 图形分析 ··· 429
  11.4 研究结论 ··· 430

第 12 章 关于大学生就业相关问题的调查研究 ···································· 433
  12.1 研究背景及目的 ·· 433
  12.2 研究方法 ··· 434
  12.3 研究过程 ··· 434
    12.3.1 根据研究需要设计调查问卷 ·· 434
    12.3.2 发放问卷进行社会调查并将所得数据录入到 SPSS 中 ··············· 436
    12.3.3 SPSS 分析 ··· 438
  12.4 研究结论 ··· 468

第1章

SPSS 概述与基本操作

　　SPSS 是一款名为统计产品与服务解决方案的软件，是世界上最早的统计分析软件之一。它由美国斯坦福大学的三位研究生 Norman H. Nie、C. Hadlai (Tex) Hull 和 Dale H. Bent 于 1968 年研究开发成功，最初时的名称是"社会科学统计软件包"，英文名称为"Solutions Statistical Package for the Social Sciences"。1992 年开始推出 Windows 版本，同时自 SPSS 11.0 起，英文全称改为"Statistical Product and Service Solutions"，即"统计产品和服务解决方案"。2010 年，随着 SPSS 公司被 IBM 公司并购，各子产品家族名称前面不再以 PASW 为名，修改为统一加上 IBM SPSS 字样。该软件最大的优势就是界面非常友好，非常容易被用户所掌握并应用，通常情况下，用户只要掌握一定的 Windows 操作技能，并且在一定程度上熟悉各类统计分析方法的基本原理，就可以使用该软件为特定的数据统计分析工作服务。目前 SPSS 的 Windows 版本已经在全球的社会科学、自然科学的许多领域发挥了巨大作用。SPSS 在经济学、金融学、管理学、统计学、物流管理、生物学、心理学、地理学、医学、药学、体育、农业、林业、电子商务、批发零售、生产制造等行业都得到了广泛的应用。SPSS Statistics 支持英语、法语、德语、意大利语、日语、韩语、波兰语、俄语、简体中文、西班牙语和繁体中文等，几乎可以从任何类型的文件中获取数据，然后使用这些数据生成分布和趋势、描述统计以及复杂统计分析的表格式报告、图表和图。

　　SPSS 在数据统计分析方面的突出优势体现在以下方面：

　　（1）SPSS 已支持 Windows 8/10、Mac OS X、Linux 及 UNIX，界面非常友好，尤其是 Windows 版本，与 Windows 界面类似，非常便于用户掌握和操作，几乎所有的数据整理、统计分析过程都可以借助鼠标，通过菜单命令的选择、对话框的参数设置、单击功能按钮来完成，而且可以使用简体中文语言来实现，符合我们的操作习惯。特别需要说明的是，新版 SPSS 的图表能够更好地用于 Microsoft Office。新版 SPSS 软件允许用户直接将图表复制为 Microsoft Office 图形对象，进而便于用户在 Microsoft Office 中处理图表。这一新增功能是创造性的，使得 SPSS 与众多用户广泛使用的 Microsoft Office 软件实现了完美融合。从更加通俗的角度去解释这一功能，就是说对于新版 SPSS 软件输出的图表，用户可以不用在原始的输出界面进行编辑修改，而是可以直接保存到 Word、Excel、PPT 等里面，再依据用户在 Microsoft Office 中的操作习惯进行修改。

　　（2）SPSS 的数据统计分析方法非常全面，自带 11 种类型 136 个函数，服务范围涵盖了从简单的统计描述到复杂的多因素统计分析方法，比如数据的描述性统计分析、交叉表分析、简单维相关分析、偏相关分析、单因素方差分析、双因素方差分析、T 检验、非参数检验、多元回归分析、生存分析、寿命表分析、协方差分析、判别分析、因子分析、主成分分析、聚类分析、非线性回归、Logistic 回归、直销模型、自助法等。

（3）SPSS 可以直接读取其他格式的数据文件，不仅可以读取使用当前版本创建的 SPSS 数据文件，还可以读取 SPSS 早期版本的数据文件、SPSS 便携式数据文件以及 Excel 文件、CSV 格式数据文件、文本文件、SAS 数据文件、Stata 数据文件、dBase 数据库文件、Lotus 格式数据文件、符号链接格式文件等多种其他统计分析软件生成的文件，进而可以非常方便地与 Windows 的其他应用程序进行数据共享和交换。

（4）SPSS 提供了强大的程序编辑能力和二次开发能力，不仅为我们提供了良好的数据编辑环境和完备的分析功能，还提供了灵活的命令和程序的编辑与执行功能，这些都可以在语法窗口中实现，可满足高级用户完成更为复杂的统计分析任务的需要。在 SPSS 的很多对话框中都有粘贴按钮，单击这个按钮可以打开 SPSS 的语法窗口，既可以在语法窗口中输入 SPSS 的命令或完整的程序语句，也可以将多个程序编辑成一个完整的程序，以便一次运行。

（5）SPSS 具有强大的统计图表绘制和编辑功能，新版软件提供了图表构建器，也就是图表的模板。需要说明和强调的是，新版软件默认的模板非常漂亮，使得用户在不对默认模板进行任何设置和修改的情况下，也能输出具有可视性的图表。用户除了可以选择模板，然后单击"创建"来发布高品质的图表外，还可以在"图表构建器"界面快速定制和更改图表颜色、标题和模板。

（6）SPSS 附带提供了很多的数据资料实例，也提供了完善的英语、法语、德语、意大利语、日语、韩语、波兰语、俄语、简体中文、西班牙语和繁体中文等多种常用语言编辑的实用指南，从而可以为用户学习和掌握软件的使用方法提供更多方便。在 SPSS 软件启动后，用户可通过直接在网上访问 SPSS 公司的主页、获得 PDF 格式的帮助文件等方式，得到更多的帮助和信息。

（7）SPSS 25.0 中增加了比较受欢迎的高级统计功能的大部分增强功能。在混合线性模型（混合）和广义线性混合模型（genlin 混合）、一般的线性模型（GLM）和 UNI ANOVA 等方面都有增强，将高级统计分析扩展到混合、genlin 混合、GLM 和 UNIANOVA。

SPSS 25.0 还新增了"贝叶斯统计信息"功能。贝叶斯没有使用 p 值拒绝或不拒绝零假设，而是对参数设置了不确定性，并从所观察到的数据中获取所有相关信息。根据 SPSS 官方网站简体中文 PDF 格式帮助文档"IBM_SPSS_Advanced_Statistics"中的描述，从 SPSS 25.0 开始，IBM SPSS Statistics 为以下贝叶斯统计提供支持：

- 单样本和双样本 T 检验："贝叶斯单样本推论"过程提供了通过描述后验分布特征对单样本和双样本配对 T 检验进行贝叶斯推论的选项。当具有正态数据时，可以使用正态先验来获取正态后验。
- 二项比例检验："贝叶斯单样本推论：二项"过程提供了对二项分布执行贝叶斯单样本推论的选项。有关参数为 π，表示在固定数量的试验中导致成功或失败的成功概率。注意，每个试验彼此独立，并且概率 π 在每个试验中保持相同。二项随机变量可被视为固定数量的独立 Bernoulli（伯努利）试验的总和。
- 泊松分布分析："贝叶斯单样本推论：泊松"过程提供了对泊松分布执行贝叶斯单样本推论的选项。泊松分布是一种针对罕见事件的有用模型，它假设在较小时间间隔内，事件发生的概率与等待时间的长短成正比。在得出对泊松分布的贝叶斯统计推论时，将使用伽马分布族中的共轭先验。
- 相关样本：贝叶斯相关样本推论与贝叶斯单样本推论在配对样本处理方面非常相似。用户可以成对指定变量名称，然后对均值差进行贝叶斯分析。
- 独立样本 T 检验："贝叶斯独立样本推论"过程为使用组变量来定义两个不相关组提供了选项，并对两组均值差执行贝叶斯推论。用户可以使用不同方法估算贝叶斯因子，也可以通过假设方差为已知或未知来表征所需的后验分布。
- 成对相关性：皮尔逊（Pearson）相关系数的贝叶斯推论测量的是两个标度变量之间的线性关系，它们联合服从二元（维）正态分布。关于相关系数的常规统计推论已经得到了广泛讨论，其实践早已在 IBM SPSS Statistics 中提供。有关皮尔逊相关系数的贝叶斯推论的设计，允许用户通过估算贝叶斯因子和描述后验分布特征来得出贝叶斯推论。
- 线性回归：有关线性回归的贝叶斯推论是定量建模中广泛使用的一种统计方法。线性回归是一种基本的标准方法，研究人员可以使用多个变量值来解释或预测标度结果的值。贝叶斯单变量线性回归是在贝叶斯推论的上下文中进行统计分析的一种线性回归方法。
- 单因素方差分析（One-Way ANOVA）：贝叶斯单因素方差分析过程通过单因素（独立）变量生成对定量因变量的单向方差分析。方差分析用于检验数个均值相等的假设。SPSS Statistics 支持贝叶斯因子、共轭先验和无信息先验。
- 对数线性回归：用于检验两个因子的独立性的设计需要两个分类变量来构造列联表，并对行-列关联进行贝叶斯推论。用户可以通过假设不同的模型来估算贝叶斯因子，并通过模拟相互作用项的同时置信区间来描述所需后验分布的特征。

SPSS 25.0 还新增了"使用变量名称进行复制和粘贴"的功能，在其"数据编辑器"窗口中，用户可以直接复制并粘贴变量名称或标签。SPSS 25.0 可以同时编辑多行并沿着行向下粘贴数据。用户可以使用语法编辑器以快捷方式更快地编写、编辑和格式化语法，例如可以加入行、重复行、删除行、删除空行、上下移动行，以及修剪前导或尾随空格等。

本章简要介绍 SPSS 及其基本操作，使读者对 SPSS 有一个基本的认识，能够熟练地使用 SPSS 创建变量和数据进行数据整理，对数据进行基本的操作，从而为后面综合使用 SPSS 的各种统计分析方法开展各类分析做好必要的准备。

1.1 SPSS 软件界面的基本操作

1.1.1 SPSS 软件的打开

安装好 SPSS 软件程序包后，双击 SPSS 程序启动图标或者从 Windows 的"开始"菜单中找到 SPSS 程序再单击，即可弹出如图 1.1 所示的启动对话框。该对话框仅在安装后第一次启动时显示，如果勾选了对话框左下角的"以后不再显示此对话框",那么在以后启动 SPSS 时将不会再出现该对话框。

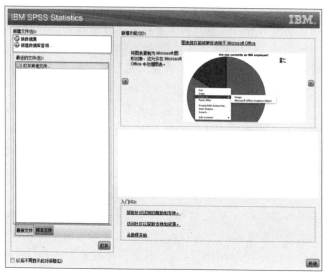

图 1.1　SPSS 启动对话框

该对话框的具体介绍如下:

(1)新建文件:包括"新数据集"和"新建数据库查询"两个子选项。

① 如果选择"新数据集"子选项并单击下方的"打开"按钮,或者直接双击"新数据集"子选项,将显示"数据编辑器"窗口,如图 1.2 所示。在该窗口中用户可以直接输入数据,建立新数据集。

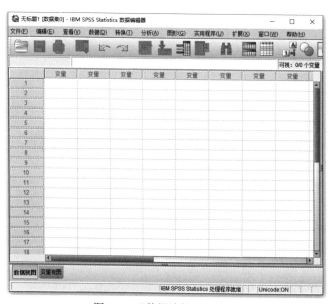

图 1.2　"数据编辑器"窗口

② 如果选择"新建数据库查询"子选项或者直接双击"新建数据库查询"子选项,并单击下

方的"打开"按钮将显示"数据库向导"对话框，如图 1.3 所示，可从非 SPSS 数据源中获取数据。在该对话框中用户可以选择数据源、指定要检索的个案、在检索前对数据进行汇总和排序以及指定变量名和属性。

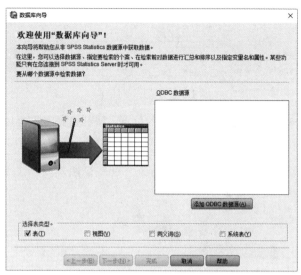

图 1.3 "数据库向导"对话框

在图 1.3 所示的对话框中单击"添加 ODBC 数据源"选项，即可弹出如图 1.4 所示的"ODBC 数据源管理程序"对话框。在该对话框中用户可以对 ODBC 数据源管理程序进行设置。

图 1.4 "ODBC 数据源管理程序"对话框

（2）最近的文件：SPSS 对用户操作有一定记忆功能，该列表框中列出了用户近期打开过的 SPSS 数据文件，用户单击其中的数据文件名称将会实现对相关数据文件的快速启动。如果用户是首次安装 SPSS 软件，未曾存储过数据，那么该列表框中将只显示"打开其他文件"选项。用户如果选择该选项并单击下方的"打开"按钮，将显示"打开"对话框，如图 1.5 所示。

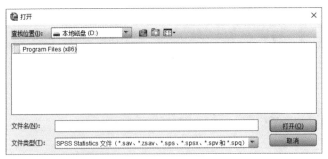

图 1.5 "打开"对话框

在该对话框中,用户可以通过访问文件所在的位置,精准找到所需要打开的数据文件,然后单击"打开"按钮,即可开启目标数据文件。

(3)新增功能:如图 1.6 所示,列表框中展示了 SPSS 新版本较以往版本的新增功能,单击◀或▶按钮可以查看各个新增的功能。

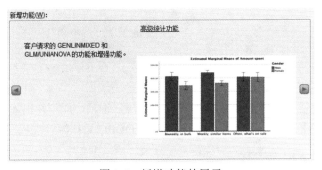

图 1.6 新增功能的展示

如果勾选了图 1.1 所示的启动对话框左下角的"以后不再显示此对话框",那么在以后启动 SPSS 时将会直接显示如图 1.7 所示的"数据编辑器"窗口,在该窗口中,用户可以直接通过菜单操作的方式打开 SPSS 数据、语法、输出结果和脚本等文件。

图 1.7 在"数据编辑器"窗口中打开 SPSS 文件

1.1.2 SPSS 软件的关闭

SPSS 的关闭方法与 Windows 应用程序类似，通常有以下几种：

（1）最为常用的一种方法是在 SPSS 软件菜单栏中依次选择"文件 | 退出"命令，如图 1.8 所示。

图 1.8　退出 SPSS

（2）双击 SPSS 窗口左上角的 图标，或者右键单击标题栏的任何位置，从弹出的快捷菜单中选择"关闭"选项，如图 1.9 所示，也可关闭 SPSS 软件。

图 1.9　关闭 SPSS

（3）单击窗口右上角的 按钮，也可关闭 SPSS 软件。
（4）使用快捷键 Alt+F4，也可关闭 SPSS 软件。

1.2 SPSS 数据文件的操作

SPSS 可以直接输入数据，也可以从许多不同的数据源中导入数据。其中，直接输入数据的方式就是使用数据编辑器。

1.2.1 使用数据编辑器

数据编辑器是 SPSS 的默认窗口，在该窗口中将会显示正在操作的数据文件的内容。数据编辑器分为两个视图，即数据视图和变量视图。

数据编辑器中的数据视图如图 1.10 所示，在数据视图中，每一行表示一个样本观测值，每一列表示一个变量。

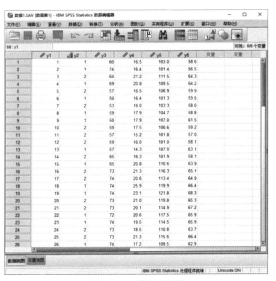

图 1.10　数据视图

数据编辑器中的变量视图如图 1.11 所示，在变量视图中，每一行表示一个变量，每一列表示变量的一个属性。

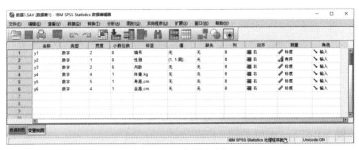

图 1.11　变量视图

1. 变量视图的相关设置

在使用数据编辑器建立或者修改数据文件时，一般先在变量视图中建立相应的变量，变量的属性包括变量名称、类型、宽度、小数位数、标签、值、缺失值、列、对齐、测量、角色。对变量属性设置的解释如下：

（1）变量名称

SPSS 中变量命名的规则如下：

- SPSS 的变量名称不能超过 64 个字符。
- 首字符必须是字母、中文或特殊符号"@""$"或"#"。
- 变量名称中不能出现"?""！"".""+""=""*"和空格。
- 末字符不能为"."和" "。
- 名称不能与 SPSS 的保留字相同，SPSS 的保留字有 AND、BY、EQ、GE、GT、LT、NE、NOT、OR、TO、WITH 和 ALL。
- 系统不区分变量名称中的字母大小写。

（2）变量类型

以 y1 变量为例，在图 1.12 所示的变量视图中，单击变量"y1"行与"类型"列交叉单元格右侧的省略号，即可弹出如图 1.13 所示的"变量类型"对话框。

图 1.12　变量视图

在"变量类型"对话框中，用户可以设置变量的类型。SPSS 可以设置的变量类型共有 9 种，分别是数字、逗号、点、科学记数法、日期、美元、定制货币、字符串、受限数字（带有前导零的整数）。这 9 种变量类型又可以被归纳为三类，分别是数值类型变量、日期类型变量和字符类型变量。数值类型包括标准数值类型（数字）、逗号数值类型（逗号）、圆点数值类型（点）、科学记数类型（科学记数法）、美元数值类型（美元）、设定货币数值类型（定制货币）、受限数值类型（受限数字（带有前导零的整数））等 7 种；日期类型变量（日期）是用来表示日期或者时间的，主要在时间序列分析中比较有用。字符类型变量（字符串）区分字母的大小写，但不能进行数学运算。

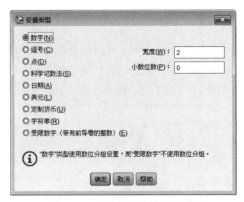

图 1.13 "变量类型"对话框

（3）宽度

SPSS 中变量的宽度属性指在数据窗口中变量所占据的单元格的列宽度。需要特别提示和强调的是，用户在定义变量类型时指定的宽度和定义变量格式宽度是有区别的。定义变量格式宽度应当综合考虑变量宽度和变量名所占的宽度，一般取较大的一个作为定义该变量格式宽度时可取的最小值。

（4）标签

变量的标签属性是对变量名的附加说明。在许多情况下，SPSS 中不超过 8 个字符的变量名，不足以表达变量的含义。而利用变量标签就可以对变量的意义进行进一步的解释和说明。特别地，在 Windows 中文系统下还可以附加中文标签，这给不熟悉英文的用户带来了很大方便。例如，定义变量名 sale，可以加注标签"销售"。给变量加了标签以后，在数据窗口操作时，当鼠标指针指向一个变量的时候，变量名称下方就会立即显示出其标签。而且在统计分析数据结果时，呈现的是变量标签的结果。例如，针对前面变量名 sale 加注了标签"销售"，在进行描述性统计分析时，结果输出窗口显示的是销售的结果而非 sale 的结果。

（5）值

变量的值属性是对变量的可能取值附加的进一步说明，通常仅对类型（或分类）变量的取值指定值标签。以 y2 变量为例，在图 1.12 所示的变量视图中，单击变量"y2"行与"值"列交叉单元格右侧的省略号，即可弹出如图 1.14 所示的"值标签"对话框。

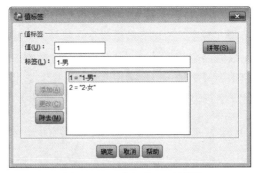

图 1.14 "值标签"对话框

比如针对 y2 变量，用 1 表示男，2 表示女，那么就需要在"值"文本框中输入"1"，在"标签"文本框中输入"男",然后单击"添加"按钮;再在"值"文本框中输入"2",在"标签"文本框中输入"女",然后单击"添加"按钮,即可完成对 y2 变量值标签的设置。

(6)缺失值

在很多情况下,我们整理的数据文件会出现错误,有的时候是因为工作失误,有的时候是数据突然出现了极端异常值。这些错误数据或者极端异常值数据可能会在很大程度上干扰我们的分析,使得最终拟合的数据模型有所失真。比如,在调查汽车的产量时,记录了某小型加工厂的平均日产量为 600 万辆,如此高的产量显然是不符合基本常识的,所以这个数据应属于错误的数据,统计分析中使用这样的数据必然会导致错误的分析结果。以 y2 变量为例,在图 1.12 所示的变量视图中,单击变量"y2"行与"缺失"列交叉单元格右侧的省略号 ,即可弹出如图 1.15 所示的"缺失值"对话框。

图 1.15 "缺失值"对话框

"缺失值"对话框中共有 3 种处理方式供用户选择:

- 无缺失值。无缺失值是 SPSS 的默认状态,如果当前所有的数据值测试、记录完全正确,没有遗漏,则可选择此项。
- 离散缺失值。选择这种方式定义缺失值,可以在下面的 3 个文本框中输入 3 个可能出现在相应变量中的缺失值,当然也可以少于 3 个。如果用户选择了这种处理方式,那么当用户进行统计分析时,系统遇到这几个值就会作为缺失值处理。比如对于季节变量,如果对季节变量进行了值标签操作,用 1 来表示春季,用 2 来表示夏季,用 3 来表示秋季,用 4 来表示冬季,那么出现除 1、2、3、4 之外的其他值就是不正确的。如果数据中出现了 5、6、7,那么就可以把 5、6、7 这三个值输入到"离散缺失值"下面的 3 个文本框中,从而当数据文件中出现这几个数据时,系统将按缺失值处理,以保证统计分析结果的准确性。
- 范围加上一个可选的离散缺失值。选择这种方式定义缺失值,除了"下限"和"上限"文本框外,还有一个"离散值"文本框,在这里即可设置范围以外的一个值。如果用户选择了这种处理方式,那么当用户进行统计分析时,系统遇到下限和上限范围内的值以及设置的范围以外的那个值,都会作为缺失值处理。比如在统计学生体重数据时,在下限中输入 80,上限中输入 90,离散值中输入 70,那么学生体重数据处在[80,90]区间内以及体重为 70 时都会被认定为缺失值。

(7)对齐

在 SPSS 数据视图中,变量值在单元格中的显示有左、右、居中三种选择。如图 1.16 所示,用户可以通过在"对齐"列中选择"左""右"或者"居中"来自行决定对齐方式。一般情况下,数值类型变量默认的对齐方式为右对齐，字符类型变量默认的对齐方式为左对齐。

图 1.16 "对齐"设置

（8）测量

测量指的是变量的测量方式。如图 1.17 所示，SPSS 提供的变量测量方式有三种，分别是标度、有序和名义。简单来说，标度表示的是连续变量，名义表示的是分类变量，有序表示的是具有顺序性质的分类变量。用户可以在"测量"列中选择"标度""有序"或者"名义"来为变量指定合理的测量类型。需要提示和强调的是，用户需要根据变量的实际特征来指定测量类型，比如对学生的身高、体重等连续性变量，应该将测量方式设置为"标度"；又比如对学生衣服的颜色变量，可以考虑将测量方式设置为"名义"；再比如对银行的信贷资产（正常、关注、次级、可疑、损失）或者客户的满意程度（很满意、比较满意、基本满意、不满意、很不满意等），可以考虑将测量方式设置为"有序"。

此外，在任意一个 SPSS 对话框的变量表中右击一个变量，将弹出快捷菜单，如图 1.18 所示。

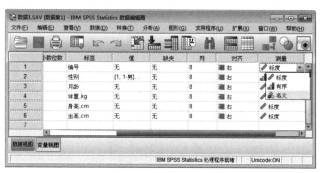 

图 1.17 "测量"设置　　　　图 1.18 变量右键快捷菜单

注意该菜单中除了常见的剪切、复制和粘贴之外还有以下几项：变量信息、描述统计、网格字体。以变量信息为例，若选择这一项，将弹出"变量"对话框，给出变量的详细信息，包括"名称""标签""类型""缺失值""测量"等信息，如图 1.19 所示。这些帮助信息有助于选择分析变量。

图 1.19 "变量"对话框

2. 数据视图的相关设置

在用户设置完变量以后，就可以进入数据视图录入或者编辑样本观测值，或者对样本观测值进行必要的加工等。

（1）录入数据

输入数据的操作方法是：首先要单击选中单元格，该单元格将被激活，边框加粗，颜色变为土黄色。二维表格的上方左侧显示选定单元格的观测值号和变量名。在单元格中输入的数据显示在右侧的编辑栏中。输入后按回车键，或按向下移动的光标键，输入同列的下一个单元格数据；按 Tab 键，则移动到右侧的单元格。需要注意的是，输入单元格的变量值必须与事前定义的变量类型一致。如果变量为数字型，在单元格中输入字符串，系统将拒绝接受；如果变量为字符串，在单元格中输入数字，系统将这个数字视为字符。

需要说明的是，并不是一定要先设置变量再录入数据。如果用户没有设置变量而是直接在数据视图中录入的话，SPSS 会自动按照系统默认名称（VAR00001、VAR00002、VAR00003 等）创建变量，如图 1.20 所示。这些自动创建的变量的默认类型为数值型，宽度默认为 8，小数位数默认为 2，变量标签默认无添加，值标签默认无添加，缺失值默认无缺失值，对齐方式默认为右，测量方式默认为未知（需要用户进行选择），角色默认为输入。

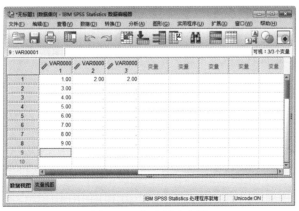

图 1.20 自动创建变量

用户也可以在数据视图界面录入数据完成以后，再回到变量视图界面对默认变量进行编辑，如图 1.21 所示，修改各项属性使其符合研究要求，这同样能达到创建数据文件的目的。

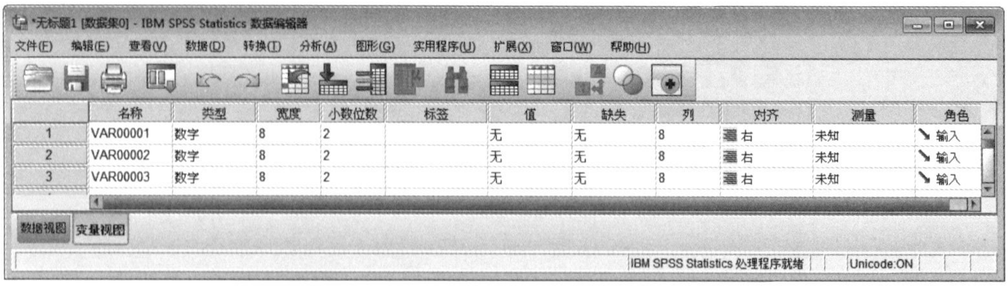

图 1.21　变量视图界面对默认变量进行编辑

（2）编辑数据

在我们整理数据资料的过程中，通常会发现数据存在遗漏、错误、不合理的重复值等情况，有时会根据研究的需要和数据可获得性的变化增删新的变量或者数据。这时就需要对数据文件进行编辑，对需要增加的变量或者数据进行增加，对需要删除的变量或者数据进行删除，对需要更正的变量或者数据进行更正等。事实上，SPSS 的界面非常友好，操作风格与 Office 办公软件、WPS 办公软件等是一致的，用户如果能够熟练使用 Office 办公软件、WPS 办公软件，就能够按照操作习惯熟练地对 SPSS 数据文件进行编辑操作。此处以常见的几种编辑需要为例进行讲解。

① 在现有数据文件中增加新的变量

如果需要在现有变量的右侧增加一个变量，则单击"变量视图"标签，转换到变量视图，在变量表最下面一行，按照变量视图操作部分讲解的方法定义新变量即可。如果想把新变量放在已经定义的变量之间，则是插入一个变量。步骤如下：

01 首先要确定插入位置，在"数据视图"窗口中将光标置于要插入新变量的列的任意单元格内单击鼠标左键，或者在"变量视图"窗口中单击新变量要占据的那一行对应的位置。

02 依次选择"编辑｜插入变量"命令，在选定的位置之前插入一个变量名为 Var0000n 的变量，其中 n 是系统给的变量序号。原来占据此位置的变量以及其后的变量会依次后移。

03 切换到"变量视图"窗口，为插入的变量定义属性，包括更改变量名，然后切换到"数据视图"窗口输入该变量的数据。

② 对数据按照样本观测值进行排序

在整理数据资料或者查看分析结果时，我们通常希望样本观测值能够按照某一变量的大小进行升序或者降序排列，比如我们想按照学生的学习成绩进行排序、按照销售额的大小对各个便利店进行排序等。以本章附带的数据 1 为例，如果要按照 y4 体重变量进行降序排列，操作步骤如下：

01 图 1.22 显示了未按照 y4 体重变量排序之前的数据。我们在菜单栏中依次选择"数据｜个案排序"命令，如图 1.23 所示。

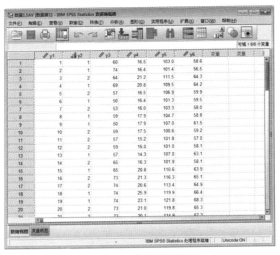

图 1.22　排序前的数据

图 1.23　依次选择"数据 | 个案排序"命令

02 系统将会弹出如图 1.24 所示的对话框，在该对话框中选择"体重"变量，并单击 ![] 按钮，将其选入"排序依据"列表框。然后在"排列顺序"组中单击"降序"单选按钮，如图 1.25 所示。

图 1.24　设置前的"个案排序"对话框

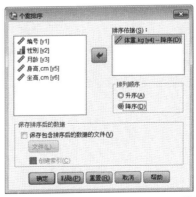

图 1.25　设置后的"个案排序"对话框

03 如图 1.25 所示，在设置后的"个案排序"对话框的下方，用户可以选择是否保存排序后的数据。如果需要进行保存，那么就需要勾选"保存包含排序后的数据的文件"复选框，随后下方的"文件"按钮将会被激活。单击"文件"按钮，即可弹出如图 1.26 所示的"将排序后的数据另存为"对话框，在该对话框中用户可以设置文件路径，对数据进行保存。

图 1.26 "将排序后的数据另存为"对话框

③ 对数据按照变量进行排序

在整理数据资料或者查看分析结果时，如果变量设置得非常多，我们有时会希望变量值能够按照变量的某一属性大小进行升序或者降序排列，比如我们想观察有哪些变量是名义变量或者有序变量、有哪些变量进行了变量标签操作或者值标签操作，等等。以本章附带的数据 1 为例，如果要按照变量的测量方式进行降序排列，操作步骤如下：

01 图 1.27 显示了未按照 y4 体重变量排序之前的数据。我们在菜单栏中依次选择"数据｜变量排序"命令，如图 1.28 所示。

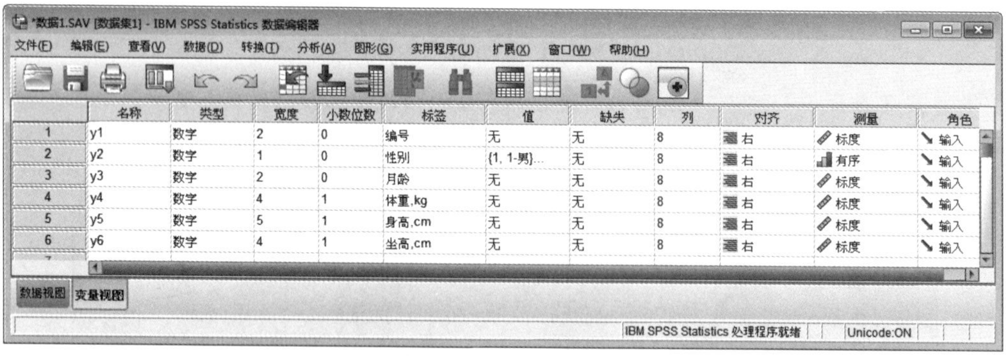

图 1.27 排序前的变量

第 1 章　SPSS 概述与基本操作　｜　17

图 1.28　依次选择"数据｜变量排序"命令

02 系统将会弹出如图 1.29 所示的"变量排序"对话框，在该对话框的"变量视图列"列表框中选择"测量"属性，在"排列顺序"组中单击"降序"单选按钮。

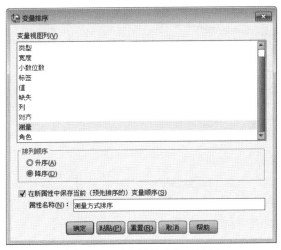

图 1.29　"变量排序"对话框

03 如图 1.29 所示，在"变量排序"对话框的下方，用户可以选择是否在新属性中保存当前设置完毕的变量顺序。如果需要进行保存，那么就需要勾选"在新属性中保存当前（预先排序的）变量顺序"复选框，然后下方的"属性名称"文本框将会被激活。在该文本框中可以输入需要保存的属性名称，假如我们要保存该设置，并将其命名为"测量方式排序"，设置如图 1.29 所示。全部设置完毕后，单击"确定"按钮，即可对数据资料按照变量进行排序。排序结果如图 1.30 所示。

图 1.30 排序后的变量

④ 在现有数据文件中增加新的样本观测值

如果需要在现有数据文件中增加新的样本观测值,则可以将光标置于要插入观测值的那一行的任意单元格中,依次选择"编辑|插入个案"命令,或者单击右键,在弹出的快捷菜单中选择"插入个案",如图 1.31 所示,这样就会在该行之上增加一个空行,可以在此行上输入该观测值的各变量值,如图 1.32 所示。

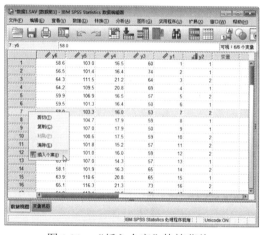

图 1.31 "插入个案"快捷菜单

图 1.32 完成插入后的空白观测值

⑤ 变量和观测值的移动、复制和删除

要移动变量(或观测值),在"数据视图"窗口中,选择要移动的对象后,依次选择"编辑|剪切"命令,找到插入位置,然后依次选择"编辑|粘贴"命令,就将剪贴板中的变量(或观测值)粘贴到空变量(或空观测值)的位置上了。

观测值可以复制,但变量不能复制,因为变量不允许同名。要复制观测值,只要把上述步骤中的"剪切"改为"复制"命令即可。

要删除变量或观测值,在选择要删除的对象后,再依次选择"编辑|清除"命令即可。

⑥ 按观测值序号查找单元格

当文件中有许多观测值、变量时,我们经常会希望能够快速地查找和定位某单元格中的数据。下面介绍按观测值序号来查找单元格中数据的方法。先打开本章附带的数据 1 文件,如图 1.33 所示。

第 1 章　SPSS 概述与基本操作　| 19

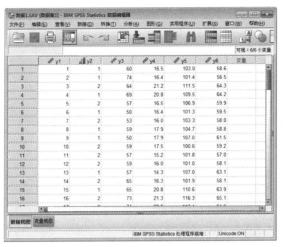

图 1.33　数据 1

如需查看序号为 40 的样本观测值的资料，操作步骤如下：

01 依次选择"编辑｜转到个案"命令，将弹出"转到"对话框，如图 1.34 所示，在"转到个案号"文本框中输入 40。

02 单击"跳转"按钮，40 号观测值将置于数据区域的顶端，如图 1.35 所示。

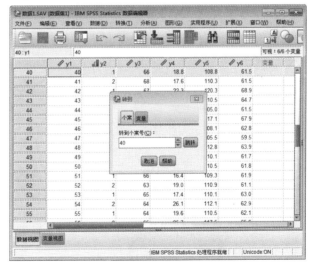

图 1.34　输入需定位的观测值序号　　　图 1.35　观测值查找结果

⑦ 按变量值查找数据

如果要查找当前工作文件中某变量的一个变量值，那么可以按照下面的方法查找。仍以图 1.33 中给出的本章附带的数据 1 文件作为例子，假如需要查看变量 y2 性别为 1（男）的变量值，步骤如下：

01 选中变量 y2 性别的任意单元格，依次选择"编辑｜查找"命令，弹出"查找和替换-数据视图"对话框，如图 1.36 所示。

02 在"查找"文本框中输入要查找的变量值 1，单击"查找下一个"按钮，如果找到这个值，则定位到该变量值所在的单元格。如果需要进一步查询，继续单击"查找下一个"按钮。如果查找中未发现要找的变量值，比如查找变量值为 3 的数据，在"查找"文本框中输入要查找的变量值 3，单击"查找下一个"按钮，则系统将会告诉用户"找不到搜索字符串'3'"，这说明没有变量值为 3 的数据。

图 1.36　按变量值查找数据的对话框

最后需要说明的是，对数值类型变量，由于定义了变量宽度和小数位数，数据文件中的单元格显示的数值是经四舍五入后的近似数值，与变量的内部值（即在数据输入栏中显示的数值）是不同的。在 SPSS 早期版本中，查找数据时是按显示格式进行的，如在"查找"文本框里输入 2.56（实际上显示值为 2.56 的单元格中的内部变量值可能会大于或者小于 2.56），查找时会找到所有显示值为 2.56 的变量（不管其内部值是多少），而在 SPSS 的新版本中却是按照变量的真实数值来查找的。

⑧ 数据转置

在很多情况下，由于各类数据资料编辑的风格不同，需要对数据的行与列进行互换。利用 SPSS 数据的转置功能可以非常轻易地将原数据文件中的行、列进行互换，将观测值转变为变量，将变量转变为观测值。转置的结果是系统将创建一个新的数据文件，并且自动地建立新的变量名显示各新变量列。数据转置的步骤如下：

01 以本章附带的数据 1 文件为例，首先要打开数据文件，然后在菜单栏中依次选择"数据｜转置"命令，如图 1.37 所示。

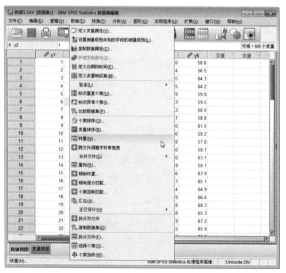

图 1.37　依次选择"数据｜转置"命令

打开"转置"对话框,如图1.38所示。从左边变量框中选择要进行转置的变量,移入"变量"列表框中。在本例中我们对除y6之外的所有变量均进行转置,那么就把左侧列表框中除y6之外的所有变量都选入到右侧的"变量"列表框中。

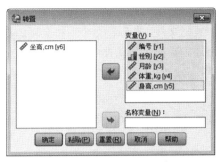

图1.38 "转置"对话框

02 单击"确定"按钮,弹出如图1.39所示的提示信息,提示用户"未选择转置某些变量。未转置的变量将丢失"。需要注意的是,如果选择将原变量列表中的全部变量都进行转置,系统将不会弹出该对话框。

图1.39 数据转置确认对话框

03 单击"确定"按钮,随即转置后的新文件将取代原数据文件出现在数据窗口中,如图1.40所示。

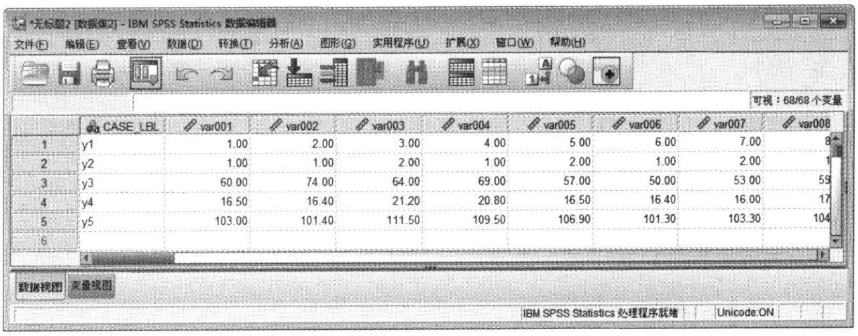

图1.40 转置后的数据

⑨ 按样本观测值合并数据文件

在进行很多数据处理时,往往需要将两个结构相同或某些部分结构相同的数据文件合并成一个文件。比如由于两个公司发生了兼并,需要将这两个公司的员工信息表合并为一个信息表,这时就需要对数据文件进行样本观测值的合并;又比如某公司领导想将员工的绩效考核数据和工资薪酬数据放在一起进行数据分析,需要将员工绩效考核信息表和员工工资薪酬信息表进行合并。这时就需要对数据进行变量的合并。

因此SPSS中的数据合并也分为两种:一种是观测值的合并,因为观测值在SPSS的数据视图中是以行来呈现的，所以又称为纵向合并，也就是将两个有相同变量但是不同观测值的数据合并；另一种是变量的合并，因为变量在 SPSS 的数据视图中是以列来呈现的，所以又称为横向合并，也就是将描述同一组观测样本的不同变量合并为一个数据文件，新的数据文件包含所有合并前的各个数据的变量。

这里介绍按样本观测值合并数据文件，即纵向合并，将会增加观测量，即把一个外部文件中与原文件具有相同变量的观测量增加到当前工作文件中。这种合并要求两个数据文件至少应具有一个属性相同的变量，即使它们的变量名不同。这种"纵向合并"的操作方法和对话框的设置方法如下（以本章附带数据文件"数据 1A"和"数据 1B"为例）：

01 首先打开数据文件"数据 1A"，然后依次选择"数据 | 合并文件 | 添加个案"命令，如图 1.41 所示。

弹出"添加个案至数据 1A.SAV[数据集 1]"对话框，如图 1.42 所示。

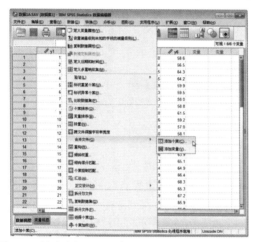
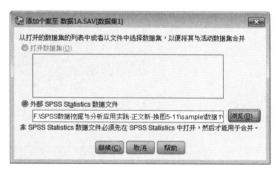

图 1.41　依次选择"数据 | 合并文件 | 添加个案"命令　　图 1.42　"添加个案至数据 1A.SAV[数据集 1]"对话框

在"从打开的数据集的列表中或者从文件中选择数据集，以便将其与活动数据集合并"选项组中选择"外部 SPSS Statistics 数据文件"，然后单击"浏览"按钮，弹出"添加个案：读取文件"对话框，如图 1.43 所示。

图 1.43　"添加个案：读取文件"对话框

选中数据文件"数据 1B.SAV"后单击"打开"按钮，返回到如图 1.42 所示的"添加个案至数据 1A.SAV[数据集 1]"对话框，再单击"继续"按钮，弹出"添加个案自……"对话框，如图 1.44 所示。

- "非成对变量"列表框：列出两个文件中的不成对变量，即变量名和变量类型不匹配的变量，其中用"*"标记的属于正在打开的活动数据集，本例中为数据1A，用"+"标记的属于外部文件，本例中为数据1B。
- "新的活动数据集中的变量"列表框：列出两个数据文件中变量名和变量类型都匹配的相同变量。
- "指示个案源变量"复选框：将在合并后的文件中建立一个名为"source01"的变量，此变量仅有两个值0和1，分别标记观测量属于当前工作文件或外部文件。

图 1.44 "添加个案自……"对话框

02 在本例中数据 1A 和数据 1B 两个数据文件的变量是完全一致的，所以都进入了"新的活动数据集中的变量"列表框。如果两个数据文件的变量类型相同、变量名不同，那么将两者同时选中，单击"配对"按钮，就可以将它们移至"新的活动数据集中的变量"列表框。

合并后的新文件变量列中二者的观测值被合并在一起。如果要为"非成对变量"列表框中的变量重命名，那么选中它并单击"重命名"按钮，打开"重命名"对话框，输入新名称后单击"继续"按钮返回主对话框。

对"非成对变量"列表框中分属两个文件的变量配对时，要求二者必须具有相同的变量类型。变量宽度可以不同，但是属于工作文件（本例中即为数据 1A）的变量宽度应大于或等于外部文件（本例中即为数据 1B）中的变量宽度。若情况相反，合并后外部文件被合并的观测量中相应的观测值可能不能显示，而在单元格里以若干"*"号加以标记。

03 如果要让变量名和类型变量均不匹配的变量出现在新数据文件中，则选中它，单击箭头按钮将它移到"新的活动数据集中的变量"列表框即可。设置完毕后单击"确定"按钮，执行合并就可以得到合并后的数据文件了。需要注意的是，如果将"非成对变量"列表框中分属两个文件的类型不同的变量配对，在合并后的新文件里这两个变量都将不会出现。本例中合并完成之后的数据集如图 1.45 所示。可以发现，数据 1A 的样本观测值扩充到了 67 个，与数据 1B 完成了合并。

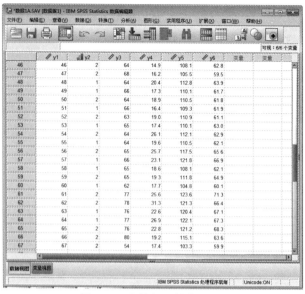

图 1.45　合并之后的数据 1A

⑩ 按变量合并数据文件

按变量合并数据文件，是指将一个外部文件的若干变量添加到当前工作文件中，又称为横向合并。按变量合并数据文件，这种增加变量的合并要求两个数据文件必须具有一个共同的关键变量，而且这两个文件中的关键变量还具有一定数量的相等的观测量数值。所谓关键变量，指的是两个数据文件中变量名、变量类型、变量值排序完全相同的变量。此处以本章附带的数据 1C 和数据 1D 数据文件为例，这种"按变量合并数据文件"的操作方法和步骤如下：

01 首先打开数据文件"数据 1C"，然后依次选择"数据 | 合并文件 | 添加变量"命令，如图 1.46 所示。

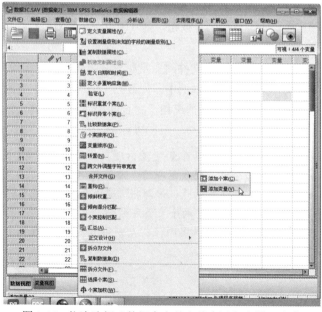

图 1.46　依次选择"数据 | 合并文件 | 添加变量"命令

弹出"变量添加至数据 1C.SAV[数据集 2]"对话框，如图 1.47 所示。

在"从打开的数据集的列表中或者从文件中选择数据集，以便将其与活动数据集合并"选项组中选择"外部 SPSS Statistics 数据文件"，单击"浏览"按钮，弹出"添加变量: 读取文件"对话框，如图 1.48 所示。

图 1.47　"变量添加至数据 1C.SAV[数据集 2]"对话框　　图 1.48　"添加变量: 读取文件"对话框

选中数据文件（此处以本章附带的"数据 1D.SAV"为例）后单击"打开"按钮，返回到图 1.47 所示的"添加个案至数据 1C.SAV[数据集 2]"对话框，再单击"继续"按钮，弹出"变量添加自……"对话框，如图 1.49 所示。

02 单击"变量"选项卡，在"排除的变量"列表框中，列出的是外部文件（本例中为数据 1D）与工作文件（本例中为数据 1C）中重复的同名变量，本例中没有显示；在"包含的变量"列表框中，列出的是进入新的工作文件的变量，分别用"+"和"*"来标记"外部文件（本例中为数据 1D）"和活动文件（本例中为数据 1C）。"键变量"列表框中列出的是关键变量，指的是两个数据文件中变量名、变量类型、变量值排序完全相同的变量。根据需要设置完毕后，单击"确定"按钮，就可以将两个数据文件合并成一个新的数据文件了。

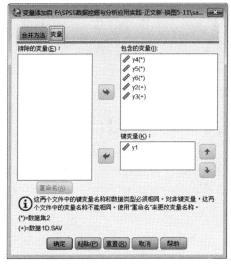

图 1.49　"变量添加自……"对话框中的"变量"选项卡

特别提示：

如果两个文件含有相等的观测量，分类排序顺序一致且一一对应，那么无须指定关键变量，直接单击"确认"按钮进行合并即可。

如果两个文件含有数目不等的观测量，而且分类排序顺序不一致或没有一一对应关系，则需要在合并之前对数据文件按关键变量进行升序排序，在"排除的变量"列表框中选择一个关键变量，移至"键变量"列表框中。

03 "合并方法"选项卡如图 1.50 所示。

- 基于文件顺序的一对一合并：这是按关键变量匹配观测量的系统默认选项，表示按照"选择查找表"组中列出的顺序将两个数据文件的所有观测量合并。凡关键变量值相等的合并为一个观测量，如果在对方文件中找不到相等的关键变量值，可以合并为一个独立的观测量，即在新文件中单独作为一个观测量（相当于增加一个观测量），而缺少的变量值作为缺失值。
- 基于键值的一对一合并：表示将非活动数据文件作为关键表，即只将外部数据文件中与活动数据集中对应变量值相同的观测量并入新的数据文件。
- 基于键值的一对多合并：表示合并后保留当前外部文件中的观测量，且只有当前工作文件中与外部文件中关键变量值相等的观测量才被合并到新文件中去。

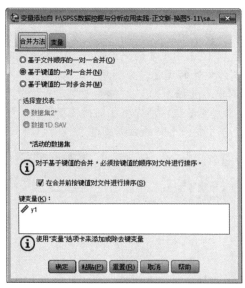

图 1.50 "变量添加自……"对话框中的"合并方法"选项卡

04 在本例中默认合并方法为"基于键值的一对一合并"，单击"确定"按钮，合并结果如图 1.51 所示。可以发现，相较于合并之前的数据 1C 文件，多了 y2、y3 两个变量，实现了与数据 1D 的合并。

第 1 章　SPSS 概述与基本操作 | 27

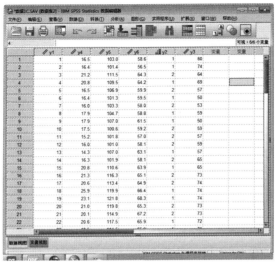

图 1.51　合并后的数据 1C

⑪ 变量计算

在建立数据文件时,通常仅包括可能来自统计调查的原始测量结果,有时需要对变量进行一定的加工,比如说在研究学生的中考成绩与 IQ 值之间的关系时,可能先要将学生文化课成绩和体育课成绩、实验课成绩等按照一定的权重进行计算,得到学生的中考总成绩,然后与 IQ 值通过相关分析、回归分析等方法开展研究。有时是在分析之后要对数据进行深加工,比如进行完因子分析之后,将观测值的各个因子得分乘以其方差贡献率得到因子总得分,进而开展后续研究等。SPSS 提供了强大的计算变量功能,新变量的计算可以借助计算变量功能来完成,以本章附带的数据 1 文件为例,如果我们要创建新的变量"发育",其中体重、身高、坐高的权重各为 30%、40%、30%,那么用"计算变量"命令计算新变量的步骤如下:

01　打开数据文件"数据 1",依次选择"转换 | 计算变量"命令,如图 1.52 所示。

图 1.52　依次选择"转换 | 计算变量"命令

打开"计算变量"对话框,如图 1.53 所示。

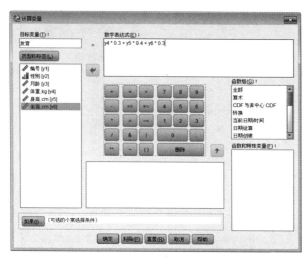

图 1.53 "计算变量"对话框

02 输入计算表达式。使用计算器或键盘将计算表达式输入到"数字表达式"列表框中。表达式中需要用到的 SPSS 函数可从函数组中选择,通过双击鼠标左键或单击"函数和特殊变量"列表框左侧的箭头按钮将选中的函数移入表达式栏。这时,栏中函数的自变量和参数用"?"表示,自变量必须选用当前工作文件中的变量,可以从左侧变量列表框中选择,选中后用鼠标双击以输入表达式中。本例中,在"数字表达式"列表框中输入"y4 * 0.3 + y5 * 0.4 + y6 * 0.3"。

03 定义新变量及其类型。在"目标变量"文本框中输入目标变量名,它可以是一个新变量名,也可以是已经定义的变量名,甚至可以是表达式中使用的自变量本身。本例中我们在"目标变量"中输入"发育",然后单击"类型和标签"按钮,弹出"计算变量:类型和标签"对话框,如图 1.54 所示。

图 1.54 "计算变量:类型和标签"对话框

对话框选项设置/说明

对于标签的设置有两种方式。

- 标签:可以在该文本框中给目标变量添加自定义的标签。
- 将表达式用作标签:使用计算目标变量的表达式作为标签,这有利于统计分析时清晰地了解新变量的意义及运算关系。

在此对话框中,还可以对新变量的类型及宽度进行选择。本例我们采取系统默认设置,确定后单击"继续"按钮,返回"计算变量"对话框。

04 "如果"对话框的使用。有时，仅需要对一些符合特定条件的自变量的观测值进行计算。例如，在数据文件"数据1"中，我们只需要了解女性的发育情况，那么需要计算她们的发育情况，即选择满足条件"性别=2"的观测值来计算。当条件表达式"性别=2"为真时，将计算出女性的发育情况。对使条件表达式为假或缺失的观测量不会计算这个值，对应于这些观测量，新变量的值为系统缺失值。在"计算变量"对话框中单击"如果…"按钮，弹出"计算变量: If 个案"对话框，如图 1.55 所示。条件表达式的建立规则是：条件表达式中至少要包括一个关系运算符，也可以使用逻辑运算符，并且可以通过关系（或逻辑）运算符连接多个条件表达式。本例中，我们选择"在个案满足条件时包括"单选按钮，然后在下面的文本框中输入"y2=2"，即可仅计算女性的发育情况。

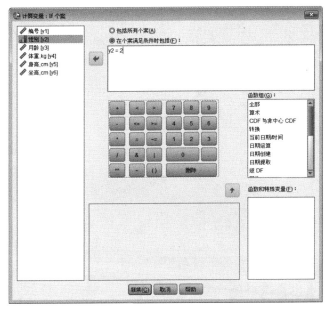

图 1.55 "计算变量：If 个案"对话框

05 单击"继续"按钮对设置的条件表达式加以确认，返回"计算变量"对话框。各项选择确认后，单击"确定"按钮，系统将根据表达式和条件计算新变量的值，并且将其结果显示到数据窗口的工作文件中。如图 1.56 所示，变量视图中增加了"发育"变量。

图 1.56 增加"发育"变量之后的变量视图

我们还可以在数据视图界面看到发育变量的具体数据值。可以发现，只有女性（y2=2）的样本观测值才有发育数据，这与我们前面对“如果”对话框的具体设置有关，如图 1.57 所示。男性（y2=1）的样本观测值的“发育”变量数据都成为缺失值。

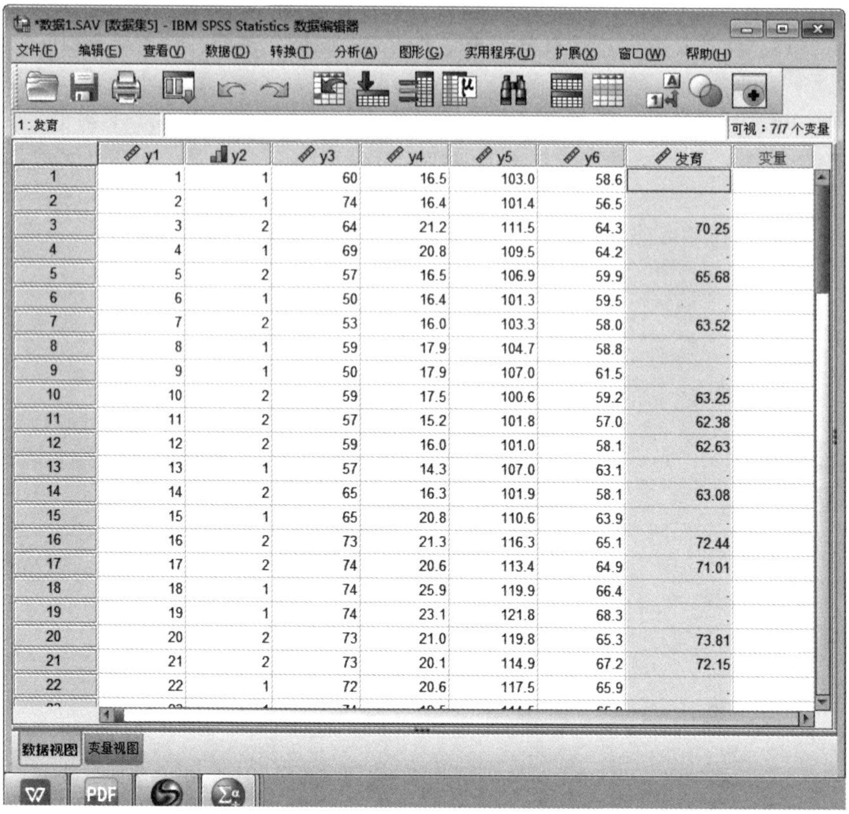

	y1	y2	y3	y4	y5	y6	发育	变量
1	1	1	60	16.5	103.0	58.6	.	
2	2	1	74	16.4	101.4	56.5	.	
3	3	2	64	21.2	111.5	64.3	70.25	
4	4	1	69	20.8	109.5	64.2	.	
5	5	2	57	16.5	106.9	59.9	65.68	
6	6	1	50	16.4	101.3	59.5	.	
7	7	2	53	16.0	103.3	58.0	63.52	
8	8	1	59	17.9	104.7	58.8	.	
9	9	1	50	17.9	107.0	61.5	.	
10	10	2	59	17.5	100.6	59.2	63.25	
11	11	2	57	15.2	101.8	57.0	62.38	
12	12	2	59	16.0	101.0	58.1	62.63	
13	13	1	57	14.3	107.0	63.1	.	
14	14	2	65	16.3	101.9	58.1	63.08	
15	15	1	65	20.8	110.6	63.9	.	
16	16	2	73	21.3	116.3	65.1	72.44	
17	17	2	74	20.6	113.4	64.9	71.01	
18	18	1	74	25.9	119.9	66.4	.	
19	19	1	74	23.1	121.8	68.3	.	
20	20	2	73	21.0	119.8	65.3	73.81	
21	21	2	73	20.1	114.9	67.2	72.15	
22	22	1	72	20.6	117.5	65.9	.	

图 1.57 增加“发育”变量之后的数据视图

⑫ 生成新的时间序列

从样本差异和时间差异的维度来看，数据类型一般包括三种，一种是横截面数据，一种是时间序列数据，还有一种是面板数据。横截面数据一般是针对同一时间点的不同样本观测形成的数据；时间序列数据一般是针对同一样本在不同时间点的观测形成的数据；而面板数据则同时融合了横截面数据和时间序列数据的特征，形成了对不同样本在不同时间点观测的数据。在 SPSS 中，系统是无法自动识别数据是否为时间序列数据的，需要用户自行对数据进行定义。根据已有的时间序列数据文件，SPSS 提供了产生新时间序列的功能。根据现有时间序列生成新时间序列的操作步骤和方法如下：

01 以本章附带的数据 1 文件为例，首先要打开数据 1 文件，然后依次选择“转换 | 创建时间序列”命令，如图 1.58 所示。

第 1 章 SPSS 概述与基本操作 | 31

图 1.58　依次选择"转换|创建时间序列"命令

弹出"创建时间序列"对话框，如图 1.59 所示。

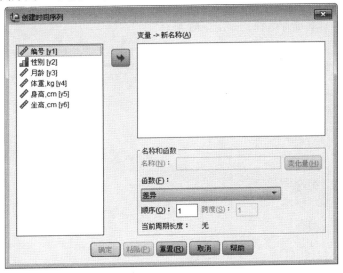

图 1.59　设置前的"创建时间序列"对话框

02 从左侧变量框里选择准备产生新时间序列的变量，单击 ➡ 按钮，移至"变量->新名称"列表框中，这时"变量->新名称"列表框里显示形如"变量名_1=转换函数简名（变量名 n）"格式的表达式，其中"变量名"为选定变量名或者它的前 6 个字符，n 为阶数或跨度。本例中若以 y1 作为时间序列变量，那么就将 y1 变量从左侧变量框选入"变量->新名称"列表框中，如图 1.60 所示。

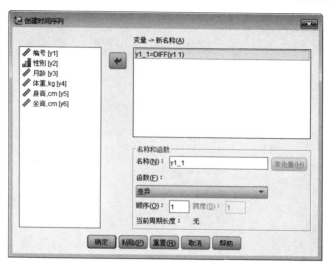

图1.60　设置后的"创建时间序列"对话框

在"名称和函数"选项组的"名称"文本框中显示系统默认的变量名，重命名后需单击"变化量"按钮确认。

03　"函数"下拉列表中显示系统默认的函数差值，"顺序"系统默认为1。如果系统默认的设置符合要求，单击"确定"按钮，系统将在数据窗口内显示出默认的新变量依照差异函数计算出来的各变量值，这一列变量值就是新产生的时间序列。如果需要使用其他转换函数计算新变量的值，可展开"函数"下拉列表进行选择，如图1.61所示。

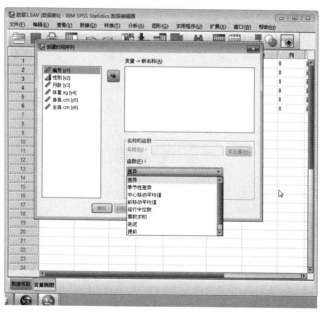

图1.61　"函数"下拉列表

"函数"下拉列表中包括如下时间序列转换函数。

- 差异：产生原变量值序列的相邻值之间的差异，指定"顺序"框的数值（大于等于1的整数），可以计算相应阶的差异。

- 季节性差异：适用于具有季节性变动的时间序列，季节差异函数将产生与原时间序列相距一定周期值的观测量之间的差异。
- 中心移动平均值：将原变量序列的观测值以指定的跨度进行移动平均，产生移动平均时间序列。如指定跨度值为奇数n，选择中心移动平均后，产生的新序列首尾将各减少$(n-1)/2$个数值；如指定跨度值为偶数n，选择中心移动平均后，需要将产生的平均值序列的每相邻的两个值再平均一次，产生的新序列首尾将各减少$n/2$个数值。
- 前移动平均值：将原变量序列的观测值以指定的跨度进行移动平均，各平均值顺着时间向前的方向列在新变量列里，产生新的时间序列。新变量列中观测值向前移动的时段长正好等于指定的跨度值。
- 运行中位数：与中心移动平均相同，只不过是将原变量序列的观测值以指定的跨度确定其中位数，列在新变量列里，产生新的时间序列。
- 累积求和：从原变量序列的第一个值开始逐项累积求和，求和所得到的数值依次作为新变量值，产生新的时间序列。
- 延迟：将原变量序列的各项观测值按指定的顺序向后平移。对于新变量，首尾将减少与顺序值数量相等的观测值，按缺失值对待。
- 提前：将原变量序列的各项观测值按指定的顺序向前平移。对于新变量，首尾将减少与顺序值数量相等的观测值，按缺失值对待。
- 平滑：使用该函数将按照一种称为T4253H的方法对原变量序列的各项数据进行平滑或修匀，产生新的时间序列。

04 对选择的转换函数的顺序或跨度值的设置进行更换后，需要单击"变化量"按钮确认，这样新变量栏里的显示结果才能得到更换。各选项确定以后，单击"确定"按钮，系统将产生的新时间序列变量输出到数据窗口里。在本例中我们采用系统默认设置，单击"确定"按钮后得到的结果如图1.62所示。

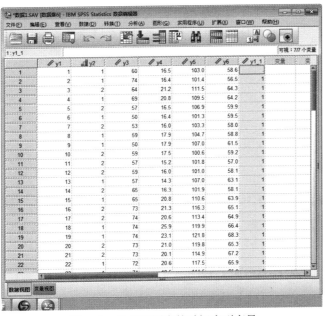

图1.62 数据视图中的时间序列变量

在输出结果窗口中,我们也可以看到相应的时间序列创建结果,如图 1.63 所示。

创建的序列

	序列名称	非缺失值的个案编号		有效个案数	创建函数
		第一个	最后一个		
1	y1_1	2	67	66	DIFF(y1,1)

图 1.63　输出结果窗口中创建的序列

⑬　缺失值处理

在我们整理数据资料的时候,经常会发现有的数据包含缺失值,造成这种现象的原因可能是我们统计数据的时候就没有统计完整,也有可能是我们在加工数据的过程中出现了数据丢失。注意此处所指的缺失值概念完全不同于前面介绍变量属性时所提到的缺失值,变量属性里面的缺失值是说出现了一些错误值或者极端异常值,我们宁可做缺失值处理,也不会将这些数据纳入分析范围。而我们此处所讲的缺失值处理是说数据本来就存在缺失,需要进行必要的技术处理,将缺失值补充完整,从而保证数据分析的连续性。SPSS 中的缺失值替换功能对含有缺失值的变量,使用系统提供的替换方法产生一个新的变量序列。这项功能的操作步骤和方法如下:

01　以本章附带的"数据 1E.SAV"为例,首先要打开"数据 1E.SAV",依次选择"转换 | 替换缺失值"命令,如图 1.64 所示。

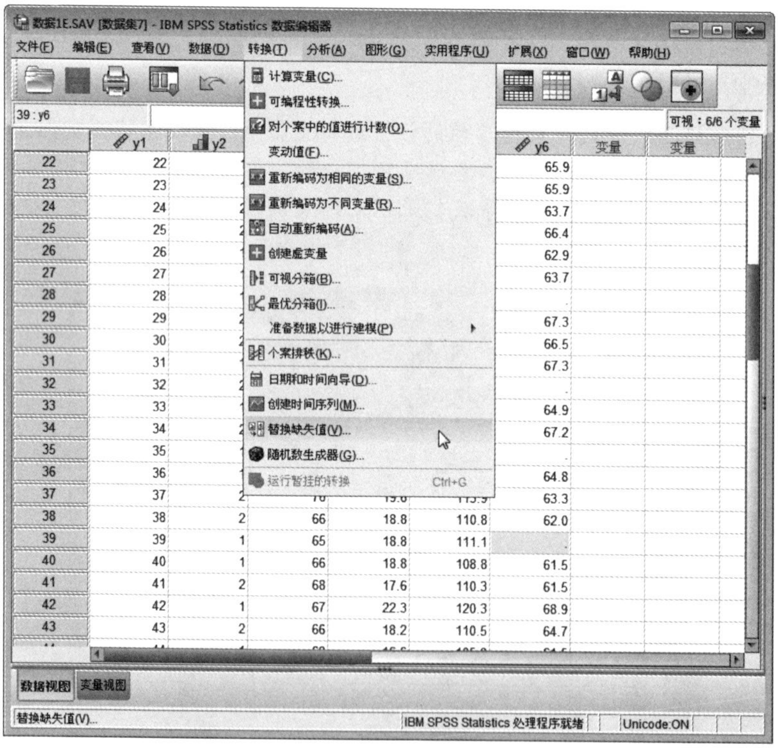

图 1.64　依次选择"转换 | 替换缺失值"命令

打开"替换缺失值"对话框,如图 1.65 所示。

第 1 章 SPSS 概述与基本操作 | 35

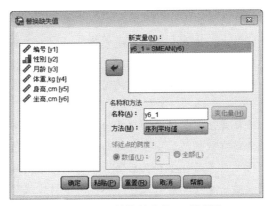

图 1.65 "替换缺失值"对话框

02 从源变量框中选择含有缺失值并且需要替换缺失值的变量，移至"新变量"框中，"新变量"框里显示形如"变量名_1=替换的估计方法简名（变量名）"格式的变量转换表达式。其中"变量名"为所选变量的名称或者它的前 6 个字符。在本例中，y6 变量是有缺失值的，所以我们把 y6 从源变量框中移至"新变量"框中。在"名称和方法"选项组的"名称"文本框中显示系统默认的变量名，重命名后需单击"变化量"按钮确认。

03 "方法"下拉列表中显示系统默认的序列均值。如果系统默认的设置符合要求，单击"确定"按钮即可。系统将依照默认的估计方法计算出估计值，用它替换序列中的缺失值，并将替换后的时间序列作为新变量的观测值显示于数据窗口内。如果要使用其他估计方法计算缺失值的估计值，可单击"方法"下拉列表进行选择。如图 1.66 所示，"方法"下拉列表中包括如下估计方法。

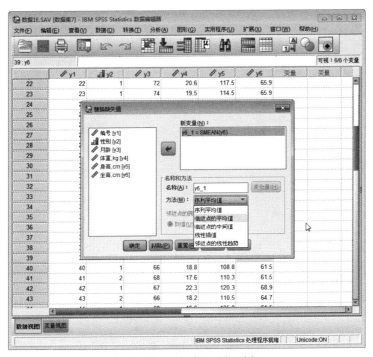

图 1.66 "方法"下拉列表

● 序列平均值：用整个序列有效数值的平均值作为缺失值的估计值。

- 临近点的平均值：如果选择此方法，"邻近点的跨度"栏的两个单选按钮"数值"和"全部"被激活。如选择前者，输入数值指定缺失值上下邻近点的点数，则将这些点数的有效数值的均值作为缺失值的估计值，如邻近点的点数达不到指定的数值，则缺失值仍然保留。选择后者，则用全部有效观测值的均值作为缺失值的估计值，效果与选用序列均值法相同。
- 临近点的中间值：选择此法与临近点的平均值一样，将用缺失值上下邻近点指定跨度范围内的有效数值或全部有效数值的中位数作为缺失值的估计值。
- 线性插值：对缺失值之前最后一个和其后第一个有效值使用线性插值法计算估计值。如果序列的第一个或最后一个观测值缺失，则不能用这种方法替换这些缺失值。
- 邻近点的线性趋势：选择此法，对原序列以序号为自变量，以选择变量为因变量求出线性回归方程，再用回归方程计算各缺失值处的趋势预测值，并用预测值替换相应的缺失值，当选择的替换方法、数值等项设置进行更换后，都需要单击"变化量"按钮确认。

04 在本例中，我们采用系统默认设置，设置完毕后，单击"确定"按钮，提交系统执行。如图 1.67 所示，数据 1E 的数据视图中增加了 y6_1 变量，相较于 y6 变量而言，所有的缺失值都得到了补充。

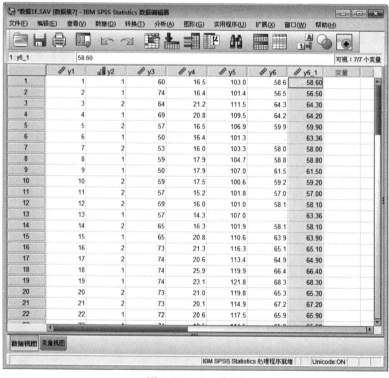

图 1.67 y6_1 变量

该结果在结果数据窗口中也可以看到，如图 1.68 所示，系统创建了 y6_1 变量。

➡ 替换缺失值

图 1.68　结果变量

1.2.2　直接读取其他格式的数据文件

在 SPSS 中，我们可以依次选择"文件 | 打开 | 数据"命令来打开所需的数据文件，如图 1.69 所示。在"文件类型"下拉列表框中列出了 SPSS 能够读取的文件类型。关于这些数据类型的基本信息如表 1.1 所示。

图 1.69　"打开数据"对话框

表 1.1　数据类型表

文件类型及扩展名	简单说明
SPSS Statistics (*.sav，*.zsav)	SPSS 数据文件
SPSS/PC+ (*.sys)	SPSS 早期版本数据文件
可移植格式（*.por）	SPSS 便携式数据文件
Excel (*.xls, *.xlsx, *.xlsm)	Excel 文件
CSV (*.csv)	CSV 格式数据文件
文本（*.txt, *.dat, *.csv, *.tab）	文本文件
SAS (*.sas7bdat, *.sd7, *.sd2, *.ssd01, *.ssd04, *.xpt)	SAS 数据文件
Stata (*.dta)	Stata 数据文件
dBase (*.dbf)	dBase 数据库文件
Lotus (*.w*)	Lotus 格式数据文件
SYLK (*.slk)	符号链接格式文件

关于 SPSS 数据文件、SPSS 早期版本数据文件、SPSS 便携式数据文件，用户可以直接打开，因为这些本来就是 SPSS 格式的数据文件。对其他格式的数据文件，我们选择 Stata 数据文件、Excel 文件和文本文件进行逐一讲解。

1. 读取 Stata 数据文件

我们以本章附带的"数据 1F"为例讲解如何读取 Stata 数据文件。"数据 1F"是一个 Stata 数据文件，如图 1.70 所示。

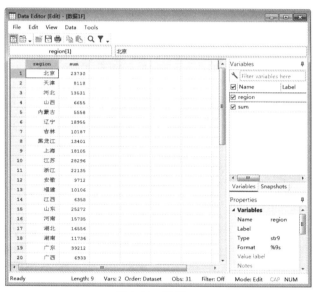

图 1.70　数据 1F

具体操作步骤如下：首先启动 SPSS 软件或者在任何一个已经打开的 SPSS 数据文件的数据视图中，从菜单栏中依次选择"文件｜打开｜数据"命令，如图 1.71 所示。

图 1.71　依次选择"文件｜打开｜数据"命令

然后就会出现如图 1.72 所示的"打开数据"对话框，在该对话框中先要在"查找位置"下拉列表框中找到目标文件所在的文件夹，设置好文件路径。然后在该对话框的"文件类型"下拉列表中选择 Stata(*.dta)，系统就会自动显示目标文件所在文件夹中所有的 Stata(*.dta)格式的数据文件。

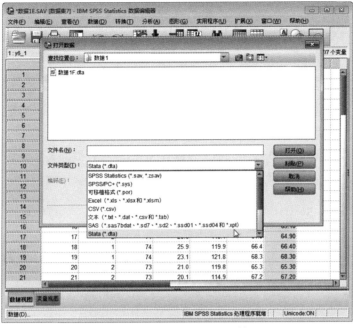

图 1.72 "打开数据"对话框

我们选择"数据 1F.dta"，然后单击"打开"按钮，或者直接双击"数据 1F.dta"，就会弹出如图 1.73 所示的数据文件，说明 SPSS 已经成功打开了"数据 1F.dta"。

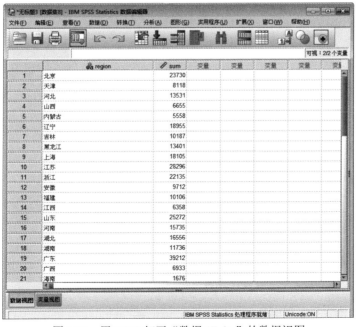

图 1.73 用 SPSS 打开"数据 1F.dta"的数据视图

可以发现，已经打开的数据文件中有两个变量，分别是"region"和"sum"，各个样本观测值也已经被准确地展示出来。切换到变量视图，如图 1.74 所示。

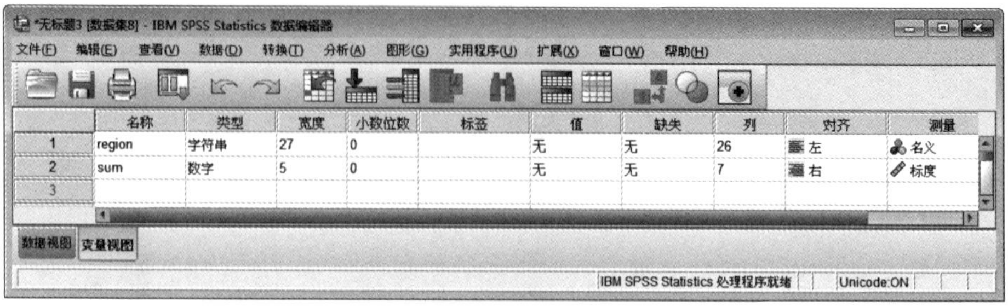

图 1.74 用 SPSS 打开"数据 1F.dta"的变量视图

用户可以把该数据保存成 SPSS 格式的文件或者 SPSS 能够读取的其他类型的文件。

2. 读取 Excel 文件

我们以本章附带的"数据 1G"为例讲解如何读取 Excel 文件。"数据 1G"是一个 Excel 文件，如图 1.75 所示。

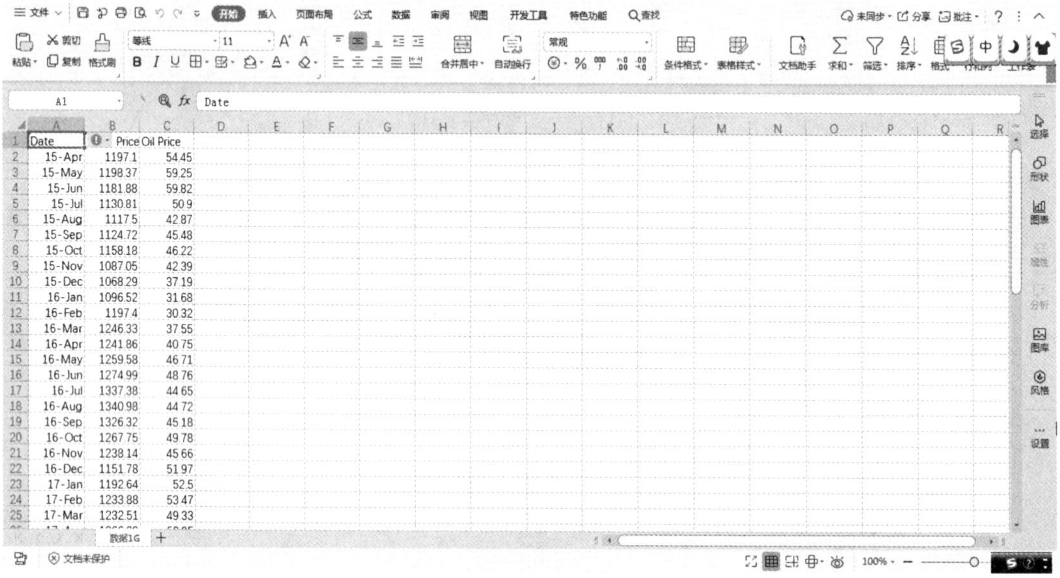

图 1.75 数据 1G

具体操作步骤如下：

首先启动 SPSS 软件或者在任何一个已经打开的 SPSS 数据文件的数据视图中，从菜单栏中依次选择"文件｜打开｜数据"命令，如图 1.76 所示。

图 1.76 依次选择"文件 | 打开 | 数据"命令

然后就会出现如图 1.77 所示的"打开数据"对话框，在该对话框中先要在"查找位置"下拉列表框中找到目标文件所在的文件夹，设置好文件路径。随后在该对话框的"文件类型"下拉列表中选择 Excel（*.xls、*.xlsx 和*.xlsm），系统就会自动显示出目标文件所在文件夹中所有的 Excel （*.xls、*.xlsx 和*.xlsm）格式的数据文件。

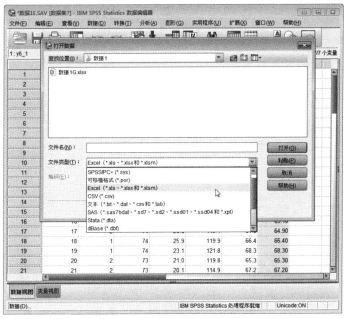

图 1.77 "打开数据"对话框

我们选择"数据 1G.xlsx"，然后单击"打开"按钮，或者直接双击"数据 1G.xlsx"，就会弹出如图 1.78 所示的"读取 Excel 文件"对话框。

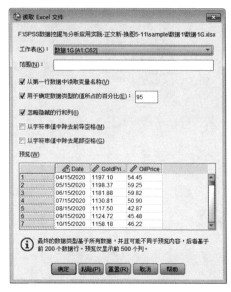

图 1.78 "读取 Excel 文件"对话框

在"读取 Excel 文件"对话框中，如果 Excel 中有多个工作表（Sheet），则可以通过"工作表"下拉列表选择想要打开的工作表，再圈定打开数据的范围。下面的"从第一行数据中读取变量名称"复选框用于首行数据设置。如果在 Excel 中第一行是变量名称，那么就可以选中该复选框，如果在 Excel 中第一行就是观测样本，而没有变量名称，那么就可以不勾选该复选框。"忽略隐藏的行和列"复选框用于设置 Excel 中隐藏的行和列的读取方式，如果勾选该复选框，那么 SPSS 将不会读取 Excel 中隐藏的行和列，如果取消对该复选框的勾选，那么 SPSS 就会一并读取 Excel 中隐藏的行和列。在"读取 Excel 文件"对话框中的预览部分，可以对 SPSS 读取的数据进行预览。如果通过预览认为没有问题，则可以单击"确定"按钮进行确认，出现如图 1.79 所示的用 SPSS 打开的"数据 1G.xlsx"的数据视图。

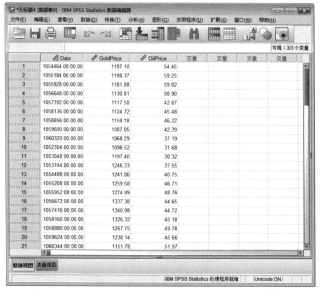

图 1.79 用 SPSS 打开"数据 1G.xlsx"的数据视图

可以发现，已经打开的数据文件中有三个变量，分别是"Date""Gold Price"和"Oil Price"。但是"Date"的样本观测值由于格式的原因不够清楚，这时就需要对格式进行调整。切换到变量视图，如图 1.80 所示。

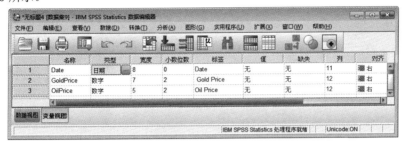

图 1.80　用 SPSS 打开"数据 1G.xlsx"的变量视图

在用 SPSS 打开"数据 1G.xlsx"的变量视图中，我们重新设置"Date"变量类型，单击变量"Date"行、"类型"列的单元格右侧的省略号，即可弹出如图 1.81 所示的"变量类型"对话框。

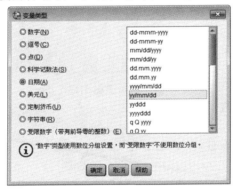

图 1.81　"变量类型"对话框

在"变量类型"对话框中可以选择"yy/mm/dd"，单击"确定"按钮，然后切换到数据视图，如图 1.82 所示。

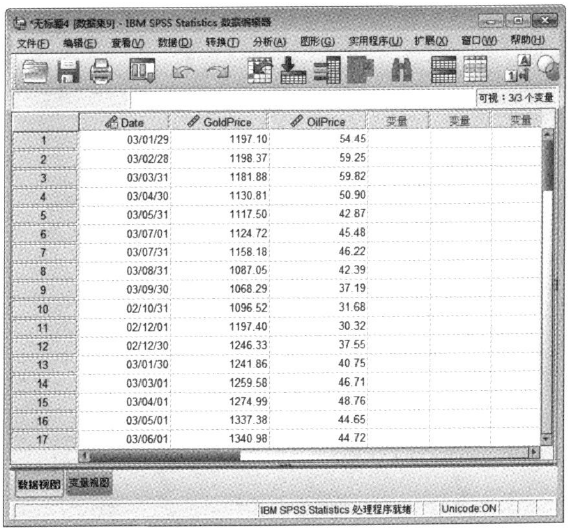

图 1.82　调整"Date"变量格式后的数据视图

可以发现，在该数据视图中，"Date"变量的观测值已经调整成了容易理解的格式，第一个观测值是 2003 年 1 月 29 日的观测值。用户可以把该数据保存成 SPSS 格式或者 SPSS 能够读取的其他文件类型。

3. 读取文本文件

我们以本章附带的"数据 1H"为例讲解如何读取文本文件。"数据 1H"是一个文本文件，如图 1.83 所示。

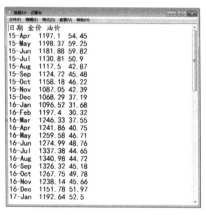

图 1.83　数据 1H

具体操作步骤如下：

首先启动 SPSS 软件或者在任何一个已经打开的 SPSS 数据文件的数据视图中，从菜单栏中依次选择"文件 | 打开 | 数据"命令，如图 1.84 所示。

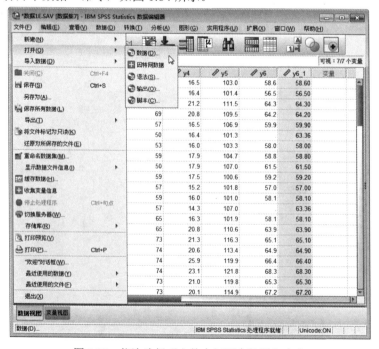

图 1.84　依次选择"文件 | 打开 | 数据"命令

然后就会出现如图 1.85 所示的"打开数据"对话框，在该对话框中先要在"查找位置"下拉列表框中找到目标文件所在的文件夹，设置好文件路径。然后在该对话框的"文件类型"下拉列表中选择文本（*.txt、*.dat、*.csv 和*.tab），系统就会自动显示出目标文件所在文件夹中所有的文本（*.txt、*.dat、*.csv 和*.tab）格式的数据文件。

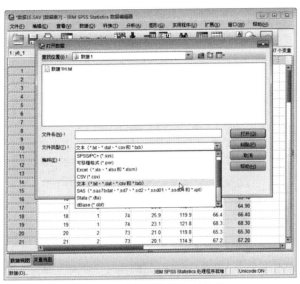

图 1.85 "打开数据"对话框

选择"数据 1H.txt"，然后单击"打开"按钮，或者直接双击"数据 1H.txt"，就会弹出如图 1.86 所示的"文本导入向导-第 1/6 步"对话框。文本导入向导总共分为 6 步，每一步都比较关键，用户应该根据研究需要认真选择。

图 1.86 "文本导入向导-第 1/6 步"对话框

"文本导入向导-第 1/6 步"对话框中有一个问题："你的文本文件与预定义的格式匹配吗？"因为我们并没有设置预定义的格式，所以在此处选择系统默认设置的"否"选项，然后单击"下一步"按钮,弹出如图 1.87 所示的"文本导入向导-第 2/6 步"对话框。

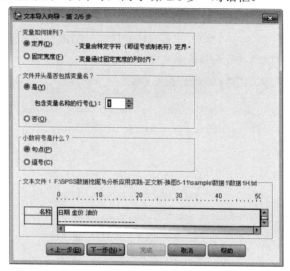

图 1.87 "文本导入向导-第 2/6 步"对话框

"文本导入向导-第 2/6 步"对话框中有三个问题:

第一个问题是"变量如何排列?",并且有两种选择:一种是"定界",其概念是变量由特定的字符(包括逗号或者制表符等)进行定界;另一种是"固定宽度",其概念是变量由特定宽度进行定界。因为我们的文本文件是按空格进行定界的,所以此处选中"定界"。

第二个问题是"文件开头是否包括变量名?",因为我们的文本文件的第一行就是变量名,所以选中"是"单选按钮,并且在"包含变量名称的行号"文本框中填写"1"。

第三个问题是"小数符号是什么?",因为我们的文本文件的小数用的都是英文状态下的句点,所以选择"句点"。

全部选项设置完毕以后,就可以单击"下一步"按钮,弹出如图 1.88 所示的"文本导入向导-定界,第 3/6 步"对话框。

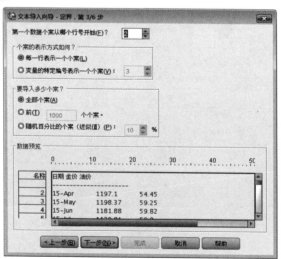

图 1.88 "文本导入向导-定界,第 3/6 步"对话框

"文本导入向导-定界,第 3/6 步"对话框中有三个问题:

第一个问题是"第一个数据个案从哪个行号开始?",因为我们的文本文件的第一个数据个案从第 2 个开始,所以在"第一个数据个案从哪个行号开始?"文本框中填写"2"。

第二个问题是"个案的表示方式如何?",并且有两种选择:一种是"每一行表示一个个案";另一种是"变量的特定编号表示一个个案"。因为我们的文本文件是每一行表示一个个案,所以勾选"每一行表示一个个案"单选按钮。

第三个问题是"要导入多少个案?",并且有三个选项:第一个是"全部个案",其概念是把文本文档数据文件中所有的样本观测值都导入到 SPSS 中;第二个是"前_个个案",其概念是把文本文档数据文件中"前_个"样本观测值导入到 SPSS 中;第三个是"随机百分比的个案(近似值)(P)",其概念是从文本文档数据文件中随机选取一定百分比的样本观测值导入到 SPSS 中。此处我们选择"全部个案",把文本文档数据文件中所有的样本观测值都导入到 SPSS 中。

全部选项设置完毕以后,可以单击"下一步"按钮,弹出如图 1.89 所示的"文本导入向导-定界,第 4/6 步"对话框。

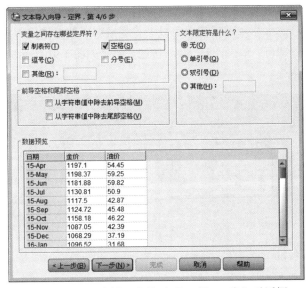

图 1.89 "文本导入向导-定界,第 4/6 步"对话框

"文本导入向导-定界,第 4/6 步"对话框中有两个问题:

第一个问题是"变量之间存在哪些定界符?",可选项包括"制表符""空格""逗号""分号""其他",默认设置为"制表符""空格"。因为我们的文本文件就是以"制表符""空格"作为定界符的,所以采用系统默认设置即可。

第二个问题是"文本限定符是什么?",可选项包括"无""单引号""双引号""其他",默认设置为"无"。因为我们的文本文件没有文本限定符,所以采用系统默认设置即可。

全部选项设置完毕以后,就可以单击"下一步"按钮,弹出如图 1.90 所示的"文本导入向导-第 5/6 步"对话框。

图 1.90 "文本导入向导-第 5/6 步"对话框

在"文本导入向导-第 5/6 步"对话框中可以设置变量名、数据格式,并可以对数据进行预览,本例中采用系统默认设置即可。单击"下一步"按钮,弹出如图 1.91 所示的"文本导入向导-第 6/6 步"对话框。

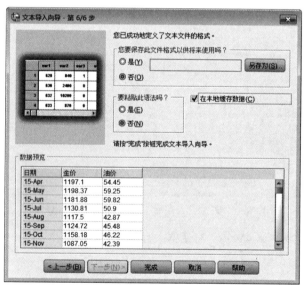

图 1.91 "文本导入向导-第 6/6 步"对话框

在"文本导入向导-第 6/6 步"对话框中可以设置是否保存文件格式、是否粘贴此语法,并可以对数据进行预览,本例中采用系统默认设置即可。单击"完成"按钮,弹出如图 1.92 所示的用 SPSS 打开的"数据 1H"数据视图。

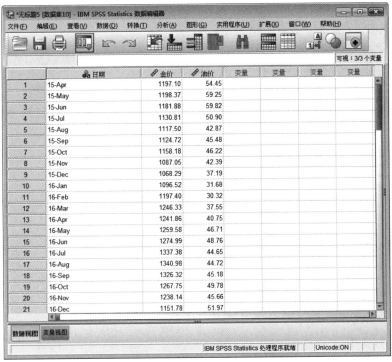

图 1.92 用 SPSS 打开的"数据 1H"数据视图

切换到变量视图,如图 1.93 所示。用 SPSS 打开的"数据 1H"中包括"日期""金价""油价"三个变量。

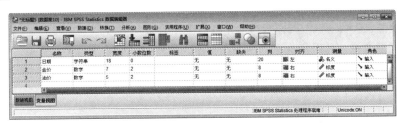

图 1.93 用 SPSS 打开的"数据 1H"变量视图

1.3 SPSS 统计分析报告

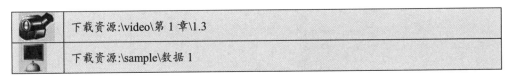

前面介绍了关于 SPSS 软件界面基本操作、SPSS 数据文件操作的方法,这都是统计分析的前提。在正式开展统计分析之前,通常需要对数据有一个定性的了解,比如了解数据的一些基本分布特征等。可以通过 SPSS 中的统计分析报告来完成这项工作。本节以 SPSS 的 OLAP 立方体方法为例讲述 SPSS 统计分析报告。

OLAP 立方体在线分析报告的操作步骤如下:

01 以本章附带的数据文件"数据1"为例，打开要进行分析的数据文件，依次选择"分析｜报告｜OLAP 立方体"命令，如图1.94所示。

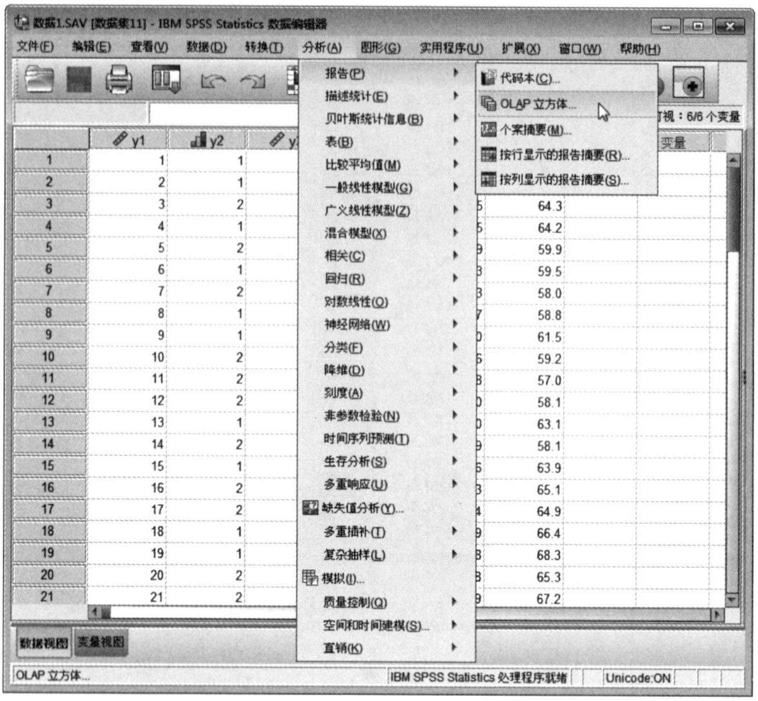

图1.94　依次选择"分析｜报告｜OLAP 立方体"命令

弹出"OLAP 立方体"对话框，如图1.95所示。从左侧变量框中选择一个或多个需要分析的变量移至"摘要变量"列表框，同样选择一个或者多个分组变量移至"分组变量"列表框。摘要变量必须是数值类型变量，分组变量应选用分类变量、数值类型或短字符类型变量。本例中将y3、y4、y5、y6四个变量移至"摘要变量"列表框，将y2变量移至"分组变量"列表框，使用性别变量进行分组。

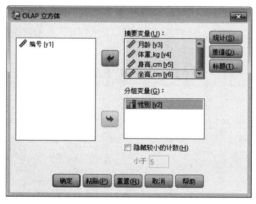

图1.95　"OLAP 立方体"对话框

02 单击"统计"按钮，弹出"OLAP 立方体：统计"对话框，如图1.96所示。此对话框由"统计"和"单元格统计"两个列表框组成。在左侧的"统计"列表框中，列出了可供选择的各类统计量。右侧"单元格统计"列表框中，列出了子统计量，凡被选入的统计量在输出的分层报告表的单元格中均会显示它们的数值。本例中为了讲解全面，把左侧的"统计"列表框中列出的可供选择的各类统计量全部选入到右侧"单元格统计"列表框中。

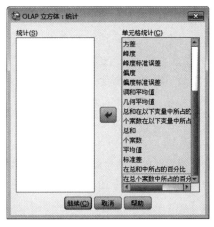

图 1.96 "OLAP 立方体：统计"对话框

对话框选项设置/说明

在 SPSS 官方网站的帮助文档"IBM_SPSS_Statistics_Base"中，对"OLAP 立方体：统计"对话框以及其中涉及的检验方法都进行了解释。在"OLAP 立方体：统计"对话框中，用户可以为每个分组变量的每个类别中的变量选择一个或多个子组统计：总和、个案数、平均值、中位数、分组内中位数、平均值的标准误差、最小值、最大值、范围、第一个、最后一个、标准差、方差、峰度、峰度标准误差、偏度、偏度标准误差、在总和中所占的百分比、在总个案数中所占的百分比、几何平均值以及调和平均值等。在"单元格统计"列表框中的显示顺序就是这些统计指标将在输出结果中出现的顺序。此外，还将显示跨所有类别的每个变量的汇总统计。

- 总和（Sum）：所有带非缺失值的个案值的合计或总计。
- 平均值（Mean）：集中趋势的测量，指算术平均值（总和除以个案个数）。
- 中位数（Median）：第50个百分位，大于该值和小于该值的个案数各占一半。如果个案数为偶数，那么中位数是个案在以升序或降序排列的情况下最中间的两个个案的平均值。中位数是集中趋势的测量，但对于远离中心的值不敏感（这与平均值不同，平均值容易受到少数非常大或非常小的值影响）。
- 第一个（First）：显示在数据文件中的第一个数据值。
- 最后一个（Last）：显示在数据文件中的最后一个数据值。
- 几何平均值（Geometric Mean）：数据值乘积的n次根，其中n代表个案数目。
- 分组内中位数（Grouped Median）：针对编码到组中的数据计算的中位数。例如，如果对于每个30年代的年龄数据的值都编码为35，40年代的编码为45，以此类推，那么组内中位数是由已编码的数据计算得出的。
- 调和平均值（Harmonic Mean）：在组中样本大小不相等的情况下用来估计平均值大小。调和平均值是样本总数除以样本大小倒数的总和。
- 峰度（Kurtosis）：有离群值的程度的测量。
- 最大值（Maximum）：数值变量的最大值。

- 最小值（Minimum）：数值变量的最小值。
- 个案数：个案（观测值或记录）的数目。
- 在总个案数中所占的百分比：每个类别中的个案总数的百分比。
- 在总和中所占的百分比：每个类别中的总和百分比。
- 范围（Range）：数值变量最大值和最小值之间的差，即最大值减去最小值。
- 偏度（Skewness）：分布的不对称性测量。正态分布是对称的，偏度值为 0。具有显著的正偏度的分布有很长的右尾。具有显著的负偏度的分布有很长的左尾。作为一个标准，当偏度值超过标准误差的两倍时，认为不具有对称性。
- 标准差（Standard Deviation）：对围绕平均值的离差的测量。在正态分布中，68%的个案在平均值的一倍标准差范围内，95%的个案在平均值的两倍标准差范围内。例如，在正态分布中，如果平均年龄为45，标准差为10，那么95%的个案将处于25~65之间。
- 峰度标准误差（Standard Error of Kurtosis）：峰度与其标准误差的比可用作正态性检验（如果比值小于-2或大于+2，就可以拒绝正态性）。大的正峰度值表示分布的尾部比正态分布的尾部要长一些；负峰度值表示比较短的尾部（变为类似框状的均匀分布尾部）。
- 平均值的标准误差（Standard Error of Mean）：取自同一分布的样本与样本之间的平均值之差的测量。它可以粗略地将观察到的平均值与假设值进行比较（如果差与标准误差的比值小于-2或大于+2，那么可以断定两个值不同）。
- 偏度标准误差（Standard Error of Skewness）：偏度与其标准误差的比可用作正态性检验（如果比值小于-2或大于+2，就可以拒绝正态性）。大的正偏度值表示长右尾；负值表示长左尾。
- 方差（Variance）：对围绕平均值的离差的测量，其值等于平均值的差的平方和再除以个案数减1。度量方差的单位是变量本身单位的平方。

03 选定统计量后，单击"继续"按钮返回"OLAP 立方体"对话框。单击"差值"按钮，弹出"OLAP 立方体：差值"对话框，如图 1.97 所示。该对话框用于设置主对话框中选择的"摘要变量"及"分组变量"中各个分组之间的百分数差和算术差。

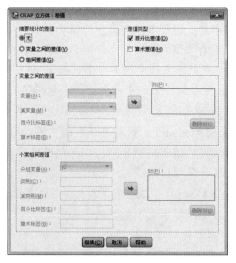

图 1.97　"OLAP 立方体：差值"对话框

对话框选项设置/说明

"摘要统计的差值"选项组中有3个选项。

- 无:系统默认选项,不计算差值。
- 变量之间的差值:计算变量对之间的差值,选此选项之前,必须至少在主对话框中选择两个摘要变量。
- 组间差值:计算由分组变量定义的组对之间的差值,勾选此项之前,必须在主对话框中选择一个或多个分组变量。

"差值类型"选项组中有两个选项。

- 百分比差值:计算百分数差,即输出一组配对变量中的第一个变量值减去第二个变量值的差值除以第二个变量值的百分比。
- 算术差值:计算算术差,即输出一组配对变量中的第一个变量值减去第二个变量值的绝对差。

"变量之间的差值"选项组只有在"摘要统计的差值"选项组中选择"变量之间的差值"时才可被激活。从"变量"和"减变量"下拉列表中分别选一个变量配对,在"百分比标签"和"算术标签"文本框中输入配对计算的差值在输出表中的标签(可以为默认),单击 按钮移入"对"列表框。单击"删除对"按钮可以将配对变量移除。最下面的是"个案组间差值"选项组,其中的选项与"变量之间的差值"选项组中的选项几乎相同,这里就不再赘述了。

本例中采用系统默认设置。

04 全部选项确定后,单击"继续"按钮,回到"OLAP 立方体"对话框。

05 单击"标题"按钮,弹出"OLAP 立方体:标题"对话框,如图 1.98 所示。在"标题"列表框中输入分层报告的标题。在"文字说明"列表框中输入相关文本,如制表时间、制表人姓名、单位名称等,对报告的内容作进一步的说明。这些文本将显示在分层报告表的下方,本例中在"标题"中输入"数据1OLAP 立方体"。

最后单击"继续"按钮,返回主对话框,单击"确定"按钮,提交系统执行,得到的结果如图 1.99 和图 1.100 所示。

图 1.98 "OLAP 立方体:标题"对话框

个案处理摘要

	个案					
	包括		排除		总计	
	个案数	百分比	个案数	百分比	个案数	百分比
月龄 * 性别	67	100.0%	0	0.0%	67	100.0%
体重,kg * 性别	67	100.0%	0	0.0%	67	100.0%
身高,cm * 性别	67	100.0%	0	0.0%	67	100.0%
坐高,cm * 性别	67	100.0%	0	0.0%	67	100.0%

图 1.99 个案处理摘要

数据1OLAP 立方体

性别: 总计

	中位数	分组中位数	平均值标准误差	最小值	最大值	范围	前	后	方差	峰度	峰度标准误差	偏度
月龄	67.00	67.00	.895	50	80	30	60	54	53.727	-.382	.578	-.509
体重,kg	19.400	19.400	.4133	14.3	31.3	17.0	16.5	17.4	11.446	.707	.578	.822
身高,cm	111.500	111.500	.7981	100.6	126.3	25.7	103.0	103.3	42.674	-.841	.578	.011
坐高,cm	63.700	63.750	.4058	56.5	71.3	14.8	58.6	59.9	11.034	-.586	.578	-.158

偏度标准误差	调和平均值	几何平均值	在性别中的总和中所占的百分比	在性别中的个案数中所占的百分比	总和	个案数	平均值	标准 偏差	在总和中所占的百分比	在总个案数中所占的百分比
.293	67.16	67.59	100.0%	100.0%	4556	67	68.00	7.330	100.0%	100.0%
.293	19.497	19.749	100.0%	100.0%	1341.0	67	20.015	3.3832	100.0%	100.0%
.293	111.959	112.147	100.0%	100.0%	7526.4	67	112.334	6.5325	100.0%	100.0%
.293	63.509	63.596	100.0%	100.0%	4266.7	67	63.682	3.3218	100.0%	100.0%

图 1.100　数据 1OLAP 立方体

1.4　SPSS 帮助系统

📹	下载资源:\video\第 1 章\1.4
💾	下载资源:\sample\数据 1\数据 1

从 SPSS 数据编辑器的数据视图窗口的"帮助"菜单中可以获得多项帮助,如图 1.101 所示,不同的选项提供不同的内容。

图 1.101　"帮助"菜单

1. SPSS 技术支持

依次选择"帮助|主题|SPSS 技术支持"命令,将进入 IBM SPSS 的 SPSS Support 网页,如

图 1.102 所示。在该页面中用户可以根据自身学习需要，在菜单栏中单击相应的选项，从 IBM SPSS 官方网站获得最新、最权威的帮助。

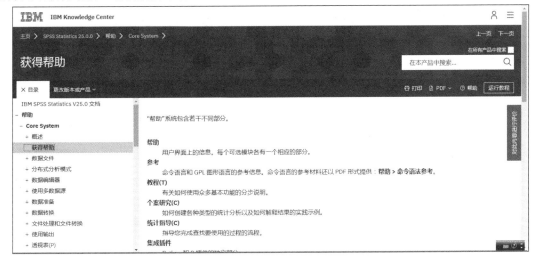

图 1.102　SPSS 帮助

2. SPSS 论坛

依次选择"帮助｜主题｜SPSS 论坛"命令，即可进入 IBM SPSS 的 SPSS 论坛网页，如图 1.103 所示。用户可以在这里针对 SPSS 软件使用、SPSS 相关操作技能等问题展开提问及相互交流。

图 1.103　SPSS 论坛网页

3. PDF 格式的文档

依次选择"帮助｜主题｜PDF 格式的文档"命令，即可进入 IBM SPSS 的 PDF 格式的文档网页，如图 1.104 所示。需要特别说明的是，本帮助非常有效，用户不仅可以浏览这些 PDF 格式的文档网页，还可以下载和打印这些文档，更深入地对相关知识和操作进行学习。

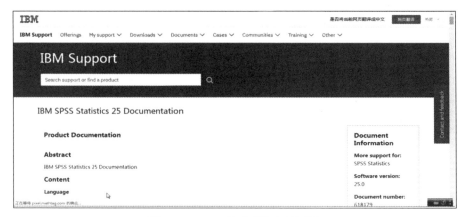

图 1.104　PDF 格式帮助文档网页

在图 1.104 的 PDF 格式帮助文档网页中，用户可以依据自身的语言习惯找到最适合自己的 PDF 格式帮助文档，比如要浏览、下载和打印简体中文格式的文档，可以查找"Simplified Chinese"文档，如图 1.105 所示。

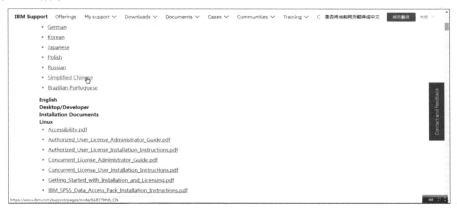

图 1.105　PDF 格式帮助文档网页中的"Simplified Chinese"选项

单击"Simplified Chinese"选项后，即可弹出如图 1.106 所示的网页，在该网页中用户可以浏览、下载和打印。

图 1.106　简体中文格式的 PDF 帮助文档列表

第 2 章

研究方案、调查问卷设计与数据挖掘介绍

在现代社会科学调查研究中,调查问卷已成为最实用、最流行的搜集资料的方式之一。SPSS 统计分析软件以其强大的数据分析功能渐渐成为流行的资料处理的工具,受到越来越多研究者的青睐。从学习本质上讲,读者学习 SPSS 软件的根本目的在于将其有效应用于实践工作,提高工作质量和效果。本章主要介绍社会科学调查研究、SPSS 数据整理与数据挖掘的基本知识,旨在从整体框架上告诉读者就实务问题开展定量分析的全过程,以便读者在工作实践中遇到某个具体问题时,比如要分析某个产品的市场容量、消费者偏好等因素,知道如何展开分析工作。

首先要进行研究方案设计,搜集整理相关的实证数据信息,然后使用合适的统计分析软件(比如 SPSS 软件)对获取的数据信息进行必要的整理,使得粗糙的数据信息转化为标准化的数据信息,以便数据分析软件能够有效识别、存储和运行这些数据。在此基础上,要根据研究目的并结合搜集数据的特点,选择使用恰当的统计分析方法或者数据挖掘技术去探究这些数据,然后找出其中存在的规律特点,提炼出共同性的、系统性的、规律性的信息,这些信息往往就构成了我们研究结论的主体或者可以直接作为研究结论。最后,形成研究结论供决策参考,并及时根据最新形势的变化不断更新我们的研究成果。

本章我们首先对调研方案设计进行研究,然后介绍调查问卷的制作以及如何在 SPSS 中录入数据,如何使用 SPSS 软件进行数据整理,最后介绍数据挖掘分析基础及 SPSS 中常用的数据挖掘与分析模块。

2.1 研究方案设计

下载资源:\video\第 2 章\2.1

任何调查研究都需要一套明确的方案,社会科学调查研究也不例外。尤其是我们在进行较为复杂的研究时更是如此,都需要开展研究方案的设计,比如一家商业银行研究其对公授信客户资产质量与企业财务报表上关键财务指标之间的关系,又比如一家淘宝电商研究其主打产品的销售量与顾客行为特征之间的关系,再比如一家学校的老师研究其授课风格与学生学习成绩之间的内在关系等。从开始确定研究目的和制定研究计划到搜集相关资料,以及对资料进行科学的分析直至得出研究结论,都离不开科学的指导方法和工具。可以说,设计清晰而系统的研究方案是进行调查研究工

作的首要任务，也是调查研究工作赖以进行的基础，所以研究方案设计在社会科学调查研究中有着极为重要的地位。那么应该如何设计出一套有效而可行的研究方案呢？

笔者根据自己多年以来的学术研究经验和工作实践经验，将研究方案设计的心得体会分享如下，供各位读者参考借鉴。

1. 要有明确的研究目的，在此基础上制定可行的研究计划

明确研究的目的是研究方案设计的根本基础。如本节前面所举的例子，一家商业银行要研究其对公授信客户资产质量与企业财务报表上关键财务指标之间的关系，那么为什么要开展该项研究？肯定要有研究目的。实际工作中，该项研究的目的通常是为了通过挖掘对公授信客户资产质量与企业财务报表上关键财务指标之间的关系，进而在营销拓展客户或者对存量客户制定增、持、减、退的授信策略时有所参考，能够服务商业银行的经营实践。只有当这个研究目的明确了，在该商业银行内部达成一致意见，相关的部门、人员都能接受、支持与配合，才能更好地保障研究的效果。如果不明确研究目的，大家就不知道应该朝着什么方向去努力，工作将无法进行。如果没有研究计划，大家就不能做到统筹安排，很可能造成有的工作没人做、有的工作大家在重复做的局面。根据笔者的研究经验，对明确研究目的来说，一定要坚持全面、彻底、及时的原则，意思就是说研究目的一定要及时、清晰、准确地传达给团队内执行相关任务的所有人。

在明确研究的目的之后，就要在此基础上制定出可行的研究计划。如何才算是可行的研究计划？一是要确定项目的执行期限，就是说要在多长时间内完成该项目，还可以根据实际情况明确阶段性子项目的执行期限；二是要建立合适的项目预算，这里所指的项目预算不仅仅是财务预算的概念，而是包括人力、财务、物力的综合概念，需要多少人参与、花多少钱、使用什么物品，怎么去争取这些资源等；三是要明确各个阶段的任务，就是说确定了项目之后，要制定出相应的项目执行计划，要明确各个阶段的具体任务及预期效果；四是要确定数据的搜集方法与处理方式，比如前面所提的一家商业银行要研究其对公授信客户资产质量与企业财务报表上关键财务指标之间的关系，对公授信客户资产质量的数据从哪儿获取？企业财务报表的数据从哪儿获取？五是要确定数据的研究方法与分析方法，使用时间序列分析、最小二乘回归分析、方差分析，还是二元或多元 logistic 分析更为合适？

2. 根据已制定的研究计划，搜集研究所需要的资料

在明确了研究的目的，制定好了研究计划之后，就要开始搜集研究所需要的资料了。资料有很多种，包括文字资料、图表资料、影像资料、数据资料等。对于数据挖掘分析而言，最重要也最方便的就是数据资料，当然也可以将文字资料、图表资料、影像资料等整理成数据资料。数据资料的取得方式主要有两种：第一种是利用现成的可用的数据资料，如万德资讯、各级政府统计部门直接发布的资料、一些中介服务机构发布的资料、前人已经搜集好的资料等；第二种是研究者自己通过各种渠道搜集并整理的资料，如通过调查问卷、实地采访搜集的资料等。

在搜集资料的过程中，要搜集的资料注意四点：第一点是所搜集的资料必须要与所研究课题相关，能够对我们的研究有所帮助，这一点是根本前提；第二点是要明白一个事实，就是我们不可能搜集到全部的与研究课题相关的资料，所以在搜集过程中要有所侧重，应首先搜集最有效、最相关的资料；第三点是注意搜集资料的费用要在项目预算范围之内；第四点是要注意使用的数据资料要满足法律法规的要求，比如如果要搜集客户信息，那么一定要注意是否得到客户的授权？是否符合

消费者权益保护的要求？而且一定不能侵犯个人隐私信息。

3. 运用数据统计分析软件对搜集到的资料进行整理

搜集好数据资料之后，因为不同数据的来源各异、格式各异，需要对数据进行适当的整理，以便用相应的统计软件进行分析。

对搜集到的资料进行整理的要点包括三个方面：

一是要注意保证数据的准确、完整，在数据录入和编辑的过程中要做好备份，既不要丢失数据信息，也不要录错关键数据信息。在前面的章节中我们也讲述了变量的缺失值属性以及缺失值的处理方式，虽然在数据统计分析时，SPSS 针对缺失值或者极端异常值给出了相对合理的解决策略，但最好的解决方法其实就是在预防，在数据整理阶段就要保证数据的高质量，为后面的数据分析打好基础。

二是要注意数据的量纲和单位，比如收集了客户的总资产数据，那么一定要明确单位是万元，还是亿元？如果不明确数据的量纲和单位，对于熟悉客户资料的项目组成员，可能仅凭从业经验就能较好地推断出来，但是对于其他大部分成员来说，可能就会产生误解。

三是要注意变量名称要与实际情况相统一，比如收集了客户的总资产数据，然后把总资产标记为"profit"显然是不够恰当的，标记为"total asset"显然会更合适，如果变量名称与实际情况不相统一，那么一方面其他的用户或项目组成员在使用起来容易产生误会，另一方面时间久了，数据整理者自己可能也会忘记其真实含义。

4. 使用合适的分析方法和工具对资料进行各种分析

根据研究目的和数据特点的不同，我们可以灵活选择不同的分析方法，比如描述分析、回归分析、聚类分析、因子分析等对数据进行分析。

本书所有的案例都是采用 SPSS 对数据进行分析的。SPSS 不仅具有强大的数据准备功能，而且也具备强大的数据分析功能。其中囊括了几乎各种已经成熟的统计方法和统计模型，如相关分析、回归分析、方差分析、时间序列分析、主成分分析、因子分析、聚类分析、判别分析等，而且包括自由灵活的表格功能和图形绘制功能。所以使用 SPSS 对社会科学调查数据进行分析，是可以实现研究目的的。

5. 分析研究结果，得出研究结论

在进行完数据分析之后，就可以分析研究的结果。如果对研究的结果不满意，可以尝试使用别的分析方法，或者采用重新收集样本数据，改变样本容量重新进行分析，直至得出满意的结果为止，最后写出最终的研究结论。一般情况下，最终研究结论都要经过不断地修正、改进，然后成型。

至此，我们介绍完了研究方案的设计，也就是一般研究的基本思路。下面我们介绍一下调查问卷的制作。

2.2 调查问卷的制作

 下载资源:\video\第 2 章\2.2

采用调查问卷进行调查是一种很普遍也是一种很有效的搜集资料的方式,所以掌握调查问卷的制作方法是非常重要的。由于我们研究目的在很多情况下是抽象而宏观的,而要设计的问卷通过具体的提问将研究目的进行微观层面上的分解,因此如何通过询问一个个背后有理论支撑与研究目的的问题来获取到想要的信息,就需要在问题设置上下功夫。

2.2.1 调查问卷

问卷调查是由调查机构根据调查目的设计各类调查问卷采取抽样的方式（随机抽样或整群抽样）确定调查样本,通过调查员对样本的访问完成事先设计的调查项目,然后由统计分析得出调查结果的一种方式。调查问卷是调查人根据研究目的和要求,参照各个调查项目设计成的调查表。一份调查问卷通常由四部分组成:题目、引言部分、主体部分和结束语。

- 题目：主要是说明本次调查的核心内容,一般形式为"关于 XX 的调查"或者"XX 的调查问卷"。比如"大学本科生电脑需求情况调查问卷"。
- 引言部分：主要是告诉参与者本次问卷调查的主要目的与意义、问卷的解答方法以及关于请求参与者认真参与的感谢语。
- 主体部分：是问卷的核心部分,一般分为两部分,一部分是被调查者与研究目的相关的基本情况,如性别、年龄、学历等；另一部分是被调查者对相关问题的基本看法和基本做法。主体部分是以后进行数据定量分析的基础。
- 结束语：一般都是告诉被调查者调查已经结束以及对于被调查者的参与表示感谢的感谢语、祝福语、时令关心语等都可以。

2.2.2 调查问卷的制作步骤

调查问卷的制作是一项系统的工作,一般来说可以按照以下的步骤进行。

1. 确定调查的形式,即用何种方法获取资料

具体的方法有很多,比较常用的有现场调查、电话访问和邮件调查等。

- 现场调查,就是找到被调查者人群,当面向他们发放调查问卷,请求他们作答,完成后回收问卷的方式。当参与调查的人群比较集中时,可以优先采用这种方法。
- 电话访问,就是给被调查者打电话,咨询他们的情况和对所研究问题的看法,然后记录下来。当参与调查的人群比较离散时可以优先采用此种方法。
- 邮件调查,就是研究者发邮件给被调查者,然后要求被调查者对邮件中的问题给予作答,作答完成后回复调查者的方式。邮件调查一般不太常用,一方面因为回收率比较低,另一方面因为调查周期相对较长。

对于这三种方法，研究者应该综合考虑各种因素来权衡收益与成本，找出最适合的方式。当然，这些方式也常常被结合起来一起使用。

2. 根据研究目的，设计出合格的调查问卷

既然是问卷，基本都是采用问题的形式展开调研。调查者根据研究目的设计好问题，被调查者予以作答。问题一般分为三种：

- 开放式的，即问题没有固定的选项，参与者可以自由地以自己的语言予以作答，例如"您对XX问题有哪些建议"。
- 封闭式的，即对于每一个问题，调查者都准备好了既定的选项，被调查者只能从选项中选出自己适合的选项来完成对题目的作答，例如"您的国籍是：A.中国国籍 B.非中国国籍"。
- 半封闭式的，即对于一个问题，调查者给出了选项，同时提出如果所有的选项都不适合或者不够全面，被调查者可以提出自己的看法，例如"您认为中小企业融资难融资贵的最大原因是：A.自身经营能力欠缺，B.商业银行存在歧视，C.推行的很多支持小微企业的政策在落地执行时存在偏差，如果这些都不符合，请您说明原因"。

设计一份合格的问卷需要注意很多问题，这一点在下一小节中将详细说明。

3. 在样卷基础上准备最后的问卷

如果只采用电话访问的方式，那么把样卷打印出来或者直接用电子版复制给各个调查者，让他们直接电话调查就可以了。如果需要采用现场访问的方式，首先必须确定拟发放问卷的数量，然后根据确定的数量去复制样卷，既要保证最终问卷的数量能够满足本次调查的需要，又要避免出现大幅度的资源浪费。采用邮件调查方式时，如果是发放普通邮件，也就是非电子邮件，可仿照现场访问方式。如果是发送电子邮件，则可仿照电话访问的方式。

准备好问卷后，调查问卷的制作过程就结束了，下一步就是按计划执行调查。

2.2.3 制作调查问卷时需要注意的问题

一个简单的事实是：在问卷调查中，问卷是调查者与被调查者进行沟通交流的唯一途径，所以调查者在制作调查问卷时，需要在使用科学的调查方法的基础上注重问卷设计的技巧、方法与策略。下面我们就问卷设计中应该注意的问题做一下介绍。

1. 问题表述必须规范、详细、意义明确

不能出现歧义或者含糊不清的情况，以保证每一位被调查者对该问题都有清晰一致的理解，进而保证调查的正确性。例如"您是否经常参加公益活动"这个问题，调查者必须给出具体的判断标准，如"每周参加公益活动的小时数"这个问题，如果调查者不给出判断标准，由于每个人对于"经常"的理解是不一样的，就会影响调查结果。

2. 不能使用诱导性或带有特定感情色彩的词语

被调查人群往往有"先入为主"和"从众心理"。如果调查者在调查中使用诱导性的或者带有感情色彩的词语，被调查者往往会被调查者的诱导所吸引，从而不会形成自己独立的评价，得到的调查结果自然也会有偏差。例如"很多权威的专家认为商业银行信贷资金流入房地产是各城市房价提升的最为重要的推手，您的看法是……"这个问题，一方面商业银行信贷资金流入房地产引起各城市房价提升对被调查者形成"先入为主"效应；另一方面"很多权威的专家认为"使被调查者追随的概率大增，从而大大影响调查结果。

3. 不要答案不全，也不要答案重复

答案不全指的是出现了对于研究者所提问题，被调查者无法找到合适选项的情况。例如"你最喜欢的颜色是"这个问题，如果只有"红色""黄色""绿色""橙色""紫色""白色"这几个选项，那么如果被调查者最喜欢的颜色是蓝色或者黑色，他就无法作答。答案重复指的是各个选项之间互相有交集。例如"你最喜欢的形状是"这个问题，选项是"四边形""平行四边形""圆形""矩形""菱形""正方形"就存在着答案重复，因为正方形既是矩形，又是菱形，还是平行四边形，更是四边形。

4. 尽量一问一答，不要一题多问

一题多问指的是在所设计问题的那句话中包含了多个问题的情况，如"你对我国制造业和批发零售业是否应该转型创新这件事的看法是"这个问题就属于一题多问。如果有人对我国制造业应该转型创新持支持态度，对我国批发零售业应该转型创新持反对态度，那么他就无法作答了。

5. 充分考虑应答者回答问题的能力、意愿

考虑应答者回答问题的能力主要体现在对于普通大众，不要问一些专业性很强的东西，即"隔行如隔山"。即便是强行要求被调查者作答，也不会得到一个比较可信的结果。考虑应答者回答问题的意愿体现在不要问一些敏感问题和社会禁忌问题，包括个人隐私问题、涉及个人利害关系的问题、风俗习惯禁忌以及个人经济收入、年龄等。同样的，即使被调查者回答了这些问题，可信度也是比较低的。

6. 陈述问题时做到肯定否定一致

尽量全部采用肯定或者全部采用否定，如果有个别情况，最好突出一下，不然就容易得出被调查者完全违背本意的选择。例如一开始的题目是"你认为下面的说法正确的是"，那么设计下面的题目时最好也是"你认为下面的说法哪些是你赞同的"等。

7. 问卷每一部分的位置安排要具有一定的逻辑性

不要让被调查的思维跳跃过大，这样会加重被调查者的脑力工作量，引起被调查者的反感，还激发不了被调查者对相关问题比较深入的思考。所以对于某一方面的问题，最好是放在一起，从简到繁、从易到难、循序渐进，一步步地激发被调查的思维，从而使其做出比较符合真实情况的选择。

附　调查问卷样例

大学本科生电脑需求情况调查问卷

本调查仅为市场研究使用，不会侵犯您的隐私，也不会留下您的联系方式，请您如实根据自身情况填写以下内容，谢谢合作！

1. 您的性别？
   A. 男　　　B. 女
2. 您现在读几年级？
   A. 大一　　B. 大二　　　C. 大三　　　D. 大四
3. 您现在是否拥有电脑？
   A. 是　　　B. 否
4. 如果您现在拥有电脑，是何时得到的？如果没有，不必选择
   A. 大一　　B. 大二　　　C. 大三　　　D. 大四
5. 如果您现在没有电脑或者想再买一台，准备何时购买？如果不想买，不必选择
   A. 大一　　B. 大二　　　C. 大三　　　D. 大四　　　E. 毕业以后　　F. 不确定
6. 您购买电脑的动机？（可以多选）
   A. 学习需要　　　　　　B. 社会工作需要（学生协会，社团）　　　　C. 游戏娱乐
   D. 别人有了我也应该有　　E. 其他
7. 您购买电脑的最主要经济来源？
   A. 家人或者朋友专款赞助　　B. 自己做兼职挣得　　　C. 生活费中节省的
   D. 奖学金或者助学金　　　　E. 意外收入
8. 您购买电脑的时候，什么因素会让你最先考虑？
   A. 价格　　　B. 功能　　　C. 外形　　　D. 品牌　　　E. 其他
9. 您能接受的价格范围是？
   A. 2000 元以下　　　　　　B. 2000~4000 元　　　　C. 4000~6000 元
   D. 6000~8000 元　　　　　E. 8000~10000 元　　　　F. 10000 元以上
10. 您对电脑硬件配置要求的态度是？
    A. 越高越好　　　　　　　　　　　　　　　　　　B. 能满足日常使用即可
    C. 比日常使用稍高一些，以防止跟不上软件升级的要求　　D. 无所谓
11. 如果您打算购买电脑或者推荐同学购买电脑，款式方面你会选择？
    A. 台式机　　　B. 笔记本电脑　　　C. 两者无差异
12. 如果您打算购买电脑或者推荐同学购买电脑，品牌方面你会选择？
    A. 国产品牌　　　B. 国外品牌　　　C. 组装机
13. 如果您采取分期付款购买的方式，您能接受每月多少分期付款费用？
    A. 2000 元以下　B. 2000~3000 元　C. 3000~4000 元　D. 4000~5000 元　E. 5000 元以上
14. 如果您采取分期付款购买的方式，您的分期付款费用由谁支付？
    A. 自己　　　B. 父母或者朋友
15. 您的月平均生活费是？
    A. 4000 元以下　B. 4000~5000 元　C. 5000~6000 元　D. 6000~7000 元　E. 7000 元以上
16. 您认为个人电脑需求情况最主要受什么因素的影响？（开放题）

---

17. 您对电脑的市场营销有什么建议？

调查结束，非常感谢您的参与！

XX 股份有限公司

2.3 数据挖掘介绍

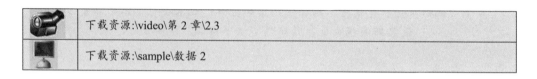

2.3.1 数据挖掘概念及过程

根据百度百科上的介绍，数据挖掘是指从大量的数据中通过算法搜索隐藏于其中信息的过程[1]。数据挖掘的根本目的是用于决策支持，用户通过对所在机构的相关数据信息进行分析，探索其中存在的规律特点，提炼出共同性的、系统性的、规律性的信息，可以在一定程度上帮助企业的管理层或决策层增加收益、防控风险或者提高效率、降低成本。

一个完整而典型的数据挖掘过程如下所示：

（1）确定研究目的。研究目的决定到底想做什么，是数据挖掘过程的出发点和落脚点，合理确定研究目的是开展数据挖掘的基础。研究目的的不同会导致模型设定的不同。比如以"增加用户数量"为目的的研究和以"提升用户体验"为目的的研究是截然不同的。增加用户数量侧重于研究用户的触发行为、推荐行为；提升用户体验侧重于研究用户在使用过程中的痛点和关注点。

（2）搜集数据。为达到研究的目的，必须收集相应的数据信息，或者说是有价值的研究结论，这些必须建立在真实丰富的数据基础之上。有些企业可能已经具备了研究所需要的数据信息，可以直接使用；但是在很多情况下，企业需要通过社会调查或者统计整理等方式去获取所需要的数据信息，这就需要用到我们前面讲述的社会调查研究的基本知识。

（3）整理数据。在我们搜集完数据后，这些数据可能无法直接使用，或者说是相对粗糙的，尤其是当搜集得到的数据集包含成百上千的字段，那么浏览分析这些数据将是一件非常耗时的事情。这时，我们非常有必要选择一个具有好的界面和功能强大的工具软件，使用合适的统计分析软件（如 SPSS 软件）对获取的数据信息进行必要的整理，使得粗糙的数据信息转化为标准化的数据信息，让数据分析软件能够有效识别、存储和运行这些数据。

（4）设定变量。在数据挖掘过程中，最终研究结论的形成往往是通过设定模型、求解模型、分析预测来实现，而所有的模型都是通过变量来实现，或者说模型本身就是变量之间关系的反映。而从数据端出发，由于数据信息是繁杂的，为了提炼出共同性的、系统性的、规律性的信息，数据信息必须通过变量来进行承载。设定变量的常见操作包括直接选择变量、创建全新变量、对变量进行计算转换等。

（5）建立模型。建立模型几乎算是整个数据挖掘过程中最为关键和最具技术含量的一步，模型选择和设定的优劣程度，轻则会在根本上影响数据信息的利用效率，重则会造成估计结果的严重失真，甚至得到截然相反的研究结论，对决策工作产生误导。需要特别强调和提示的是，在很多时候模型的设定并不是一蹴而就的，建立模型是一个反复的过程，用户需要仔细考察不同的模型以判断哪个模型对面对的商业问题最有用。

---

[1] https://baike.baidu.com/item/%E6%95%B0%E6%8D%AE%E6%8C%96%E6%8E%98/216477?fr=aladdin

（6）评价模型。在很多情况下，我们进行数据挖掘，并不仅仅是为了解释问题或者验证问题，更重要的是要预测问题，在一定程度上帮助企业的管理层或决策层增加收益、防控风险或者提高效率、降低成本。所以在模型建立完成之后，我们非常有必要对基于模型得到的结果进行验证，将实际观测值与模型期望值进行比较，观察其偏离度，觉得满意之后再向更大范围推广。

（7）实施研究成果。在建立了合适的模型并经过评价认为恰当后，用户就可以将模型应用起来，实施研究成果。

数据挖掘分析流程图如图2.1所示。

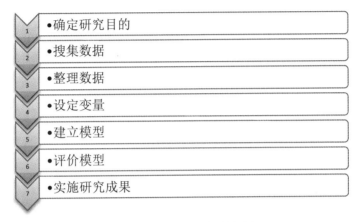

图 2.1　数据挖掘分析流程图

2.3.2　SPSS 中的数据挖掘分析方法

SPSS 集数据录入、数据编辑、数据管理、统计分析、报表制作以及图形绘制于一体，自带 11 种类型 136 个函数，提供了从简单的统计描述到复杂的多因素统计分析方法，如数据的探索性分析、统计描述、交叉表分析、二维相关、秩相关、偏相关、方差分析、非参数检验、多元回归、生存分析、协方差分析、判别分析、因子分析、聚类分析、非线性回归、Logistic 回归等。其功能非常强大，可针对整体的大型统计项目提供完善的解决方案。升级到 25.0 版本以后，SPSS 的统计分析功能变得更加完整、系统和全面。需要注意的是，部分分析模块中功能有重叠，或者说一种分析方法可以通过多个模块中的相关命令操作来实现。

1. 描述统计分析模块

在对数据进行统计分析的时候，首先要对数据进行描述性统计分析，这样就可以对变量的分布特征以及内部结构获得一个直观的感性认识，以决定采用何种分析方法，更深入地揭示变量的统计规律。SPSS 25.0 中的描述统计命令包括一系列的分析功能，频数、描述、集中趋势和离散趋势分析、分布分析与查看、正态性检验与正态转换、均值的置信区间估计等。在描述分析或者探索分析方面包括频率分析（Frequencies）、描述分析（Deives）、探索分析（Explore）、列联表（交叉表）分析（Crosstabs）、TURF 分析（Total Unduplicated Reach and Frequency，累积不重复到达率和频次分析）、比率统计（Ratio Statistics）、P-P 图（P-P Plots，Proportion-Proportion Plots）、Q-Q 图（Q-Q Plots，Quantile-Quantile Plots）等。这些分析的结果（统计量和图形）有助于我们了解数据的分布特征。

特别需要指出的是，交叉表分析是一个非常流行的分析工具，其优势在于可以表达多个分类变量交叉计数的资料，分析手段采用独立性检验或构造模型的方法。交叉表分析经常用来判断同一个调查对象的两个特性之间是否存在明显相关关系。例如，房地产商常常设计列联表问卷，调查顾客的职业和顾客所选房子的类型是否有明显的相关关系，等等。

2. 比较平均值分析模块

利用样本对总体的分布特征进行统计推断是统计学的基本任务之一，这种推断常常表现为对总体分布的未知参数进行估计。在所有数字特征中，均值是反映总体一般水平的最重要的特征。调查得来的样本，能否认为是来自某个确定均值的总体？这就需要比较样本均值与总体均值之间的差异，这类问题属于数理统计学的假设检验问题，其实质仍然可以归结为均值比较问题。均值比较是对于两个或者多个总体的样本均值的比较，研究各总体之间的差异。例如，两个教师分别教两个平行班级的同一门课，比较这两个班的学习状况的差异；对纺织厂生产的同一种布匹，在几种不同的温度下进行缩水率试验，研究温度对布的缩水率的影响等都属于均值比较问题。均值比较问题是最常见的统计分析问题，在数理统计中，正态总体的参数估计、参数的假设检验等基本上都属于均值比较问题。

SPSS 中提供的"比较均值"命令就是专门处理这类问题的。SPSS 25.0 中的比较平均值分析模块包括均值比较、单样本 T 检验、独立样本 T 检验、配对样本 T 检验、单因素方差分析等。均值比较检验计算一个或多个自变量类别中因变量的分组均值和相关的单变量统计，若仅仅计算单一组别的均数和标准差，均值过程并无特别之处；但若用户要求按指定条件分组计算均数和标准差，如分专业同时分性别计算各组的均数和标准差等，则用均值过程更加简单快捷。另外，均值过程中可以执行单因素方差分析，查看均值是否不同。

单样本 T 检验过程（One-Sample T Test），相当于数理统计中的单个总体均值的假设检验，根据样本观测值，检验抽样总体的均值与指定的常数之间的差异程度。

独立样本的 T 检验用于检验两个独立样本是否来自具有相同均值的总体，相当于检验两个独立正态总体的均值是否相等，即检验是否成立，这个检验是以 T 分布为理论基础的。SPSS 中的独立样本的 T 检验过程输出的统计量中除了包括每个变量的样本大小、均值、标准差及均值的标准差这些普通的描述性统计量外，还包括差值的均值、标准误差、置信区间、方差齐性的 Levene 检验及均值相等的合并方差、独立方差的 T 检验统计量等。

配对样本的 T 检验用于检验两个相关的样本是否来自具有相同均值的正态总体，配对样本的 T 检验实际上是先求出每对观测值之差，然后求各差值的均值。检验配对变量是否有显著性差异，实际就是检验差值的均值与零均值之间差异的显著性，如果差值与零均值没有显著性差异，那么表明配对变量均值之间没有显著性差异，这个检验使用的同样是 T 统计量，仍然以 T 分布作为其理论基础。

单因素方差分析也称作一维方差分析。检验由单一因素影响的一个（或几个相互独立的）因变量，由因素决定各水平分组的均值之间的差异，是否具有统计意义，并可以进行两两组间均值的比较，称作组间均值的多重比较，还可以对该因素的若干水平分组中哪些组均值间不具有显著性差异进行分析（即一致性子集检验）。

3. 相关分析与回归分析模块

连续性变量的数据是实际工作中常用到的数据，单独一个连续变量可以用一般的频数表和图示法来分析其特性，或者用均值及标准差等描述性统计量来考察其分布特征。但是，实际工作中所遇到的问题常常涉及两个或两个以上的连续型变量，这就需要讨论两个或者两个以上变量之间的关系问题。

在统计学上，两个连续型变量的关系多以线性关系进行分析，线性关系分析是用直线方程的原理来估计两个变量关系的强度，比如常见的相关系数就是刻画两个变量线性相关关系的指标：相关系数越大，表示线性关系越强；相关系数越小，表示线性关系越弱，此时可能变量间没有联系，或者是非线性关系。另一方面，回归分析也是分析变量间关系的一种重要方法，其研究的变量分为因变量与自变量，因变量是随机变量，自变量也称为因素变量，是可以加以控制的变量。当回归分析主要研究变量间线性关系时，称为线性回归分析，反之称为非线性回归分析。回归分析又可按照影响因变量的自变量的个数分为一元线性回归和多元线性回归。在实际中，相关分析与回归分析经常一起使用，用来分析和研究变量之间的关系。

SPSS 25.0 中的相关分析模块包括简单相关分析、偏相关分析、距离相关分析等。SPSS 25.0 中的回归分析模块包括自动线性建模（Automatic Linear Modeling）、线性回归（Linear Regression）、曲线估计（Curve Estimation）、部分最小平方回归、二元 Logistic 回归（Binary Logistic Regression）、多元 Logistic 回归（Multinomial Logistic Regression）、有序回归（Ordinal Regression）、概率单位法（Probit, Probability Unit）、非线性回归（Nonlinear Regression）、权重估计法（Weight Estimation）、两步最小二乘回归（2-Stage Least Squares Regression）及最优标度回归等。

- 线性回归：线性回归分析是基于最小二乘法原理产生的古典假设下的统计分析方法，用来研究一个或多个自变量与一个因变量之间是否存在某种线性关系。如果引入回归分析的自变量只有一个，就是简单线性回归分析，如果引入回归分析的自变量有两个以上，那么就是多元线性回归分析，简单线性回归是多元线性回归的特例。
- 曲线估计：曲线估计可以拟合许多常用的曲线关系，当变量之间存在可以使用这些曲线描述的关系时，我们便可以使用曲线回归分析进行拟合。许多情况下，变量之间的关系并非线性关系，我们无法建立线性回归模型。但是许多模型可以通过变量的转化为线性关系。统计学家发展出了曲线回归分析来拟合变量之间的关系。曲线估计的思想就是通过变量替换的方法将不满足线性关系的数据转化为符合线性回归模型的数据，再利用线性回归进行估计。SPSS 25.0 的曲线估计过程提供了分别是线性曲线、二次项曲线、复合曲线、增长曲线、对数曲线、立方曲线、S 曲线、指数曲线、逆模型、幂函数模型、Logistic 模型等十几种曲线回归模型。同时，SPSS 允许用户同时引入多个非线性模型，最后联合分析的结果选择相关的模型。
- 二元 Logistic 回归：或者说二元 Logistic 回归模型，就是想为两分类的因变量作一个回归方程出来，不过概率的取值在 0~1 之间，而回归方程的因变量取值是在实数集中，这样概率的取值就会出现 0~1 范围之外的不可能结果，因此将概率做一个 Logit 变换，其取值区间就变成了整个实数集，这样的结果就不会有问题。
- 多元 Logistic 回归：常用于因变量为多分变量时的回归拟合。在许多领域的分析中，我们都会遇到因变量只能取多个单值的情形，如教师职称、医师级别等。对于这种问题建立回归模型，与二元 Logistic 回归的基本思想类似，通常先将取值在实数范围内的值通过 Logit 变换转化为目标概率值，然后进行回归分析，但是考虑到因变量不止有两种取值的情况，这就是多元 Logistic 回归。多元 Logistic 回归参数的估计通常采用最大似然法，最大似然法的基本思想是先建立似然函数与对数似然函数，再通过使对数似然函数最大求解相应的参数值，所得到的估计值称为参数的最大似然估计值。

- 非线性回归：非线性回归分析（Nonlinear Regression Analysis）是寻求因变量与一组自变量之间的非线性相关模型的统计方法。线性回归限制模型估计必须是线性的，非线性回归可以估计因变量与自变量之间具有任意关系的模型。非线性回归分析中参数的估计是通过迭代的方法获得的。例如某种生物种群繁殖数量随时间变化表现为非线性的关系，便可以借助非线性回归分析过程寻求一个特殊的估计模型（如根据经验，选择逻辑斯蒂生长曲线模型等）刻画它们的关系，进而利用它进行分析和预测。建立非线性模型时，仅当指定一个描述变量关系的准确的函数时结果才有效，在迭代中选定一个好的初始值也是非常重要的，初始值选择的不合适可能导致迭代发散或者可能得到一个局部的最优解而不是整体的最优解。对许多呈现非线性关系的模型，如果可以转化成线性模型，应尽量选择线性回归进行分析，如果不能确定一个恰当的模型，可以借助散点图直观地观察变量的变化，这将有助于确定一个恰当的函数关系。

- 两步最小二乘回归：普通最小二乘法有着非常严格近乎苛刻的假设条件，但是在实际中往往很多数据并不能满足这些假设条件。其中一个基本假设是自变量取值不受因变量的影响，或者说数据不存在内生自变量问题。然而，在很多研究中都不同程度地存在着内生自变量问题，如果在存在内生自变量问题的条件下继续采用普通最小二乘法，就会严重影响回归参数的估计，使得回归模型失真甚至失效。SPSS 25.0 回归分析模块的二阶段最小二乘回归分析便是为解决这一问题而设计的，其基本思路是：首先找出内生自变量，然后根据预分析结果找出可以预测该自变量取值的回归方程并得到自变量预测值，再将因变量对该自变量的预测值进行回归，以一种更加迂回的方式解决内生自变量问题。

- 权重估计法：异方差性会导致参数估计量非有效、变量的显著性检验失去意义、模型的预测失效等后果。模型存在异方差性，可用加权最小二乘法（WLS）进行估计，加权最小二乘法是对原模型加权，使之变成一个新的不存在异方差性的模型，然后采用 OLS 估计其参数。

- 概率单位法：即 Probit 回归分析，适用于对响应比例与刺激作用之间的关系的分析，Probit 回归分析属于 SPSS 中的专业统计分析过程。与 Logistic 回归一样，Probit 回归同样要求将取值在实数范围内的值通过累计概率函数变换转化为目标概率值，然后进行回归分析。常见的累积概率分布函数有 Logit 概率函数和标准正态累积概率函数。

- 有序回归：如果因变量是有序的分类变量，那么使用有序回归的分析方法或称为 Ordinal 回归。在实际生活中，很多情况下我们会遇到有序因变量的情况，如成绩的等级优、良、中、差；贷款的违约情况正常、关注、风险、已违约等。我们也会遇见很多取值多元的案例，比如在客户满意度调查中调查客户对于本公司的服务满意程度为很满意、基本满意、不太满意、很不满意等；又比如在银行信贷资产的分类中，按照监管部门的规定要求将授信资产划分为正常、关注、次级、可疑、损失等；再比如在债券发行市场对债券发行主体进行信用评级，评级为 AAA、AA、A、BBB、……、D 等。有序因变量和离散因变量不同，在这些离散值之间存在着内在的等级关系。如果直接使用 OLS 估计法，将会失去因变量序数方面的信息而导致估计的错误。因此，统计学家发展出来有序回归分析这种分析方法。我们可以通过 SPSS 更方便地实现有序回归分析的操作。

- 最优标度回归：我们经常会遇到自变量为分类变量的情况如收入级别、学历，等等，通常的做法是直接将各个类别定义取值为等距连续整数，如将收入级别的高、中、低分别定义为 1、2、3，但是这意味着这三档之间的差距是相等的或者说它们对因变量的数值影响程度是均匀的，显然这种假设是有些草率，基于此分析有时会得出很不合理的结论。SPSS 的最优标度回归便应运而生，成为了解决这一问题的分析方法。

4. 非参数检验分析模块

统计中的检验方法分为两大类：参数检验和非参数检验。比较平均值分析模块介绍的检验方法是参数检验，需要预先假设总体的分布，在这个严格假设基础上才能推导各个统计量从而对原假设（H_0）进行检验。SPSS 软件中还提供了多种非参数检验的方法：χ^2 检验、二项分布检验、单样本的 Kolmogorov-Smirnov 检验、两个独立样本的检验、两个相关样本的检验、多个独立及相关样本的检验等。非参数检验方法不需要预先假设总体的分布特征，直接从样本计算所需要的统计量进而对原假设进行检验。

非参数检验分析模块包括单样本非参数检验（One-Sample Nonparametric Tests）、两个或更多独立样本非参数检验（Two or More Independent Samples Nonparametric Tests）、两个或更多相关样本非参数检验（Two or More Related Samples Nonparametric Tests）、卡方检验（Chi-Square Test）、二项检验（Binomial Test）、游程检验（Runs Test）、单样本 Kolmogorov-Smirnov 检验（One-Sample Kolmogorov-Smirnov Test）、两独立样本非参数检验（Two-Independent-Samples Test）：Mann-Whitney U 检验（Mann-Whitney U test）、Moses 极端反应检验（Moses Extreme Reactions Test）、Kolmogorov-Smirnov Z 检验（Kolmogorov-Smirnov Z Test）、Wald-Wolfowitz 游程检验（Wald-Wolfowitz Runs Test），多个独立样本非参数检验（Tests for Several Independent Samples）：Kruskal-Wallis H 检验（Kruskal-Wallis H Test）、中位数检验（Median Test）和 Jonckheere-Terpstra 检验（Jonckheere-Terpstra Test）；两相关样本非参数检验（Two-Related-Samples Tests）：Wilcoxon 符号秩检验（Wilcoxon Signed Ranks Test）、符号检验（Signed Test）、McNemar 检验（McNemar Test）和边际同质性检验（Marginal Homogeneity Test），多个相关样本非参数检验（Test for Several Related Samples）；Friedman 检验（Friedman Test）、Kendall W 检验（Kendall's W Test）和 Cochran Q 检验（Cochran's Q Test）等。

5. 分类与降维分析模块

分类与降维分析模块包括 K-means 聚类分析、分级聚类分析、两步聚类分析、快速聚类分析、因子分析、主成分分析、判别分析等。

- 聚类分析：也称群分析，它是研究样品（或指标、变量）分类问题的一种多元统计分析方法。聚类分析用于解决事先不知道应将样品或指标分为几类，需要根据样品或变量的相似程度，进行归组并类的问题。在实际问题中，存在大量的分类问题，随着生产力和科学技术的发展，分类不断细化，以往仅凭经验和专业知识作定性分类的方法已经不能满足实际的需要，也不能做出准确的分类，必须将定性和定量分析结合起来去分类。例如，气象学中，根据各项气候指标作气候区划；考古学中，根据挖掘出的古生物化石判断生物类型、生存时代；社会经济领域中，根据各地区的经济指标进行分类，对各地经济发展状况做出综合评价。聚类分析作为分类的数学工具越来越受到人们的重视，在许多领域都得到广泛应用。

- 因子分析与主成分分析：人们在对现象进行观测时，往往会得到大量指标（变量）的观测数据，这些数据在带来现象有关信息的同时，也给数据的分析带来了一定困难；另一方面，这众多的变量之间可能存在着相关性，实际测到的数据包含的信息有一部分可能是重复的。因子分析和主成分分析就是在尽可能不损失信息或者少损失信息的情况下，将多个变量减少为少数几个潜在的因子或者是主成分，这几个因子或主成分可以高度地概括大量数据中的信息。这样，既减少了变量个数，又同样能再现变量之间的内在联系。例如，做衣服需要掌握人身体各部位的尺寸或指标（上衣长、裤长、脚围、臀围、臂长等），这些指标因人而异，都是一些随机变量，但这些随机变量之间又存在明显的联系，服装厂批量生产服装时，不可能真正做到"量体裁衣"，他们需要从这许多指标中概括出少数几个关键性指标，然后根据这些指标进行加工，这样生产出来的服装就能适合大多数人的体型。这少数几个指标虽然不能反映人的体型的全部信息，但是却高度地概括和集中了其中绝大部分信息。又如在作多元回归时，可能因为自变量之间存在多重共线性，而使得建立的回归模型并不能很好地刻画因变量与自变量之间的关系，根据因子分析和主成分分析的思想，事先通过因子分析或主成分分析，从具有共线性的多个变量中筛选出少数几个变量，它们概括了原始变量观测值中绝大部分信息，使用这些变量建立的回归方程能再现原始变量之间的关系。

- 判别分析：一种处理分类问题的统计方法。在生产活动、经济管理、科学实验甚至日常生活中，人们常常需要判定所研究的现象或事物的归属问题。例如，医生对病人病情的诊断，需要根据观察到的病症（如体温、血压、白细胞数等）判断病人患何种病；经济分析中，根据一个国家或地区的若干经济指标，判断该国家或地区经济发展的程度和状态；市场预测中，根据某厂反映产品销售状况的若干指标，判断该厂产品销量属于开发期、发展期还是饱和期；地质勘查中，根据采集的矿石样品判断勘测地是否有矿，贫矿还是富矿。与聚类分析不同，判别分析是在分组已知的情况下，根据已经确定分类的对象的某些观测指标和所属类别来判断未知对象所属类别的一种统计学方法。判别分析首先需要对研究的对象进行分类，然后选择若干对观测对象能够较全面描述的变量，接着按照一定的判别标准，建立一个或多个判别函数，用研究对象的大量资料确定判别函数中的待定系数，来计算判别指标。

6. 一般线性模型分析模块与广义线性模型分析模块

在生产中需要解决不同生产条件对产量和质量的影响问题；在科学研究中，常常要研究不同的试验条件对试验结果的影响问题。为此，需要对试验数据进行科学的分析，以鉴别各种试验条件对试验结果的影响。如农作物的产量受到选种、施肥量、气温等条件的影响；橡胶生产中，橡胶制品的质量受到不同的促进剂、氧化锌和硫化时间的影响等。我们需要在诸多的影响因素中，分析哪些因素对该事物有显著的影响？影响因素如何搭配可以使其效果最优，影响因素之间是否有交互作用。一般线性模型分析模块与广义线性模型分析就是处理这类问题的一种有效的统计分析方法。由于受到考察因素以及各种随机因素的影响，试验所得的数据呈现波动状，造成波动的原因可分成两类：一类是试验中施加的对指标造成影响的因素；另一类是不可控制的随机因素。方差分析的基本思想是，通过分析试验中不同水平引起的差异和由随机因素造成的差异对总差异程度的贡献大小，确定考察因素对试验结果影响的显著性。当试验数据很多时，用手工方法计算方差分析问题往往涉及大量的数值计算，计算耗时费力，使用 SPSS 解决此类问题则十分方便，用户要做的工作只是按照软件的要求合理地组织数据。

SPSS 一般线性模型分析模块与广义线性模型分析模块包括单变量方差分析（Univariate Analysis of Variance）、多元方差分析（Multivariate Analysis of Variance）、重复测量方差分析（Repeated Measures Analysis of Variance）和方差分量分析（Variance Components Analysis）；广义线性模型（Generalized Linear Models）：广义线性模型（Generalized Linear Models）和广义估计方程（Generalized Estimating Equations）；混合模型（Mixed Models）：线性混合模型（Linear Mixed Models）和广义线性混合模型（Generalized Linear Mixed Models）；对数线性模型（Loglinear）：一般对数线性分析（General Loglinear Analysis）、Logit 对数线性分析（Logit Loglinear Analysis）和模型选择对数线性分析（Model Selection Loglinear Analysis）。

7. 生存分析模块

生存分析最早可追溯至 19 世纪的死亡寿命表，但现代的生存分析则开始于 20 世纪 30 年代工业科学中的相关应用。第二次世界大战极大地提高了人们对武器装备可靠性的研究兴趣，这一研究兴趣延续到战后对武器装备及商品的可靠性研究。此时生存分析的大多数研究工作都集中在参数模型，直至 20 世纪 60~70 年代，随着医学研究中大量临床试验的出现，对于生存分析的研究开始转向非参数统计方法。现在，生存分析方法在各个领域得到了广泛的应用，而这一方法本身也得到了飞速的发展。生存分析广泛应用于生物医学、工业、社会科学、商业等领域，例如肿瘤患者经过治疗后生存的时间、电子设备的寿命、罪犯假释的时间、婚姻的持续时间、保险人的索赔等。这类问题的数据特点是在研究期结束时，所要研究的事件还没有发生或过早终止，使得要收集的数据发生缺失，这样的数据即称为生存数据。

生存分析就是要处理、分析生存数据。生存分析模块包括寿命表（Life Tables）、Kaplan-Meier 法（Kaplan-Meier）、Cox 回归（Cox Regression）和含时间依赖协变量的 Cox 回归（Time-Dependent Cox Regression）等。

8. 信度分析和尺度分析模块

信度又叫可靠性，是指测验的可信程度，它主要表现测验结果的一贯性、一致性，再现性和稳定性。一个好的测量工具，对同一事物反复多次测量，其结果应该始终保持不变才可信，比如，我们用同一把尺子测量一批物品，如果今天测量的结果与明天测量的结果不同，那么我们就会对这把尺子的可信性产生怀疑。信度分析是检验测量工作可靠性和稳定性的主要方法，一般在心理学中应用较多，另外在学生考试试卷、社会问卷调查的有效性分析中也会涉及。信度只受随机误差影响，随机误差越大，测验的信度越低。

尺度分析是市场调查、分析数据的统计方法之一，通过尺度分析，可以将消费者对商品相似性的判断生成一张能够看出这些商品间相关性的图形。例如有若干个百货商场，让消费者排列出对这些百货商场两两间相似的感知程度，根据这些数据，利用多维尺度分析，可以判断消费者认为哪些商场是相似的，从而可以判断竞争对手。

- 贝叶斯统计分析模块：单样本正态、单样本二项式、单样本泊松、相关样本正态、独立样本正态、皮尔逊（Pearson）相关性、线性回归、单因素ANOVA、对数线性模型。
- 标度分析模块：可靠性分析（Reliability Analysis）、多维尺度分析（Multidimensional Scaling Analysis，ALSCAL）、多维邻近尺度分析（Multidimensional Scaling Analysis，PROXSCAL）和多维展开分析（Multidimensional Unfolding Analysis，PREFSCAL）。
- 多重响应分析模块：交叉表、频数表。
- 报告分析模块：各种报告、记录摘要、图表功能（分类图表、条形图、线型图、面积图、高低图、箱线图、散点图、质量控制图、诊断和探测图等）。

本书的写作重点放在如何使用SPSS开展工作实践中，功能定位是教会用户使用SPSS软件来解决实际问题，并真正用于工作实践或者提高工作质量，而非介绍SPSS各分析模块的具体操作，所以关于SPSS数据挖掘分析各模块的更为详细的介绍和具体细节操作就不一一展开了。用户可参阅SPSS类似教材或按照上一章讲述的SPSS帮助文档和资料进行学习。在接下来的章节中，将通过综合案例的形式介绍如何使用SPSS软件来解决实际问题。需要特别说明的是，SPSS中有很多分析方法在实际工作中可能使用频率非常低，比如非参数检验、生存分析等，同时又有很多分析方法在实际工作中可能使用频率非常高，比如回归分析、联合分析、方差分析、描述分析、相关分析、交叉表分析、信度分析、因子分析等。所以基于以实践为导向、从实战出发的考虑，我们在后续的案例介绍中将不会以介绍数据挖掘分析方法为导向，而是以切实解决问题为导向，针对所需解决的问题选择最为恰当的数据挖掘分析方法。但这样势必会造成很多分析方法在案例中被重复应用，同时会出现有的分析方法没有被使用的情况，需要用户注意。

第 3 章

新产品上市前的调查研究：
以某手机产品为例

在生产制造类企业的经营实践中，经常会研究、开发并上市新的产品。对于绝大多数企业而言，新产品在推向市场之前往往都需要通过技术层面的测试检验，在功能使用性方面大多不存在重要缺陷。但是一个重要事实是，有相当多的新产品都推广失败了，或者没有实现预期的盈利目标，这一现象的根本原因在于其没有得到市场的有效认可，或没有实现成功的市场营销。所以，在很多情况下，市场推广测试与技术层面测试同等重要，甚至更加重要。而实现成功市场营销的前提条件就是进行充分且恰当的市场调查研究。只有在将一种新产品正式推向市场之前，进行了相应的市场调查研究，才能降低贸然进入市场而遭受无谓损失的风险。通过对不同的消费群体进行市场调查研究，一方面可以挖掘出消费者的潜在购买欲望，从而可以大致了解整个市场的容量；另一方面可以找出相应消费群体对本产品感兴趣的元素，从而在市场开拓的过程中加以显著突出，并且在后续产品的设计中针对这些特点加以进一步强化。SPSS 作为一种重要的数据挖掘与分析软件，完全可以应用到新产品上市前的调查研究中。本章将以某手机产品为例，介绍一下如何使用 SPSS 统计分析软件开展新产品上市调研。

3.1 研究背景及目的

3.1.1 研究背景

某手机厂商准备开发设计一款新的手机，在技术层面已经过硬件测试和质量检查。但是在正式研究开发并推向市场之前，需要向目标客户群体发起市场调查。该款手机的基本特色包括：

- 屏幕规格：常规全面屏，主屏尺寸为 6 英寸（1 英寸 = 0.0254 米）。
- RAM 内存：6GB。
- ROM 存储：128GB。

- 相机规格：2400 万+1200 万像素双摄像头。
- 电池容量：3750mAh。
- 机身尺寸：机身厚度 7.3 毫米。
- 机身颜色：白、蓝、黑色。
- 机身重量：1200 克。
- AI 人脸特征识别。
- AI 智能助拍。
- 面部解锁。
- 支持手机逆光视频拍摄。
- 解锁方式：后置指纹识别。

具体来说：

（1）在外观方面，该手机共有白、蓝、黑色三种可选，屏幕采用常规全面屏，机身厚度达到 7.3 毫米，重量为 1200 克，正面采用 LCD 屏幕。屏幕上方为左右对称的双摄像头，指纹识别方式为后置指纹识别，底部和侧面则是正常的音量键、电源键以及扬声器和 Type-C 接口，耳机孔为 3.5 毫米。

（2）在拍照方面，该手机前置 2400 万+1200 万像素双摄像头，前置镜头采用 35 毫米的定焦镜头，当用户将面部对准镜头之后即可实现自动定焦，后置镜头采用 1600 万彩色+2400 万黑白的双摄像头组合。

（3）在系统方面，该手机快速响应能力明显，操作系统极为流畅，内部搭载很多基于 AI 的系统功能，诸如 AI 助手、AI 旅行、AI 图片管家、图片精彩时刻、图片超分、实时翻译、智能提醒等功能都可以通过 AI 计算得以实现。

（4）在续航方面，该手机配备了 3750mAh 大电量电池。根据实验室测试数据，该手机在 5 小时的重度使用后能够剩余 40%左右的电量，而在完全放电的状态下半小时可充电 40%以上。

（5）在品牌方面，因为该手机制造商进入手机市场的时间很短，所以并没有很大的市场占有率和忠诚的用户群。不论是与遍布全球的国外名牌手机，还是雄霸一方的国内品牌机相比，都没有竞争优势。

（6）在价格方面，同系列的较为知名的国产品牌手机市场价位于 2500~3000 元价格区间内，在此基础上考虑到在品牌和售后服务方面的劣势，并参照相应档次的其他国外手机价格，其拟定价为 1800 元。

3.1.2 研究目的

在案例中，该款手机的功能参数还是比较符合市场主流机型的，市场上的同类国产品牌产品获得了很大的成功，当然这也是企业研究开发设计该款手机的初衷。但是，该款手机能不能继续引起市场对该类机型充分的反响，能不能得到消费者对该款手机充分的认可，都是未知数。

一方面，市场上的同类国产品牌产品的成功究竟有多少是因为其外形或者功能，又有多少是因为基于对其品牌的信任？如果大部分顾客只是把决策集合限定在购买知名品牌手机上，然后在知名品牌中选择了该类机型，那么该新款手机上市遭遇的打击是可想而知的。另一方面，市场是否已经饱和？该种档次的手机市场是否已经被国产知名品牌全部占领？很简单的事实是，对于普通消费者而言，刚买了一部新手机就接着购买下一部手机的概率是很小的。还有，对于这种新产品而言，潜在消费者究竟愿意为之付出怎样的价格？拟定的价格是不是合理，会不会高估？

另外，市场本身就是瞬息万变的，消费者的消费习惯、消费偏好也会基于其面临的政治环境、经济环境、社会文化环境和技术环境不断做出改变。所以，单纯依赖以往的交易数据或者基于历史数据来判断市场需求，很多时候会存在较大的偏差，甚至会误导管理层和决策层的判断。我们必须要以即时市场调研的方式获取来自用户的最为真实的需求调研数据，以便做出最为贴近市场的选择决策。

然而，我们在搜集资料的过程中也必须做到有的放矢，要把主要精力和时间花费在调查购买潜力最大的群体上。手机行业的经验表明，本款机型的最大潜在消费群体有两个：一个是高校大学生；另一个是初入职场略有积蓄的人员。所以我们把调查问卷主要发放到这两部分人手中。我们的研究目的就是：一方面要判断出潜在消费群体对手机的需求欲望；另一方面要找出消费群体对本款手机感兴趣的元素。

3.2 研究方法

经济学原理告诉我们，影响某产品需求的因素有产品价格、消费者的收入、产品本身的使用价值（包括品牌、外形、功能等）、替代品的价格及使用价值、互补品的价格及使用价值，以及消费者对产品价格的预期、销售方式等。但是其中最为主要的是产品本身所具有的属性，包括价格、品牌、外形、功能等，所以我们应该把重点放在消费者对产品本身所具有的属性的评价上面。

因为是新产品的上市，所以只依靠现有的行业内的相关资料并不能对本款手机的相关需求做出一个比较好的预测，况且只是静态地根据既有数据就草率做出结论是很不负责任的，所以我们采用的研究方法是根据经济学的基本原理，并参照行业内的调查经验，设计出合格有效的调查问卷，直接到潜在消费者人群中进行现场访问，然后对回收上来的调查问卷做相关的统计分析，提取出相关信息，从而达到研究的目的。

在研究维度的设置上，充分考虑手机产品的具体特征和当下消费者关注的关键因素，分 5 个维度 21 个子维度开展研究，5 个维度分别为性价属性、增值服务、外观属性、娱乐属性、功能属性。性价属性设价格、品牌、手机特色和出厂系统内核等 4 个子维度；增值服务设话费优惠、质保服务期、影音会员和财产保险等 4 个子维度；外观属性设屏幕、主屏尺寸、颜色和机身厚度等 4 个子维度；娱乐属性设音乐、拍照、智能化和屏幕像素密度等 4 个子维度；功能属性设核数、续航、RAM 内存、ROM 存储和 CPU 频率等 5 个子维度。21 个子维度均设置 3 种属性水平，具体如表 3.1 所示。

表 3.1 研究维度具体设置

研究维度	研究子维度			
性价属性	价格	品牌	手机特色	出厂系统内核
	0~1000 元	国外品牌	游戏手机	安卓
	1000~2000 元	国产知名品牌	拍照手机	苹果
	2000 元以上	其他国产品牌	商务手机	其他

(续表)

研究维度	研究子维度				
增值服务	话费优惠	质保服务期	影音会员	财产保险	
	手机价格50%以上	延长三年	赠送一年	赠送一份碎屏险	
	手机价格20%~50%	延长两年	赠送六个月	赠送二份碎屏险	
	手机价格20%以下	延长一年	赠送三个月	不赠送碎屏险	
外观属性	屏幕	主屏尺寸	颜色	机身厚度	
	常规全面屏	6.5英寸以上	白	9毫米以上	
	特色全面屏	4.4英寸~6.5英寸	黑	6毫米~9毫米	
	非全面屏	4.4英寸以下	蓝	6毫米以下	
娱乐属性	音乐	拍照	智能化	屏幕像素密度	
	音质效果高	拍照效果高	AI高度智能	500ppi以上	
	音质效果中	拍照效果中	AI适当辅助	300ppi~500ppi	
	音质效果低	拍照效果低	无AI辅助	300ppi以下	
功能属性	核数	续航	RAM内存	ROM存储	CPU频率
	十核及以上	24小时以上	8GB及以上	256GB及以上	2.5GHz（含）以上
	八核、六核	12小时~24小时	4GB~8GB	64GB~256GB	1.5GHz（含）~2.5GHz
	四核、双核及以下	12小时以下	4GB以下	64GB及以下	1.5GHz以下

采用的数据分析方法主要有联合分析、交叉表分析。

3.3 研究过程

3.3.1 为联合分析生成计划文件

1. 生成手机性价属性的计划文件

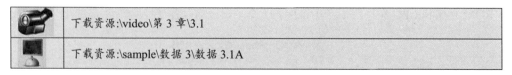

我们选择手机这一产品的性价方面的4个最重要的属性，这4个属性完全可以概括一部手机性价方面的特征，包括价格、品牌、手机特色和出厂系统内核。其中"价格"属性有0~1000元、1000~2000元、2000元以上3个属性水平；"品牌"属性有国外品牌、国产知名品牌、其他国产品牌3个属性水平；"手机特色"属性有游戏手机、拍照手机、商务手机3个属性水平；"出厂系统内核"属性有安卓、苹果、其他3个属性水平。

手机性价的属性和属性水平如表3.2所示。

表 3.2 "手机性价"属性及属性水平

属性	价格	品牌	手机特色	出厂系统内核
属性水平	0~1000 元	国外品牌	游戏手机	安卓
	1000 元~2000 元	国产知名品牌	拍照手机	苹果
	2000 元以上	其他国产品牌	商务手机	其他

根据前面介绍的联合分析的基本步骤，首先生成计划文件。

01 进入 SPSS 25.0，依次选择"数据｜正交设计｜生成"命令，弹出"生成正交设计"对话框，如图 3.1 所示。在"因子名称"文本框中输入"JIAGE"，在"因子标签"文本框中输入"价格"，然后单击"添加"按钮，即完成"价格"这一属性的添加。然后依次在"因子名称"文本框中输入"PINPAI"，在"因子标签"文本框中输入"品牌"；在"因子名称"文本框中输入"TESE"，在"因子标签"文本框中输入"手机特色"；在"因子名称"文本框中输入"XITONG"，在"因子标签"文本框中输入"出厂系统内核"，完成"品牌""手机特色""出厂系统内核"这 3 个属性的添加。

02 定义各个因子的取值。对于因子名称"价格"，选中"JIAGE"并单击下面的"定义值"按钮，弹出"生成设计：定义值"对话框，如图 3.2 所示。在该对话框中的"1:"行的"值"列输入"1"，"标签"列输入"0~1000 元"；在"2:"行的"值"列输入"2"，"标签"列输入"1000~2000 元"；在"3:"行的"值"列输入"3"，"标签"列输入"2000 元以上"，然后单击"继续"按钮返回"生成正交设计"主对话框。

图 3.1 "生成正交设计"对话框 图 3.2 价格"生成设计：定义值"对话框

对于因子名称"品牌"，选中"PINPAI"并单击下面的"定义值"按钮，弹出"生成设计：定义值"对话框，如图 3.3 所示。在该对话框中的"1:"行的"值"列输入"1"，"标签"列输入"国外品牌"；在"2:"行的"值"列输入"2"，"标签"列输入"国产知名品牌"；在"3:"行的"值"列输入"3"，"标签"列输入"其他国产品牌"，单击"继续"按钮返回主对话框。

对于因子名称"手机特色"，选中"TESE"并单击下面的"定义值"按钮，弹出"生成设计：定义值"对话框，如图 3.4 所示。在该对话框中的"1:"行的"值"列输入"1"，"标签"列输入"游戏手机"；在"2:"行的"值"列输入"2"，"标签"列输入"拍照手机"；在"3:"行的"值"列输入"3"，"标签"列输入"商务手机"，单击"继续"按钮返回主对话框。

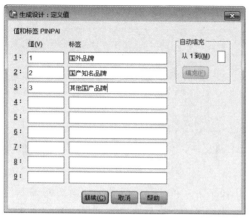
图 3.3 品牌"生成设计:定义值"对话框

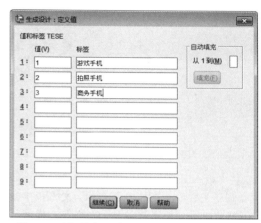
图 3.4 手机特色"生成设计:定义值"对话框

对于因子名称"出厂系统内核",选中"XITONG"并单击下面的"定义值"按钮,弹出"生成设计:定义值"对话框,如图3.5所示。在该对话框中的"1:"行的"值"列输入"1","标签"列输入"安卓";在"2:"行的"值"列输入"2","标签"列输入"苹果";在"3:"行的"值"列输入"3","标签"列输入"其他",单击"继续"按钮返回主对话框。

03 单击"生成正交设计"对话框右下方的"选项"按钮,弹出"生成正交设计:选项"对话框,如图3.6所示。在该对话框中的"要生成的最小个案数"处输入"16",然后单击"继续"按钮返回"生成正交设计"对话框。

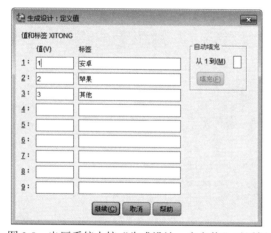
图 3.5 出厂系统内核"生成设计:定义值"对话框

图 3.6 "生成正交设计:选项"对话框

注 意

"16"这个数字是根据研究需要确定的,都知道各个属性水平的组合共有3*3*3*3=81种,但是我们不可能、也没有必要生成81种选择,然后对这81种选择进行排序,我们认为设置16种组合供消费者选择足以代表消费者的偏好。如果研究者根据具体的实际情况认为16种选择过少或过多,则可以进行调整。

04 选中"数据文件"选项组中的"创建新数据文件"单选按钮,如图3.7所示,并单击"文件"按钮进行相关文件的保存,如图3.8所示。

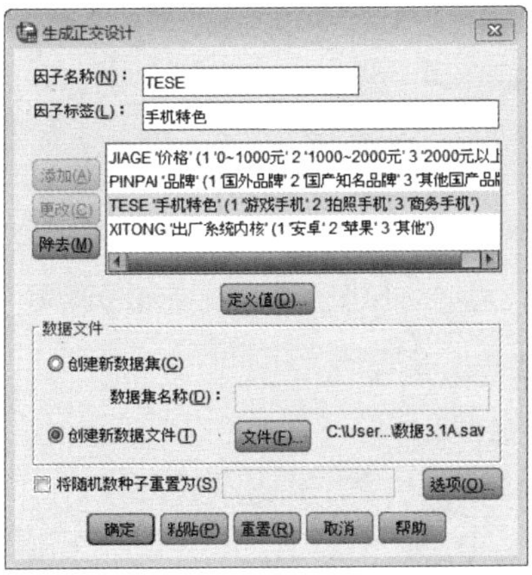

第 3 章　新产品上市前的调查研究：以某手机产品为例 | 79

图 3.7　"生成正交设计"对话框　　　图 3.8　"生成正交设计：输出文件指定项"对话框

05 最后单击"确定"按钮，完成计划文件的生成。

生成数据如图 3.9 所示。各个因子项下的"1、2、3"等数字含义与前面"定义各个因子的取值"部分相同。

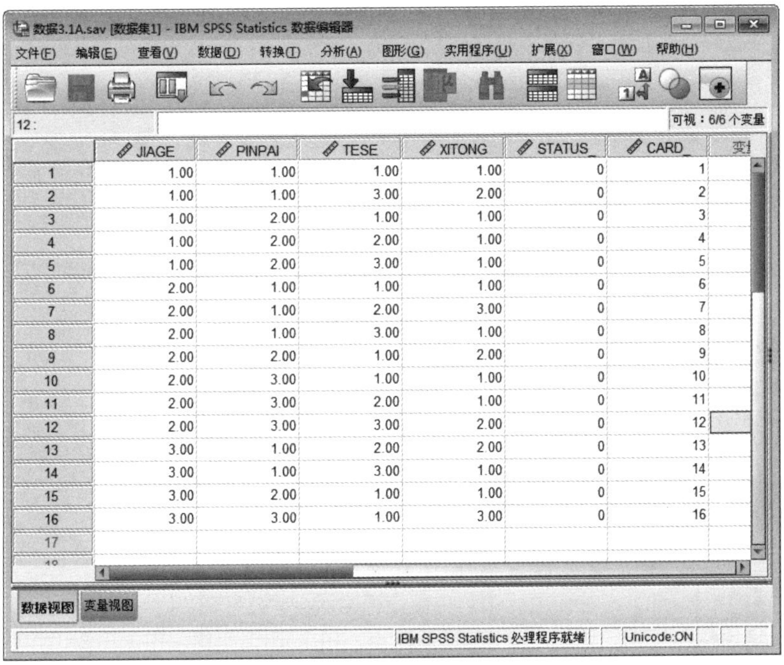

图 3.9　数据 3.1A

注　意

以上生成的计划文件是 SPSS 随机生成的各个属性中不同属性水平的组合，所以用户在自己操作的时候，有可能出现与作者所提供数据不一致的情况，这是一种正常情况，以下各部分相同，这里不再赘述。

2. 生成手机增值服务的计划文件

📹	下载资源:\video\第 3 章\3.2
💾	下载资源:\sample\数据 3\数据 3.2A

研究"增值服务",可以选取其 4 个属性,分别是话费优惠、质保服务期、影音会员、财产保险。这 4 个属性都具有 3 个属性水平,具体如表 3.3 所示。

表 3.3 "增值服务"属性及属性水平

属性	话费优惠	质保服务期	影音会员	财产保险
属性水平	手机价格 50%以上	延长三年	赠送一年	赠送一份碎屏险
	手机价格 20%~50%	延长两年	赠送六个月	赠送二份碎屏险
	手机价格 20%以下	延长一年	赠送三个月	不赠送碎屏险

根据前面介绍的联合分析的基本步骤,首先生成计划文件。

01 进入 SPSS 25.0,依次选择"数据|正交设计|生成"命令,弹出"生成正交设计"对话框,如图 3.10 所示。在"因子名称"文本框中输入"YOUHUI",在"因子标签"文本框中输入"话费优惠",然后单击"添加"按钮,即完成"话费优惠"这一属性的添加。然后依次在"因子名称"文本框中输入"ZHIBAO",在"因子标签"文本框中输入"质保服务期";在"因子名称"文本框中输入"YINGYINGVIP",在"因子标签"文本框中输入"影音会员";在"因子名称"文本框中输入"BAOXIAN",在"因子标签"文本框中输入"财产保险",完成"质保服务期""影音会员""财产保险"这 3 个属性的添加。

02 定义各个因子的取值。对于因子名称"话费优惠",选中"YOUHUI"并单击下面的"定义值"按钮,弹出"生成设计:定义值"对话框,如图 3.11 所示。在该对话框中的"1:"行的"值"列输入"1",在"标签"列输入"手机价格 50%以上";在"2:"行的"值"列输入"2",在"标签"列输入"手机价格 20%~50%";在"3:"行的"值"列输入"3",在"标签"列输入"手机价格 20%以下",然后单击"继续"按钮返回"生成正交设计"对话框。

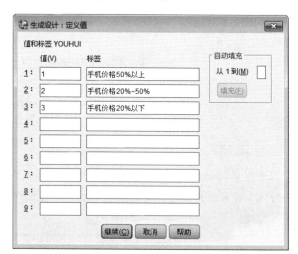

图 3.10 "生成正交设计"对话框   图 3.11 话费优惠"生成设计:定义值"对话框

第 3 章　新产品上市前的调查研究：以某手机产品为例 | 81

对于因子名称"质保服务期"，选中"ZHIBAO"并单击下面的"定义值"按钮，弹出"生成设计：定义值"对话框，如图 3.12 所示。在该对话框中的"1:"行的"值"列输入"1"，在"标签"列输入"延长三年"；在"2:"行的"值"列输入"2"，在"标签"列输入"延长两年"；在"3:"行的"值"列输入"3"，在"标签"列输入"延长一年"，然后单击"继续"按钮返回主对话框。

对于因子名称"影音会员"，选中"YINGYINGVIP"并单击下面的"定义值"按钮，弹出"生成设计：定义值"对话框，如图 3.13 所示。在该对话框中的"1:"行的"值"列输入"1"，在"标签"列输入"赠送一年"；在"2:"行的"值"列输入"2"，在"标签"列输入"赠送六个月"；在"3:"行的"值"列输入"3"，在"标签"列输入"赠送三个月"，然后单击"继续"按钮返回主对话框。

图 3.12　质保服务期"生成设计：定义值"对话框　　图 3.13　影音会员"生成设计：定义值"对话框

对于因子名称"财产保险"，选中"BAOXIAN"并单击下面的"定义值"按钮，弹出"生成设计：定义值"对话框，如图 3.14 所示。在该对话框中的"1:"行的"值"列输入"1"，在"标签"列输入"赠送一份碎屏险"；在"2:"行的"值"列输入"2"，在"标签"列输入"赠送二份碎屏险"；在"3:"行的"值"列输入"3"，在"标签"列输入"不赠送碎屏险"，然后单击"继续"按钮返回。

03　单击"生成正交设计"对话框右下方的"选项"按钮，弹出"生成正交设计：选项"对话框，如图 3.15 所示。在该对话框中的"要生成的最小个案数"处输入"16"，然后单击"继续"按钮返回"生成正交设计"对话框。

图 3.14　财产保险"生成设计：定义值"对话框　　图 3.15　"生成正交设计：选项"对话框

04 选中"数据文件"选项组中的"创建新数据文件"单选按钮,如图 3.16 所示,并单击"文件"按钮进行相关文件的保存,如图 3.17 所示。

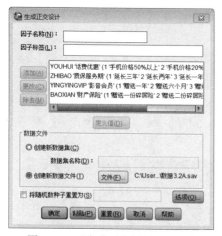

图 3.16 "生成正交设计"对话框

图 3.17 "生成正交设计:输出文件指定项"对话框

05 最后单击"确定"按钮,完成计划文件的生成。

生成数据如图 3.18 所示。各个因子项下的"1、2、3"等数字含义与前面"定义各个因子的取值"部分相同。

图 3.18 数据 3.2A

3. 生成手机外观属性的计划文件

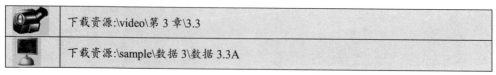

研究"外观属性",可以选取其 4 个属性,分别是屏幕、主屏尺寸、颜色、机身厚度。这 4

个属性都具有 3 个属性水平，具体如表 3.4 所示。

表 3.4 "增值服务"属性及属性水平

属性	屏幕	主屏尺寸	颜色	机身厚度
属性水平	常规全面屏	6.5 英寸以上	白	9 毫米以上
	特色全面屏	4.4 英寸~6.5 英寸	黑	6 毫米~9 毫米
	非全面屏	4.4 英寸以下	蓝	6 毫米以下

根据前面介绍的联合分析的基本步骤，首先生成计划文件。

01 进入 SPSS 25.0，依次选择"数据|正交设计|生成"命令，弹出"生成正交设计"对话框，如图 3.19 所示。在"因子名称"文本框中输入"PINGMU"，在"因子标签"文本框中输入"屏幕"，然后单击"添加"按钮，即完成"屏幕"这一属性的添加。依次在"因子名称"文本框中输入"CHICUN"，在"因子标签"文本框中输入"主屏尺寸"；在"因子名称"文本框中输入"YANSE"，在"因子标签"文本框中输入"颜色"；在"因子名称"文本框中输入"HOUDU"，在"因子标签"文本框中输入"机身厚度"，完成"主屏尺寸""颜色""机身厚度"这 3 个属性的添加。

02 定义各个因子的取值。对于因子名称"屏幕"，选中"PINGMU"并单击下面的"定义值"按钮，弹出"生成设计：定义值"对话框，如图 3.20 所示。在该对话框中的"1:"行的"值"列输入"1"，在"标签"列输入"常规全面屏"；在"2:"行的"值"列输入"2"，在"标签"列输入"特色全面屏"；在"3:"行的"值"列输入"3"，在"标签"列输入"非全面屏"，然后单击"继续"按钮返回"生成正交设计"对话框。

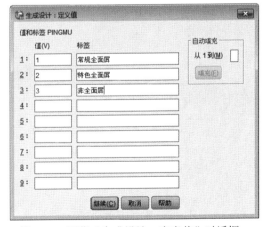

图 3.19 "生成正交设计"对话框   图 3.20 屏幕"生成设计：定义值"对话框

对于因子名称"主屏尺寸"，选中"CHICUN"并单击下面的"定义值"按钮，弹出"生成设计：定义值"对话框，如图 3.21 所示。在该对话框中的"1:"行的"值"列输入"1"，在"标签"列输入"6.5 英寸以上"；在"2:"行的"值"列输入"2"，在"标签"列输入"4.4 英寸~6.5 英寸"；在"3:"行的"值"列输入"3"，在"标签"列输入"4.4 英寸以下"，然后单击"继续"按钮返回主对话框。

对于因子名称"颜色",选中"YANSE"并单击下面的"定义值"按钮,弹出"生成设计:定义值"对话框,如图 3.22 所示。在该对话框中的"1:"行的"值"列输入"1",在"标签"列输入"白";在"2:"行的"值"列输入"2",在"标签"列输入"黑";在"3:"行的"值"列输入"3",在"标签"列输入"蓝",然后单击"继续"按钮返回为其他变量进行设置。

图 3.21　主屏尺寸"生成设计:定义值"对话框　　图 3.22　颜色"生成设计:定义值"对话框

对于因子名称"机身厚度",选中"HOUDU"并单击下面的"定义值"按钮,弹出"生成设计:定义值"对话框,如图 3.23 所示。在该对话框中的"1:"行的"值"列输入"1",在"标签"列输入"9毫米以上";在"2:"行的"值"列输入"2",在"标签"列输入"6毫米~9毫米";在"3:"行的"值"列输入"3",在"标签"列输入"6毫米以下",然后单击"继续"按钮返回。

03 单击"生成正交设计"对话框右下方的"选项"按钮,弹出"生成正交设计:选项"对话框,如图 3.24 所示。在该对话框中的"要生成的最小个案数"处输入"16",然后单击"继续"按钮返回"生成正交设计"对话框。

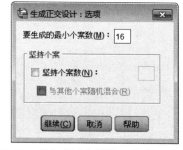

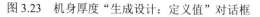

图 3.23　机身厚度"生成设计:定义值"对话框　　图 3.24　"生成正交设计:选项"对话框

04 选中"数据文件"选项组中的"创建新数据文件"单选按钮,如图 3.25 所示,并单击"文件"按钮进行相关文件的保存,如图 3.26 所示。

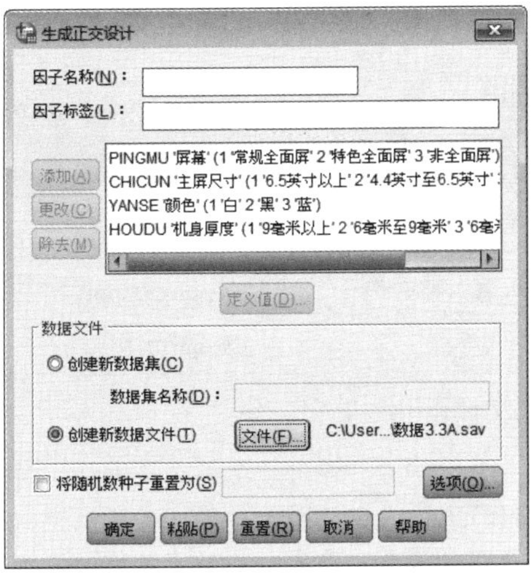

图 3.25　“生成正交设计”对话框

图 3.26　“生成正交设计：输出文件指定项”对话框

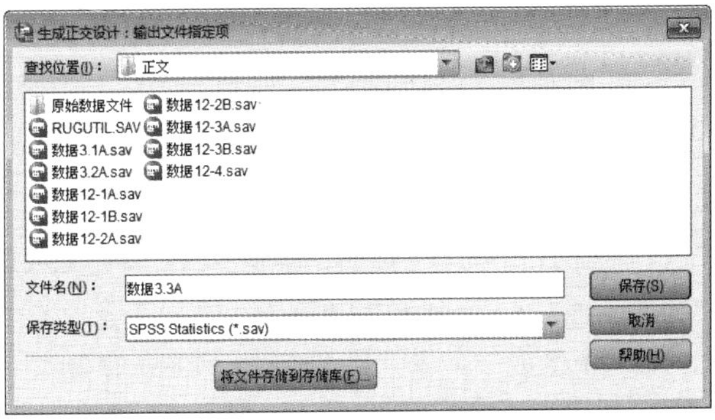

05 最后单击“确定”按钮，完成计划文件的生成。

生成数据如图 3.27 所示。各个因子项下的“1、2、3”等数字含义与前面“定义各个因子的取值”部分相同。

	PINGMU	CHICUN	YANSE	HOUDU	STATUS_	CARD_
1	1.00	1.00	1.00	1.00	0	1
2	1.00	1.00	3.00	2.00	0	2
3	1.00	2.00	1.00	1.00	0	3
4	1.00	2.00	2.00	1.00	0	4
5	1.00	2.00	3.00	1.00	0	5
6	2.00	1.00	1.00	1.00	0	6
7	2.00	1.00	2.00	3.00	0	7
8	2.00	1.00	3.00	1.00	0	8
9	2.00	2.00	1.00	2.00	0	9
10	2.00	3.00	1.00	1.00	0	10
11	2.00	3.00	2.00	1.00	0	11
12	2.00	3.00	3.00	2.00	0	12
13	3.00	1.00	2.00	2.00	0	13
14	3.00	1.00	3.00	1.00	0	14
15	3.00	2.00	1.00	1.00	0	15
16	3.00	3.00	1.00	3.00	0	16

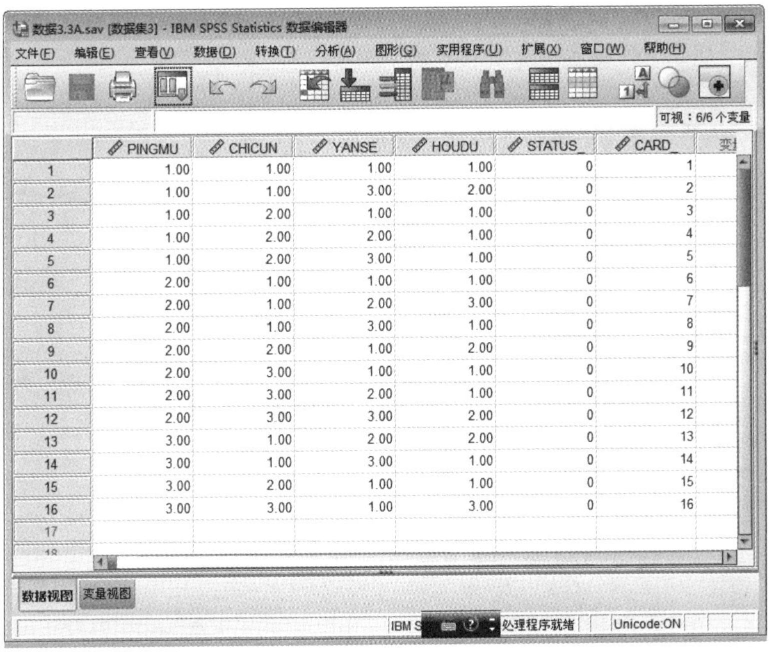

图 3.27　数据 3.3A

4. 生成手机娱乐属性的计划文件

	下载资源:\video\第 3 章\3.4
	下载资源:\sample\数据 3\数据 3.4A

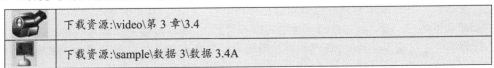

研究“娱乐属性”，可以选取其 4 个属性，分别是音乐、拍照、智能化、屏幕像素密度。这 4

个属性都具有 3 个属性水平，具体如表 3.5 所示。

表 3.5 "娱乐属性"属性及属性水平

属性	音乐	拍照	智能化	屏幕像素密度
属性水平	音质效果高	拍照效果高	AI 高度智能	500ppi 以上
	音质效果中	拍照效果中	AI 适当辅助	300ppi~500ppi
	音质效果低	拍照效果低	无 AI 辅助	300ppi 以下

根据前面介绍的联合分析的基本步骤，首先生成计划文件。

01 进入 SPSS 25.0，依次选择"数据｜正交设计｜生成"命令，弹出"生成正交设计"对话框，如图 3.28 所示。在"因子名称"文本框中输入"YINYUE"，在"因子标签"文本框中输入"音乐"，然后单击"添加"按钮，即完成"音乐"这一属性的添加。依次在"因子名称"文本框中输入"PAIZHAO"，在"因子标签"文本框中输入"拍照"；在"因子名称"文本框中输入"ZHINENG"，在"因子标签"文本框中输入"智能化"；在"因子名称"文本框中输入"XIANGSU"，在"因子标签"文本框中输入"屏幕像素密度"，即可完成"拍照""智能化""屏幕像素密度"这 3 个属性的添加。

02 定义各个因子的取值。对于因子名称"音乐"，选中"YINYUE"并单击下面的"定义值"按钮，弹出"生成设计：定义值"对话框，如图 3.29 所示。在该对话框中的"1:"行的"值"列输入"1"，在"标签"列输入"音质效果高"；在"2:"行的"值"列输入"2"，在"标签"列输入"音质效果中"；在"3:"行的"值"列输入"3"，在"标签"列输入"音质效果低"，然后单击"继续"按钮返回"生成正交设计"对话框。

图 3.28 "生成正交设计"对话框

图 3.29 音乐"生成设计：定义值"对话框

对于因子名称"拍照"，选中"PAIZHAO"并单击下面的"定义值"按钮，弹出"生成设计：定义值"对话框，如图 3.30 所示。在该对话框中的"1:"行的"值"列输入"1"，在"标签"列输入"拍照效果高"；在"2:"行的"值"列输入"2"，在"标签"列输入"拍照效果中"；在"3:"行的"值"列输入"3"，在"标签"列输入"拍照效果低"，然后单击"继续"按钮返回主对话框。

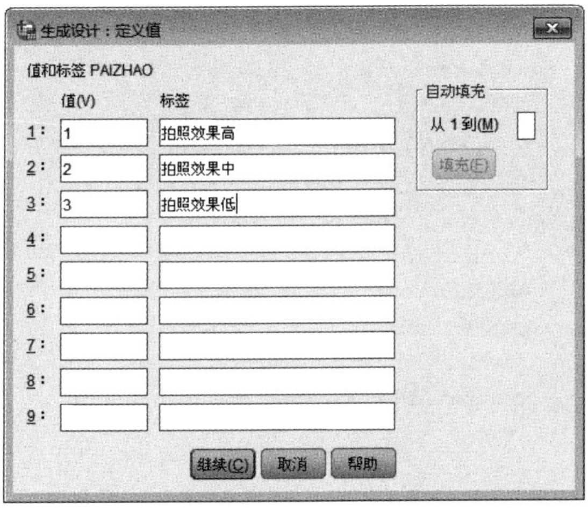

图 3.30　拍照"生成设计：定义值"对话框

对于因子名称"智能化"，选中"ZHINENG"并单击下面的"定义值"按钮，弹出"生成设计：定义值"对话框，如图 3.31 所示。在该对话框中的"1:"行的"值"列输入"1"，在"标签"列输入"AI 高度智能"；在"2:"行的"值"列输入"2"，在"标签"列输入"AI 适当辅助"；在"3:"行的"值"列输入"3"，在"标签"列输入"无 AI 辅助"，然后单击"继续"按钮返回主对话框。

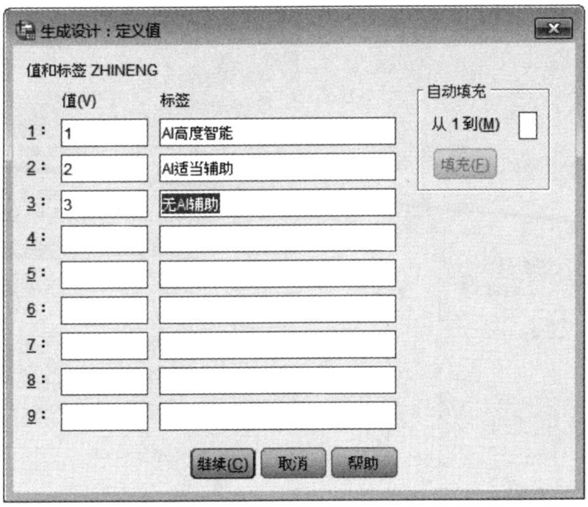

图 3.31　智能化"生成设计：定义值"对话框

对于因子名称"屏幕像素密度"，选中"XIANGSU"并单击下面的"定义值"按钮，弹出"生成设计：定义值"对话框，如图 3.32 所示。在该对话框中的"1:"行的"值"列输入"1"，在"标签"列输入"500ppi 以上"；在"2:"行的"值"列输入"2"，在"标签"列输入"300ppi~500ppi"；在"3:"行的"值"列输入"3"，在"标签"列输入"300ppi 以下"，然后单击"继续"按钮返回。

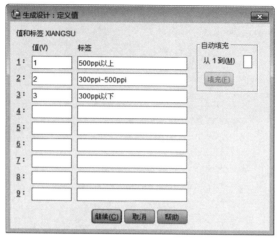

图 3.32　屏幕像素密度"生成设计：定义值"对话框

03 单击"生成正交设计"对话框右下方的"选项"按钮，弹出"生成正交设计：选项"对话框，如图 3.33 所示。在该对话框中的"要生成的最小个案数"处输入"16"，然后单击"继续"按钮返回"生成正交设计"对话框。

04 选中"数据文件"选项组中的"创建新数据文件"单选按钮，如图 3.34 所示，并单击"文件"按钮进行相关文件的保存，如图 3.35 所示。

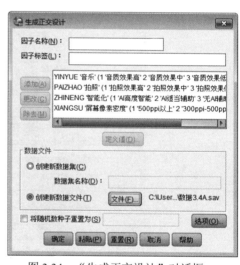

图 3.33　"生成正交设计：选项"对话框　　　图 3.34　"生成正交设计"对话框

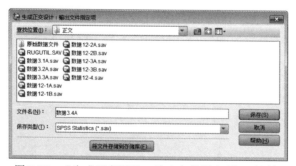

图 3.35　"生成正交设计：输出文件指定项"对话框

05 最后单击"确定"按钮，完成计划文件的生成。

生成数据如图3.36所示。各个因子项下的"1、2、3"等数字含义与前面"定义各个因子的取值"部分相同。

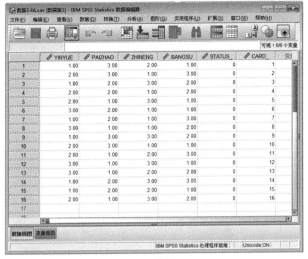

图 3.36　数据 3.4A

5. 生成手机功能属性的计划文件

📹	下载资源:\video\第 3 章\3.5
💻	下载资源:\sample\数据 3\数据 3.5A

研究"功能属性"，可以选取其 5 个属性，分别是核数、续航、RAM 内存、ROM 存储和 CPU 频率。这 5 个属性都具有 3 个属性水平，具体如表 3.6 所示。

表 3.6　"功能属性"属性及属性水平

属性	核数	续航	RAM 内存	ROM 存储	CPU 频率
属性水平	十核及以上	24 小时以上	8GB 及以上	256GB 及以上	2.5GHz（含）以上
	八核、六核	12 小时~24 小时	4GB~8GB	64GB~256GB	1.5GHz（含）~2.5GHz
	四核、双核及以下	12 小时以下	4GB 以下	64GB 及以下	1.5GHz 以下

根据前面介绍的联合分析的基本步骤，首先生成计划文件。

01 进入 SPSS 25.0，依次选择"数据｜正交设计｜生成"命令，弹出"生成正交设计"对话框，如图 3.37 所示。在"因子名称"文本框中输入"HESHU"，在"因子标签"文本框中输入"核数"，然后单击"添加"按钮，即完成"核数"这一属性的添加。依次在"因子名称"文本框中输入"XUHANG"，在"因子标签"文本框中输入"续航"；在"因子名称"文本框中输入"RAM"，在"因子标签"文本框中输入"RAM 内存"；在"因子名称"文本框中输入"ROM"，在"因子标签"文本框中输入"ROM 存储"；在"因子名称"文本框中输入"CPU"，在"因子标签"文本框中输入"CPU 频率"，即可完成"续航""RAM 内存""ROM 存储""CPU 频率"这 4 个属性的添加。

02 定义各个因子的取值。对于因子名称"核数",选中"HESHU"并单击下面的"定义值"按钮,弹出"生成设计:定义值"对话框,如图 3.38 所示。在该对话框中的"1:"行的"值"列输入"1",在"标签"列输入"十核及以上";在"2:"行的"值"列输入"2",在"标签"列输入"八核、六核";在"3:"行的"值"列输入"3",在"标签"列输入"四核、双核及以下",然后单击"继续"按钮返回"生成正交设计"对话框。

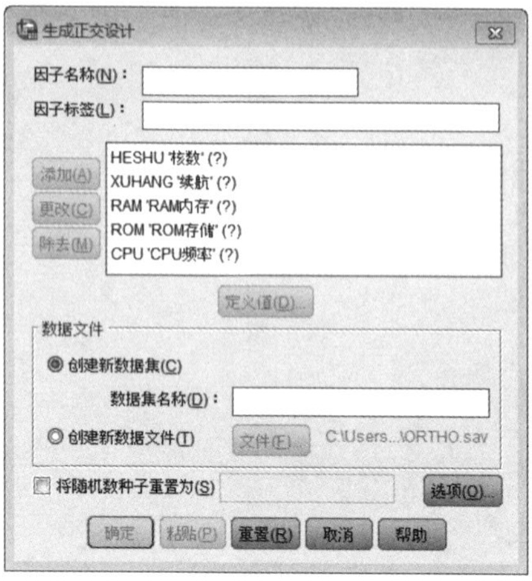

图 3.37 "生成正交设计"对话框 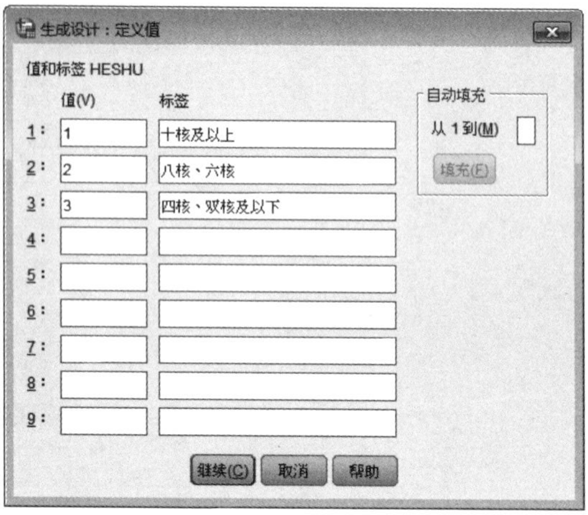   图 3.38 核数"生成设计:定义值"对话框

对于因子名称"续航",选中"XUHANG"并单击下面的"定义值"按钮,弹出"生成设计:定义值"对话框,如图 3.39 所示。在该对话框中的"1:"行的"值"列输入"1",在"标签"列输入"24 小时以上";在"2:"行的"值"列输入"2",在"标签"列输入"12 小时~24 小时";在"3:"行的"值"列输入"3",在"标签"列输入"12 小时以下",然后单击"继续"按钮返回为其他变量进行设置。

对于因子名称"RAM 内存",选中"RAM"并单击下面的"定义值"按钮,弹出"生成设计:定义值"对话框,如图 3.40 所示。在该对话框中的"1:"行的"值"列输入"1",在"标签"列输入"8GB 及以上";在"2:"行的"值"列输入"2",在"标签"列输入"4GB~8GB";在"3:"行的"值"列输入"3",在"标签"列输入"4GB 以下";然后单击"继续"按钮返回主对话框。

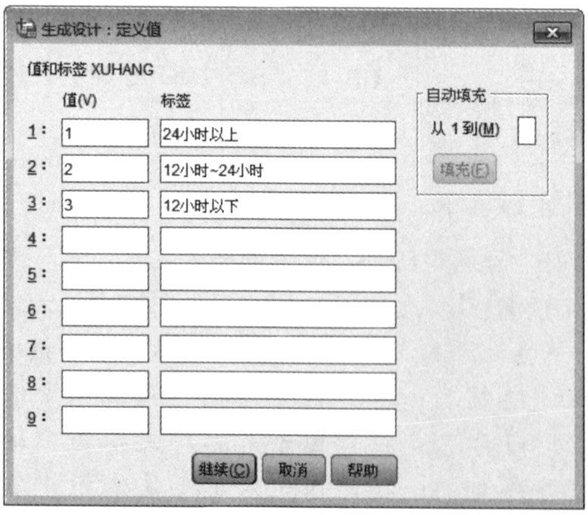

图 3.39 续航"生成设计:定义值"对话框   图 3.40 RAM 内存"生成设计:定义值"对话框

对于因子名称"ROM 存储",选中"ROM"并单击下面的"定义值"按钮,弹出"生成设

计:定义值"对话框,如图 3.41 所示。在该对话框中的"1:"行的"值"列输入"1",在"标签"列输入"256GB 及以上";在"2:"行的"值"列输入"2",在"标签"列输入"64GB~256GB";在"3:"行的"值"列输入"3",在"标签"列输入"64GB 及以下",然后单击"继续"按钮返回。

对于因子名称"CPU 频率",选中"CPU"并单击下面的"定义值"按钮,弹出"生成设计:定义值"对话框,如图 3.42 所示。在该对话框中的"1:"行的"值"列输入"1",在"标签"列输入"2.5GHz(含)以上";在"2:"行的"值"列输入"2",在"标签"列输入"1.5GHz(含)~2.5GHz";在"3:"行的"值"列输入"3",在"标签"列输入"1.5GHz 以下",然后单击"继续"按钮返回。

图 3.41 ROM 存储"生成设计:定义值"对话框　　图 3.42 CPU 频率"生成设计:定义值"对话框

03 单击"生成正交设计"对话框右下方的"选项"按钮,弹出"生成正交设计:选项"对话框,如图 3.43 所示。在该对话框中的"要生成的最小个案数"处输入"16",然后单击"继续"按钮返回"生成正交设计"对话框。

04 选中"数据文件"选项组中的"创建新数据文件"单选按钮,如图 3.44 所示,并单击"文件"按钮进行相关文件的保存,如图 3.45 所示。

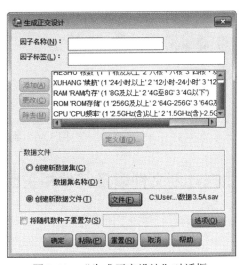

图 3.43 "生成正交设计:选项"对话框　　图 3.44 "生成正交设计"对话框

图 3.45 "生成正交设计：输出文件指定项"对话框

05 最后单击"确定"按钮，完成计划文件的生成。

生成数据如图 3.46 所示。各个因子项下的"1、2、3"等数字含义与前面"定义各个因子的取值"部分相同。

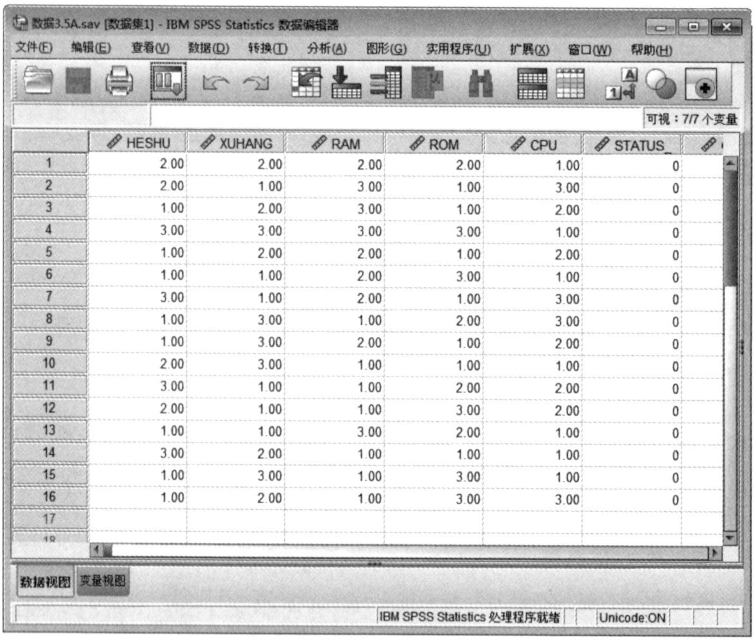

图 3.46 数据 3.5A

3.3.2 根据计划文件以及其他相关因素设计调查问卷

最终设计成的调查问卷如下所示：

手机需求情况调查问卷

请您如实根据自身情况填写以下内容，谢谢合作！

1. 您的性别是?
   A. 男　　　　　B. 女
2. 您拥有几部手机?
   A. 0 部　　　　B. 1 部　　　　　　C. 2 部　　　　　　D. 3 部或 3 部以上
3. 如果您想购买一部新的手机，你准备在什么时候购买? 如果不想，不必选择
   A. 半年内　　　B. 半年后，一年内　　C. 一年后，两年内　　D. 两年后
4. 请您对下列不同性价属性水平组合的手机进行偏好排序: 1~最偏好，16~最不偏好。

价格	品牌	手机特色	出厂系统内核	偏好次序
0~1000 元	国外品牌	游戏手机	安卓	
0~1000 元	国外品牌	商务手机	苹果	
0~1000 元	国产知名品牌	游戏手机	安卓	
0~1000 元	国产知名品牌	拍照手机	安卓	
0~1000 元	国产知名品牌	商务手机	安卓	
1000~2000 元	国外品牌	游戏手机	安卓	
1000~2000 元	国外品牌	拍照手机	其他	
1000~2000 元	国外品牌	商务手机	安卓	
1000~2000 元	国产知名品牌	游戏手机	苹果	
1000~2000 元	其他国产品牌	游戏手机	安卓	
1000~2000 元	其他国产品牌	拍照手机	安卓	
1000~2000 元	其他国产品牌	商务手机	苹果	
2000 元以上	国外品牌	拍照手机	苹果	
2000 元以上	国外品牌	商务手机	安卓	
2000 元以上	国产知名品牌	游戏手机	安卓	
2000 元以上	其他国产品牌	游戏手机	其他	

5. 您对其他国产品牌（国产、非知名品牌）的最大印象是?
   A. 价格便宜，且功能不逊品牌机　　　B. 劣质产品，不耐用，售后服务又差
   C. 是一种时尚和潮流，深受欢迎　　　D. 没有什么印象
6. 请您对下列不同增值服务组合的手机进行偏好排序: 1~最偏好，16~最不偏好。

话费优惠	质保服务期	影音会员	财产保险	偏好次序
手机价格 20%以下	延长两年	赠送三个月	赠送一份碎屏险	
手机价格 20%以下	延长一年	赠送一年	赠送二份碎屏险	
手机价格 20%~50%	延长三年	赠送三个月	赠送二份碎屏险	
手机价格 20%~50%	延长一年	赠送六个月	赠送一份碎屏险	
手机价格 20%~50%	延长两年	赠送一年	不赠送碎屏险	
手机价格 50%以上	延长一年	赠送三个月	不赠送碎屏险	
手机价格 50%以上	延长三年	赠送一年	赠送一份碎屏险	

(续表)

话费优惠	质保服务期	影音会员	财产保险	偏好次序
手机价格 20%~50%	延长三年	赠送三个月	赠送二份碎屏险	
手机价格 20%~50%	延长一年	赠送六个月	赠送一份碎屏险	
手机价格 20%~50%	延长两年	赠送一年	不赠送碎屏险	
手机价格 50%以上	延长一年	赠送三个月	不赠送碎屏险	
手机价格 50%以上	延长三年	赠送一年	赠送一份碎屏险	
手机价格 20%以下	延长三年	赠送六个月	不赠送碎屏险	
手机价格 50%以上	延长两年	赠送六个月	赠送二份碎屏险	
手机价格 50%以上	延长三年	赠送三个月	赠送一份碎屏险	
手机价格 50%以上	延长两年	赠送六个月	不赠送碎屏险	
手机价格 20%~50%	延长一年	赠送一年	赠送二份碎屏险	
手机价格 20%~50%	延长三年	赠送一年	不赠送碎屏险	
手机价格 20%以下	延长两年	赠送六个月	赠送一份碎屏险	
手机价格 50%以上	延长一年	赠送三个月	赠送二份碎屏险	
手机价格 20%以下	延长两年	赠送一年	赠送一份碎屏险	

7. 请您对下列不同外观属性组合的手机进行偏好排序：1~最偏好，16~最不偏好。

屏幕	主屏尺寸	颜色	机身厚度	偏好次序
常规全面屏	6.5 英寸以上	白	9 毫米以上	
常规全面屏	6.5 英寸以上	蓝	6 毫米~9 毫米	
常规全面屏	4.4 英寸~6.5 英寸	白	9 毫米以上	
常规全面屏	4.4 英寸~6.5 英寸	黑	9 毫米以上	
常规全面屏	4.4 英寸~6.5 英寸	蓝	9 毫米以上	
特色全面屏	6.5 英寸以上	白	9 毫米以上	
特色全面屏	6.5 英寸以上	黑	6 毫米以下	
特色全面屏	6.5 英寸以上	蓝	9 毫米以上	
特色全面屏	4.4 英寸~6.5 英寸	白	6 毫米~9 毫米	
特色全面屏	4.4 英寸以下	白	9 毫米以上	
特色全面屏	4.4 英寸以下	黑	9 毫米以上	
特色全面屏	4.4 英寸以下	蓝	6 毫米~9 毫米	
非全面屏	6.5 英寸以上	黑	6 毫米~9 毫米	
非全面屏	6.5 英寸以上	蓝	9 毫米以上	
非全面屏	4.4 英寸~6.5 英寸	白	9 毫米以上	
非全面屏	4.4 英寸以下	白	6 毫米以下	

8. 请您对下列不同娱乐属性组合的手机进行偏好排序：1~最偏好，16~最不偏好。

音乐	拍照	智能化	屏幕像素密度	偏好次序
音质效果高	拍照效果低	AI 适当辅助	500ppi 以上	
音质效果中	拍照效果低	AI 高度智能	300ppi 以下	

(续表)

音乐	拍照	智能化	屏幕像素密度	偏好次序
音质效果高	拍照效果中	无 AI 辅助	300ppi 以下 00ppi~500ppi	
音质效果中	拍照效果中	AI 高度智能	300ppi 以下 00ppi~500ppi	
音质效果中	拍照效果高	无 AI 辅助	500ppi 以上	
音质效果低	拍照效果中	AI 高度智能	500ppi 以上	
音质效果高	拍照效果中	AI 高度智能	300ppi 以下	
音质效果低	拍照效果高	AI 高度智能	300ppi 以下 00ppi~500ppi	
音质效果高	拍照效果低	无 AI 辅助	300ppi 以下 00ppi~500ppi	
音质效果中	拍照效果低	AI 高度智能	500ppi 以上	
音质效果中	拍照效果高	AI 适当辅助	300ppi 以下	
音质效果低	拍照效果高	无 AI 辅助	500ppi 以上	
音质效果低	拍照效果高	AI 适当辅助	300ppi 以下 00ppi~500ppi	
音质效果高	拍照效果中	无 AI 辅助	300ppi 以下	
音质效果高	拍照效果中	AI 适当辅助	500ppi 以上	
音质效果中	拍照效果高	无 AI 辅助	300ppi 以下 00ppi~500ppi	

9. 请您对下列不同功能属性组合的手机进行偏好排序：1~最偏好，16~最不偏好。

核数	续航	RAM 内存	ROM 存储	CPU 频率	偏好次序
八核、六核	12 小时~24 小时	4GB~8GB	64GB~256GB	2.5GHz（含）以上	
八核、六核	12 小时~24 小时，4 小时以上	4GB 以下	256GB 及以上	1.5GHz 以下	
十核及以上	12 小时~24 小时	4GB 以下	256GB 及以上	1.5GHz（含）~2.5GHz	
四核、双核及以下	12 小时以下	4GB 以下	64GB 及以下	2.5GHz（含）以上	
十核及以上	12 小时~24 小时	4GB~8GB	256GB 及以上	1.5GHz（含）~2.5GHz	
十核及以上	12 小时~24 小时，4 小时以上	4GB~8GB	64GB 及以下	2.5GHz（含）以上	
四核、双核及以下	12 小时~24 小时，4 小时以上	4GB~8GB	256GB 及以上	1.5GHz 以下	
十核及以上	12 小时以下	8GB 及以上	64GB~256GB	1.5GHz 以下	
十核及以上	12 小时以下	4GB~8GB	256GB 及以上	1.5GHz（含）~2.5GHz	
八核、六核	12 小时以下	8GB 及以上	256GB 及以上	2.5GHz（含）以上	
四核、双核及以下	12 小时~24 小时，4 小时以上	8GB 及以上	64GB~256GB	1.5GHz（含）~2.5GHz	
八核、六核	12 小时~24 小时 4，小时以上	8GB 及以上	64GB 及以下	1.5GHz（含）~2.5GHz	
十核及以上	12 小时~24 小时 4，小时以上	4GB 以下	64GB~256GB	2.5GHz（含）以上	
四核、双核及以下	12 小时~24 小时	8GB 及以上	256GB 及以上	2.5GHz（含）以上	
十核及以上	12 小时以下	8GB 及以上	64GB 及以下	2.5GHz（含）以上	
十核及以上	12 小时~24 小时	8GB 及以上	64GB 及以下	1.5GHz 以下	

10. 您一般都是去什么地方或者想要去什么地方购买手机？
    A. 手机大卖场　　　B. 购物商场或超市　　　C. 网上购物　　　D. 其他

调查结束，感谢您的参与！

3.3.3 发放问卷进行社会调查并将所得数据录入到 SPSS 中

出于成本的考虑，我们一共设计了 150 份调查问卷（该份数用户可以实际操作中结合企业产品情况进行酌情增减），然后将设计好的 150 份调查问卷，随机发放到一些高校大学生和初入职场略有积蓄的人员手中，回收 146 份，回收率为：146/150*100%=97.33%。回收效果还是很不错的。

我们把回收来的问卷进行一系列的整理，并做成了 6 个 SPSS 格式的文件，分别是针对计划文件 1 调查的偏好次序数据（数据 3.1B）、针对计划文件 2 调查的偏好次序数据（数据 3.2B）、针对计划文件 3 调查的偏好次序数据（数据 3.3B）、针对计划文件 4 调查的偏好次序数据（数据 3.4B）、针对计划文件 5 调查的偏好次序数据（数据 3.5B）、其他数据（数据 3.6B）。关于各数据录入的具体介绍及最终结果在下一节中进行较为详尽的说明。

3.3.4 SPSS 分析

本节我们分 4 个部分进行。

1. 关于手机性价属性的联合分析

首先我们进行关于手机性价属性的联合分析，过程如下。

01 用第 1 章和第 2 章介绍的录入数据的方法录入数据。录入完成后，数据如图 3.47 所示。本文件中共有 17 个变量，包括"ID""PREF1~PREF16"，均为数值类型变量。其中"ID"表示被调查者或者采集的样本编号，"PREF1~PREF16"表示偏好顺序，例如，PREF1 表示被调查者认为"…"是其第一偏好，依次类推。

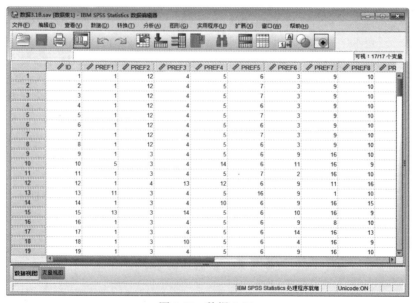

图 3.47 数据 3.1B

02 将数据移到 E 盘（或其他硬盘），然后依次选择"文件 | 新建 | 语法"命令，弹出程序编辑窗口，然后在窗口中依次输入以下命令：

```
CONJOINT
  PLAN='E:\数据 3.1A.SAV'
  /DATA='E:\数据 3.1B.SAV'
  /SEQUENCE=PREF1 TO PREF16
  /SUBJECT=ID
  /FACTORS=JIAGE(LINEAR  LESS) PINPAI(DISCRETE)  TESE(DISCRETE)
XITONG(DISCRETE)
  /PRINT=SUMMARYONLY
  /UTILITY='E:\RUGUTIL.SAV'
  /PLOT=SUMMARY.
```

03 单击工具栏中的 ▶ 按钮，运行该程序，即可完成联合分析。

> **注　意**
>
> （1）PLAN 子命令指定包含正交设计的文件——在本例中为 E:\数据 3.1A.SAV。
> （2）DATA 子命令指定包含偏好数据的文件——在本例中为 E:\数据 3.1B.SAV。
> （3）SEQUENCE 子命令指定偏好数据中的每个数据点都是一个概要文件编号，以最喜欢的概要文件开始，并以最不喜欢的概要文件结束。
> （4）SUBJECT 子命令指定变量 ID 标识主体。
> （5）FACTORS 子命令指定描述偏好数据与因子级别之间的期望关系的模型。指定的因子是指在 PLAN 子命令上命名的计划文件中定义的变量。
>
> 当因子级别为分类级别且未对级别和数据之间的关系做出任何假设时，使用关键字 DISCRETE。PINPAI(DISCRETE)、TESE(DISCRETE)、XITONG(DISCRETE) 是分别代表品牌、特色和系统的因子。
>
> 当数据期望与因子线性相关时，使用关键字 LINEAR，JIAGE(LINEAR LESS)表示价格因子。
>
> 如果因子未由 DISCRETE、LINEAR、IDEAL 或 ANTIIDEAL 其中之一标注或未包括在 FACTORS 子命令上，则默认为 DISCRETE。
>
> （6）关键字 MORE 和 LESS（在 LINEAR 之后）指示关系的期望方向。由于我们期望较低价格的较高偏好，因此关键字 LESS 用于 JIAGE。
>
> 需要特别指出和强调的是，指定 MORE 或 LESS 不会更改系数的符号或影响效用的估计。这些关键字只用于标识估计值不匹配期望方向的主体。
>
> （7）PRINT 子命令指定输出包含主体组的信息（SUMMARYONLY 关键字）。每个主体的信息不单独显示。

下面对结果进行分析，如下所示。

（1）重要性水平

图 3.48 显示了各个因子的重要性水平。重要性水平指的是 SPSS 使用每个因子的效用值范围（从最高到最低）测量因子对于总体偏好的重要性。计算方法为通过分别取每个因子的效用范围并除以

所有因子效用范围之和来计算该值。在统计意义上，拥有较大效用范围的因子比拥有较小范围的因子更加重要。

根据图 3.48，在手机性价属性中，消费者认为最为重要的就是价格，其次是系统，再是特色，最后是品牌。需要同时注意的是，各个属性之间的重要性差别并不明显，均在 20%以上，所以在市场推广时对手机的这些属性都应该给予重视，不能忽略任一方面的属性。

重要性值

PINPAI	20.358
TESE	24.382
XITONG	26.346
JIAGE	28.915

平均重要性得分

图 3.48　重要性值

（2）结果总结

实用程序显示因子的效用得分及其每个因子级别的标准误差。效用值越高表示偏好越强烈，正如我们在前面所期望的，价格和效用之间有一种逆关系，其中较高价格对应较低效用（负值越大效用越低）。

图 3.49 表示的是消费者群体对手机每个性价属性的各个属性水平所做的评价。可以发现，对品牌而言，消费者最喜欢国产知名品牌，其次是其他国产品牌，最后是国外品牌；对特色而言，消费者最喜欢游戏手机，其次是拍照手机，最后是商务手机；对系统而言，消费者最喜欢安卓系统，其次是苹果系统，最后是其他系统；对价格而言，消费者最喜欢 0~1000 元、其次是 1000~2000 元，最后是 2000 元以上。

实用程序

		实用程序估算	标准误差
PINPAI	国外品牌	-.907	.806
	国产知名品牌	.611	.933
	其他国产品牌	.296	.933
TESE	游戏手机	1.311	.825
	拍照手机	.222	.910
	商务手机	-1.533	.907
XITONG	安卓	1.087	.888
	苹果	-.250	1.018
	其他	-.837	1.297
JIAGE	0~1000元	-1.372	.841
	1000~2000元	-2.744	1.683
	2000元以上	-4.116	2.524
（常量）		10.628	1.868

图 3.49　结果总结

（3）图形展示

图 3.50 是"品牌"的摘要实用程序，从图中可以非常直观地看出，国产知名品牌的值最大，最受消费者欢迎，其次是国外品牌，最后是其他国产品牌。

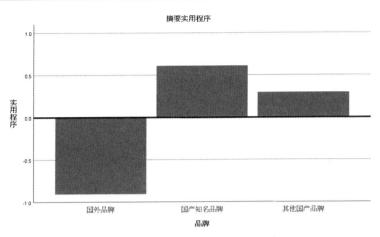

图 3.50 "品牌"的摘要实用程序

图 3.51 是"手机特色"的摘要实用程序，从图中可以看出游戏手机的值最大，最受消费者欢迎，其次是拍照手机，最后是商务手机。

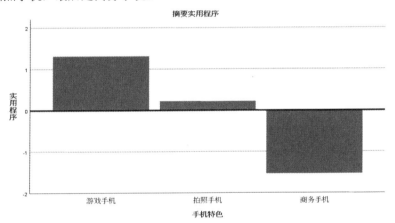

图 3.51 "手机特色"的摘要实用程序

图 3.52 是"出厂系统内核"的摘要实用程序，从图中可以看出安卓的值最大，最受消费者欢迎，其次是苹果，最后是其他。

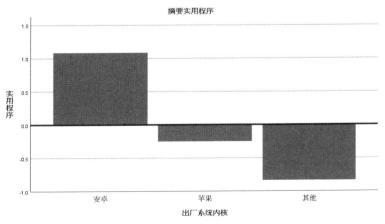

图 3.52 "出厂系统内核"的摘要实用程序

图 3.53 是"价格"的摘要实用程序，从图中可以看出价格越低，越受消费者欢迎。

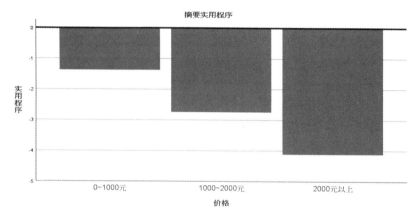

图 3.53 "价格"的摘要实用程序

图 3.54 是"重要性"的摘要实用程序，从图中可以看出价格重要性最大。

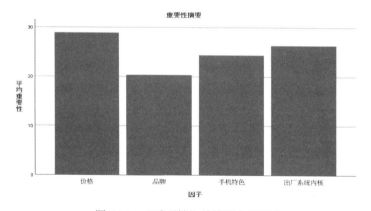

图 3.54 "重要性"的摘要实用程序

2. 关于手机增值服务的联合分析

下载资源:\video\第 3 章\3.7	
下载资源:\sample\数据 3\数据 3.2A、数据 3.2B、数据 3.2 程序	

首先我们进行关于手机增值服务的联合分析，过程如下。

01 用第 1 章和第 2 章介绍的录入数据的方法录入数据。录入完成后，数据如图 3.55 所示。本文件中共有 17 个变量，包括"ID""PREF1~PREF16"，均为数值类型变量。其中"ID"表示被调查者或者采集的样本编号，"PREF1~PREF16"表示偏好顺序，例如，PREF1 表示被调查者认为"…"是其第一偏好，依次类推。

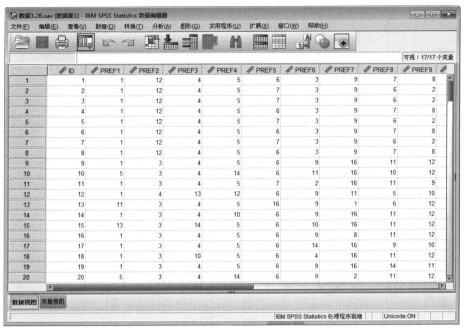

图 3.55　数据 3.2B

02 将数据移到 E 盘（或其他硬盘），然后依次选择"文件｜新建｜语法"命令，弹出程序编辑窗口，然后在窗口中依次输入以下命令：

```
CONJOINT
 PLAN='E:\数据 3.2A.SAV'
 /DATA='E:\数据 3.2B.SAV'
 /SEQUENCE=PREF1 TO PREF16
 /SUBJECT=ID
 /FACTORS=YOUHUI(LINEAR MORE) ZHIBAO(DISCRETE)   YINGYINGVIP(DISCRETE)
BAOXIAN(DISCRETE)
 /PRINT=SUMMARYONLY
 /UTILITY='E:\RUGUTIL.SAV'
 /PLOT=SUMMARY.
```

03 单击工具栏中的 ▶ 按钮，运行该程序，即可完成联合分析。

下面对结果进行分析，如下所示。

（1）重要性水平

图 3.56 显示了各个因子的重要性水平。指的是 SPSS 使用每个因子的效用值范围（从最高到最低）测量因子对于总体偏好的重要性。计算方法为通过分别取每个因子的效用范围并除以所有因子效用范围之和来计算该值。在统计意义上，拥有较大效用范围的因子比拥有较小范围的因子更加重要。

根据图 3.56，在手机增值服务属性中，消费者认为最为重要的就是质保，其次是影音 VIP 会员，然后是财产保险，最后是话费优惠。需要同时注意的是，各个属性之间的重要性差别较大，其中质保和影音 VIP 会员的重要性水平均在 30%以上，财产保险和话费优惠的重要性水平均不足 20%，所以在市场推广时对手机的这些增值服务属性应该给予差异化的安排，不能一视同仁。

重要性值

ZHIBAO	31.360
YINGYINGVIP	31.449
BAOXIAN	19.326
YOUHUI	17.866

平均重要性得分

图 3.56　重要性值

对于各个属性重要性水平的解释如下：

① 对于其他属性水平，话费优惠在各个增值服务属性水平中的重要性最低，这往往是与消费者的独立消费特征紧密相关的。因为在实践中，话费优惠都是由手机销售商通过与通信运营商的合作来实现的，通常要求消费者锁定使用既定通信运营商的服务一定期限以上，而很多消费者往往对此有所排斥。

② 影音 VIP 在所有属性水平中的重要性水平最高，这说明当年轻消费者对于知识付费，对于影音会员的特权有着较为强烈的需要，手机销售商可响应消费者这一消费趋势，做出相应的应对安排，比如在手机出场时预置常用的最新版本的影音娱乐 APP，为手机购买者提供独特的内容供应，等等。

③ 质保的重要性水平也非常高，说明消费者对于当前手机的质量仍旧有所担忧，依旧将其在一定程度上作为固定资产而非快速消费品来看待。

④ 财产保险，本例中主要是屏幕破碎险，在消费者心目中的重要性水平比较低，这与市场上广泛流行的钢化膜保护有关，钢化膜在很大程度上提升了消费者对于屏幕保护的信心。

（2）结果总结

实用程序显示因子的效用得分及其每个因子级别的标准误差。效用值越高表示偏好越强烈。正如我们在前面所期望的，优惠价格和效用之间存在正关系，其中较高优惠力度对应较高效用（负值越小效用越高）。

图 3.57 表示的是消费者群体对手机每个增值服务属性的各个属性水平所做的评价。可以发现，对质保而言，消费者最喜欢质保延长两年的产品，考虑到手机产品本身附带的质保期一年，即消费者对于手机寿命的预期差不多是三年；对影音 VIP 会员而言，消费者最喜欢赠送三个月会员，其次是赠送一年会员，最后是赠送六个月会员；对保险而言，消费者最喜欢赠送一份碎屏险，其次是不赠送碎屏险，最后是赠送二份碎屏险；对优惠而言，消费者最喜欢优惠手机价格 50%以上，其次是优惠手机价格 20%~50%，最后是优惠手机价格 20%以下。

实用程序

		实用程序估算	标准误差
ZHIBAO	延长三年	-1.142	1.117
	延长两年	1.346	1.129
	延长一年	-.204	1.185
YINGYINGVIP	赠送一年	-.952	1.059
	赠送六个月	-1.008	1.140
	赠送三个月	1.961	1.159
BAOXIAN	赠送一份碎屏险	.343	1.089
	赠送二份碎屏险	-.334	1.185
	不赠送碎屏险	-.008	1.121
YOUHUI	手机价格50%以上	-.400	.977
	手机价格20%~50%	-.801	1.953
	手机价格20%以下	-1.201	2.930
(常量)		9.230	1.997

图 3.57　结果总结

（3）图形展示

图 3.58 是"质保服务期"的摘要实用程序，从图中可以非常直观地看出延迟两年的值最大，最受消费者欢迎，其次是延长一年，最后是延长三年。

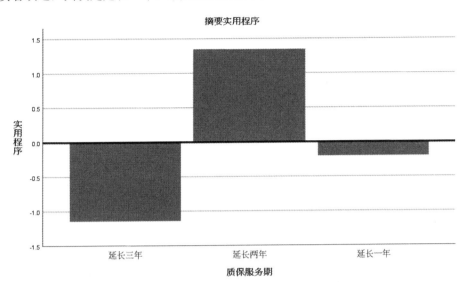

图 3.58 "质保服务期"的摘要实用程序

图 3.59 是"影音会员"的摘要实用程序，从图中可以看出赠送三个月的值最大，最受消费者欢迎，其次是赠送一年，最后是六个月。

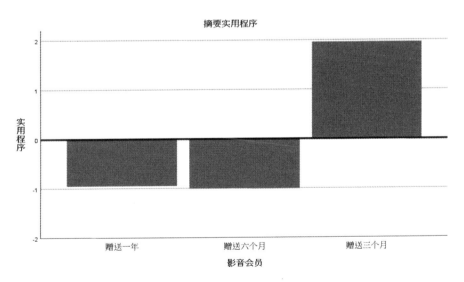

图 3.59 "影音会员"的摘要实用程序

图 3.60 是"财产保险"的摘要实用程序，从图中可以看出赠送一份碎屏险的值最大，最受消费者欢迎，其次是不赠送碎屏险，最后是赠送两份碎屏险。

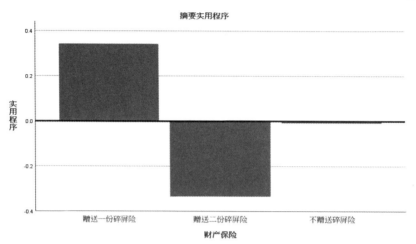

图 3.60 "财产保险"的摘要实用程序

图 3.61 是"话费优惠"的摘要实用程序,从图中可以看出价格优惠力度越大,越受消费者欢迎。

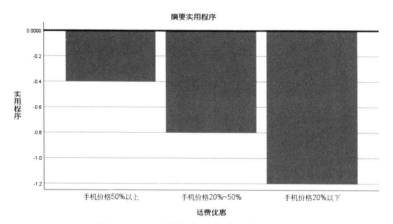

图 3.61 "话费优惠"的摘要实用程序

图 3.62 是"重要性"的摘要实用程序,从图中可以看出影音会员重要性最大。

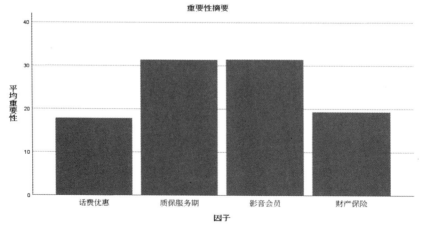

图 3.62 "重要性"的摘要实用程序

3. 关于手机外观属性的联合分析

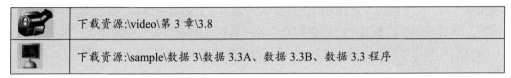

	下载资源:\video\第 3 章\3.8
	下载资源:\sample\数据 3\数据 3.3A、数据 3.3B、数据 3.3 程序

首先我们进行关于手机外观属性的联合分析，过程如下。

01 用第 1 章和第 2 章介绍的录入数据的方法录入数据。录入完成后，数据如图 3.63 所示。本文件中共有 17 个变量，包括"ID""PREF1~PREF16"，均为数值类型变量。其中"ID"表示被调查者或者采集的样本编号，"PREF1~PREF16"表示偏好顺序，例如，PREF1 表示被调查者认为"…"是其第一偏好，依次类推。

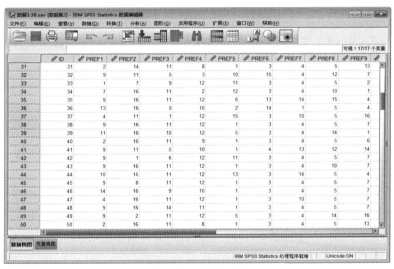

图 3.63　数据 3.3B

02 将数据移到 E 盘（或其他硬盘），然后依次选择"文件 | 新建 | 语法"命令，弹出程序编辑窗口，然后在窗口中依次输入以下命令：

```
CONJOINT
 PLAN='E:\数据 3.3A.SAV'
 /DATA='E:\数据 3.3B.SAV'
 /SEQUENCE=PREF1 TO PREF16
 /SUBJECT=ID
 /FACTORS=PINGMU(DISCRETE) CHICUN(DISCRETE)  YANSE(DISCRETE) HOUDU(DISCRETE)
 /PRINT=SUMMARYONLY
 /UTILITY='E:\RUGUTIL.SAV'
 /PLOT=SUMMARY.
```

03 单击工具栏中的 ▶ 按钮，运行该程序，即可完成联合分析。

下面对结果进行分析，如下所示。

（1）重要性水平

图 3.64 显示了各个因子的重要性水平。重要性水平指的是 SPSS 使用每个因子的效用值范围（从最高到最低）测量因子对于总体偏好的重要性。计算方法为通过分别取每个因子的效用范围并除以所有因子效用范围之和来计算该值。在统计意义上，拥有较大效用范围的因子比拥有较小范围的因

子更加重要。

根据图 3.64，在手机外观属性中，消费者认为最为重要的就是屏幕，其次是主屏尺寸，然后是机身厚度，最后是颜色。需要同时注意的是，各个属性之间的重要性差别较大，其中屏幕在 30%以上，颜色的重要性水平均不足 20%，所以在市场推广时对手机的这些外观属性应该给予差异化的安排，不能一视同仁。

对于各个属性重要性水平的解释如下：

① 相对于其他属性水平，颜色属性在各个手机外观属性水平中重要性最低，这说明消费者对于手机外观的颜色不是特别在意，手机颜色在影响消费者做出偏好决策方面所能起到的作用非常有限。

② 屏幕在所有属性水平中的重要性水平最高，这说明在手机外观方面消费者对于屏幕最为在意，这也与当前普遍流行的全面屏潮流相吻合，这一结论也可以与实用程序部分屏幕属性各个属性水平的效用值结合起来看。

③ 屏幕尺寸和厚度的重要性水平都在 20%以上，也是颇受消费者关注的手机外观因素，销售商也必须加以重视，贴近消费者需求偏好。

（2）结果总结

实用程序显示因子的效用得分及其每个因子级别的标准误差。效用值越高表示偏好越强烈。

图 3.65 表示的是消费者群体对手机每个手机外观属性的各个属性水平所做的评价。容易发现，对屏幕而言，消费者最喜欢常规全面屏的产品，其次是特色全面屏的产品，而对于非全面屏的产品则非常不看好；对主屏尺寸而言，消费者最喜欢 4.4 英寸以下，其次是 4.4 英寸~6.5 英寸，最后是 6.5 英寸以上；对颜色而言，消费者最喜欢白色，其次是黑色，最后是蓝色；对机身厚度而言，消费者最喜欢 6 毫米~9 毫米，其次是 6 毫米以下，最后是 9 毫米以上。从以上实证分析结果中，我们可以比较有把握的得出如下结论，单纯就手机外观而言，消费者偏好的是全面屏、厚薄度适中、主屏尺寸偏小的白色手机。

重要性值	
PINGMU	30.936
CHICUN	27.100
YANSE	17.870
HOUDU	24.094
平均重要性得分	

图 3.64　重要性值

实用程序

		实用程序估算	标准误差
PINGMU	常规全面屏	2.023	.858
	特色全面屏	-.449	.754
	非全面屏	-1.575	.811
CHICUN	6.5英寸以上	-1.718	.712
	4.4英寸~6.5英寸	-.156	.889
	4.4英寸以下	1.874	.896
YANSE	白	.572	.729
	黑	.482	.806
	蓝	-1.054	.807
HOUDU	9毫米以上	-.771	.784
	6毫米~9毫米	.488	.904
	6毫米以下	.283	1.151
(常量)		9.073	.665

图 3.65　结果总结

（3）图形展示

图 3.66 是"屏幕"的摘要实用程序，从图中可以非常直观地看出常规全面屏的值最大，最受消费者欢迎，其次是特色全面屏，最后是非全面屏。

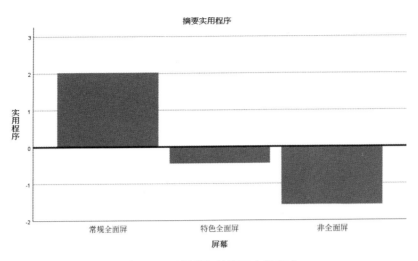

图 3.66 "屏幕"的摘要实用程序

图 3.67 是"主屏尺寸"的摘要实用程序,从图中可以看出消费者最喜欢 4.4 英寸以下,其次是 4.4 英寸~6.5 英寸,最后是 6.5 英寸以上。

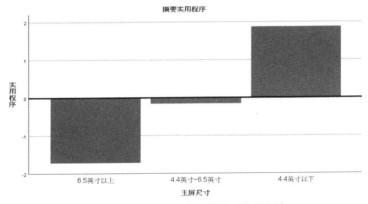

图 3.67 "主屏尺寸"的摘要实用程序

图 3.68 是"颜色"的摘要实用程序,从图中可以看出,消费者最喜欢白色,其次是黑色,最后是蓝色。

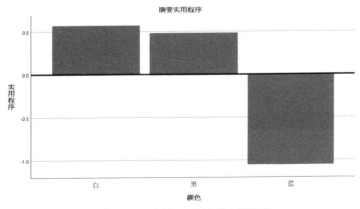

图 3.68 "颜色"的摘要实用程序

图3.69是"机身厚度"的摘要实用程序,从图中可以看出,消费者最喜欢6毫米~9毫米,其次是6毫米以下,最后是9毫米以上。

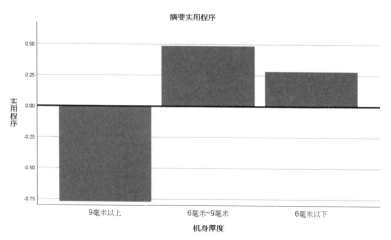

图3.69 "机身厚度"的摘要实用程序

图3.70是"重要性"的摘要实用程序,从图中可以看出屏幕重要性最大。

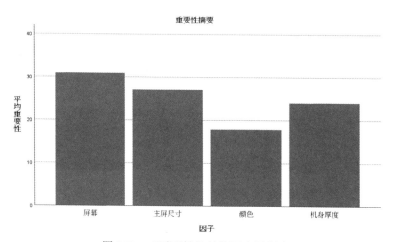

图3.70 "重要性"的摘要实用程序

4. 关于手机娱乐属性的联合分析

📹	下载资源:\video\第3章\3.9
🖥️	下载资源:\sample\数据3\数据3.4A、数据3.4B、数据3.4程序

首先我们进行关于手机娱乐属性的联合分析,过程如下。

01 用第1章和第2章介绍的录入数据的方法录入数据。录入完成后,数据如图3.71所示。本文件中共有17个变量,包括"ID""PREF1~PREF16",均为数值类型变量。其中"ID"表示被调查者或者采集的样本编号,"PREF1~PREF16"表示偏好顺序,例如,PREF1表示被调查者认为"…"是其第一偏好,依次类推。

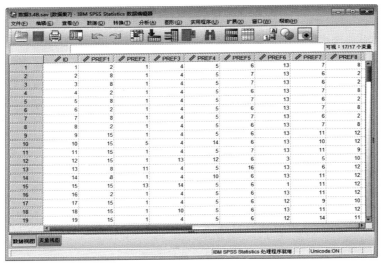

图 3.71　数据 3.4B

02 将数据移到 E 盘（或其他硬盘），然后依次选择"文件｜新建｜语法"命令，弹出"程序编辑"窗口，然后在窗口中依次输入以下命令：

```
CONJOINT
 PLAN='E:\数据 3.4A.SAV'
 /DATA='E:\数据 3.4B.SAV'
 /SEQUENCE=PREF1 TO PREF16
 /SUBJECT=ID
 /FACTORS=YINYUE(DISCRETE) PAIZHAO(DISCRETE) ZHINENG(DISCRETE)
XIANGSU(DISCRETE)
 /PRINT=SUMMARYONLY
 /UTILITY='E:\RUGUTIL.SAV'
 /PLOT=SUMMARY.
```

03 单击工具栏中的 ▶ 按钮，运行该程序，即可完成联合分析。

下面对结果进行分析，如下所示。

（1）重要性水平

图 3.72 显示了各个因子的重要性水平。重要性水平指的是 SPSS 使用每个因子的效用值范围（从最高到最低）测量因子对于总体偏好的重要性。计算方法为通过分别取每个因子的效用范围并除以所有因子效用范围之和来计算该值。在统计意义上，拥有较大效用范围的因子比拥有较小范围的因子更加重要。

图 3.72 所示，在手机娱乐属性中，消费者认为最为重要的就是拍照，其次是音乐，然后是智能化，最后是屏幕像素密度。需要同时注意的是，各个属性之间的重要性差别不大，所以在市场推广时对手机的这些娱乐属性都应该加以重视。

对于各个属性重要性水平的解释如下：

① 相对于其他属性水平，屏幕像素密度属性在各个手机娱乐属性水平中重要性最低，这说明消费者对于手机的屏幕像素密度不是特别在意，手机屏幕像素密度在影响消费者做出偏好决策方面

所能起到的作用非常有限。

② 拍照在所有属性水平中的重要性水平最高，这说明在手机娱乐方面消费者对于拍照最为在意，这也与当前普遍流行的手机拍照潮流相吻合，这一结论也可以与实用程序部分拍照属性中各个属性水平的效用值结合起来看。

③ 音乐和智能化的重要性水平都在25%以上，也是颇受消费者关注的手机娱乐因素，销售商也必须加以重视，贴近消费者需求偏好。

重要性值

YINYUE	27.001
PAIZHAO	27.413
ZHINENG	26.107
XIANGSU	19.479

平均重要性得分

图 3.72　重要性值

（2）结果总结

实用程序显示因子的效用得分及其每个因子级别的标准误差。效用值越高表示偏好越强烈。

图 3.73 表示的是消费者群体对手机的每个娱乐属性的各个属性水平所做的评价。从中可以发现，对音乐而言，消费者最喜欢音质效果中的产品，其次是音质效果低的产品，最后是音质效果高的产品；对拍照而言，消费者最喜欢拍照效果中的产品，其次是拍照效果低的产品，最后是拍照效果高的产品；对智能化而言，消费者最喜欢 AI 适当辅助的产品，其次是无 AI 辅助的产品，最后是 AI 高度智能的产品；对屏幕像素密度而言，消费者最喜欢 500ppi 以上的产品，其次是 300ppi~500ppi 的产品，最后是 300ppi 以下的产品。从以上实证分析结果中，我们可以比较有把握的得出如下结论，单纯就手机娱乐而言，消费者偏好的是音质效果中、拍照效果中、AI 适当辅助、屏幕像素密度 500ppi 以上的手机。

实用程序

		实用程序估算	标准误差
YINYUE	音质效果高	-2.771	1.188
	音质效果中	1.510	.669
	音质效果低	1.261	1.039
PAIZHAO	拍照效果高	-2.581	1.162
	拍照效果中	1.850	.810
	拍照效果低	.731	.815
ZHINENG	AI高度智能	-2.231	.964
	AI适当辅助	2.174	.755
	无AI辅助	.057	.710
XIANGSU	500ppi以上	1.716	.644
	300ppi~500ppi	-.623	.607
	300ppi以下	-1.093	.727
（常量）		8.884	.512

图 3.73　结果总结

（3）图形展示

图 3.74 是"音乐"的摘要实用程序，从图中可以非常直观地看出消费者最喜欢音质效果中的产品，其次是音质效果低的产品，最后是音质效果高的产品。

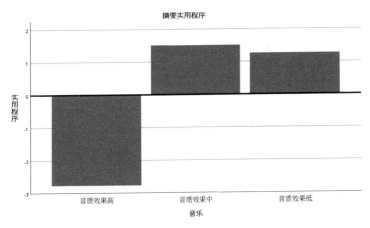

图 3.74　"音乐"的摘要实用程序

图 3.75 是"拍照"的摘要实用程序,从图中可以看出消费者最喜欢拍照效果中的产品,其次是拍照效果低的产品,最后是拍照效果高的产品。

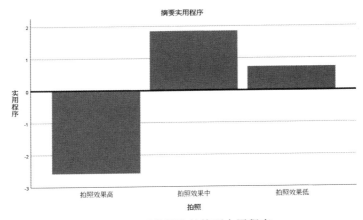

图 3.75　"拍照"的摘要实用程序

图 3.76 是"智能化"的摘要实用程序,从图中可以看出消费者最喜欢 AI 适当辅助的产品,其次是无 AI 辅助的产品,最后是 AI 高度智能的产品。

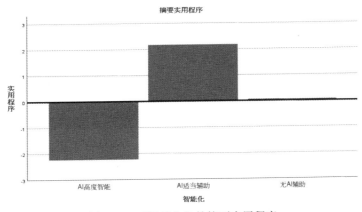

图 3.76　"智能化"的摘要实用程序

图 3.77 是"屏幕像素密度"的摘要实用程序,从图中可以看出消费者最喜欢 500ppi 以上的产品,其次是 300ppi~500ppi 的产品,最后是 300ppi 以下的产品。

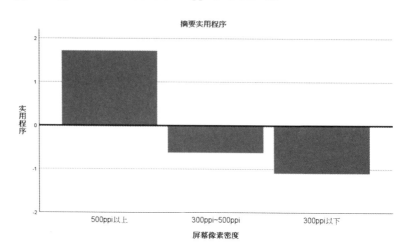

图 3.77 "屏幕像素密度"的摘要实用程序

图 3.78 是"重要性"的摘要实用程序,从图中可以看出拍照的重要性最大。

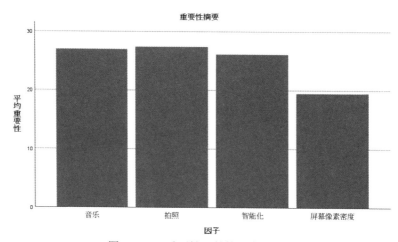

图 3.78 "重要性"的摘要实用程序

5. 关于手机功能属性的联合分析

📹	下载资源:\video\第 3 章\3.10
🖥	下载资源:\sample\数据 3\数据 3.5A、数据 3.5B、数据 3.5 程序

首先我们进行关于手机功能属性的联合分析,过程如下。

01 用第 1 章和第 2 章介绍的录入数据的方法录入数据。录入完成后,数据如图 3.79 所示。本文件中共有 17 个变量,包括"ID""PREF1~PREF16",均为数值类型变量。其中"ID"表示被调查者或者采集的样本编号,"PREF1~PREF16"表示偏好顺序,例如,PREF1 表示被调查者认为"…"是其第一偏好,依次类推。

第 3 章 新产品上市前的调查研究：以某手机产品为例 | 113

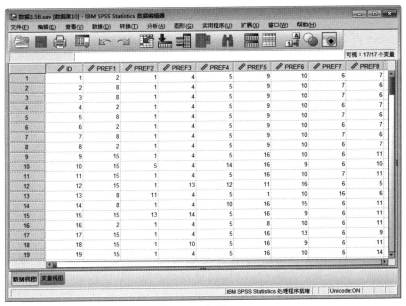

图 3.79 数据 3.5B

02 将数据移到 E 盘（或其他硬盘），然后依次选择"文件｜新建｜语法"命令，弹出"程序编辑"窗口，然后在窗口中依次输入以下命令：

```
CONJOINT
  PLAN='E:\数据 3.5A.SAV'
  /DATA='E:\数据 3.5B.SAV'
  /SEQUENCE=PREF1 TO PREF16
  /SUBJECT=ID
  /FACTORS=HESHU(DISCRETE) XUHANG(DISCRETE)  RAM(DISCRETE) ROM(DISCRETE)
CPU(DISCRETE)
  /PRINT=SUMMARYONLY
  /UTILITY='E:\RUGUTIL.SAV'
  /PLOT=SUMMARY.
```

03 单击工具栏中的 ▶ 按钮，运行该程序，即完成联合分析。

下面对结果进行分析，如下所示。

（1）重要性水平

图 3.80 显示了各个因子的重要性水平。重要性水平指的是 SPSS 使用每个因子的效用值范围（从最高到最低）测量因子对于总体偏好的重要性。计算方法为通过分别取每个因子的效用范围并除以所有因子效用范围之和来计算该值。在统计意义上，拥有较大效用范围的因子比拥有较小范围的因子更加重要。

如图 3.80 所示，在手机功能属性中，消费者认为最为重要的就是 CPU 频率，其次是 ROM 存储，然后是续航、核数，最后是 RAM 内存。需要同时注意的是，各个属性之间的重要性差别不大，所以在市场推广时对手机的这些功能属性都应该加以重视。

对于各个属性重要性水平的解释如下：

	重要性值
HESHU	19.005
XUHANG	20.186
RAM	18.465
ROM	20.577
CPU	21.767

平均重要性得分

图 3.80 重要性值

① 相对于其他属性水平，RAM 内存属性在各个手机功能属性水平中重要性最低，这说明消费者对于手机的 RAM 内存不是特别在意，RAM 内存在影响消费者做出偏好决策方面所能起到的作用非常有限。

② CPU 频率在所有属性水平中的重要性水平最高，这说明在手机功能方面消费者对于 CPU 频率最为在意，这也与当前普遍流行的手机高频率 CPU 带来快速流畅的体验潮流相吻合，这一结论也可以与实用程序部分功能属性各个属性水平的效用值结合起来看。

③ 其他几个属性的重要性水平都在 20%左右，也是颇受消费者关注的手机功能因素，销售商也必须加以重视，贴近消费者需求偏好。

（2）结果总结

实用程序显示因子的效用得分及其每个因子级别的标准误差。效用值越高表示偏好越强烈。

图 3.81 所示的是消费者群体对手机功能属性的各个属性水平所做的评价。从中可以发现：对核数而言，消费者最喜欢八核、六核的产品，其次是四核、双核及以下的产品，最后是十核及以上的产品；对续航而言，消费者最喜欢 12 小时~24 小时的产品，其次是 12 小时以下的产品，最后是 24 小时以上的产品；对 RAM 内存而言，消费者最喜欢 4GB~8GB 的产品，其次是 8GB 及以上的产品、4GB 以下的产品；对 ROM 存储器而言，消费者最喜欢 64GB 及以下的产品，其次是 64GB~256GB 的产品，最后是 256GB 及以上的产品；对 CPU 频率而言，消费者最喜欢 2.5GHz（含）以上的产品，其次是 1.5GHz~2.5GHz 的产品，最后是 1.5GHz 以下的产品。从以上实证分析结果中，我们可以得出如下结论，单纯就手机功能而言，消费者偏好的是八核、六核、12 小时~24 小时续航、RAM 内存 4GB~8GB、ROM 存储器 64GB 及以下、CPU 频率 2.5GHz（含）以上的手机。

实用程序

		实用程序估算	标准误差
HESHU	十核及以上	-.830	.886
	八核、六核	.743	.933
	四核、双核及以下	.087	.933
XUHANG	24小时以上	-1.447	.937
	12小时~24小时	.870	.880
	12小时以下	.577	.913
RAM	8GB及以上	-.284	.893
	4GB~8GB	1.188	.893
	4GB以下	-.904	.924
ROM	256GB及以上	-.934	.937
	64GB~256GB	-.577	.918
	64GB及以下	1.512	.921
CPU	2.5GHz(含)以上	1.092	.893
	1.5GHz(含)~2.5GHz	.428	.893
	1.5GHz以下	-1.519	.924
(常量)		8.626	.760

图 3.81 结果总结

（3）图形展示

图 3.82 是"核数"的摘要实用程序，从图中可以非常直观地看出消费者最喜欢八核、六核的产品，其次是四核、双核及以下的产品，最后是十核及以上的产品。

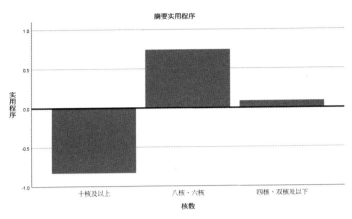

图 3.82 "核数"的摘要实用程序

图 3.83 是"续航"的摘要实用程序，从图中可以看出消费者最喜欢 12 小时~24 小时的产品，其次是 12 小时以下的产品，最后是 24 小时以上的产品。

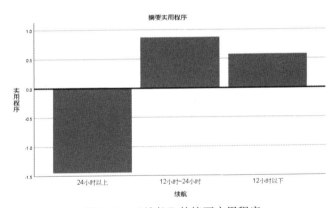

图 3.83 "续航"的摘要实用程序

图 3.84 是"RAM 内存"的摘要实用程序，从图中可以看出消费者最喜欢 4GB~8GB 的产品，其次是 8GB 及以上的产品，最后是 4GB 以下的产品。

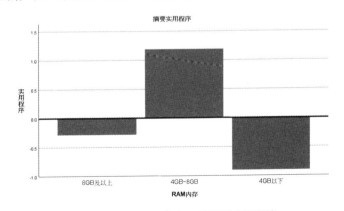

图 3.84 "RAM 内存"的摘要实用程序

图 3.85 是"ROM 存储器"的摘要实用程序，从图中可以看出消费者最喜欢 64GB 及以下的产

品，其次是 64GB~256GB 的产品，最后是 256GB 及以上的产品。

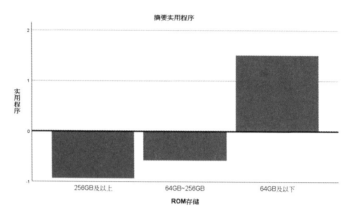

图 3.85 "ROM 存储器"的摘要实用程序

图 3.86 是"CPU 频率"的摘要实用程序，从图中可以看出消费者最喜欢 2.5GHz（含）以上的产品，其次是 1.5GHz(含)~2.5GHz 的产品，最后是 1.5GHz 以下的产品。

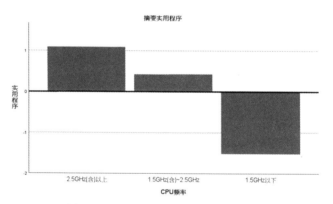

图 3.86 "CPU 频率"的摘要实用程序

图 3.87 是"重要性"的摘要实用程序，从图中可以看出 CPU 频率重要性最大。

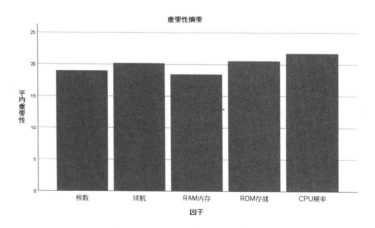

图 3.87 "重要性"的摘要实用程序

6. 交叉表分析

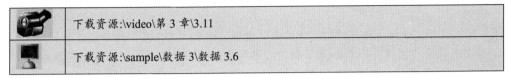

最后我们进行相关变量的交叉表分析。把通过调查问卷的 1、2、3、5、10 这 5 个问题得到的资料按照第 1 章所述方法整理成 SPSS 数据资料。

我们选取了 5 个变量，分别对应 5 个问题。

- 第 1 个变量是"性别"，把其设置为数值类型变量并进行值标签操作，用"1"表示"男"，用"2"表示"女"。
- 第 2 个变量是"拥有手机数"，用"0"表示"拥有 0 部手机"，用"1"表示"拥有 1 部手机"，用"2"表示"拥有 2 部手机"，用"3"表示"拥有 3 部或 3 部以上手机"。
- 第 3 个变量是"拟购机时间"，用"1"表示"半年内购机"，用"2"表示"半年后，一年内购机"，用"3"表示"一年后，两年内购机"，用"4"表示"两年后购机"。
- 第 4 个变量是"对其他国产品牌印象"，用"1"表示"价格便宜且功能不逊品牌机"，用"2"表示"劣质产品不耐用且售后服务差"，用"3"表示"时尚潮流很受欢迎"，用"4"表示"没有什么印象"。
- 第 5 个变量是"拟购机地点"，用"1"表示"手机大卖场"，用"2"表示"购物商场或超市"，用"3"表示"网上购物"，用"4"表示"其他"。

数据录入完成后，如图 3.88 所示。

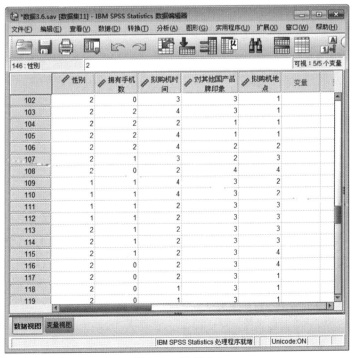

图 3.88　数据 3.6

（1）研究性别与拟购机时间的关系

操作如下：

01 依次选择"分析｜描述统计｜交叉表"命令，弹出"交叉表"对话框，如图 3.89 所示，在对话框左侧选择"性别"并单击 按钮使之进入右侧的"行"列表框，选择"拟购机时间"并单击 按钮，使之进入右侧的"列"列表框。

02 单击"交叉表"对话框右侧的"单元格"按钮，弹出"交叉表：单元格显示"对话框，如图 3.90 所示，然后在"计数"列表框中勾选"实测"，在"百分比"列表框中勾选"行""列"和"总计"，单击"继续"按钮返回"交叉表"对话框并单击"确定"按钮输出分析结果。

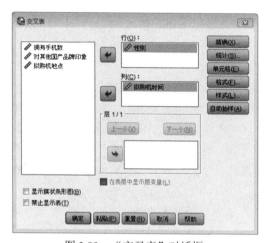

图 3.89　"交叉表"对话框

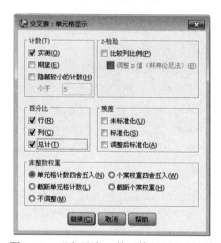

图 3.90　"交叉表：单元格显示"对话框

结果如图 3.91 所示。

性别 * 拟购机时间 交叉表

			拟购机时间				总计
			半年内	半年后-一年内	一年后-两年内	两年后	
性别	男	计数	23	22	11	7	63
		占 性别 的百分比	36.5%	34.9%	17.5%	11.1%	100.0%
		占 拟购机时间 的百分比	69.7%	28.2%	64.7%	38.9%	43.2%
		占总计的百分比	15.8%	15.1%	7.5%	4.8%	43.2%
	女	计数	10	56	6	11	83
		占 性别 的百分比	12.0%	67.5%	7.2%	13.3%	100.0%
		占 拟购机时间 的百分比	30.3%	71.8%	35.3%	61.1%	56.8%
		占总计的百分比	6.8%	38.4%	4.1%	7.5%	56.8%
总计		计数	33	78	17	18	146
		占 性别 的百分比	22.6%	53.4%	11.6%	12.3%	100.0%
		占 拟购机时间 的百分比	100.0%	100.0%	100.0%	100.0%	100.0%
		占总计的百分比	22.6%	53.4%	11.6%	12.3%	100.0%

图 3.91　性别*拟购机时间交叉表

从图 3.91 中可得到如下信息：参与调查的男女比例大致相同，男性为 43.2%，女性为 56.8%；参与调查的大部分人都打算在一年之内购机，其中打算半年内购机的为 22.6%，半年后，一年内购机的为 53.4%，两者总计为 76%；打算半年内购机的大部分是男性，比例为 69.7%；打算半年后，一年内购机的大部分是女性，比例为 71.8%。

（2）研究性别与拥有手机数量之间的关系

具体操作同上，结果如图 3.92 所示。

第 3 章 新产品上市前的调查研究：以某手机产品为例

性别 * 拥有手机数 交叉表

			拥有手机数				总计
			0部	1部	2部	3部及以上	
性别	男	计数	27	33	2	1	63
		占 性别 的百分比	42.9%	52.4%	3.2%	1.6%	100.0%
		占 拥有手机数 的百分比	35.5%	54.1%	25.0%	100.0%	43.2%
		占总计的百分比	18.5%	22.6%	1.4%	0.7%	43.2%
	女	计数	49	28	6	0	83
		占 性别 的百分比	59.0%	33.7%	7.2%	0.0%	100.0%
		占 拥有手机数 的百分比	64.5%	45.9%	75.0%	0.0%	56.8%
		占总计的百分比	33.6%	19.2%	4.1%	0.0%	56.8%
总计		计数	76	61	8	1	146
		占 性别 的百分比	52.1%	41.8%	5.5%	0.7%	100.0%
		占 拥有手机数 的百分比	100.0%	100.0%	100.0%	100.0%	100.0%
		占总计的百分比	52.1%	41.8%	5.5%	0.7%	100.0%

图 3.92　性别*拥有手机数交叉表

从图 3.92 中可得到如下信息：参与调查的绝大部分人没有手机或只有 1 部手机，其中没有手机的为 52.1%，只有 1 部手机的为 41.8%，两者总计为 93.9%；没有手机的人中男性占 35.5%，只有 1 部手机的人中，男性占 54.1%。

（3）研究性别与对其他国产品牌手机印象之间的关系

具体操作同上，结果如图 3.93 所示。

性别 * 对其他国产品牌印象 交叉表

			对其他国产品牌印象				总计
			价格便宜且功能不逊品牌机	劣质产品不耐用且售后服务差	时尚潮流很受欢迎	没有什么印象	
性别	男	计数	24	5	30	4	63
		占 性别 的百分比	38.1%	7.9%	47.6%	6.3%	100.0%
		占 对其他国产品牌印象 的百分比	45.3%	41.7%	49.2%	20.0%	43.2%
		占总计的百分比	16.4%	3.4%	20.5%	2.7%	43.2%
	女	计数	29	7	31	16	83
		占 性别 的百分比	34.9%	8.4%	37.3%	19.3%	100.0%
		占 对其他国产品牌印象 的百分比	54.7%	58.3%	50.8%	80.0%	56.8%
		占总计的百分比	19.9%	4.8%	21.2%	11.0%	56.8%
总计		计数	53	12	61	20	146
		占 性别 的百分比	36.3%	8.2%	41.8%	13.7%	100.0%
		占 对其他国产品牌印象 的百分比	100.0%	100.0%	100.0%	100.0%	100.0%
		占总计的百分比	36.3%	8.2%	41.8%	13.7%	100.0%

图 3.93　性别*对其他国产品牌手机印象交叉表

从图 3.93 中可得到如下信息：参与调查的绝大部分人对其他国产品牌手机的印象是价格便宜且功能不逊品牌机，或者时尚潮流很受欢迎，其中认为价格便宜且功能不逊品牌机的为 36.3%，认为时尚潮流很受欢迎的为 41.8%，两者总计 78.1%；仅有 8.2% 的人认为其他国产品牌手机是"劣质产品不耐用且售后服务差"的代名词。

（4）研究性别与拟购机地点之间的关系

具体操作同上，结果如图 3.94 所示。

性别 * 拟购机地点 交叉表

			拟购机地点				总计
			手机大卖场	购物商场或超市	网上购物	其他	
性别	男	计数	39	12	12	0	63
		占 性别 的百分比	61.9%	19.0%	19.0%	0.0%	100.0%
		占 拟购机地点 的百分比	42.4%	44.4%	57.1%	0.0%	43.2%
		占总计的百分比	26.7%	8.2%	8.2%	0.0%	43.2%
	女	计数	53	15	9	6	83
		占 性别 的百分比	63.9%	18.1%	10.8%	7.2%	100.0%
		占 拟购机地点 的百分比	57.6%	55.6%	42.9%	100.0%	56.8%
		占总计的百分比	36.3%	10.3%	6.2%	4.1%	56.8%
总计		计数	92	27	21	6	146
		占 性别 的百分比	63.0%	18.5%	14.4%	4.1%	100.0%
		占 拟购机地点 的百分比	100.0%	100.0%	100.0%	100.0%	100.0%
		占总计的百分比	63.0%	18.5%	14.4%	4.1%	100.0%

图 3.94 性别*拟购机地点交叉表

从图 3.94 中可得到如下信息：参与调查的绝大部分人希望在手机大卖场或购物商场、超市购买手机，其中希望在手机大卖场购机的为 63%，希望在购物商场或超市购机的有 18.5%，两者总计为 81.5%。

3.4 研究结论

根据以上所做的分析，我们可以得出以下结论。

（1）潜在消费群体对于手机的需求远远没有饱和

从交叉表分析可以看出：参与调查的大部分人都打算在一年之内购机，其中打算半年内购机的为 22.6%，半年后一年内购机的有 53.4%，打算半年内购机的大部分是男性，比例为 69.7%；打算半年后一年内购机的大部分是女性，比例为 71.8%。这些足够说明，近期内需求是大存在的，只要产品对路，不存在供过于求的问题。

（2）过去对其他国产品牌手机或者山寨机的不好看法已大大转变

交叉表分析表明：参与调查的绝大部分人对其他国产品牌手机的印象是价格便宜且功能不逊品牌机，或者时尚潮流很受欢迎，其中认为价格便宜且功能不逊品牌机的为 36.3%，认为时尚潮流很受欢迎的也有 41.8%，两者总计 78.1%；仅有 8.2%的人认为其他国产品牌手机是"劣质产品不耐用且售后服务差"的代名词，所以那些国内外的名牌手机的"金字招牌"并没有预期的那么坚固，消费者进行选择依赖的主要还是产品本身的因素。只要其他国产品牌手机本身能不断改进，不断与时俱进地满足消费者的相关需求，就很容易得到消费者的认可。

（3）该款手机将会很有竞争力

前面的联合分析提到：在手机性价属性中，消费者认为最为重要的就是价格，其次是系统，然后是特色，最后是品牌，而且价格越低消费者越喜欢。这或许是因为随着生活节奏的加快和人民生活水平的上升，手机已成为一种生活必需品而且更换速度明显加快，从而消费者对价格变得越来越敏感起来。本文一开始提到该款手机比市场上同类产品的价格要低很多，所以价格差距必定可以创造极大的竞争优势，得到消费者的青睐。联合分析还提到：各个属性之间的重要性差别并不明显，均在 20%以上，所以在市场推广时对手机的这些属性都应该给予必要的重视，不能忽略任一方面的属性。在特色方面，消费者最喜欢游戏手机，其次是拍照手机，最后是商务手机；对系统而言，消费者最喜欢安卓系统，其次是苹果系统，而后是其他系统。这些调研结论都应该在市场推广之前的产品设计阶段体现出来。

（4）关于营销策略

第一，也是最重要的，根据前面的分析，扮演好"价格杀手"的角色，用一种不可思议的低价格迅速占领市场。速度也是一种关键，最好在竞争对手未做出反应之前就抢占先机甚至直接将之逐出市场。

第二，市场的主攻点应该是手机大卖场，其次是购物商场和超市。根据交叉表分析，参与调查的绝大部分人希望在手机大卖场或购物商场、超市购买手机，其中希望在手机大卖场购机的为63%，希望在购物商场或超市购机的有18.5%，两者总计为81.5%。所以要选对阵地，集中优势兵力，方能立于不败之地。

第三，在增值服务提供方面，最为重要的就是质保，其次是影音VIP会员，然后是财产保险，最后是话费优惠，而且各个属性之间的重要性差别较大，其中质保和影音VIP会员的重要性水平均在30%以上，财产保险和话费优惠的重要性水平均不足20%，所以在市场推广时对手机的这些增值服务属性应该给予差异化的安排，不能一视同仁。对质保而言，消费者最喜欢质保延长两年的产品，考虑到手机产品本身附带的质保期一年，即消费者对于手机寿命的预期差不多是三年左右；对影音VIP会员而言，消费者最喜欢赠送三个月会员，其次是赠送一年会员，最后是赠送六个月会员；对保险而言，消费者最喜欢赠送一份碎屏险，其次是不赠送碎屏险，最后是赠送二份碎屏险；对优惠而言，消费者最喜欢手机价格优惠50%以上，其次是手机价格优惠20%~50%，最后是手机价格优惠20%以下。

第四，在手机外观属性中，消费者认为最为重要的就是屏幕，其次是主屏尺寸，然后是机身厚度，最后是颜色。需要同时注意的是，各个属性之间的重要性差别较大，其中屏幕在30%以上，颜色的重要性水平均不足20%，所以在市场推广时对手机的这些外观属性应该给予差异化的安排，不能一视同仁。在此基础上，对屏幕而言，消费者最喜欢常规全面屏的产品，其次是特色全面屏的产品，对于非全面屏的产品则非常不看好；对主屏尺寸而言，消费者最喜欢4.4英寸以下，其次是4.4~6.5英寸，最后是6.5英寸以上；对颜色而言，消费者最喜欢白色，其次是黑色，最后是蓝色；对机身厚度而言，消费者最喜欢6~9毫米，其次是6毫米以下，最后是9毫米以上。总之，消费者偏好的是全面屏、厚薄度适中、主屏尺寸偏小的白色手机。

第五，在手机娱乐属性中，消费者认为最为重要的就是拍照，其次是音乐，然后是智能化，最后是屏幕像素密度。需要同时注意的是，各个属性之间的重要性差别不大，所以在市场推广时对手机的这些娱乐属性都应该加以重视。对音乐而言，消费者最喜欢音质效果中的产品，其次是音质效果低的产品，最后是音质效果高的产品；对拍照而言，消费者最喜欢拍照效果中的产品，其次是拍照效果低的产品，最后是拍照效果高的产品；对智能化而言，消费者最喜欢AI适当辅助的产品，其次是无AI辅助的产品，最后是AI高度智能的产品；对屏幕像素密度而言，消费者最喜欢500ppi以上的产品，其次是300~500ppi的产品，最后是300ppi以下的产品。总之，消费者偏好的是音质效果中、拍照效果中、AI适当辅助、屏幕像素密度500ppi以上的手机。

第六，在手机功能属性中，消费者认为最为重要的就是CPU频率，其次是ROM存储，然后是续航、核数，最后是RAM内存。需要同时注意的是，各个属性之间的重要性差别不大，所以在市场推广时对手机的这些功能属性都应该加以重视。对核数而言，消费者最喜欢八核、六核的产品，其次是四核、双核及以下的产品，最后是十核及以上的产品；对续航而言，消费者最喜欢 12~24 小时的产品，其次是 12 小时以下的产品，最后是 24 小时以上的产品；对 RAM 内存而言，消费者最喜欢 4GB~8GB 的产品，其次是 8GB 及以上的产品，最后是 4GB 以下的产品；对 ROM 存储器而言，消费者最喜欢 64GB 及以下的产品，其次是 64GB~256GB 的产品，最后是 256GB 及以上的产品；对 CPU 频率而言，消费者最喜欢 2.5GHz（含）以上的产品，其次是 1.5GHz（含）~2.5GHz 的产品，最后是 1.5GHz 以下的产品。总之，消费者偏好的是八核、六核的、12~24 小时续航的、RAM 内存 4GB~8GB 的、ROM 存储器 64GB 及以下的、CPU 频率 2.5GHz（含）以上的手机。

第 4 章

服务行业客户满意度调研：以某财产保险公司为例

对于服务行业来说，客户满意度是非常重要的。其一，客户满意度情况可以直接影响其消费，一个显而易见的事实就是满意度较高的客户产生再次购买行为和推荐购买行为的概率就会相对更大，企业的直接经济效益就会越好，获客成本就会越低；其二，客户满意度情况关乎企业的品牌形象和在市场上的声誉，如果一家企业的客户满意度情况很高，那么其在社会公众中的口碑形象就会更好，就越能在一定程度上产生范围经济，带动相关产品或服务的销售。所以，服务行业的企业经常会开展客户满意度调研，以获取其真实的客户满意度情况，为后续提升经营管理水平、优化客户体验，提供必要的决策参考和智力支持。SPSS 作为一种功能强大的统计分析软件，完全可以作为一种辅助工具应用于服务行业客户满意度调研。本文以某财产保险公司为例，讲述一下 SPSS 软件在服务行业客户满意度调研中的实践应用。

4.1 案例背景与理论基础

近年来，我国财产保险行业的经营环境发生了深刻而重大的变化。一是小排量汽车购置税优惠政策消失，国家正式启动三次商车费改，均在一定程度上冲击了财产保险公司的盈利水平，也使得财产保险行业的竞争更加激烈，对财产保险公司的客户服务水平提出了更高的要求；二是移动互联、大数据、云计算等信息与数据处理技术的普及，深刻改变了保险公司的经营模式，同时也催生了更多的保险业态，一方面大大提高了客户服务效能，另一方面也加剧了行业竞争；三是财产保险行业监管升级，行业供给侧改革兴起，银保监会通过一系列政策文件规范财产保险行业合规经营、稳健发展，财产保险公司亟须把工作重心转移到为客户提供满意的保险服务上来。本案例的研究成果可以为财产保险公司做好客户服务优化工作提供充分的智力支持，为其在新形势下做好客户服务工作的改革、转型与创新提供了参考借鉴。

从本质上讲，客户服务满意度是一个系统的概念，影响因素也是多种多样，没有统一的定论，与客户所在的宏观环境、行业环境以及自身状况紧密相关。在已有的文献中，学者们往往结合某一公司的具体情况，构建恰当的指标体系或者建立合适的模型进行定量分析或实证研究。

经典模型方面，瑞典顾客满意指数模型（SCSB）是最早的系统的研究顾客满意指数的模型，如图 4.1 所示，模型包括五个组成部分：顾客期望、感知价值、顾客满意度、顾客抱怨和顾客忠诚。其中"顾客期望"是指顾客在实际消费某种物品之前对其价值的合理预计，"感知价值"是指顾客在实际消费某种物品之后对其价值的合理评判，"顾客满意度"是指顾客感知价值与顾客期望之间的比较，或者说顾客感知价值与顾客期望之间的差距构成了顾客满意度。顾客满意度又会产生两种行为：顾客抱怨和顾客忠诚。"顾客抱怨"通常是指客户的投诉行为或其他反馈等，"顾客忠诚"是指顾客的再次购买行为或者推荐购买行为。

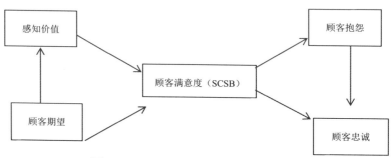

图 4.1　瑞典顾客满意指数模型（SCSB）

在瑞典顾客满意指数模型（SCSB）面世一段时间后，Fornell 等学者在瑞典顾客满意指数模型基础上，优化创建了美国顾客满意指数模型（ACSI），如图 4.2 所示。相对于瑞典顾客满意指数模型（SCSB），美国顾客满意指数模型（ACSI）的主要变化是将感知质量从感知价值中分离出来，对理论体系进行了进一步的完善，其中感知质量是顾客在实际消费某种物品之前对其质量的合理评判，而感知价值是顾客对所消费物品是否物有所值的理性评判，感知价值包括了两种含义，一方面是在既定价格条件下的质量感知评价，另一方面是在既定价值条件下的价格感知评价。

与之相对应的，美国顾客满意指数模型的顾客满意度也包括两方面内容，一方面是顾客感知价值与顾客期望之间的比较是否让顾客感到满意，另一方面是顾客感知价值与理想价格之间的比较是否让顾客感到满意。

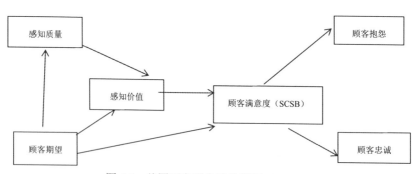

图 4.2　美国顾客满意指数模型（ACSI）

基于上述理论，并充分考虑财产保险行业的实际情况，本案例设定服务渠道得分、理赔便利得分、保费价格得分、服务流程得分、交易保障得分、服务态度得分、增值服务得分等作为感知价值的衡量，在模型中体现为解释变量，设定客户满意度作为顾客满意度的衡量，设定客户再次购买行为和客户推荐购买行为作为顾客忠诚的衡量，客户满意度、客户再次购买行为、客户推荐购买行为三个变量在模型中均体现为被解释变量，分别进行回归分析。具体来说，本案例主要设定如下三个回归模型来对财产保险公司客户服务满意度影响因素进行实证研究：

(1) $Y_1 = \beta_0 + \beta_1 X_1 + \beta_2 X_2 + \beta_3 X_3 + \beta_4 X_4 + \beta_5 X_5 + \beta_6 X_6 + \beta_7 X_7 + \varepsilon$

其中，
Y_1 表示客户满意度；
X_1 表示服务渠道得分；
X_2 表示理赔便利得分；
X_3 表示保费价格得分；
X_4 表示服务流程得分；
X_5 表示交易保障得分
X_6 表示服务态度得分；
X_7 表示增值服务得分；
ε 是随机误差项。

(2) $Y_2 = \beta_0 + \beta_1 X_1 + \beta_2 X_2 + \beta_3 X_3 + \beta_4 X_4 + \beta_5 X_5 + \beta_6 X_6 + \beta_7 X_7 + \varepsilon$

其中，
Y_2 表示客户再次购买行为；
X_1 表示服务渠道得分；
X_2 表示理赔便利得分；
X_3 表示保费价格得分；
X_4 表示服务流程得分；
X_5 表示交易保障得分
X_6 表示服务态度得分；
X_7 表示增值服务得分；
ε 是随机误差项。

(3) $Y_3 = \beta_0 + \beta_1 X_1 + \beta_2 X_2 + \beta_3 X_3 + \beta_4 X_4 + \beta_5 X_5 + \beta_6 X_6 + \beta_7 X_7 + \varepsilon$

其中，
Y_3 表示客户推荐购买行为；
X_1 表示服务渠道得分；
X_2 表示理赔便利得分；
X_3 表示保费价格得分；
X_4 表示服务流程得分；
X_5 表示交易保障得分
X_6 表示服务态度得分；
X_7 表示增值服务得分；
ε 是随机误差项。

针对各解释变量的理论含义以及对客户满意度的影响关系，本案例解释如下：

1. 服务渠道

当前我国已全面步入"互联网+"时代，随着各类移动智能终端设备的广泛普及和无线网络传输、大数据、云技术等信息与数据技术的不断进步，保险公司能够提供服务的渠道越来越多。从理论上分析，保险公司搭建的服务渠道越安全、快捷、便利、多元，就越能够为保险消费者提供随时、随地、随心的保险服务，在感知、响应、解决保险消费者问题时就会效率越高，就越能优化提升消费体验和客户满意度。反之，客户服务满意程度就会越低。

2. 理赔便利

理赔是整个保险服务过程中非常重要的一个环节，也是保险消费者非常看重，并愿意进行比较的重要条件之一。从理论上分析，当保险消费者提出恰当、合理的理赔请求时，保险公司理赔系统及人员工作的效率越高、核实的速度越快、设置的理赔条件越宽松，就越能增加保险消费者的效用，从而提升客户满意度。反之，保险公司设置的理赔条件越苛刻、理赔的流程越复杂、理赔的效率越低，客户服务满意程度就会越低。

3. 保费价格

从理论上分析，除了一些强制性保险产品之外，绝大部分的财产保险产品是一种需求价格弹性比较高的正常类商品。所以当保费价格上升同时其他条件保持不变时，会带动保险需求量的显著增加，保险消费者的效用也会增加；反之当保费价格下降，同时其他条件保持不变时，会带动保险需求量的显著减少，保险消费者的效用也会减少。所以合理认为保费价格会对保险客户服务满意度产生影响，保费价格越高，客户服务满意度越低，保费价格越低，客户服务满意度越高。

4. 服务流程

从理论上分析，在充分保障保险公司和保险消费者双方权益的前提下，保险公司的服务流程越简化、便捷，内部沟通就会越顺畅，需要消费者提供的材料、填写的单据或操作的界面越少，那么消费者需要付出的体力、精力就会越少，消费者能够获得的效用就会越大，获得的满意程度就会越高。反之，如果保险公司服务流程设置不够科学合理或者内部沟通不畅，给消费者增加很多不必要的流程环节或操作负担，客户服务满意程度就会越低。

5. 交易保障

在"互联网+"时代的新形势下，交易保障不仅仅是交易过程的安全性，也包括交易数据的保密性。大数据和移动互联网等技术的快速兴起是一把双刃剑，在便利保险客户交易的同时，也带来了较难的数据安全和隐私保护问题。如果因为数据泄露使得某位购买财产保险的客户经常被各种中介和广告骚扰，那么显然该客户的满意程度就会越低。反之，如果保险公司无论是交易系统还是具体操作人员，都能给予消费者足够的交易安全保障，客户的满意程度就会越高。

6. 服务态度

从理论上分析，保险工作人员的服务态度越好，与保险消费者沟通时语气、措施和表达越文明、恰当、具有同理心，在感知、响应、解决保险消费者问题的时候越积极、认真、负责，保险消费者需要花费的精力、体力、财力就会越少，发生的沟通协调等交易成本就会越低，能够感知获得的效用就会越大，客户服务满意程度就会越高。反之，保险工作人员的服务态度越差，保险消费者需要花费的精力、体力、财力就会越多，就会增加很多不必要的交易成本，同时会降低获得的效用水平，那么客户服务满意程度就会越低。

7. 增值服务

随着保险行业竞争的越来越激烈，尤其是网络保险营销和电话渠道营销的迅速崛起与快速发展，使得保费价格竞争有所弱化，差异化的增值服务成为保险行业竞争的重点，保险公司提供的增值服务越精准，越能充分满足客户的实际需求，同时在客户发生实际需求时，承诺的增值服务兑现得越及时、越顺利、越充分，保险消费者获得的额外的效用增加就会越大，客户满意度就会越高。反之，如果增值服务不契合客户实际需求，在客户实际请求这些增值服务时不能快速高效提供，客户服务满意程度就会越低。

值得说明的是，从理论上分析，客户满意度预期与客户再次购买行为、客户推荐购买行为等客户忠诚行为呈现显著正相关关系，故仅针对各个解释变量与客户满意度之间的理论逻辑关系进行分析。预期客户再次购买行为、客户推荐购买行为等客户忠诚行为与各个解释变量之间的关系和客户满意度是一致的。

4.2 数据来源与研究思路

数据来源方面，本案例采用向目标财产保险公司存量客户开展公开问卷调查的方式，调查范围力求全面，既有新客户也有老客户，既有普通客户也有 VIP 客户，既有城市客户也有郊区客户，涵盖各个年龄段、各种学历水平。

为了保证调查效果，调查过程全部由客户独立完成，不含任何诱导性成分，力求数据真实、客观、公允。

本案例设计的《财产保险公司客户服务满意度影响因素调查问卷》如下所示。

财产保险公司客户服务满意度影响因素调查问卷

感谢您抽出宝贵的时间来完成这张调查问卷，请您如实填写，谢谢合作！

一、个人情况

1. 您的性别是？
   A. 男　　　　　　　　B. 女
2. 您的年龄是？
   A. 20 岁以下　　B. 21 岁~30 岁　　C. 31 岁~40 岁　　D. 41 岁~50 岁　　E. 51 岁以上
3. 您的学历是？
   A. 初中及以下　　B. 高中　　C. 专科或本科　　D. 研究生及以上
4. 您成为我公司客户的年限是？
   A. 1 年以下　　B. 1 年~3 年　　C. 3 年到 5 年　　D. 5 年以上
5. 您的居住地是？
   A. 城区　　　　　　　B. 郊县
6. 您在我公司的客户类型是？
   A. 普通客户　　　　　B. VIP 客户

二、关于客户服务满意度影响因素情况

7. 您对我公司保费价格满意程度打分为（1~9分，1分为最低，9分为最高）
8. 您对我公司理赔便利满意程度打分为（1~9分，1分为最低，9分为最高）
9. 您对我公司服务渠道满意程度评价为（1~9分，1分为最低，9分为最高）
10. 您对我公司服务流程满意程度评价为（1~9分，1分为最低，9分为最高）
11. 您对我公司交易保障满意程度打分为（1~9分，1分为最低，9分为最高）
12. 您对我公司服务态度满意程度打分为（1~9分，1分为最低，9分为最高）
13. 您对我公司增值服务满意程度打分为（1~9分，1分为最低，9分为最高）
14. 您对我公司服务的整体满意程度评价为？
    A. 非常不满意   B. 比较不满意   C. 比较满意   D. 非常满意
15. 当您再有相关保险需求时，您是否还会再次购买我公司产品？
    A. 一定不会   B. 有较小的可能性会   C. 有较大的可能性会   D. 一定会
16. 当您的家人或朋友有相关保险需求时，您是否会推荐购买我公司产品？
    A. 一定不会   B. 有较小的可能性会   C. 有较大的可能性会   D. 一定会

调查结束，再次感谢您的参与！

调查问卷包括两大组成部分，第一部分为客户基本情况，设置6道题目，涵盖客户的性别、年龄、学历、成为本公司客户的年限、居住地、客户类型等多个方面，均为选择题；第二部分为客户服务满意度影响因素情况，设置10道题目，其中前7道为打分题，由被调查者针对本公司的服务渠道情况、理赔便利情况、保费价格情况、服务流程情况、交易保障情况、服务态度情况、增值服务情况等分别进行打分，得分区间为1~9分，其中1分为最低，9分为最高，后3道题目为选择题，由被调查者对客户满意度、再次购买行为、推荐购买行为等进行选择。

本次问卷调查共发放调查问卷500份，回收490份，剔除无效问卷11份，最终形成有效调查问卷479份，有效问卷占比为95.8%，调查效果较好。调查获得的部分数据如表4.1所示。

表4.1 财产保险公司客户服务满意度影响因素调查数据

客户满意度	再次购买	推荐购买	服务渠道	理赔便利	保费价格	服务流程	交易保障	服务态度	增值服务	性别	年龄	学历	年限	居住地	类型
4	3	3	8	9	2	9	8	9	8	2	4	1	3	2	2
2	2	2	3	6	5	9	7	6	5	1	3	2	2	1	1
3	3	3	7	9	2	9	8	7	7	1	4	1	2	2	2
3	4	4	6	6	7	8	8	8	9	2	2	1	3	4	2
4	4	4	6	6	4	8	8	9	9	1	2	1	3	5	2
1	1	1	4	6	5	1	7	3	1	1	2	1	2	1	1
2	1	1	3	5	5	1	6	5	1	4	1	2	1	3	1
4	4	4	7	6	7	9	7	7	5	1	2	1	2	3	3
3	3	3	6	6	4	7	8	7	2	1	2	1	3	1	1
3	4	4	6	8	3	8	8	7	1	1	5	3	3	1	1
2	3	3	5	7	7	9	7	7	4	1	1	1	3	2	2

（续表）

客户满意度	再次购买	推荐购买	服务渠道	理赔便利	保费价格	服务流程	交易保障	服务态度	增值服务	性别	年龄	学历	年限	居住地	类型
1	2	2	4	6	2	6	7	2	7	2	4	1	3	2	2
2	1	1	2	7	7	4	7	7	2	1	3	2	2	1	1
……	……	……	……	……	……	……	……	……	……	……	……	……	……	……	……
……	……	……	……	……	……	……	……	……	……	……	……	……	……	……	……
4	3	3	8	9	2	7	8	7	7	2	5	1	3	2	2
2	2	2	3	6	5	4	7	6	2	1	3	2	2	2	1
3	3	3	7	6	2	7	8	7	8	1	4	1	2	1	1
3	3	3	6	6	7	8	8	8	2	2	3	1	1	2	1
4	4	4	6	8	2	6	8	7	7	2	1	2	3	2	1

完整的数据文件参见本章附带的《财产保险公司客户服务满意度影响因素调查数据.sav》。

研究思路方面，在设计好调查问卷后，向存量客户进行发放，并回收有效问卷。在此基础上对问卷进行信度分析，对问卷的调查质量进行评估，若信度分析反映问卷质量不佳则尝试对部分题目进行修改或进一步扩大调查范围获取更多的样本，若信度分析反映问卷质量尚可则进行回归分析。回归分析部分设定如前面所述的三个回归模型来对财产保险公司客户服务满意度影响因素进行实证研究，首先以全部客户为样本进行分析，在此基础上，对客户进一步的分类，按客户地域分类的满意度影响因素进行实证分析和按客户类型分类的满意度影响因素进行实证分析。最后提出实证研究结论并进行必要的分析。

具体操作步骤包括 7 个方面的内容，分别是：

（1）对财产保险公司客户服务满意度影响因素调查数据中 Y_1（客户满意度）、Y_2（客户再次购买行为）、Y_3（客户推荐购买行为）、X_1（服务渠道得分）、X_2（理赔便利得分）、X_3（保费价格得分）、X_4（服务流程得分）、X_5（交易保障得分）、X_6（服务态度得分）、X_7（增值服务得分）、xingbie（性别）、nianling（年龄）、xueli（学历）、nianxian（年限）、juzhudi（居住地）、leixing（类型）16 个变量进行描述分析。

（2）对财产保险公司客户服务满意度影响因素调查数据中 Y_1（客户满意度）、Y_2（客户再次购买行为）、Y_3（客户推荐购买行为）、X_1（服务渠道得分）、X_2（理赔便利得分）、X_3（保费价格得分）、X_4（服务流程得分）、X_5（交易保障得分）、X_6（服务态度得分）、X_7（增值服务得分）10 个变量进行信度分析。

（3）对财产保险公司客户服务满意度影响因素调查数据中 Y_1（客户满意度）、Y_2（客户再次购买行为）、Y_3（客户推荐购买行为）、X_1（服务渠道得分）、X_2（理赔便利得分）、X_3（保费价格得分）、X_4（服务流程得分）、X_5（交易保障得分）、X_6（服务态度得分）、X_7（增值服务得分）10 个变量进行相关分析。

（4）将财产保险公司客户服务满意度影响因素调查数据中 Y_1（客户满意度）作为被解释变量，将 X_1（服务渠道得分）、X_2（理赔便利得分）、X_3（保费价格得分）、X_4（服务流程得分）、X_5（交易保障得分）、X_6（服务态度得分）、X_7（增值服务得分）7 个变量作为解释变量进行回归分析。

（5）将财产保险公司客户服务满意度影响因素调查数据中 Y_2（客户再次购买行为）作为被解释

变量，将 X_1（服务渠道得分）、X_2（理赔便利得分）、X_3（保费价格得分）、X_4（服务流程得分）、X_5（交易保障得分）、X_6（服务态度得分）、X_7（增值服务得分）7个变量作为解释变量进行回归分析。

（6）将财产保险公司客户服务满意度影响因素调查数据中 Y_3（客户推荐购买行为）作为被解释变量，将 X_1（服务渠道得分）、X_2（理赔便利得分）、X_3（保费价格得分）、X_4（服务流程得分）、X_5（交易保障得分）、X_6（服务态度得分）、X_7（增值服务得分）7个变量作为解释变量进行回归分析。

（7）根据研究过程写出研究结论并提出对策建议。

4.3 描述分析

本部分我们对财产保险公司客户服务满意度影响因素调查数据中 Y_1（客户满意度）、Y_2（客户再次购买行为）、Y_3（客户推荐购买行为）、X_1（服务渠道得分）、X_2（理赔便利得分）、X_3（保费价格得分）、X_4（服务流程得分）、X_5（交易保障得分）、X_6（服务态度得分）、X_7（增值服务得分）、xingbie（性别）、nianling（年龄）、xueli（学历）、nianxian（年限）、juzhudi（居住地）、leixing（类型）16个变量进行描述分析。我们通过获得数据基本的描述分析统计指标，可以从整体上对拟分析的数据进行宏观的把握，观察数据的基本特征，从而为后续进行更精深的数据分析做好必要准备。

4.3.1 SPSS 分析过程

如图 4.3 所示，在 SPSS 格式文件中共有 16 个变量，分别是"Y_1""Y_2""Y_3""X_1""X_2""X_3""X_4""X_5""X_6""X_7""xingbie""nianling""xueli""nianxian""juzhudi""leixing"。

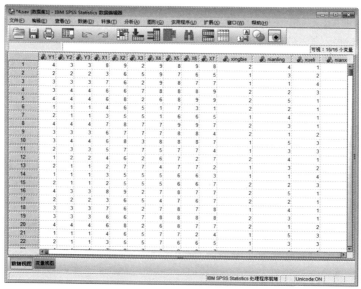

图 4.3 数据 4

需要注意的是，由于 SPSS 中的变量名不允许设定下标格式，所以我们建模时使用的"Y_1"，在系统中就只能设置成了"Y1"，但实质上变量是完全相同的，我们在本章中不再具体区分"Y_1"和"Y1"，其他变量也以此类推。

其中变量 Y_1 表示客户满意度，把 1 设定为非常不满意，把 2 设定为比较不满意，把 3 设定为比较满意，把 4 设定为非常满意，设定值标签操作后如图 4.4 所示。

图 4.4 对 Y_1 变量设定值标签

Y_2 表示客户再次购买行为，把 1 设定为一定不会，把 2 设定为有较小的可能性会，把 3 设定为有较大的可能性会，把 4 设定为一定会，设定值标签操作后如图 4.5 所示。

Y_3 表示客户推荐购买行为，把 1 设定为一定不会，把 2 设定为有较小的可能性会，把 3 设定为有较大的可能性会，把 4 设定为一定会，设定值标签操作后如图 4.6 所示。

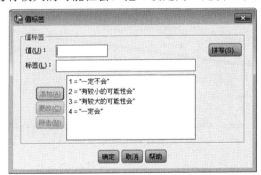 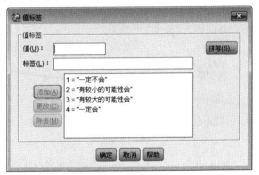

图 4.5 对 Y_2 变量设定值标签　　　　　图 4.6 对 Y_3 变量设定值标签

X_1 表示服务渠道得分，X_2 表示理赔便利得分，X_3 表示保费价格得分，X_4 表示服务流程得分，X_5 表示交易保障得分，X_6 表示服务态度得分，X_7 表示增值服务得分。

"xingbie"表示客户性别，其中 1 表示男性，2 表示女性，设定值标签操作后如图 4.7 所示。

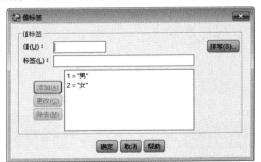

图 4.7 对 xingbie 变量设定值标签

"nianling"表示客户年龄分布,其中 1 表示 20 岁以下,2 表示 21 岁~30 岁,3 表示 31 岁~40 岁,4 表示 41 岁~50 岁,5 表示 51 岁以上,设定值标签操作后如图 4.8 所示。

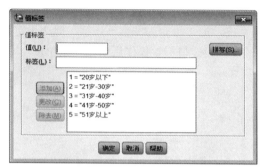

图 4.8　对 nianling 变量设定值标签

"xueli"表示客户学历分布,其中 1 表示初中及以下,2 表示高中,3 表示专科或本科,4 表示研究生以上,设定值标签操作后如图 4.9 所示。

"nianxian"表示客户年限分布,其中 1 表示 1 年以下,2 表示 1 年到 3 年,3 表示 3 年到 5 年,4 表示 5 年以上,设定值标签操作后如图 4.10 所示。

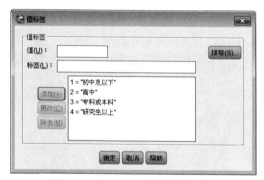 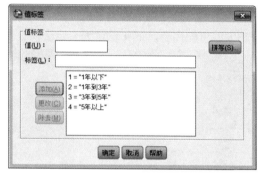

图 4.9　对 xueli 变量设定值标签　　　　图 4.10　对 nianxian 变量设定值标签

"juzhudi"表示客户居住地分布,其中 1 表示城区,2 表示郊县,设定值标签操作后如图 4.11 所示。

"leixing"表示客户类型分布,其中 1 表示普通客户,2 表示 VIP 客户,设定值标签操作后如图 4.12 所示。

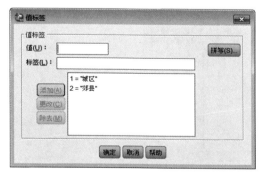 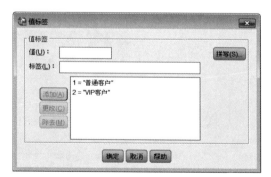

图 4.11　对 juzhudi 变量设定值标签　　　　图 4.12　对 leixing 变量设定值标签

第 4 章　服务行业客户满意度调研：以某财产保险公司为例 | 133

变量类型及长度采取系统默认方式，数据如图 4.13 所示。

图 4.13　数据 4 变量视图

先对数据进行保存，然后开始展开分析，操作步骤如下：

01 依次选择"文件｜打开｜数据"命令，打开 4.sav 数据表。

02 依次选择"分析｜描述统计｜频率…"命令，弹出"频率"对话框，在左侧变量框中选择"Y_1（客户满意度）、Y_2（客户再次购买行为）、Y_3（客户推荐购买行为）、X_1（服务渠道得分）、X_2（理赔便利得分）、X_3（保费价格得分）、X_4（服务流程得分）、X_5（交易保障得分）、X_6（服务态度得分）、X_7（增值服务得分）、xingbie（性别）、nianling（年龄）、xueli（学历）、nianxian（年限）、juzhudi（居住地）、leixing（类型）"16 个变量，单击 按钮，移至右侧的"变量"列表框，如图 4.14 所示。

03 单击"统计"按钮，弹出"频率：统计"对话框。这个对话框中分为百分位值、集中趋势、离散和表示后验分布 4 部分，每一个部分都有若干统计量，在实际工作中我们可以根据需要选用。在本次实验中，为了尽可能完整地展示 SPSS 的分析功能，我们把除百分位数之外所有的统计量都勾选上，如图 4.15 所示。

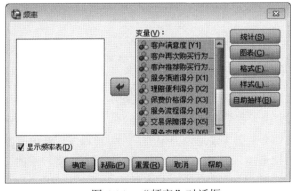

图 4.14　"频率"对话框

图 4.15　"频率：统计"对话框

04 单击"继续"按钮,回到"频率"对话框,单击"图表"按钮,弹出"频率:图表"对话框,选中"直方图"单选按钮,并勾选"在直方图中显示正态曲线"复选框,如图4.16所示。

05 单击"继续"按钮,回到"频率"对话框,单击"格式"按钮,弹出"频率:格式"对话框。将"排序方式"选择为"按值的升序排序",将"多个变量"选择为"比较变量",这样输出结果就会在一个表中显示所有变量的统计结果。最后勾选"排除具有多个类别的表"复选框,这样当频数表的分类超过n时,则不显示频数表。还可以设定"最大类别数",系统默认值为10,如图4.17所示。

图4.16 "频率:图表"对话框

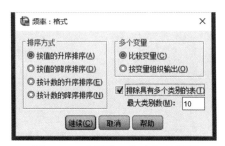

图4.17 "频率:格式"对话框

06 最后单击"继续"按钮,回到"频率"对话框,单击"确定"按钮,进入计算分析。

4.3.2 结果分析

在SPSS 25.0"主界面"对话框的结果窗口中可以看到如下分析结果。

Y_1(客户满意度)变量的频数统计表如图4.18所示,从图中可以看出客户满意度样本共有527个,共有4种取值,本例中由于我们在之前把1设定为非常不满意,把2设定为比较不满意,把3设定为比较满意,把4设定为非常满意,所以可以发现在所有参与调查的客户当中,比较不满意的客户占比最高,为173人,占比高达32.8%;非常不满意的客户占比最小,为95人,占比18%。其他方面,比较满意的客户人数为145人,占比27.5%,非常满意的客户为114人,占比21.6%。

客户满意度

		频率	百分比	有效百分比	累积百分比
有效	非常不满意	95	18.0	18.0	18.0
	比较不满意	173	32.8	32.8	50.9
	比较满意	145	27.5	27.5	78.4
	非常满意	114	21.6	21.6	100.0
	总计	527	100.0	100.0	

图4.18 Y_1(客户满意度)变量的频数统计表

Y_2(客户再次购买行为)变量的频数统计表如图4.19所示,从图中可以看出客户再次购买行为样本共有527个,共有4种取值,本例中由于我们在之前把1设定为一定不会,把2设定为有较小的可能性会,把3设定为有较大的可能性会,把4设定为一定会,所以可以发现在所有参与调查的客户当中,有较大的可能性会的客户占比最高,为175人,占比高达33.2%;有较小的可能性会占比最小,为104人,占比19.7%。其他方面,一定不会的客户人数为127人,占比24.1%,一定会的客户为121人,占比23%。

客户再次购买行为

		频率	百分比	有效百分比	累积百分比
有效	一定不会	127	24.1	24.1	24.1
	有较小的可能性会	104	19.7	19.7	43.8
	有较大的可能性会	175	33.2	33.2	77.0
	一定会	121	23.0	23.0	100.0
	总计	527	100.0	100.0	

图 4.19　Y_2 变量的频数统计表

Y_3 变量的频数统计表如图 4.20 所示，从图中可以看出客户推荐购买行为样本共有 527 个，共有 4 种取值，本例中由于我们在之前把 1 设定为一定不会，把 2 设定为有较小的可能性会，把 3 设定为有较大的可能性会，把 4 设定为一定会，所以可以发现在所有参与调查的客户当中，有较大的可能性会的客户占比最高，为 191 人，占比高达 36.2%；有较小的可能性会占比最小，为 94 人，占比 17.8%。其他方面，一定不会的客户人数为 135 人，占比 25.6%，一定会的客户为 107 人，占比 20.3%。

客户推荐购买行为

		频率	百分比	有效百分比	累积百分比
有效	一定不会	135	25.6	25.6	25.6
	有较小的可能性会	94	17.8	17.8	43.5
	有较大的可能性会	191	36.2	36.2	79.7
	一定会	107	20.3	20.3	100.0
	总计	527	100.0	100.0	

图 4.20　Y_3 变量的频数统计表

X_1（服务渠道得分）、X_2（理赔便利得分）、X_3（保费价格得分）、X_4（服务流程得分）、X_5（交易保障得分）、X_6（服务态度得分）、X_7（增值服务得分）等变量的频数统计表分别如图 4.21~图 4.27 所示，关于结果的解读与前述类似，限于篇幅不再一一讲解，读者可自行进行分析。分析得到的基本结论就是 X_1（服务渠道得分）、X_2（理赔便利得分）、X_3（保费价格得分）、X_4（服务流程得分）、X_5（交易保障得分）、X_6（服务态度得分）、X_7（增值服务得分）等变量的数据分布都相对比较合理，没有缺失值和极端值出现。

服务渠道得分

		频率	百分比	有效百分比	累积百分比
有效	0	1	.2	.2	.2
	1	2	.4	.4	.6
	2	55	10.4	10.4	11.0
	3	72	13.7	13.7	24.7
	4	65	12.3	12.3	37.0
	5	53	10.1	10.1	47.1
	6	132	25.0	25.0	72.1
	7	83	15.7	15.7	87.9
	8	54	10.2	10.2	98.1
	9	10	1.9	1.9	100.0
	总计	527	100.0	100.0	

图 4.21　X_1 变量的频数统计表

理赔便利得分

		频率	百分比	有效百分比	累积百分比
有效	1	5	.9	.9	.9
	2	11	2.1	2.1	3.0
	3	18	3.4	3.4	6.5
	4	13	2.5	2.5	8.9
	5	91	17.3	17.3	26.2
	6	137	26.0	26.0	52.2
	7	119	22.6	22.6	74.8
	8	97	18.4	18.4	93.2
	9	36	6.8	6.8	100.0
	总计	527	100.0	100.0	

图 4.22　X_2 变量的频数统计表

保费价格得分

		频率	百分比	有效百分比	累积百分比
有效	1	6	1.1	1.1	1.1
	2	112	21.3	21.3	22.4
	3	55	10.4	10.4	32.8
	4	20	3.8	3.8	36.6
	5	135	25.6	25.6	62.2
	6	12	2.3	2.3	64.5
	7	152	28.8	28.8	93.4
	8	23	4.4	4.4	97.7
	9	12	2.3	2.3	100.0
	总计	527	100.0	100.0	

图 4.23 X_3 变量的频数统计表

服务流程得分

		频率	百分比	有效百分比	累积百分比
有效	1	32	6.1	6.1	6.1
	2	9	1.7	1.7	7.8
	3	9	1.7	1.7	9.5
	4	46	8.7	8.7	18.2
	5	102	19.4	19.4	37.6
	6	81	15.4	15.4	52.9
	7	132	25.0	25.0	78.0
	8	95	18.0	18.0	96.0
	9	21	4.0	4.0	100.0
	总计	527	100.0	100.0	

图 4.24 X_4 变量的频数统计表

交易保障得分

		频率	百分比	有效百分比	累积百分比
有效	3	13	2.5	2.5	2.5
	4	3	.6	.6	3.0
	5	6	1.1	1.1	4.2
	6	90	17.1	17.1	21.3
	7	169	32.1	32.1	53.3
	8	196	37.2	37.2	90.5
	9	50	9.5	9.5	100.0
	总计	527	100.0	100.0	

图 4.25 X_5 变量的频数统计表

服务态度得分

		频率	百分比	有效百分比	累积百分比
有效	1	15	2.8	2.8	2.8
	2	40	7.6	7.6	10.4
	3	29	5.5	5.5	15.9
	4	27	5.1	5.1	21.1
	5	17	3.2	3.2	24.3
	6	93	17.6	17.6	41.9
	7	157	29.8	29.8	71.7
	8	107	20.3	20.3	92.0
	9	42	8.0	8.0	100.0
	总计	527	100.0	100.0	

图 4.26 X_6 变量的频数统计表

增值服务得分

		频率	百分比	有效百分比	累积百分比
有效	1	10	1.9	1.9	1.9
	2	45	8.5	8.5	10.4
	3	47	8.9	8.9	19.4
	4	97	18.4	18.4	37.8
	5	36	6.8	6.8	44.6
	6	17	3.2	3.2	47.8
	7	219	41.6	41.6	89.4
	8	26	4.9	4.9	94.3
	9	30	5.7	5.7	100.0
	总计	527	100.0	100.0	

图 4.27 X_7 变量的频数统计表

xingbie 变量的频数统计表如图 4.28 所示，从图中可以看出共有有效样本 527 个，从调查客户性别结构来看，男性被调查者人数为 235 人，占比为 44.6%，女性被调查者人数 292 人，占比为 55.4%，性别结构比较合理。

性别

		频率	百分比	有效百分比	累积百分比
有效	男	235	44.6	44.6	44.6
	女	292	55.4	55.4	100.0
	总计	527	100.0	100.0	

图 4.28 xingbie 变量的频数统计表

nianling 变量的频数统计表如图 4.29 所示，从图中可以看出共有有效样本 527 个，从调查客户年龄结构来看，20 岁以下被调查者人数为 100 人，占比为 19%，21 岁~30 岁被调查者人数为 100 人，占比为 19%，31 岁~40 岁被调查者人数为 139 人，占比为 26.4%，41 岁~50 岁被调查者人数为 94 人，占比为 17.8%，51 岁以上被调查者人数为 94 人，占比为 17.8%，年龄结构也比较合理。

年龄

		频率	百分比	有效百分比	累积百分比
有效	20岁以下	100	19.0	19.0	19.0
	21岁~30岁	100	19.0	19.0	38.0
	31岁~40岁	139	26.4	26.4	64.3
	41岁~50岁	94	17.8	17.8	82.2
	51岁以上	94	17.8	17.8	100.0
	总计	527	100.0	100.0	

图 4.29 nianling 变量的频数统计表

xueli 变量的频数统计表如图 4.30 所示，从图中可以看出共有有效样本 527 个，从调查客户学历结构来看，初中及以下被调查者人数为 243 人，占比为 46.1%，高中被调查者人数为 93 人，占比为 17.6%，专科或本科被调查者人数为 141 人，占比为 26.8%，研究生以上被调查者人数为 50 人，占比为 9.5%，学历结构也比较合理。

学历

		频率	百分比	有效百分比	累积百分比
有效	初中及以下	243	46.1	46.1	46.1
	高中	93	17.6	17.6	63.8
	专科或本科	141	26.8	26.8	90.5
	研究生及以上	50	9.5	9.5	100.0
	总计	527	100.0	100.0	

图 4.30 xueli 变量的频数统计表

nianxian 变量的频数统计表如图 4.31 所示，从图中可以看出共有有效样本 527 个，从调查客户年限结构来看，1 年以下被调查者人数为 50 人，占比为 9.5%，1 年到 3 年被调查者人数为 195 人，占比为 37%，3 年到 5 年被调查者人数为 232 人，占比为 44%，5 年以上被调查者人数为 50 人，占比为 9.5%，客户年限结构也比较合理。

年限

		频率	百分比	有效百分比	累积百分比
有效	1年以下	50	9.5	9.5	9.5
	1年到3年	195	37.0	37.0	46.5
	3年到5年	232	44.0	44.0	90.5
	5年以上	50	9.5	9.5	100.0
	总计	527	100.0	100.0	

图 4.31　nianxian 变量的频数统计表

juzhudi 变量的频数统计表如图 4.32 所示，从图中可以看出共有有效样本 527 个，从调查客户居住地结构来看，城区被调查者人数为 290 人，占比为 55%，郊县被调查者人数为 237 人，占比为 45%，居住地结构也比较合理。

居住地

		频率	百分比	有效百分比	累积百分比
有效	城区	290	55.0	55.0	55.0
	郊县	237	45.0	45.0	100.0
	总计	527	100.0	100.0	

图 4.32　juzhudi 变量的频数统计表

leixing 变量的频数统计表如图 4.33 所示，从图中可以看出共有有效样本 527 个，从调查客户类型结构来看，普通客户被调查者人数为 291 人，占比为 55.2%，VIP 客户被调查者人数为 236 人，占比为 44.8%，类型结构也比较合理。

类型

		频率	百分比	有效百分比	累积百分比
有效	普通客户	291	55.2	55.2	55.2
	VIP客户	236	44.8	44.8	100.0
	总计	527	100.0	100.0	

图 4.33　leixing 变量的频数统计表

客户满意度、客户再次购买行为、客户推荐购买行为三个变量的统计量信息如图 4.34 所示。从具体统计量来看，客户满意度观测值中，包括有效样本数 527、缺失值的个数为 0、平均值为 2.53、平均值标准误差为 0.045、中位数为 2、众数为 2、标准偏差为 1.022、方差为 1.044、偏度为 0.027、偏度标准误差为 0.106、峰度为-1.124、峰度标准误差为 0.212、范围为 3、最小值为 1、最大值为 4 及总和为 1332，另外还得到了 25、50、75 的三个百分位数。

客户再次购买行为观测值中，包括有效样本数 527、缺失值的个数为 0、平均值为 2.55、平均值标准误差为 0.048、中位数为 3、众数为 3、标准偏差为 1.091、方差为 1.191、偏度为-0.156、偏度标准误差为 0.106、峰度为-1.275、峰度标准误差为 0.212、范围为 3、最小值为 1、最大值为 4 及总和为 1344，另外还得到了 25、50、75 的三个百分位数。

客户推荐购买行为观测值中，包括有效样本数 527、缺失值的个数为 0、平均值为 2.51、平均值标准误差为 0.047、中位数为 3、众数为 3、标准偏差为 1.082、方差为 1.170、偏度为-0.158、偏度标准误差为 0.106、峰度为-1.266、峰度标准误差为 0.212、范围为 3、最小值为 1、最大值为 4 及总和为 1324，另外还得到了 25、50、75 的三个百分位数。

第 4 章 服务行业客户满意度调研：以某财产保险公司为例

统计

		客户满意度	客户再次购买行为	客户推荐购买行为
个案数	有效	527	527	527
	缺失	0	0	0
平均值		2.53	2.55	2.51
平均值标准误差		.045	.048	.047
中位数		2.00	3.00	3.00
众数		2	3	3
标准偏差		1.022	1.091	1.082
方差		1.044	1.191	1.170
偏度		.027	-.156	-.158
偏度标准误差		.106	.106	.106
峰度		-1.124	-1.275	-1.266
峰度标准误差		.212	.212	.212
范围		3	3	3
最小值		1	1	1
最大值		4	4	4
总和		1332	1344	1324
百分位数	25	2.00	2.00	1.00
	50	2.00	3.00	3.00
	75	3.00	3.00	3.00

图 4.34 Y_1~Y_3 统计量

关于有效样本数、缺失值、平均值、平均值标准误差、中位数、众数、标准偏差、方差等统计量很常见，不需要特别说明和解释。

其他统计量方面，偏度是对分布偏斜方向及程度的测度，测量偏斜的程度需要计算偏态系数，偏态系数如果为正，表示分布为右偏，偏态系数如果为负，则表示分布为左偏，本例中计算的客户满意度观测值偏度为 0.027，表明数据分布存在很小程度的右偏，计算的客户再次购买行为观测值偏度为-0.156，表明数据分布存在很小程度的左偏，计算的客户推荐购买行为观测值偏度为-0.158，表明数据分布存在很小程度的左偏。

峰度是频数分布曲线与正态分布相比较，顶端的尖峭程度，统计上常用四阶中心矩测定峰度，当计算的峰度恰好等于 0 时，则说明数据分布曲线为正态分布；当计算的峰度小于 0 时，则说明数据分布曲线为平峰分布；当计算的峰度大于 0 时，则说明数据分布曲线为尖峰分布。本例中计算的客户满意度观测值峰度为-1.124，表明数据分布曲线为平峰分布，计算的客户再次购买行为观测值峰度为-1.175，表明数据分布曲线为平峰分布，计算的客户推荐购买行为峰度为-1.266，表明数据分布曲线为平峰分布。

关于百分位数，如果将一组数据排序，并计算相应的累计百分位，则某一百分位所对应数据的值就称为这一百分位的百分位数。常用的有四分位数，指的是将数据分为四等份，分别位于 25%、50% 和 75% 处的分位数。百分位数适合于定序数据及更高级的数据，不能用于定类数据，百分位数的优点是不受极端值的影响。

X_1（服务渠道得分）、X_2（理赔便利得分）、X_3（保费价格得分）、X_4（服务流程得分）、X_5（交易保障得分）、X_6（服务态度得分）、X_7（增值服务得分）变量的统计量信息如图 4.35 所示。关于有效样本数、缺失值、平均值、平均值标准误差、中位数、众数、标准偏差、方差等统计量的解释不再赘述，可以发现偏度方面，X_1（服务渠道得分）、X_2（理赔便利得分）、X_3（保费价格得分）、X_4（服务流程得分）、X_5（交易保障得分）、X_6（服务态度得分）、X_7（增值服务得分）等变量的偏度系数均小于 0，这些变量数据分布存在左偏。峰度方面，X_1（服务渠道得分）、X_3（保费价格得分）、X_6（服务态度得分）、X_7（增值服务得分）等变量的峰度系数均小于 0，数据分布曲线为平峰分布，X_2（理赔便利得分）、X_4（服务流程得分）、X_5（交易保障得分）变量的峰度系数均大于 0，数据分布曲线为尖峰分布。

统计

		服务渠道得分	理赔便利得分	保费价格得分	服务流程得分	交易保障得分	服务态度得分	增值服务得分
个案数	有效	527	527	527	527	527	527	527
	缺失	0	0	0	0	0	0	0
平均值		5.21	6.34	4.89	5.94	7.25	6.20	5.54
平均值标准误差		.085	.070	.092	.085	.051	.092	.091
中位数		6.00	6.00	5.00	6.00	7.00	7.00	7.00
众数		6	6	7	7	8	7	7
标准 偏差		1.945	1.617	2.117	1.955	1.163	2.111	2.091
方差		3.785	2.614	4.481	3.821	1.353	4.455	4.374
偏度		-.200	-.714	-.098	-.885	-1.216	-.953	-.372
偏度标准误差		.106	.106	.106	.106	.106	.106	.106
峰度		-.961	.776	-1.244	.451	2.754	-.029	-.997
峰度标准误差		.212	.212	.212	.212	.212	.212	.212
范围		9	8	8	8	6	8	8
最小值		0	1	1	1	3	1	1
最大值		9	9	9	9	9	9	9
总和		2748	3343	2578	3130	3822	3266	2922
百分位数	25	4.00	5.00	3.00	5.00	7.00	6.00	4.00
	50	6.00	6.00	5.00	6.00	7.00	7.00	7.00
	75	7.00	8.00	7.00	7.00	8.00	8.00	7.00

图 4.35　$X_1 \sim X_{10}$ 统计量

性别、年龄、学历、年限、居住地、类型变量的频数统计表分别如图 4.36 所示，关于结果的解读与前述类似，限于篇幅不再一一讲解，读者可自行进行分析。

统计

		性别	年龄	学历	年限	居住地	类型
个案数	有效	527	527	527	527	527	527
	缺失	0	0	0	0	0	0
平均值		1.55	2.97	2.00	2.54	1.45	1.45
平均值标准误差		.022	.059	.046	.035	.022	.022
中位数		2.00	3.00	2.00	3.00	1.00	1.00
众数		2	3	1	3	1	1
标准 偏差		.498	1.358	1.054	.793	.498	.498
方差		.248	1.843	1.110	.629	.248	.248
偏度		-.218	.035	.497	-.116	.203	.210
偏度标准误差		.106	.106	.106	.106	.106	.106
峰度		-1.960	-1.150	-1.163	-.422	-1.966	-1.963
峰度标准误差		.212	.212	.212	.212	.212	.212
范围		1	4	3	3	1	1
最小值		1	1	1	1	1	1
最大值		2	5	4	4	2	2
总和		819	1563	1052	1336	764	763
百分位数	25	1.00	2.00	1.00	2.00	1.00	1.00
	50	2.00	3.00	2.00	3.00	1.00	1.00
	75	2.00	4.00	3.00	3.00	2.00	2.00

图 4.36　性别、年龄、学历、年限、居住地、类型变量统计量

4.4 信度分析

下载资源:\video\第 4 章\4.2
下载资源:\sample\数据 4

本部分我们对财产保险公司客户服务满意度影响因素调查数据中 Y_1（客户满意度）、Y_2（客户再次购买行为）、Y_3（客户推荐购买行为）、X_1（服务渠道得分）、X_2（理赔便利得分）、X_3（保费价格得分）、X_4（服务流程得分）、X_5（交易保障得分）、X_6（服务态度得分）、X_7（增值服务得分）10 个变量进行信度分析。

信度又被称为可靠性，是指测验的可信程度，它主要表现测验结果的一贯性、一致性、再现性和稳定性，从公式上讲就是一组测量分数的真变异数与总变异数（实得变异数）的比率。信度分析是检验测量工作可靠性和稳定性的主要方法，在各种自然科学和社会科学调查问卷中得到了广泛的应用。

在计算得到信度系数后，信度系数与信度评价对照表如表 4.2 所示。

表 4.2 信度系数与信度评价对照表

信度系数	信度评价
0.9 以上	信度极佳
0.8 以上	可以接受
0.7 以上	量表应进行较大修订
低于 0.7	量表需要重新设计

大多数学者认为：

（1）任何测验或量表的信度系数如果在 0.9 以上，则该测验或量表的信度极佳。

（2）信度系数在 0.8 以上都是可以接受的。如果在 0.7 以上，则该量表应进行较大修订，但仍不失其价值。

（3）如果低于 0.7，量表就需要重新设计了。在心理学中通常可以用已有的同类测验作为比较的标准。

（4）一般能力与成就测验的信度系数常在 0.90 以上，性格、兴趣、态度等人格测验的信度系数通常在 0.80~0.85 之间。

需要特别注意的是，信度分析对于数据和假设条件都是有着一定要求的，并非所有情况下都适合信度分析。

在数据方面，用于信度分析的数据可以是二分数据、有序数据或区间数据，但数据应是用数值编码的。

在假设条件方面，用于信度分析的观察值应是独立的，且项与项之间的误差应是不相关的。每对项应具有二元正态分布。标度应是可加的，以便每一项都与总得分线性相关。

4.4.1　SPSS 分析过程

信度分析的步骤如下：

01 依次选择"文件｜打开｜数据"命令，打开 4.sav 数据表。
02 依次选择"分析｜标度｜可靠性分析"命令，弹出"可靠性分析"对话框，如图 4.37 所示。

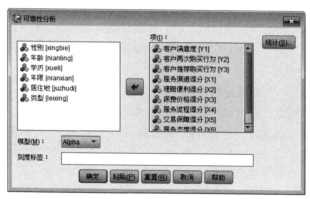

图 4.37　"可靠性分析"对话框

对话框选项设置/说明

在左侧变量框中分别选择 Y_1（客户满意度）、Y_2（客户再次购买行为）、Y_3（客户推荐购买行为）、X_1（服务渠道得分）、X_2（理赔便利得分）、X_3（保费价格得分）、X_4（服务流程得分）、X_5（交易保障得分）、X_6（服务态度得分）、X_7（增值服务得分）10 个变量，单击 按钮，移入右侧的"项目"列表框中。在左侧有个"模型"选项，用来选择估计信度系数的方法。单击 按钮，出现 5 种信度估计方法以供选择，如图 4.38 所示。

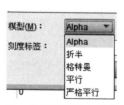

图 4.38　"信度估计方法"列表

- Alpha：是内部一致性估计的方法，适用于项目多重记分的测验（主观题）。
- 折半：将测验题分成对等的两半，计算这两半的分数的相关系数。
- 格特曼：适用于测验全由二值（1 和 0）方式记分的项目。
- 平行：平行测验信度估计的方法，条件是各个项目的方差具有齐次性。
- 严格平行：该方法除了要求各项目方差具有齐次性外，还要求各个项目的均值相等。这里我们采用默认的 Alpha 系数估计方法。

03 单击"统计"按钮，弹出"可靠性分析：统计"对话框，如图 4.39 所示。

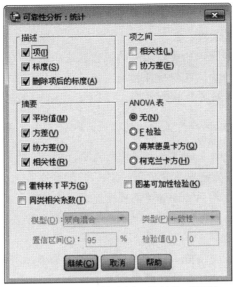

图 4.39 "可靠性分析：统计"对话框

对话框选项设置/说明

本对话框主要设置可靠性分析的输出结果，或者说，除了"可靠性分析"主对话框输出的可靠性系数之外，输出结果中的其他内容。

对话框中包括"描述"选项组、"项之间"选项组、"摘要"选项组、"ANOVA 表"选项组以及"霍特林 T 平方""图基可加性检验""同类相关系数"复选框，以及在此之下的模型设置。具体介绍如下。

"描述"选项组中包括 3 个选项：

- 项：计算参与可靠性分析的各项目的均数、标准差和样本含量。
- 标度：计算参与可靠性分析的尺度变量的均值、标准差和项目数，即将各观测量的各项目分数汇总后求其均值、标准差。
- 删除项后的标度：计算尺度变量减去当前项目后的均值、方差等统计量。

"项之间"选项组中包括 2 个选项：

- "相关性"计算各项目间的相关系数。
- "协方差"计算各项目间的协方差。

"摘要"选项组则用于计算各项目指标的描述统计量（量表统计量），包括 4 个选项：

- 平均值：需要说明和强调的是，此次的平均值选项绝不仅仅是输出平均值，而是针对项目均值计算统计量，包括项目均值的平均值、最小值、最大值、极差、最大值与最小值之比和项目均值的方差。
- 方差：需要说明和强调的是，此次的方差选项绝不仅仅是输出方差，而是针对项目方差计算统计量，包括项目方差的平均值、最小值、最大值、极差、最大值与最小值之比和项目方差的方差。
- 协方差：需要说明和强调的是，此次的协方差选项绝不仅仅是输出协方差，而是针对项目协方差计算统计量，包括项目协方差的平均值、最小值、最大值、极差、最大值与最小值之比和项目协方差的方差。
- 相关性：需要说明和强调的是，此次的协方差选项绝不仅仅是输出相关性，而是针对项目相关系数计算统计量，包括项目相关系数的平均值、最小值、最大值、极差、最大值与最小值之比和项目相关系数的方差。

"ANOVA 表"选项组可以选择方差分析的方法，包括 4 个选项：

- "无"不产生方差分析表，这是系统默认选项。
- "F 检验"产生重复测量方差分析表。
- "傅莱德曼卡方"计算 Friedman（傅莱德曼）卡方值和 Kendall（肯德尔）系数，适用于等级数据，除了计算 Friedman 谐和系数外，还可以做方差分析，Friedman 的卡方检验可取代通用的 F 检验。
- "柯克兰卡方"显示 Cochran's Q 值，如果项目都是二分变量，选择 Cochran，这时在 ANOVA 表中使用 Q 统计量取代常用的 F 统计量。

其他复选框包括：

- "霍特林 T 平方"是指将所有项目在同一尺度上均值相等的多元零检验。
- "图基可加性检验"给出量表提高可加性的功效估计值，检验假设是项目间没有相加作用的交互作用。
- "同类相关系数"产生单相关系数和平均相关系数，同时给出置信区间、F 统计量和显著性检验值，选中此项，将激活下面的选项。
    - 模型：选择计算相关系数的模型，单击▼按钮，有 3 种选择，分别是双向混合（组内效应随机而且项目效应固定）、双向随机（组内效应和项目效应都是随机的）、单向随机（组内效应是随机的）。
    - 类型：指定相关系数是如何被定义的。"一致性"测量方差为分母除以 n~1 的方差；"绝对一致"测量方差是分母除以 n 的方差。
    - 置信区间：指定置信区间，系统默认值为 95%。
    - 检验值：在此输入组内相关系数的一个估计值，此值用于进行比较，要求 0~1 之间，系统默认值是 0。

本次实验中对于这个对话框，我们选中"描述性"和"摘要"两个选项组中的全部复选框，单击"继续"按钮返回"可靠性分析"对话框，读者在实际操作中可以根据需要和详细介绍自行设置各个选项。

04 单击"继续"按钮，回到"可靠性分析"对话框。单击"确定"按钮，进入计算分析，得到计算结果后将其结果（主要是 α 系数）记录下来。

4.4.2 结果分析

在 SPSS 25.0"主界面"对话框的结果窗口中我们可以看到如下分析结果。

图 4.40 显示了个案处理摘要情况，可以发现共有 527 个样本参与了信度分析过程，且这 527 个样本全部为有效值，没有缺失值。

图 4.41 显示了我们本次参与分析的 Y_1（客户满意度）、Y_2（客户再次购买行为）、Y_3（客户推荐购买行为）、X_1（服务渠道得分）、X_2（理赔便利得分）、X_3（保费价格得分）、X_4（服务流程得分）、X_5（交易保障得分）、X_6（服务态度得分）、X_7（增值服务得分）10 个变量的克隆巴赫 Alpha 系数为 0.891，基于标准化项的克隆巴赫 Alpha 系数为 0.921，变量个数为 10 个。结合文中前面列出的信度系数与信度评价对照表，从计算得到的克隆巴赫 Alpha 系数来看，我们本次调查分析的信度还是可以接受的。

个案处理摘要

		个案数	%
个案	有效	527	100.0
	排除ᵃ	0	.0
	总计	527	100.0

a. 基于过程中所有变量的成列删除。

图 4.40　个案处理摘要

可靠性统计

克隆巴赫 Alpha	基于标准化项的克隆巴赫 Alpha	项数
.891	.921	10

图 4.41　可靠性统计

图 4.42 给出了本次参与分析的 Y_1（客户满意度）、Y_2（客户再次购买行为）、Y_3（客户推荐购买行为）、X_1（服务渠道得分）、X_2（理赔便利得分）、X_3（保费价格得分）、X_4（服务流程得分）、X_5（交易保障得分）、X_6（服务态度得分）、X_7（增值服务得分）10 个变量的基本统计量，统计指标包括平均值、标准偏差、个案数，其中得到的结果与前面描述分析部分一致。

项统计

	平均值	标准偏差	个案数
客户满意度	2.53	1.022	527
客户再次购买行为	2.55	1.091	527
客户推荐购买行为	2.51	1.082	527
服务渠道得分	5.21	1.945	527
理赔便利得分	6.34	1.617	527
保费价格得分	4.89	2.117	527
服务流程得分	5.94	1.955	527
交易保障得分	7.25	1.163	527
服务态度得分	6.20	2.111	527
增值服务得分	5.54	2.091	527

图 4.42　项统计

图 4.43 给出了如果将相应的变量（题目）删除，则试卷总的信度如何改变的统计量。依次为总分的均值改变、方差改变、该题与总分的相关系数和 Alpha 系数的改变情况（多相关的平方一栏不予考虑）。可以发现，删除项后的克隆巴赫 Alpha 系数基本保持稳定，都在 0.8 以上，接受该信度分析结果，进入后续分析。

项总计统计

	删除项后的标度平均值	删除项后的标度方差	修正后的项与总计相关性	平方多重相关性	删除项后的克隆巴赫 Alpha
客户满意度	46.45	122.784	.827	.750	.875
客户再次购买行为	46.42	121.054	.846	.931	.873
客户推荐购买行为	46.46	120.835	.864	.936	.873
服务渠道得分	43.76	109.423	.721	.629	.873
理赔便利得分	42.63	112.907	.787	.667	.869
保费价格得分	44.08	127.847	.214	.206	.916
服务流程得分	43.03	111.257	.666	.493	.878
交易保障得分	41.72	122.703	.718	.557	.878
服务态度得分	42.78	107.144	.708	.563	.875
增值服务得分	43.43	112.770	.572	.447	.886

图 4.43　项总计统计

4.5　相关分析

下载资源:\video\第 4 章\4.3

下载资源:\sample\数据 4

本部分对财产保险公司客户服务满意度影响因素调查数据中 Y_1（客户满意度）、Y_2（客户再次购买行为）、Y_3（客户推荐购买行为）、X_1（服务渠道得分）、X_2（理赔便利得分）、X_3（保费价格得分）、X_4（服务流程得分）、X_5（交易保障得分）、X_6（服务态度得分）、X_7（增值服务得分）10 个变量进行相关分析。

相关分析是不考虑变量之间的因果关系而只研究分析变量之间的相关关系的一种统计分析方法，相关性的元素之间需要存在一定的联系或者概率才可以进行相关分析。通过该步操作我们可以判断出变量之间的相关性，从而考虑是否有必要进行后续分析或者增加替换新的变量等。

4.5.1　SPSS 分析过程

相关分析的步骤如下：

01 依次选择"文件｜打开｜数据"命令，打开 4.sav 数据表。

02 依次选择"分析｜相关｜双变量…"命令，弹出"双变量相关性"对话框，在左侧列表框中分别选择 Y_1（客户满意度）、Y_2（客户再次购买行为）、Y_3（客户推荐购买行为）、X_1（服务渠道得分）、X_2（理赔便利得分）、X_3（保费价格得分）、X_4（服务流程得分）、X_5（交易保障得分）、X_6（服务态度得分）、X_7（增值服务得分）10 个变量，单击 ➡ 按钮，选入右侧的"变量"列表框中，如图 4.44 所示。

第 4 章　服务行业客户满意度调研：以某财产保险公司为例 | 147

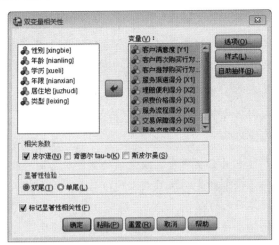

图 4.44　"双变量相关性"对话框

对话框选项设置/说明

"相关系数"下有 3 个选项，用于计算变量之间的相关系数。

- 皮尔逊：是两个连续型变量之间的相关系数。
- 肯德尔：反映两个有序分类变量的一致性。
- 斯皮尔曼：是秩相关分析，当选择了这个选项以后系统会自动对变量求秩，然后计算其秩分数间的相关系数。

我们选择皮尔逊（Pearson）相关系数。"显著性检验"下有两个选项："双尾"是双侧显著性检验；"单尾"为单侧显著性检验，用于当相关关系方向明显时，如身高与体重的相关关系。这里由于所分析的数据相关关系不明显，因此选择双尾。最下面的是"标记显著性相关"，在选择此项后，输出结果中对在显著性水平 0.05 下显著的相关系数用一个星号加以标记，对在显著性水平 0.01 下显著相关的相关系数用两个星号加以标记。

03 单击"选项"按钮，弹出"双变量相关性：选项"对话框，如图 4.45 所示。

图 4.45　"双变量相关性：选项"对话框

对话框选项设置/说明

"统计"只能用于皮尔逊相关系数，该选项组中有两个选项：

- 平均值和标准差：显示每个变量的平均值与标准差及非缺失值的样本数。
- 叉积偏差和协方差：显示每对变量的叉积离差矩阵和协方差矩阵。叉积离差等于均值校正变量积的和，是皮尔逊相关系数的分子，协方差为两个变量关系的非标准化测度，等于叉积离差除以 $n-1$。

为了展示所有结果，我们把两个选项都选上。

"缺失值"下有两个选项。

- 成对排除个案：剔除相关分析中含有缺失值的变量对，由于相关系数是根据特定变量的有效值计算而来的（每个计算均使用最大的信息），因此相关系数矩阵的相关系数是根据不同的样本数计算而来的。
- 成列排除个案：剔除参与相关分析的变量中有缺失值的观测量。

04 设置完毕后单击"继续"按钮，回到"双变量相关性"对话框，然后单击"确定"按钮，进入计算分析。

4.5.2 结果分析

在 SPSS 25.0 "主界面"对话框的结果窗口中我们可以看到如图 4.21~图 4.23 所示的分析结果。

图 4.46 给出了本次参与分析的 Y_1（客户满意度）、Y_2（客户再次购买行为）、Y_3（客户推荐购买行为）、X_1（服务渠道得分）、X_2（理赔便利得分）、X_3（保费价格得分）、X_4（服务流程得分）、X_5（交易保障得分）、X_6（服务态度得分）、X_7（增值服务得分）10 个变量的基本统计量，统计指标包括平均值、标准偏差、个案数，其中得到的结果与前面描述分析结果部分一致，限于篇幅不再赘述。

描述统计

	平均值	标准偏差	个案数
客户满意度	2.53	1.022	527
客户再次购买行为	2.55	1.091	527
客户推荐购买行为	2.51	1.082	527
服务渠道得分	5.21	1.945	527
理赔便利得分	6.34	1.617	527
保费价格得分	4.89	2.117	527
服务流程得分	5.94	1.955	527
交易保障得分	7.25	1.163	527
服务态度得分	6.20	2.111	527
增值服务得分	5.54	2.091	527

图 4.46 描述性统计量

表 4.3 给出了 Y_1（客户满意度）、Y_2（客户再次购买行为）、Y_3（客户推荐购买行为）、X_1（服务渠道得分）、X_2（理赔便利得分）、X_3（保费价格得分）、X_4（服务流程得分）、X_5（交易保障得分）、X_6（服务态度得分）、X_7（增值服务得分）10 个变量的皮尔逊相关系数、平方和与叉积、协方差、个案数。其中相关关系较为显著的皮尔逊相关系数得到了标记。

表4.3 皮尔逊相关系数

相关性		客户满意度	客户再次购买行为	客户推荐购买行为	服务渠道得分	理赔便利得分	保费价格得分	服务流程得分	交易保障得分	服务态度得分	增值服务得分
客户满意度	皮尔逊相关性	1	.817**	.797**	.720**	.681**	.234**	.564**	.601**	.679**	.563**
	Sig.（双尾）		0	0	0	0	0	0	0	0	0
	平方和与叉积	549.351	479.021	463.571	753.391	591.52	266.068	592.88	375.841	770.139	632.603
	协方差	1.044	0.911	0.881	1.432	1.125	0.506	1.127	0.715	1.464	1.203
	个案数	527	527	527	527	527	527	527	527	527	527
客户再次购买行为	皮尔逊相关性	.817**	1	.960**	.711**	.726**	.190**	.601**	.645**	.631**	.581**
	Sig.（双尾）	0		0	0	0	0	0	0	0	0
	平方和与叉积	479.021	626.417	596.423	793.818	673.398	230.366	674.609	430.812	764.77	698.068
	协方差	0.911	1.191	1.134	1.509	1.28	0.438	1.283	0.819	1.454	1.327
	个案数	527	527	527	527	527	527	527	527	527	527
客户推荐购买行为	皮尔逊相关性	.797**	.960**	1	.714**	.764**	.190**	.633**	.683**	.644**	.581**
	Sig.（双尾）	0	0		0	0	0	0	0	0	0
	平方和与叉积	463.571	596.423	615.67	790.106	703.268	229.203	704.395	451.86	773.717	691.96
	协方差	0.881	1.134	1.17	1.502	1.337	0.436	1.339	0.859	1.471	1.316
	个案数	527	527	527	527	527	527	527	527	527	527
服务渠道得分	皮尔逊相关性	.720**	.711**	.714**	1	.589**	.120**	.615**	.615**	.490**	.526**
	Sig.（双尾）	0	0	0		0	0.006	0	0	0	0
	平方和与叉积	753.391	793.818	790.106	1990.77	974.19	260.222	1230.861	731.482	1058.7	1125.461
	协方差	1.432	1.509	1.502	3.785	1.852	0.495	2.34	1.391	2.013	2.14
	个案数	527	527	527	527	527	527	527	527	527	527
理赔便利得分	皮尔逊相关性	.681**	.726**	.764**	.589**	1	.268**	.576**	.672**	.644**	.510**
	Sig.（双尾）	0	0	0	0		0	0	0	0	0
	平方和与叉积	591.52	673.398	703.268	974.19	1374.835	482.577	956.991	664.321	1156.281	907.429
	协方差	1.125	1.28	1.337	1.852	2.614	0.917	1.819	1.263	2.198	1.725
	个案数	527	527	527	527	527	527	527	527	527	527
保费价格得分	皮尔逊相关性	.234**	.190**	.190**	.120**	.268**	1	.119**	.222**	.341**	-0.054
	Sig.（双尾）	0	0	0	0.006	0		0.006	0	0	0.219
	平方和与叉积	266.068	230.366	229.203	260.222	482.577	2356.835	258.539	287.385	800.249	-124.958
	协方差	0.506	0.438	0.436	0.495	0.917	4.481	0.492	0.546	1.521	-0.238
	个案数	527	527	527	527	527	527	527	527	527	527

(续表)

		客户满意度	客户再次购买行为	客户推荐购买行为	服务渠道得分	理赔便利得分	保费价格得分	服务流程得分	交易保障得分	服务态度得分	增值服务得分
						相关性					
服务流程得分	皮尔逊相关性	.564**	.601**	.633**	.615**	.576**	.119**	1	.547**	.489**	.508**
	Sig.（双尾）	0	0	0	0	0	0.006		0	0	0
	平方和与叉积	592.88	674.609	704.395	1230.861	956.991	258.539	2010.057	654.076	1061.315	1092.427
	协方差	1.127	1.283	1.339	2.34	1.819	0.492	3.821	1.243	2.018	2.077
	个案数	527	527	527	527	527	527	527	527	527	527
交易保障得分	皮尔逊相关性	.601**	.645**	.683**	.615**	.672**	.222**	.547**	1	.529**	.458**
	Sig.（双尾）	0	0	0	0	0	0	0		0	0
	平方和与叉积	375.841	430.812	451.86	731.482	664.321	287.385	654.076	711.435	682.753	586.569
	协方差	0.715	0.819	0.859	1.391	1.263	0.546	1.243	1.353	1.298	1.115
	个案数	527	527	527	527	527	527	527	527	527	527
服务态度得分	皮尔逊相关性	.679**	.631**	.644**	.490**	.644**	.341**	.489**	.529**	1	.462**
	Sig.（双尾）	0	0	0	0	0	0	0	0		0
	平方和与叉积	770.139	764.77	773.717	1058.7	1156.281	800.249	1061.315	682.753	2343.476	1073.362
	协方差	1.464	1.454	1.471	2.013	2.198	1.521	2.018	1.298	4.455	2.041
	个案数	527	527	527	527	527	527	527	527	527	527
增值服务得分	皮尔逊相关性	.563**	.581**	.581**	.526**	.510**	-0.054	.508**	.458**	.462**	1
	Sig.（双尾）	0	0	0	0	0	0.219	0	0	0	
	平方和与叉积	632.603	698.068	691.96	1125.461	907.429	-124.958	1092.427	586.569	1073.362	2300.702
	协方差	1.203	1.327	1.316	2.14	1.725	-0.238	2.077	1.115	2.041	4.374
	个案数	527	527	527	527	527	527	527	527	527	527

**. 在 0.01 级别（双尾），相关性显著。

在上述分析结果中，我们可以看到 Y_1（客户满意度）、Y_2（客户再次购买行为）、Y_3（客户推荐购买行为）、X_1（服务渠道得分）、X_2（理赔便利得分）、X_3（保费价格得分）、X_4（服务流程得分）、X_5（交易保障得分）、X_6（服务态度得分）、X_7（增值服务得分）10 个变量之间的协方差都为正数，这说明各个变量的相关关系是正向的。

在上述分析结果中，我们可以看到 Y_1（客户满意度）、Y_2（客户再次购买行为）、Y_3（客户推荐购买行为）三者之间的相关系数非常高，而且均为正相关，尤其是 Y_2（客户再次购买行为）与 Y_3（客户推荐购买行为）的相关系数达到了 0.96，说明对于财产保险公司来说，其顾客满意指数模型中客户满意度与客户忠诚之间的关联关系非常强。

Y_1（客户满意度）、Y_2（客户再次购买行为）、Y_3（客户推荐购买行为）与 X_1（服务渠道得分）、X_2（理赔便利得分）、X_3（保费价格得分）、X_4（服务流程得分）、X_5（交易保障得分）、X_6（服务态度得分）、X_7（增值服务得分）之间的相关关系各不相同，相关系数大小各异，但均为正相关，符合实际情况。

需要特别提示的是，Y_1（客户满意度）、Y_2（客户再次购买行为）、Y_3（客户推荐购买行为）

与 X_1（服务渠道得分）、X_2（理赔便利得分）、X_4（服务流程得分）、X_5（交易保障得分）、X_6（服务态度得分）、X_7（增值服务得分）之间的相关系数均在 0.5 以上，仅与 X_3（保费价格得分）相关系数较低，这在很大程度上说明保费价格得分与客户满意度之间的关联性不大。

4.6 建立模型

在经过了对数据进行描述分析观察数据基本特征、信度分析检验调查问卷效果、相关分析检验变量之间的关联关系之后，本节我们来进行最后的步骤，就是根据前面得出的一系列结论，建立相应的数据模型。

4.6.1 客户满意度影响因素的实证分析

本部分将财产保险公司客户服务满意度影响因素调查数据中 Y_1（客户满意度）作为被解释变量，将 X_1（服务渠道得分）、X_2（理赔便利得分）、X_3（保费价格得分）、X_4（服务流程得分）、X_5（交易保障得分）、X_6（服务态度得分）、X_7（增值服务得分）7 个变量作为解释变量进行回归分析。

本案例在前面已提及，以客户满意度作为被解释变量，取值 1 到 4，其中 1 表示非常不满意，2 表示比较不满意，3 表示比较满意，4 表示非常满意，被解释变量为定序离散变量。解释变量包括服务渠道、理赔便利、保费价格、服务流程、交易保障、服务态度、增值服务，均为连续数值类型变量。由于被解释变量为离散型变量且具有排序特征，计量分析方法上选择有序回归模型。

1. 全部客户满意度影响因素的实证分析

01 依次选择"文件｜打开｜数据"命令，打开 4.sav 数据表。

02 依次选择"分析｜回归｜有序"命令，弹出"有序回归"对话框。在"有序回归"对话框左侧的列表中，将"Y_1（客户满意度）"选入"因变量"列表框中，将"X_1（服务渠道得分）、X_2（理赔便利得分）、X_3（保费价格得分）、X_4（服务流程得分）、X_5（交易保障得分）、X_6（服务态度得分）、X_7（增值服务得分）"选入"协变量"列表框中。全部设置完毕后如图 4.47 所示。

图 4.47 "有序回归"对话框

对话框选项设置/说明

从源变量列表框中选择需要进行有序回归分析的被解释变量，然后单击 按钮将选中的变量选入"因变量"列表框中；从源变量列表框中选择分类变量，然后单击 按钮将选中的变量选入"因子"列表框中；从源变量列表框中选择需要进行有序回归分析的解释变量，然后单击 按钮将选中的变量选入"协变量"列表框中。其中：

- "因变量"列表框：该列表框中的变量为有序回归模型中的被解释变量，一般选定一个有序变量作为因变量，可以是字符串类型或数值类型，但必须对其取值进行升序排列，并指定最小值为第一个类别。
- "因子"列表框：该列表中的变量为分类变量，因子变量可以是字符类型，但必须用连续整数进行赋值。
- "协变量"列表框：该列表框的变量为有序回归模型的解释变量或者控制变量，数据类型一般为数值类型。如果解释变量为分类变量或定性变量，则可以用虚拟变量（哑变量）表示。

03 单击"选项"按钮，弹出"有序回归：选项"对话框，如图4.48所示。

图4.48 "有序回归：选项"对话框

对话框选项设置/说明

"有序回归：选项"对话框主要用于对有序回归的迭代、置信区间、奇异性容许误差进行设置，包括：

- "迭代"选项组：该选项组主要用于设置Ordinal回归的迭代估计的参数。
  - "最大迭代次数"，该文本框用于指定最大迭代步骤数目，必须为整数；若输入0值，则仅输出初始值。
  - "最大逐步二分次数"，该文本框用于指定最大步骤等分值，且必须为整数。
  - "对数似然收敛"，该下拉列表框用于指定对数似然性收敛值，共有6个不同的指定值；如果对数似然估计中的绝对或相对变化小于该值，则迭代会停止。
  - "参数收敛"，该下拉列表框用于指定参数估计值的收敛依据，共有6个不同的指定值；如果参数估计的绝对或相对变化小于该值，则迭代会停止。
- "置信区间"文本框：该文本框用于指定参数估计的置信区间，输入范围是0~99。
- "Delta"文本框：该文本框用于指定添加到零单元格频率的值，防止出现加大的估计偏误，输入范围小于 1 的非负值。
- "奇异性容差"下拉列表：该下拉列表框用于指定奇异性容许误差值，共有 6 个值。
- "联接"下拉列表：该下拉列表框用于指定对模型累积概率转换的链接函数，共有 5 种函数选择。这 5 种函数的数学表达式存在着较大的差异，分别使用于不同的应用场景。
  - "逆柯西"，其函数数学表达式为：$f(x)=\tan(\pi(x-0.5))$，该函数主要适用于潜变量含有较多极端值的情况。
  - "互补双对数"，其函数数学表达式为：$f(x)=\log(-\log(1-x))$，该函数主要适用于被解释变量值与概率值同增加的情况。
  - "分对数"，其函数数学表达式为：$f(x)=\log(x/(1-x))$，该函数主要适用于因变量为均匀分布的情况。
  - "负双对数"，其函数数学表达式为：$f(x)=-\log(-\log(x))$，该函数主要适用于因变量取值与概率值相反方向运动的情况。
  - "概率"，其函数数学表达式为：$f(x)=\Phi-1(x)$，该函数主要适用于因变量为正态分布的情况。

设置完毕后，单击"继续"按钮，就可以返回到"有序回归"对话框。如果只进行系统默认设置，单击"取消"按钮，也可以返回到"有序回归"对话框进行其他设置。本例采取系统默认设置，单击"取消"按钮，返回到"有序回归"对话框。

04 单击"输出"按钮，弹出"有序回归：输出"对话框，如图 4.49 所示。

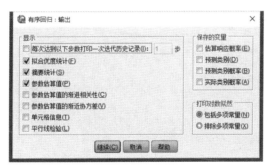

图 4.49 "有序回归：输出"对话框

===== 对话框选项设置/说明 =====

"有序回归：输出"对话框主要用于设置输出的统计量和表及保存变量，包括：

- "显示"选项组：该选项组用于指定要输出的统计摘要表。
  - "每次达到以下步数打印一次迭代历史记录"，选中该复选框表示打印迭代历史记录，在"步"中输入正整数值，表示输出每隔该值的迭代历史记录，同时输出第一步和最后一步的迭代记录。
  - "拟合优度统计"，选中该复选框表示输出皮尔逊（Pearson）和卡方统计量。
  - "摘要统计"，选中该复选框表示输出摘要统计表，该统计表中含有 Cox 和 Snell、Nagelkerke 和 McFadden R2 统计量。
  - "参数估算值"，勾选该复选框表示输出参数估计表，该表中包括参数估计值、标准偏误和置信区间等。
- ➢ "参数估算值的渐进相关性",勾选该复选框表示输出参数估计值的相关系数矩阵。
- ➢ "参数估算值的渐近协方差",勾选该复选框表示输出参数估计值的方差-协方差矩阵。
- ➢ "单元格信息",勾选该复选框表示输出观察值和期望值的频率和累积频率、频率和累积频率的皮尔逊残差、观察到的和期望的概率、以协变量模式表示的观察到的和期望的每个响应类别的累积概率。
- ➢ "平行线检验",勾选该复选框表示输出平行线检验统计量,该检验的原假设是位置参数在多个因变量水平上都相等,但该项仅仅适用于位置模型。
- "保存的变量"选项组:该选项组主要用于设置保存变量。
  - ➢ "估算响应概率",勾选该复选框表示保存将观察值按因子变量分类成响应类别的模型估计概率,概率与响应类别的数量相等。
  - ➢ "预测类别",勾选该复选框表示保存模型的预测响应分类。
  - ➢ "预测类别概率",勾选该复选框表示保存模型最大的预测响应分类概率。
  - ➢ "实际类别概率",勾选该复选框表示保存实际类别的响应概率。
- "打印对数似然"选项组:该选项组主要用于设置输出似然对数统计量。
  - ➢ "包括多项常量",选中该单选按钮表示输出包含常数的似然对数统计量。
  - ➢ "排除多项常量",选中该单选按钮表示输出不包含常数的似然对数统计量。

设置完毕后,单击"继续"按钮,就可以返回到"有序回归"对话框。如果只进行系统默认设置,单击"取消"按钮,也可以返回到"有序回归"对话框进行其他设置。本例采取系统默认设置,单击"取消"按钮,返回到"有序回归"对话框。

05 单击"位置"按钮,弹出"有序回归:位置"对话框,如图4.50所示。

图4.50 "有序回归:位置"对话框

对话框选项设置/说明

"有序回归:位置"对话框用于指定回归模型中的效应。包括:

- "指定模型"选项组:该选项组用于指定回归模型的具体类型。
  - ➢ "主效应",选中该单选按钮表示采用包含协变量和因子的主效应,但不包含交互效应。
  - ➢ "定制",选中该单选按钮表示采用用户自定义的模型。如果选中"定制",则"因子/协变量”“构建项”和“位置模型”就会被激活。

- “因子/协变量”列表：该列表框用于存放已经选定的因子变量和协变量。
- “构建项”下拉列表：该下拉列表用于选择模型效应，SPSS 25.0 提供了“主效应”“交互”“所有二阶”“所有三阶”“所有四阶”“所有五阶”。
    - “交互”：创建所有选定变量的最高级交互项，这是 SPSS 25.0 软件设置的默认选项。
    - “主效应”：为每个选定的变量创建主效应项。
    - “所有二阶”：创建选定变量的所有可能的双向交互。
    - “所有三阶”：创建选定变量的所有可能的三阶交互。
    - “所有四阶”：创建选定变量的所有可能的四阶交互。
    - “所有五阶”：创建选定变量的所有可能的五阶交互。
- “位置模型”列表框：该列表框用于存放用户选定的模型效应。

设置完毕后，单击“继续”按钮，就可以返回到“有序回归”对话框。如果只进行系统默认设置，单击“取消”按钮，也可以返回“有序回归”对话框进行其他设置。本例采取系统默认设置，单击“取消”按钮，返回“有序回归”对话框。

以上选项都设置完毕后，单击“继续”按钮，返回“有序回归”对话框，单击“确定”按钮，进入计算分析。经过 SPSS 25.0 的运算，即可出现如下所示的结果。

图 4.51 给出了案例处理摘要结果。从图中可以看出参与回归分析的个案数目，按“客户满意度”分类的个案比例。

图 4.52 给出了模型拟合信息。从图中可以得到仅含截距项的对数似然值为 1423.337，最终的模型的卡方值是 591.854，显著性为 0.000，可见最终模型更为显著。

个案处理摘要

		个案数	边际百分比
客户满意度	非常不满意	95	18.0%
	比较不满意	173	32.8%
	比较满意	145	27.5%
	非常满意	114	21.6%
有效		527	100.0%
缺失		0	
总计		527	

图 4.51　个案处理摘要

模型拟合信息

模型	-2 对数似然	卡方	自由度	显著性
仅截距	1423.337			
最终	831.484	591.854	7	.000

关联函数：分对数。

图 4.52　模型拟合信息

从图 4.53 中可以看出，X_1（服务渠道得分）、X_2（理赔便利得分）、X_3（保费价格得分）、X_6（服务态度得分）、X_7（增值服务得分）5 个解释变量的系数均为正值且非常显著（P>|z|值均小于 0.05）。X_4（服务流程得分）、X_5（交易保障得分）系数显著性则很差。所以，使用有序回归方法对全部客户满意度影响因素实证的结果是，服务渠道、理赔便利、保费价格、服务态度、增值服务会显著影响客户的满意度水平，财产保险公司在这些方面做得越好，客户的满意程度就会越高，而服务流程、交易保障对客户的满意度水平并不产生显著性影响，或者说客户不认为服务流程、交易保障构成重要性。

参数估算值

		估算	标准 错误	瓦尔德	自由度	显著性	95% 置信区间 下限	上限
阈值	[Y1 = 1]	8.200	.798	105.699	1	.000	6.636	9.763
	[Y1 = 2]	11.795	.899	172.087	1	.000	10.032	13.557
	[Y1 = 3]	14.669	.993	218.434	1	.000	12.724	16.614
位置	X1	.710	.080	78.276	1	.000	.552	.867
	X2	.466	.104	20.219	1	.000	.263	.670
	X3	.132	.052	6.510	1	.011	.031	.233
	X4	.005	.068	.005	1	.943	-.129	.139
	X5	-.047	.143	.109	1	.741	-.328	.234
	X6	.514	.067	58.673	1	.000	.382	.645
	X7	.266	.060	19.721	1	.000	.148	.383

关联函数:分对数。

图 4.53　参数估算值

2. 按客户地域分类的满意度影响因素实证分析

考虑到客户所在地域的不同，在对于满意度影响因素的考量上可能会有所偏差，本文再将客户地域分类作为因子进行实证分析。在回归分析方法的选择上，仍使用有序回归模型进行分析。

01 依次选择"文件｜打开｜数据"命令，打开 4.sav 数据表。

02 依次选择"分析｜回归｜有序"命令，弹出"有序回归"对话框。在"有序回归"对话框左侧的列表框中，将"Y_1（客户满意度）"选入"因变量"列表框中，将"居住地"选入"因子"列表框中，将"X_1（服务渠道得分）、X_2（理赔便利得分）、X_3（保费价格得分）、X_4（服务流程得分）、X_5（交易保障得分）、X_6（服务态度得分）、X_7（增值服务得分）"选入"协变量"列表框中。全部设置完毕后如图 4.54 所示。

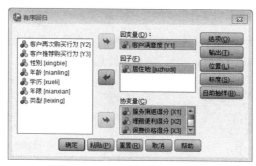

图 4.54　"有序回归"对话框

其他采用系统默认设置，经过 SPSS 25.0 的运算，即可出现如图 4.55 所示的结果。

参数估算值

		估算	标准 错误	瓦尔德	自由度	显著性	95% 置信区间 下限	上限
阈值	[Y1 = 1]	8.197	.802	104.453	1	.000	6.625	9.769
	[Y1 = 2]	11.792	.904	170.201	1	.000	10.020	13.563
	[Y1 = 3]	14.666	.996	216.652	1	.000	12.713	16.619
位置	X1	.710	.080	78.142	1	.000	.552	.867
	X2	.466	.104	20.196	1	.000	.263	.670
	X3	.132	.052	6.508	1	.011	.031	.233
	X4	.005	.068	.005	1	.943	-.129	.139
	X5	-.047	.144	.107	1	.743	-.328	.234
	X6	.514	.067	58.281	1	.000	.382	.646
	X7	.266	.060	19.585	1	.000	.148	.383
	[juzhudi=1]	-.006	.189	.001	1	.976	-.377	.365
	[juzhudi=2]	0ª			0			

关联函数:分对数。
a. 此参数冗余，因此设置为零。

图 4.55　参数估算值

从图 4.55 中可以看出，变量[juzhudi=1]的显著性为 0.976，水平非常低，这说明无论是在城市还是在郊县，不同地域的客户在客户满意度方面并无显著不同。得到的结论也与之前一致，服务渠道、理赔便利、保费价格、服务态度、增值服务会显著影响客户的满意度水平，财产保险公司在这些方面做得越好，客户的满意程度就会越高，而服务流程、交易保障对客户的满意度水平并不产生显著性影响，或者说，客户不认为服务流程、交易保障构成重要性。

3. 按客户类型分类的满意度影响因素实证分析

考虑到客户类型分类的不同，在对于满意度影响因素的考量上可能会有所偏差，本文再将客户类型分类作为因子进行实证分析。在回归分析方法的选择上，仍使用有序回归模型进行分析。

01 依次选择"文件│打开│数据"命令，打开 4.sav 数据表。

02 依次选择"分析│回归│有序"命令，弹出"有序回归"对话框。在"有序回归"对话框左侧的列表框中，将"Y_1（客户满意度）"选入"因变量"列表框中，将"类型"选入"因子"列表框中，将"X_1（服务渠道得分）、X_2（理赔便利得分）、X_3（保费价格得分）、X_4（服务流程得分）、X_5（交易保障得分）、X_6（服务态度得分）、X_7（增值服务得分）"选入"协变量"列表框中。全部设置完毕后如图 4.56 所示。

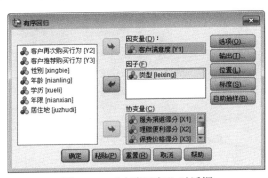

图 4.56 "有序回归"对话框

其他采用系统默认设置，经过 SPSS 25.0 的运算，即可出现如图 4.57 所示的结果。

参数估算值

		估算	标准 错误	瓦尔德	自由度	显著性	95% 置信区间	
							下限	上限
阈值	[Y1 = 1]	8.266	.802	106.283	1	.000	6.695	9.838
	[Y1 = 2]	11.872	.905	172.227	1	.000	10.099	13.645
	[Y1 = 3]	14.748	.998	218.387	1	.000	12.792	16.704
位置	X1	.713	.080	78.601	1	.000	.555	.871
	X2	.472	.104	20.522	1	.000	.268	.676
	X3	.131	.052	6.411	1	.011	.030	.232
	X4	.000	.069	.000	1	.997	-.134	.135
	X5	-.057	.144	.155	1	.694	-.339	.226
	X6	.515	.067	58.745	1	.000	.384	.647
	X7	.271	.060	20.245	1	.000	.153	.388
	[leixing=1]	.157	.190	.684	1	.408	-.215	.529
	[leixing=2]	0ª			0			

关联函数：分对数。
a. 此参数冗余，因此设置为零。

图 4.57 参数估算值

从图 4.57 中可以看出，变量[leixing=1]的显著性为 0.408，水平非常低，这说明无论是普通客户还是 VIP 客户，不同类型的客户在客户满意度方面并无显著不同。得到的结论也与之前一致，服务渠道、理赔便利、保费价格、服务态度、增值服务会显著影响客户的满意度水平,财产保险公司在这些方面做得越好,客户的满意程度就会越高,而服务流程、交易保障对客户的满意度水平并不会产生显著性影响,或者说,客户不认为服务流程、交易保障构成重要性。

4. 按客户年限分类的满意度影响因素实证分析

考虑到客户年限分类的不同,在对于满意度影响因素的考量上可能会有所偏差,本文再将客户年限分类作为因子进行实证分析。在回归分析方法的选取上,仍使用有序回归模型进行分析。

01 依次选择"文件|打开|数据"命令,打开 4.sav 数据表。

02 依次选择"分析|回归|有序"命令,弹出"有序回归"对话框。在"有序回归"对话框左侧的列表框中,将"Y_1(客户满意度)"选入"因变量"列表框中,将"年限"选入"因子"列表框中,将"X_1(服务渠道得分)、X_2(理赔便利得分)、X_3(保费价格得分)、X_4(服务流程得分)、X_5(交易保障得分)、X_6(服务态度得分)、X_7(增值服务得分)"选入"协变量"列表框中。全部设置完毕后如图 4.58 所示。

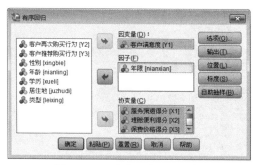

图 4.58 "有序回归"对话框

其他采用系统默认设置,经过 SPSS 25.0 的运算,即可出现如图 4.59 所示的结果。

参数估算值

		估算	标准 错误	瓦尔德	自由度	显著性	95% 置信区间	
							下限	上限
阈值	[Y1 = 1]	8.381	.837	100.384	1	.000	6.742	10.021
	[Y1 = 2]	11.989	.935	164.531	1	.000	10.157	13.821
	[Y1 = 3]	14.867	1.026	209.891	1	.000	12.856	16.879
位置	X1	.713	.080	78.764	1	.555	.870	
	X2	.478	.104	20.921	1	.000	.273	.683
	X3	.129	.052	6.120	1	.013	.027	.232
	X4	.000	.069	.000	1	.999	-.134	.135
	X5	-.054	.145	.141	1	.707	-.338	.229
	X6	.512	.067	57.733	1	.000	.380	.643
	X7	.267	.060	19.790	1	.000	.149	.385
	[nianxian=1]	.020	.433	.002	1	.964	-.829	.868
	[nianxian=2]	.320	.340	.882	1	.348	-.347	.987
	[nianxian=3]	.176	.336	.274	1	.600	-.483	.836
	[nianxian=4]	0ª			0			

关联函数: 分对数。
a. 此参数冗余,因此设置为零。

图 4.59 参数估算值

从图 4.59 中可以看出,变量年限[nianxian=1]的显著性为 0.964,水平非常低;[nianxian=2]的显著性为 0.348,水平非常低;[nianxian=3]的显著性为 0.600,水平非常低,这说明无论是[nianxian=1]客户、[nianxian=2]客户、[nianxian=3]客户、还是[nianxian=4]客户,不同年限的客户在客户满意度方面并无显著不同。得到的结论也与之前一致,服务渠道、理赔便利、保费价格、服务态度、增值服务会显著影响客户的满意度水平，财产保险公司在这些方面做得越好，客户的满意程度就会越高，而服务流程、交易保障对客户的满意度水平并不产生显著性影响，或者说，客户不认为服务流程、交易保障构成重要性。

5. 按客户学历分类的满意度影响因素实证分析

考虑到客户学历分类的不同，在对于满意度影响因素的考量上可能会有所偏差，本文再将客户学历分类作为因子进行实证分析。在回归分析方法的选择上，仍使用有序回归模型进行分析。

01 依次选择"文件｜打开｜数据"命令，打开 4.sav 数据表。

02 依次选择"分析｜回归｜有序"命令，弹出"有序回归"对话框。在"有序回归"对话框左侧的列表框中，将"Y_1（客户满意度）"选入"因变量"列表框中，将"学历"选入"因子"列表框中，将"X_1（服务渠道得分）、X_2（理赔便利得分）、X_3（保费价格得分）、X_4（服务流程得分）、X_5（交易保障得分）、X_6（服务态度得分）、X_7（增值服务得分）"选入"协变量"列表框中。全部设置完毕后如图 4.60 所示。

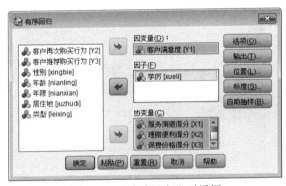

图 4.60 "有序回归"对话框

其他采用系统默认设置，经过 SPSS 25.0 的运算，即可出现如图 4.61 所示的结果。

图 4.61 参数估算值

从图 4.61 中可以看出，变量学历[xueli=1]的显著性为 0.533，水平非常低；[xueli=2]的显著性为 0.263，水平非常低；[xueli=3]的显著性为 0.577，水平非常低，这说明无论是[xueli=1]客户、[xueli=2]

客户、[xueli=3]客户、还是[xueli=4]客户，不同学历的客户在客户满意度方面并无显著不同。得到的结论也与之前一致，服务渠道、理赔便利、保费价格、服务态度、增值服务会显著影响客户的满意度水平，财产保险公司在这些方面做得越好，客户的满意程度就会越高，而服务流程、交易保障对客户的满意度水平并不产生显著性影响，或者说客户不认为服务流程、交易保障构成重要性。

6. 按客户性别分类的满意度影响因素实证分析

考虑到客户性别分类的不同，在对于满意度影响因素的考量上可能会有所偏差，本文再将客户性别分类作为因子进行实证分析。在回归分析方法的选择上，仍使用有序回归模型进行分析。

01 依次选择"文件｜打开｜数据"命令，打开 4.sav 数据表。

02 依次选择"分析｜回归｜有序"命令，弹出"有序回归"对话框。在"有序回归"对话框左侧的列表框中，将"Y_1（客户满意度）"选入"因变量"列表框中，将"性别"选入"因子"列表框中，将"X_1（服务渠道得分）、X_2（理赔便利得分）、X_3（保费价格得分）、X_4（服务流程得分）、X_5（交易保障得分）、X_6（服务态度得分）、X_7（增值服务得分）"选入"协变量"列表框中。全部设置完毕后如图 4.62 所示。

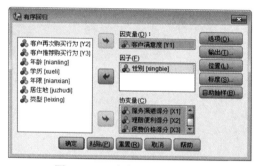

图 4.62 "有序回归"对话框

其他采用系统默认设置，经过 SPSS 25.0 的运算，即可出现如图 4.63 所示的结果。

参数估算值

		估算	标准错误	瓦尔德	自由度	显著性	95% 置信区间	
							下限	上限
阈值	[Y1 = 1]	8.232	.804	104.867	1	.000	6.656	9.807
	[Y1 = 2]	11.826	.904	171.237	1	.000	10.055	13.598
	[Y1 = 3]	14.701	.997	217.272	1	.000	12.746	16.656
位置	X1	.710	.080	78.323	1	.000	.553	.868
	X2	.466	.104	20.192	1	.000	.263	.669
	X3	.134	.052	6.654	1	.010	.032	.235
	X4	.004	.068	.003	1	.954	-.130	.138
	X5	-.050	.144	.119	1	.730	-.331	.232
	X6	.514	.067	58.752	1	.000	.383	.646
	X7	.268	.060	19.755	1	.000	.150	.386
	[xingbei=1]	.062	.190	.108	1	.742	-.310	.434
	[xingbei=2]	0ᵃ			0			

关联函数：分对数。
a. 此参数冗余，因此设置为零。

图 4.63 参数估算值

从图 4.63 中可以看出，变量[xingbie=1]的显著性 P 值为 0.742，显著性水平非常低，这说明无论是男性，还是女性，不同性别的客户在客户满意度方面并无显著不同。得到的结论也与之前一致，服务渠道、理赔便利、保费价格、服务态度、增值服务会显著影响客户的满意度水平，财产保险公司在这些方面做得越好,客户的满意程度就会越高,而服务流程、交易保障对客户的满意度水平并不产生显著性影响,或者说客户不认为服务流程、交易保障构成重要性。

4.6.2 客户再次购买行为影响因素的实证分析

本部分将财产保险公司客户服务满意度影响因素调查数据中 Y_2(客户再次购买行为)作为被解释变量,将 X_1(服务渠道得分)、X_2(理赔便利得分)、X_3(保费价格得分)、X_4(服务流程得分)、X_5(交易保障得分)、X_6(服务态度得分)、X_7(增值服务得分)7 个变量作为解释变量进行回归分析。

本案例在前面已经讲过,以客户是否再次购买作为被解释变量,取值 1 到 4,其中 1 表示一定不会,2 表示有较小的可能性会,3 表示有较大的可能性会,4 表示一定会,被解释变量为定序离散变量。解释变量包括服务渠道、理赔便利、保费价格、服务流程、交易保障、服务态度、增值服务,均为连续数值类型变量。由于被解释变量为离散型变量且具有排序特征,因此计量分析方法选择有序回归模型。

1. 全部客户满意度影响因素实证分析

01 依次选择"文件 | 打开 | 数据"命令,打开 4.sav 数据表。

02 依次选择"分析 | 回归 | 有序"命令,弹出"有序回归"对话框。在"有序回归"对话框左侧的列表框中,将"Y_2(客户再次购买行为)"选入"因变量"列表框,将"X_1(服务渠道得分)、X_2(理赔便利得分)、X_3(保费价格得分)、X_4(服务流程得分)、X_5(交易保障得分)、X_6(服务态度得分)、X_7(增值服务得分)"选入"协变量"列表框。全部设置完毕后如图 4.64 所示。

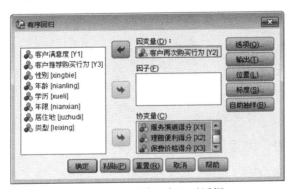

图 4.64 "有序回归"对话框

03 其他选项采用系统默认设置,设置完毕后,单击"继续"按钮,回到"有序回归"对话框,单击"确定"按钮,进入计算分析。

经过 SPSS 25.0 的运算,即可出现如下所示的结果。

图 4.65 给出了案例处理摘要结果。从图中可以看出参与回归分析的个案数目,按"客户再次购买行为"分类的个案比例。

个案处理摘要

		个案数	边际百分比
客户再次购买行为	一定不会	127	24.1%
	有较小的可能性会	104	19.7%
	有较大的可能性会	175	33.2%
	一定会	121	23.0%
有效		527	100.0%
缺失		0	
总计		527	

图 4.65　个案处理摘要

图 4.66 给出了模型拟合信息。从图中可以得到仅含截距项的对数似然值为 1417.408，最终的模型的卡方值是 594.285，显著性为 0.000，可见最终模型更为显著。

从图 4.67 中可以看出，X_1（服务渠道得分）、X_2（理赔便利得分）、X_6（服务态度得分）、X_7（增值服务得分）等 4 个解释变量的系数均为正值且非常显著（P>|z|值均小于 0.05）。X_3（保费价格得分）、X_4（服务流程得分）、X_5（交易保障得分）系数显著性则很差。所以，使用有序回归方法对全部客户再次购买行为影响因素实证的结果是，服务渠道、理赔便利、服务态度、增值服务会显著影响客户的再次购买行为水平，财产保险公司在这些方面做得越好，客户的再次购买行为就会越高，而保费价格、服务流程、交易保障对客户的再次购买行为水平并不产生显著性影响，或者说客户不认为保费价格、服务流程、交易保障构成重要性。

模型拟合信息

模型	-2 对数似然	卡方	自由度	显著性
仅截距	1417.408			
最终	823.123	594.285	7	.000

关联函数：分对数。

图 4.66　模型拟合信息

参数估算值

		估算	标准 错误	瓦尔德	自由度	显著性	95% 置信区间 下限	上限
阈值	[Y2 = 1]	11.238	.932	145.494	1	.000	9.412	13.064
	[Y2 = 2]	13.406	.991	182.807	1	.000	11.462	15.349
	[Y2 = 3]	16.952	1.128	225.711	1	.000	14.741	19.164
位置	X1	.521	.075	48.115	1	.000	.374	.668
	X2	.811	.114	50.679	1	.000	.588	1.035
	X3	.075	.054	1.902	1	.168	-.031	.180
	X4	.132	.070	3.528	1	.060	-.006	.269
	X5	.208	.156	1.780	1	.182	-.098	.514
	X6	.269	.063	18.080	1	.000	.145	.393
	X7	.316	.061	26.901	1	.000	.196	.435

关联函数：分对数。

图 4.67　参数估算值

2. 按客户地域分类的满意度影响因素实证分析

考虑到客户所在地域的不同，在对于满意度影响因素的考量上可能会有所偏差，本文再将客户地域分类作为因子进行实证分析。在回归分析方法的选择上，仍使用有序回归模型进行分析。

01 依次选择"文件 | 打开 | 数据"命令，打开 4.sav 数据表。

02 依次选择"分析 | 回归 | 有序"命令，弹出"有序回归"对话框。在"有序回归"对话框左侧的列表框中，将"Y_2（客户再次购买行为）"选入"因变量"列表框中，将"居住地"选入"因子"列表框中，将"X_1（服务渠道得分）、X_2（理赔便利得分）、X_3（保费价格得分）、X_4（服务流程得分）、X_5（交易保障得分）、X_6（服务态度得分）、X_7（增值服务得分）"选入"协变量"列表框中。全部设置完毕后如图 4.68 所示。

其他采用系统默认设置，经过 SPSS 25.0 的运算，即可出现如图 4.69 所示的结果。

第 4 章 服务行业客户满意度调研：以某财产保险公司为例 | 163

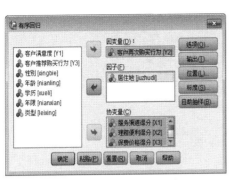

图 4.68 "有序回归"对话框

参数估算值

		估算	标准 错误	瓦尔德	自由度	显著性	95% 置信区间	
							下限	上限
阈值	[Y2 = 1]	11.206	.935	143.651	1	.000	9.374	13.039
	[Y2 = 2]	13.374	.995	180.746	1	.000	11.424	15.324
	[Y2 = 3]	16.921	1.131	223.963	1	.000	14.705	19.138
位置	X1	.520	.075	47.942	1	.000	.373	.667
	X2	.813	.114	50.737	1	.000	.589	1.037
	X3	.075	.054	1.911	1	.167	-.031	.181
	X4	.132	.070	3.543	1	.060	-.005	.269
	X5	.211	.156	1.822	1	.177	-.095	.517
	X6	.267	.063	17.760	1	.000	.143	.392
	X7	.314	.061	26.416	1	.000	.194	.433
	[juzhudi=1]	-.070	.192	.133	1	.715	-.446	.306
	[juzhudi=2]	0ᵃ			0			

关联函数：分对数。
a. 此参数冗余，因此设置为零。

图 4.69 参数估算值

从图 4.69 中可知，变量[juzhudi=1]的显著性为 0.715，水平非常低，这说明无论是在城市，还是在郊县，不同地域的客户在客户再次购买行为方面并无显著不同。得到的结论也与之前一致，服务渠道、理赔便利、服务态度、增值服务会显著影响客户的再次购买行为水平，财产保险公司在这些方面做得越好，客户的再次购买行为就会越高，而保费价格、服务流程、交易保障对客户的再次购买行为水平并不产生显著性影响，或者说客户不认为保费价格、服务流程、交易保障构成重要性。

3. 按客户类型分类的满意度影响因素实证分析

考虑到客户类型分类的不同，在对于满意度影响因素的考量上可能会有所偏差，本文再将客户类型分类作为因子进行实证分析。在回归分析方法的选择上，仍使用有序回归模型进行分析。

01 依次选择"文件|打开|数据"命令，打开 4.sav 数据表。

02 依次选择"分析|回归|有序"命令，弹出"有序回归"对话框。在"有序回归"对话框左侧的列表框中，将"Y_2（客户再次购买行为）"选入"因变量"列表框中，将"类型"选入"因子"列表框中，将"X_1（服务渠道得分）、X_2（理赔便利得分）、X_3（保费价格得分）、X_4（服务流程得分）、X_5（交易保障得分）、X_6（服务态度得分）、X_7（增值服务得分）"选入"协变量"列表框中。全部设置完毕后如图 4.70 所示。

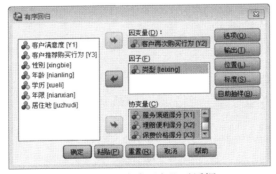

图 4.70 "有序回归"对话框

其他采用系统默认设置，经过 SPSS 25.0 的运算，即可出现如图 4.71 所示的结果。

图 4.71 参数估算值

		估算	标准错误	瓦尔德	自由度	显著性	95% 置信区间 下限	上限
阈值	[Y2=1]	11.237	.934	144.789	1	.000	9.407	13.068
	[Y2=2]	13.405	.994	181.947	1	.000	11.457	15.353
	[Y2=3]	16.951	1.130	224.912	1	.000	14.736	19.167
位置	X1	.521	.075	48.022	1	.000	.373	.668
	X2	.811	.114	50.605	1	.000	.588	1.035
	X3	.075	.054	1.901	1	.168	-.031	.180
	X4	.132	.070	3.512	1	.061	-.006	.269
	X5	.208	.156	1.772	1	.183	-.098	.515
	X6	.269	.063	18.073	1	.000	.145	.393
	X7	.316	.061	26.696	1	.000	.196	.436
	[leixing=1]	-.002	.192	.000	1	.992	-.379	.375
	[leixing=2]	0ª			0			

关联函数：分对数。
a. 此参数冗余，因此设置为零。

从图 4.71 中可以看出，变量[leixing=1]的显著性为 0.992，水平非常低，这说明无论是普通客户，还是 VIP 客户，不同类型的客户在客户再次购买行为方面并无显著不同。得到的结论也与之前一致，服务渠道、理赔便利、服务态度、增值服务会显著影响客户的再次购买行为水平，财产保险公司在这些方面做得越好，客户的再次购买行为就会越高，而保费价格、服务流程、交易保障对客户的再次购买行为水平并不产生显著性影响，或者说客户不认为保费价格、服务流程、交易保障构成重要性。

4. 按客户年限分类的满意度影响因素实证分析

考虑到客户年限分类的不同，在对于满意度影响因素的考量上可能会有所偏差，本文再将客户年限分类作为因子进行实证分析。在回归分析方法的选择上，仍使用有序回归模型进行分析。

01 依次选择"文件｜打开｜数据"命令，打开 4.sav 数据表。

02 依次选择"分析｜回归｜有序"命令，弹出"有序回归"对话框。在"有序回归"对话框左侧的列表框中，将"Y_2（客户再次购买行为）"选入"因变量"列表框中，将"年限"选入"因子"列表框中，将"X_1（服务渠道得分）、X_2（理赔便利得分）、X_3（保费价格得分）、X_4（服务流程得分）、X_5（交易保障得分）、X_6（服务态度得分）、X_7（增值服务得分）"选入"协变量"列表框中。全部设置完毕后如图 4.72 所示。

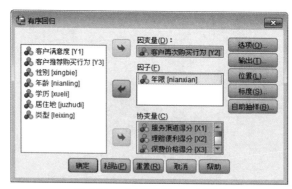

图 4.72 "有序回归"对话框

其他采用系统默认设置，经过 SPSS 25.0 的运算，即可出现如图 4.73 所示的结果。

第 4 章　服务行业客户满意度调研：以某财产保险公司为例 | 165

参数估算值

		估算	标准 错误	瓦尔德	自由度	显著性	95% 置信区间	
							下限	上限
阈值	[Y2 = 1]	11.381	.964	139.277	1	.000	9.491	13.272
	[Y2 = 2]	13.547	1.022	175.542	1	.000	11.543	15.551
	[Y2 = 3]	17.116	1.159	218.164	1	.000	14.845	19.387
位置	X1	.518	.075	47.901	1	.000	.372	.665
	X2	.809	.114	49.909	1	.000	.584	1.033
	X3	.084	.055	2.335	1	.126	-.024	.191
	X4	.135	.070	3.663	1	.056	-.003	.272
	X5	.203	.157	1.667	1	.197	-.105	.510
	X6	.275	.064	18.709	1	.000	.150	.399
	X7	.319	.061	27.231	1	.000	.199	.439
	[nianxian=1]	.510	.441	1.333	1	.248	-.355	1.375
	[nianxian=2]	-.015	.346	.002	1	.965	-.693	.662
	[nianxian=3]	.134	.343	.154	1	.695	-.537	.806
	[nianxian=4]	0ª	.	.	0	.	.	.

关联函数：分对数
a. 此参数冗余，因设置为零。

图 4.73　参数估算值

从图 4.73 中可以看出，变量年限[nianxian=1]的显著性 P 值为 0.248，显著性水平非常低；[nianxian=2]的显著性 P 值为 0.965，显著性水平非常低；[nianxian=3]的显著性 P 值为 0.695，显著性水平非常低。这说明无论是[nianxian=1]客户、[nianxian=2]客户、[nianxian=3]客户、还是[nianxian=4]客户，不同年限的客户在客户再次购买行为方面并无显著不同。得到的结论也与之前一致，服务渠道、理赔便利、服务态度、增值服务会显著影响客户的再次购买行为水平，财产保险公司在这些方面做得越好，客户的再次购买行为就会越高，而保费价格、服务流程、交易保障对客户的再次购买行为水平并不产生显著性影响，或者说客户不认为保费价格、服务流程、交易保障构成重要性。

5. 按客户学历分类的满意度影响因素实证分析

考虑到客户学历分类的不同，在对于满意度影响因素的考量上可能会有所偏差，本文再将客户学历分类作为因子进行实证分析。在回归分析方法的选择上，仍使用有序回归模型进行分析。

01 依次选择"文件 | 打开 | 数据"命令，打开 4.sav 数据表。

02 依次选择"分析 | 回归 | 有序"命令，弹出"有序回归"对话框。在"有序回归"对话框左侧的列表框中，将"Y_2（客户再次购买行为）"选入"因变量"列表框中，将"学历"选入"因子"列表框中，将"X_1（服务渠道得分）、X_2（理赔便利得分）、X_3（保费价格得分）、X_4（服务流程得分）、X_5（交易保障得分）、X_6（服务态度得分）、X_7（增值服务得分）"选入"协变量"列表框中。全部设置完毕后如图 4.74 所示。

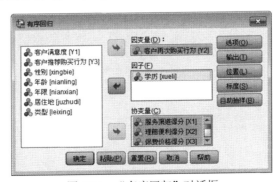

图 4.74　"有序回归"对话框

其他采用系统默认设置，经过 SPSS 25.0 的运算，即可出现如图 4.75 所示的结果。

参数估算值

		估算	标准 错误	瓦尔德	自由度	显著性	95% 置信区间	
							下限	上限
阈值	[Y2 = 1]	10.896	.957	129.509	1	.000	9.019	12.773
	[Y2 = 2]	13.061	1.015	165.450	1	.000	11.071	15.051
	[Y2 = 3]	16.631	1.147	210.263	1	.000	14.383	18.879
位置	X1	.518	.075	47.857	1	.000	.371	.664
	X2	.812	.114	50.606	1	.000	.589	1.036
	X3	.080	.054	2.167	1	.141	-.027	.187
	X4	.133	.070	3.578	1	.059	-.005	.270
	X5	.204	.156	1.704	1	.192	-.102	.511
	X6	.275	.064	18.646	1	.000	.150	.399
	X7	.323	.062	27.202	1	.000	.202	.445
	[xueli=1]	-.476	.347	1.885	1	.170	-1.156	.204
	[xueli=2]	-.370	.388	.910	1	.340	-1.130	.390
	[xueli=3]	-.455	.363	1.577	1	.209	-1.166	.255
	[xueli=4]	0ª	.	.	0	.	.	.

关联函数：分对数。

a. 此参数冗余，因此设置为零。

图 4.75　参数估算值

从图 4.75 中可以看出，变量学历[xueli=1]的显著性为 0.170，水平非常低；[xueli=2]的显著性为 0.340，水平非常低；[xueli=3]的显著性为 0.209，水平非常低，这说明无论是[xueli=1]客户、[xueli=2]客户、[xueli=3]客户，还是[xueli=4]客户，不同学历的客户在客户再次购买行为方面并无显著不同。得到的结论也与之前一致，服务渠道、理赔便利、服务态度、增值服务会显著影响客户的再次购买行为水平，财产保险公司在这些方面做得越好，客户的再次购买行为就会越高，而保费价格、服务流程、交易保障对客户的再次购买行为水平并不产生显著性影响，或者说客户不认为保费价格、服务流程、交易保障构成重要性。

6. 按客户性别分类的满意度影响因素实证分析

考虑到客户性别分类的不同，在对于满意度影响因素的考量上可能会有所偏差，本文再将客户性别分类作为因子进行实证分析。在回归分析方法的选择上，仍使用有序回归模型进行分析。

01 依次选择"文件｜打开｜数据"命令，打开 4.sav 数据表。

02 依次选择"分析｜回归｜有序"命令，弹出"有序回归"对话框。在"有序回归"对话框左侧的列表框中，将"Y_2（客户再次购买行为）"选入"因变量"列表框中，将"性别"选入"因子"列表框中，将"X_1（服务渠道得分）、X_2（理赔便利得分）、X_3（保费价格得分）、X_4（服务流程得分）、X_5（交易保障得分）、X_6（服务态度得分）、X_7（增值服务得分）"选入"协变量"列表框中。全部设置完毕后如图 4.76 所示。

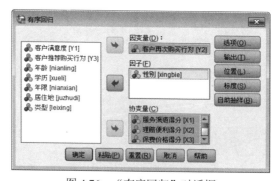

图 4.76　"有序回归"对话框

其他采用系统默认设置，经过 SPSS 25.0 的运算，即可出现如图 4.77 所示的结果。

参数估算值

		估算	标准 错误	瓦尔德	自由度	显著性	95% 置信区间 下限	上限
阈值	[Y2 = 1]	11.218	.936	143.504	1	.000	9.383	13.054
	[Y2 = 2]	13.388	.995	180.882	1	.000	11.437	15.339
	[Y2 = 3]	16.932	1.132	223.613	1	.000	14.713	19.151
位置	X1	.520	.075	47.991	1	.000	.373	.668
	X2	.811	.114	50.661	1	.000	.588	1.035
	X3	.074	.054	1.858	1	.173	-.032	.180
	X4	.132	.070	3.550	1	.060	-.005	.270
	X5	.211	.156	1.821	1	.177	-.095	.517
	X6	.268	.063	17.900	1	.000	.144	.392
	X7	.314	.061	26.327	1	.000	.194	.434
	[xingbie=1]	-.052	.193	.072	1	.788	-.429	.326
	[xingbie=2]	0a	.	.	0	.	.	.

关联函数：分对数。
a. 此参数冗余，因此设置为零。

图 4.77　参数估算值

从图 4.77 中可以看出，变量[xingbie=1]的显著性为 0.788，水平非常低，这说明无论是男性，还是女性，不同性别的客户在客户再次购买行为方面并无显著不同。得到的结论也与之前一致，服务渠道、理赔便利、服务态度、增值服务会显著影响客户的再次购买行为水平，财产保险公司在这些方面做得越好，客户的再次购买行为就会越高，而保费价格、服务流程、交易保障对客户的再次购买行为水平并不产生显著性影响，或者说客户不认为保费价格、服务流程、交易保障构成重要性。

4.6.3　关于客户推荐购买行为影响因素的实证分析

本部分将财产保险公司客户服务满意度影响因素调查数据中 Y_3（客户推荐购买行为）作为被解释变量，将 X_1（服务渠道得分）、X_2（理赔便利得分）、X_3（保费价格得分）、X_4（服务流程得分）、X_5（交易保障得分）、X_6（服务态度得分）、X_7（增值服务得分）7 个变量作为解释变量进行回归分析。

本案例在前面已经介绍过，以客户是否推荐购买作为被解释变量，取值 1 到 4，其中，1 表示一定不会，2 表示有较小的可能性会，3 表示有较大的可能性会，4 表示一定会，被解释变量为定序离散变量。解释变量包括服务渠道、理赔便利、保费价格、服务流程、交易保障、服务态度、增值服务，均为连续数值类型变量。由于被解释变量同样为离散型变量且具有排序特征，因此计量分析方法选择有序回归模型。

1. 全部客户满意度影响因素实证分析

01 依次选择"文件｜打开｜数据"命令，打开 4.sav 数据表。

02 依次选择"分析｜回归｜有序"命令，弹出"有序回归"对话框。在"有序回归"对话框左侧的列表框中，将"Y_3（客户推荐购买行为）"选入"因变量"列表框中，将"X_1（服务渠道得分）、X_2（理赔便利得分）、X_3（保费价格得分）、X_4（服务流程得分）、X_5（交易保障得分）、X_6（服务态度得分）、X_7（增值服务得分）"选入"协变量"列表框中。全部设置完毕后如图 4.78 所示。

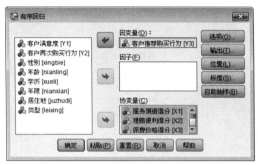

图 4.78 "有序回归"对话框

03 其他选项采用系统默认设置，设置完毕后，单击"继续"按钮，返回"有序回归"对话框，单击"确定"按钮，进入计算分析。

经过 SPSS 25.0 的运算，即可出现如图 4.79 所示的结果。

图 4.79 给出了个案处理摘要结果。从图中可以看出参与回归分析的个案数目，按"客户推荐购买行为"分类的个案比例。

图 4.80 给出了模型拟合信息。从图中可以得到仅含截距项的对数似然值为 1399.976，最终的模型的卡方值是 714.680，显著性为 0.000，可见最终模型更为显著。

个案处理摘要

		个案数	边际百分比
客户推荐购买行为	一定不会	135	25.6%
	有较小的可能性会	94	17.8%
	有较大的可能性会	191	36.2%
	一定会	107	20.3%
有效		527	100.0%
缺失		0	
总计		527	

图 4.79 个案处理摘要

模型拟合信息

模型	-2 对数似然	卡方	自由度	显著性
仅截距	1399.976			
最终	685.296	714.680	7	.000

关联函数: 分对数。

图 4.80 模型拟合信息

从图 4.81 中可以看出，除 X_3（保费价格得分）系数不够显著外，其他所有解释变量的系数均为正值且非常显著（P>|z|值均小于 0.05），说明除保费价格之外的影响因素均会显著影响客户的推荐购买行为水平，财产保险公司在这些方面做得越好，客户的推荐购买行为就会越高，而保费价格对客户的推荐购买行为水平并不产生显著性影响，或者说客户不认为保费价格构成重要性。

参数估算值

		估算	标准 错误	瓦尔德	自由度	显著性	95% 置信区间	
							下限	上限
阈值	[Y3 = 1]	16.287	1.242	172.071	1	.000	13.854	18.721
	[Y3 = 2]	18.614	1.318	199.544	1	.000	16.032	21.197
	[Y3 = 3]	23.405	1.550	227.965	1	.000	20.367	26.444
位置	X1	.433	.081	28.864	1	.000	.275	.591
	X2	1.196	.132	82.292	1	.000	.938	1.454
	X3	.058	.058	.999	1	.317	-.056	.173
	X4	.277	.079	12.223	1	.000	.122	.433
	X5	.535	.182	8.614	1	.003	.178	.892
	X6	.295	.068	18.741	1	.000	.161	.428
	X7	.321	.066	23.466	1	.000	.191	.451

关联函数: 分对数。

图 4.81 参数估算值

2. 按客户地域分类的满意度影响因素实证分析

考虑到客户所在地域的不同，在对于满意度影响因素的考量上可能会有所偏差，本文再将客户地域分类作为因子进行实证分析。在回归分析方法的选择上，仍使用有序回归模型进行分析。

01 依次选择"文件｜打开｜数据"命令，打开 4.sav 数据表。

02 依次选择"分析｜回归｜有序"命令，弹出"有序回归"对话框。在"有序回归"对话框左侧的列表框中，将"Y_3（客户推荐购买行为）"选入"因变量"列表框中，将"居住地"选入"因子"列表框中，将"X_1（服务渠道得分）、X_2（理赔便利得分）、X_3（保费价格得分）、X_4（服务流程得分）、X_5（交易保障得分）、X_6（服务态度得分）、X_7（增值服务得分）"选入"协变量"列表框中。全部设置完毕后如图 4.82 所示。

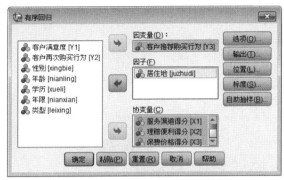

图 4.82 "有序回归"对话框

其他采用系统默认设置，经过 SPSS 25.0 的运算，即可出现如图 4.83 所示的结果。

参数估算值

		估算	标准错误	瓦尔德	自由度	显著性	95% 置信区间	
							下限	上限
阈值	[Y3 = 1]	16.196	1.244	169.607	1	.000	13.759	18.634
	[Y3 = 2]	18.528	1.320	197.039	1	.000	15.941	21.115
	[Y3 = 3]	23.330	1.551	226.368	1	.000	20.291	26.369
位置	X1	.430	.081	28.315	1	.000	.272	.588
	X2	1.206	.133	82.558	1	.000	.946	1.466
	X3	.059	.059	1.031	1	.310	-.055	.174
	X4	.278	.079	12.255	1	.000	.122	.434
	X5	.547	.184	8.866	1	.003	.187	.907
	X6	.288	.068	17.794	1	.000	.154	.422
	X7	.314	.067	22.268	1	.000	.184	.444
	[juzhudi=1]	-.268	.207	1.676	1	.195	-.674	.138
	[juzhudi=2]	0ª			0			

关联函数：分对数。

a. 此参数冗余，因此设置为零。

图 4.83 参数估算值

从图 4.83 中可以看出，变量[juzhudi=1]的显著性为 0.195，水平非常低，这说明无论是在城市，还是在郊县，不同地域的客户在客户推荐购买行为方面并无显著不同。得到的结论也与之前一致，除保费价格之外的影响因素均会显著影响客户的推荐购买行为水平，财产保险公司在这些方面做得越好，客户的推荐购买行为就会越高，而保费价格对客户的推荐购买行为水平并不产生显著性影响，或者说客户不认为保费价格构成重要性。

3. 按客户类型分类的满意度影响因素实证分析

考虑到客户类型分类的不同，在对于满意度影响因素的考量上可能会有所偏差，本文再将客户类型分类作为因子进行实证分析。在回归分析方法的选择上，仍使用有序回归模型进行分析。

01 依次选择"文件 | 打开 | 数据"命令，打开 4.sav 数据表。

02 依次选择"分析 | 回归 | 有序"命令，弹出"有序回归"对话框。在"有序回归"对话框左侧的列表框中，将"Y_3（客户推荐购买行为）"选入"因变量"列表框中，将"类型"选入"因子"列表框中，将"X_1（服务渠道得分）、X_2（理赔便利得分）、X_3（保费价格得分）、X_4（服务流程得分）、X_5（交易保障得分）、X_6（服务态度得分）、X_7（增值服务得分）"选入"协变量"列表框中。全部设置完毕后如图 4.84 所示。

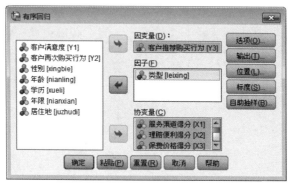

图 4.84 "有序回归"对话框

其他采用系统默认设置，经过 SPSS 25.0 的运算，即可出现如图 4.85 所示的结果。

参数估算值

		估算	标准 错误	瓦尔德	自由度	显著性	95% 置信区间 下限	上限
阈值	[Y3 = 1]	16.230	1.241	171.166	1	.000	13.799	18.661
	[Y3 = 2]	18.557	1.317	198.580	1	.000	15.976	21.138
	[Y3 = 3]	23.352	1.548	227.486	1	.000	20.318	26.387
位置	X1	.431	.081	28.597	1	.000	.273	.589
	X2	1.195	.132	81.968	1	.000	.936	1.453
	X3	.059	.058	1.018	1	.313	-.056	.174
	X4	.282	.080	12.581	1	.000	.126	.438
	X5	.543	.182	8.855	1	.003	.185	.900
	X6	.293	.068	18.607	1	.000	.160	.426
	X7	.316	.066	22.601	1	.000	.186	.446
	[leixing=1]	-.160	.206	.601	1	.438	-.564	.244
	[leixing=2]	0ª			0			

关联函数：分对数。

a. 此参数冗余，因此设置为零。

图 4.85 参数估算值

从图 4.85 中可以看出，变量[leixing=1]的显著性为 0.438，水平非常低，这说明无论是普通客户还是 VIP 客户，不同类型的客户在客户推荐购买行为方面并无显著不同。得到的结论也与之前一致，除保费价格之外的影响因素均会显著影响客户的推荐购买行为水平，财产保险公司在这些方面做得越好，客户的推荐购买行为就会越高，而保费价格对客户的推荐购买行为水平并不产生显著性影响，或者说客户不认为保费价格构成重要性。

4. 按客户年限分类的满意度影响因素实证分析

考虑到客户年限分类的不同,在对于满意度影响因素的考量上可能会有所偏差,本文再将客户年限分类作为因子进行实证分析。在回归分析方法的选取上,仍使用有序回归模型进行分析。

01 依次选择"文件|打开|数据"命令,打开 4.sav 数据表。

02 依次选择"分析|回归|有序"命令,弹出"有序回归"对话框。在"有序回归"对话框左侧的列表框中,将"Y_3(客户推荐购买行为)"选入"因变量"列表框中,将"年限"选入"因子"列表框中,将"X_1(服务渠道得分)、X_2(理赔便利得分)、X_3(保费价格得分)、X_4(服务流程得分)、X_5(交易保障得分)、X_6(服务态度得分)、X_7(增值服务得分)"选入"协变量"列表框中。全部设置完毕后如图 4.86 所示。

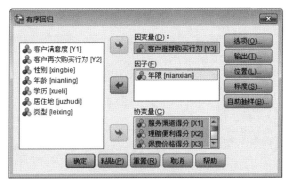

图 4.86 "有序回归"对话框

其他采用系统默认设置,经过 SPSS 25.0 的运算,即可出现如图 4.87 所示的结果。

参数估算值

		估算	标准错误	瓦尔德	自由度	显著性	95% 置信区间 下限	上限
阈值	[Y3 = 1]	16.295	1.268	165.112	1	.000	13.809	18.780
	[Y3 = 2]	18.623	1.343	192.175	1	.000	15.990	21.256
	[Y3 = 3]	23.482	1.579	221.124	1	.000	20.387	26.577
位置	X1	.427	.080	28.223	1	.000	.270	.585
	X2	1.201	.132	82.144	1	.000	.941	1.460
	X3	.060	.059	1.044	1	.307	-.055	.176
	X4	.286	.080	12.826	1	.000	.129	.442
	X5	.548	.184	8.901	1	.003	.188	.908
	X6	.304	.068	19.723	1	.000	.170	.438
	X7	.323	.066	23.637	1	.000	.193	.453
	[nianxian=1]	.344	.478	.516	1	.473	-.594	1.281
	[nianxian=2]	-.341	.378	.815	1	.367	-1.082	.399
	[nianxian=3]	-.237	.373	.405	1	.524	-.968	.493
	[nianxian=4]	0ª			0			

关联函数: 分对数。

a. 此参数冗余,因此设置为零。

图 4.87 参数估算值

从图 4.87 中可以看出,变量年限[nianxian=1]的显著性为 0.473,水平非常低;[nianxian=2]的显著性为 0.367,水平非常低;[nianxian=3]的显著性为 0.524,水平非常低,这说明无论是[nianxian=1]客户、[nianxian=2]客户、[nianxian=3]客户,还是[nianxian=4]客户,不同年限的客户在客户推荐购买行为方面并无显著不同。得到的结论也与之前一致,除保费价格之外的影响因素均会显著影响客户的推荐购买行为水平,财产保险公司在这些方面做得越好,客户的推荐购买行为就会越高,而保费价格对客户的推荐购买行为水平并不产生显著性影响,或者说客户不认为保费价格构成重要性。

5. 按客户学历分类的满意度影响因素实证分析

考虑到客户学历分类的不同,在对于满意度影响因素的考量上可能会有所偏差,本文再将客户学历分类作为因子进行实证分析。在回归分析方法的选择上,仍使用有序回归模型进行分析。

01 依次选择"文件 | 打开 | 数据"命令,打开 4.sav 数据表。

02 依次选择"分析 | 回归 | 有序"命令,弹出"有序回归"对话框。在"有序回归"对话框左侧的列表框中,将"Y_3(客户推荐购买行为)"选入"因变量"列表框中,将"学历"选入"因子"列表框中,将"X_1(服务渠道得分)、X_2(理赔便利得分)、X_3(保费价格得分)、X_4(服务流程得分)、X_5(交易保障得分)、X_6(服务态度得分)、X_7(增值服务得分)"选入"协变量"列表框中。全部设置完毕后如图 4.88 所示。

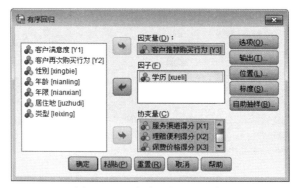

图 4.88 "有序回归"对话框

其他采用系统默认设置,经过 SPSS 25.0 的运算,即可出现如图 4.89 所示的结果。

参数估算值

		估算	标准错误	瓦尔德	自由度	显著性	95% 置信区间	
							下限	上限
阈值	[Y3 = 1]	15.903	1.262	158.681	1	.000	13.429	18.378
	[Y3 = 2]	18.232	1.337	185.901	1	.000	15.611	20.853
	[Y3 = 3]	23.082	1.566	217.354	1	.000	20.013	26.150
位置	X1	.431	.081	28.586	1	.000	.273	.589
	X2	1.203	.133	82.342	1	.000	.943	1.462
	X3	.059	.059	1.016	1	.313	-.056	.174
	X4	.282	.079	12.551	1	.000	.126	.437
	X5	.545	.184	8.799	1	.003	.185	.905
	X6	.303	.069	19.476	1	.000	.168	.437
	X7	.319	.067	22.557	1	.000	.188	.451
	[xueli=1]	-.574	.374	2.356	1	.125	-1.308	.159
	[xueli=2]	-.716	.417	2.947	1	.086	-1.534	.102
	[xueli=3]	-.552	.390	2.004	1	.157	-1.316	.212
	[xueli=4]	0ª			0			

关联函数: 分对数。
a. 此参数冗余,因此设置为零。

图 4.89 参数估算值

从图 4.89 中可以看出,变量学历[xueli=1]的显著性为 0.125,水平非常低;[xueli=2]的显著性为 0.086,水平非常低;[xueli=3]的显著性为 0.157,水平非常低,这说明无论是[xueli=1]客户、[xueli=2]客户、[xueli=3]客户,还是[xueli=4]客户,不同学历的客户在客户推荐购买行为方面并无显著不同。得到的结论也与之前一致,除保费价格之外的影响因素均会显著影响客户的推荐购买行为水平,财产保险公司在这些方面做得越好，客户的推荐购买行为就会越高，而保费价格对客户的推荐购买行为水平并不产生显著性影响，或者说客户不认为保费价格构成重要性。

6. 按客户性别分类的满意度影响因素实证分析

考虑到客户性别分类的不同，在对于满意度影响因素的考量上可能会有所偏差，本文再将客户性别分类作为因子进行实证分析。在回归分析方法的选择上，仍使用有序回归模型进行分析。

01 依次选择"文件｜打开｜数据"命令，打开 4.sav 数据表。

02 依次选择"分析｜回归｜有序"命令，弹出"有序回归"对话框。在"有序回归"对话框左侧的列表框中，将"Y_3（客户推荐购买行为）"选入"因变量"列表框中，将"性别"选入"因子"列表框中，将"X_1（服务渠道得分）、X_2（理赔便利得分）、X_3（保费价格得分）、X_4（服务流程得分）、X_5（交易保障得分）、X_6（服务态度得分）、X_7（增值服务得分）"选入"协变量"列表框中。全部设置完毕后如图 4.90 所示。

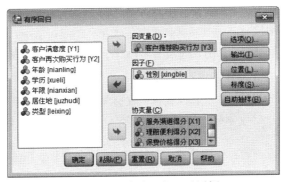

图 4.90 "有序回归"对话框

其他采用系统默认设置，经过 SPSS 25.0 的运算，即可出现如图 4.91 所示的结果。

图 4.91 参数估算值

从图 4.91 中可以看出，变量[xingbie=1]的显著性为 0.350，水平非常低，这说明无论是男性，还是女性，不同性别的客户在客户推荐购买行为方面并无显著不同。得到的结论也与之前一致，除保费价格之外的影响因素均会显著影响客户的推荐购买行为水平，财产保险公司在这些方面做得越好，客户的推荐购买行为就会越高，而保费价格对客户的推荐购买行为水平并不产生显著性影响，或者说客户不认为保费价格构成重要性。

4.7 研究结论

（1）在客户满意度影响因素的实证分析方面，基本结论是：服务渠道、理赔便利、保费价格、服务态度、增值服务会显著正向影响客户的满意度水平，而服务流程、交易保障不构成重要性。按客户地域、类型、年限、学历、性别分类，得到的结论一致，而且不同地域、类型、年限、学历、性别的客户对于客户满意度的影响因素的判断和理解并未有显著不同。

（2）在客户再次购买行为影响因素的实证分析方面，基本结论是：保费价格、理赔便利、服务态度、增值服务会显著正向影响客户的再次购买行为水平，而保费价格、服务流程、交易保障不构成重要性。按客户地域、类型、年限、学历、性别分类，得到的结论一致，而且不同地域、类型、年限、学历、性别的客户对于客户满意度的影响因素的判断和理解并未有显著不同。

（3）在客户推荐购买行为影响因素的实证分析方面，基本结论是：基于全部样本分析表明保费价格、理赔便利、服务流程、交易保障、服务态度、增值服务均会显著正向影响客户的推荐购买行为水平，而保费价格不构成重要性。按客户地域、类型、年限、学历、性别分类，得到的结论一致，而且不同地域、类型、年限、学历、性别的客户对于客户满意度的影响因素的判断和理解并未有显著不同。

综上所述，在前面的分析中，7个解释变量中仅有服务渠道、理赔便利、增值服务三个解释变量，在关于客户满意度、客户再次购买行为、客户推荐购买行为影响因素分析的所有回归模型中，都呈现出显著正向效应。

就保险市场的实际情况而言：保费价格、交易保障、服务流程、服务态度等解释变量或多或少影响不够显著的主要原因是，相对于目标研究公司而言，目前各家保险公司在这几个方面都做得非常好，没有构成服务的差异化。

（1）保费价格方面，由于保险市场竞争比较充分，所以保费价格相对透明，各家保险公司报价也基本一致。

（2）交易保障方面，各家保险公司的交易平台均合法正规且有足够的安全保障，而且对于客户的数据保护也都非常严格。

（3）服务流程和服务态度方面，各家保险公司服务流程基本相同，而且服务水平都非常高，给予客户的服务体验差不多。

所以，财产保险公司实施客户服务优化的关键就在于积极优化服务渠道、提高理赔便利水平、提升增值服务效能。

第 5 章

数据挖掘技术在电子商务营销拓展中的应用

近年来，得益于信息技术的快速发展以及大力发展"互联网+"战略的政策红利，我国的电子商务平台网商企业迅速崛起，对传统的商务业态形成了较大的冲击，市场先行者也获得了较好的收益。随着行业进入者的逐渐增多，行业内的竞争越来越激烈，相关部门也加强了对行业的规范和监管，同时传统商务业态也积极转型改革应对其冲击和挑战。当下流量电商红利期的竞争优势不复存在。电商成本收益结构和旧时代线下商务如出一辙，成本优势和技术红利化为泡影。在这种大背景和大趋势下，电子商务平台网商企业依靠传统的粗放式盈利模式难以为继，需要更加精细化的运作和经营，通过扎扎实实的研究用户行为，提升用户体验，从而提升自身效益。数据挖掘指从海量的、不全面的、有噪声的、笼统的、随机的数据中通过算法提取隐藏于其中的、预先不知晓的但又有用的并且有价值的信息和知识的过程。SPSS作为一种功能强大的统计分析软件，完全可以用来研究数据挖掘技术在电子商务营销拓展中的应用，定量分析变量之间的联系与区别。下面我们就来介绍一下SPSS在研究数据挖掘技术在电子商务营销拓展中的应用研究。

5.1 研究背景

党中央、国务院高度重视电子商务发展。十八大以来，国务院相继出台一系列促进电子商务发展的政策文件，包括加快培育经济新动力、"互联网+"行动、促进跨境电子商务、推进线上线下互动、促进农村电子商务、深入实施"互联网+流通"行动计划等，有力推动了行业发展，同时也对加强顶层设计、形成政策合力提出了更高要求。2016年12月24日，商务部、中央网信办和发展改革委三部门印发《电子商务"十三五"发展规划》。《规划》确立了2020年电子商务交易额超过40万亿元、网络零售总额达到10万亿元左右、相关从业者超过5000万人三个具体发展指标。一方面，电子商务全面融入国民经济各领域，推动形成全球协作的国际电子商务大市场，成为经济增长和新旧动能转换的关键动力；另一方面，电子商务要全面覆盖社会发展各领域，电子商务带动教育、医疗、文化、旅游等社会事业创新发展，成为促进就业、改善民生、惠及城乡的重要平台[1]。

2018年8月31日，第十三届全国人民代表大会常务委员会第五次会议通过了《中华人民共和国电子商务法》。该法案明确指出：国家鼓励发展电子商务新业态，创新商业模式，促进电子商务技术研发和推广应用，推进电子商务诚信体系建设，营造有利于电子商务创新发展的市场环境，充分发挥电子商务在推动高质量发展、满足人民日益增长的美好生活需要、构建开放型经济方面的重要作用。

---

[1] http://www.gov.cn/zhengce/2016-12-30/content_5155007.htm

从国家出台的一系列政策和法律法规来看，可以得出如下结论：一是国家大力鼓励支持发展电子商务，在政策方面给予了积极的扶持；二是国家大力规范电子商务发展，在政策方面给予了积极的保障。在这种大背景和大趋势下，非常考验电子商务企业的精细化经营管理能力。

与传统营销模式相异，电子商务营销具有很多独特的模式，包括信息交换更加透明、资源配置更加有效、个体选择更加多元、服务渠道更加多样、用户行为可以产生价值等。一是信息交换更加透明。电子商务营销依托于互联网平台，在很大程度解决了线下的信息不对称问题，使得产品的供给方和产品的需求方以及中介服务的提供方都可以进行充分的信息交换。二是资源配置更加有效。电子商务营销有效增强了营销资源的流动性，使得资源的配置效率更高。三是个体选择更加多元。互联网世界的话语权主体是大众，电子商务营销的服务成本更小，准入门槛也相对较低，所以电子商务营销模式下的个体选择也更加多元，顾客可以更加便利地货比三家甚至私人定制。四是服务渠道更加多样。电子商务营销最大的特点就是将最为前言和先进的互联网的技术引入到服务中，电子商务营销以其独有的服务资源将其服务渠道进行了充分的扩张，进而更加贴近客户的实际需求。五是用户行为产生使用价值。不仅仅是消费或者购买能够产生价值，用户的搜索、浏览等行为也可以产生派生价值，因为这些行为背后代表的消费倾向可以被挖掘，从而便于生产商更加精准的营销。

结合国家的政策背景和电子商务营销的特点，人们认为，当前电子商务企业必须学会充分利用用户交易形成的交易记录，从交易记录中找到其中存在的内在逻辑和数据特点，然后有的放矢的改善经营管理。或者说，客户交易记录对于电子商务企业来说是一种非常宝贵的资源，企业必要充分挖掘好这一资源，并运用这些资源来为企业创造价值。

5.2 研究方法

本文研究的数据来源是某电子商务平台上某网商企业记录的 2018 年全年的销售数据。该网上企业的店铺名称叫作 ZE 果业，主要经营芒果、木瓜、橙子等新鲜水果以及松子、核桃、开心果等坚果。数据分析采用的样本数据包括订单编号、消费者 ID、消费者性别、消费者年龄、消费者地址、商品名称、交易金额、交易单价、交易评价、消费者信用、注册时间、付款方式、整体好评率等内容。

采用的数据分析方法主要有关于高频次购买行为的回归分析、关于高价值购买行为的回归分析等。

5.3 数据分析与报告

下载资源:\video\第 5 章\5.1

下载资源:\sample\数据 5

我们共设置了 9 个变量，即 cishu、jine、xingbie、nianling、diqu、xinyong、zhuce、zaixian、haopinglv，分别用来表示交易次数、交易金额、消费者性别、消费者年龄、消费者地区、消费者信用、注册时间、在线时间、整体好评率，并且对相应变量进行值标签操作，将消费者性别、消费者地区 2 个变量设定测量类别为名义，将交易次数、交易金额、消费者年龄、消费者信用、注册时间、在线时间、整体好评率 7 个变量设定测量类别为测量。

将消费者性别、消费者地区进行相应的值标签操作，其中针对消费者性别变量，用 1 表示女性，

2 表示男性；针对消费者地区变量，用 1 表示东部地区，用 2 表示中部地区，用 3 表示西部地区。全部设置完毕后如图 5.1 所示。

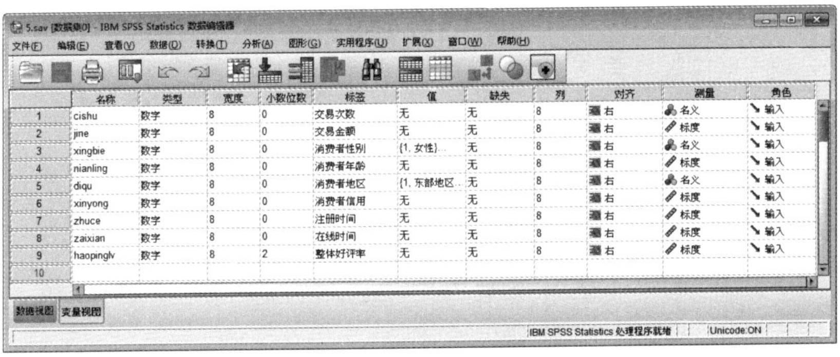

图 5.1 数据 5 变量视图

将数据录入完成后，数据如图 5.2 所示。

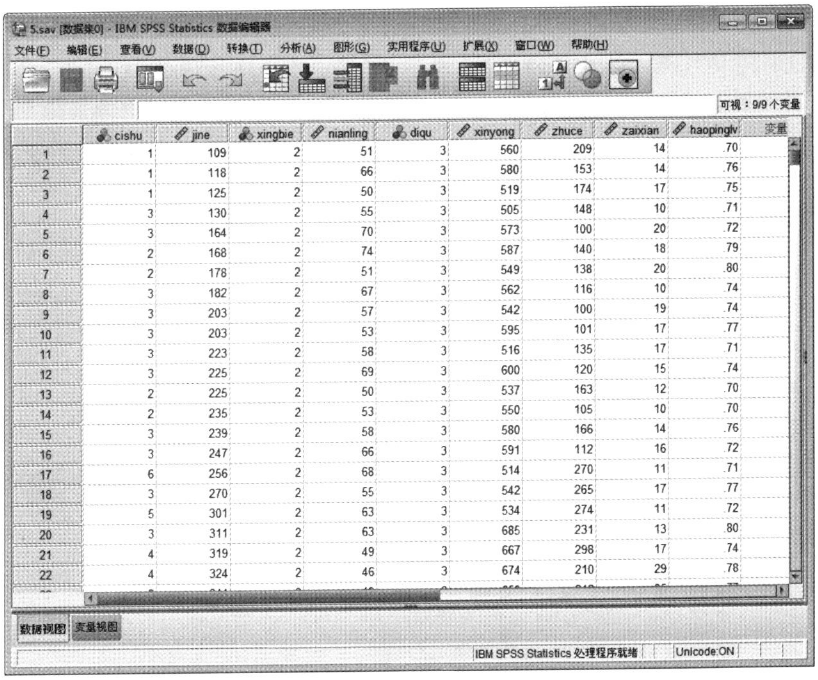

图 5.2 数据 5 数据视图

5.3.1 关于高频次购买行为的回归分析

| 下载资源:\video\第 5 章\5.1 |
| 下载资源:\sample\数据 5 |

操作步骤如下：

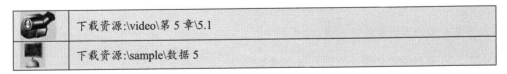 进入 SPSS 25.0，打开相关数据文件，选择"分析｜回归｜线性"命令，弹出如图 5.3 所

示的"线性回归"对话框。

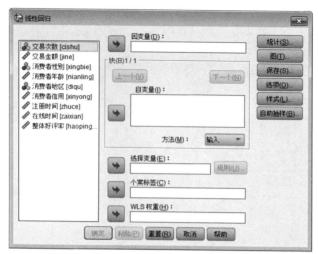

图 5.3 "线性回归"对话框

02 选择进行简单线性回归分析的变量。在图 5.3 所示的"线性回归"对话框左侧的列表框中,选中"交易次数"并单击➡按钮使之选入"因变量"列表框中,选中"消费者性别""消费者年龄""消费者地区""消费者信用""注册时间""在线时间"整体好评率"并单击➡按钮使之选入"自变量"列表框中。在"方法"下拉列表中指定自变量进入分析的方式,通过选择不同的方法可对相同的变量建立不同的回归模型。设置完毕后如图 5.4 所示。

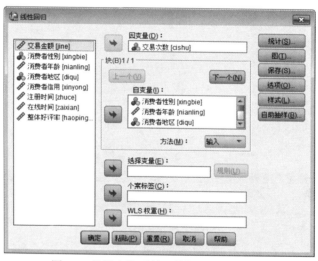

图 5.4 设置完毕后的"线性回归"对话框

===== 对话框选项设置/说明 =====

建立多重回归的方法有以下 5 种:

- 输入:全部备选变量一次进入回归模型。
- 步进:在每一步中,一个最小概率(概率小于设定值)的变量将引入回归方程。若已经引入回归方程的变量的概率大于设定值,将被剔除出回归方程。当无变量被引入或被剔除时，则终止回归过程。
- 除去：将所有不进入方程模型的备选变量一次剔除。
- 后退：一次性将所有变量引入方程，并依次进行剔除，首先剔除与因变量最小相关且符合剔除标准的变量，然后剔除第二个与因变量最小相关并且符合剔除标准的变量，依次类推，当方程中的变量均不满足剔除标准时，则终止回归过程。
- 前进：被选变量依次进入回归模型，首先引入与因变量最大相关且符合引入标准的变量，即第一个变量，然后引入第二个与因变量最大偏相关并且符合引入标准的变量，依次类推。当无变量符合引入标准时，则回归过程终止。

需要注意的是，无论选择哪种汇总引入方法，进入方程的变量必须符合容许偏差，默认的容许偏差是 0.0001。同样一个变量若使模型中变量的容许偏差低于默认的容许偏差，则不进入方程。

"选择变量"文本框用于指定分析个案的选择规则；"WLS 权重"文本框利用加权最小平方法给观测量不同的权重值，它可用来补偿或减少采用不同测量方式所产生的误差。需要注意的是，因变量与自变量不能再作为加权变量使用，加权变量的值如果是零、负数或缺失值，那么相对应的观测量将被删除。

在本例中，我们选择"输入"方法进行回归，其他选项采用系统默认设置。

03 单击"统计"按钮，弹出"线性回归：统计"对话框，如图 5.5 所示。

图 5.5 "线性回归：统计"对话框

对话框选项设置/说明

"回归系数"选项组中有 3 个选项：

- 估算值：输出回归系数、回归系数的标准误差、标准化回归系数 Beta、对回归系数进行检验的 T 值、T 值的双侧检验的显著性水平。
- 置信区间：输出每一个非标准化回归系数 95% 的可信区间或者一个方差矩阵。
- 协方差矩阵：输出非标准化回归系数的协方差矩阵、各变量的相关系数矩阵。

这里我们只勾选"估算值"复选框。右侧是与模型拟合及其拟合效果有关的选项，各选项含义如下：

- 模型拟合：输出产生方程过程中引入模型及从模型中删除的变量，提供复相关系数 R、复相关系数平方及其修正值、估计值的标准误差、ANOVA 方差分析表等，这是默认选项。
- R 方变化量：输出的是当回归方程中引入或剔除一个自变量后 R 平方的变化量，如果较大，说明进入和从回归方程剔除的可能是一个较好的回归自变量。
- 描述：输出合法观测量的数量、变量的平均数、标准误差、相关系数矩阵及其单侧检验显著性水平矩阵。
- 部分相关性和偏相关性：输出部分相关系数、偏相关系数与零阶相关系数。部分相关性是指对于因变量与某个自变量，当已移去模型中的其他自变量对该自变量的线性效应之后，因变量与该自变量之间的相关性。当变量添加到方程时，它与 R 方的更改有关，有时称为半部分相关。偏相关性是指两个变量之间剩余的相关性，对于因变量与某个自变量，当已移去模型中的其他自变量对上述两者的线性效应之后，这两者之间的相关性。
- 共线性诊断：输出用来诊断各变量共线性问题的各种统计量和容限值。由于一个自变量是其他自变量的线性函数时所引起的共线性（或多重共线性）是不被期望的，因此要显示出已标度和未中心化叉积矩阵的特征值、条件指数以及方差-分解比例，以及个别变量的方差膨胀因子 (VIF) 和容差。

"残差"选项组中是有关残差分析的选项，含义如下：

- 德宾-沃森（Durbin-Watson 检验统计量）：用来检验残差是否存在自相关。
- 个案诊断：输出观测量诊断表。选择该项后将激活下面两个单选按钮。
- 离群值（超出 n 倍标准差以上的个案为异常值）：用来设置异常值的判据，默认 n 为 3。
- 所有个案：表示输出所有观测量的残差值。由于我们的数据是时间序列，有可能存在自相关，因此选择德宾-沃森（Durbin-Watson 检验统计量）来检验残差是否存在自相关。

在本例中，我们选择"德宾-沃森"，输出 Durbin-Watson 检验统计量，并勾选"模型拟合""描述"复选框，其他选项则采用系统默认设置。

04 单击"继续"按钮，返回到"线性回归"对话框。单击"图"按钮，打开"线性回归：图"对话框，如图 5.6 所示。

图 5.6 "线性回归：图"对话框

=========对话框选项设置/说明=========

这里提供绘制散点图、直方图等功能，通过观察这些图形既有助于确认样本的正态性、线性和等方差性，也有助于发现和察觉异常观测值和超界值。

从左边变量框中选择变量决定绘制何种散点图，如 DEPENDNT：因变量、ADJPRED：经调整的预测值、ZPRED：标准化预测值、SRESID：学生化残差、ZRESID：标准化残差、SDRESID：学生化剔除残差、DRESID：剔除残差，这里分别把因变量和标准化残差选为 Y 和 X 轴进行绘图，通过观察残差图可以验证回归模型是否符合经典回归模型的基本假设。

左下方的"标准化残差图"选项组可以决定是否输出标准化残差图，如"直方图"和"正态概率图"，在这里我们把"直方图"和"正态概率图"复选框都勾选上。在对话框中还有一个"生成所有局部图"复选框，它将输出每一个自变量对于因变量残差的散点图，这里不选择该选项，因为实验中并不需要分析所有自变量的残差与因变量残差的关系。

05 单击"继续"按钮，回到"线性回归"对话框，单击"保存"按钮，打开"线性回归：保存"对话框，如图 5.7 所示。

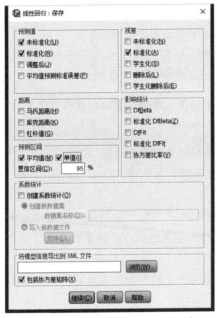

图 5.7 "线性回归：保存"对话框

对话框选项设置/说明

选择此对话框中的选项，可决定将预测值、残差或其他诊断结果值作为新变量保存于当前工作文件或保存到新文件。

"预测值"选项组可以选择输出回归模型中每一观测值的预测值，包括以下 4 个值。

- 未标准化：模型中因变量的预测值。
- 标准化：将每个预测值转换成为标准化形式，即用预测值与平均预测值之差除以预测值的标准差。
- 调整后：在回归系数的计算中剔除当前个案时，当前个案的预测值。
- 平均值预测标准误差：与自变量相同数值的因变量均值的标准误差。

这里只选择"标准化"和"未标准化"的预测值。"距离"选项组可以将自变量的异常观测值和对回归模型产生较大影响的观测值区分出来，有以下几个选项。

- 马氏距离：又称为 Mahalanobis 距离（马哈拉诺比斯距离），是一个测量自变量观测值中有多少观测值与所有观测量均值不同的测度，把马氏距离数值大的观测量视为极端值。
- 库克距离（Cook 距离）：如果一个特殊的观测值被排除在回归系数的计算之外时，则库克距离用于测量所有观测量的残差变化。若库克距离数值大的观测量被排除在回归分析的计算之外，则会导致回归系数发生实质性变化。
- 杠杆值：用于测度回归拟合中一个点的影响，中心化杠杆值范围从 0~(N-1)/N。若拟合中没有影响，则杠杆值为 0。

因为在本次实验中不分析异常值，所以不选择这几个选项。

"预测区间"选项组中各选项的含义如下：

- 平均值：均值预测区间的上下限。
- 单值：因变量的单个观测量预测区间的上下限。
- 置信区间：在文本框中输入 1~99.99 中的一个数值作为预测区间的置信概率，通常选用的置信概率为 90%、95% 或 99%，系统默认值为 95%。

在本次实验中，我们选择平均值、单值，置信区间设置为系统默认值 95%。

"残差"选项组中有以下 5 个选项。

- 未标准化：因变量的实际值与预测值之差。
- 标准化：未标准化残差被估计标准误差除后的数值，即所谓的 Pearson 残差，其均值为 0，标准差为 1。
- 学生化：从一个观测量到另一个观测量的残差被估计标准差除后的数值。
- 删除后：从回归系数的计算中剔除的观测量的残差，等于因变量的值与经调整的预测值之差。
- 学生化删除后：是一个观测量的剔除残差被它的标准误差除后的数值。

在本次实验中，我们选择"标准化"选项。

"影响统计"选项组中同样包含 5 个选项。

- DfBeta：Beta 值之差，是排除一个特定观测值所引起的回归系数的变化。
- 标准化 DfBeta：Beta 值的标准化残差，为剔除一个个案后回归系数改变的大小。
- DfFit：拟合值之差，是由于排除一个特定观测值所引起的预测值的变化。
- 标准化 DfFit：拟合值的标准差。
- 协方差比率：是一个被从回归系数计算中剔除的特定观测值的协方差矩阵与包括全部观测量的协方差矩阵的比率。如果这个比率接近于 1，就说明这个特定观测值对于协方差矩阵的变更没有显著的影响。

选中"系数统计"下的"写入新数据文件"单选按钮，然后单击"文件"按钮，弹出"线性回归：保存到文件"对话框，可以将回归系数或参数估计的值保存到指定的新文件中。最下面是"将模型信息导出到 XML 文件"选项组，可以单击"浏览"按钮指定文件名及路径。

06 单击"继续"按钮,回到"线性回归"对话框,单击"选项"按钮,打开"线性回归:选项"对话框,如图 5.8 所示。

图 5.8 "线性回归:选项"对话框

=== 对话框选项设置/说明 ===

该对话框用于为变量进入方程设置 F 检验统计量的标准值以及确定缺失值的处理方式。

"步进法条件"选项组中是作为决定变量的进入或移出回归方程的标准,有以下两种选择。

- 使用 F 的概率:使用 F 的概率作为决定变量的进入或移出回归方程的标准。在"进入"和"除去"文本框中各输入一个数值,系统默认值分别为 0.05 和 0.10。若 F 统计量的显著性概率小于 0.05,则变量被引入回归方程;若 F 统计量的显著性概率大于 0.10,则变量被移出回归方程。
- 使用 F 值:使用 F 统计量值本身作为决定变量的进入或移出回归方程的标准。在"进入"和"除去"文本框中各输入一个数值,系统默认值分别为 3.84 和 2.51。若 F 值大于 3.84,则变量被引入回归方程;若 F 值小于 2.51,则变量被移出回归方程。

"在方程中包括常量"复选框为系统默认的选项。如果不选择该选项,就会迫使回归方程通过坐标原点。

"缺失值"选项组中是对含有缺失值的个案处理方式,有以下 3 种。

- 成列排除个案:剔除参与相关分析的变量中有缺失值的观测量,即只包括全部变量的有效观测值。
- 成对排除个案:成对剔除计算相关系数的变量中含有缺失值的观测量。
- 替换为平均值:用变量的均值替代缺失值。

在这里,我们选择系统默认的选项,即"成列排除个案"。

07 以上全部设置完毕后单击"继续"按钮,回到"线性回归"对话框,然后单击"确定"按钮,进入计算分析。

图 5.9 给出了基本的描述统计量,图中显示了各个变量的全部观测量的平均值、标准偏差和个案数。

描述统计

	平均值	标准偏差	个案数
交易次数	10.60	6.454	564
消费者性别	1.54	.499	564
消费者年龄	42.28	15.155	564
消费者地区	1.98	.841	564
消费者信用	756.70	142.706	564
注册时间	474.95	245.983	564
在线时间	45.07	24.101	564
整体好评率	.8650	.09172	564

图 5.9　描述统计

图 5.10 给出了相关系数矩阵，图中显示各个自变量两两间的皮尔逊相关系数，以及关于相关关系等于零的假设的单尾显著性检验概率，可以发现因变量和自变量之间的相关系数不是非常高。

相关性

		交易次数	消费者性别	消费者年龄	消费者地区	消费者信用	注册时间	在线时间	整体好评率
皮尔逊相关性	交易次数	1.000	-.108	-.199	-.305	.284	.066	.218	.261
	消费者性别	-.108	1.000	.062	.091	-.147	-.005	-.065	-.048
	消费者年龄	-.199	.062	1.000	.340	-.201	.165	-.101	-.228
	消费者地区	-.305	.091	.340	1.000	-.279	.035	-.249	-.286
	消费者信用	.284	-.147	-.201	-.279	1.000	-.104	.146	.218
	注册时间	.066	-.005	.165	.035	-.104	1.000	.100	.047
	在线时间	.218	-.065	-.101	-.249	.146	.100	1.000	.161
	整体好评率	.261	-.048	-.228	-.286	.218	.047	.161	1.000
显著性（单尾）	交易次数		.005	.000	.000	.000	.058	.000	.000
	消费者性别	.005		.069	.016	.000	.449	.062	.126
	消费者年龄	.000	.069		.000	.000	.000	.008	.000
	消费者地区	.000	.016	.000		.000	.205	.000	.000
	消费者信用	.000	.000	.000	.000		.007	.000	.000
	注册时间	.058	.449	.000	.205	.007		.009	.133
	在线时间	.000	.062	.008	.000	.000	.009		.000
	整体好评率	.000	.126	.000	.000	.000	.133	.000	
个案数	交易次数	564	564	564	564	564	564	564	564
	消费者性别	564	564	564	564	564	564	564	564
	消费者年龄	564	564	564	564	564	564	564	564
	消费者地区	564	564	564	564	564	564	564	564
	消费者信用	564	564	564	564	564	564	564	564
	注册时间	564	564	564	564	564	564	564	564
	在线时间	564	564	564	564	564	564	564	564
	整体好评率	564	564	564	564	564	564	564	564

图 5.10　相关系数矩阵

图 5.11 给出了输入模型和被除去的变量信息。从图中可以看出，因为我们采用的是输入法，所以所有自变量都进入模型。

输入/除去的变量ª

模型	输入的变量	除去的变量	方法
1	整体好评率, 注册时间, 消费者性别, 在线时间, 消费者年龄, 消费者信用, 消费者地区ᵇ	.	输入

a. 因变量：交易次数
b. 已输入所请求的所有变量

图 5.11　输入/除去的变量

图 5.12 给出了模型整体拟合效果的概述，模型的 R 系数为 0.431，反映了模型的拟合效果非常一般，模型的可决系数（R 方）= 0.186，模型修正的可决系数（调整后 R 方）=0.175，说明模型的解释能力不是非常理想。另外，图中还给出了德宾-沃森检验值 DW=1.900，德宾-沃森检验统计量 DW 是一个用于检验一阶变量自回归形式的序列相关问题的统计量，DW 在数值 2 附近说明模型变量无序列相关，越趋近于 0 说明正的自相关性越强，越趋近于 4 说明负的自相关性越强。

图 5.13 给出了 ANOVA 分析,从图中可以看到模型的设定检验 F 统计量的值为 18.105,显著性水平几乎为零,于是模型通过了设定检验,也就是说,因变量与自变量之间的线性关系明显。

模型摘要[b]					
模型	R	R方	调整后R方	标准估算的错误	德宾-沃森
1	.431[a]	.186	.175	5.861	1.900

a. 预测变量:(常量), 整体好评率, 注册时间, 消费者性别, 在线时间, 消费者年龄, 消费者信用, 消费者地区
b. 因变量:交易次数

图 5.12 模型摘要

ANOVA[a]						
模型		平方和	自由度	均方	F	显著性
1	回归	4352.857	7	621.837	18.105	.000[b]
	残差	19096.973	556	34.347		
	总计	23449.830	563			

a. 因变量:交易次数
b. 预测变量:(常量), 整体好评率, 注册时间, 消费者性别, 在线时间, 消费者年龄, 消费者信用, 消费者地区

图 5.13 ANOVA 分析

图 5.14 给出了残差统计分析,图中显示了预测值、残差、标准预测值、标准残差的最小值/最大值、平均值、标准偏差及个案数。

残差统计[a]					
	最小值	最大值	平均值	标准偏差	个案数
预测值	3.29	16.67	10.60	2.781	564
标准预测值	-2.627	2.184	.000	1.000	564
预测值的标准误差	.387	1.023	.686	.130	564
调整后预测值	3.24	16.62	10.60	2.787	564
残差	-14.173	14.243	.000	5.824	564
标准残差	-2.418	2.430	.000	.994	564
学生化残差	-2.432	2.452	.000	1.001	564
剔除残差	-14.337	14.495	-.004	5.912	564
学生化剔除残差	-2.443	2.463	.000	1.002	564
马氏距离	1.452	16.163	6.988	3.033	564
库克距离	.000	.013	.002	.002	564
居中杠杆值	.003	.029	.012	.005	564

a. 因变量:交易次数

图 5.14 残差统计

图 5.15 和图 5.16 给出了模型残差的直方图和正态概率 P-P 图,由于在模型中始终假设残差服从正态分布,因此可以从这两张图中直观地看出回归后的实际残差是否符合假设,从回归残差的直方图与附于图上的正态分布曲线相比较,可以认为残差分布近似的服从正态分布。

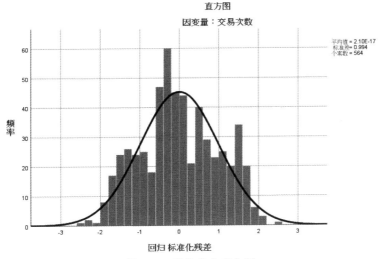

图 5.15 残差分布直方图

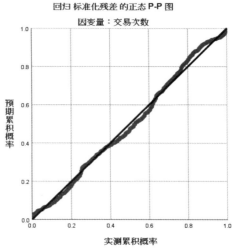

图 5.16 正态概率 P-P 图

从正态概率 P-P 图来看，该图也是用来比较残差分布与正态分布差异的图形，图的纵坐标为期望的累计概率，横坐标为观测的累计概率，图中的斜线对应着一个平均值为 0 的正态分布。如果图中的散点密切地散布在这条斜线附近，就说明随机变量残差服从正态分布，从而证明样本确实是来自正态总体；如果偏离这条直线太远，就应该怀疑随机变量的正态性。基于以上认识，从图中的散点分布状况来看，散点大致散布于斜线附近，可以认为残差分布基本上是正态的。

图 5.17 给出了回归系数和变量显著性检验的 T 值，从图中可以发现，多数自变量的显著性水平还是很高的，还可以看出模型通过变量的显著性检验。

系数^a

模型		未标准化系数		标准化系数	t	显著性
		B	标准错误	Beta		
1	(常量)	-1.282	3.248		-.395	.693
	消费者性别	-.621	.501	-.048	-1.239	.216
	消费者年龄	-.033	.018	-.078	-1.850	.065
	消费者地区	-1.241	.333	-.162	-3.724	.000
	消费者信用	.008	.002	.180	4.384	.000
	注册时间	.002	.001	.086	2.186	.029
	在线时间	.029	.011	.110	2.747	.006
	整体好评率	9.376	2.888	.133	3.246	.001

a. 因变量：交易次数

图 5.17 回归系数

最终模型的表达式为：

交易次数=-1.281673-0.621225*消费者性别-0.033014*消费者年龄-1.241183*消费者地区+0.008154*消费者信用+0.002259*注册时间+0.029486*在线时间+9.376056*整体好评率

如果是基于通用的 0.05 的显著性水平，就可以从实证分析结果中发现，变量消费者地区、消费者信用、注册时间、在线时间、整体好评率等是比较显著的，这充分说明了下述结论。

（1）消费者性别对于交易次数的影响是不够显著的，这说明男性消费者和女性消费者在交易次数方面没有显著不同，或者说，无法从性别方面推断消费者是否具备高频次购买行为倾向。

（2）消费者年龄对于交易次数的影响是不够显著的，这说明年轻消费者和年长消费者在交次数方面没有显著不同，或者说，无法从年龄方面推断消费者是否具备高频次购买行为倾向。

（3）消费者地区对于交易次数的影响是非常显著的，而且影响方向是反方向的。由于我们在前面变量设定部分定义值标签为：1 代表东部地区、2 代表中部地区、3 代表西部地区，所以在一定程度上说明东部地区的消费者购买频次行为会相对更高,这与东部地区经济发达、公众购买力高、物流等基础设施完善有必不可分的关系。

（4）消费者信用对于交易次数的影响是非常显著的，而且影响方向是正方向的，这说明消费者的信用程度越高，交易次数也会相对越高,或者说高信用等级消费者的高频次购买行为更为明显。

（5）注册时间对于交易次数的影响是非常显著的，而且影响方向是正方向的，这说明消费者的注册时间越长，交易次数也会相对越高,或者说注册时间长消费者的高频次购买行为更为明显。

（6）在线时间对于交易次数的影响是非常显著的，而且影响方向是正方向的，这说明消费者的在线时间越长，交易次数也会相对越高,或者说在线时间长消费者的高频次购买行为更为明显。

（7）整体好评率对于交易次数的影响是非常显著的，而且影响方向是正方向的，这说明消费者的整体好评率程度越高，交易次数也会相对越高,或者说高整体好评率消费者的高频次购买行为更为明显。

5.3.2 关于高价值购买行为的回归分析

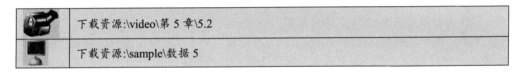

| 下载资源:\video\第 5 章\5.2 |
| 下载资源:\sample\数据 5 |

操作步骤如下：

01 进入 SPSS 25.0，打开相关数据文件，选择"分析｜回归｜线性"命令，弹出如图 5.18 所示的对话框。

02 选择进行简单线性回归分析的变量。在图 5.18 所示对话框左侧的列表框中，选中"交易金额"并单击➡按钮使之进入"因变量"列表框，选中"消费者性别""消费者年龄""消费者地区""消费者信用""注册时间""在线时间""整体好评率"并单击➡按钮使之进入"自变量"列表框。在"方法"下拉列表中指定自变量进入分析的方式，通过选择不同的方法，可对相同的变量建立不同的回归模型。本例中采用系统默认的输入法开展回归分析，设置完毕后如图 5.19 所示。

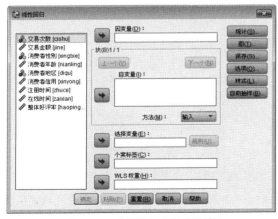

图 5.18 "线性回归"对话框

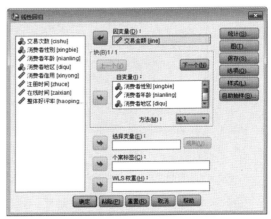

图 5.19 设置完毕后的"线性回归"对话框

03 单击"统计"按钮,弹出"线性回归:统计"对话框,如图 5.20 所示。在本例中,我们选择"德宾-沃森",输出德宾-沃森检验统计量,并勾选"模型拟合"和"描述"复选框,其他选项采用系统默认设置。

04 单击"继续"按钮,回到"线性回归"对话框。单击"图"按钮,打开"线性回归:图"对话框。这里分别把因变量和标准化残差选为 Y 和 X 轴来进行绘图,通过观察残差图,可以验证回归模型是否符合经典回归模型的基本假设。左下方的"标准化残差图"选项组可以决定是否输出标准化残差图,这里把"直方图"和"正态概率图"复选框都勾选上,如图 5.21 所示。

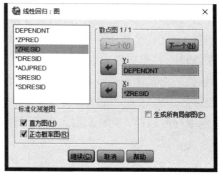

图 5.20 "线性回归:统计"对话框　　　　图 5.21 "线性回归:图"对话框

05 单击"继续"按钮,回到"线性回归"对话框,单击"保存"按钮,打开"线性回归:保存"对话框,我们参照图 5.22 所示进行设置。

06 单击"继续"按钮,回到"线性回归"对话框,单击"选项"按钮,打开"线性回归:选项"对话框,如图 5.23 所示,这里采用系统默认设置。

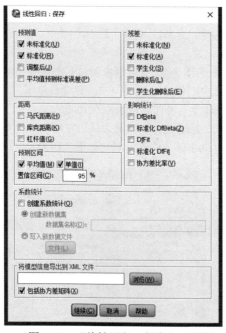

图 5.22 "线性回归:保存"对话框　　　　图 5.23 "线性回归:选项"对话框

07 以上全部设置完毕后单击"继续"按钮,回到"线性回归"对话框,然后单击"确定"按钮,进入计算分析。

图 5.24 给出了基本的描述统计，图中显示各个变量的全部观测量的均值、标准偏差和 N（观测量总数）。

描述统计

	平均值	标准偏差	个案数
交易金额	1032.35	560.249	564
消费者性别	1.54	.499	564
消费者年龄	42.28	15.155	564
消费者地区	1.98	.841	564
消费者信用	756.70	142.706	564
注册时间	474.95	245.983	564
在线时间	45.07	24.101	564
整体好评率	.8650	.09172	564

图 5.24　描述统计

图 5.25 给出了相关系数矩阵，图中显示了各个自变量两两间的皮尔逊相关系数，以及关于相关关系等于 0 的假设的单尾显著性检验概率，可以发现因变量和自变量之间的相关系数不是非常高。

相关性

		交易金额	消费者性别	消费者年龄	消费者地区	消费者信用	注册时间	在线时间	整体好评率
皮尔逊相关性	交易金额	1.000	-.154	-.109	-.234	.227	.136	.210	.242
	消费者性别	-.154	1.000	.062	.091	-.147	-.005	-.065	-.048
	消费者年龄	-.109	.062	1.000	.340	-.201	.165	-.101	-.228
	消费者地区	-.234	.091	.340	1.000	-.279	.035	-.249	-.286
	消费者信用	.227	-.147	-.201	-.279	1.000	-.104	.146	.218
	注册时间	.136	-.005	.165	.035	-.104	1.000	.100	.047
	在线时间	.210	-.065	-.101	-.249	.146	.100	1.000	.161
	整体好评率	.242	-.048	-.228	-.286	.218	.047	.161	1.000
显著性（单尾）	交易金额	.	.000	.005	.000	.000	.001	.000	.000
	消费者性别	.000	.	.069	.016	.000	.449	.062	.126
	消费者年龄	.005	.069	.	.000	.000	.000	.008	.000
	消费者地区	.000	.016	.000	.	.000	.205	.000	.000
	消费者信用	.000	.000	.000	.000	.	.007	.000	.000
	注册时间	.001	.449	.000	.205	.007	.	.009	.133
	在线时间	.000	.062	.008	.000	.000	.009	.	.000
	整体好评率	.000	.126	.000	.000	.000	.133	.000	.
个案数	交易金额	564	564	564	564	564	564	564	564
	消费者性别	564	564	564	564	564	564	564	564
	消费者年龄	564	564	564	564	564	564	564	564
	消费者地区	564	564	564	564	564	564	564	564
	消费者信用	564	564	564	564	564	564	564	564
	注册时间	564	564	564	564	564	564	564	564
	在线时间	564	564	564	564	564	564	564	564
	整体好评率	564	564	564	564	564	564	564	564

图 5.25　相关系数矩阵

图 5.26 给出了输入模型和被除去的变量信息，从图中可以看出，因为采用的是输入法，所以所有自变量都进入模型。

图 5.27 给出了模型整体拟合效果的概述，模型的 R 系数为 0.394，反映了模型的拟合效果一般。模型的可决系数（R 方）= 0.155，模型修正的可决系数（调整后 R 方）= 0.144，说明模型的解释能力差强人意。另外，图中还给出了德宾-沃森检验值 DW=1.726，德宾-沃森检验统计量 DW 是一个用于检验一阶变量自回归形式的序列相关问题的统计量，DW 在数值 2 附近说明模型变量无序列相关，越趋近于 0 说明正的自相关性越强，越趋近于 4 说明负的自相关性越强。

图 5.28 给出了 ANOVA 分析，从图中可以看到模型的设定检验 F 统计量的值为 14.580，显著性水平几乎为 0，于是我们的模型通过了设定检验，也就是说，因变量与自变量之间的线性关系明显。

输入/除去的变量[a]

模型	输入的变量	除去的变量	方法
1	整体好评率, 注册时间, 消费者性别, 在线时间, 消费者年龄, 消费者信用, 消费者地区[b]	.	输入

a. 因变量：交易金额

b. 已输入所请求的所有变量

图 5.26　输入/除去的变量

模型摘要[b]

模型	R	R 方	调整后 R 方	标准估算的错误	德宾-沃森
1	.394[a]	.155	.144	518.207	1.726

a. 预测变量：(常量), 整体好评率, 注册时间, 消费者性别, 在线时间, 消费者年龄, 消费者信用, 消费者地区

b. 因变量：交易金额

图 5.27　模型摘要

图 5.29 给出了残差统计分析，图中显示了预测值、残差、标准预测值、标准残差的最小值/最大值、平均值、标准偏差及个案数。

ANOVA[a]

模型		平方和	自由度	均方	F	显著性
1	回归	27406438.00	7	3915205.428	14.580	.000[b]
	残差	149307293.6	556	268538.298		
	总计	176713731.6	563			

a. 因变量：交易金额

b. 预测变量：(常量), 整体好评率, 注册时间, 消费者性别, 在线时间, 消费者年龄, 消费者信用, 消费者地区

图 5.28　ANOVA 分析

残差统计[a]

	最小值	最大值	平均值	标准偏差	个案数
预测值	417.81	1538.77	1032.35	220.634	564
标准预测值	-2.785	2.295	.000	1.000	564
预测值的标准误差	34.187	90.474	60.633	11.527	564
调整后预测值	422.63	1553.58	1032.32	221.131	564
残差	-1237.810	1337.277	.000	514.975	564
标准残差	-2.389	2.581	.000	.994	564
学生化残差	-2.408	2.596	.000	1.002	564
剔除残差	-1257.734	1353.354	.030	523.290	564
学生化剔除残差	-2.418	2.610	.000	1.003	564
马氏距离	1.452	16.163	6.988	3.033	564
库克距离	.000	.017	.002	.003	564
居中杠杆值	.003	.029	.012	.005	564

a. 因变量：交易金额

图 5.29　残差统计

图 5.30 和图 5.31 给出了模型残差的直方图和正态概率 P-P 图，由于在模型中始终假设残差服从正态分布，因此可以从这两张图中直观地看出回归后的实际残差是否符合假设。从回归残差的直方图与附于图上的正态分布曲线相比较，可以认为残差分布近似的服从正态分布。

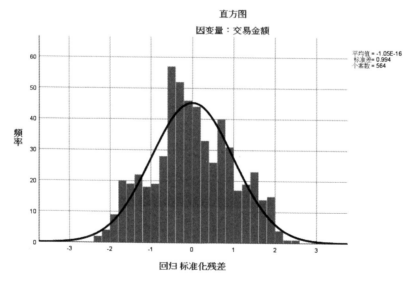

图 5.30　残差分布直方图

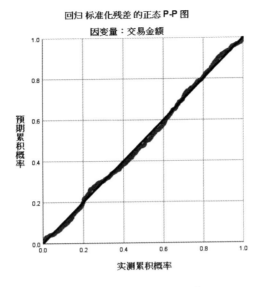

图 5.31　正态概率 P-P 图

从正态概率 P-P 图来看，该图也是用来比较残差分布与正态分布差异的图形，图的纵坐标为期望的累计概率，横坐标为观测的累计概率，图中的斜线对应着一个平均值为 0 的正态分布。如果图中的散点密切地散布在这条斜线附近，就说明随机变量残差服从正态分布，从而证明样本确实是来自正态总体；如果偏离这条直线太远，就应该怀疑随机变量的正态性。基于以上认识，从图中的散点分布状况来看，散点大致散布于斜线附近，可以认为残差分布基本上是正态的。

图 5.32 给出了回归系数和变量显著性检验的 T 值，从图中可以发现，多数自变量的显著性水平还是很高的，还可以看出模型通过变量的显著性检验。

系数 a

模型		未标准化系数		标准化系数	t	显著性
		B	标准错误	Beta		
1	(常量)	-69.343	287.222		-.241	.809
	消费者性别	-119.371	44.332	-.106	-2.693	.007
	消费者年龄	-.485	1.578	-.013	-.308	.759
	消费者地区	-76.756	29.473	-.115	-2.604	.009
	消费者信用	.560	.164	.143	3.402	.001
	注册时间	.314	.091	.138	3.431	.001
	在线时间	2.688	.949	.116	2.832	.005
	整体好评率	883.097	255.389	.145	3.458	.001

a. 因变量：交易金额

图 5.32　回归系数表

最终模型的表达式为：

交易金额=-69.342595 -119.370993*消费者性别 -0.485253*消费者年龄 -76.756410*消费者地区+0.559522*消费者信用+0.313580*注册时间+2.688038*在线时间+883.097274*整体好评率。

如果是基于通用的 0.05 的显著性水平，就可以从实证分析结果中发现，变量消费者性别、消费者地区、消费者信用、注册时间、在线时间、整体好评率等是比较显著的，这充分说明了下述结论。

（1）消费者性别对于交易金额的影响是非常显著的，这说明男性消费者和女性消费者在交易金额方面有着显著不同，同时影响方向是反方向的，由于我们在前面变量设定部分定义值标签为：1代表女、2代表男，所以女性消费者更具备高价值购买行为倾向。

（2）消费者年龄对于交易金额的影响是不够显著的，这说明年轻消费者和年长消费者在交易金额方面没有显著不同，或者说，无法从年龄方面推断消费者是否具备高价值购买行为倾向。

（3）消费者地区对于交易金额的影响是非常显著的，而且影响方向是反方向的。由于我们在前面变量设定部分定义值标签为：1代表东部地区、2代表中部地区、3代表西部地区，所以在一定程度上说明东部地区的消费者购买价值行为会相对更高,这与东部地区经济发达、公众购买力高、物流等基础设施完善有必不可分的关系。

（4）消费者信用对于交易金额的影响是非常显著的，而且影响方向是正方向的，这说明消费者的信用程度越高，交易金额也会相对越高，或者说高信用等级消费者的高价值购买行为更为明显。

（5）注册时间对于交易金额的影响是非常显著的，而且影响方向是正方向的，这说明消费者的注册时间越长，交易金额也会相对越高，或者说注册时间长消费者的高价值购买行为更为明显。

（6）在线时间对于交易金额的影响是非常显著的，而且影响方向是正方向的，这说明消费者的在线时间越长，交易金额也会相对越高，或者说在线时间长消费者的高价值购买行为更为明显。

（7）整体好评率对于交易金额的影响是非常显著的，而且影响方向是正方向的，这说明消费者的整体好评率程度越高，交易金额也会相对越高，或者说高整体好评率消费者的高价值购买行为更为明显。

5.4　研究结论

（1）消费者地区、消费者信用、注册时间、在线时间、整体好评率5个变量对于高频次购买行为和高价值购买行为均有显著影响，而且影响方向都是一致的，消费者地区越偏于东部、消费者信用越好、注册时间越长、在线时间越长、整体好评率越高，其高频次购买行为和高价值购买行为越明显。对于商家的意义是，要多争取这些客户，在与客户进行交流时，如果注意到客户具备这些特征时，就应该特别加以重视，再完成交易。

（2）虽然消费者性别对于交易次数的影响不够显著，但是对于交易金额的影响却非常显著，女性消费者的高价值购买行为更加明显。这对于商家的意义是，对女性消费者要善于展开深度营销，在确定其具备购买倾向后，尽可能对搭配商品，或者推出一定的促销活动鼓励其多购买商品。

第 6 章

上市公司估值与业绩表现影响因素研究：以医药制造业为例

经典财务管理理论认为，公司估值是指着眼于公司本身，对公司的内在价值进行评估。公司内在价值决定于公司的资产及其获利能力，而对于上市公司的估值来说，则在很大程度上反映了投资者对于公司的认可程度，无论这种认可程度是基于上市公司在生产经营、财务管理、资本运作等基本面的表现，还是基于其股价在一定时期内的变化预期。反映上市公司的估值指标有很多，其中比较常用的包括市盈率和市净率。根据搜狗百科上的解释，市盈率[1]（Price Earnings Ratio，P/E Ratio）也称"本益比""股价收益比率"或"市价盈利比率（市盈率）"。市盈率是常用来评估股价水平是否合理的指标之一，由股价除以年度每股盈余（EPS）得出。计算时，股价通常取最新收盘价，而 EPS 方面，若按已公布的上年度 EPS 计算，则称为历史市盈率。计算预估市盈率所用的 EPS 预估值，一般采用市场平均预估，即追踪公司业绩的机构收集多位分析师的预测所得到的预估平均值或中值。市净率[2]指的是每股股价与每股净资产的比率。市净率可用于投资分析，一般来说，市净率较低的股票，投资价值较高，相反，则投资价值较低。市净率能够较好地反映出"所有付出，即有回报"，可以帮助投资者寻求哪个上市公司能以较少的投入得到较高的产出，并且对于大的投资机构，还可以帮助其辨别投资风险。本案例旨在研究医药制造业上市公司估值与业绩表现影响因素，一方面研究医药制造业上市公司的投资价值，另一方面为医药制造业上市公司做好自身的市值管理提供有益的参考借鉴。

6.1 数据来源与研究思路

数据来源于万得资讯发布的，依据证监会行业分类的 CSRC 医药制造业上市公司 2017 年末财务指标横截面数据。为了最大程度得出相对合理的结论，我们在本案例的研究中剔除了 ST 类公司数据，一方面 ST 类公司的财务数据可能严重失真，另一方面投资者对于 ST 类公司的估值判断与正常类公司有非常显著的差异，在研究样本中加入 ST 类公司可能会影响整体的研究结论。

研究使用的横截面数据包括艾德生物、安迪苏、安科生物、安图生物、奥翔药业、白云山、北

---

[1] https://baike.sogou.com/v39169.htm?fromTitle=%E5%B8%82%E7%9B%88%E7%8E%87
[2] https://baike.sogou.com/v65666.htm?fromTitle=%E5%B8%82%E5%87%80%E7%8E%87

大医药、北陆药业、贝达药业、博腾股份、博雅生物、步长制药、常山药业、辰欣药业、诚意药业、达安基因、大理药业等194家上市公司，数据指标包括序号、证券简称、"市盈率PE（TTM）""市净率PB（LF）""总资产报酬率ROA""净资产收益率ROE（平均）""资产负债率""总资产周转率""研发费用同比增长""投入资本回报率ROIC""人力投入回报率（ROP）""经营活动净收益/利润总额""EBITDA/利息费用""营业收入（同比增长率）""净利润（同比增长率）"和"经营活动产生的现金流量净额（同比增长率）"16项。数据均为真实数据，来源于公司经审计的年度财务报告，数据时点为2017年12月31日。部分数据如表6.1所示。

表6.1 证监会行业分类的CSRC医药制造业上市公司2017年末财务指标数据

序号	证券简称	市盈率PE(TTM)	市净率PB(LF)	总资产报酬率ROA	净资产收益率ROE(平均)	资产负债率	总资产周转率	研发费用同比增长	投入资本回报率ROIC	人力投入回报率(ROP)	经营活动净收益/利润总额	EBITDA/利息费用	营业收入(同比增长率)	净利润(同比增长率)	经营活动产生的现金流量净额(同比)
1	艾德生物	88.02	11.64	20.21	19.66	6.57	0.63	3.07	19.23	157.33	85.01	-122.53	30.59	43.69	185.51
2	安迪苏	22.01	2.12	11.20	10.49	19.09	0.50	22.78	9.71	152.71	95.92	-41.68	-2.72	-27.64	-17.71
3	安科生物	74.29	11.72	15.69	18.29	21.90	0.52	35.52	17.18	192.94	91.22	227.60	29.09	42.41	8.77
4	安图生物	53.41	14.47	25.72	26.96	22.76	0.70	39.80	26.69	191.71	93.21	1300.94	42.84	28.57	15.85
5	奥赛药业	49.21	5.00	10.10	13.12	23.82	0.40	27.07	12.14	153.04	96.00	-419.60	20.79	-7.53	-49.81
6	白云山	26.97	2.84	8.42	11.39	31.97	0.77	12.99	10.48	68.82	80.71	-11.98	4.58	35.93	-27.94
7	北大医药	191.94	4.42	2.00	2.96	43.58	1.04	46.93	2.79	114.57	31.51	3.65	19.76	196.76	77.48
8	北陆药业	117.36	4.39	13.33	12.06	6.28	0.50	-40.84	11.99	197.81	83.45	-201.22	4.75	666.31	90.27
9	贝达药业	96.18	12.38	11.77	12.96	25.48	0.42	25.67	11.62	126.99	78.99	15793.48	-0.84	-31.83	-31.64
10	博腾股份	26.95	4.19	5.67	8.08	49.12	0.41	20.33	5.54	66.92	84.27	5.89	-10.74	-41.83	1.45
11	博雅生物	38.02	5.25	13.84	15.78	32.30	0.48	-18.58	13.82	198.73	95.84	-50.61	54.29	31.47	-111.98
12	步长制药	21.13	2.74	10.60	12.72	31.14	0.73	23.08	12.10	315.96	85.26	49.70	12.52	-7.40	17.57
13	常山药业	28.46	2.52	7.90	8.56	31.01	0.43	37.70	7.45	166.12	96.76	12.34	26.98	13.46	-5.63
14	辰欣药业	31.32	2.52	10.20	11.79	21.46	0.74	51.30	11.49	180.98	91.19	-98.47	15.51	49.48	50.56
15	诚意药业	36.94	4.42	15.82	15.74	10.91	0.66	-13.49	15.48	154.33	87.58	-349.13	6.12	1.57	-29.79
16	达安基因	136.97	8.15	3.05	5.26	43.09	0.35	14.10	3.02	42.83	52.06	9.92	-4.35	-29.28	42.32
17	大理药业	43.60	6.24	11.91	13.16	24.37	0.60	-27.87	12.27	160.95	83.21	48.24	-1.10	-28.49	-69.65
18	德展健康	25.10	4.44	20.56	19.21	11.55	0.49	5.45	19.01	620.00	99.04	-122.93	53.87	20.65	46.61
19	东阿阿胶	21.04	4.38	21.66	22.46	20.24	0.59	34.89	22.49	484.00	94.41	248.70	16.70	10.18	181.37
20	东宝生物	111.83	3.37	2.92	3.08	24.89	0.39	2.90	3.02	62.31	85.19	-422.57	12.52	16.59	-107.69
21	东北制药	57.21	2.33	2.28	5.01	75.95	0.56	5.25	3.44	34.58	64.45	4.29	17.90	249.43	-178.33
22	东诚药业	48.30	2.89	7.16	6.09	37.63	0.33	36.37	6.79	240.37	94.53	15.21	37.74	5.39	6.45
23	恩华药业	35.96	5.99	13.96	17.35	25.45	1.08	34.94	14.54	104.36	90.03	-71.43	12.46	24.39	63.22
24	尔康制药	22.12	2.45	10.60	10.14	5.39	0.51	-13.24	9.89	607.40	102.00	-1693.26	4.51	-34.14	41.26
25	方盛制药	54.64	4.82	6.02	6.24	24.43	0.45	14.76	5.96	86.52	96.13	-149.59	34.91	-12.00	-86.52
26	佛慈制药	73.46	3.63	2.58	5.85	42.16	0.55	29.02	3.62	49.84	86.38	-2.52	37.96	21.61	16.73
27	福安药业	22.55	1.67	7.33	7.81	11.05	0.46	56.06	6.94	138.73	91.87	-547.65	61.20	28.21	21.17
28	福瑞股份	30.08	2.38	4.85	12.82	22.82	0.35	31.21	4.82	94.83	98.22	247.38	6.72	-15.24	-15.24
29	辅仁药业	1366.70	1.85	20.60	15.78	52.83	1.04	1523.83	21.52	388.50	97.42	7.94	15.69	14.86	-11.34
30	复星医药	36.43	4.35	8.63	13.16	52.01	0.35	43.62	9.25	154.59	38.03	11.05	26.69	11.30	22.28
31	富祥股份	22.55	4.57	13.20	20.98	45.98	0.60	40.80	15.21	220.10	93.47	27.47	25.46	1.13	11.77
32	广济药业	36.46	4.91	9.44	14.89	53.39	0.49	66.03	10.95	152.40	108.46	7.19	12.15	-27.02	7.03
33	广生堂	113.88	7.53	3.22	6.09	25.04	0.41	-3.19	4.00	28.79	93.06	-3.22	-5.36	-49.46	-3.22
34	广誉远	41.97	7.95	13.24	13.08	21.35	0.50	746.00	13.14	242.34	89.77	79.90	24.73	62.64	13.27
35	贵州百灵	42.19	6.67	14.08	16.34	28.11	0.57	53.17	13.09	214.68	94.30	133.90	17.05	9.74	-82.88
36	桂林三金	22.45	3.77	17.94	18.23	17.82	0.55	-3.18	17.26	252.65	95.48	-38.79	5.95	17.97	-27.76
37	国农科技	98.06	16.29	3.42	6.85	31.52	0.56	-44.25	2.82	66.21	-54.78	-9.97	-51.82	-85.16	-90.24
38	哈三联	32.50	3.40	15.30	13.70	15.97	0.69	41.43	13.35	234.32	90.96	98.54	50.99	3.36	-3.34
39	哈股份	33.62	2.16	4.13	5.46	45.39	0.84	-20.05	5.17	35.32	78.49	-16.11	-14.93	-44.67	-94.63
40	海辰药业	43.29	5.21	15.28	15.78	18.13	0.91	32.68	15.47	174.41	93.40	260.69	62.93	45.02	23.37
41	海利生物	47.72	6.84	7.54	11.09	32.89	0.20	8.05	8.37	51.81	19.14	-11.56	36.05	-67.78	-67.78
42	海南海药	100.35	3.18	2.38	51.86	0.18	37.86	4.29	126.27	85.28	2.58	20.91	-49.23	3069.66
43	海普瑞	130.84	2.53	0.03	1.69	41.72	0.28	28.34	0.05	18.89	287.21	-358.62	18.10	-69.39	-217.64
44	海顺新材	37.48	4.06	10.95	11.11	10.73	0.54	3.08	10.42	223.99	86.60	-162.87	24.68	1.13	64.63
45	海思科	34.66	6.20	11.90	11.18	52.05	0.47	7.92	14.05	145.10	32.74	29.29	-47.47	-4.25	-4.25
46	海特生物	33.58	3.52	10.67	12.21	13.92	0.51	-18.44	11.42	376.38	88.70	-19.53	-9.91	-42.25	-42.25
47	海翔药业	123.21	1.84	5.81	6.91	31.41	0.32	-3.95	5.63	214.10	89.52	33.47	-5.13	52.46	-83.69
48	海欣B股	196.19	1.24	2.25	2.86	19.26	0.19	64.39	2.04	58.37	-63.68	-182.17	-1.12	99.44	167.10
49	海欣股份	496.11	3.15	2.25	2.86	19.26	0.19	64.39	2.04	58.37	-63.68	-182.17	-1.12	99.44	167.10
50	汉森制药	54.25	4.17	8.41	8.78	28.30	0.49	6.13	7.80	89.03	92.69	12.78	3.94	27.98	-31.49

完整的数据文件参见本章附带的《证监会行业分类的CSRC医药制造业上市公司2017年末财务指标数据.sav》。需要特别提示的是，因为本案例所使用的变量数据均为横截面数据，所以研究思路也紧密结合横截面数据的基本特征展开，具体操作步骤包括以下5个方面的内容。

（1）对"市盈率 PE（TTM）""市净率 PB（LF）""总资产报酬率 ROA""净资产收益率 ROE（平均）""资产负债率""总资产周转率""研发费用同比增长""投入资本回报率 ROIC""人力投入回报率（ROP）""经营活动净收益/利润总额""EBITDA/利息费用""营业收入（同比增长率）""净利润（同比增长率）""经营活动产生的现金流量净额（同比增长率）"等变量进行描述分析，观察变量数据的基本特征。

（2）对"市盈率 PE（TTM）""市净率 PB（LF）""总资产报酬率 ROA""净资产收益率 ROE（平均）""资产负债率""总资产周转率""研发费用同比增长""投入资本回报率 ROIC""人力投入回报率（ROP）""经营活动净收益/利润总额""EBITDA/利息费用""营业收入（同比增长率）""净利润（同比增长率）""经营活动产生的现金流量净额（同比增长率）"等变量进行相关分析，研究变量之间的相关关系。

（3）以"PE（市盈率 PE（TTM））"为因变量，以 ROA（总资产报酬率 ROA）、ROE（净资产收益率 ROE（平均））、debt（资产负债率）、assetturnover（总资产周转率）、R&Dgrow（研发费用同比增长）、ROIC（投入资本回报率 ROIC）、ROP（人力投入回报率（ROP））、netincome/profit（经营活动净收益/利润总额）、EBITDA/interest（EBITDA/利息费用）、incomegrow（营业收入（同比增长率））、netprofitgrow（净利润（同比增长率））、cashflowgrow（经营活动产生的现金流量净额（同比增长率））变量为自变量，进行最小二乘线性回归。

（4）以"市净率 PB（LF）"为因变量，以 ROA（总资产报酬率 ROA）、ROE（净资产收益率 ROE（平均））、debt（资产负债率）、assetturnover（总资产周转率）、R&Dgrow（研发费用同比增长）、ROIC（投入资本回报率 ROIC）、ROP（人力投入回报率（ROP））、netincome/profit（经营活动净收益/利润总额）、EBITDA/interest（EBITDA/利息费用）、incomegrow（营业收入（同比增长率））、netprofitgrow（净利润（同比增长率））、cashflowgrow（经营活动产生的现金流量净额(同比增长率))变量为自变量，进行最小二乘线性回归。

（5）得到研究结论。

6.2 描述分析

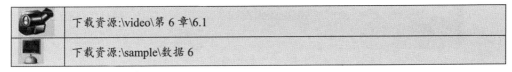

本节对"市盈率 PE（TTM）""市净率 PB（LF）""总资产报酬率 ROA""净资产收益率 ROE（平均）""资产负债率""总资产周转率""研发费用同比增长""投入资本回报率 ROIC""人力投入回报率（ROP）""经营活动净收益/利润总额""EBITDA/利息费用""营业收入（同比增长率）""净利润（同比增长率）""经营活动产生的现金流量净额（同比增长率）"等变量进行描述分析，观察变量数据的基本特征。

在进行描述分析之前，首先需要确认数据变量的类型。本案例的数据变量都是定距变量，我们可以通过进行定距变量的基本描述性统计，得到数据的概要统计指标，包括平均值、最大值、最小值、标准差、百分位数、中位数、偏度系数和峰度系数等。我们通过获得这些基本的描述分析统计指标，可以从整体上对拟分析的数据进行宏观把握，观察数据的基本特征，从而为后续进行更精深的数据分析做好必要准备。

6.2.1 SPSS 分析过程

如图 6.1 所示，在 SPSS 格式文件中共有 16 个变量，分别是 code、name、PE、PB、 ROA 、ROE、debt、assetturnover、R&Dgrow、ROIC、ROP、netincome/profit、EBITDA/interest、incomegrow、netprofitgrow、cashflowgrow。其中 PE、PB、ROA、ROE、debt、assetturnover、R&Dgrow、ROIC、ROP、netincome/profit、EBITDA/interest、incomegrow、netprofitgrow、cashflowgrow 变量分别代表“市盈率 PE（TTM）”“市净率 PB（LF）”“总资产报酬率 ROA”“净资产收益率 ROE（平均）”“资产负债率”“总资产周转率”“研发费用同比增长”“投入资本回报率 ROIC”“人力投入回报率（ROP）”“经营活动净收益/利润总额”“EBITDA/利息费用”“营业收入（同比增长率）”“净利润（同比增长率）”和“经营活动产生的现金流量净额（同比增长率）”。

为了更加方便、快捷、直观地进行展示，我们将 code、name、PE、PB、ROA、ROE、debt、assetturnover、R&Dgrow、ROIC、ROP、netincome/profit、EBITDA/interest、incomegrow、netprofitgrow、cashflowgrow16 个变量置以相应的变量标签。

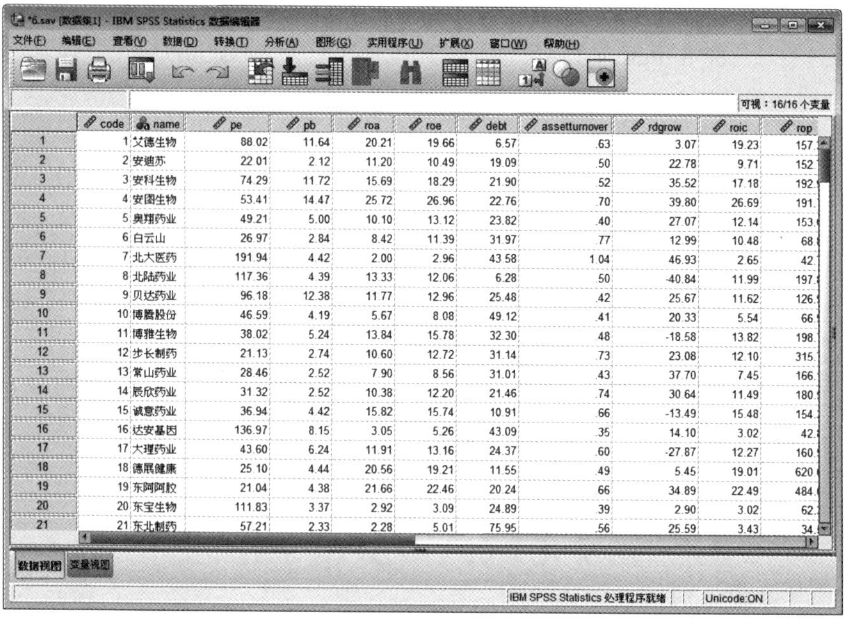

	code	name	pe	pb	roa	roe	debt	assetturnover	rdgrow	roic	rop
1	1	艾德生物	88.02	11.64	20.21	19.66	6.57	.63	3.07	19.23	157.
2	2	安迪苏	22.01	2.12	11.20	10.49	19.09	.50	22.78	9.71	152.
3	3	安科生物	74.29	11.72	15.69	18.29	21.90	.52	35.52	17.18	192.
4	4	安图生物	53.41	14.47	25.72	26.96	22.76	.70	39.80	26.69	191.
5	5	奥翔药业	49.21	5.00	10.10	13.12	23.82	.40	27.07	12.14	153.
6	6	白云山	26.97	2.84	8.42	11.39	31.97	.77	12.99	10.48	68.
7	7	北大医药	191.94	4.42	2.00	2.96	43.58	1.04	46.93	2.65	42.
8	8	北陆药业	117.36	4.39	13.33	12.06	6.28	.50	-40.84	11.99	197.
9	9	贝达药业	96.18	12.38	11.77	12.96	25.48	.42	25.67	11.62	126.
10	10	博腾股份	46.59	4.19	5.67	8.08	49.12	.41	20.33	5.54	66.
11	11	博雅生物	38.02	5.24	13.84	15.78	32.30	.48	-18.58	13.82	198.
12	12	步长制药	21.13	2.74	10.60	12.72	31.14	.73	23.08	12.10	315.
13	13	常山药业	28.46	2.52	7.90	8.56	31.01	.43	37.70	7.45	166.
14	14	辰欣药业	31.32	2.52	10.38	12.20	21.46	.74	30.64	11.49	180.
15	15	诚意药业	36.94	4.42	15.82	15.74	10.91	.66	-13.49	15.48	154.
16	16	达安基因	136.97	8.15	3.05	5.26	43.09	.35	14.10	3.02	42.
17	17	大理药业	43.60	6.24	11.91	13.16	24.37	.60	-27.87	12.27	160.
18	18	德展健康	25.10	4.44	20.56	19.21	11.55	.49	5.45	19.01	620.
19	19	东阿阿胶	21.04	4.38	21.66	22.46	20.24	.66	34.89	22.49	484.
20	20	东宝生物	111.83	3.37	2.92	3.09	24.89	.39	2.90	3.02	62.
21	21	东北制药	57.21	2.33	2.28	5.01	75.95	.56	25.59	3.43	34.

图 6.1 数据视图

其中变量“code”定义变量标签为上市公司序号，变量“name”定义变量标签为上市公司名称，变量“PE”定义变量标签为“市盈率 PE（TTM）”，变量“PB”定义变量标签为“市净率 PB（LF）”，变量“ROA”定义变量标签为“总资产报酬率 ROA”，变量“ROE”定义变量标签为“净资产收益率 ROE（平均）”，变量“debt”定义变量标签为“资产负债率”，变量“assetturnover”定义变量标签为“总资产周转率”，变量“R&Dgrow”定义变量标签为“研发费用同比增长”，变量“ROIC”定义变量标签为“投入资本回报率 ROIC”，变量“ROIC”定义变量标签为“人力投入回报率（ROP）”，变量“netincome/profit”定义变量标签为“经营活动净收益/利润总额”，变量“EBITDA/interest”定义变量标签为“EBITDA/利息费用”，变量“incomegrow”定义变量标签为“营业收入（同比增长率）”，变量“netprofitgrow”定义变量标签为“净利润（同比增长率）”，

第 6 章 上市公司估值与业绩表现影响因素研究：以医药制造业为例 | 197

变量"cashflowgrow"定义变量标签为"经营活动产生的现金流量净额（同比增长率）"。变量类型及长度采取系统默认方式，设置完毕后的变量视图如图 6.2 所示。

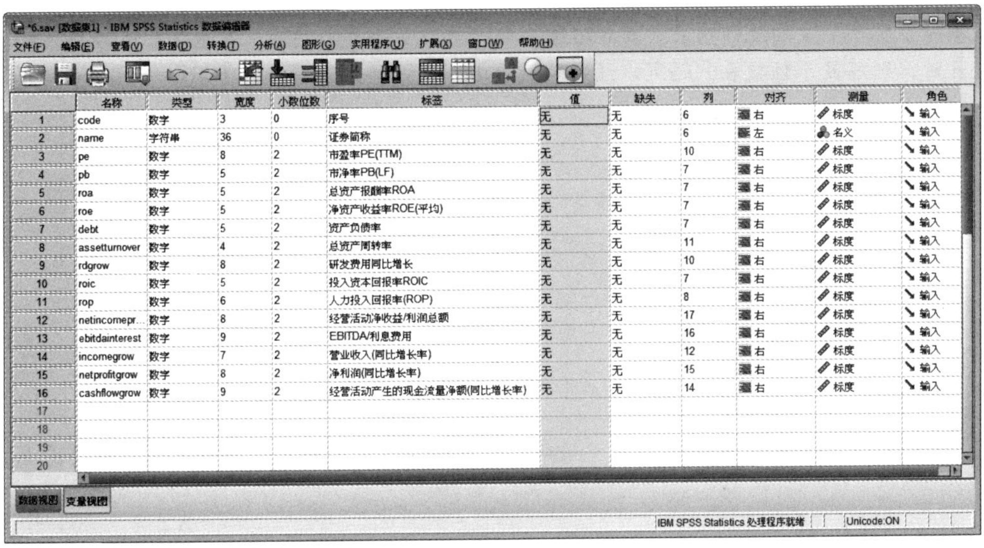

图 6.2 变量视图

先保存一下数据，然后开始展开分析。步骤如下：

01 依次选择"文件｜打开｜数据"命令，打开 4.sav 数据表。

02 依次选择"分析｜描述统计｜频率…"命令，弹出"频率"对话框，在左侧变量框中选择"PE、PB、ROA、ROE、debt、assetturnover、R&Dgrow、ROIC、ROP、netincome/profit、EBITDA/interest、incomegrow、netprofitgrow 和 cashflowgrow"14 个变量，单击 按钮，移至右侧的"变量"列表框中，如图 6.3 所示。

03 单击"统计"按钮，弹出"频率：统计"对话框。该对话框中有很多频数统计量可以选择，分为百分位值、集中趋势、离散和表示后验分布 4 个部分，每一个部分都有若干统计量，可以根据需要选用。在本次实验中，为了尽可能完整地展示 SPSS 的分析功能，我们把除百分位数之外的所有统计量都选上，如图 6.4 所示。

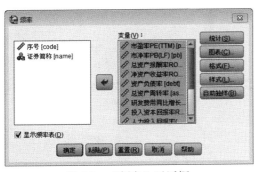

图 6.3 "频率"对话框

图 6.4 "频率：统计"对话框

04 单击"继续"按钮，回到"频率"对话框，单击"图表"按钮，弹出"频率：图表"对话框，选中"直方图"单选按钮,并勾选"在直方图中显示正态曲线"复选框,如图 6.5 所示。

05 单击"继续"按钮,回到"频率"对话框,单击"格式"按钮,弹出"频率:格式"对话框。将"排序方式"选为"按值的升序排序",将"多个变量"选为"比较变量",这样输出结果就会在一个表中显示所有变量的统计结果。最后勾选"排除具有多个类别的表"复选框,这样若频数表的分类超过 n 时,则不显示频数表。还可以设定"最大类别数",系统默认值为 10,如图 6.6 所示。

图 6.5 "频率:图表"对话框

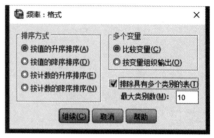

图 6.6 "频率:格式"对话框

06 最后单击"继续"按钮,回到"频率"对话框,单击"确定"按钮,进入计算分析。

6.2.2 结果分析

在本案例中,描述分析不仅是辅助分析的范畴,也是整体分析的重要组成部分。通过分析该结果,我们不仅可以得到数据的基本特征,也可以对证监会行业分类的 CSRC 医药制造业上市公司 2017 年末财务指标进行简要统计分析,挖掘其中的规律。

图 6.7 展示了 CSRC 医药制造业上市公司 2017 年末市盈率数据的描述分析结果。

		市盈率 PE(TTM)
个案数	有效	194
	缺失	0
平均值		86.2686
平均值标准误差		25.81723
中位数		39.8706
众数		-680.46ª
标准偏差		359.59235
方差		129306.658
偏度		11.517
偏度标准误差		0.175
峰度		147.061
峰度标准误差		0.347
范围		5413.88
最小值		-680.46
最大值		4733.42
总和		16736.1
百分位数	25	27.659
	50	39.8706
	75	60.1166

图 6.7 分析结果 1

- 百分位数（Percentiles）：变量 CSRC 医药制造业上市公司 2017 年末市盈率的第一个四分位数（25%）是 27.659，第二个四分位数（50%）是 39.8706，第三个四分位数（75%）是 60.1166。
- 最小值（Smallest）：变量 CSRC 医药制造业上市公司 2017 年末市盈率最小的数据值是 -680.46。
- 最大值（Largest）：变量 CSRC 医药制造业上市公司 2017 年末市盈率最大的数据值是 4733.42。
- 平均值（Mean）和标准偏差（Variance）：变量 CSRC 医药制造业上市公司 2017 年末市盈率的平均值为 86.2686，标准偏差是 359.59235。
- 偏度（Skewness）和峰度（Kurtosis）：变量 CSRC 医药制造业上市公司 2017 年末市盈率的偏度为 11.517，说明数据存在较大的正偏度。变量 CSRC 医药制造业上市公司 2017 年末市盈率的峰度为 147.061，有一个比正态分布长很多的尾巴。

我们从上述分析结果中可以看出：一是 CSRC 医药制造业上市公司 2017 年末市盈率分布比较分散，投资者对于医药制造业上市公司的估值没有什么清晰而固定的特点，反映在市盈率的跨度比较大，或者说极值（最大值-最小值）比较大，投资分化比较明显；二是 CSRC 医药制造业上市公司 2017 年末市盈率相对于整体市场来说偏高，反映在市盈率的平均值为 86.2686，接近 90 倍的市盈率，若不考虑公司的成长性，则可以简单地理解为投资者投资该行业股票可能需要 90 年的时间才能收回投资本金。当然，这也从另外一个角度说明投资者对于 CSRC 医药制造业还是比较认可的，或者说看好该行业的成长性并愿意付出一定的风险溢价。

图 6.8 展示了 CSRC 医药制造业上市公司 2017 年末市净率数据的描述分析结果。

		市净率 PB(LF)
个案数	有效	194
	缺失	0
平均值		4.5988
平均值标准误差		0.22396
中位数		3.5688
众数		1.24ª
标准偏差		3.11937
方差		9.73
偏度		2.1
偏度标准误差		0.175
峰度		5.163
峰度标准误差		0.347
范围		18.77
最小值		1.24
最大值		20.02
总和		892.17
百分位数	25	2.6026
	50	3.5688
	75	5.2761

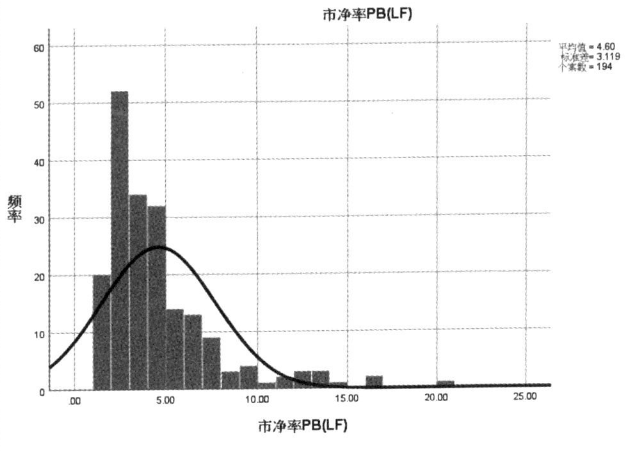

图 6.8 分析结果 2

- 百分位数：变量 CSRC 医药制造业上市公司 2017 年末市净率的第一个四分位数（25%）是 2.6026，第二个四分位数（50%）是 3.5688，第三个四分位数（75%）是 5.2761。
- 最小值：变量 CSRC 医药制造业上市公司 2017 年末市净率最小的数据值是 1.24。
- 最大值：变量 CSRC 医药制造业上市公司 2017 年末市净率最大的数据值是 20.02。
- 平均值和标准偏差：变量 CSRC 医药制造业上市公司 2017 年末市净率的平均值为 4.5988，标准偏差是 3.11937。
- 偏度和峰度：变量 CSRC 医药制造业上市公司 2017 年末市净率的偏度为 2.1，说明数据存在一定程度的正偏度。变量 CSRC 医药制造业上市公司 2017 年末市净率的峰度为 5.163，有一个比正态分布长很多的尾巴。

我们从上述分析结果中可以看出：一是 CSRC 医药制造业上市公司 2017 年末市净率分布比较分散，投资者对于医药制造业上市公司的估值没有什么清晰而固定的特点，反映在市净率的跨度比较大，或者说极值（最大值－最小值）比较大，最小的市净率只有 1.24，公司股价基本上接近于公司的每股所有者权益，而最大的市净率则达到了 20.02，公司股价为每股公司所有者权益的 20 倍以上；二是 CSRC 医药制造业上市公司 2017 年末市净率相对于整体市场来说具有较好的吸引力，反映在市净率的平均值为 4.5988，仅 4 倍左右的市净率。

图 6.9 展示了 CSRC 医药制造业上市公司 2017 年末总资产报酬率数据的描述分析结果。

		总资产报酬率 ROA
个案数	有效	194
	缺失	0
平均值		10.464
平均值标准误差		0.45852
中位数		9.1767
众数		2.25[a]
标准偏差		6.38643
方差		40.787
偏度		1.39
偏度标准误差		0.175
峰度		3.329
峰度标准误差		0.347
范围		42.73
最小值		0.03
最大值		42.76
总和		2030.01
百分位数	25	5.9539
	50	9.1767
	75	13.8574

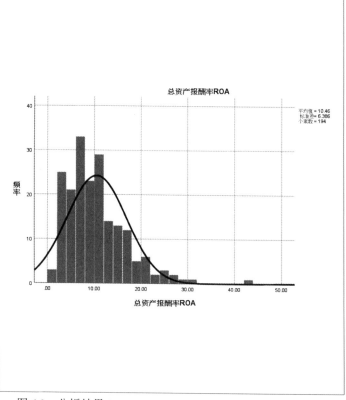

图 6.9 分析结果 3

- 百分位数：变量 CSRC 医药制造业上市公司 2017 年末总资产报酬率（ROA）的第一个四分位数（25%）是 5.9539，第二个四分位数（50%）是 9.1767，第三个四分位数（75%）是 13.8574。
- 最小值：变量 CSRC 医药制造业上市公司 2017 年末总资产报酬率（ROA）最小的数据值是 0.03。
- 最大值：变量 CSRC 医药制造业上市公司 2017 年末总资产报酬率（ROA）最大的数据值是 42.76。
- 平均值和标准偏差：变量 CSRC 医药制造业上市公司 2017 年末总资产报酬率（ROA）的平均值为 10.464，标准偏差是 6.38643。
- 偏度和峰度：变量 CSRC 医药制造业上市公司 2017 年末总资产报酬率（ROA）的偏度为 1.39，说明数据存在较小程度的正偏度。变量 CSRC 医药制造业上市公司 2017 年末总资产报酬率（ROA）的峰度为 3.329，有一个比正态分布长的尾巴。

我们从上述分析结果中可以看出：一是 CSRC 医药制造业上市公司 2017 年末总资产报酬率分布比较分散，反映在总资产报酬率的跨度比较大，或者说极值（最大值－最小值）比较大，最小的总资产报酬率只有 0.03，公司基本上是不盈利的，而最大的总资产报酬率达到了 42.76，公司盈利水平接近于公司总资产的一半，堪称暴利；二是 CSRC 医药制造业上市公司 2017 年末总资产报酬率相对于整体市场来说具有较好的吸引力，反映在总资产报酬率的平均值为 10.464，超过 10%，好于很多其他行业。

图 6.10 展示了 CSRC 医药制造业上市公司 2017 年末净资产收益率数据的描述分析结果。

		净资产收益率 ROE(平均)
个案数	有效	194
	缺失	0
平均值		11.7374
平均值标准误差		0.52441
中位数		10.9406
众数		2.66[a]
标准偏差		7.30423
方差		53.352
偏度		1.653
偏度标准误差		0.175
峰度		5.616
峰度标准误差		0.347
范围		50.92
最小值		0.34
最大值		51.26
总和		2277.06
百分位数	25	6.4135
	50	10.9406
	75	15.7712

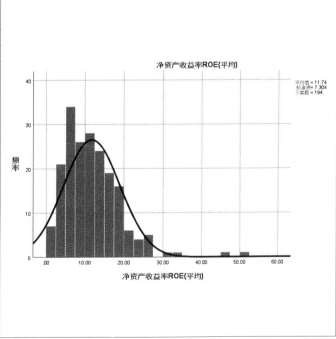

图 6.10　分析结果 4

- 百分位数：变量 CSRC 医药制造业上市公司 2017 年末净资产收益率的第一个四分位数（25%）是 6.4135，第二个四分位数（50%）是 10.9406，第三个四分位数（75%）是 15.7712。
- 最小值：变量 CSRC 医药制造业上市公司 2017 年末净资产收益率最小的数据值是 0.34。
- 最大值：变量 CSRC 医药制造业上市公司 2017 年末净资产收益率最大的数据值是 51.26。
- 平均值和标准偏差：变量 CSRC 医药制造业上市公司 2017 年末净资产收益率的平均值为 11.7374，标准偏差是 7.30423。
- 偏度和峰度：变量 CSRC 医药制造业上市公司 2017 年末净资产收益率（ROE）的偏度为 1.653，说明数据存在较小程度的正偏度。

变量 CSRC 医药制造业上市公司 2017 年末净资产收益率的峰度为 5.616，有一个比正态分布长很多的尾巴。

从上述分析结果中我们可以看出：一是 CSRC 医药制造业上市公司 2017 年末净资产收益率分布比较分散，反映在净资产收益率的跨度比较大，或者说极值（最大值－最小值）比较大，最小的净资产收益率只有 0.34，公司基本上是不盈利的，而最大的净资产收益率达到了 51.26，公司盈利水平超过了公司所有者权益的一半，堪称暴利；二是 CSRC 医药制造业上市公司 2017 年末净资产收益率相对于整体市场来说具有较好的吸引力，反映在净资产收益率的平均值为 11.7374，超过 10%，好于很多其他行业。

图 6.11 展示了 CSRC 医药制造业上市公司 2017 年末资产负债率数据的描述分析结果。

- 百分位数：变量 CSRC 医药制造业上市公司 2017 年末资产负债率的第一个四分位数（25%）是 16.5964，第二个四分位数（50%）是 24.5049，第三个四分位数（75%）是 38.2593。
- 最小值：变量 CSRC 医药制造业上市公司 2017 年末资产负债率最小的数据值是 4.2。
- 最大值：变量 CSRC 医药制造业上市公司 2017 年末资产负债率最大的数据值是 88.58。
- 平均值和标准偏差：变量 CSRC 医药制造业上市公司 2017 年末资产负债率的平均值为 28.1647，标准偏差是 15.7013。
- 偏度和峰度：变量 CSRC 医药制造业上市公司 2017 年末资产负债率的偏度为 0.784，说明数据存在较小程度的正偏度。

变量 CSRC 医药制造业上市公司 2017 年末资产负债率的峰度为 0.367，有一个比正态分布略长的尾巴。

第 6 章　上市公司估值与业绩表现影响因素研究：以医药制造业为例

		资产负债率
个案数	有效	194
	缺失	0
平均值		28.1647
平均值标准误差		1.12729
中位数		24.5049
众数		18.26^a
标准偏差		15.7013
方差		246.531
偏度		0.784
偏度标准误差		0.175
峰度		0.367
峰度标准误差		0.347
范围		84.38
最小值		4.2
最大值		88.58
总和		5463.95
百分位数	25	16.5964
	50	24.5049
	75	38.2593

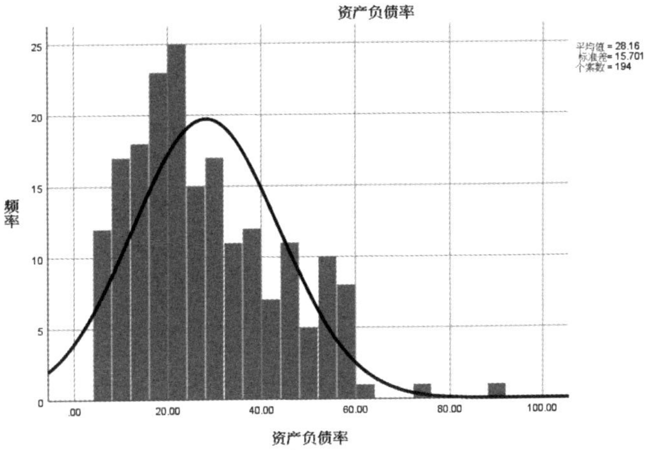

图 6.11　分析结果 5

我们从上述分析结果中可以看出：一是 CSRC 医药制造业上市公司 2017 年末资产负债率分布比较分散，反映在资产负债率的跨度比较大，或者说极值（最大值－最小值）比较大，最小的资产负债率只有 4.2，公司基本上是不举债的，而最大的资产负债率达到了 88.58，公司负债水平接近公司总资产，公司所有者权益不足 15%，堪称高杠杆经营；二是 CSRC 医药制造业上市公司 2017 年末资产负债率相对于整体市场来说具有较好的吸引力，反映在资产负债率的平均值只有 28.1647，不足 30%，好于很多其他行业。

图 6.12 展示了 CSRC 医药制造业上市公司 2017 年末总资产周转率数据的描述分析结果。

- 百分位数：变量 CSRC 医药制造业上市公司 2017 年末总资产周转率的第一个四分位数（25%）是 0.3974，第二个四分位数（50%）是 0.5176，第三个四分位数（75%）是 0.628。
- 最小值：变量 CSRC 医药制造业上市公司 2017 年末总资产周转率最小的数据值是 0.12。
- 最大值：变量 CSRC 医药制造业上市公司 2017 年末总资产周转率最大的数据值是 1.48。
- 平均值和标准偏差：变量 CSRC 医药制造业上市公司 2017 年末总资产周转率的平均值为 0.5297，标准偏差是 0.2063。
- 偏度和峰度：变量 CSRC 医药制造业上市公司 2017 年末总资产周转率的偏度为 0.835，说明数据存在较小程度的正偏度。

变量 CSRC 医药制造业上市公司 2017 年末总资产周转率的峰度为 2.076，有一个比正态分布更长的尾巴。

个案数	有效	总资产周转率 194
	缺失	0
平均值		0.5297
平均值标准误差		0.01481
中位数		0.5176
众数		0.19[a]
标准偏差		0.2063
方差		0.043
偏度		0.835
偏度标准误差		0.175
峰度		2.076
峰度标准误差		0.347
范围		1.36
最小值		0.12
最大值		1.48
总和		102.76
百分位数	25	0.3974
	50	0.5176
	75	0.628

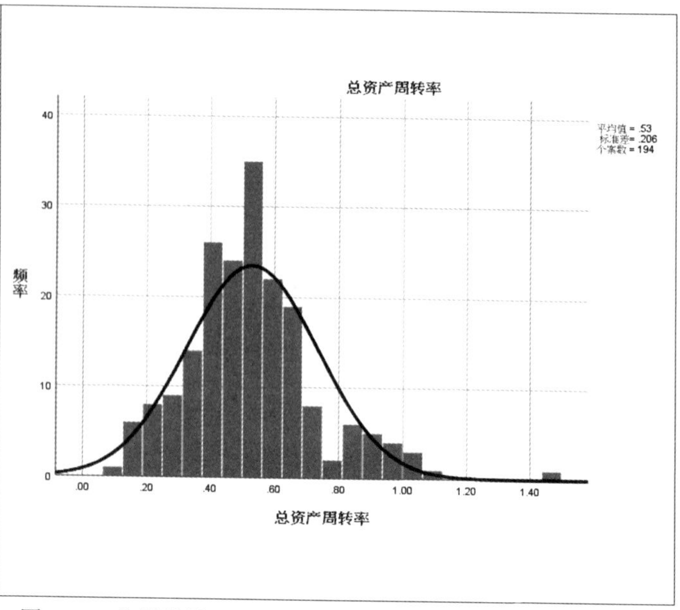

图 6.12 分析结果 6

我们从上述分析结果中可以看出：一是 CSRC 医药制造业上市公司 2017 年末总资产周转率分布比较集中，反映在总资产周转率的跨度不是很大，或者说极值（最大值－最小值）不够大，最小的总资产周转率只有 0.12，说明公司总资产的周转速度非常慢，10 年的销售收入才能周转一次总资产，而最大的总资产周转率也只不过是 1.48，相对于其他行业不算高；二是 CSRC 医药制造业上市公司 2017 年末总资产周转率相对于整体市场来说不具备较好的吸引力，反映在总资产周转率的平均值只有 0.5297，2 年的销售收入才能周转一次总资产。

图 6.13 展示了 CSRC 医药制造业上市公司 2017 年末研发费用同比增长数据的描述分析结果。

个案数	有效	研发费用同比增长 194
	缺失	0
平均值		32.7903
平均值标准误差		8.9567
中位数		19.1022
众数		62.76[a]
标准偏差		124.75243
方差		15563.168
偏度		9.919
偏度标准误差		0.175
峰度		111.769
峰度标准误差		0.347
范围		1579.94
最小值		-56.1
最大值		1523.83
总和		6361.32
百分位数	25	-3.1828
	50	19.1022
	75	39.9869

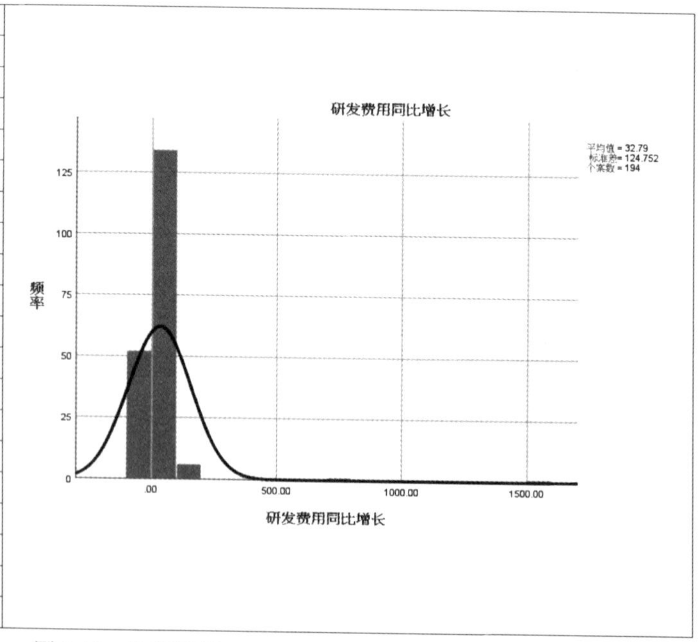

图 6.13 分析结果 7

- 百分位数：变量 CSRC 医药制造业上市公司 2017 年末研发费用同比增长的第一个四分位数（25%）是 -3.1828，第二个四分位数（50%）是 19.1022，第三个四分位数（75%）是 39.9869。
- 最小值：变量 CSRC 医药制造业上市公司 2017 年末研发费用同比增长最小的数据值是 -56.1。
- 最大值：变量 CSRC 医药制造业上市公司 2017 年末研发费用同比增长最大的数据值是 1523.83。
- 平均值和标准偏差：变量 CSRC 医药制造业上市公司 2017 年末研发费用同比增长的平均值为 32.7903，标准偏差是 124.7524。
- 偏度和峰度：变量 CSRC 医药制造业上市公司 2017 年末研发费用同比增长的偏度为 9.919，说明数据存在较大程度的正偏度。

变量 CSRC 医药制造业上市公司 2017 年末研发费用同比增长的峰度为 111.769，有一个比正态分布长很多的尾巴。

我们从上述分析结果中可以看出：一是 CSRC 医药制造业上市公司 2017 年末研发费用同比增长分布比较分散，反映在研发费用同比增长的跨度比较大，或者说极值（最大值-最小值）比较大，最小的研发费用同比增长只有 -56.1，公司的研发费用支出是相对下降的，而最大的研发费用同比增长达到了 1523.83，公司研发费用的增长速度远远超出普通水平；二是 CSRC 医药制造业上市公司 2017 年末研发费用同比增长相对于整体市场来说具备较好的吸引力，反映在研发费用同比增长的平均值高达 32.7903，超过 30%，好于很多其他行业，也在很大程度上说明医药制造业是一种典型的研发驱动型行业，高质量的研发是形成核心竞争力的关键。

图 6.14 展示了 CSRC 医药制造业上市公司 2017 年末投入资本回报率 ROIC 数据的描述分析结果。

- 百分位数：变量 CSRC 医药制造业上市公司 2017 年末投入资本回报率 ROIC 的第一个四分位数（25%）是 5.5934，第二个四分位数（50%）是 9.446，第三个四分位数（75%）是 14.5286。
- 最小值：变量 CSRC 医药制造业上市公司 2017 年末投入资本回报率 ROIC 最小的数据值是 0.03。
- 最大值：变量 CSRC 医药制造业上市公司 2017 年末投入资本回报率 ROIC 最大的数据值是 47.39。
- 平均值和标准偏差：变量 CSRC 医药制造业上市公司 2017 年末投入资本回报率 ROIC 的平均值为 10.6012，标准偏差是 6.69988。
- 偏度和峰度：变量 CSRC 医药制造业上市公司 2017 年末投入资本回报率 ROIC 的偏度为 1.498，说明数据存在较小程度的正偏度。

变量 CSRC 医药制造业上市公司 2017 年末投入资本回报率 ROIC 的峰度为 4.467，有一个比正态分布长很多的尾巴。

个案数	有效	投入资本回报率ROIC
	有效	194
	缺失	0
平均值		10.6012
平均值标准误差		0.48102
中位数		9.446
众数		2.04ª
标准偏差		6.69988
方差		44.888
偏度		1.498
偏度标准误差		0.175
峰度		4.467
峰度标准误差		0.347
范围		47.36
最小值		0.03
最大值		47.39
总和		2056.63
百分位数	25	5.5934
	50	9.446
	75	14.5286

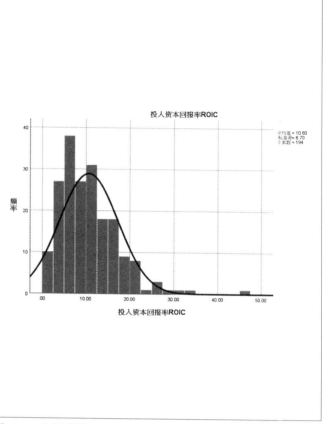

图 6.14 分析结果 8

我们从上述分析结果中可以看出：一是 CSRC 医药制造业上市公司 2017 年末投入资本回报率 ROIC 分布比较分散，反映在投入资本回报率 ROIC 的跨度比较大，或者说极值（最大值-最小值）比较大，最小的投入资本回报率 ROIC 只有 0.03，说明公司的投入产出非常低下，投资效率不佳，而最大的投入资本回报率 ROIC 达到了 47.39，公司的投入回报接近 50%，或者说公司当前的每一分投入用 2 年的时间即可翻倍；二是 CSRC 医药制造业上市公司 2017 年末投入资本回报率 ROIC 相对于整体市场来说具备较好的吸引力，反映在投入资本回报率 ROIC 的平均值高达 10.6012，超过 10%，好于很多其他行业，也在很大程度上说明医药制造业是一种典型的暴利型行业。

关于变量人力投入回报率、经营活动净收益/利润总额、EBITDA/利息费用、营业收入（同比增长率）、净利润（同比增长率）、经营活动产生的现金流量净额（同比增长率）的描述分析结果限于篇幅，不再一一解读，只进行简要点评，读者可按照前面类似的解读方法自行展开深入分析。

图 6.15 展示了 CSRC 医药制造业上市公司 2017 年末人力投入回报率数据的描述分析结果。人力投入回报率还是比较高的，平均值接近 200，每增加一单位的人力资源投入，能够获取接近两单位的产出，这在很大程度上说明在医药制造行业，人力资源的作用非常突出，也是最可依赖、最具潜力、最需培育的资源，志存高远的优秀企业都应该加强人力资源管理。

		人力投入回报率(ROP)
个案数	有效	194
	缺失	0
平均值		194.4284
平均值标准误差		11.82438
中位数		138.7815
众数		0
标准偏差		164.69461
方差		27124.314
偏度		1.771
偏度标准误差		0.175
峰度		3.205
峰度标准误差		0.347
范围		863.69
最小值		0
最大值		863.69
总和		37719.11
百分位数	25	83.8994
	50	138.7815
	75	255.5539

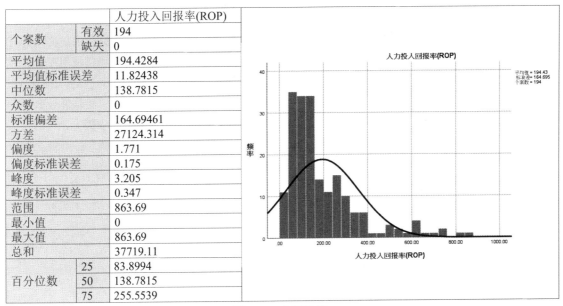

图 6.15 分析结果 9

图 6.16 展示了 CSRC 医药制造业上市公司 2017 年末经营活动净收益/利润总额数据的描述分析结果。经营活动净收益/利润总额用于评价公司通过经营主业获取的盈利水平,在很大程度上反映的是上市公司的收益质量。一般情况下,经营活动净收益/利润总额越高,说明公司通过经营主业获取的盈利水平越高,医药制造行业上市公司的收益质量就越好。与之相对应的,经营活动净收益/利润总额越低,说明公司通过经营主业获取的盈利水平越低,医药制造行业上市公司的收益质量就越差。从上面的描述分析中可以发现,医药制造行业上市公司的经营活动净收益/利润总额均值接近 70%,说明众多公司还是专注主业发展的,医药制造行业上市公司的整体收益质量比较好。

		经营活动净收益/利润总额
个案数	有效	194
	缺失	0
平均值		69.6836
平均值标准误差		10.02053
中位数		88.7699
众数		-63.68ª
标准偏差		139.56982
方差		19479.736
偏度		-12.622
偏度标准误差		0.175
峰度		169.782
峰度标准误差		0.347
范围		2088.95
最小值		-1801.74
最大值		287.21
总和		13518.63
百分位数	25	77.0506
	50	88.7699
	75	94.9279

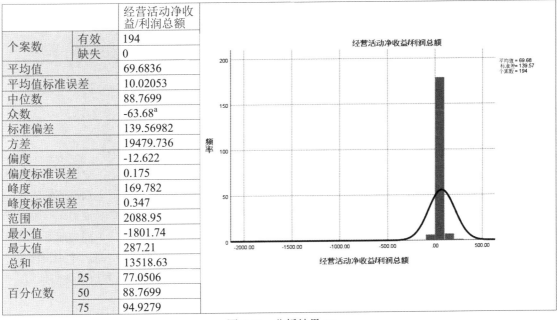

图 6.16 分析结果 10

图 6.17 展示了 CSRC 医药制造业上市公司 2017 年末 EBITDA/利息费用数据的描述分析结果。EBITDA/利息费用用于评价公司的偿债能力，EBITDA 是公司的息税前收益，利息费用是公司的有息负债产生的融资费用、利息等财务费用，EBITDA/利息费用越大，说明公司的利息费用支出就越能得到保障，公司的偿债能力就越强，就越让公司的债权人感到放心。与之相对应的，EBITDA/利息费用越小，说明公司的利息费用支出越不能得到保障，公司的偿债能力越弱，就越能让公司的债权人感到不放心。EBITDA/利息费用越大，说明公司的利息费用支出越能得到保障，公司的偿债能力越强，就越让公司的债权人感到放心。从上面的描述分析中可以发现，医药制造行业上市公司的 EBITDA/利息费用超过了 70 倍，说明整个行业的偿债能力很强，从经营可持续性的方面来讲，行业内的上市公司普遍较为优质。

		EBITDA/利息费用
个案数	有效	194
	缺失	0
平均值		70.0645
平均值标准误差		83.532
中位数		5.7527
众数		-182.17ª
标准偏差		1163.46618
方差		1353653.558
偏度		12.918
偏度标准误差		0.175
峰度		175.295
峰度标准误差		0.347
范围		17486.75
最小值		-1693.26
最大值		15793.48
总和		13592.5
百分位数	25	-56.0361
	50	5.7527
	75	28.2572

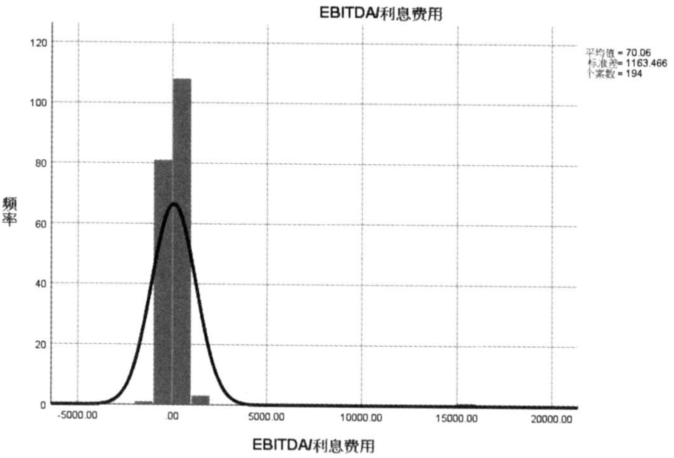

图 6.17　分析结果 11

图 6.18 展示了 CSRC 医药制造业上市公司 2017 年末营业收入（同比增长率）数据的描述分析结果。图 6.19 展示了 CSRC 医药制造业上市公司 2017 年末净利润（同比增长率）数据的描述分析结果。营业收入（同比增长率）、净利润（同比增长率）反映的是上市公司的成长能力。一般情况下，营业收入（同比增长率）、净利润（同比增长率）越大，说明上市公司的成长能力越好，越具有良好的发展预期，就越能得到投资者的认可；营业收入（同比增长率）、净利润（同比增长率）越小，说明上市公司的成长能力越差，越不具有良好的发展预期，就越不能得到投资者的认可。

个案数	有效	营业收入(同比增长率)
个案数	有效	194
	缺失	0
平均值		21.0575
平均值标准误差		2.53111
中位数		15.1597
众数		-1.12ª
标准偏差		35.25428
方差		1242.864
偏度		4.643
偏度标准误差		0.175
峰度		34.757
峰度标准误差		0.347
范围		385.28
最小值		-51.82
最大值		333.47
总和		4085.16
百分位数	25	4.3687
	50	15.1597
	75	28.5712

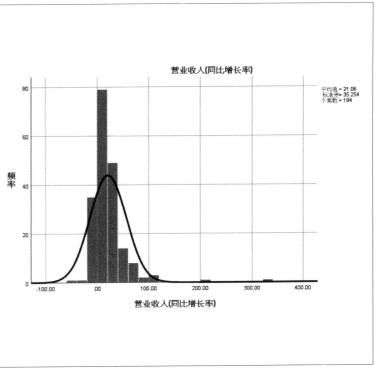

图 6.18　分析结果 12

个案数	有效	净利润(同比增长率)
个案数	有效	194
	缺失	0
平均值		58.7822
平均值标准误差		20.61014
中位数		12.8547
众数		-32.28ª
标准偏差		287.06607
方差		82406.93
偏度		10.111
偏度标准误差		0.175
峰度		119.095
峰度标准误差		0.347
范围		3664.49
最小值		-88.8
最大值		3575.69
总和		11403.76
百分位数	25	-8.1256
	50	12.8547
	75	37.4016

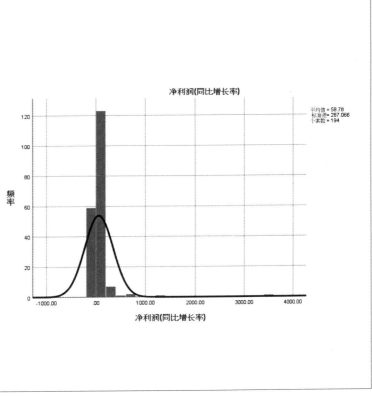

图 6.19　分析结果 13

从上面的描述性统计分析结果中可以看出，CSRC 医药制造业上市公司之间的成长能力分化非常明显，很多表现不佳的上市公司出现了营业收入（同比增长率）、净利润（同比增长率）的大幅下降，同时又有很多表现优秀的上市公司出现了营业收入（同比增长率）、净利润（同比增长率）的大幅上升。从整体上看，CSRC 医药制造业上市公司的成长能力还是非常不错的，反映在营业收入（同比增长率）的均值大于 20%，净利润（同比增长率）的均值大于 50%。在 2017 年我国宏观经济由高速增长阶段转入中高速增长的高质量发展阶段，经济发展出现新常态的背景下，CSRC 医药制造业上市公司能有这么好的业绩成长表现是非常难得的，这也在很大程度上说明了医药制造行业弱周期特征，不易受到宏观环境的影响与冲击。

图 6.20 展示了 CSRC 医药制造业上市公司 2017 年末经营活动产生的现金流量净额（同比增长率）数据的描述分析结果。经营活动产生的现金流量净额（同比增长率）也是反映上市公司收益质量的指标。经营活动产生的现金流量净额财务指标取自现金流量表，而现金流量表是按照收付实现制的原则编制的。经典财务管理理论认为，公司的经营利润只有转化为切切实实的现金流入，才算是真正实现了"惊险的跳跃"。因此，在很多情况下，经营活动产生的现金流量净额相对于经营利润更能衡量公司的真实盈利能力，不容易被操纵或隐蔽。

		经营活动产生的现金流量净额(同比增长率)
个案数	有效	194
	缺失	0
平均值		154.5764
平均值标准误差		95.15534
中位数		1.5217
众数		167.10ª
标准偏差		1325.3605
方差		1756580.443
偏度		6.816
偏度标准误差		0.175
峰度		60.23
峰度标准误差		0.347
范围		16976.41
最小值		-5332.76
最大值		11643.65
总和		29987.83
百分位数	25	-49.6223
	50	1.5217
	75	43.1711

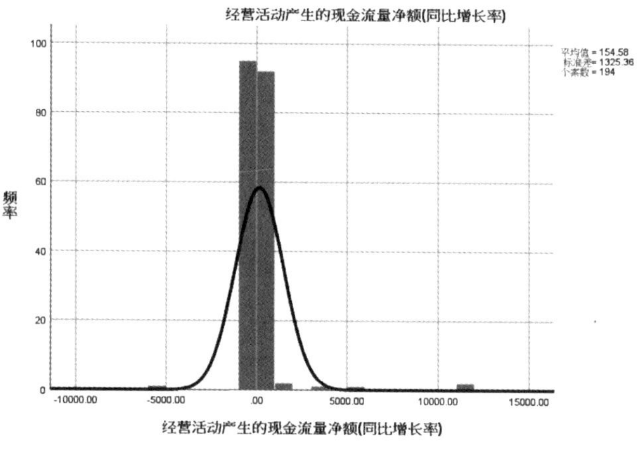

图 6.20 分析结果 14

从上面的描述性统计分析结果中可以看出，CSRC 医药制造业上市公司之间的以现金流量衡量的生产经营质量分化非常明显，很多表现不佳的上市公司出现了经营活动产生的现金流量净额（同比增长率）的大幅下降，同时又有很多表现优秀的上市公司出现了经营活动产生的现金流量净额（同比增长率）的大幅上升。从整体上看，CSRC 医药制造业上市公司的以现金流量衡量的生产经营质量还是非常不错的，反映在经营活动产生的现金流量净额（同比增长率）的均值大于 150%。

6.3 相关分析

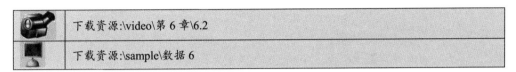

本节对"市盈率 PE（TTM）""市净率 PB（LF）""总资产报酬率 ROA""净资产收益率 ROE（平均）""资产负债率""总资产周转率""研发费用同比增长""投入资本回报率 ROIC""人力投入回报率（ROP）""经营活动净收益/利润总额""EBITDA/利息费用""营业收入（同比增长率）""净利润（同比增长率）""经营活动产生的现金流量净额（同比增长率）"变量进行相关分析，研究变量之间的相关关系。

相关分析是不考虑变量之间的因果关系，而只研究分析变量之间的相关关系的一种统计分析方法。相关性的元素之间需要存在一定的联系或概率才可以进行相关分析。通过该操作我们可以判断出变量之间的相关性，从而考虑是否有必要进行后续分析或增加替换新的变量等。

6.3.1 SPSS 分析过程

相关分析的步骤如下。

01 依次选择"文件｜打开｜数据"命令，打开 6.sav 数据表。

02 依次选择"分析｜相关｜双变量…"命令，弹出"双变量相关性"对话框，在左侧变量框中分别选择"市盈率 PE（TTM）""市净率 PB（LF）""总资产报酬率 ROA""净资产收益率 ROE（平均）""资产负债率""总资产周转率""研发费用同比增长""投入资本回报率 ROIC""人力投入回报率（ROP）""经营活动净收益/利润总额""EBITDA/利息费用""营业收入（同比增长率）""净利润（同比增长率）""经营活动产生的现金流量净额（同比增长率）"变量，单击 按钮，选入右侧的"变量"列表框中，如图 6.21 所示。

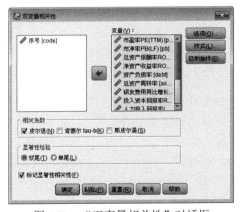

图 6.21 "双变量相关性"对话框

对话框选项设置/说明

"相关系数"选项组主要计算变量之间的相关系数,有以下 3 个选项。

- 皮尔逊:是两个连续型变量之间的相关系数。
- 肯德尔:反映两个有序分类变量的一致性。
- 斯皮尔曼:是秩相关分析,当选择了这个选项以后系统会自动对变量求秩,然后再计算其秩分数间的相关系数。

这里选择"皮尔逊"相关系数。"显著性检验"选项组中有两个选项:"双尾"是双侧显著性检验;"单尾"为单侧显著性检验,用于当相关关系方向明显时,如身高与体重的相关关系。因为我们所分析的数据相关关系不明显,所以选择"双尾"。最下面是"标记显著性相关"复选框,勾选此复选框后,输出结果中对在显著性水平 0.05 下显著的相关系数用一个星号加以标记,对在显著性水平 0.01 下显著相关的相关系数用两个星号加以标记。

03 单击"选项"按钮,弹出"双变量相关性:选项"对话框,如图 6.22 所示。

图 6.22 "双变量相关性:选项"对话框

对话框选项设置/说明

"统计"选项组只能用于皮尔逊相关系数,有以下两个复选框。

- 平均值和标准差:显示每个变量的平均值与标准差及非缺失值的样本数。
- 叉积偏差和协方差:显示每对变量的叉积离差矩阵和协方差矩阵。叉积离差等于平均值校正变量积的和,是皮尔逊相关系数的分子;协方差为两个变量关系的非标准化测度,等于叉积离差除以 n−1。

为了展示所有结果,我们把两个选项都勾选。

"缺失值"选项组中有以下两个选项。

- 成对排除个案:剔除相关分析中含有缺失值的变量对。由于相关系数是根据特定变量的有效值计算的(每个计算均使用最大的信息),因此相关系数矩阵的相关系数是根据不同的样本数计算而来的。
- 成列排除个案:剔除参与相关分析的变量中有缺失值的观测量。

04 设置完毕后单击"继续"按钮,回到"双变量相关性"对话框,然后单击"确定"按钮,进入计算分析。

6.3.2 结果分析

图 6.23 给出了本次参与分析的"市盈率 PE（TTM）""市净率 PB（LF）""总资产报酬率 ROA""净资产收益率 ROE（平均）""资产负债率""总资产周转率""研发费用同比增长""投入资本回报率 ROIC""人力投入回报率（ROP）""经营活动净收益/利润总额""EBITDA/利息费用""营业收入（同比增长率）""净利润（同比增长率）""经营活动产生的现金流量净额（同比增长率）"变量的基本统计量,统计指标包括平均值、标准偏差、个案数,其中得到的结果与前面描述分析部分一致,限于篇幅不再赘述。

描述统计

	平均值	标准偏差	个案数
市盈率PE(TTM)	86.2686	359.59235	194
市净率PB(LF)	4.5988	3.11937	194
总资产报酬率ROA	10.4640	6.38643	194
净资产收益率ROE(平均)	11.7374	7.30423	194
资产负债率	28.1647	15.70130	194
总资产周转率	.5297	.20630	194
研发费用同比增长	32.7903	124.75243	194
投入资本回报率ROIC	10.6012	6.69988	194
人力投入回报率(ROP)	194.4284	164.69461	194
经营活动净收益/利润总额	69.6836	139.56982	194
EBITDA/利息费用	70.0645	1163.46618	194
营业收入(同比增长率)	21.0575	35.25428	194
净利润(同比增长率)	58.7822	287.06607	194
经营活动产生的现金流量净额(同比增长率)	154.5764	1325.36050	194

图 6.23 描述统计

表 6.2 给出了"市盈率 PE（TTM）""市净率 PB（LF）""总资产报酬率 ROA""净资产收益率 ROE（平均）""资产负债率""总资产周转率""研发费用同比增长""投入资本回报率 ROIC""人力投入回报率（ROP）""经营活动净收益/利润总额""EBITDA/利息费用""营业收入（同比增长率）""净利润（同比增长率）""经营活动产生的现金流量净额（同比增长率）"变量的皮尔逊相关系数、平方和与叉积、协方差、个案数。其中相关关系较为显著的皮尔逊相关系数得到了标记。

表 6.2 皮尔逊相关性

		市盈率 PE(TTM)	市净率 PB(LF)	总资产报酬率 ROA	净资产收益率 ROE(平均)	资产负债率	总资产周转率	研发费用同比增长	投入资本回报率 ROIC	人力投入回报率 (ROP)	经营活动净收益/利润总额	EBITDA/利息费用	营业收入(同比增长率)	净利润(同比增长率)	经营活动产生的现金流量净额(同比增长率)
市盈率 PE(TTM)	皮尔逊相关性	1	0.043	-0.081	-0.063	.296**	0.123	.213**	-0.082	-0.077	0.005	0.002	-0.016	0.018	-0.022
	Sig.（双尾）		0.556	0.259	0.384	0	0.088	0.003	0.255	0.285	0.94	0.982	0.823	0.799	0.759
	个案数	194	194	194	194	194	194	194	194	194	194	194	194	194	194

（续表）

		市盈率 PE(TTM)	市净率 PB(LF)	总资产报酬率 ROA	净资产收益率 ROE(平均)	资产负债率	总资产周转率	研发费用同比增长	投入资本回报率 ROIC	人力投入回报率(ROP)	经营活动净收益/利润总额	EBITDA/利息费用	营业收入(同比增长率)	净利润(同比增长率)	经营活动产生的现金流量净额(同比增长率)
市净率 PB(LF)	皮尔逊相关性	0.043	1	.379**	.404**	-0.063	0.083	0.006	.380**	0.056	0.025	.205**	.182*	0.024	-0.106
	Sig.（双尾）	0.556		0	0	0.382	0.248	0.939	0	0.436	0.724	0.004	0.011	0.739	0.139
	个案数	194	194	194	194	194	194	194	194	194	194	194	194	194	194
总资产报酬率 ROA	皮尔逊相关性	-0.081	.379**	1	.944**	-.342**	.294**	0.121	.979**	.556**	0.124	0.036	0.119	0.02	-0.097
	Sig.（双尾）	0.259	0		0	0	0	0.092	0	0	0.086	0.618	0.098	0.782	0.176
	个案数	194	194	194	194	194	194	194	194	194	194	194	194	194	194
净资产收益率 ROE(平均)	皮尔逊相关性	-0.063	.404**	.944**	1	-.184*	.312**	0.046	.968**	.550**	0.118	0.036	0.108	0.03	-0.109
	Sig.（双尾）	0.384	0	0		0.01	0	0.522	0	0	0.102	0.622	0.136	0.681	0.131
	个案数	194	194	194	194	194	194	194	194	194	194	194	194	194	194
资产负债率	皮尔逊相关性	.296**	-0.063	-.342**	-.184*	1	0.11	0.072	-.270**	-.204**	-0.089	0.004	0.017	0.052	-0.054
	Sig.（双尾）	0	0.382	0	0.01		0.126	0.322	0	0.004	0.215	0.957	0.814	0.472	0.45
	个案数	194	194	194	194	194	194	194	194	194	194	194	194	194	194
总资产周转率	皮尔逊相关性	0.123	0.083	.294**	.312**	0.11	1	.177*	.351**	-.152*	.174*	-0.027	0.019	-0.026	-0.018
	Sig.（双尾）	0.088	0.248	0	0	0.126		0.014	0	0.035	0.015	0.71	0.794	0.717	0.798
	个案数	194	194	194	194	194	194	194	194	194	194	194	194	194	194
研发费用同比增长	皮尔逊相关性	.213**	0.006	0.121	0.046	0.072	.177*	1	0.124	0.072	0.065	-0.004	0.089	-0.002	0.019
	Sig.（双尾）	0.003	0.939	0.092	0.522	0.322	0.014		0.086	0.32	0.37	0.961	0.218	0.979	0.79
	个案数	194	194	194	194	194	194	194	194	194	194	194	194	194	194
投入资本回报率 ROIC	皮尔逊相关性	-0.082	.380**	.979**	.968**	-.270**	.351**	0.124	1	.547**	0.124	0.033	0.12	0.033	-0.098
	Sig.（双尾）	0.255	0	0	0	0	0	0.086		0	0.085	0.652	0.095	0.644	0.174
	个案数	194	194	194	194	194	194	194	194	194	194	194	194	194	194
人力投入回报率(ROP)	皮尔逊相关性	-0.077	0.056	.556**	.550**	-.204**	-.152*	0.072	.547**	1	0.054	-0.044	0.077	0.029	-0.037
	Sig.（双尾）	0.285	0.436	0	0	0.004	0.035	0.32	0		0.454	0.54	0.283	0.69	0.604
	个案数	194	194	194	194	194	194	194	194	194	194	194	194	194	194
经营活动净收益/利润总额	皮尔逊相关性	0.005	0.025	0.124	0.118	-0.089	.174*	0.065	0.124	0.054	1	0.002	-0.053	-0.037	0.019
	Sig.（双尾）	0.94	0.724	0.086	0.102	0.215	0.015	0.37	0.085	0.454		0.98	0.465	0.612	0.798
	个案数	194	194	194	194	194	194	194	194	194	194	194	194	194	194
EBITDA/利息费用	皮尔逊相关性	0.002	.205**	0.036	0.036	0.004	-0.027	-0.004	0.033	-0.044	0.002	1	-0.046	-0.023	-0.007
	Sig.（双尾）	0.982	0.004	0.618	0.622	0.957	0.71	0.961	0.652	0.54	0.98		0.527	0.752	0.924
	个案数	194	194	194	194	194	194	194	194	194	194	194	194	194	194
营业收入(同比增长率)	皮尔逊相关性	-0.016	.182*	0.119	0.108	0.017	0.019	0.089	0.12	0.077	-0.053	-0.046	1	.205**	-0.037
	Sig.（双尾）	0.823	0.011	0.098	0.136	0.814	0.794	0.218	0.095	0.283	0.465	0.527		0.004	0.607
	个案数	194	194	194	194	194	194	194	194	194	194	194	194	194	194
净利润(同比增长率)	皮尔逊相关性	0.018	0.024	0.02	0.03	0.052	-0.026	-0.002	0.033	0.029	-0.037	-0.023	.205**	1	-0.023
	Sig.（双尾）	0.799	0.739	0.782	0.681	0.472	0.717	0.979	0.644	0.69	0.612	0.752	0.004		0.747
	个案数	194	194	194	194	194	194	194	194	194	194	194	194	194	194

(续表)

		市盈率 PE(TTM)	市净率 PB(LF)	总资产报酬率 ROA	净资产收益率 ROE(平均)	资产负债率	总资产周转率	研发费用同比增长	投入资本回报率 ROIC	人力投入回报率 (ROP)	经营活动净收益/利润总额	EBITDA/利息费用	营业收入(同比增长率)	净利润(同比增长率)	经营活动产生的现金流量净额(同比增长率)
经营活动产生的现金流量净额(同比增长率)	皮尔逊相关性	-0.022	-0.106	-0.097	-0.109	-0.054	-0.018	0.019	-0.098	-0.037	0.019	-0.007	-0.037	-0.023	1
	Sig.（双尾）	0.759	0.139	0.176	0.131	0.45	0.798	0.79	0.174	0.604	0.798	0.924	0.607	0.747	
	个案数	194	194	194	194	194	194	194	194	194	194	194	194	194	194

** 在 0.01 级别（双尾），相关性显著。
* 在 0.05 级别（双尾），相关性显著。

1. 协方差结果分析

从上述分析结果中，我们既可以看到各个变量之间的方差与协方差值，也可以看到各个值之间的差距很大，且有正有负。需要特别关注的是，PE、PB、ROA 和 ROE 4 个变量与其他变量之间的相关关系，其中 PE、PB 代表上市公司的市场估值，ROA、ROE 代表上市公司的业绩表现。

可以发现 PE 与 debt（资产负债率）、assetturnover（总资产周转率）、R&Dgrow（研发费用同比增长）、netincome/profit（经营活动净收益/利润总额）、EBITDA/interest（EBITDA/利息费用）、netprofitgrow（净利润（同比增长率））正相关，与 ROIC、ROP、incomegrow（营业收入（同比增长率））、cashflowgrow（经营活动产生的现金流量净额（同比增长率））负相关。

PB 与 debt（资产负债率）、cashflowgrow 负相关，在一定程度上说明资产负债率越高，经营活动产生的现金流量净额（同比增长率）越高、市净率 PB 就越低。与 assetturnover（总资产周转率）、R&Dgrow（研发费用同比增长）、netincome/profit、EBITDA/interest、netprofitgrow、ROIC、ROP、incomegrow 变量均为正相关。

ROA 与 debt、cashflowgrow（经营活动产生的现金流量净额（同比增长率））负相关，在一定程度上说明资产负债率越高，经营活动产生的现金流量净额（同比增长率）越高、总资产报酬率 ROA 就越低。与 assetturnover、R&Dgrow、netincome/profit、EBITDA/interest、netprofitgrow、ROIC、ROP、incomegrow 变量均为正相关。

ROE 与 debt、cashflowgrow 负相关，在一定程度上说明资产负债率越高，经营活动产生的现金流量净额（同比增长率）越高、净资产收益率 ROE 就越低。与 assetturnover、R&Dgrow、netincome/profit、EBITDA/interest、netprofitgrow、ROIC、ROP、incomegrow 等变量均为正相关。

2. 相关系数结果分析

从上述分析结果中，我们既可以看到各个变量之间的相关系数情况，也可以看到各个值之间的差距很大，且有正有负。需要特别关注的是，PE、PB、ROA 和 ROE 4 个变量与其他变量之间的相关关系，其中 PE、PB 代表上市公司的市场估值，ROA、ROE 代表上市公司的业绩表现。

可以发现 PE 与各个变量之间的相关系数绝对值都不大，在很大程度上说明我国资本市场的投资者在进行投资决策时，或者说对于标的股票的价值评估，上市公司基本面的考量不是很多。具体来说，PE 与 debt、assetturnover、R&Dgrow、netincome/profit、EBITDA/interest、netprofitgrow 正相关，与 ROIC、ROP、incomegrow、cashflowgrow 负相关，相关系数绝对值都没有超过 0.3。

PB 同样与各个变量之间的相关系数绝对值都不大，体现在相关系数绝对值均没有超过 0.41，同样在很大程度上说明我国资本市场的投资者在进行投资决策时，或者说对于标的股票的价值评估，上市公司基本面的考量不是很多。具体来说，PE 与 debt、cashflowgrow 负相关，在一定程度上说明资产负债率越高，经营活动产生的现金流量净额（同比增长率）越高、市净率 PB 就越低。与 assetturnover、R&Dgrow、netincome/profit、EBITDA/interest、netprofitgrow、ROIC、ROP、incomegrow 等变量均为正相关，与方差-协方差分析得到的结论一致。

ROA 与 ROIC 的相关系数很大，几乎接近于 1，说明上市公司 ROIC 越高，其 ROA 就越高，与其他各个变量之间的相关系数绝对值都不大，体现在相关系数绝对值均没有超过 0.6，在很大程度上说明上市公司总资产报酬率 ROA 与公司的资本结构、研发投入、盈利质量、营运能力、偿债能力、成长能力等财务表现关联度不高。具体来说，ROA 与 debt、cashflowgrow 负相关，在一定程度上说明资产负债率越高和经营活动产生的现金流量净额（同比增长率）越高，总资产报酬率 ROA 就越低。与 assetturnover、R&Dgrow、netincome/profit、EBITDA/interest、netprofitgrow、ROIC、ROP、incomegrow 等变量均为正相关。

ROE（净资产收益率 ROE）与 ROIC 的相关系数很大，接近于 1，说明上市公司 ROIC 越高，其 ROA 就越高。与其他各个变量之间的相关系数绝对值都不大，体现在相关系数绝对值均没有超过 0.6，在很大程度上说明上市公司净资产收益率 ROE（平均）与公司的资本结构、研发投入、盈利质量、营运能力、偿债能力、成长能力等财务表现关联度不高。具体来说，ROE 与 debt、cashflowgrow 负相关，在一定程度上说明资产负债率和经营活动产生的现金流量净额（同比增长率）越高、净资产收益率 ROE（平均）就越低。与 assetturnover、R&Dgrow、netincome/profit、EBITDA/interest、netprofitgrow、ROIC、ROP、incomegrow 等变量均为正相关。

3. 相关关系显著性检验情况

在上述分析结果中，我们可以看到变量 PE 与 debt、R&Dgrow 的相关系数的显著性检验通过。PB 与 ROA、ROE、ROIC、EBITDA/interest、incomegrow 的相关系数的显著性检验通过。ROA 与 ROE、debt、assetturnover、ROIC、ROP 的相关系数的显著性检验通过。ROE 与 debt、assetturnover、ROIC、ROP 的相关系数的显著性检验通过。

6.4 建立模型

在经过了对数据进行描述分析观察数据基本特征、相关分析检验变量之间的关联关系之后，本节我们来进行最后的步骤，也就是根据前面得出的一系列结论，建立相应的数据模型。

6.4.1 市盈率口径估值与业绩表现研究

📹	下载资源:\video\第 6 章\6.3
💻	下载资源:\sample\数据 6

第6章 上市公司估值与业绩表现影响因素研究：以医药制造业为例 | 217

以"PE（市盈率PE（TTM））"为因变量，以 ROA、ROE、debt、assetturnover、R&Dgrow、ROIC、ROP、netincome/profit、EBITDA/interest、incomegrow、netprofitgrow、cashflowgrow 变量为自变量，进行最小二乘线性回归。

建立线性模型

PE（市盈率PE（TTM）） = a + b*ROA（总资产报酬率ROA）+ c*ROE（净资产收益率ROE（平均））+ d*debt（资产负债率）+ e*assetturnover（总资产周转率）+ f*R&Dgrow（研发费用同比增长）+ g*ROIC（投入资本回报率ROIC）+ h*ROP（人力投入回报率（ROP））+ i*netincome/profit（经营活动净收益/利润总额）+ j*EBITDA/interest（EBITDA/利息费用）+ k*incomegrow（营业收入（同比增长率））+ l*netprofitgrow（净利润（同比增长率））+ m*cashflowgrow（经营活动产生的现金流量净额（同比增长率））+ u

实验的操作步骤如下：

01 依次选择"文件｜打开｜数据"命令，打开 6.sav 数据表。

02 依次选择"分析｜回归｜线性"命令，弹出"线性回归"对话框，如图 6.24 所示。在左侧变量框中选择"市盈率 PE（TTM）"变量，单击 ▶ 按钮，选入右侧上方的"因变量"列表框中，作为模型的被解释变量。再分别选择"总资产报酬率 ROA""净资产收益率 ROE（平均）""资产负债率""总资产周转率""研发费用同比增长""投入资本回报率 ROIC""人力投入回报率（ROP）""经营活动净收益/利润总额""EBITDA/利息费用""营业收入（同比增长率）""净利润（同比增长率）""经营活动产生的现金流量净额（同比增长率）"等变量，再单击 ▶ 按钮，选入"自变量"列表框中，作为模型的解释变量。在"方法"下拉列表中指定自变量进入分析的方式，通过选择不同的方法，可对相同的变量建立不同的回归模型。

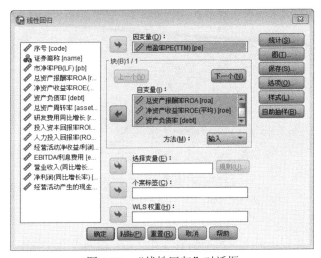

图 6.24 "线性回归"对话框

=== 对话框选项设置/说明 ===

建立多重回归的方法有以下 5 种。

- 输入：全部备选变量一次进入回归模型。
- 步进：在每一步中，一个最小概率（概率小于设定值）的变量将引入回归方程。若已经引入回归方程的变量的概率大于设定值,则被剔除出回归方程;若无变量被引入或被除去,则终止回归过程。
- 除去:将所有不进入方程模型的备选变量一次除去。
- 后退:一次性将所有变量引入方程并依次除去。首先除去与因变量最小相关且符合剔除标准的变量,然后除去第二个与因变量最小相关并且符合剔除标准的变量,依次类推。若方程中的变量均不满足除去标准,则终止回归过程。
- 前进:被选变量依次进入回归模型,首先引入与因变量最大相关且符合引入标准的变量,引入第一个变量后,然后引入第二个与因变量最大偏相关并且符合引入标准的变量,依次类推。若无变量符合引入标准时,则回归过程终止。

需要注意的是,无论选择哪种汇总引入方法,进入方程的变量必须符合容许偏差,默认的容许偏差是 0.0001。同样一个变量若使模型中变量的容许偏差低于默认的容许偏差,则不进入方程。

"选择变量"文本框用于指定分析个案的选择规则;"WLS 权重"文本框利用加权最小平方法给观测量不同的权重值,可用来补偿或减少采用不同测量方式所产生的误差。需要注意的是,因变量与自变量不能再作为加权变量使用,如果加权变量的值是零、负数或缺失值,那么相对应的观测量将被删除。

在本例中,我们选择"输入"方法进行回归,其他选项采用系统默认设置。

03 单击"统计"按钮,弹出"线性回归:统计"对话框,如图 6.25 所示。

图 6.25 "线性回归:统计"对话框

对话框选项设置/说明

"回归系数"选项组中是有关回归系数的选项。

- 估算值:输出回归系数、回归系数的标准误差、标准化回归系数 Beta、对回归系数进行检验的 T 值、T 值的双侧检验的显著性水平。
- 置信区间:输出每一个非标准化回归系数 95% 的可信区间或者一个方差矩阵。
- 协方差矩阵:输出非标准化回归系数的协方差矩阵、各变量的相关系数矩阵。

这里只勾选"估算值"复选框就足够了。右侧是与模型拟合及其拟合效果有关的选项,各选项含义如下:

- 模型拟合：输出产生方程过程中引入模型及从模型中删除的变量，提供复相关系数 R、复相关系数平方及其修正值、估计值的标准误差、ANOVA 方差分析等，这是默认选项。
- R 方变化量：输出的是当回归方程中引入或除去一个自变量后 R 平方的变化量，如果较大，就说明进入和从回归方程剔除的可能是一个较好的回归自变量。
- 描述：输出合法观测量的数量、变量的平均数、标准偏差、相关系数矩阵及其单侧检验显著性水平矩阵。
- 部分相关性和偏相关性：输出部分相关系数、偏相关系数与零阶相关系数。部分相关性是指对于因变量与某个自变量，当已移去模型中的其他自变量对该自变量的线性效应之后，因变量与该自变量之间的相关性。当变量添加到方程时，它与 R 方的更改有关，有时称为半部分相关。偏相关性是指两个变量之间剩余的相关性，对于因变量与某个自变量，当已移去模型中的其他自变量对上述两者的线性效应之后，这两者之间的相关性。
- 共线性诊断：输出用来诊断各变量共线性问题的各种统计量和容限值。由于一个自变量是其他自变量的线性函数时所引起的共线性（或多重共线性）是不被期望的，因此我们有必要进行共线性诊断。选择共线性诊断操作的输出结果是，显示已标度和未中心化叉积矩阵的特征值、条件指数和方差-分解比例，以及个别变量的方差膨胀因子（VIF）和容差。

"残差"选项组中是有关残差分析的选项。

- 德宾-沃森（Durbin-Watson 检验统计量）：用来检验残差是否存在自相关。
- 个案诊断：输出观测量诊断表。选择该项后将激活下面两个单选按钮。
- 离群值（超出 n 倍标准差以上的个案为异常值）：用来设置异常值的判据，默认 n 为 3。
- 所有个案：表示输出所有观测量的残差值。由于我们的数据是时间序列，有可能存在自相关，因此选择德宾-沃森（Durbin-Watson 检验统计量）来检验残差是否存在自相关。

在本例中，我们选择"德宾-沃森"，输出德宾-沃森检验统计量，并勾选"模型拟合"和"描述"复选框，其他选项采用系统默认设置。

04 单击"继续"按钮，回到"线性回归"对话框，单击"图"按钮，打开"线性回归：图"对话框，如图 6.26 所示。

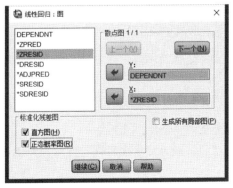

图 6.26　"线性回归：图"对话框

对话框选项设置/说明

这里提供绘制散点图、直方图等功能，通过观察这些图形，既有助于确认样本的正态性、线性和等方差性，也有助于发现和察觉那些异常观测值和超界值。

从左边变量框中选择变量决定绘制何种散点图，如 DEPENDNT：因变量、ADJPRED：经调整的预测值、ZPRED：标准化预测值、SRESID：学生化残差、ZRESID：标准化残差、SDRESID：学生化剔除残差、DRESID：剔除残差，这里分别把因变量和标准化残差选为 Y 和 X 轴来进行绘图，通过观察残差图可以验证回归模型是否符合经典回归模型的基本假设。

左下方的"标准化残差图"选项组可以决定是否输出标准化残差图，这里把"直方图"和"正态概率图"复选框都勾选上。在对话框中还有一个"生成所有局部图"复选框，它将输出每一个自变量对于因变量残差的散点图。这里我们不勾选该复选框，因为在我们的实验中并不需要分析所有自变量的残差与因变量残差的关系。

05 单击"继续"按钮，回到"线性回归"对话框，单击"保存"按钮，打开"线性回归：保存"对话框，如图 6.27 所示。

图 6.27 "线性回归：保存"对话框

对话框选项设置/说明

选择该对话框中的选项，可决定将预测值、残差或其他诊断结果值作为新变量保存于当前工作文件或保存到新文件。

"预测值"选项组可以选择输出回归模型中每一观测值的预测值，包括以下 4 个选项。

- 未标准化：模型中因变量的预测值。
- 标准化：将每个预测值转换成为标准化形式，即用预测值与平均预测值之差除以预测值的标准差。
- 调整后：在回归系数的计算中除去当前个案时，当前个案的预测值。
- 平均值预测标准误差：与自变量相同数值的因变量均值的标准误差。

这里我们只选择"标准化"和"未标准化"的预测值。下面的"距离"选项组可以决定将自变量的异常观测值和对回归模型产生较大影响的观测值区分出来，有以下几个选项。

- 马氏距离：又称为 Mahalanobis 距离（马哈拉诺比斯距离），是一个测量自变量观测值中有多少观测值与所有观测量均值不同的测度，把马氏距离数值大的观测量视为极端值。
- 库克距离（Cook 距离）：若一个特殊的观测值被排除在回归系数的计算之外，则库克距离用于测量所有观测量的残差变化；若库克距离数值大的观测量被排除在回归分析的计算之外，则会导致回归系数发生实质性变化。
- 杠杆值：用于测度回归拟合中一个点的影响，中心化杠杆值范围从 0~(N-1)/N。拟合中没有影响，则杠杆值为 0。

因为在本次实验中不分析异常值，因此不选择这几个选项。

"预测区间"选项组中各选项的含义如下：

- 平均值：均值预测区间的上下限。
- 单值：因变量的单个观测量预测区间的上下限。
- 置信区间：在文本框中输入 1~99.99 中的一个数值，作为预测区间的置信概率。通常选用的置信概率为 90%、95% 或 99%，系统默认值为 95%。

在本次实验中，我们选择平均值、单值，置信区间设置为系统默认值 95%。

"残差"选项组中有以下 5 个选项。

- 未标准化：因变量的实际值与预测值之差。
- 标准化：未标准化残差被估计标准误差除后的数值，即所谓的皮尔逊（Pearson）残差，其平均值为 0，标准差为 1。
- 学生化：从一个观测量到另一个观测量的残差被估计标准差除后的数值。
- 删除后：从回归系数的计算中除去的观测量的残差，等于因变量的值与经调整的预测值之差。
- 学生化删除后：是一个观测量的剔除残差被它的标准误差除后的数值。

在本次实验中，我们选择"标准化"残差选项。

"影响统计"选项组中同样包含 5 个选项。

- DfBeta：Beta 值之差，是排除一个特定观测值所引起的回归系数的变化。
- 标准化 DfBeta 值：Beta 值的标准化残差，为剔除一个个案后回归系数改变的大小。
- DfFit：拟合值之差，是由于排除一个特定观测值所引起的预测值的变化。
- 标准化 DfFit：拟合值的标准差。
- 协方差比率：是一个被从回归系数计算中除去的特定观测值的协方差矩阵与包括全部观测量的协方差矩阵的比率，如果这个比率接近于 1，就说明这个特定观测值对协方差矩阵的变更没有显著的影响。

选择"系数统计"选项组中的"写入新数据文件"单选按钮，然后单击"文件"按钮，弹出"线性回归：保存到文件"对话框，可以将回归系数或参数估计的值保存到指定的新文件中。最下面是"将模型信息导出到 XML 文件"选项组，可以单击"浏览"按钮指定文件名及路径。

06 单击"继续"按钮，回到"线性回归"对话框，单击"选项"按钮，打开"线性回归：选项"对话框，如图 6.28 所示。

图 6.28 "线性回归：选项"对话框

对话框选项设置/说明

该对话框用于为变量进入方程设置 F 检验统计量的标准值以及确定缺失值的处理方式。

"步进法条件"选项组中是作为决定变量的进入或移出回归方程的标准，有以下两种选择。

- 使用 F 的概率：使用 F 的概率作为决定变量的进入或移出回归方程的标准。在"进入"和"除去"文本框中各输入一个数值，系统默认值分别为 0.05 和 0.10。若 F 统计量的显著性概率小于 0.05，则变量被引入回归方程；若 F 统计量的显著性概率大于 0.10，则变量被移出回归方程。
- 使用 F 值：使用 F 统计量值本身作为决定变量的进入或移出回归方程的标准。在"进入"和"除去"文本框中各输入一个数值，系统默认值分别为 3.84 和 2.71。若 F 值大于 3.84，则变量被引入回归方程；若 F 值小于 2.71，则变量被移出回归方程。
- "在方程中包括常量"复选框为系统默认的选项。如果不勾选该选项，将迫使回归方程通过坐标原点。

"缺失值"选项组中是对含有缺失值的个案处理方式，有以下 3 个选项。

- 成列排除个案：剔除参与相关分析的变量中有缺失值的观测量，即只包括全部变量的有效观测值。
- 成对排除个案：成对除去计算相关系数的变量中含有缺失值的观测量。
- 替换为平均值：用变量的均值替代缺失值。

这里我们选择系统默认的选项，即"成列排除个案"。

07 以上全部设置完毕后单击"继续"按钮，回到"线性回归"对话框，然后单击"确定"按钮，进入计算分析。

图 6.29 给出了基本的描述统计，图中显示各个变量的全部观测量的平均值、标准偏差和个案数。

第 6 章 上市公司估值与业绩表现影响因素研究：以医药制造业为例

描述统计

	平均值	标准偏差	个案数
市盈率PE(TTM)	86.2686	359.59235	194
总资产报酬率ROA	10.4640	6.38643	194
净资产收益率ROE(平均)	11.7374	7.30423	194
资产负债率	28.1647	15.70130	194
总资产周转率	.5297	.20630	194
研发费用同比增长	32.7903	124.75243	194
投入资本回报率ROIC	10.6012	6.69988	194
人力投入回报率(ROP)	194.4284	164.69461	194
经营活动净收益/利润总额	69.6836	139.56982	194
EBITDA/利息费用	70.0645	1163.46618	194
营业收入(同比增长率)	21.0575	35.25428	194
净利润(同比增长率)	58.7822	287.06607	194
经营活动产生的现金流量净额(同比增长率)	154.5764	1325.36050	194

图 6.29 描述统计

图 6.30 给出了相关系数矩阵，图中显示了各个自变量两两间的皮尔逊相关系数，以及关于相关关系等于 0 的假设的单尾显著性检验概率，与本例中相关分析中得到的结论完全一致，在此不再赘述。

相关性

		市盈率PE(TTM)	总资产报酬率ROA	净资产收益率ROE(平均)	资产负债率	总资产周转率	研发费用同比增长	投入资本回报率ROIC	人力投入回报率(ROP)	经营活动净收益/利润总额	EBITDA/利息费用	营业收入(同比增长率)	净利润(同比增长率)	经营活动产生的现金流量净额(同比增长率)
皮尔逊相关性	市盈率PE(TTM)	1	-0.081	-0.063	0.296	0.123	0.213	-0.082	-0.077	0.005	0.002	-0.016	0.018	-0.022
	总资产报酬率ROA	-0.081	1	0.944	-0.342	0.294	0.121	0.979	0.556	0.124	0.036	0.119	0.02	-0.097
	净资产收益率ROE(平均)	-0.063	0.944	1	-0.184	0.312	0.046	0.968	0.55	0.118	0.036	0.108	0.03	-0.109
	资产负债率	0.296	-0.342	-0.184	1	0.11	0.072	-0.27	-0.204	-0.089	0.004	0.017	0.052	-0.054
	总资产周转率	0.123	0.294	0.312	0.11	1	0.177	0.351	-0.152	0.174	-0.027	0.019	-0.026	-0.018
	研发费用同比增长	0.213	0.121	0.046	0.072	0.177	1	0.124	0.072	0.065	-0.004	0.089	-0.002	0.019
	投入资本回报率ROIC	-0.082	0.979	0.968	-0.27	0.351	0.124	1	0.547	0.124	0.033	0.12	0.033	-0.098
	人力投入回报率(ROP)	-0.077	0.556	0.55	-0.204	-0.152	0.072	0.547	1	0.054	-0.044	0.077	0.029	-0.037
	经营活动净收益/利润总额	0.005	0.124	0.118	-0.089	0.174	0.065	0.124	0.054	1	0.002	-0.053	-0.037	0.019
	EBITDA/利息费用	0.002	0.036	0.036	0.004	-0.027	-0.004	0.033	-0.044	0.002	1	-0.046	-0.023	-0.007
	营业收入(同比增长率)	-0.016	0.119	0.108	0.017	0.019	0.089	0.12	0.077	-0.053	-0.046	1	0.205	-0.037
	净利润(同比增长率)	0.018	0.02	0.03	0.052	-0.026	-0.002	0.033	0.029	-0.037	-0.023	0.205	1	-0.023
	经营活动产生的现金流量净额(同比增长率)	-0.022	-0.097	-0.109	-0.054	-0.018	0.019	-0.098	-0.037	0.019	-0.007	-0.037	-0.023	1
显著性(单尾)	市盈率PE(TTM)		0.129	0.192	0	0.044	0.001	0.128	0.142	0.47	0.491	0.411	0.4	0.38
	总资产报酬率ROA	0.129		0	0	0	0.046	0	0	0.043	0.309	0.049	0.391	0.088
	净资产收益率ROE(平均)	0.192	0		0.005	0	0.261	0	0	0.051	0.311	0.068	0.341	0.065
	资产负债率	0	0	0.005		0.063	0.161	0	0.002	0.107	0.479	0.407	0.236	0.225
	总资产周转率	0.044	0	0	0.063		0.007	0	0.017	0.008	0.355	0.397	0.359	0.399
	研发费用同比增长	0.001	0.046	0.261	0.161	0.007		0.043	0.16	0.185	0.48	0.109	0.49	0.395
	投入资本回报率ROIC	0.128	0	0	0	0	0.043		0	0.042	0.326	0.047	0.322	0.087
	人力投入回报率(ROP)	0.142	0	0	0.002	0.017	0.16	0		0.227	0.27	0.141	0.345	0.302
	经营活动净收益/利润总额	0.47	0.043	0.051	0.107	0.008	0.185	0.042	0.227		0.49	0.232	0.306	0.399
	EBITDA/利息费用	0.491	0.309	0.311	0.479	0.355	0.48	0.326	0.27	0.49		0.263	0.376	0.462
	营业收入(同比增长率)	0.411	0.049	0.068	0.407	0.397	0.109	0.047	0.141	0.232	0.263		0.002	0.303
	净利润(同比增长率)	0.4	0.391	0.341	0.236	0.359	0.49	0.322	0.345	0.306	0.376	0.002		0.374
	经营活动产生的现金流量净额(同比增长率)	0.38	0.088	0.065	0.225	0.399	0.395	0.087	0.302	0.399	0.462	0.303	0.374	

图 6.30 相关系数矩阵

图 6.31 给出了输入模型和被除去的变量信息，从图中可以看出，因为我们采用的是输入法，所以所有自变量都进入模型。

图 6.31　输入/除去的变量

图 6.32 给出了模型整体拟合效果的概述，模型的 R 系数为 0.390，反映了模型的拟合效果较为一般。模型的可决系数（R 方）= 0.152，模型修正的可决系数（调整后 R 方）= 0.096，说明模型的解释能力非常有限。由此可知我们在构建的模型中可能遗漏了重要的解释变量，事实上这也是与现实情况相符合的，我国资本市场上的投资者对于医药制造行业上市公司的基于市盈率口径的估值评价，很多时候更加关注股票价格表现的技术面而非基本面，关注上市公司未来可能的发展预期而非历史业绩表现，甚至公司的总市值盘子是大还是小、是否便于股价拉升等等其他因素。另外，图中还给出了德宾-沃森检验值 DW=1.882，德宾-沃森检验统计量 DW 是一个用于检验一阶变量自回归形式的序列相关问题的统计量，DW 在数值 2 附近说明模型变量无序列相关，越趋近于 0 说明正的自相关性越强，越趋近于 4 说明负的自相关性越强。

图 6.33 给出了 ANOVA 方差分析，可以看到模型的设定检验 F 统计量的值为 2.706，显著性水平几乎为零，于是我们的模型通过了设定检验，也就是说，因变量与自变量之间的线性关系明显。

模型摘要[b]

模型	R	R 方	调整后 R 方	标准估算的错误	德宾-沃森
1	.390[a]	.152	.096	341.91544	1.882

a. 预测变量：(常量)，经营活动产生的现金流量净额(同比增长率)，EBITDA/利息费用，经营活动净收益/利润总额，净利润(同比增长率)，研发费用同比增长，人力投入回报率(ROP)，营业收入(同比增长率)，资产负债率，总资产周转率，净资产收益率ROE(平均)，总资产报酬率ROA，投入资本回报率ROIC

b. 因变量：市盈率PE(TTM)

图 6.32　模型摘要

ANOVA[a]

模型		平方和	自由度	均方	F	显著性
1	回归	3796168.372	12	316347.364	2.706	.002[b]
	残差	21160016.68	181	116906.170		
	总计	24956185.06	193			

a. 因变量：市盈率PE(TTM)

b. 预测变量：(常量)，经营活动产生的现金流量净额(同比增长率)，EBITDA/利息费用，经营活动净收益/利润总额，净利润(同比增长率)，研发费用同比增长，人力投入回报率(ROP)，营业收入(同比增长率)，资产负债率，总资产周转率，净资产收益率ROE(平均)，总资产报酬率ROA，投入资本回报率ROIC

图 6.33　ANOVA 方差分析

图 6.34 给出了残差统计分析，图中显示了预测值、残差、标准预测值、标准残差的最小值/最大值、平均值、标准偏差及个案数。

残差统计ª

	最小值	最大值	平均值	标准偏差	个案数
预测值	-312.3907	1089.7998	86.2686	140.24716	194
标准预测值	-2.843	7.155	.000	1.000	194
预测值的标准误差	31.798	333.891	73.878	48.871	194
调整后预测值	-511.1975	1714.8517	84.4782	176.13237	194
残差	-880.56696	4134.39014	.00000	331.11538	194
标准残差	-2.575	12.092	.000	.968	194
学生化残差	-2.647	12.896	.005	1.036	194
删除残差	-1729.58826	4702.91162	1.79035	403.90525	194
学生化删除残差	-2.692	45.157	.171	3.279	194
马氏距离	.674	183.052	11.938	25.814	194
库克距离	.000	1.859	.025	.190	194
居中杠杆值	.003	.948	.062	.134	194

a. 因变量：市盈率PE(TTM)

图 6.34　残差统计分析

图 6.35 和图 6.36 给出了模型残差的直方图和正态概率 P-P 图，由于我们在模型中始终假设残差服从正态分布，因此可以从这两张图中直观地看出回归后的实际残差是否符合假设。从回归残差的直方图与附于图上的正态分布曲线相比较来看，可以认为残差分布不是明显地服从正态分布，尽管这样，也不能盲目地否定残差服从正态分布的假设，可能是因为我们用来进行分析的样本太小。

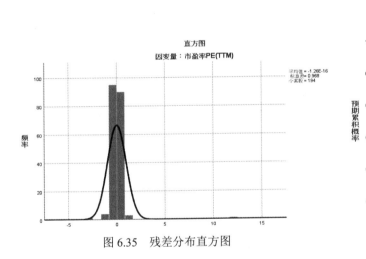

图 6.35　残差分布直方图　　　图 6.36　正态概率 P-P 图

从正态概率 P-P 图来看，这个图也是用于比较残差分布与正态分布差异的图形，图的纵坐标为期望的累计概率，横坐标为观测的累计概率，图中的斜线对应着一个平均值为 0 的正态分布。如果图中的散点密切地散布在这条斜线附近，就说明随机变量残差服从正态分布，从而证明样本确实是来自正态总体；如果偏离这条直线太远，就应该怀疑随机变量的正态性。基于以上认识，从图中的散点分布状况来看，散点大致散布于斜线附近，可以认为残差分布基本上是正态的。

图 6.37 给出了回归系数和变量显著性检验的 t 值，我们发现，变量总资产报酬率 ROA、净资产收益率 ROE、总资产周转率、人力投入回报率、经营活动净收益/利润总额、EBITDA/利息费用、营业收入（同比增长率）、净利润（同比增长率）、经营活动产生的现金流量净额（同比增长率）的 T 值太小，没有达到显著性水平，从这里也可以看出，模型虽然通过了设定检验，但很有可能不能通过变量的显著性检验。

系数ᵃ

模型		未标准化系数 B	标准错误	标准化系数 Beta	t	显著性
1	(常量)	-214.618	103.886		-2.066	.040
	总资产报酬率ROA	38.645	21.244	.686	1.819	.071
	净资产收益率ROE(平均)	11.987	15.465	.243	.775	.439
	资产负债率	6.430	1.977	.281	3.253	.001
	总资产周转率	224.951	153.394	.129	1.466	.144
	研发费用同比增长	.579	.216	.201	2.674	.008
	投入资本回报率ROIC	-53.091	26.072	-.989	-2.036	.043
	人力投入回报率(ROP)	.027	.201	.013	.136	.892
	经营活动净收益/利润总额	.007	.181	.003	.038	.970
	EBITDA/利息费用	.001	.021	.003	.042	.967
	营业收入(同比增长率)	-.376	.724	-.037	-.520	.604
	净利润(同比增长率)	.033	.088	.027	.379	.705
	经营活动产生的现金流量净额(同比增长率)	-.003	.019	-.012	-.176	.861

a. 因变量: 市盈率PE(TTM)

图 6.37　回归系数

对 ROA（总资产报酬率）、ROE（净资产收益率（平均））、debt（资产负债率）、assetturnover（总资产周转率）、R&Dgrow（研发费用同比增长）、ROIC（投入资本回报率）、ROP（人力投入回报率）、netincome/profit（经营活动净收益/利润总额）、EBITDA/interest（EBITDA/利息费用）、incomegrow（营业收入（同比增长率））、netprofitgrow（净利润（同比增长率））、cashflowgrow（经营活动产生的现金流量净额（同比增长率））自变量系数的解释如下。

（1）变量 ROA（总资产报酬率）的系数标准误差是 21.244，t 值为 1.82，显著性为 0.071，虽然系数在 10%的显著性水平上是显著的，但是在 5%的显著性水平上不够显著。说明我国资本市场上的投资者在对于医药制造行业上市公司进行基于市盈率口径的估值评价时，会在一定程度上考虑企业的 ROA，但并非关键因素。此外，变量 ROA 的系数为正，说明上市公司的总资产报酬率 ROA 越高，公司的市盈率就越高，投资者就越对上市公司认可，越愿意为上市公司付出适当的风险溢价。

（2）变量 ROE（净资产收益率（平均））的系数标准误差是 15.465，t 值为 0.78，显著性为 0.439，系数即使是在 10%的显著性水平上也不是显著的。说明我国资本市场上的投资者在对于医药制造行业上市公司进行基于市盈率口径的估值评价时，基本上不会考虑企业的 ROE（平均），这也在很大程度上说明我国医药制造行业上市公司的基于市盈率口径的估值高低与其所有者权益的盈利能力关系不大。

（3）变量 debt（资产负债率）的系数标准误差是 1.977，t 值为 3.25，显著性为 0.001，系数显著性水平很高，即使是在 1%的显著性水平上也是非常显著的。说明我国资本市场上的投资者在对于医药制造行业上市公司进行基于市盈率口径的估值评价时，会在很大程度上考虑企业的 debt，作为基于市盈率口径的估值的关键因素来分析。此外，变量 debt 的系数为正，说明上市公司的 debt 越高，公司的市盈率就越高，投资者就越对上市公司认可，越愿意为上市公司付出适当的风险溢价。结合前述描述分析的结果，对于这一结果的解释是我国医药制造行业中的上市公司的负债率相对比较低、偿债能力比较强，而同时盈利能力又比较好，尤其是投入资本回报率显著高于债务利息费用，在这种情况下，是鼓励上市公司加入更高的财务杠杆进一步做大企业规模。

（4）变量 assetturnover（总资产周转率）的系数标准误差是 153.394，t 值为 1.47，显著性为 0.144，系数显著性水平很低，即使是在 10%的显著性水平上也是不够显著的。说明我国资本市场上的投资者在对于医药制造行业上市公司进行基于市盈率口径的估值评价时，基本上不会考虑企业的 assetturnover，这也在很大程度上说明我国医药制造行业上市公司的基于市盈率口径的估值高低与其总资产的周转能力或者说公司的营运能力关系不大。

（5）变量 R&Dgrow（研发费用同比增长）的系数标准误差是 0.216，t 值为 2.67，显著性为 0.008，系数显著性水平很高，即使是在 1%的显著性水平上也是非常显著的。说明我国资本市场上的投资者在对于医药制造行业上市公司进行基于市盈率口径的估值评价时，会在很大程度上考虑企业的 R&Dgrow，作为基于市盈率口径的估值的关键因素来分析。此外，变量 R&Dgrow 的系数为正，说明上市公司的 R&Dgrow 越高，公司的市盈率就越高，投资者就越对上市公司认可，越愿意为上市公司付出适当的风险溢价，这一结论也是与现实情况相符合的。众所周知，医药制造行业是典型的研究开发驱动型行业，研究开发新型药品、掌握更多的专利技术是企业取得持续竞争优势、打造核心竞争力的关键，上市公司的研发费用同比增长越快，在一定程度上说明越容易出研究，公司的市盈率就越高，投资者就越对上市公司认可，越愿意为上市公司付出适当的风险溢价。

（6）变量 ROIC（投入资本回报率）的系数标准误差是 26.072，t 值为-2.04，显著性为 0.043，系数显著性水平尚可，因为在 5%的显著性水平上是显著的。说明我国资本市场上的投资者在对于医药制造行业上市公司进行基于市盈率口径的估值评价时，会在很大程度上考虑企业的 ROIC，作为基于市盈率口径的估值的关键因素来分析。此外，变量 ROIC 的系数为负，说明上市公司的 ROIC 越低，公司的市盈率就越高，投资者就越对上市公司认可，越愿意为上市公司付出适当的风险溢价。这一点不太符合基本的理论逻辑，很有可能是投资者更加关注别的因素，在对别的因素给予更多权重考虑的同时，对该因素的选择判断较常识产生了一定的偏差。

（7）变量 ROP（人力投入回报率）的系数标准误差是 0.201，t 值为 0.14，显著性为 0.892，系数显著性水平很低，即使是在 10%的显著性水平上也是不够显著的。说明我国资本市场上的投资者在对于医药制造行业上市公司进行基于市盈率口径的估值评价时，基本上不会考虑企业的人力投入回报率，这也在很大程度上说明我国医药制造行业上市公司的基于市盈率口径的估值高低与其人力投入回报率或者说公司的人力资本管理能力关系不大。

（8）变量 netincome/profit（经营活动净收益/利润总额）的系数标准误差是 0.181，t 值为 0.04，显著性为 0.970，系数显著性水平很低，即使是在 10%的显著性水平上也是不够显著的。说明我国资本市场上的投资者在对于医药制造行业上市公司进行基于市盈率口径的估值评价时，基本上不会考虑企业的 netincome/profit，这也在很大程度上说明我国医药制造行业上市公司的基于市盈率口径的估值高低与其 netincome/profit 或者说公司的经营活动获取的收益质量关系不大。

（9）变量 EBITDA/interest（EBITDA/利息费用）的系数标准误差是 0.021，t 值为 0.04，显著性为 0.967，系数显著性水平很低，即使是在 10%的显著性水平上也是不够显著的。说明我国资本市场上的投资者在对于医药制造行业上市公司进行基于市盈率口径的估值评价时，基本上不会考虑企业的 EBITDA/interest，这也在很大程度上说明我国医药制造行业上市公司的基于市盈率口径的估值高低与其 EBITDA/interest 或者说公司的利息保障倍数关系不大。

（10）变量 incomegrow（营业收入（同比增长率））的系数标准误差是 0.724，t 值为-0.52，显著性为 0.604，系数显著性水平很低，即使是在 10%的显著性水平上也是不够显著的。说明我国资本市场上的投资者在对于医药制造行业上市公司进行基于市盈率口径的估值评价时，基本上不会考虑企业的 incomegrow，这也在很大程度上说明我国医药制造行业上市公司的基于市盈率口径的估值高低与其 incomegrow 或者说公司的营收成长能力关系不大。

（11）变量 netprofitgrow（净利润（同比增长率））的系数标准误差是 0.088，t 值为 0.38，显著性为 0.705，系数显著性水平很低，即使是在 10%的显著性水平上也是不够显著的。说明我国资本市场上的投资者在对于医药制造行业上市公司进行基于市盈率口径的估值评价时，基本上不会考虑企业的 netprofitgrow，这也在很大程度上说明我国医药制造行业上市公司的基于市盈率口径的估值高低与其 netprofitgrow 或者说公司的净利成长能力关系不大。

（12）变量 cashflowgrow（经营活动产生的现金流量净额（同比增长率））的系数标准误差是 0.0188，t 值为-0.18，显著性为 0.861，系数显著性水平很低，即使是在 10%的显著性水平上也是不够显著的。说明我国资本市场上的投资者在对于医药制造行业上市公司进行基于市盈率口径的估值评价时，基本上不会考虑企业的 cashflowgrow，这也在很大程度上说明我国医药制造行业上市公司的基于市盈率口径的估值高低与其 cashflowgrow 或者说公司的通过经营活动获取现金的能力关系不大。

（13）常数项的系数标准误差是 103.8863，t 值为-2.07，显著性为 0.040，系数显著性水平尚可，因为在 5%的显著性水平上是显著的。

由于在上述输入法回归结果中包含了太多不够显著的变量，因此我们有必要考虑使用步进法重新对模型进行回归，找出真正显著的、能够对因变量起到影响的自变量。使用步进法重新对模型进行回归的简化操作如下：

01 依次选择"文件｜打开｜数据"命令，打开 6.sav 数据表。

02 依次选择"分析｜回归｜线性"命令，弹出"线性回归"对话框，如图 6.38 所示。在左侧变量框中选择"市盈率 PE（TTM）"变量，单击➡按钮，选入右侧上方的"因变量"列表框中，作为模型的被解释变量。再分别选择"总资产报酬率 ROA""净资产收益率 ROE（平均）""资产负债率""总资产周转率""研发费用同比增长""投入资本回报率 ROIC""人力投入回报率（ROP）""经营活动净收益/利润总额""EBITDA/利息费用""营业收入（同比增长率）""净利润（同比增长率）""经营活动产生的现金流量净额（同比增长率）"等变量，单击➡按钮，选入"自变量"列表框中，作为模型的解释变量。在"方法"下拉列表中指定自变量进入分析的方式，选择"步进"方法。

其他采用系统默认设置，单击"确定"按钮得到结果。

图 6.39 给出了输入模型和被除去的变量信息，从图中可以看出，因为我们采用的是步进法，所以只有资产负债率、研发费用同比增长率等自变量进入模型。

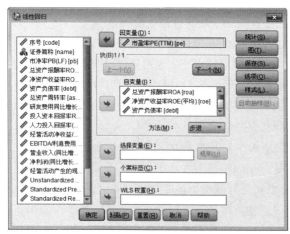

图 6.38 "线性回归"对话框　　　　图 6.39 输入/除去的变量

图 6.40 给出了模型整体拟合效果的概述，最终模型（模型 2）的 R 系数为 0.353，反映了模型的拟合效果一般。模型的可决系数（R 方）= 0.125，模型修正的可决系数（调整后 R 方）= 0.115，说明模型的解释能力非常有限。这说明我们在构建的模型中可能遗漏了重要的解释变量，事实上这也是与现实情况相符合的，我国资本市场上的投资者对于医药制造行业上市公司的基于市盈率口径的估值评价，很多时候更加关注股票价格表现的技术面而非基本面，以及上市公司未来可能的发展预期而非历史业绩表现，甚至公司的总市值盘子是大还是小、是否便于股价拉升等其他因素。另外，图中还给出了德宾-沃森检验值 DW=1.864，德宾-沃森检验统计量 DW 是一个用于检验一阶变量自回归形式的序列相关问题的统计量，DW 在数值 2 附近说明模型变量无序列相关，越趋近于 0 说明正的自相关性越强，越趋近于 4 说明负的自相关性越强。

模型摘要^c

模型	R	R 方	调整后 R 方	标准估算的错误	德宾-沃森
1	.296^a	.088	.083	344.38317	
2	.353^b	.125	.115	338.20598	1.864

a. 预测变量：(常量),资产负债率
b. 预测变量：(常量),资产负债率,研发费用同比增长
c. 因变量：市盈率PE(TTM)

图 6.40 模型摘要

图 6.41 给出了 ANOVA 方差分析，从图中可以看到最终模型（模型 2）的设定检验 F 统计量的值为 13.590，显著性水平几乎为零，于是我们的模型通过了设定检验，也就是说，因变量与自变量之间的线性关系明显。

ANOVA^a

模型		平方和	自由度	均方	F	显著性
1	回归	2185029.467	1	2185029.467	18.424	.000^b
	残差	22771155.59	192	118599.769		
	总计	24956185.06	193			
2	回归	3108977.391	2	1554488.695	13.590	.000^c
	残差	21847207.66	191	114383.286		
	总计	24956185.06	193			

a. 因变量：市盈率PE(TTM)
b. 预测变量：(常量),资产负债率
c. 预测变量：(常量),资产负债率,研发费用同比增长

图 6.41 ANOVA 方差分析

图 6.42 给出了回归系数和变量显著性检验的 T 值，从上述结果可以看出，在采用步进回归分析方法对数据进行分析后，除了 debt、R&Dgrow 这一变量进入了最终的回归分析方程，ROA、ROE、assetturnover、ROIC、ROP、netincome/profit、EBITDA/interest、incomegrow、netprofitgrow、cashflowgrow 变量都被除去了。

最终的模型回归方程是：Pe = 6.460734*debt + 0.556044* rdgrow - 113.929020

从最终的模型回归方程来看，医药制造业上市公司基于市净率口径的估值仅与 debt（资产负债率）、R&Dgrow（研发费用同比增长）正向显著相关，这一点也是符合现实情况的。具体理由如下：

（1）我国医药制造行业中的上市公司的负债率相对比较低，偿债能力比较强，而同时盈利能力又比较好，尤其是投入资本回报率 ROIC 显著高于债务利息费用，在这种情况下，是鼓励上市公司加入更高的财务杠杆进一步做大企业规模的，上市公司的 debt（资产负债率）越高，公司的市盈

率就越高,投资者就越对上市公司认可,越愿意为上市公司付出适当的风险溢价。

(2)医药制造行业是典型的研究开发驱动型行业,研究开发新型药品、掌握更多的专利技术是企业取得持续竞争优势、打造核心竞争力的关键,上市公司的研发费用同比增长越快,在一定程度上说明越容易出研究成果,那么公司的市盈率就越高,投资者就越对上市公司认可,越愿意为上市公司付出适当的风险溢价。

(3)我国资本市场上的投资者对于医药制造行业上市公司的估值评价,很多时候更加关注股票价格表现的技术面而非基本面,关注上市公司未来可能的发展预期而非历史业绩表现,甚至公司的总市值盘子是大还是小、是否便于股价拉升等其他因素。对于公司的资本结构、研发投入、盈利质量、营运能力、成长能力等财务表现关注力度不高。

系数ª

模型		未标准化系数		标准化系数	t	显著性
		B	标准错误	Beta		
1	(常量)	-104.594	50.878		-2.056	.041
	资产负债率	6.777	1.579	.296	4.292	.000
2	(常量)	-113.929	50.074		-2.275	.024
	资产负债率	6.461	1.554	.282	4.156	.000
	研发费用同比增长	.556	.196	.193	2.842	.005

a.因变量:市盈率PE(TTM)

图 6.42 回归系数

6.4.2 市净率口径估值与业绩表现研究

下载资源:\video\第 6 章\6.4	
下载资源:\sample\数据 6	

以"PB"为因变量,以 ROA、ROE、debt、assetturnover、R&Dgrow、ROIC、ROP、netincome/profit、EBITDA/interest、incomegrow、netprofitgrow、cashflowgrow 变量为自变量,进行最小二乘线性回归。

建立线性模型:

PB= a + b* ROA+ c*ROE+ d*debt+ e*assetturnover+ f*R&Dgrow+ g*ROIC+ h*ROP+ i*netincome/profit+ j*EBITDA/interest+ k*incomegrow+ l*netprofitgrow+ m*cashflowgrow+ u 实验的操作步骤如下:

01 依次选择"文件|打开|数据"命令,打开 6.sav 数据表。

02 依次选择"分析|回归|线性"命令,弹出"线性回归"对话框,如图 6.43 所示。在左侧变量框中选择"市净率 PB(LF)"变量,单击 按钮,选入右侧上方的"因变量"列表框中,作为模型的被解释变量。再分别选择"总资产报酬率 ROA""净资产收益率 ROE(平均)""资产负债率""总资产周转率""研发费用同比增长""投入资本回报率 ROIC""人力投入回报率(ROP)""经营活动净收益/利润总额""EBITDA/利息费用""营业收入(同比增长率)""净利润(同比增长率)""经营活动产生的现金流量净额(同比增长率)"变量,单击 按钮,选入"自变量"列表框中,作为模型的解释变量。在"方法"下拉列表中指定自变量进入分析的方式,通过选择不同的方法,可对相同的变量建立不同的回归模型。

在本例中，我们选择"输入"方法进行回归，其他选项采用系统默认设置。

03 单击"统计"按钮，弹出"线性回归：统计"对话框，如图 6.44 所示。

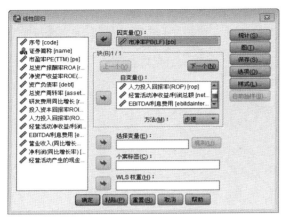

图 6.43　"线性回归"对话框　　　　图 6.44　"线性回归：统计"对话框

这里我们在"回归系数"选项组中勾选"估算值"复选框，然后勾选"模型拟合"和"描述"复选框，在"残差"选项组中勾选"德宾-沃森"复选框，输出德宾-沃森检验统计量，其他选项采用系统默认设置。

04 单击"继续"按钮，回到"线性回归"对话框，单击"图"按钮，打开"线性回归：图"对话框，如图 6.45 所示。

我们分别把因变量和标准化残差选为 Y 和 X 轴来进行绘图，通过观察残差图可以验证回归模型是否符合经典回归模型的基本假设。左下方的"标准化残差图"选项组决定是否输出标准化残差图，在这里勾选了"直方图"和"正态概率图"复选框。

05 单击"继续"按钮，回到"线性回归"对话框，单击"保存"按钮，打开"线性回归：保存"对话框，如图 6.46 所示。

图 6.45　"线性回归：图"对话框　　　　图 6.46　"线性回归：保存"对话框

在"预测值"选项组中选择"标准化"和"未标准化"的预测值。在"预测区间"选项组中勾选"平均值"和"单值"复选框,而"置信区间"的设置保留为系统默认值 95%。在"残差"选项组中勾选"标准化"残差。

06 单击"继续"按钮,回到"线性回归"对话框,单击"选项"按钮,打开"线性回归:选项"对话框,如图 6.47 所示。

图 6.47 "线性回归:选项"对话框

在这里选择系统默认选项。

07 以上全部设置完毕后单击"继续"按钮,回到"线性回归"对话框,然后单击"确定"按钮,进入计算分析。

图 6.48 给出了基本的描述统计,图中显示了各个变量的全部观测量的平均值、标准偏差和个案数。

描述统计

	平均值	标准偏差	个案数
市净率PB(LF)	4.5988	3.11937	194
总资产报酬率ROA	10.4640	6.38643	194
净资产收益率ROE(平均)	11.7374	7.30423	194
资产负债率	28.1647	15.70130	194
总资产周转率	.5297	.20630	194
研发费用同比增长	32.7903	124.75243	194
投入资本回报率ROIC	10.6012	6.69988	194
人力投入回报率(ROP)	194.4284	164.69461	194
经营活动净收益/利润总额	69.6836	139.56982	194
EBITDA/利息费用	70.0645	1163.46618	194
营业收入(同比增长率)	21.0575	35.25428	194
净利润(同比增长率)	58.7822	287.06607	194
经营活动产生的现金流量净额(同比增长率)	154.5764	1325.36050	194

图 6.48 描述统计

图 6.49 给出了相关系数矩阵,图中显示了各个自变量两两间的皮尔逊相关系数,以及关于相关关系等于零的假设的单尾显著性检验概率,与本例中相关分析中得到的结论完全一致,在此不再赘述。

相关性

		市净率PB(LF)	总资产报酬率ROA	净资产收益率ROE(平均)	资产负债率	总资产周转率	研发费用同比增长	投入资本回报率ROIC	人力投入回报率(ROP)	经营活动净收益/利润总额	EBITDA/利息费用	营业收入(同比增长率)	净利润(同比增长率)	经营活动产生的现金流量净额(同比增长率)
皮尔逊相关性	市净率PB(LF)	1	0.379	0.404	-0.063	0.083	0.006	0.38	0.056	0.025	0.205	0.182	0.024	-0.106
	总资产报酬率ROA	0.379	1	0.944	-0.342	0.294	0.121	0.979	0.556	0.124	0.036	0.119	0.02	-0.097
	净资产收益率ROE(平均)	0.404	0.944	1	-0.184	0.312	0.046	0.968	0.55	0.118	0.036	0.108	0.03	-0.109
	资产负债率	-0.063	-0.342	-0.184	1	0.11	0.072	-0.27	-0.204	-0.089	0.004	0.017	0.052	-0.054
	总资产周转率	0.083	0.294	0.312	0.11	1	0.177	0.351	-0.152	0.174	-0.027	0.089	-0.026	-0.018
	研发费用同比增长	0.006	0.121	0.046	0.072	0.177	1	0.124	0.072	0.065	-0.004	0.089	-0.002	0.019
	投入资本回报率ROIC	0.38	0.979	0.968	-0.27	0.351	0.124	1	0.547	0.124	0.033	0.12	0.033	-0.098
	人力投入回报率(ROP)	0.056	0.556	0.55	-0.204	-0.152	0.072	0.547	1	0.054	-0.044	0.077	0.029	-0.037
	经营活动净收益/利润总额	0.025	0.124	0.118	-0.089	0.174	0.065	0.124	0.054	1	0.002	-0.053	-0.037	0.019
	EBITDA/利息费用	0.205	0.036	0.036	0.004	-0.027	-0.004	0.033	-0.044	0.002	1	-0.046	-0.023	-0.007
	营业收入(同比增长率)	0.182	0.119	0.108	0.017	0.019	0.089	0.12	0.077	-0.053	-0.046	1	0.205	-0.037
	净利润(同比增长率)	0.024	0.02	0.03	0.052	-0.026	-0.002	0.033	0.029	-0.037	-0.023	0.205	1	-0.023
	经营活动产生的现金流量净额(同比增长率)	-0.106	-0.097	-0.109	-0.054	-0.018	0.019	-0.098	-0.037	0.019	-0.007	-0.037	-0.023	1
显著性(单尾)	市净率PB(LF)		0	0	0.191	0.124	0.469	0	0.218	0.362	0.002	0.006	0.37	0.07
	总资产报酬率ROA	0		0	0	0	0.046	0	0	0.043	0.309	0.049	0.391	0.088
	净资产收益率ROE(平均)	0	0		0.005	0	0.261	0	0	0.051	0.311	0.068	0.341	0.065
	资产负债率	0.191	0	0.005		0.063	0.161	0	0.002	0.107	0.479	0.407	0.236	0.225
	总资产周转率	0.124	0	0	0.063		0.007	0	0.017	0.008	0.355	0.397	0.359	0.399
	研发费用同比增长	0.469	0.046	0.261	0.161	0.007		0.043	0.16	0.185	0.48	0.109	0.49	0.395
	投入资本回报率ROIC	0	0	0	0	0	0.043		0	0.042	0.326	0.047	0.322	0.087
	人力投入回报率(ROP)	0.218	0	0	0.002	0.017	0.16	0		0.227	0.27	0.141	0.345	0.302
	经营活动净收益/利润总额	0.362	0.043	0.051	0.107	0.008	0.185	0.042	0.227		0.49	0.232	0.306	0.399
	EBITDA/利息费用	0.002	0.309	0.311	0.479	0.355	0.48	0.326	0.27	0.49		0.263	0.376	0.462
	营业收入(同比增长率)	0.006	0.049	0.068	0.407	0.397	0.109	0.047	0.141	0.232	0.263		0.002	0.303
	净利润(同比增长率)	0.37	0.391	0.341	0.236	0.359	0.49	0.322	0.345	0.306	0.376	0.002		0.374
	经营活动产生的现金流量净额(同比增长率)	0.07	0.088	0.065	0.225	0.399	0.395	0.087	0.302	0.399	0.462	0.303	0.374	
个案数	市净率PB(LF)	194	194	194	194	194	194	194	194	194	194	194	194	194
	总资产报酬率ROA	194	194	194	194	194	194	194	194	194	194	194	194	194
	净资产收益率ROE(平均)	194	194	194	194	194	194	194	194	194	194	194	194	194
	资产负债率	194	194	194	194	194	194	194	194	194	194	194	194	194
	总资产周转率	194	194	194	194	194	194	194	194	194	194	194	194	194
	研发费用同比增长	194	194	194	194	194	194	194	194	194	194	194	194	194
	投入资本回报率ROIC	194	194	194	194	194	194	194	194	194	194	194	194	194
	人力投入回报率(ROP)	194	194	194	194	194	194	194	194	194	194	194	194	194
	经营活动净收益/利润总额	194	194	194	194	194	194	194	194	194	194	194	194	194
	EBITDA/利息费用	194	194	194	194	194	194	194	194	194	194	194	194	194
	营业收入(同比增长率)	194	194	194	194	194	194	194	194	194	194	194	194	194
	净利润(同比增长率)	194	194	194	194	194	194	194	194	194	194	194	194	194
	经营活动产生的现金流量净额(同比增长率)	194	194	194	194	194	194	194	194	194	194	194	194	194

图6.49 相关系数矩阵

图6.50给出了输入模型和被除去的变量信息,从图中可以看出,因为我们采用的是输入法,所以所有自变量都进入模型。

输入/除去的变量ᵃ

模型	输入的变量	除去的变量	方法
1	经营活动产生的现金流量净额(同比增长率), EBITDA/利息费用, 经营活动净收益/利润总额, 净利润(同比增长率), 研发费用同比增长, 人力投入回报率(ROP), 营业收入(同比增长率), 资产负债率, 总资产周转率, 净资产收益率ROE(平均), 总资产报酬率ROA, 投入资本回报率ROICᵇ	.	输入

a. 因变量：市净率PB(LF)
b. 已输入所请求的所有变量

图 6.50　输入/除去的变量

图 6.51 给出了模型整体拟合效果的概述，模型的 R 系数为 0.526，反映了模型的拟合效果一般。模型的可决系数（R 方）= 0.277，模型修正的可决系数（调整后 R 方）= 0.229，说明模型的解释能力与被解释变量为 PE 时相比有了较大程度的提升和进步。但是在构建的模型中仍有可能遗漏了重要的解释变量，事实上这也是与现实情况相符合的，我国资本市场上的投资者对于医药制造行业上市公司的基于市净率口径的估值评价，很多时候更加关注股票价格表现的技术面而非基本面，以及上市公司未来可能的发展预期而非历史业绩表现，甚至公司的总市值盘子是大还是小、是否便于股价拉升等其他因素。另外，图中还给出了德宾-沃森检验值 DW=1.869，德宾-沃森检验统计量 DW 是一个用于检验一阶变量自回归形式的序列相关问题的统计量，DW 在数值 2 附近说明模型变量无序列相关，越趋近于 0 说明正的自相关性越强，越趋近于 4 说明负的自相关性越强。

模型摘要ᵇ

模型	R	R 方	调整后 R 方	标准估算的错误	德宾-沃森
1	.526ᵃ	.277	.229	2.73981	1.869

a. 预测变量：(常量), 经营活动产生的现金流量净额(同比增长率), EBITDA/利息费用, 经营活动净收益/利润总额, 净利润(同比增长率), 研发费用同比增长, 人力投入回报率(ROP), 营业收入(同比增长率), 资产负债率, 总资产周转率, 净资产收益率ROE(平均), 总资产报酬率ROA, 投入资本回报率ROIC
b. 因变量：市净率PB(LF)

图 6.51　模型摘要

图 6.52 给出了 ANOVA 方差分析，从图中可以看到模型的设定检验 F 统计量的值为 5.765，显著性水平几乎为 0，于是我们的模型通过了设定检验，也就是说，因变量与自变量之间的线性关系明显。

图 6.53 给出了残差统计分析，图中显示了预测值、残差、标准预测值、标准残差的最小值/最大值、平均值、标准偏差及个案数。

第 6 章 上市公司估值与业绩表现影响因素研究：以医药制造业为例

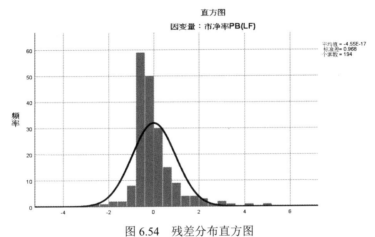

图 6.52 ANOVA 方差分析

图 6.53 残差统计分析

图 6.54 和图 6.55 给出了模型残差的直方图和正态概率 P-P 图，由于我们在模型中始终假设残差服从正态分布，因此可以从这两张图中直观地看出回归后的实际残差是否符合假设。从回归残差的直方图与附于图上的正态分布曲线相比较来看，可以认为残差分布不是明显地服从正态分布。尽管这样，也不能盲目地否定残差服从正态分布的假设，可能是因为我们用来进行分析的样本太小。

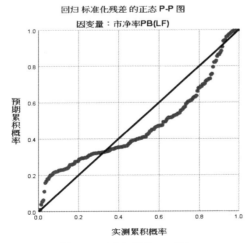

图 6.54 残差分布直方图

图 6.55 正态概率 P-P 图

从正态概率 P-P 图来看，该图也是用于比较残差分布与正态分布差异的图形，图的纵坐标为期望的累计概率，横坐标为观测的累计概率，图中的斜线对应着一个平均值为 0 的正态分布。如果图中的散点密切地散布在这条斜线附近，就说明随机变量残差服从正态分布，从而证明样本确实是来自正态总体；如果偏离这条直线太远，就应该怀疑随机变量的正态性。基于以上认识，从图中的散点分布状况来看，散点大致散布于斜线附近，可以认为残差分布基本上是正态的。

图 6.56 给出了回归系数和变量显著性检验的 T 值，我们发现，变量总资产报酬率 ROA、资产负债率、总资产周转率、研发费用同比增长、投入资本回报率 ROIC、经营活动净收益/利润总额、净利润（同比增长率）、经营活动产生的现金流量净额（同比增长率）的 T 值太小，没有达到显著性水平。从这里也可以看出，模型虽然通过了设定检验，但很有可能不能通过变量的显著性检验。

系数^a

模型		未标准化系数		标准化系数	t	显著性
		B	标准错误	Beta		
1	(常量)	3.470	.832		4.169	.000
	总资产报酬率ROA	.090	.170	.184	.529	.597
	净资产收益率ROE(平均)	.270	.124	.633	2.182	.030
	资产负债率	.000	.016	.001	.015	.988
	总资产周转率	-1.996	1.229	-.132	-1.624	.106
	研发费用同比增长	.000	.002	.015	.219	.827
	投入资本回报率ROIC	-.111	.209	-.238	-.530	.597
	人力投入回报率(ROP)	-.006	.002	-.291	-3.422	.001
	经营活动净收益/利润总额	8.013E-5	.001	.004	.055	.956
	EBITDA/利息费用	.000	.000	.173	2.714	.007
	营业收入(同比增长率)	.014	.006	.154	2.342	.020
	净利润(同比增长率)	.000	.001	-.014	-.218	.828
	经营活动产生的现金流量净额(同比增长率)	.000	.000	-.050	-.781	.436

a. 因变量：市净率PB(LF)

图 6.56 回归系数

对 ROA、ROE、debt、assetturnover、R&Dgrow、ROIC、ROP、netincome/profit、EBITDA/interest、incomegrow、netprofitgrow、cashflowgrow 等自变量系数的解释如下：

变量 ROA 的系数标准误差是 0.170229，t 值为 0.53，显著性为 0.597，系数不够显著。说明我国资本市场上的投资者在对于医药制造行业上市公司进行估值评价时，不会过多考虑企业的 ROA。

变量 ROE 的系数标准误差是 0.123924，t 值为 2.18，显著性为 0.030，系数在 5%的显著性水平上非常显著。说明我国资本市场上的投资者在对于医药制造行业上市公司进行估值评价时，会考虑企业的净资产收益率 ROE，这也在很大程度上说明通过市净率口径反映的我国医药制造行业上市公司的估值高低与其所有者权益的盈利能力关系较大。此外，观察到 ROE 的系数为正值，说明我国医药制造行业上市公司的 ROE 越大，能够在资本市场上被认可的程度就越大，同时在净资产之上的风险溢价就越大。

变量 debt 的系数标准误差是 1.976587，t 值为 3.25，显著性为 0.001，系数显著性水平很低。说明我国资本市场上的投资者在对于医药制造行业上市公司进行市净率口径的估值评价时，不会考虑企业的 debt，作为估值的关键因素来分析。

变量 assetturnover 的系数标准误差是 1.22916，t 值为-1.62，显著性为 0.106，系数显著性水平很低，即使是在 10%的显著性水平上也是不够显著。说明我国资本市场上的投资者在对于医药制造行业上市公司进行估值评价时，基本上不会考虑企业的 assetturnover，这也在很大程度上说明我国医药制造行业上市公司的估值高低与其总资产的周转能力或者说公司的营运能力关系不大。

变量 R&Dgrow 的系数标准误差是 0.0017337，t 值为 0.22，显著性为 0.827，系数显著性水平很低，即使是在 1% 的显著性水平上也是非常显著的。说明我国资本市场上的投资者在对于医药制造行业上市公司进行估值评价时，不会考虑企业的 R&Dgrow，作为估值的关键因素来分析。

变量 ROIC 的系数标准误差是 0.2089203，t 值为-0.53，显著性为 0.597，系数显著性水平很差。说明我国资本市场上的投资者在对于医药制造行业上市公司进行市净率口径的估值评价时，不会考虑企业的 ROIC，作为估值的关键因素来分析。

变量 ROP 的系数标准误差是 0.0016135，t 值为-3.42，显著性为 0.001，系数显著性水平很高。

变量 netincome/profit 的系数标准误差是 0.0014535，t 值为 0.06，显著性为 0.956，系数显著性水平很低，即使是在 10% 的显著性水平上也是不够显著的。说明我国资本市场上的投资者在对于医药制造行业上市公司进行估值评价时，基本上不会考虑企业的 netincome/profit，这也在很大程度上说明我国医药制造行业上市公司的估值高低与其 netincome/profit 或者说公司的经营活动获取的收益质量关系不大。

变量 EBITDA/interest 的系数标准误差是 0.000171，t 值为 2.71，显著性为 0.007，系数显著性水平很高。

变量 incomegrow 的系数标准误差是 0.0058019，t 值为 2.34，显著性为 0.020，系数显著性水平很高。

变量 netprofitgrow 的系数标准误差是 0.0007059，t 值为-0.22，显著性为 0.828，系数显著性水平很低，即使是在 10% 的显著性水平上也是不够显著的。说明我国资本市场上的投资者在对于医药制造行业上市公司进行估值评价时，基本上不会考虑企业的 netprofitgrow，这也在很大程度上说明我国医药制造行业上市公司的估值高低与其 netprofitgrow 或者说公司的净利成长能力关系不大。

变量 cashflowgrow 的系数标准误差是 0.0001505，t 值为-0.78，显著性为 0.436，系数显著性水平很低，即使是在 10% 的显著性水平上也是不够显著的。说明我国资本市场上的投资者在对于医药制造行业上市公司进行估值评价时，基本上不会考虑企业的 cashflowgrow，这也在很大程度上说明我国医药制造行业上市公司的估值高低与其 cashflowgrow 或者说公司的通过经营活动获取现金的能力关系不大。

常数项的系数标准误差是 0.8324522，t 值为 4.17，显著性为 0.000，系数显著性水平尚可，因为在 5% 的显著性水平上是显著的。

因为在上述输入法回归结果中包含了太多不够显著的变量，所以我们有必要考虑使用步进法重新对模型进行回归，找出真正显著的、能够对因变量起到影响的自变量。使用步进法重新对模型进行回归的简化操作如下：

01 依次选择"文件｜打开｜数据"命令，打开 6.sav 数据表。

02 依次选择"分析｜回归｜线性"命令，弹出"线性回归"对话框，如图 6.57 所示。在左侧变量框中选择"市净率 PB(LF)"变量，单击按钮，选入右侧上方的"因变量"列表框中，作为模型的被解释变量。再分别选择"总资产报酬率 ROA""净资产收益率 ROE（平均）""资产负债率""总资产周转率""研发费用同比增长""投入资本回报率 ROIC""人力投入回报率（ROP）""经营活动净收益/利润总额""EBITDA/利息费用""营业收入（同比增长率）""净利润（同比增长率）""经营活动产生的现金流量净额（同比增长率）"变量，单击按钮，选入"自变量"列表框中，作为模型的解释变量。在"方法"下拉列表中指定自变量进入分析的方式，选择"步进"方法。

其他采用系统默认设置，单击“确定”按钮得到结果。

图 6.58 给出了输入模型和被除去的变量信息，从图中可以看出，因为我们采用的是步进法，所以只有 ROE、ROIC、EBITDA/interest、incomegrow、ROA 自变量进入模型。

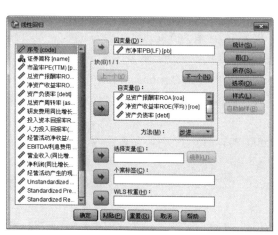

图 6.57 “线性回归”对话框

输入/除去的变量[a]

模型	输入的变量	除去的变量	方法
1	净资产收益率ROE(平均)	.	步进（条件：要输入的 F 的概率 <= .050，要除去的 F 的概率 >= .100）。
2	人力投入回报率(ROP)	.	步进（条件：要输入的 F 的概率 <= .050，要除去的 F 的概率 >= .100）。
3	EBITDA/利息费用	.	步进（条件：要输入的 F 的概率 <= .050，要除去的 F 的概率 >= .100）。
4	营业收入(同比增长率)	.	步进（条件：要输入的 F 的概率 <= .050，要除去的 F 的概率 >= .100）。
5	总资产周转率	.	步进（条件：要输入的 F 的概率 <= .050，要除去的 F 的概率 >= .100）。

a. 因变量：市净率PB(LF)

图 6.58 输入/除去的变量

图 6.59 给出了模型整体拟合效果的概述，最终模型（模型 5）的 R 系数为 0.522，反映了模型的拟合效果较为一般。模型的可决系数（R 方）= 0.272，模型修正的可决系数（调整后 R 方）= 0.253，说明模型的解释能力非常有限。由此可知我们在构建的模型中可能遗漏了重要的解释变量，事实上这也是与现实情况相符合的，我国资本市场上的投资者对于医药制造行业上市公司的基于市盈率口径的估值评价，很多时候更加关注股票价格表现的技术面而非基本面，以及上市公司未来可能的发展预期而非历史业绩表现，甚至公司的总市值盘子是大还是小、是否便于股价拉升等其他因素。另外，图中还给出了德宾-沃森检验值 DW=1.875，德宾-沃森检验统计量 DW 是一个用于检验一阶变量自回归形式的序列相关问题的统计量，DW 在数值 2 附近说明模型变量无序列相关，越趋近于 0 说明正的自相关性越强，越趋近于 4 说明负的自相关性越强。

模型摘要[f]

模型	R	R 方	调整后 R 方	标准估算的错误	德宾-沃森
1	.404[a]	.163	.159	2.86069	
2	.451[b]	.203	.195	2.79943	
3	.484[c]	.234	.222	2.75192	
4	.507[d]	.257	.241	2.71693	
5	.522[e]	.272	.253	2.69625	1.875

a. 预测变量：(常量), 净资产收益率ROE(平均)

b. 预测变量：(常量), 净资产收益率ROE(平均), 人力投入回报率(ROP)

c. 预测变量：(常量), 净资产收益率ROE(平均), 人力投入回报率(ROP), EBITDA/利息费用

d. 预测变量：(常量), 净资产收益率ROE(平均), 人力投入回报率(ROP), EBITDA/利息费用, 营业收入(同比增长率)

e. 预测变量：(常量), 净资产收益率ROE(平均), 人力投入回报率(ROP), EBITDA/利息费用, 营业收入(同比增长率), 总资产周转率

f. 因变量：市净率PB(LF)

图 6.59 模型摘要

图 6.60 给出了 ANOVA 方差分析，从图中可以看到最终模型（模型 5）的设定检验 F 统计量的值为 14.066，显著性水平几乎为 0，于是我们的模型通过了设定检验，也就是说，因变量与自变

量之间的线性关系明显。

ANOVA[a]

模型		平方和	自由度	均方	F	显著性
1	回归	306.745	1	306.745	37.483	.000[b]
	残差	1571.240	192	8.184		
	总计	1877.985	193			
2	回归	381.157	2	190.579	24.318	.000[c]
	残差	1496.828	191	7.837		
	总计	1877.985	193			
3	回归	439.101	3	146.367	19.327	.000[d]
	残差	1438.885	190	7.573		
	总计	1877.985	193			
4	回归	482.838	4	120.710	16.352	.000[e]
	残差	1395.147	189	7.382		
	总计	1877.985	193			
5	回归	511.272	5	102.254	14.066	.000[f]
	残差	1366.713	188	7.270		
	总计	1877.985	193			

a. 因变量：市净率PB(LF)

b. 预测变量：(常量), 净资产收益率ROE(平均)

c. 预测变量：(常量), 净资产收益率ROE(平均), 人力投入回报率(ROP)

d. 预测变量：(常量), 净资产收益率ROE(平均), 人力投入回报率(ROP), EBITDA/利息费用

e. 预测变量：(常量), 净资产收益率ROE(平均), 人力投入回报率(ROP), EBITDA/利息费用, 营业收入(同比增长率)

f. 预测变量：(常量), 净资产收益率ROE(平均), 人力投入回报率(ROP), EBITDA/利息费用, 营业收入(同比增长率), 总资产周转率

图 6.60　ANOVA 分析

图 6.61 给出了回归系数和变量显著性检验的 T 值，从上述结果可以看出，在采用步进回归分析方法对数据进行分析后，除了 ROE、ROP、EBITDA/interest、assetturnover、incomegrow 变量进入了最终的回归分析方程外，ROA、debt、R&Dgrow、ROIC、netincome/profit、netprofitgrow、cashflowgrow 变量都被除去了。

系数[a]

模型		未标准化系数		标准化系数	t	显著性
		B	标准错误	Beta		
1	(常量)	2.573	.389		6.607	.000
	净资产收益率ROE(平均)	.173	.028	.404	6.122	.000
2	(常量)	2.793	.388		7.204	.000
	净资产收益率ROE(平均)	.229	.033	.535	6.920	.000
	人力投入回报率(ROP)	-.005	.001	-.238	-3.081	.002
3	(常量)	2.777	.381		7.284	.000
	净资产收益率ROE(平均)	.222	.033	.520	6.822	.000
	人力投入回报率(ROP)	-.004	.001	-.222	-2.914	.004
	EBITDA/利息费用	.000	.000	.176	2.766	.006
4	(常量)	2.576	.385		6.686	.000
	净资产收益率ROE(平均)	.216	.032	.505	6.689	.000
	人力投入回报率(ROP)	-.004	.001	-.226	-2.995	.003
	EBITDA/利息费用	.000	.000	.184	2.916	.004
	营业收入(同比增长率)	.014	.006	.154	2.434	.016
5	(常量)	3.557	.626		5.680	.000
	净资产收益率ROE(平均)	.251	.037	.587	6.858	.000
	人力投入回报率(ROP)	-.006	.002	-.292	-3.565	.000
	EBITDA/利息费用	.000	.000	.174	2.774	.006
	营业收入(同比增长率)	.013	.006	.152	2.431	.016
	总资产周转率	-2.151	1.088	-.142	-1.978	.049

a. 因变量：市净率PB(LF)

图 6.61　回归系数

最终的模型回归方程是：

```
    Pb = 0.250632*ROE - 0.005539*ROP + 0.000466*EBITDA/interest +
0.013481*incomegrow - 2.151182*assetturnover + 3.556982
```

医药制造业上市公司基于市净率口径的估值与 ROE、ROP、assetturnover、EBITDA/interest、incomegrow 等因素紧密相关。对各解释变量的影响方向合理解释如下：

（1）ROE 对公司基于市净率口径的估值产生正向影响，或者说是 ROE 越高，公司基于市净率口径的估值就越高，是符合理论逻辑的，毕竟盈利能力突出的公司更能得到众多投资者的认可和青睐，更值得投资者为之付出更多的风险溢价。

（2）ROP 对公司基于市净率口径的估值产生负向影响，或者说是 ROE 越高，公司基于市净率口径的估值就越低，虽然从表面上可能比较难理解，但这一问题有着科学而合理的深层次原因。众所周知，资源的投入回报率往往呈现边际递减趋势，或者说每增加一单位的投入带来的产出的增加会越来越少。对于医药制造业来说，目前市场远远未饱和，如果一家公司人力投入回报率很高，往往说明其招聘的人才还不够充分，从而投资者认为公司还有更多可以改进和提高的空间，反而不如那些人力投入回报率偏低的公司具有吸引力。

（3）营业收入（同比增长率）对公司基于市净率口径的估值产生正向影响，或者说是营业收入（同比增长率）越高，公司基于市净率口径的估值就越高。

（4）assetturnover 对公司基于市净率口径的估值产生负向影响，或者说是总资产周转率越高，公司基于市净率口径的估值就越低，虽然从表面上可能比较难理解，但这一问题同样有着科学而合理的深层次原因。对于医药制造行业来说，资产质量普遍较为优质，总资产周转率偏低，往往不是说明营运效率低下，而是反映在公司的固定资产、无形资产偏多，而这些固定资产、无形资产，尤其是具有发明专利权和商标权的无形资产往往代表着公司的核心竞争力，更容易得到投资者的认可。

（5）EBITDA/interest 对公司基于市净率口径的估值产生正向影响，或者说是 ROE 越高，公司基于市净率口径的估值就越高，是符合合理理论逻辑的，毕竟偿债能力突出的公司更能得到众多投资者的认可和青睐，更值得投资者为之付出更多的风险溢价。

6.5 研究结论

结合前述计量统计分析，我们可以非常明确地得到如下研究结论：

（1）医药制造业上市公司基于市净率口径的估值仅与 debt、R&Dgrow 正向显著相关。

① 我国医药制造行业中的上市公司的负债率相对比较低、偿债能力比较强，而同时盈利能力又比较好，尤其是投入资本回报率 ROIC 显著高于债务利息费用。在这种情况下，倾向于鼓励上市公司加入更高的财务杠杆进一步做大企业规模，上市公司的 debt 越高，公司的市盈率就越高，投资者就越对上市公司认可，越愿意为上市公司付出适当的风险溢价。

② 医药制造行业是典型的研究开发驱动型行业，研究开发新型药品、掌握更多的专利技术是企业取得持续竞争优势、打造核心竞争力的关键，上市公司的研发费用同比增长越快，在一定程度上说明越容易出研究成果，那么公司的市盈率就越高，投资者就越对上市公司认可，越愿意为上市公司付出适当的风险溢价。

③ 我国资本市场上的投资者对于医药制造行业上市公司的估值评价，很多时候更加关注股票价格表现的技术面而非基本面，以及上市公司未来可能的发展预期而非历史业绩表现，甚至公司的

总市值盘子是大还是小、是否便于股价拉升等其他因素。对于公司的资本结构、研发投入、盈利质量、营运能力、偿债能力、成长能力等财务表现关注力度不高。

（2）医药制造业上市公司基于市净率口径的估值与 ROE、ROP、assetturnover、EBITDA/interest、cashflowgrow 等多种因素紧密相关。

① ROE 产生正向影响，盈利能力突出的公司更能得到众多投资者的认可和青睐，更值得投资者为之付出更多的风险溢价。

② ROP 产生负向影响，对于医药制造业来说，目前市场远远未饱和，如果一家公司人力投入回报率很高，往往说明其招聘的人才还不够充分，不如那些人力投入回报率偏低的公司具有吸引力。

③ 营业收入（同比增长率）对公司基于市净率口径的估值产生正向影响，或者说是营业收入（同比增长率）越高，公司基于市净率口径的估值就越高。

④ assetturnover 产生负向影响，对于医药制造行业来说，总资产周转率偏低往往反映在公司的固定资产、无形资产偏多，而这些资产往往代表着公司的核心竞争力。

⑤ EBITDA/interest 产生正向影响，偿债能力突出的公司更能得到众多投资者的认可和青睐，更值得投资者为之付出更多的风险溢价。

第 7 章

C2C 电子商务顾客信任影响因素研究

近年来,大数据、云计算、人工智能、虚拟现实等数字技术快速发展,为电子商务创造了丰富的应用场景,正在驱动新一轮电子商务产业创新。根据百度百科上的解释,C2C 是电子商务的专业用语,意思是个人与个人之间的电子商务,其中 C 指的是消费者,因为消费者的英文单词是 Customer,所以简写为 C,又因为英文中 2 的发音同 to,所以将 C to C 简写为 C2C,C2C 即 Customer to Customer[1]。在 C2C 模式下,交易都是通过线上来完成的,在这种情况下,顾客的信任程度对于交易的成功至关重要。毫无疑问,信息化背景下的 C2C 电子商务顾客信任影响因素有很多,包括卖家品牌形象、卖家服务质量、商品信息披露、电商平台保障和其他买家反馈等。影响电子商务网站转化率的因素有网站品牌、商品吸引力、客户服务、顾客行为、用户体验、流量质量等,每一因素又包括很多影响因子。那么究竟哪些因素是更加显著的,影响的方向又如何,这些都是需要探究的。SPSS 作为一种功能强大的统计分析软件,完全可以用来研究信息化背景下的 C2C 电子商务顾客信任影响因素,定量分析变量之间的联系与区别。

7.1 研究背景

《全国电子商务物流发展专项规划(2016—2020 年)》明确提出,到 2020 年基本形成"布局完善、结构优化、功能强大、运作高效、服务优质"的电商物流体系,这是指导"十三五"时期我国电商物流发展的纲领性文件,标志着我国电商物流进入全新的发展阶段。《电子商务"十三五"发展规划》提出,要以新理念引领发展,激发电子商务市场活力,不断拓宽电子商务创新发展领域,积极营造宽松的电子商务创业环境,大力发展电子商务产业。坚持通过创新监管方式规范发展,加快建立开放、公平、诚信的电子商务市场秩序。《电子商务"十三五"发展规划》确立了"2020 年电子商务交易额 40 万亿元、网上零售总额 10 万亿元、相关从业者 5000 万人"三大发展指标。

近年来,随着互联网技术的快速进步和各类移动智能终端的广泛普及,我国的信息化程度实现了相当程度的提升。在信息化普及的推动下,我国的 C2C 电子商务业务也实现了突飞猛进的增长。以"双十一"购物狂欢节为例,2014 年 11 月 11 日,阿里巴巴"双十一"全天交易额为 571 亿元。2015 年 11 月 11 日,天猫"双十一"全天交易额为 912.17 亿元。2016 年 11 月 11 日,天猫"双十一"全天交易额超 1207 亿。2017 年"双十一"购物节,天猫、淘宝总成交额为 1682 亿元。2018 年

---

[1] https://baike.baidu.com/item/C2C/324663?fr=aladdin

天猫"双十一"全天交易额为 2135 亿[1]。

2018 年 8 月 31 日，第十三届全国人民代表大会常务委员会第五次会议通过了《中华人民共和国电子商务法》。该法案明确指出：国家鼓励发展电子商务新业态，创新商业模式，促进电子商务技术研发和推广应用，推进电子商务诚信体系建设，营造有利于电子商务创新发展的市场环境，充分发挥电子商务在推动高质量发展、满足人民日益增长的美好生活需要、构建开放型经济方面的重要作用。

在信息化广泛普及背景的 C2C 电子商务交易模式中，买家通过卖家传递的品牌形象、服务质量、商品信息、交易保障和售后体验等一系列信息，形成对卖家的初步评价，并据此做出是否信任或交易的决策。同时卖家引入云计算应用等大数据分析手段，通过对累计交易数据的分析，找出自身在交易中存在的不足和短板，从而不断改进服务质量和信息传递效率，进而提升顾客的消费体验。

7.2 研究方法

本节在充分考虑我国 C2C 电子商务交易的具体特征的基础上，紧密结合电子商务顾客的消费习惯，参照已有的研究文献，以 C2C 电子商务顾客信任程度（Y）为因变量，构建起包括卖家品牌形象（X_1）、卖家服务质量（X_2）、商品信息披露（X_3）、电商平台保障（X_4）和其他买家反馈（X_5）五个大方面影响因素的 C2C 电子商务顾客信任影响因素理论模型。

$$Y=f(X_1, X_2, X_3, X_4, X_5)$$

1. 卖家品牌形象

卖家品牌形象指的是卖家的品牌知名度和美誉度，知名度指的是卖家品牌形象在消费者中的熟知程度，美誉度指的是卖家品牌形象在消费者中的口碑。卖家的品牌知名度和美誉度对消费者信任程度的影响逻辑是，当卖家提供的产品和服务不符合他们预期时，较高品牌知名度和美誉度的公司有能力和意愿来对消费者做出补偿。如果卖家的品牌知名度越高，同时美誉度越好，那么预期消费者对卖家的商品信任程度就越高。

2. 卖家服务质量

卖家品牌形象指的是卖家在与买家沟通交流过程中响应的速度、服务的态度和解决问题的效果。响应的速度指的是当买家主动发起沟通事项时，卖家是否能够及时在第一时间进行有效的回应，让买家感受到卖家对他需求的重视。服务的态度指的是卖家的语气措辞、交流意愿等，卖家是否在充分尊重买家的基础上，耐心地就买家的问题和困惑进行针对性的讲解，以及针对买家的诉求做出恰当的应对。解决问题的效果指的是卖家针对买家反映的问题进行针对性的解决，针对买家提出的意见建议进行及时有效的改进，让买家感到满意，消费体验得到提升。卖家在与买家沟通交流过程中响应的速度越快，服务的态度越好，解决问题的效果越强，那么预期消费者对卖家的商品信任程度越高。

---

[1] https://baike.baidu.com/item/%E5%8F%8C%E5%8D%81%E4%B8%80%E8%B4%AD%E7%89%A9%E7%8B%82%E6%AC%A2%E8%8A%82/6811698?fromtitle=%E5%8F%8C%E5%8D%81%E4%B8%80&fromid=8098742&fr=aladdin

3. 商品信息披露

商品信息披露指的是卖家商品展示的真实性、完整性和吸引力。真实性指的是卖家在商品展示页面发布的所有文字、图片和数据都是与实物相符的，没有夸大或者虚假成分。完整性指的是卖家在商品展示页面发布的所有文字、图片和数据都完整反映了实物的信息，尤其是对于关键特征信息没有遗漏。吸引力是指卖家在商品展示页面发布的所有文字、图片和数据都按照一定的逻辑组织在一起，能够引起买家的注意，在全面了解商品信息的基础上，对商品产生信任感，进而产生购买的意愿。卖家商品信息披露展示的真实性和完整性越高，吸引力越大，那么预期消费者对卖家的商品信任程度越高。

4. 电商平台保障

电商平台保障指的是买家与卖家交易的第三方电子商务平台对于交易的保障程度，包括但不限于是否有卖方信用评价与处罚制度能够有效地保护消费者的利益，是否有严格的卖家准入与退出制度对网店的合法性和能力起到保障作用，是否有相应的监管账户对从交易开始到交易达成的资金流进行监管从而有效地防止交易欺诈等。

5. 其他买家反馈

其他买家反馈指的是买家在商品详情页面看到的已经交易成功的买家对商品的评价情况。其他买家反馈对于顾客的信任度影响从两个方面产生作用：一是历史顾客对于交易的满意程度，是否有中评或差评体验，是否有关于商品质量瑕疵或店家服务态度欠缺的评价等，顾客的好评程度越高，预期消费者对卖家的商品信任程度就越高；二是关注历史顾客评价的真实程度，一般来说，评价字数较多、图文并茂、描述详细、客观公正的评价更容易获得消费者的信任。

在此基础上，再将卖家品牌形象、卖家服务质量、商品信息披露、电商平台保障和其他买家反馈等变量进一步细分为 13 个子变量，其中卖家品牌形象变量又可以细分为卖家的品牌知名度程度对信任程度影响、卖家的品牌美誉度程度对信任程度影响 2 个子变量；卖家服务质量变量又可以细分为卖家在与买家沟通交流过程中响应的速度对信任程度影响、卖家在与买家沟通交流过程中服务的态度对信任程度影响、卖家在与买家沟通交流过程中解决问题的效果对信任程度影响 3 个子变量；商品信息披露变量又可以细分为卖家商品展示的真实性对信任程度影响、卖家商品展示的完整性对信任程度影响、卖家商品展示的吸引力对信任程度影响 3 个子变量；电商平台保障变量又可以细分为卖方信用处罚制度对信任程度影响、卖家准入与退出制度对信任程度影响、资金监管账户制度对信任程度影响 3 个子变量；其他买家反馈变量又可以细分为历史顾客对于交易的满意程度对信任程度影响、历史顾客评价的真实程度对信任程度影响 2 个子变量，如表 7.1 所示。

表 7.1　C2C 电子商务顾客信任影响因素

变量	子变量
卖家品牌形象	卖家的品牌知名度程度对信任程度影响
	卖家的品牌美誉度程度对信任程度影响
卖家服务质量	卖家在与买家沟通交流过程中响应的速度对信任程度影响
卖家服务质量	卖家在与买家沟通交流过程中服务的态度对信任程度影响
	卖家在与买家沟通交流过程中解决问题的效果对信任程度影响

(续表)

变量	子变量
商品信息披露	卖家商品展示的真实性对信任程度影响
	卖家商品展示的完整性对信任程度影响
	卖家商品展示的吸引力对信任程度影响
电商平台保障	卖方信用处罚制度对信任程度影响
	卖家准入与退出制度对信任程度影响
	资金监管账户制度对信任程度影响
其他买家反馈	历史顾客对于交易的满意程度对信任程度影响
	历史顾客评价的真实程度对信任程度影响

采用的数据分析方法主要有回归分析、单因素方差分析、单因变量多因素方差分析等。

基本思路是：由于变量品牌知名度影响、品牌美誉度影响、卖家响应的速度影响、卖家服务的态度影响、卖家解决问题的效果影响、卖家商品展示的真实性影响、卖家商品展示的完整性影响、卖家商品展示的吸引力影响、卖方信用处罚制度影响、卖家准入与退出制度影响、资金监管账户制度影响、历史交易满意度影响、历史评价真实度影响等均为定距变量，因此首先使用回归分析研究变量品牌知名度影响、品牌美誉度影响、卖家响应的速度影响、卖家服务的态度影响、卖家解决问题的效果影响、卖家商品展示的真实性影响、卖家商品展示的完整性影响、卖家商品展示的吸引力影响、卖方信用处罚制度影响、卖家准入与退出制度影响、资金监管账户制度影响、历史交易满意度影响、历史评价真实度影响与变量整体信任度评价之间的关系。

由于性别、年龄、网购频次、学历等变量是分类变量，因此使用单因素方差分析、单因变量多因素方差分析研究性别、年龄、网购频次、学历与变量整体信任度评价之间的关系。

关于C2C电子商务顾客信任影响因素的实证研究的数据获取以调查问卷形式展开，针对调查问卷搜集整理的数据进行分析。在调查问卷的设计上，紧密结合前述的理论模型，分为客户基本情况和本次调查内容两大块，其中客户基本情况部分包括客户性别、客户年龄段、客户网购频次、客户学历4个问题。本次调查内容部分围绕卖家品牌形象、卖家服务质量、商品信息披露、电商平台保障、其他买家反馈和信任程度评价6个大问题、14个小问题展开。本次调查共发放调查问卷200份，回收200份，无效问卷0份，回收率100%，有效率100%，调查效果是可以得到有效保证的。

7.3 数据分析与报告

下载资源:\video\第 7 章\7.1	
下载资源:\sample\数据 7	

我们设置了18个变量，即xingbie、nianling、pingci、xueli、pinpai1、pinpai2、fuwu1、fuwu2、fuwu3、xinxi1、xinxi2、xinxi3、baozhang1、baozhang2、baozhang3、fankui1、fankui2、Xinren，分别用来表示性别、年龄、网购频次、学历、品牌知名度影响、品牌美誉度影响、卖家响应的速度影响、卖家服务的态度影响、卖家解决问题的效果影响、卖家商品展示的真实性影响、卖家商品展

示的完整性影响、卖家商品展示的吸引力影响、卖方信用处罚制度影响、卖家准入与退出制度影响、资金监管账户制度影响、历史交易满意度影响、历史评价真实度影响、整体信任度评价，并且对相应变量进行值标签操作，将性别、年龄、网购频次、学历 4 个变量设定测量类别为名义，将品牌知名度影响、品牌美誉度影响、卖家响应的速度影响、卖家服务的态度影响、卖家解决问题的效果影响、卖家商品展示的真实性影响、卖家商品展示的完整性影响、卖家商品展示的吸引力影响、卖方信用处罚制度影响、卖家准入与退出制度影响、资金监管账户制度影响、历史交易满意度影响、历史评价真实度影响、整体信任度评价 14 个变量设定测量类别为测量。

然后将性别、年龄、网购频次、学历 4 个设定测量类别为名义的变量进行相应的值标签操作，其中针对性别变量，用 1 表示男性，2 表示女性；针对年龄变量，用 1 表示 25 岁以下，用 2 表示 25~35 岁，用 3 表示 35~45 岁，用 4 表示 45 岁以上；针对网购频次变量，用 1 表示一年 5 次以下，用 2 表示一年 5~10 次，用 3 表示一年 10~20 次，用 4 表示一年 20 次以上；针对学历变量，用 1 表示研究生及以上，用 2 表示本科与专科，用 3 表示高中与中专，用 4 表示初中及以下。全部设置完毕后如图 7.1 所示。

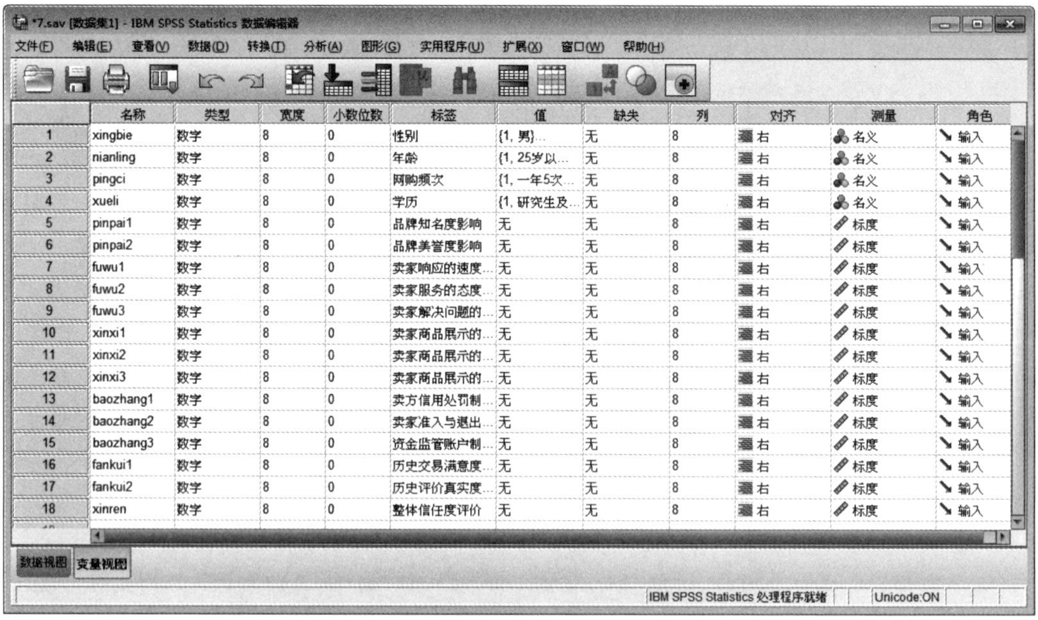

	名称	类型	宽度	小数位数	标签	值	缺失	列	对齐	测量	角色
1	xingbie	数字	8	0	性别	{1, 男}...	无	8	右	名义	输入
2	nianling	数字	8	0	年龄	{1, 25岁以...	无	8	右	名义	输入
3	pingci	数字	8	0	网购频次	{1, 一年5次...	无	8	右	名义	输入
4	xueli	数字	8	0	学历	{1, 研究生及...	无	8	右	名义	输入
5	pinpai1	数字	8	0	品牌知名度影响	无	无	8	右	标度	输入
6	pinpai2	数字	8	0	品牌美誉度影响	无	无	8	右	标度	输入
7	fuwu1	数字	8	0	卖家响应的速度...	无	无	8	右	标度	输入
8	fuwu2	数字	8	0	卖家服务的态度...	无	无	8	右	标度	输入
9	fuwu3	数字	8	0	卖家解决问题的...	无	无	8	右	标度	输入
10	xinxi1	数字	8	0	卖家商品展示的...	无	无	8	右	标度	输入
11	xinxi2	数字	8	0	卖家商品展示的...	无	无	8	右	标度	输入
12	xinxi3	数字	8	0	卖家商品展示的...	无	无	8	右	标度	输入
13	baozhang1	数字	8	0	卖方信用处罚制...	无	无	8	右	标度	输入
14	baozhang2	数字	8	0	卖家准入与退出...	无	无	8	右	标度	输入
15	baozhang3	数字	8	0	资金监管账户制...	无	无	8	右	标度	输入
16	fankui1	数字	8	0	历史交易满意度...	无	无	8	右	标度	输入
17	fankui2	数字	8	0	历史评价真实度...	无	无	8	右	标度	输入
18	xinren	数字	8	0	整体信任度评价	无	无	8	右	标度	输入

图 7.1　数据 7 变量视图

将通过调查问卷获得的数据录入完成后，数据如图 7.2 所示。

第 7 章　C2C 电子商务顾客信任影响因素研究 | 247

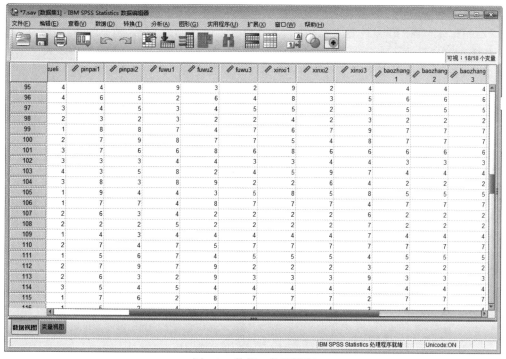

图 7.2　数据 7 数据视图

7.3.1　回归分析

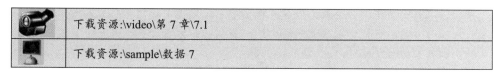

操作步骤如下：

01 进入 SPSS 25.0，打开相关数据文件，选择"分析 | 回归 | 线性"命令，弹出如图 7.3 所示的对话框。

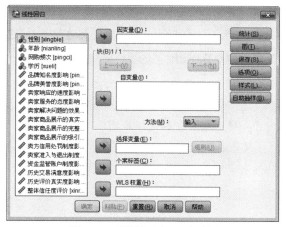

图 7.3　"线性回归"对话框

02 选择进行简单线性回归分析的变量。在图 7.3 所示对话框左侧的列表框中，选中

"xinren"并单击 按钮，使之进入"因变量"列表框，选中"pinpai1、pinpai2、fuwu1、fuwu2、fuwu3、xinxi1、xinxi2、xinxi3、baozhang1、baozhang2、baozhang3、fankui1、fankui2"并单击 按钮，使之进入"自变量"列表框。在"方法"下拉列表中，指定自变量进入分析的方式，通过选择不同的方法，可对相同的变量建立不同的回归模型。设置完毕后如图7.4所示。

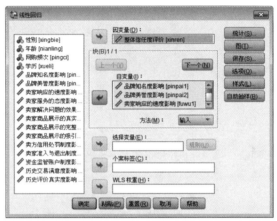

图7.4 设置完毕后的"线性回归"对话框

对话框选项设置/说明

建立多重回归的方法有以下5种。

- 输入：全部备选变量一次进入回归模型。
- 步进：在每一步中，一个最小概率（概率小于设定值）的变量将引入回归方程。若已经引入回归方程的变量的概率大于设定值，则从回归方程除去，若无变量被引入或被除去时，则终止回归过程。
- 除去：将所有不进入方程模型的备选变量一次除去。
- 后退：一次性将所有变量引入方程，并依次进行除去。首先除去与因变量最小相关且符合剔除标准的变量，然后剔除第二个与因变量最小相关并且符合剔除标准的变量，依次类推。若方程中的变量均不满足除去标准时，则终止回归过程。
- 前进：被选变量依次进入回归模型。首先引入与因变量最大相关且符合引入标准的变量，引入第一个变量后，然后引入第二个与因变量最大偏相关并且符合引入标准的变量，依次类推。若无变量符合引入标准时，则回归过程终止。

需要注意的是，无论选择哪种汇总引入方法，进入方程的变量必须符合容许偏差，默认的容许偏差是0.0001。同样一个变量若使模型中变量的容许偏差低于默认的容许偏差，则不进入方程。

"选择变量"文本框用于指定分析个案的选择规则；"WLS权重"文本框利用加权最小平方法给观测量不同的权重值，可用来补偿或减少采用不同测量方式所产生的误差。需要注意的是，因变量与自变量不能再作为加权变量使用，如果加权变量的值是零、负数或缺失值，那么相对应的观测量将被删除。

在本例中，我们选择"输入"方法进行回归，其他选项采用系统默认设置。

03 单击"统计"按钮，弹出"线性回归：统计"对话框，如图7.5所示。

图 7.5 "线性回归:统计"对话框

对话框选项设置/说明

"回归系数"选项组中有以下 3 个选项。

- 估算值:会输出回归系数、回归系数的标准误差、标准化回归系数 Beta、对回归系数进行检验的 T 值、T 值的双尾检验的显著性水平。
- 置信区间:输出每一个非标准化回归系数 95% 的可信区间或一个方差矩阵。
- 协方差矩阵:输出非标准化回归系数的协方差矩阵、各变量的相关系数矩阵。

这里我们只勾选"估算值"复选框就足够了。右侧是与模型拟合及其拟合效果有关的选项,各选项含义如下:

- 模型拟合:输出产生方程过程中引入模型及从模型中删除的变量,提供复相关系数 R、可决系数及修正的可决系数、估计值的标准误差、方差分析表等,这是默认选项。
- R 方变化量:输出的是当回归方程中引入或除去一个自变量后 R 平方的变化量,如果较大,就说明进入和从回归方程剔除的可能是一个较好的回归自变量。
- 描述:输出合法观测量的数量、变量的平均数、标准差、相关系数矩阵及其单侧检验显著性水平矩阵。
- 部分相关性和偏相关性:输出部分相关系数、偏相关系数与零阶相关系数。部分相关性是指对于因变量与某个自变量,当已移去模型中的其他自变量对该自变量的线性效应之后,因变量与该自变量之间的相关性。当变量添加到方程时,其与 R 方的更改有关,有时称为半部分相关。偏相关性是指两个变量之间剩余的相关性,对于因变量与某个自变量,当已移去模型中的其他自变量对上述两者的线性效应之后,这两者之间的相关性。
- 共线性诊断:输出用来诊断各变量共线性问题的各种统计量和容限值。由于一个自变量是其他自变量的线性函数时所引起的共线性(或多重共线性)是不被期望的。所以我们有必要进行共线诊断。选择共线性诊断操作的输出结果是,显示已标度和未中心化叉积矩阵的特征值、条件指数以及方差-分解比例,以及个别变量的方差膨胀因子(VIF)和容差。

"残差"选项组中是有关残差分析的选项。

- 德宾-沃森(Durbin-Watson 检验统计量):用来检验残差是否存在自相关。

- 个案诊断：输出观测量诊断表。选择该项后将激活下面两个单选按钮。
- 离群值（超出 n 倍标准差以上的个案为异常值）：用来设置异常值的判据，默认 n 为 3。
- 所有个案：表示输出所有观测量的残差值。由于我们的数据是时间序列，有可能存在自相关，因此选择德宾-沃森来检验残差是否存在自相关。

在本例中，我们选择"德宾-沃森"，输出德宾-沃森检验统计量，并勾选"模型拟合"和"描述"复选框，其他选项采用系统默认设置。

04 单击"继续"按钮，回到"线性回归"对话框，单击"图"按钮，打开"线性回归：图"对话框，如图 7.6 所示。

图 7.6 "线性回归：图"对话框

对话框选项设置/说明

这里提供绘制散点图、直方图等功能，通过观察这些图形既有助于确认样本的正态性、线性和等方差性，也有助于发现和察觉那些异常观测值和超界值。

从左边变量框中选择变量决定绘制何种散点图，如 DEPENDNT：因变量、ADJPRED：经调整的预测值、ZPRED：标准化预测值、SRESID：学生化残差、ZRESID：标准化残差、SDRESID：学生化剔除残差、DRESID：剔除残差，这里分别把因变量和标准化残差选为 Y 和 X 轴来进行绘图，通过观察残差图可以验证回归模型是否符合经典回归模型的基本假设。

左下方的"标准化残差图"选项组可以决定是否输出标准化残差图，这里我们把"直方图"和"正态概率图"复选框都勾选上。"生成所有局部图"复选框将输出每一个自变量对于因变量残差的散点图，这里不勾选该复选框，因为在我们的实验中并不需要分析所有自变量的残差与因变量残差的关系。

05 单击"继续"按钮，回到"线性回归"对话框，单击"保存"按钮，打开"线性回归：保存"对话框，如图 7.7 所示。

第 7 章　C2C 电子商务顾客信任影响因素研究 | 251

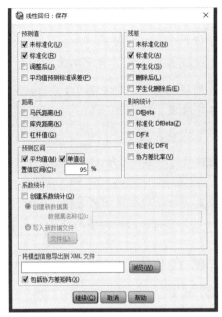

图 7.7 "线性回归：保存"对话框

===对话框选项设置/说明===

选择该对话框中的选项，可决定将预测值、残差或其他诊断结果值作为新变量保存于当前工作文件或保存到新文件。

在"预测值"选项组中可以选择输出回归模型中每一观测值的预测值，包括以下 4 个选项。

- 未标准化：模型中因变量的预测值。
- 标准化：将每个预测值转换成为标准化形式，即用预测值与平均预测值之差除以预测值的标准差。
- 调整后：在回归系数的计算中除去当前个案时，当前个案的预测值。
- 平均值预测标准误差：与自变量相同数值的因变量均值的标准误差。

这里只选择"标准化"和"未标准化"的预测值。"距离"选项组可以将自变量的异常观测值和对回归模型产生较大影响的观测值区分出来，有以下几个选项。

- 马氏距离：又称为 Mahalanobis 距离，是一个测量自变量观测值中有多少观测值与所有观测量均值不同的测度，把马氏距离数值大的观测量视为极端值。
- 库克距离：若一个特殊的观测值被排除在回归系数的计算之外，则库克距离用于测量所有观测量的残差变化；若库克距离数值大的观测量被排除在回归分析的计算之外，则会导致回归系数发生实质性变化。
- 杠杆值：用于测度回归拟合中一个点的影响，中心化杠杆值范围从 0~(N-1)／N。若拟合中没有影响，则杠杆值为 0。

因为在本次实验中我们不分析异常值，因此不选择这几个选项。

"预测区间"选项组中各选项的含义如下：

- 平均值：均值预测区间的上下限。

- 单值：因变量的单个观测量预测区间的上下限。
- 置信区间：在文本框中输入 1~99.99 中的一个数值，作为预测区间的置信概率，通常选用的置信概率为 90%、95% 或 99%，系统默认值为 95%。

在本次实验中，我们选择平均值、单值，置信区间设置为系统默认值 95%。

"残差"选项组中有以下 5 个选项。

- 未标准化：因变量的实际值与预测值之差。
- 标准化：未标准化残差被估计标准误差除后的数值，即所谓的 Pearson 残差，其均值为 0，标准差为 1。
- 学生化：从一个观测量到另一个观测量的残差被估计标准差除后的数值。
- 删除后：从回归系数的计算中除去的观测量的残差，等于因变量的值与经调整的预测值之差。
- 学生化删除后：是一个观测量的剔除残差被它的标准误差除后的数值。

在本次实验中选择"标准化"残差。

"影响统计"选项组中同样包含 5 个选项。

- DfBeta：Beta 值之差，是排除一个特定观测值所引起的回归系数的变化。
- 标准化 DfBeta：Beta 值的标准化残差，为除去一个个案后回归系数改变的大小。
- DfFit：拟合值之差，是由于排除一个特定观测值所引起的预测值的变化。
- 标准化 DfFit：拟合值的标准差。
- 协方差比率：是一个被从回归系数计算中剔除的特定观测值的协方差矩阵与包括全部观测量的协方差矩阵的比率。如果这个比率接近于 1，就说明这个特定观测值对于协方差矩阵的变更没有显著的影响。

选中"系数统计"选项组中的"写入新数据文件"单选按钮，然后单击"文件"按钮，弹出"线性回归：保存到文件"对话框，可以将回归系数或参数估算的值保存到指定的新文件中。最下面是"将模型信息导出到 XML 文件"选项组，可以单击"浏览"按钮指定文件名及路径。

06 单击"继续"按钮，回到"线性回归"对话框，单击"选项"按钮，打开"线性回归：选项"对话框，如图 7.8 所示。

图 7.8 "线性回归：选项"对话框

对话框选项设置/说明

该对话框用于为变量进入方程设置F检验统计量的标准值及确定缺失值的处理方式。

"步进法条件"选项组决定变量的进入或移出回归方程的标准,有以下两种选择。

- 使用F的概率:使用F的概率作为决定变量的进入或移出回归方程的标准。在"进入"和"除去"文本框中各输入一个数值,系统默认值分别为0.05和0.10。若F统计量的显著性概率小于0.05,则变量被引入回归方程;若F统计量的显著性概率大于0.10,则变量被移出回归方程。
- 使用F值:使用F统计量值本身作为决定变量的进入或移出回归方程的标准。在"进入"和"除去"文本框中各输入一个数值,系统默认值分别为3.84和2.71。若F值大于3.84,则变量被引入回归方程;若F值小于2.71,则变量被移出回归方程。

"在方程中包括常量"复选框为系统默认的选项。若不勾选该复选框,则迫使回归方程通过坐标原点。

"缺失值"选项组中是对含有缺失值的个案处理方式,有以下3个选项。

- 成列排除个案:剔除参与相关分析的变量中有缺失值的观测量,即只包括全部变量的有效观测值。
- 成对排除个案:成对除去计算相关系数的变量中含有缺失值的观测量。
- 替换为平均值:用变量的均值替代缺失值。

这里选择系统默认的选项,即"成列排除个案"。

07 以上全部设置完毕后单击"继续"按钮,回到"线性回归"对话框,然后单击"确定"按钮,进入计算分析。

图7.9给出了基本的描述统计,图中显示了各个变量的全部观测量的平均值、标准偏差和个案数。

描述统计

	平均值	标准偏差	个案数
整体信任度评价	5.59	2.003	200
品牌知名度影响	5.67	2.048	200
品牌美誉度影响	5.42	2.190	200
卖家响应的速度影响	5.52	2.143	200
卖家服务的态度影响	5.55	2.136	200
卖家解决问题的效果影响	5.19	2.089	200
卖家商品展示的真实性影响	5.34	2.087	200
卖家商品展示的完整性影响	5.52	2.098	200
卖家商品展示的吸引力影响	5.72	2.162	200
卖方信用处罚制度影响	5.54	2.022	200
卖家准入与退出制度影响	5.50	2.081	200
资金监管账户制度影响	5.71	2.031	200
历史交易满意度影响	5.69	2.128	200
历史评价真实度影响	5.40	2.088	200

图7.9 描述统计

图7.10给出了相关系数矩阵,图中显示了各个自变量两两间的皮尔逊相关系数,以及关于相

关关系等于零的假设的单尾显著性检验概率,可以发现因变量和自变量之间的相关系数虽然不是非常高,但是全部呈现正相关关系。

相关性

		整体信任度评价	品牌知名度影响	品牌美誉度影响	卖家响应的速度影响	卖家服务的态度影响	卖家解决问题的效果影响	卖家商品展示的真实性影响	卖家商品展示的完整性影响	卖家商品展示的吸引力影响	卖方信用处罚制度影响	卖家准入与退出制度影响	资金监管账户制度影响	历史交易满意度影响	历史评价真实度影响
皮尔逊相关性	整体信任度评价	1	0.581	0.545	0.508	0.504	0.584	0.484	0.516	0.425	0.714	0.661	0.633	0.379	0.445
	品牌知名度影响	0.581	1	0.349	0.409	0.467	0.419	0.394	0.327	0.332	0.363	0.498	0.379	0.374	0.398
	品牌美誉度影响	0.545	0.349	1	0.356	0.316	0.414	0.316	0.347	0.364	0.486	0.486	0.45	0.25	0.282
	卖家响应的速度影响	0.508	0.409	0.356	1	0.302	0.302	0.243	0.304	0.315	0.366	0.278	0.359	0.28	0.293
	卖家服务的态度影响	0.504	0.467	0.316	0.302	1	0.337	0.233	0.293	0.322	0.373	0.401	0.404	0.282	0.258
	卖家解决问题的效果影响	0.584	0.419	0.414	0.302	0.337	1	0.329	0.25	0.299	0.498	0.556	0.41	0.176	0.379
	卖家商品展示的真实性影响	0.484	0.394	0.316	0.243	0.233	0.329	1	0.291	0.325	0.444	0.34	0.34	0.28	0.243
	卖家商品展示的完整性影响	0.516	0.327	0.347	0.304	0.293	0.25	0.291	1	0.279	0.416	0.421	0.341	0.281	0.328
	卖家商品展示的吸引力影响	0.425	0.332	0.364	0.315	0.322	0.299	0.325	0.279	1	0.375	0.386	0.428	0.349	0.248
	卖方信用处罚制度影响	0.714	0.363	0.486	0.366	0.373	0.498	0.444	0.416	0.375	1	0.633	0.64	0.366	0.375
	卖家准入与退出制度影响	0.661	0.498	0.486	0.278	0.401	0.556	0.34	0.421	0.386	0.633	1	0.562	0.371	0.351
	资金监管账户制度影响	0.633	0.379	0.45	0.359	0.404	0.41	0.34	0.341	0.428	0.64	0.562	1	0.387	0.298
	历史交易满意度影响	0.379	0.374	0.25	0.28	0.282	0.176	0.28	0.281	0.349	0.366	0.371	0.387	1	0.325
	历史评价真实度影响	0.445	0.398	0.282	0.293	0.258	0.379	0.243	0.328	0.248	0.375	0.351	0.298	0.325	1
显著性（单尾）	整体信任度评价		0	0	0	0	0	0	0	0	0	0	0	0	0
	品牌知名度影响	0		.	0	0	0	0	0	0	0	0	0	0	0
	品牌美誉度影响	0	.		0	0	0	0	0	0	0	0	0	0	0
	卖家响应的速度影响	0	0	0		0	0	0	0	0	0	0	0	0	0
	卖家服务的态度影响	0	0	0	0		0	0	0	0	0	0	0	0	0
	卖家解决问题的效果影响	0	0	0	0	0		0	0	0	0	0	0	0.006	0
	卖家商品展示的真实性影响	0	0	0	0	0	0		0	0	0	0	0	0	0
	卖家商品展示的完整性影响	0	0	0	0	0	0	0		0	0	0	0	0	0
	卖家商品展示的吸引力影响	0	0	0	0	0	0	0	0		0	0	0	0	0
	卖方信用处罚制度影响	0	0	0	0	0	0	0	0	0		0	0	0	0
	卖家准入与退出制度影响	0	0	0	0	0	0	0	0	0	0		0	0	0
	资金监管账户制度影响	0	0	0	0	0	0	0	0	0	0	0		0	0
	历史交易满意度影响	0	0	0	0	0	0.006	0	0	0	0	0	0		0
	历史评价真实度影响	0	0	0	0	0	0	0	0	0	0	0	0	0	

图 7.10　相关系数矩阵

图 7.11 给出了输入模型和被除去的变量信息,从图中可以看出,因为我们采用的是输入法,所以所有自变量都进入模型。

输入/除去的变量

模型	输入的变量	除去的变量	方法
1	历史评价真实度影响,卖家商品展示的真实性影响,卖家服务的态度影响,卖家响应的速度影响,历史交易满意度影响,卖家商品展示的完整性影响,卖家商品展示的吸引力影响,卖家解决问题的效果影响,品牌美誉度影响,资金监管账户制度影响,品牌知名度影响,卖家准入与退出制度影响,卖方信用处罚制度影响	.	输入

a. 因变量：整体信任度评价
b. 已输入所请求的所有变量

图7.11　输入/除去的变量

第 7 章 C2C 电子商务顾客信任影响因素研究

图 7.12 给出了模型整体拟合效果的概述，模型的 R 系数为 0.861，反映了模型的拟合效果非常不错。模型的可决系数（R 方）= 0.742，模型修正的可决系数（调整后 R 方）= 0.724，说明模型的解释能力非常好。另外，图中还给出了德宾-沃森检验值 DW=1.826，德宾-沃森检验统计量 DW 是一个用于检验一阶变量自回归形式的序列相关问题的统计量，DW 在数值 2 附近说明模型变量无序列相关，越趋近于 0 说明正的自相关性越强，越趋近于 4 说明负的自相关性越强。

模型摘要[b]

模型	R	R 方	调整后 R 方	标准估算的错误	德宾-沃森
1	.861[a]	.742	.724	1.052	1.826

a. 预测变量：(常量)，历史评价真实度影响，卖家商品展示的真实性影响，卖家服务的态度影响，卖家响应的速度影响，历史交易满意度影响，卖家商品展示的完整性影响，卖家商品展示的吸引力影响，卖家解决问题的效果影响，品牌美誉度影响，资金监管账户制度影响，品牌知名度影响，卖家准入与退出制度影响，卖方信用处罚制度影响
b. 因变量：整体信任度评价

图 7.12 模型摘要

图 7.13 给出了 ANOVA 方差分析，从图中可以看到模型的设定检验 F 统计量的值为 2.706，显著性水平几乎为零，于是我们的模型通过了设定检验，也就是说，因变量与自变量之间的线性关系明显。

ANOVA[a]

模型		平方和	自由度	均方	F	显著性
1	回归	592.470	13	45.575	41.168	.000[b]
	残差	205.910	186	1.107		
	总计	798.380	199			

a. 因变量：整体信任度评价
b. 预测变量：(常量)，历史评价真实度影响，卖家商品展示的真实性影响，卖家服务的态度影响，卖家响应的速度影响，历史交易满意度影响，卖家商品展示的完整性影响，卖家商品展示的吸引力影响，卖家解决问题的效果影响，品牌美誉度影响，资金监管账户制度影响，品牌知名度影响，卖家准入与退出制度影响，卖方信用处罚制度影响

图 7.13 ANOVA 方差分析

图 7.14 给出了残差统计分析，图中显示了预测值、残差、标准预测值、标准残差的最小值/最大值、平均值、标准偏差及个案数。

残差统计[a]

	最小值	最大值	平均值	标准偏差	个案数
预测值	1.69	9.40	5.59	1.725	200
标准预测值	-2.257	2.207	.000	1.000	200
预测值的标准误差	.095	.465	.267	.081	200
调整后预测值	1.67	9.41	5.59	1.722	200
残差	-4.142	3.033	.000	1.017	200
标准残差	-3.936	2.882	.000	.967	200
学生化残差	-4.318	3.129	-.001	1.028	200
剔除残差	-4.985	3.573	-.002	1.151	200
学生化剔除残差	-4.540	3.206	-.003	1.044	200
马氏距离	.615	37.929	12.935	8.243	200
库克距离	.000	.271	.010	.029	200
居中杠杆值	.003	.191	.065	.041	200

a. 因变量：整体信任度评价

图 7.14 残差统计分析

图 7.15 和图 7.16 给出了模型残差的直方图和正态概率 P-P 图，由于在模型中始终假设残差服

从正态分布，因此可以从这两张图中直观地看出回归后的实际残差是否符合假设，从回归残差的直方图与附于图上的正态分布曲线相比较，可以认为残差分布近似的服从正态分布。

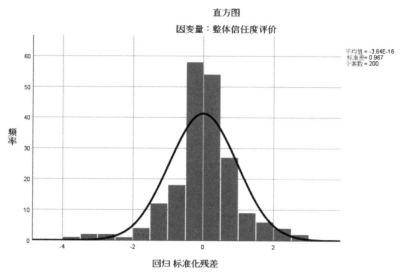

图 7.15　残差分布直方图

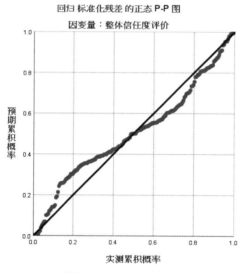

图 7.16　正态概率 P-P 图

从正态概率 P-P 图来看，该图也是用于比较残差分布与正态分布差异的图形，图的纵坐标为期望的累计概率，横坐标为观测的累计概率，图中的斜线对应着一个平均值为 0 的正态分布。如果图中的散点密切地散布在这条斜线附近，就说明随机变量残差服从正态分布，从而证明样本确实是来自正态总体；如果偏离这条直线太远，就应该怀疑随机变量的正态性。基于以上认识，从图中的散点分布状况来看，散点大致散布于斜线附近，可以认为残差分布基本上是正态的。

图 7.17 给出了回归系数和变量显著性检验的 T 值，我们发现，多数自变量的显著性水平还是很高的，从这里也可以看出，模型通过变量的显著性检验。

系数^a

模型		未标准化系数 B	标准错误	标准化系数 Beta	t	显著性
1	(常量)	-1.079	.325		-3.317	.001
	品牌知名度影响	.134	.050	.137	2.706	.007
	品牌美誉度影响	.062	.043	.067	1.447	.150
	卖家响应的速度影响	.126	.041	.135	3.053	.003
	卖家服务的态度影响	.086	.042	.092	2.055	.041
	卖家解决问题的效果影响	.122	.047	.127	2.599	.010
	卖家商品展示的真实性影响	.085	.042	.088	1.997	.047
	卖家商品展示的完整性影响	.125	.042	.130	2.973	.003
	卖家商品展示的吸引力影响	-.006	.041	-.006	-.144	.886
	卖方信用处罚制度影响	.240	.058	.242	4.143	.000
	卖家准入与退出制度影响	.099	.055	.103	1.789	.075
	资金监管账户制度影响	.123	.052	.125	2.365	.019
	历史交易满意度影响	-.021	.042	-.022	-.509	.611
	历史评价真实度影响	.039	.042	.041	.929	.354

a. 因变量：整体信任度评价

图 7.17　回归系数

最终模型的表达式为：

整体信任度评价=-1.078676+0.134188*品牌知名度影响+0.061507*品牌美誉度影响+0.125818*卖家响应的速度影响+0.086219*卖家服务的态度影响+0.121935*卖家解决问题的效果影响+0.084709*卖家商品展示的真实性影响+0.124507*卖家商品展示的完整性影响-0.005895*卖家商品展示的吸引力影响+0.239649*卖方信用处罚制度影响+0.098726*卖家准入与退出制度影响+0.123456*资金监管账户制度影响-0.021148*历史交易满意度影响+0.039126*历史评价真实度影响

如果是基于通用的 0.05 的显著性水平，就可以从实证分析结果中发现，变量品牌知名度影响、卖家响应的速度影响、卖家服务的态度影响、卖家解决问题的效果影响、卖家商品展示的真实性影响、卖家商品展示的完整性影响、卖方信用处罚制度影响、资金监管账户制度影响等是比较显著的，而且是一种显著的正向相关关系，这充分说明了下述结论。

（1）卖家的品牌知名度程度对信任程度影响是非常显著的，而且影响方向是正向的，或者说卖家的品牌知名度程度越高，就越能赢得消费者的信任。

（2）卖家的品牌美誉度程度对信任程度影响是不够显著的，或者说消费者在信任程度方面不会显著考虑卖家的品牌美誉度程度。

（3）卖家在与买家沟通交流过程中响应的速度对信任程度影响是非常显著的，而且影响方向是正向的，或者说卖家在与买家沟通交流过程中响应的速度越快，就越能赢得消费者的信任。

（4）卖家在与买家沟通交流过程中服务的态度对信任程度影响是非常显著的，而且影响方向是正向的，或者说卖家在与买家沟通交流过程中服务的态度越好，就越能赢得消费者的信任。

（5）卖家在与买家沟通交流过程中解决问题的效果对信任程度影响是非常显著的，而且影响方向是正向的，或者说卖家在与买家沟通交流过程中解决问题的效果越好，就越能赢得消费者的信任。

（6）卖家商品展示的真实性对信任程度影响是非常显著的，而且影响方向是正向的，或者说卖家商品展示的真实性越高，就越能赢得消费者的信任。

（7）卖家商品展示的完整性对信任程度影响是非常显著的，而且影响方向是正向的，或者说卖家商品展示的完整性越高，就越能赢得消费者的信任。

（8）卖家商品展示的吸引力对信任程度影响是不够显著的，或者说消费者在信任程度方面不会显著考虑卖家商品展示的吸引力。

（9）卖方信用处罚制度对信任程度影响是非常显著的，而且影响方向是正向的，或者说卖方信用处罚制度执行越好，就越能赢得消费者的信任。

（10）卖家准入与退出制度对信任程度影响是不够显著的。

（11）资金监管账户制度对信任程度影响是非常显著的而且影响方向是正向的，或者说资金监管账户制度执行越好，就越能赢得消费者的信任。

（12）历史顾客对于交易的满意程度对信任程度影响是不够显著的，或者说消费者在信任程度方面不会显著考虑历史顾客对于交易的满意程度。

（13）历史顾客评价的真实程度对信任程度影响是不够显著的，或者说消费者在信任程度方面不会显著考虑历史顾客评价的真实程度。

7.3.2 单因素方差分析

1. 不同性别对整体信任程度的影响分析

实验的操作步骤如下：

01 依次选择"文件｜打开｜数据"命令，打开 7.sav 数据表。

02 依次选择"分析｜比较平均值｜单因素 ANOVA 检验"命令，弹出"单因素 ANOVA 检验"对话框，在左侧变量框中选择"整体信任程度"变量并单击 按钮，使之进入右侧上方的"因变量列表"列表框中，然后在左侧变量框中选择"性别"变量并单击 按钮，使之进入右侧下方的"因子"列表框中，如图 7.18 所示。

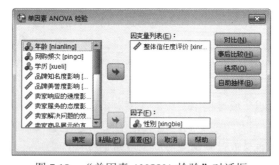

图 7.18 "单因素 ANOVA 检验"对话框

03 单击"对比"按钮，弹出"单因素 ANOVA 检验：对比"对话框，如图 7.19 所示。

图 7.19 "单因素 ANOVA 检验：对比"对话框

对话框选项设置/说明

勾选"多项式"复选框后，可以激活其右侧的"等级"参数框，单因素方差分析允许构造高达 5 次的均值多项式，多项式的阶数由读者自己根据研究的需要输入，单击"等级"参数框后面的向下箭头展开次级菜单，可以选择的阶次有线性、二次、三次、四次、五次。系统将在输出中给出指定阶次和低于指定阶次的各阶的平方和分解结果及各阶次的自由度、F 值和 F 检验的概率值。

下面的一些选项框是关于指定系数的。指定各组均值系数的具体操作步骤为：

① 在"系数"文本框中输入一个系数，单击"添加"按钮，"系数"文本框中的系数将进入下面的列表框中。

② 重复以上操作，依次输入各组均值的系数，在列表框中形成一列数值。因素变量有几个水平（分为几组），就输入几个系数，多出的无意义，不参与比较的分组系数应该为 0。若多项式中只包括第 1 组与第 4 组的均值系数，则必须把第 2 个、第 3 个系数输入为 0 值；若只包括第 1 组与第 1 组的均值，则只需要输入前两个系数。第 3、4 个系数可以不输入，可以同时进行多组均值组合比较。

③ 一组系数输入结束后激活"下一页"按钮，单击该按钮后"系数"文本框被清空，准备接受下一组系数数据，最多可以输入 10 组系数。如果认为输入的几组系数中有错误，则可以分别单击"上一页"或"下一页"按钮前后翻，找到出错的一组数据。单击出错的系数，该系数将显示在编辑框中，可以在此进行修改，更改后单击"更改"按钮，在系数显示框中会出现正确的系数值。

04 单击"继续"按钮，回到"单因素 ANOVA 检验"对话框，单击"事后比较"按钮，弹出"单因素 ANOVA 检验：事后多重比较"对话框，如图 7.20 所示。

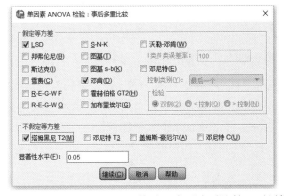

图 7.20 "单因素 ANOVA 检验：事后多重比较"对话框

对话框选项设置/说明

在"假定等方差"选项组中可以选择均值比较的方法,有以下 14 种。

- LSD(Least-significant difference,最小显著差异法):用 t 检验完成各组均值间的配对比较,对多重比较误差率不进行调整。
- 邦弗伦尼(修正最小显著差异法):计算 Student 统计量,完成各组间均值的配对比较,它通过设置每个检验的误差率来控制整个误差率。
- 斯达克(Sidak 法):计算 t 统计量进行多重配对比较,调整多重比较的显著性水平,限制比邦弗伦尼(修正最小显著差异法)检验更严格。
- 雪费(Scheffe 检验法):对所有可能的组合进行同步进入的配对比较,这些选项可以同时选择若干个,以便比较各种均值比较方法的结果。
- R-E-G-W F(Ryan-Einot-Gabriel-Welsch F 法):用基于 F 检验的逐步缩小的多重比较检验,显示一致性子集表。
- R-E-G-W Q(Ryan-Einot-Gabriel-Welsch Q 法):使用基于学生化值域的逐步缩小的多元统计过程,进行子集一致性检验。
- S-N-K(Student Newman-Keuls 法):使用学生化值域统计量,进行子集一致性检验。
- 图基(Tukey's honestly significant difference,可靠显著差异法):用 Student-Range(学生氏极差)统计量进行所有组间均值的配对比较,用所有配对比较的累计误差率作为实验误差率,还进行子集一致性检验。
- 图基 s-b(可靠显著检验法):用学生化值域分布进行组间均值的配对比较,其精确值为前两种检验相应值的平均值。
- 邓肯(Duncan 法):指定一系列的 Range 值,逐步进行计算比较得出结论,显示一致性子集检验结果。
- 霍赫伯格 GT2(Hochberg's GT2 法):该方法是基于学生化最大模数检验,与图基(可靠显著差异法)类似,进行组均值成对比较和检测一致性子集,除非单元格含量非常不平衡,该检验甚至适用于方差不齐的情况。
- 加布里埃尔(Gabriel 法):根据学生化最大模数进行均值多重比较和子集一致性检验,当单元格含量不等时该方法比霍赫伯格 GT2 更有效,在单元格含量较大时,这种方法较自由。
- 沃勒-邓肯(Waller-Duncan 法):用 t 统计量进行子集一致性检验,使用贝叶斯逼近。
- 邓尼特(Dunnett 法):使用 t 检验进行各组均值与对照组均值的比较,指定此选项,进行各组与对照组的均值比较,默认的对照组是最后一组。

在"不假定等方差"选项组中可以选择检验各均数间是否有差异的方法,有以下 4 种。

- 塔姆黑尼 T2(Tamhane's T2 法):表示用 t 检验进行各组均值配对比较。
- 邓尼特 T3(Dunnett's T3 法):表示用学生化最大模数检验进行各组均值间的配对比较。
- 盖姆斯-豪厄尔(Games-Howell 法):表示进行各组均值配对比较检验,该方法比较灵活。
- 邓尼特 C(Dunnett's C 法):表示用学生化值域检验进行组均值配对比较。

在最下面的"显著性水平"文本框中可以设定各种检验的显著性概率临界值,默认值为 0.05。

05 单击"继续"按钮,回到"单因素ANOVA检验"对话框,单击"选项"按钮,弹出"单因素ANOVA检验:选项"对话框,如图7.21所示。

图7.21 "单因素ANOVA检验:选项"对话框

对话框选项设置/说明

在"统计"选项组中可以设置需要输出的统计量,有以下5个选项。

- 描述:要求输出描述统计量,选择此项,会计算并输出双测量数目、平均值、标准差、标准误差、最小值、最大值、各组中每个因变量的95%置信区间。
- 固定和随机效应:输出固定效应模型的标准差、标准误差和95%置信区间,以及随机效应模型的标准误差、95%置信区间和方差成分间估测值。
- 方差齐性检验:进行方差同质性检验并输出检验结果,用莱文检验计算每个观测量与其组均值之差,然后对这些差值进行一维方差分析。
- 布朗-福塞斯:是指采用布朗-福塞斯分布的统计量进行的各组均值是否相等的检验。布朗-福塞斯分布也近似于F分布,但采用布朗-福塞斯检验对方差齐性也没有要求,所以当因变量的分布不满足方差齐性的要求时,采用布朗-福塞斯检验比方差分析更稳妥。
- 韦尔奇:是指采用韦尔奇分布的统计量进行的各组均值是否相等的检验。韦尔奇分布近似于F分布,采用韦尔奇检验对方差齐性没有要求,所以当因变量的分布不满足方差齐性的要求时,采用韦尔奇检验比方差分析更稳妥。

勾选"平均值图"复选框,将根据因素变量值所确定的各组平均值描绘出因变量的均值分布情况。

在"缺失值"选项组中可以选择缺失值处理方法。

- 按具体分析排除个案:只有被选择参与分析且变量含缺失值的观测量才会从分析中除去。
- 成列排除个案:除去参与相关分析的变量中有缺失值的观测量,也就是将所有含有缺失值的观测量从分析中除去。

这里我们先勾选"描述"复选框,要求输出描述统计量,然后勾选"方差齐性检验"复选框,做方差齐性检验,同时勾选"平均值图"复选框,描绘平均值分布图;最后选中"按具体分析排除个案"单选按钮,除去参与分析的变量中有缺失值的观测量。

06 全部设置完毕后单击"继续"按钮,回到"单因素ANOVA检验"对话框,单击"确定"按钮,进入计算分析。

计算机运行完毕后得到结果。

图7.22为描述统计量结果,图中显示了分组的个案数、因变量整体信任度评价的平均值、标准偏差、标准错误、平均值的95%置信区间以及最小值和最大值。

描述

整体信任度评价

	个案数	平均值	标准偏差	标准错误	平均值的95%置信区间		最小值	最大值
					下限	上限		
男	106	5.46	1.933	.188	5.09	5.83	2	9
女	94	5.73	2.080	.215	5.31	6.16	1	9
总计	200	5.59	2.003	.142	5.31	5.87	1	9

图7.22 描述统计量

图7.23给出了方差齐性检验结果,从显著性概率看,基于各种统计量计算的显著性值均大于0.05,说明各组的方差在0.05水平上没有显著性差异,即方差具有齐性,这个结论在选择多重比较方法或结果时作为一个条件。

方差齐性检验

		莱文统计	自由度1	自由度2	显著性
整体信任度评价	基于平均值	.747	1	198	.388
	基于中位数	.576	1	198	.449
	基于中位数并具有调整后自由度	.576	1	197.910	.449
	基于剪除后平均值	.705	1	198	.402

图7.23 方差齐性检验结果

图7.24给出了ANOVA方差分析结果,与未使用选项的输出结果一样给出了组间、组内的偏差平方和、均方、F值和显著性,从显著性水平的P>0.05看出,各组间均值在0.05水平上没有显著性差异。

ANOVA

整体信任度评价

	平方和	自由度	均方	F	显著性
组间	3.680	1	3.680	.917	.339
组内	794.700	198	4.014		
总计	798.380	199			

图7.24 ANOVA方差分析结果

综上所述,不同性别对于整体信任程度影响不具有显著性,或者说不同性别的消费者对于整体信任程度并没有显著不同。

2. 不同年龄对整体信任程度的影响分析

01 依次选择"文件|打开|数据"命令,打开zhusiliao.sav数据表。

02 依次选择"分析|比较平均值|单因素ANOVA检验"命令,弹出"单因素ANOVA检验"对话框,在左侧变量框中选择"整体信任度评价"变量并单击 按钮,使之进入右侧上方的

"因变量列表"列表框中,然后在左侧变量框中选择"年龄"变量并单击按钮,使之进入右侧下方的"因子"列表框中,如图7.25所示。

03 单击"对比"按钮,弹出"单因素 ANOVA 检验:对比"对话框,如图7.26所示。在这里输入一组系数:1、0、0、-1,用于检验4种年龄对整体信任评价的效应及其之间是否有显著性差异。

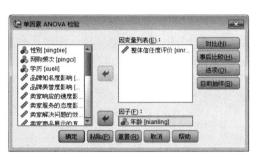

图7.25 "单因素 ANOVA 检验"对话框　　图7.26 "单因素 ANOVA 检验:对比"对话框

04 单击"继续"按钮,回到"单因素 ANOVA 检验"对话框,单击"事后比较"按钮,弹出"单因素 ANOVA 检验:事后多重比较"对话框,如图7.27所示。

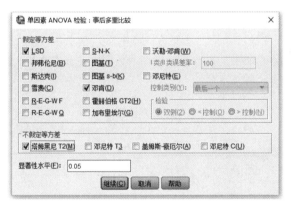

图7.27 "单因素 ANOVA 检验:事后多重比较"对话框

05 单击"继续"按钮,回到"单因素 ANOVA 检验"对话框,单击"选项"按钮,弹出"单因素 ANOVA 检验:选项"对话框,如图7.28所示。

图7.28 "单因素 ANOVA 检验:选项"对话框

在这里先勾选"描述"复选框,要求输出描述统计量;然后勾选"方差齐性检验"复选框,做方差齐性检验,同时勾选"平均值图"复选框,做平均值分布图;最后选中"按具体分析排除个案"单选按钮,除去参与分析的变量中有缺失值的观测量。

06 全部设置完毕后单击"继续"按钮,回到"单因素ANOVA检验"对话框,单击"确定"按钮,进入计算分析。

计算机运行完毕后得到结果。

图7.29为描述统计量结果,给出了4种年龄分组的个案数、因变量整体信任度评价的平均值、标准偏差、标准错误、平均值的95%置信区间以及最小值和最大值。

描述

整体信任度评价

	个案数	平均值	标准 偏差	标准 错误	平均值的95% 置信区间 下限	平均值的95% 置信区间 上限	最小值	最大值
25岁以下	45	5.87	1.984	.296	5.27	6.46	2	9
25岁~35岁	51	5.59	2.229	.312	4.96	6.22	1	9
35岁~45岁	52	5.48	1.975	.274	4.93	6.03	2	9
45岁以上	52	5.46	1.841	.255	4.95	5.97	2	9
总计	200	5.59	2.003	.142	5.31	5.87	1	9

图7.29 描述统计量

图7.30给出了方差齐性检验结果,从显著性概率看,基于各种统计量计算的显著性值均大于0.05,说明各组的方差在0.05水平上没有显著性差异,即方差具有齐性,这个结论在选择多重比较方法或结果时作为一个条件。

方差齐性检验

		莱文统计	自由度1	自由度2	显著性
整体信任度评价	基于平均值	.831	3	196	.478
	基于中位数	.706	3	196	.549
	基于中位数并具有调整后自由度	.706	3	192.820	.549
	基于剪除后平均值	.828	3	196	.480

图7.30 方差齐性检验结果

图7.31给出了ANOVA方差分析结果,与未使用选项的输出结果一样给出了组间、组内的偏差平方和、均方、F值和显著性,从显著性水平的$P>0.05$看出,各组间均值在0.05水平上没有显著性差异。

图7.32是对比系数,列出了平均值对比的系数。

ANOVA

整体信任度评价

	平方和	自由度	均方	F	显著性
组间	4.923	3	1.641	.405	.749
组内	793.457	196	4.048		
总计	798.380	199			

图7.31 方差分析结果

对比系数

		年龄			
对比		25岁以下	25岁~35岁	35岁~45岁	45岁以上
1		1	0	0	-1

图7.32 对比系数

图7.33给出了平均值对比检验结果。

第 7 章 C2C 电子商务顾客信任影响因素研究

对比检验

	对比	对比值	标准 错误	t	自由度	Sig.（双尾）
整体信任度评价	假定等方差	1	.41	.410	.989	196	.324
	不假定等方差	1	.41	.391	1.037	90.609	.303

图 7.33 对比检验结果

图 7.33 中内容解释如下。

- 第 1 列：按方差齐性和非齐性划分，因为前面图 7.30 已得出方差具有齐性的结论，所以选择"假设方差相等"一行的数据得出结论。
- 第 2 列：结合图 7.31 和图 7.32 得出该列数据，对比检验的是 25 岁以下组和 45 岁以上组均值是否有显著性差异，为 25 岁以下组均值减去 45 岁以上组均值的值。
- 第 3 列：标准错误。
- 第 4 列：计算的 t 值，是第 2 列与第 3 列之比。
- 第 5 列：自由度。
- 第 6 列：t 检验的 Sig 值（双尾）。因为从 Sig 值可以看出均大于 0.05，所以不同年龄对整体信任程度没有显著影响效应。A、D 效应均值之间在 0.05 水平上没有显著差异性，而 A、C 之和效应与 B、D 之和效应之间没有显著差异性，根据"对比值"列内值的符号和描述统计量中平均值列内的数据，不难得出各对比组均值之差。

图 7.34 是 LSD 法和塔姆黑尼 T2 法进行均值多重比较的结果。在选择比较方法时，在"假定方差齐性"选项组中选择了 LSD，在"未假定方差齐性"选项组中选择了塔姆黑尼 T2。因为从图 7.30 的结论得知方差具有齐性，所以看此图时只须对 LSD 法作结论。比较结果说明，各组均值间均没有显著性差异，用"*"标识的组均值在 0.05 水平上有显著性差异，本图中没有。

	(I) 年龄	(J) 年龄	平均值差值 (I-J)	标准 错误	显著性	95% 置信区间 下限	上限
LSD	25岁以下	25岁~35岁	.278	.412	.499	-.53	1.09
		35岁~45岁	.386	.410	.347	-.42	1.19
		45岁以上	.405	.410	.324	-.40	1.21
	25岁~35岁	25岁以下	-.278	.412	.499	-1.09	.53
		35岁~45岁	.107	.397	.787	-.67	.89
		45岁以上	.127	.397	.750	-.66	.91
	35岁~45岁	25岁以下	-.386	.410	.347	-1.19	.42
		25岁~35岁	-.107	.397	.787	-.89	.67
		45岁以上	.019	.395	.961	-.76	.80
	45岁以上	25岁以下	-.405	.410	.324	-1.21	.40
		25岁~35岁	-.127	.397	.750	-.91	.66
		35岁~45岁	-.019	.395	.961	-.80	.76
塔姆黑尼	25岁以下	25岁~35岁	.278	.430	.988	-.88	1.43
		35岁~45岁	.386	.403	.918	-.70	1.47
		45岁以上	.405	.391	.885	-.65	1.46
	25岁~35岁	25岁以下	-.278	.430	.988	-1.43	.88
		35岁~45岁	.107	.415	1.000	-1.01	1.22
		45岁以上	.127	.403	1.000	-.96	1.21
	35岁~45岁	25岁以下	-.386	.403	.918	-1.47	.70
		25岁~35岁	-.107	.415	1.000	-1.22	1.01
		45岁以上	.019	.374	1.000	-.99	1.02
	45岁以上	25岁以下	-.405	.391	.885	-1.46	.65
		25岁~35岁	-.127	.403	1.000	-1.21	.96
		35岁~45岁	-.019	.374	1.000	-1.02	.99

图 7.34 均值多重比较结果

图 7.35 是以因素变量 fodder 为横轴,以独立变量 weight 为纵轴绘制的均值散点图,可以直观地看出各组平均值的分布。

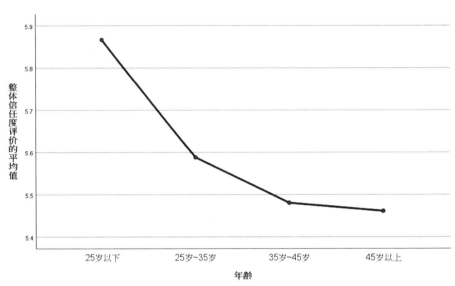

图 7.35 平均值散点图

综上所述,不同年龄对于整体信任程度影响不具有显著性,或者说不同年龄的消费者对于整体信任程度并没有显著不同。

3. 不同网购频次对整体信任程度的影响分析

01 依次选择"文件|打开|数据"命令,打开 zhusiliao.sav 数据表。

02 依次选择"分析|比较平均值|单因素 ANOVA 检验"命令,弹出"单因素 ANOVA 检验"对话框,在左侧变量框中选择"整体信任度评价"变量并单击 按钮,使之进入右侧上方的"因变量列表"列表框中,然后在左侧变量框中选择"网购频次"变量并单击 按钮,使之进入右侧下方的"因子"列表框中,如图 7.36 所示。

03 单击"对比"按钮,弹出"单因素 ANOVA 检验:对比"对话框,如图 7.37 所示。在这里输入一组系数:1、0、0、-1,用于检验 4 种年龄对整体信任程度评价的效应及其之间是否有显著性差异。

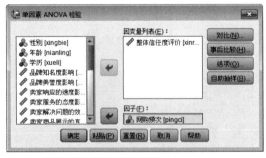 

图 7.36 "单因素 ANOVA 检验"对话框　　　图 7.37 "单因素 ANOVA 检验:对比"对话框

04 单击"继续"按钮，回到"单因素 ANOVA 检验"对话框，单击"事后比较"按钮，弹出"单因素 ANOVA 检验：事后多重比较"对话框，如图 7.38 所示。

这里我们按照图 7.38 进行设置，读者也可以根据情况灵活选择其他选项。

05 单击"继续"按钮，回到"单因素 ANOVA 检验"对话框，单击"选项"按钮，弹出"单因素 ANOVA 检验：选项"对话框，如图 7.39 所示。

图 7.38 "单因素 ANOVA 检验：事后多重比较"对话框　　图 7.39 "单因素 ANOVA 检验：选项"对话框

在这里我们先勾选"描述"复选框，要求输出描述统计量；然后勾选"方差齐性检验"复选框，做方差齐性检验，同时勾选"平均值图"复选框，做平均值分布图；最后选中"按具体分析排除个案"单选按钮，除去参与分析的变量中有缺失值的观测量。

06 全部设置完毕后单击"继续"按钮，回到"单因素 ANOVA 检验"对话框，单击"确定"按钮，进入计算分析。

计算机运行完毕后得到结果。

图 7.40 为描述统计量结果，显示了 4 种网购频次分组的个案数、因变量整体信任度评价的平均值、标准偏差、标准错误、平均值的 95% 置信区间以及最小值和最大值。

描述

整体信任度评价	个案数	平均值	标准 偏差	标准 错误	平均值的 95% 置信区间		最小值	最大值
					下限	上限		
一年5次以下	45	5.53	1.984	.296	4.94	6.13	2	9
一年5次~10次	49	5.24	1.942	.277	4.69	5.80	2	9
一年10次~20次	46	5.67	2.181	.322	5.03	6.32	1	9
一年20次以上	60	5.85	1.929	.249	5.35	6.35	2	9
总计	200	5.59	2.003	.142	5.31	5.87	1	9

图 7.40　描述统计量

图 7.41 给出了方差齐性检验结果，从显著性概率看，基于各种统计量计算的显著性值均大于 0.05，说明各组的方差在 0.05 水平上没有显著性差异，即方差具有齐性，这个结论在选择多重比较方法或结果时作为一个条件。

方差齐性检验

		莱文统计	自由度1	自由度2	显著性
整体信任度评价	基于平均值	.669	3	196	.572
	基于中位数	.575	3	196	.632
	基于中位数并具有调整后自由度	.575	3	194.701	.632
	基于剪除后平均值	.658	3	196	.579

图 7.41 方差齐性检验结果

图 7.42 给出了 ANOVA 方差分析结果，与未使用选项的输出结果一样给出了组间、组内的偏差平方和、均方、F 值和显著性，从显著性水平的 P>0.05 看出，各组间平均值在 0.05 水平上没有显著性差异。

图 7.43 是对比检验系数，列出了均值对比的系数。

ANOVA

整体信任度评价

	平方和	自由度	均方	F	显著性
组间	10.360	3	3.453	.859	.463
组内	788.020	196	4.021		
总计	798.380	199			

图 7.42 ANOVA 方差分析

对比系数

		网购频次			
对比		一年5次以下	一年5次~10次	一年10次~20次	一年20次以上
1		1	0	0	-1

图 7.43 对比系数

图 7.44 给出了平均值对比检验结果。

对比检验

		对比	对比值	标准错误	t	自由度	Sig.（双尾）
整体信任度评价	假定等方差	1	-.32	.395	-.801	196	.424
	不假定等方差	1	-.32	.387	-.819	93.482	.415

图 7.44 对比检验结果

图 7.44 中内容解释如下。

- 第 1 列：按方差齐性和非齐性划分，因为前面图 7.30 已得出方差具有齐性的结论，所以选择"假设方差相等"一行的数据得出结论。
- 第 2 列：结合图 7.31 和图 7.32 得出该列数据，对比检验的是 A 组和 D 组均值是否有显著性差异，为 A~D 的值。
- 第 3 列：标准错误。
- 第 4 列：计算的 t 值，是第 2 列与第 3 列之比。
- 第 5 列：自由度。
- 第 6 列：t 检验的 Sig 值（双尾）。因为从 Sig 值可以看出均大于 0.05，所以不同网购频次对整体信任程度没有显著影响效应，A、D 效应均值之间在 0.05 水平上没有显著差异性，而 A、C 之和效应与 B、D 之和效应之间没有显著差异性，根据"对比值"列内值的符号和描述统计量中平均值列内的数据，不难得出各对比组均值之差。

图 7.45 是 LSD 法和塔姆黑尼 T2 法进行均值多重比较的结果。在选择比较方法时，在"假定方差齐性"选项组中选择了 LSD，在"未假定方差齐性"选项组中选择了塔姆黑尼 T2。因为从前面的结论得知方差具有齐性，所以看此图时只须对 LSD 法作结论。比较结果说明，各组均值间均没有显著性差异，用"*"标识的组均值在 0.05 水平上有显著性差异，本图中没有。

第 7 章　C2C 电子商务顾客信任影响因素研究

	(I)网购频次	(J)网购频次	平均值差值(I-J)	标准 错误	显著性	95% 置信区间 下限	上限
LSD	一年5次以下	一年5次~10次	.288	.414	.487	-.53	1.10
		一年10次~20次	-.141	.420	.738	-.97	.69
		一年20次以上	-.317	.395	.424	-1.10	.46
	一年5次~10次	一年5次以下	-.288	.414	.487	-1.10	.53
		一年10次~20次	-.429	.412	.299	-1.24	.38
		一年20次以上	-.605	.386	.119	-1.37	.16
	一年10次~20次	一年5次以下	.141	.420	.738	-.69	.97
		一年5次~10次	.429	.412	.299	-.38	1.24
		一年20次以上	-.176	.393	.655	-.95	.60
	一年20次以上	一年5次以下	.317	.395	.424	-.46	1.10
		一年5次~10次	.605	.386	.119	-.16	1.37
		一年10次~20次	.176	.393	.655	-.60	.95
塔姆黑尼	一年5次以下	一年5次~10次	.288	.406	.980	-.80	1.38
		一年10次~20次	-.141	.437	1.000	-1.32	1.04
		一年20次以上	-.317	.387	.960	-1.36	.72
	一年5次~10次	一年5次以下	-.288	.406	.980	-1.38	.80
		一年10次~20次	-.429	.425	.897	-1.57	.71
		一年20次以上	-.605	.373	.495	-1.61	.40
	一年10次~20次	一年5次以下	.141	.437	1.000	-1.04	1.32
		一年5次~10次	.429	.425	.897	-.71	1.57
		一年20次以上	-.176	.407	.999	-1.27	.92
	一年20次以上	一年5次以下	.317	.387	.960	-.72	1.36
		一年5次~10次	.605	.373	.495	-.40	1.61
		一年10次~20次	.176	.407	.999	-.92	1.27

图 7.45　平均值多重比较结果

图 7.46 是以因素变量 fodder 为横轴，以独立变量 weight 为纵轴绘制的均值散点图，可以直观地看出各组平均值的分布。

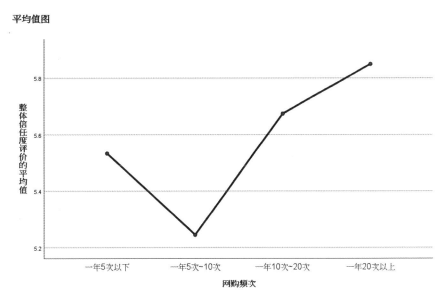

图 7.46　平均值散点图

综上所述，不同网购频次对于整体信任程度影响不具有显著性，或者说不同网购频次的消费者对于整体信任程度并没有显著不同。

4. 不同学历对整体信任程度的影响分析

01 依次选择"文件 | 打开 | 数据"命令，打开 zhusiliao.sav 数据表。

02 依次选择"分析 | 比较平均值 | 单因素 ANOVA 检验"命令，弹出"单因素 ANOVA 检验"对话框，在左侧变量框中选择"整体信任度评价"变量并单击 ➡ 按钮，使之进入右侧上方的"因变量列表"列表框中，然后在左侧变量框中选择"学历"变量并单击 ➡ 按钮，使之进入右侧下方的"因子"列表框中，如图 7.47 所示。

03 单击"对比"按钮，弹出"单因素 ANOVA 检验：对比"对话框，如图 7.48 所示。在这里输入一组系数：1、0、0、-1，用于检验 4 种年龄对整体信任程度评价的效应及其之间是否有显著性差异。

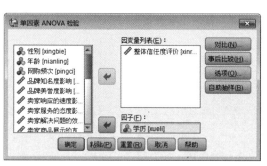 

图 7.47 "单因素 ANOVA 检验"对话框　　图 7.48 "单因素 ANOVA 检验：对比"对话框

04 单击"继续"按钮，回到"单因素 ANOVA 检验"对话框，单击"事后比较"按钮，弹出"单因素 ANOVA 检验：事后多重比较"对话框，如图 7.49 所示。

这里我们按照图 7.49 进行设置，读者当然也可以根据情况灵活选择其他的选项。

05 单击"继续"按钮，回到"单因素 ANOVA 检验"对话框，单击"选项"按钮，弹出"单因素 ANOVA 检验：选项"对话框，如图 7.50 所示。

图 7.49 "单因素 ANOVA 检验：事后多重比较"对话框　　图 7.50 "单因素 ANOVA 检验：选项"对话框

在这里我们先勾选"描述"复选框，要求输出描述统计量；然后勾选"方差齐性检验"复选框，做方差齐性检验，同时勾选"平均值图"复选框，做平均值分布图；最后选中"按具体分析排除个案"单选按钮，除去参与分析的变量中有缺失值的观测量。

06 全部设置完毕后单击"继续"按钮,回到"单因素ANOVA检验"对话框,单击"确定"按钮,进入计算分析。

计算机运行完毕后得到结果。

图7.51为描述统计量结果,显示了4种学历分组的个案数、因变量整体信任度评价的平均值、标准偏差、标准错误、平均值的95%置信区间以及最小值和最大值。

描述

整体信任度评价

	个案数	平均值	标准 偏差	标准 错误	平均值的95% 置信区间 下限	平均值的95% 置信区间 上限	最小值	最大值
研究生及以上	61	6.00	1.975	.253	5.49	6.51	1	9
本科与专科	47	5.51	1.988	.290	4.93	6.09	2	9
高中与中专	47	5.36	1.983	.289	4.78	5.94	2	9
初中及以下	45	5.36	2.058	.307	4.74	5.97	2	9
总计	200	5.59	2.003	.142	5.31	5.87	1	9

图7.51 描述统计量

图7.52给出了方差齐性检验结果,从显著性概率看,基于多种统计量计算的显著性值均大于0.05,说明各组的方差在0.05水平上没有显著性差异,即方差具有齐性,这个结论在选择多重比较方法或结果时作为一个条件。

方差齐性检验

		莱文统计	自由度1	自由度2	显著性
整体信任度评价	基于平均值	.127	3	196	.944
	基于中位数	.083	3	196	.969
	基于中位数并具有调整后自由度	.083	3	194.592	.969
	基于剪除后平均值	.115	3	196	.951

图7.52 方差齐性检验结果

图7.53给出了ANOVA方差分析结果,与未使用选项的输出结果一样给出了组间、组内的偏差平方和、均方、F值和显著性,从显著性水平的P>0.05可以看出,各组间平均值在0.05水平上没有显著性差异。

ANOVA

整体信任度评价

	平方和	自由度	均方	F	显著性
组间	15.473	3	5.158	1.291	.279
组内	782.907	196	3.994		
总计	798.380	199			

图7.53 ANOVA方差分析结果

图7.54是对比系数结果,列出了平均值对比的系数。

对比系数

对比	学历			
	研究生及以上	本科与专科	高中与中专	初中及以下
1	1	0	0	-1

图7.54 对比系数

图 7.55 给出了平均值对比检验结果。

对比检验

		对比	对比值	标准 错误	t	自由度	Sig.（双尾）
整体信任度评价	假定等方差	1	.64	.393	1.641	196	.102
	不假定等方差	1	.64	.398	1.621	92.716	.108

图 7.55　对比检验结果

图 7.55 中内容解释如下。

- 第 1 列：按方差齐性和非齐性划分，因为前面已得出方差具有齐性的结论，所以选择"假设方差相等"一行的数据得出结论。
- 第 2 列：结合前面分析得出该列数据，对比检验的是研究生及以上组和初中及以下组平均值是否有显著性差异，为研究生及以上组均值减去初中及以下组均值的值。
- 第 3 列：标准错误。
- 第 4 列：计算的 t 值，是第 2 列与第 3 列之比。
- 第 5 列：自由度。
- 第 6 列：t 检验的 Sig 值。因为从 Sig 值可以看出均大于 0.05，所以不同学历对整体信任程度没有显著影响效应，A、D 效应均值之间在 0.05 水平上没有显著差异性，而 A、C 之和效应与 B、D 之和效应之间没有显著差异性，根据"对比值"列内值的符号和描述统计量中平均值列内的数据，不难得出各对比组均值之差。

图 7.56 是 LSD 法和塔姆黑尼 T2 法进行平均值多重比较的结果。在选择比较方法时，在"假定方差齐性"选项组中选择了 LSD，在"未假定方差齐性"选项组中选择了塔姆黑尼 T2。因为从前面的结论得知方差具有齐性，所以看此图时只须对 LSD 法作结论。比较结果说明，各组平均值间均没有显著性差异，用"*"标识的组平均值在 0.05 水平上有显著性差异，本图中没有。

	(I) 学历	(J) 学历	平均值差值 (I-J)	标准 错误	显著性	95% 置信区间 下限	上限
LSD	研究生及以上	本科与专科	.489	.388	.209	-.28	1.25
		高中与中专	.638	.388	.101	-.13	1.40
		初中及以下	.644	.393	.102	-.13	1.42
	本科与专科	研究生及以上	-.489	.388	.209	-1.25	.28
		高中与中专	.149	.412	.718	-.66	.96
		初中及以下	.155	.417	.710	-.67	.98
	高中与中专	研究生及以上	-.638	.388	.101	-1.40	.13
		本科与专科	-.149	.412	.718	-.96	.66
		初中及以下	.006	.417	.988	-.82	.83
	初中及以下	研究生及以上	-.644	.393	.102	-1.42	.13
		本科与专科	-.155	.417	.710	-.98	.67
		高中与中专	-.006	.417	.988	-.83	.82
塔姆黑尼	研究生及以上	本科与专科	.489	.385	.750	-.54	1.52
		高中与中专	.638	.384	.468	-.39	1.67
		初中及以下	.644	.398	.498	-.42	1.71
	本科与专科	研究生及以上	-.489	.385	.750	-1.52	.54
		高中与中专	.149	.410	.999	-.95	1.25
		初中及以下	.155	.422	.999	-.98	1.29
	高中与中专	研究生及以上	-.638	.384	.468	-1.67	.39
		本科与专科	-.149	.410	.999	-1.25	.95
		初中及以下	.006	.422	1.000	-1.13	1.14
	初中及以下	研究生及以上	-.644	.398	.498	-1.71	.42
		本科与专科	-.155	.422	.999	-1.29	.98
		高中与中专	-.006	.422	1.000	-1.14	1.13

图 7.56　平均值多重比较结果

图 7.57 是以因素变量 fodder 为横轴,以独立变量 weight 为纵轴绘制的均值散点图,可以直观地看出各组平均值的分布。

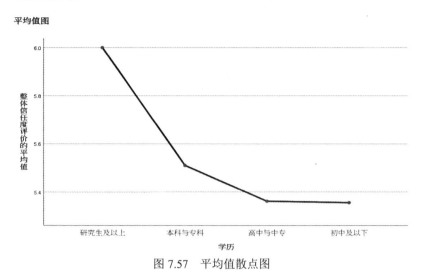

图 7.57 平均值散点图

综上所述,不同学历对于整体信任程度影响不具有显著性,或者说不同学历的消费者对于整体信任程度并没有显著不同。

7.3.3 单因变量多因素方差分析

01 依次选择"文件│打开│数据"命令,打开 7.sav 数据表。

02 依次选择"分析│一般线性模型│单变量"命令,弹出"单变量"对话框。在左侧变量框中选择"整体信任度评价"变量并单击➡按钮,使之进入右侧上方的"因变量"列表框中,然后在左侧变量框中分别选择"性别""年龄""网购频次""学历"等变量并单击➡按钮,使之进入右侧的"固定因子"列表框中,将这几个变量作为自变量,如图 7.58 所示。

03 单击"模型"按钮,弹出"单变量:模型"对话框,如图 7.59 所示。

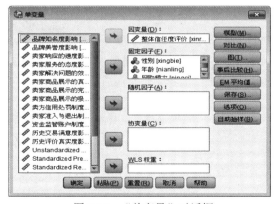

图 7.58 "单变量"对话框

图 7.59 "单变量:模型"对话框

对话框选项设置/说明

在"指定模型"选项组中可以指定模型的类型。

- 全因子：为系统默认的模型，该项选择建立全模型。全模型包括所有因素变量的主效应、所有协变量主效应、所有因素与因素的交互效应，不包括协变量与其他因素的交互效应。选择此项后，无须进行进一步的操作，单独效应是在其他因素固定在某一水平时，因变量在某一因素不同水平间的差异。
- 构建项：表示建立自定义的模型。选中了"构建项"单选按钮后，在"因子与协变量"列表框中会自动列出可以作为因素变量的变量名，固定因素后用（F）标明，协变量后用（C）标明，随机因素后用（R）标明，这些变量都是由用户在主对话框中定义过的。根据列表框中列出的变量名建立模型。

这里我们选中"全因子"单选按钮，激活对话框中的各控制功能。

在对话框的左下方有一个"平方和"选项框，可以进行 4 项选择来确定平方和的分解方法，包括类型 I、类型 II、类型 III 和类型 IV，其中类型 III 是系统默认的，也是常用的一种。

- 类型 I：分层处理平方和的方法，仅对模型主效应之前的每项进行调整，一般适用于以下几种模型。
  - 平衡的 ANOVA 模型。在这个模型中一阶交互效应前指定主效应，二阶交互效应前指定一阶交互效应，依次类推。
  - 多项式回归模型。在该模型中任何低阶项都在较高阶项前面指定。
  - 完全嵌套模型。在模型中第一个被指定的效应嵌套在第二个被指定的效应中，第二个被指定的效应嵌套在第三个被指定的效应中，嵌套模型只能使用语句指定。
- 类型 II：该方法计算一个效应的平方和时，对其他所有的效应进行调整，一般适用于平衡的 ANOVA 模型、仅有主效应的模型、任何回归模型、完全嵌套设计。
- 类型 III：为系统默认的处理方法，对其他任何效应均进行调整。它的优势是把所估计剩余常量都考虑到单元频数中。一般适用于类型 I、类型 II 所列的模型和没有空单元格的平衡和不平衡模型。
- 类型 IV：该方法是为有缺失单元格的情况而设计的，使用此方法时任何效应 F 计算平方和，若 F 不包含在其他效应里，则类型 IV=类型 III=类型 II；若 F 包含在其他效应里，则类型 IV 只对 F 的较高水平效应参数作对比，一般适用于类型 I、类型 II 所列模型和有空单元格的平衡和不平衡模型。

右下方的"在模型中包括截距"复选框，系统默认截距包括在回归模型中。如果能假设数据通过原点，则可以不包括截距，即不勾选该复选框，这里我们选择系统默认的选项。

04 单击"继续"按钮，回到"单变量"对话框，单击"对比"按钮，弹出"单变量：对比"对话框，如图 7.60 所示。

第 7 章　C2C 电子商务顾客信任影响因素研究 | 275

图 7.60　"单变量：对比"对话框

对话框选项设置/说明

"因子"列表框中显示出所有在主对话框中选中的因素变量，因素变量名后的括号中是当前的对比方法。在"更改对比"选项组中可以设置变量对比方法。

我们可以对模型中的每个因素指定一种对比方法，对比结果描述的是参数的线性组合。操作方法如下：

① 在"因子"列表框中选择想要改变对照方法的因子，这一操作使"更改对比"选项组中的各项被激活。

② 单击"对比"参数框后的向下箭头，在展开的对照方法列表中选择对照方法。可供选择的对照方法及其含义如下：

- 无：不进行均值比较。
- 偏差：除被忽略的水平外，比较预测变量或因素变量的每个水平的效应，可以选择"最后一个"或"第一个"作为忽略的水平。
- 简单：除了作为参考的水平外，对预测变量或因素变量的每一水平都与参与水平进行比较，可以选择"最后一个"或"第一个"作为参考水平。
- 差值：对预测变量或因素每一水平的效应，除第一水平以外，都与其前面各水平的平均效应进行比较。
- 赫尔默特：Helmert 对比，对预测变量或因素的效应，除最后一个以外，都与后续的各水平平均效应相比较。
- 重复：对相邻的水平进行比较，对预测变量或因素的效应，除第一水平以外，对每一水平都与其前面的水平进行比较。
- 多项式：第一级自由度包括线性效应与预测变量或因素水平的交叉，第二级包括二次效应等，各水平彼此的间隔被假设是均匀的。

③ 单击"更改"按钮，选中的（或改变了的）对照方法将显示在步骤①选中的因子变量后面的括号中。

④ 选择对照的参考水平，只有选择了"偏差"或"简单"方法时才需要选择参考水平。有两种可能的选择："最后一个"或"第一个"选项，系统默认的参考水平是"最后一个"。这里我们不做任何对比变量的设置，读者如果需要则可以按上面介绍的步骤自行设置对比变量的选项。

05　单击"继续"按钮，回到"单变量"对话框，单击"图"按钮，弹出"单变量：轮廓图"

对话框，如图 7.61 所示。

图 7.61 "单变量：轮廓图"对话框

对话框选项设置/说明

"因子"列表框中是各个因素变量。在"水平轴"列表框中可以选择横坐标变量，选择"因子"列表框中一个因素变量作为横坐标变量，单击 ➡ 按钮，将变量名选入相应的横坐标轴框中。在"水平轴"列表框中可以确定分线变量，如果想看两个因素变量组合的各单元格中因变量平均值分布，或者想看两个因变量间是否存在交互效应，就选择"因子"列表框中另一个因素变量并单击 ➡ 按钮，将变量名选入"单独的线条"列表框中，单击"添加"按钮，系统会将自动生成的图形表达式选入"图"列表框中，分线框中变量的每个水平在图中是一条线，图形表达式是用"*"连接的两个因素变量名。在"单独的图"列表框中可以确定分图变量，如果在"因子"列表框中还有因素变量，就可以按上述方法，将其选入"单独的图"列表框中，单击"添加"按钮，将自动生成的图形表达式送入"图"列表框中。图形表达式是用"*"连接的三个因素变量名，分图变量的每个水平生成一张线图。

若将图形表达式送到"图"列表框后发现有错误，则可以修改和删除。单击有错的图形表达式，该表达式所包括的变量显示到输入的位置上，对选错的变量将其送回左侧变量框中，再重新输入正确内容。然后单击"更改"按钮改变表达式，在检查无误后，单击"继续"按钮，返回到主对话框。这里我们把 4 个变量自由组合，读者也可以根据上面的介绍自己选择需要做的图形。

06 单击"继续"按钮，回到"单变量"对话框，单击"事后比较"按钮，弹出"单变量：实测平均值的事后多重比较"对话框，如图 7.62 所示。可以从"因子"列表框中选择要进行多重比较的变量，单击 ➡ 按钮，选入右侧的"下列各项的事后检验"列表框中，然后在下面的多个复选框中选择需要的多重比较的方法。在这里我们把 4 个变量都选中做事后检验，并且在假定等方差里面选择 LSD 法。

第 7 章　C2C 电子商务顾客信任影响因素研究

07 单击"继续"按钮，回到"单变量"对话框，单击"保存"按钮，弹出"单变量：保存"对话框，如图 7.63 所示。通过在对话框中的选择，系统使用默认变量名将所计算的预测值、残差值和诊断值作为新的变量保存在编辑数据文件中，以便在其他统计分析中使用这些值，在数据编辑窗口中使用鼠标指向变量名，会给出对该新生成变量含义的解释。

图 7.62　"单变量：实测平均值的事后多重比较"对话框

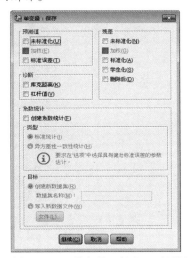

图 7.63　"单变量：保存"对话框

对话框选项设置/说明

设置"预测值"，系统对每个观测量给出根据模型计算的预测值，有以下 3 个选项。

- 未标准化：选择该项将给出非标准化预测值。
- 加权：如果在"单变量"对话框中选择了加权复选框，那么选中这个选项将保存加权非标准化预测值。
- 标准误差：选择该项将给出预测值标准误差。

在"诊断"选项组中可以测量并标识对模型影响较大的观测量或自变量，包括"库克距离"和"杠杆值"两个复选框。

"残差"选项组中各选项的含义如下：

- 未标准化：给出非标准化残差值，即观测值与预测值之差。
- 加权：如果在"单变量"对话框中选择了加权复选框，那么选中该选项将保存加权的非标准化残差。
- 标准化：给出标准化残差，又称皮尔逊残差。
- 学生化：给出学生化残差。
- 删除后：给出剔除残差，也就是因变量值与校正预测值之差。

如果选中"创建系数统计"复选框，将模型参数估计的方差—协方差矩阵保存到一个新文件中，对因变量将产生三行数据，一行是参数估计值，一行是与参数估计值相对应的显著性检验的 t 统计量，还有一行是残差自由度。所生成的新数据文件可以作为另外分析的输入数据文件，单击"写入新数据文件"下方的"文件"按钮，会打开相应的保存对话框，可指定文件的保存位置和文件名。这里按系统默认方式设置，因为保存设置对我们的分析结果没有任何影响。

08 单击"继续"按钮,回到"单变量"对话框,单击"选项"按钮,弹出"单变量:选项"对话框,如图7.64所示。

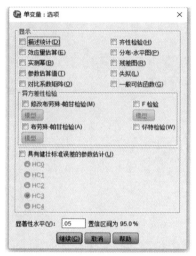

图7.64 "单变量:选项"对话框

对话框选项设置/说明

在"显示"选项组中可以指定要输出的统计量,有以下选项。

- 描述统计:输出的描述统计量有观测量的均值、标准差和每个单元格中的观测量数。
- 效应量估算:反映了每个效应与每个参数估计值可以归于因素的总变异的大小。
- 实测幂:给出各种检验假设的功效,计算功效的显著性水平,系统默认的临界值是0.05。
- 参数估算值:给出各因素变量的模型参数估计、标准误差、t检验的t值、显著性概率和95%的置信区间。
- 对比系数矩阵:显示变换系数矩阵或L矩阵。
- 齐性检验:表示进行方差齐性检验。
- 分布-水平图:绘制观测量均值-标准差图、观测量均值-方差图。
- 残差图:表示绘制残差图,给出观测值、预测值散点图和观测量数目对标准化残差的散点图,以及正态和标准化残差的正态概率图。
- 失拟:检查独立变量和非独立变量间的关系是否被充分描述。
- 一般可估函数:可以根据一般估计函数自定义假设检验,对比系数矩阵的行与一般估计函数是线性组合的。

在"异方差性检验"选项组中可以指定要进行异方差性检验的方法,有以下选项。

- 布劳殊-帕甘检验:统计学上常说的BP检验。
- 修改布劳殊-帕甘检验:统计学上改进的BP检验。
- F检验:使用F联合检验异方差。
- 怀特检验:相对于布劳殊-帕甘检验,怀特检验在对条件方差函数一阶近似的基础上,加入了条件方差函数的二次项,包括平方项和交互项。

“具有健壮标准误差的参数估计”选项组中有以下选项。

- HC0：使用 0 阶稳健标准差进行估计以消除异方差因素带来的影响。
- HC1：使用 1 阶稳健标准差进行估计以消除异方差因素带来的影响。
- HC2：使用 2 阶稳健标准差进行估计以消除异方差因素带来的影响。
- HC3：使用 3 阶稳健标准差进行估计以消除异方差因素带来的影响。
- HC4：使用 4 阶稳健标准差进行估计以消除异方差因素带来的影响。

在最下面的“显著性水平”文本框中可以改变置信区间框内多重比较的显著性水平。这里选择系统默认的选项，读者在实际工作和研究中可以根据需要并参照上面的介绍选择适当的选项。

---

09 单击“继续”按钮，回到“单变量”对话框，单击“确定”按钮，进入计算分析。

计算机运行完毕后得到结果。

图 7.65 为原始数据综合信息。分析结果中分性别、年龄、网购频次、学历分别列出了每一类值标签与个案数。

图 7.66 给出了主体间效应检验结果。

主体间因子

		值标签	个案数
性别	1	男	106
	2	女	94
年龄	1	25岁以下	45
	2	25岁~35岁	51
	3	35岁~45岁	52
	4	45岁以上	52
网购频次	1	一年5次以下	45
	2	一年5次~10次	49
	3	一年10次~20次	46
	4	一年20次以上	60
学历	1	研究生及以上	61
	2	本科与专科	47
	3	高中与中专	47
	4	初中及以下	45

图 7.65　主体间因子

主体间效应检验

因变量：整体信任度评价

源	III 类平方和	自由度	均方	F	显著性
修正模型	387.980[a]	98	3.959	.974	.551
截距	4185.336	1	4185.336	1030.017	.000
xingbie	.807	1	.807	.199	.657
nianling	16.680	3	5.560	1.368	.257
pingci	9.944	3	3.315	.816	.488
xueli	9.593	3	3.198	.787	.504
xingbie * nianling	42.986	3	14.329	3.526	.018
xingbie * pingci	5.551	3	1.850	.455	.714
xingbie * xueli	12.205	3	4.068	1.001	.396
nianling * pingci	13.408	9	1.490	.367	.948
nianling * xueli	73.960	9	8.218	2.022	.044
pingci * xueli	9.547	9	1.061	.261	.983
xingbie * nianling * pingci	28.643	7	4.092	1.007	.431
xingbie * nianling * xueli	30.555	7	4.365	1.074	.386
xingbie * pingci * xueli	30.713	9	3.413	.840	.581
nianling * pingci * xueli	98.608	22	4.482	1.103	.357
xingbie * nianling * pingci * xueli	13.025	3	4.342	1.068	.366
误差	410.400	101	4.063		
总计	7048.000	200			
修正后总计	798.380	199			

a. R 方 = .486（调整后 R 方 = -.013）

图 7.66　主体间效应检验结果

图 7.66 中左上方标注了因变量，为整体信任度评价。对图中各列含义简要介绍如下。

- 源：全因子模型。
- III 类平方和：用默认的类型 III 方法计算的各效应的偏差平方和。
- 自由度：各效应的自由度。
- 均方：各效应的均方，数值上等于各效应的偏差平方和除以相应的自由度。
- F：各效应在进行 F 检验时的 F 值，数值上等于各自的均方除以误差均方。
- 显著性：从显著性检验的概率值（Sig.）可以看出，模型中指定的主效应、二维、三维、四维交互效应均有少量对因变量变异有非常显著的意义，因为大部分效应的显著性概率均大于 0.05。

注脚表明因变量的变异有多少可以由指定的方差模型所解释,其值应该在 0~1 之间。这里的模型已经解释了总变异的 48.6%。

图 7.67~图 7.82 为轮廓图,直观地展现了边际平均值的信息,从图中可以看出,多个变量之间的交互效应。

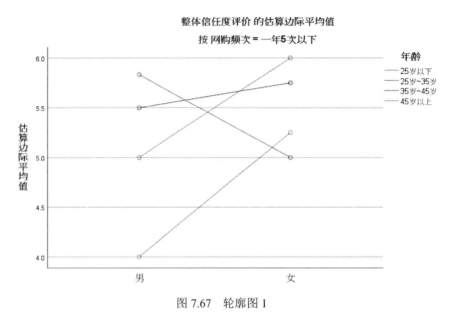

图 7.67 轮廓图 1

从轮廓图 1 中可以看出更加精细化的信息,如网购频次为一年 5 次以下、按性别分类的、各个年龄水平的折线图。多个折线图之间有所交叉,但也有区别,比如 35 岁~45 岁的估算边际平均值要显著低于 45 岁以上的估算边际平均值。

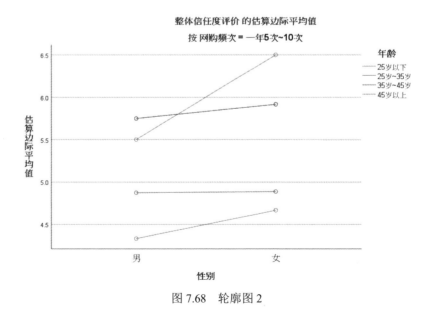

图 7.68 轮廓图 2

从轮廓图 2 中可以看出，网购频次为一年 5 次~10 次、按性别分类的、各个年龄水平的折线图。多个折线图之间有所交叉，但也有区别，比如 35 岁~45 岁的估算边际平均值要显著高于 45 岁以上的估算边际平均值。

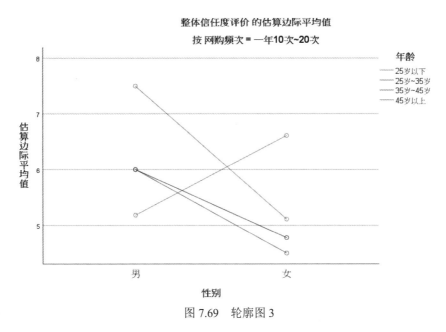

图 7.69　轮廓图 3

从轮廓图 3 中可以看出，网购频次为一年 10 次~20 次、按性别分类的、各个年龄水平的折线图。多个折线图之间有所交叉，但也有区别，比如 25 岁~35 岁的估算边际平均值要显著低于 45 岁以上的估算边际平均值。

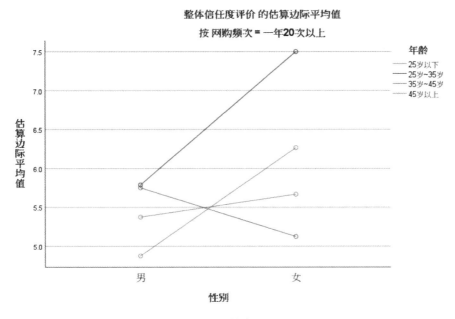

图 7.70　轮廓图 4

从轮廓图 4 中可以看出，网购频次为一年 20 次以上、按性别分类的、各个年龄水平的折线图。多个折线图之间有所交叉，但也有区别，比如 25 岁~35 岁的估算边际平均值要显著高于 45 岁以上的估算边际平均值。

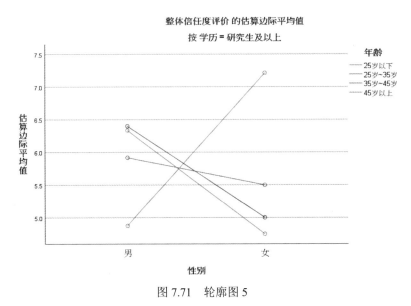

图 7.71　轮廓图 5

从轮廓图 5 中可以看出，学历为研究生及以上、按性别分类的、各个年龄水平的折线图。多个折线图都交叉在一起，差别关系不明显，比如 25 岁~35 岁的估算边际平均值与 45 岁以上的估算边际平均值差别关系并不显著。

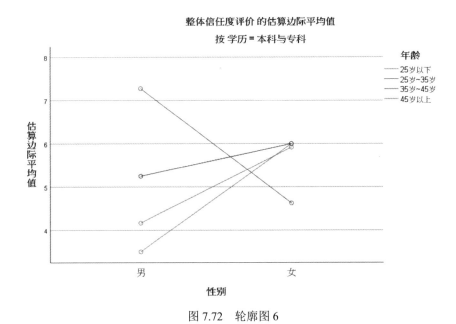

图 7.72　轮廓图 6

从轮廓图 6 中可以看出，学历为本科与专科、按性别分类的、各个年龄水平的折线图。多个折线图都交叉在一起，差别关系不明显，比如 25 岁~35 岁的估算边际平均值与 45 岁以上的估算边际平均值差别关系并不显著。

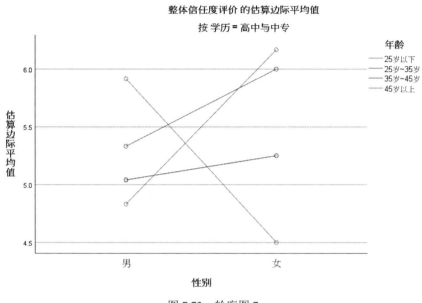

图 7.73　轮廓图 7

从轮廓图 7 中可以看出，学历为高中与中专、按性别分类的、各个年龄水平的折线图。多个折线图之前大多交叉在一起，但也有所差别，比如 25 岁~35 岁的估算边际平均值显著低于 35 岁~45 岁的估算边际平均值。

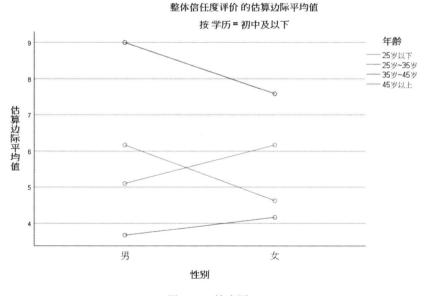

图 7.74　轮廓图 8

从轮廓图 8 中可以看出，学历为初中及以下、按性别分类的、各个年龄水平的折线图。多个折线图之间差别比较明显，比如 25 岁~35 岁的估算边际平均值显著高于其他年龄阶段的估算边际平均值。

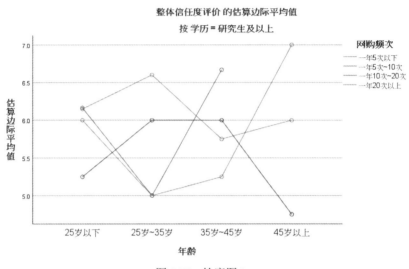

图 7.75　轮廓图 9

从轮廓图 9 中可以看出，学历为研究生及以上、按年龄水平分类的、各个网购频次水平的折线图。多个折线图交叉在一起，差别关系非常不明显，比如一年 5 次~10 次的估算边际平均值与一年 10 次~20 次的估算边际平均值差别关系并不显著。

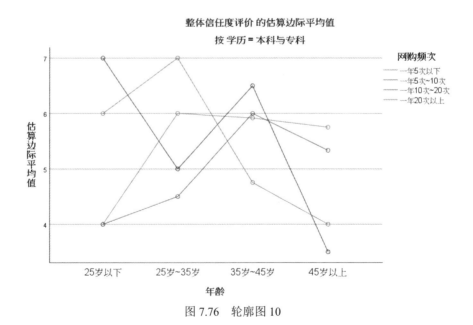

图 7.76　轮廓图 10

从轮廓图 10 中可以看出，学历为本科与专科、按年龄水平分类的、各个网购频次水平的折线图。多个折线图交叉在一起，差别关系非常不明显，比如一年 5 次~10 次的估算边际平均值与一年 10 次~20 次的估算边际平均值差别关系并不显著。

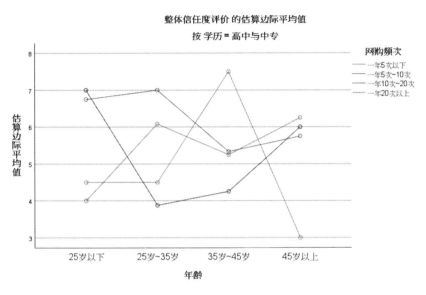

图 7.77　轮廓图 11

从轮廓图 11 中可以看出，学历为高中与中专、按年龄水平分类的、各个网购频次水平的折线图。多个折线图交叉在一起，差别关系非常不明显，比如一年 5 次~10 次的估算边际平均值与一年 10 次~20 次的估算边际平均值差别关系并不显著。

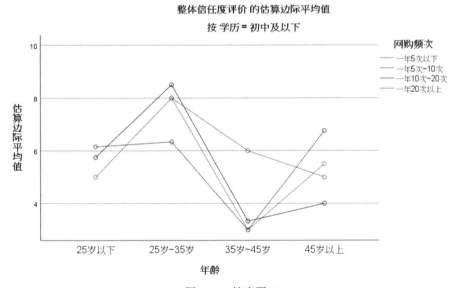

图 7.78　轮廓图 12

从轮廓图 12 中可以看出，学历为初中及以下、按年龄水平分类的、各个网购频次水平的折线图。多个折线图交叉在一起，差别关系非常不明显，比如一年 5 次~10 次的估算边际平均值与一年

10 次~20 次的估算边际平均值差别关系并不显著。

性别 * 网购频次 * 学历

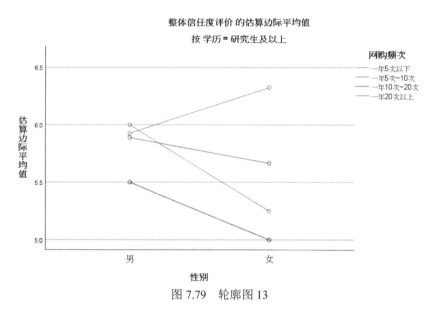

图 7.79　轮廓图 13

从轮廓图 13 中可以看出，学历为研究生及以上、按性别分类的、各个网购频次水平的折线图。多个折线图交叉在一起，但部分之间也有明显区别，比如一年 5 次~10 次的估算边际平均值要显著低于一年 10 次~20 次的估算边际平均值。

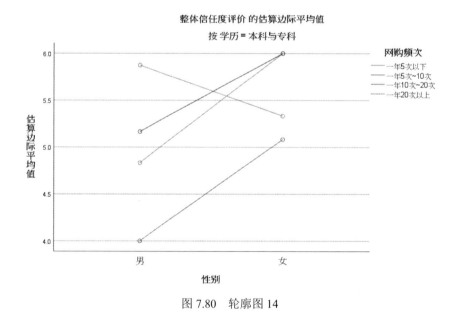

图 7.80　轮廓图 14

从轮廓图 14 中可以看出，学历为本科与专科、按性别分类的、各个网购频次水平的折线图。多个折线图交叉在一起，但部分之间也有明显区别，比如一年 5 次~10 次的估算边际平均值显著高于一年 10 次~20 次的估算边际平均值。

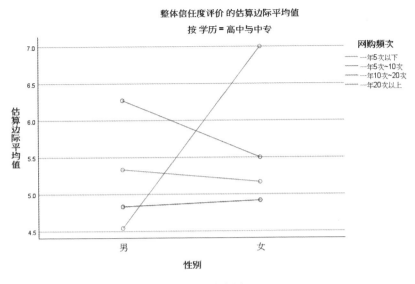

图 7.81　轮廓图 15

从轮廓图 15 中可以看出，学历为高中与中专、按性别分类的、各个网购频次水平的折线图。多个折线图交叉在一起，但部分之间也有明显区别，比如一年 5 次~10 次的估算边际平均值显著低于一年 10 次~20 次的估算边际平均值。

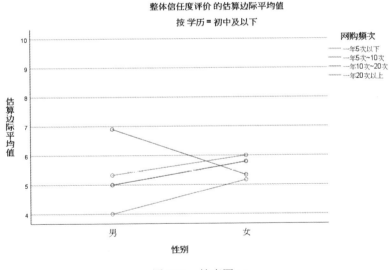

图 7.82　轮廓图 16

从轮廓图 16 中可以看出，学历为初中及以下、按性别分类的、各个网购频次水平的折线图。多个折线图交叉在一起，但部分之间也有明显区别，比如一年 5 次~10 次的估算边际平均值显著低于一年 20 次以上的估算边际平均值。

图 7.83 所示为学历多重比较结果，从图中可非常明显地看出，就通常意义下的 0.05 的显著性水平而言，各个学历水平之间的差异不够显著，或者说不同学历水平的消费者对于整体信任度的评价没有什么差别。

齐性子集

学历

多重比较

因变量：整体信任度评价
LSD

(I) 学历	(J) 学历	平均值差值 (I-J)	标准误差	显著性	95% 置信区间 下限	95% 置信区间 上限
研究生及以上	本科与专科	.49	.391	.214	-.29	1.27
	高中与中专	.64	.391	.106	-.14	1.41
	初中及以下	.64	.396	.107	-.14	1.43
本科与专科	研究生及以上	-.49	.391	.214	-1.27	.29
	高中与中专	.15	.416	.721	-.68	.97
	初中及以下	.16	.420	.713	-.68	.99
高中与中专	研究生及以上	-.64	.391	.106	-1.41	.14
	本科与专科	-.15	.416	.721	-.97	.68
	初中及以下	.01	.420	.988	-.83	.84
初中及以下	研究生及以上	-.64	.396	.107	-1.43	.14
	本科与专科	-.16	.420	.713	-.99	.68
	高中与中专	-.01	.420	.988	-.84	.83

基于实测平均值。
误差项是均方（误差）= 4.063。

图 7.83　学历多重比较结果

图 7.84 为网购频次多重比较结果，从图中可以非常明显地看出，就通常意义下的 0.05 的显著性水平而言，各个网购频次水平之间的差异不够显著，或者说不同网购频次水平的消费者对于整体信任度的评价没有什么差别。

齐性子集

网购频次

多重比较

因变量：整体信任度评价
LSD

(I) 网购频次	(J) 网购频次	平均值差值 (I-J)	标准误差	显著性	95% 置信区间 下限	95% 置信区间 上限
一年5次以下	一年5次~10次	.29	.416	.490	-.54	1.11
	一年10次~20次	-.14	.423	.740	-.98	.70
	一年20次以上	-.32	.398	.428	-1.11	.47
一年5次~10次	一年5次以下	-.29	.416	.490	-1.11	.54
	一年10次~20次	-.43	.414	.302	-1.25	.39
	一年20次以上	-.61	.388	.122	-1.38	.16
一年10次~20次	一年5次以下	.14	.423	.740	-.70	.98
	一年5次~10次	.43	.414	.302	-.39	1.25
	一年20次以上	-.18	.395	.657	-.96	.61
一年20次以上	一年5次以下	.32	.398	.428	-.47	1.11
	一年5次~10次	.61	.388	.122	-.16	1.38
	一年10次~20次	.18	.395	.657	-.61	.96

基于实测平均值。
误差项是均方（误差）= 4.063。

图 7.84　网购频次多重比较结果

图 7.85 所示为年龄频次多重比较结果，从图中可以非常明显地看出，就通常意义下的 0.05 的显著性水平而言，各个年龄水平之间的差异不够显著，或者说不同年龄水平的消费者对于整体信任度的评价没有什么差别。

事后检验

年龄

多重比较

因变量：整体信任度评价
LSD

(I) 年龄	(J) 年龄	平均值差值 (I-J)	标准误差	显著性	95% 置信区间	
					下限	上限
25岁以下	25岁~35岁	.28	.412	.501	-.54	1.10
	35岁~45岁	.39	.410	.349	-.43	1.20
	45岁以上	.41	.410	.326	-.41	1.22
25岁~35岁	25岁以下	-.28	.412	.501	-1.10	.54
	35岁~45岁	.11	.397	.787	-.68	.90
	45岁以上	.13	.397	.750	-.66	.91
35岁~45岁	25岁以下	-.39	.410	.349	-1.20	.43
	25岁~35岁	-.11	.397	.787	-.90	.68
	45岁以上	.02	.395	.961	-.76	.80
45岁以上	25岁以下	-.41	.410	.326	-1.22	.41
	25岁~35岁	-.13	.397	.750	-.91	.66
	35岁~45岁	-.02	.395	.961	-.80	.76

基于实测平均值。
误差项是均方（误差）= 4.063。

图 7.85　年龄频次多重比较结果

7.4　研究结论

（1）卖家的品牌知名度对信任程度的影响是非常显著的，而且影响方向是正向的，或者说卖家的品牌知名度越高，就越能赢得消费者的信任。作为 C2C 电子商务的店家，必须积极投入资源来提升品牌知名度。

（2）卖家的品牌美誉度对信任程度的影响是不够显著的，或者说消费者在信任程度方面不会显著考虑卖家的品牌美誉度。作为 C2C 电子商务的店家，没有必要投入过多资源来提升品牌美誉度。

（3）卖家在与买家沟通交流过程中响应的速度对信任程度的影响是非常显著的，而且影响方向是正向的，或者说卖家在与买家沟通交流过程中响应的速度越快，就越能赢得消费者的信任。作为 C2C 电子商务的店家，要高度重视与买家沟通交流过程中响应的速度，提高沟通效率。

（4）卖家在与买家沟通交流过程中服务的态度对信任程度的影响是非常显著的，而且影响方向是正向的，或者说卖家在与买家沟通交流过程中服务的态度越好，就越能赢得消费者的信任。作为 C2C 电子商务的店家，要高度重视与买家沟通交流过程中的服务态度，多站在顾客的角度考虑问题。

（5）卖家在与买家沟通交流过程中解决问题的效果对信任程度的影响是非常显著的，而且影响方向是正向的，或者说卖家在与买家沟通交流过程中解决问题的效果越好，就越能赢得消费者的信任。作为 C2C 电子商务的店家，要高度重视在与买家沟通交流过程中解决问题的效果，帮助顾客解决好问题。

（6）卖家商品展示的真实性对信任程度的影响是非常显著的，而且影响方向是正向的，或者说卖家商品展示的真实性越高，就越能赢得消费者的信任。作为 C2C 电子商务的店家，要高度重视商品展示的真实性。

（7）卖家商品展示的完整性对信任程度的影响是非常显著的，而且影响方向是正向的，或者说卖家商品展示的完整性越高，就越能赢得消费者的信任。作为 C2C 电子商务的店家，要高度重视商品展示的完整性。

（8）卖家商品展示的吸引力对信任程度的影响是不够显著的，或者说消费者在信任程度方面不会显著考虑卖家商品展示的吸引力。作为 C2C 电子商务的店家，不需要重视商品展示的吸引力。

（9）卖方信用处罚制度对信任程度的影响是非常显著的，而且影响方向是正向的，或者说卖方信用处罚制度执行越好，就越能赢得消费者的信任。作为 C2C 电子商务的店家或者平台管理者，要积极执行好信用处罚制度。

（10）卖家准入与退出制度对信任程度的影响是不够显著的。

（11）资金监管账户制度对信任程度的影响是非常显著的，而且影响方向是正向的，或者说资金监管账户制度执行越好，就越能赢得消费者的信任。作为 C2C 电子商务的店家或者平台管理者，要积极执行好资金监管账户制度。

（12）历史顾客对于交易的满意程度对信任程度的影响是不够显著的，或者说消费者在信任程度方面不会显著考虑历史顾客对于交易的满意程度。

（13）历史顾客评价的真实程度对信任程度的影响是不够显著的，或者说消费者在信任程度方面不会显著考虑历史顾客评价的真实程度。

（14）性别、年龄、购买频次、学历对信任程度的影响是不够显著的，或者说不同性别、年龄、购买频次、学历的消费者在信任程度评价方面不会产生显著差异。

第 8 章

区域市场产品消费需求调研：
以某地区绿茶产品为例

消费者需求市场调研是企业的必修课程之一，有作为的企业必须通过加强消费者需求市场调研，来保持对市场的敏感度。事实上，消费者需求市场调研的内容非常多，根据搜狗百科上的解释，消费者需求市场调研包括 20 项内容：消费者对产品的总体接受程度调研；产品的概念、产品品牌名称调研；产品的消费目的调研；产品的消费心理调研；产品的消费趋势调研；产品与同类竞品相比优点与不足调研；消费者对产品的个性化需求是什么；产品的品牌定位调研；产品的目标市场调研；产品的核心利益点调研；产品的系列卖点调研；产品价格定位调研；产品的口味调研；产品的包装调研；产品的销售渠道调研；产品适合的传播方式调研；产品终端销售调研；产品有效的促销方式调研；消费者对产品做大市场的营销建议；产品消费者的个人特征。本章以某地区绿茶产品为例，讲述如何使用 SPSS 开展区域市场产品消费需求调研工作，旨在为读者提供有益的参考借鉴。

8.1　研究背景及目的

中国茶文化博大精深，全国各地居民几乎都喜欢喝茶，茶是中国人最重要的饮品之一，而绿茶被誉为"国饮"。根据相关资料，绿茶含有与人体健康密切相关的生化成分，有一定的药理功效。我国各个地区的居民在饮茶的偏好方面存在着不同程度的差别，科学有效研究这种偏好对于茶商销售成功的重要性是不言而喻的。下面，我们就来研究一下 SPSS 在绿茶市场消费需求调研方面的应用。

绿茶作为中国的主要茶类之一，年产量在 10 万吨左右，位居全国六大初制茶之首。绿茶是指采取茶树新叶或牙，不经发酵制成的茶，因其叶片及茶汤呈绿色而得名。绿茶是不发酵茶，由于其特性决定了它较多地保留了鲜叶内的天然物质。其中茶多酚、咖啡因保留了鲜叶的 85%以上，叶绿素保留 50%左右，维生素损失也较少，从而形成了绿茶"清汤绿叶，滋味收敛性强"的特点。最科学研究结果表明，绿茶对防衰老、防癌、抗癌、杀菌、消炎等均有特殊效果，为发酵类茶等所不及。

中国生产绿茶的范围极为广泛，河南、贵州、江西、安徽、浙江、江苏、四川、陕西（陕南）、湖南、湖北、广西、福建为绿茶主产省份。绿茶中的十大名茶分别是西湖龙井、太湖碧螺春、黄山毛峰、六安瓜片、君山银针、信阳毛尖、太平猴魁、庐山云雾、四川蒙顶、顾渚紫笋茶。

某知名绿茶销售商在行业口碑很好，已经取得了较高的行业地位，现准备进入某地区开展绿茶销售。由于我国各个地区的居民在饮茶偏好方面存在不同程度的差别，在全面进驻该地区之前，该茶商想进行一些充分的调查，以摸清该地区消费者的消费偏好，从而制定一些科学的销售策略，减少因调研准备不足贸然进入市场经营失败的可能性，有效增加销售成功的概率。

8.2　研究方法

该销售商销售的绿茶系列产品有 20 种，如表 8.1 所示。

表 8.1　该销售商销售绿茶系列产品

品牌	价格（元/每 500 克）	包装方式
西湖龙井	150	简易包装
	200	铁盒装
		玻璃罐装
	250	陶瓷罐装
	100	散装
太湖碧螺春	150	简易包装
	200	铁盒装
		玻璃罐装
	250	陶瓷罐装
	100	散装
黄山毛峰	150	简易包装
	200	铁盒装
		玻璃罐装
	250	陶瓷罐装
	100	散装
信阳毛尖	150	简易包装
	200	铁盒装
		玻璃罐装
	250	陶瓷罐装
	100	散装

我们的调查研究将围绕着这 20 种绿茶的需求展开。

基本思路是：首先根据研究需要设计出调查问卷，并使用设计好的调查问卷对消费者群体展开

第 8 章 区域市场产品消费需求调研：以某地区绿茶产品为例

调查；然后使用 SPSS 的相关数据处理方法对收集上来的问卷进行处理，提取有效信息，分析变量之间的联系与区别；最后写出研究结论。

采用的数据分析方法主要有：最优标度回归分析、联合分析、交叉表分析等。

最优标度回归分析：我们经常会遇到自变量为分类变量的情况，如收入级别、学历等，通常的做法是直接将各个类别定义取值为等距连续整数，例如将收入级别的高、中、低分别定义为 1、2、3，但是这意味着这三档之间的差距是相等的，或者说它们对因变量的数字影响程度是均匀的。显然这种假设有些草率，基于此分析有时会得出很不合理的结论，SPSS 的最优标度回归便应运而生，成为了解决这一问题的分析方法。

8.3 研究过程

8.3.1 为联合分析生成计划文件

| 下载资源:\video\第 8 章\8.1 |
| 下载资源:\sample\数据 8\数据 8.2A |

我们选取该销售商销售的绿茶系列产品的 3 个最重要的属性，这 3 个属性完全可以概括一种产品的特征，包括品牌、价格、包装方式。其中"品牌"有西湖龙井、太湖碧螺春、黄山毛峰、信阳毛尖 4 个属性水平；"价格"有 150 元、200 元、250 元和 100 元 4 个属性水平；"包装方式"有简易包装、铁盒装、玻璃罐装、陶瓷罐装、散装 5 个属性水平。

绿茶系列产品的属性和属性水平如表 8.2 所示。

表 8.2 绿茶系列产品属性及水平

属性	品牌	价格	包装方式
属性水平	西湖龙井、太湖碧螺春、黄山毛峰、信阳毛尖	150 元、200 元、250 元和 100 元	简易包装、铁盒装、玻璃罐装、陶瓷罐装、散装

根据前面介绍的联合分析的基本步骤，首先生成计划文件。

01 进入 SPSS 25.0，选择"数据｜正交设计｜生成"命令，弹出"生成正交设计"对话框，如图 8.1 所示。

在"因子名称"文本框中输入 PINPAI，在"因子名称"文本框中输入"PINPAI"，单击"添加"按钮，即可完成"品牌"这一属性的添加。然后以同样的方法依次输入 JIAGE 和 BAOZHUANG 完成对"价格""包装方式"两个属性的添加。

02 定义各个因子的取值。

对于因子名称"品牌"，选中 PINPAI 并单击下面的"定义值"按钮，弹出"生成设计：定义值"对话框，如图 8.2 所示。在该对话框中的"1(1):"行时"值"列输入"1"，"标签"列输入"西湖龙井"；在"2(2):"行的"值"列输入"2"，"标签"列输入"太湖碧螺春"；在"3(3):"

行的"值"列输入"3","标签"列输入"黄山毛峰";在"4(4):"行的"值"列输入"4","标签"列输入"信阳毛尖",然后单击"继续"按钮返回为其他变量进行设置。

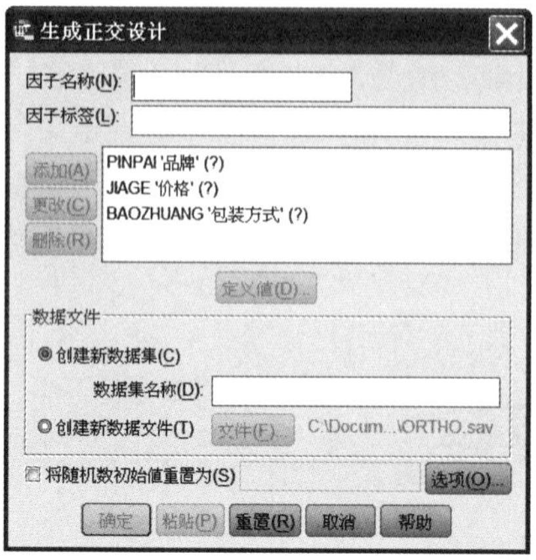

图8.1 "生成正交设计"对话框

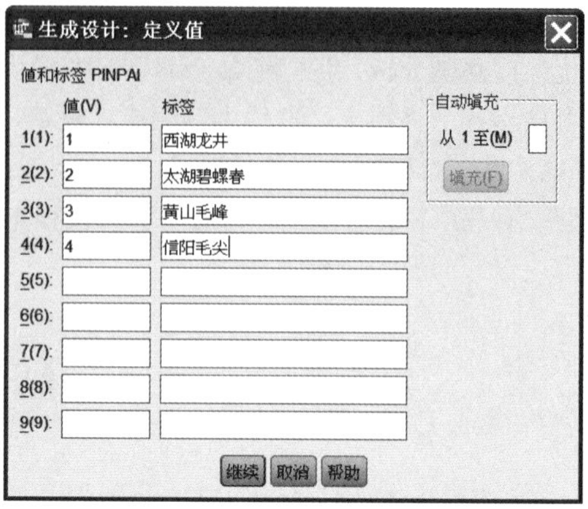

图8.2 品牌"生成设计：定义值"对话框

对于因子名称"价格",选中JIAGE并单击下面的"定义值"按钮,弹出"生成设计:定义值"对话框,如图8.3所示。在该对话框中的"1:"行的"值"列输入"1","标签"列输入"150元";在"2:"行的"值"列输入"2","标签"列输入"200元";在"3:"行的"值"列输入"3","标签"列输入"250元";在"4:"行的"值"列输入"4","标签"列输入"100元",然后单击"继续"按钮返回为其他变量进行设置。

对于因子名称"包装方式",选中BAOZHUANG并单击下面的"定义值"按钮,弹出"生成设计：定义值"对话框,如图8.4所示。在该对话框中的"1:"行的"值"列输入"1","标签"列输入"简易包装";在"2:"行的"值"列输入"2","标签"列输入"铁盒装";在"3:"行的"值"列输入"3","标签"列输入"玻璃罐装";在"4:"行的"值"列输入"4","标签"列输入"陶瓷罐装";在"5:"行的"值"列输入"5","标签"列输入"散装",然后单击"继续"按钮返回。

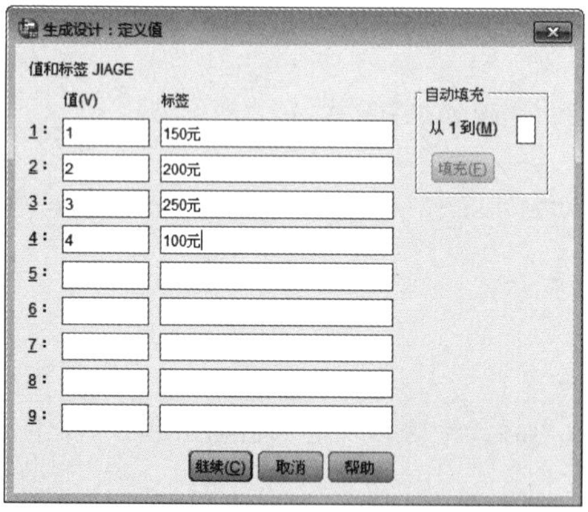

图8.3 价格"生成设计：定义值"对话框

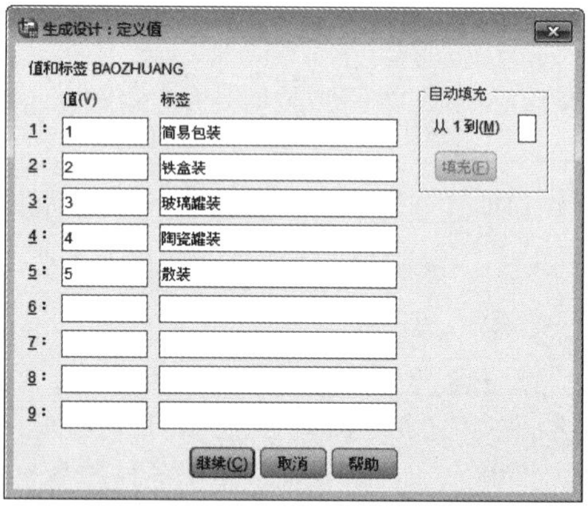

图8.4 包装方式"生成设计：定义值"对话框

设置完毕后,如图8.5所示。

03 单击如图8.5所示对话框右下方的"选项"按钮,弹出"生成正交设计：选项"对话框,如图8.6所示。

第 8 章 区域市场产品消费需求调研：以某地区绿茶产品为例 | 295

图 8.5 定义因子取值完成后的"生成正交设计"对话框　　图 8.6 "生成正交设计：选项"对话框

在该对话框中"生成的最小个案数"文本框中输入 20，然后单击"继续"按钮返回"生成正交设计"对话框。

04 选中"数据文件"选项组中的"创建新数据文件"单选按钮，并单击"文件"按钮保存相关文件。

05 最后单击"确定"按钮，完成计划文件的生成。

计划文件生成完毕后，研究者根据研究需要对数据进行修改。因为计划文件的生成是随机组合排列的，共有 4*4*5=80 种可能，所以系统是从这 80 种中随机选出的 20 种，显然不一定恰好符合研究需要。我们需要整理为以下 20 种，如图 8.7 所示。整理方法是直接在数据文件中修改并保存。

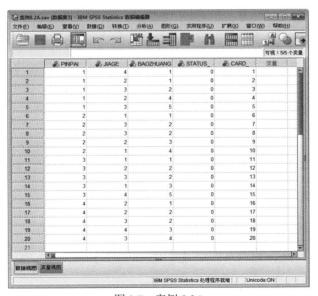

图 8.7 案例 8.2A

其中，对 PINPAI 而言，"1"表示"西湖龙井"，"2"表示"太湖碧螺春"，"3"表示"黄山毛峰"，"4"表示"信阳毛尖"。

对 JIAGE 而言，"1"表示"150 元"，"2"表示"200 元"，"3"表示"250 元"，"4"表示"100 元"。

对 BAOZHUANG 而言，"1"表示"简易包装"，"2"表示"铁盒装"，"3"表示"玻璃罐装"，"4"表示"陶瓷罐装"，"5"表示"散装"。

> **注意**
>
> 以上生成的计划文件是 SPSS 随机生成的各个属性不同属性水平的组合，读者在操作时，可能会出现与作者所提供数据不完全一致的情况，这是一种正常现象。

8.3.2 根据研究需要设计调查问卷

最终设计成的调查问卷如下。

绿茶系列饮品需求情况调查表，如表 8.3 所示。

表 8.3 绿茶系列饮品需求情况调查表

品牌	价格（元）	包装方式	周平均消费量	偏好排序（1 为最偏好，20 为最不偏好）
西湖龙井	150	简易包装		
	200	铁盒装		
		玻璃罐装		
	250	陶瓷罐装		
	100	散装		
太湖碧螺春	150	简易包装		
	200	铁盒装		
		玻璃罐装		
	250	陶瓷罐装		
	100	散装		
黄山毛峰	150	简易包装		
	200	铁盒装		
		玻璃罐装		
	250	陶瓷罐装		
	100	散装		
信阳毛尖	150	简易包装		
	200	铁盒装		
		玻璃罐装		
	250	陶瓷罐装		
	100	散装		

请您如实根据自身情况填写以上内容，谢谢合作！

调查结束，再次感谢您的参与！

8.3.3 发放问卷进行社会调查并将所得数据录入到 SPSS 中

我们将设计好的 126 份调查问卷随机发放到消费者手中，回收 106 份，回收率为

106/126*100%=84.13%，回收效果还是很不错的。

我们把回收的问卷进行一系列整理，并制作成两个 SPSS 格式的文件，分别是各种绿茶的周消费量汇总数据、针对计划文件调查的偏好次序数据。关于各数据录入的具体介绍及最终结果将在下一节中说明。

8.3.4　SPSS 分析

本节分三个部分进行分析。

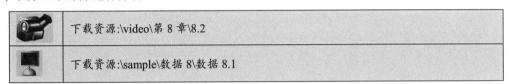

1．最优标度回归分析

我们把通过调查问卷收集的关于每种产品的周平均消费量数据进行汇总整理，结果如图 8.8 所示。我们设置了 4 个变量，分别是月消费量汇总、价格、包装方式、品牌，然后把所有变量都定义为数字类型变量，录入相关数据。

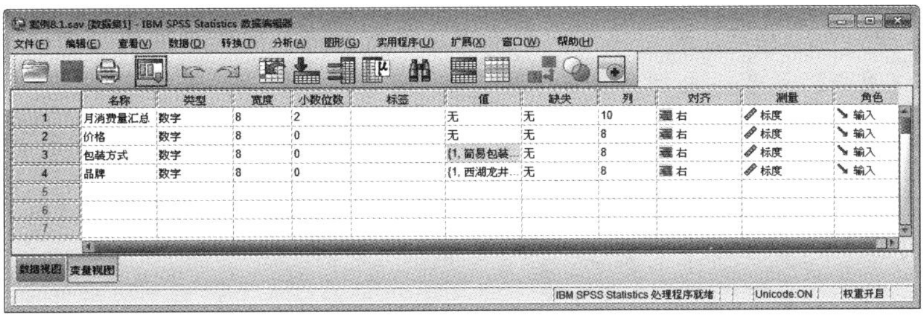

图 8.8　案例 8.1 变量视图

其中月消费量汇总是把所有回收上来调查问卷的个体数据进行加总得到的，如图 8.9 所示。

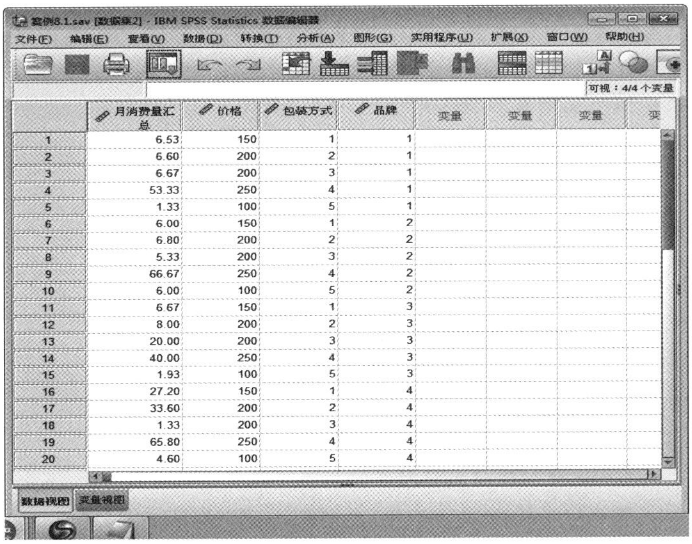

图 8.9　案例 8.1 数据视图

先保存数据，然后展开分析，步骤如下：

01 进入 SPSS 25.0，打开相关数据文件，选择"分析｜回归｜最优标度"命令，弹出如图 8.10 所示的对话框。

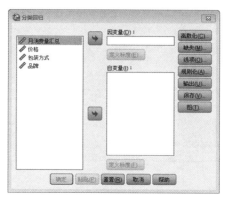

图 8.10 "分类回归"对话框

对话框选项设置/说明

从源变量列表框中选择需要进行最优标度回归分析的被解释变量，然后单击 按钮将选中的变量选入"因变量"列表框中；从源变量列表框中选择需要进行最优标度回归分析的解释变量，然后单击 按钮将选中的变量选入"自变量"列表框中。

- "因变量"列表框：该列表框中的变量为最优标度回归分析模型中的被解释变量，数据类型为数字类型。如果被解释变量为分类变量，就可以用二元或多元 logistic 模型等进行建模分析。
- "自变量"列表框：该列表框中的变量为最优标度回归分析模型的解释变量或控制变量，数据类型一般为数字类型。如果解释变量为分类变量或定性变量，就可以用虚拟变量（哑变量）表示。

02 选择进行最优标度回归的变量并指定变量的测度类别。在如图 8.10 所示对话框左侧的列表中选中"月消费量汇总"，并单击 按钮使之进入"因变量"列表框中，再单击本列表框下方的"定义标度"按钮，弹出如图 8.11 所示的对话框。

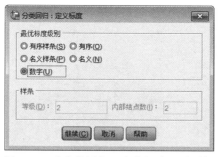

图 8.11 "分类回归：定义标度"对话框

该对话框中选中"数字"单选按钮并单击"继续"按钮返回"分类回归"对话框。同时选中"价格""包装方式"和"品牌"，单击 按钮使之进入"自变量"列表框中，如图 8.12 所示。

在仿照前面对"月消费量汇总"的操作方式,把它们依次指定为"数字""有序"的测度类别并单击"继续"按钮返回。

03 单击"图"按钮,弹出"分类回归:图"对话框,如图 8.13 所示。

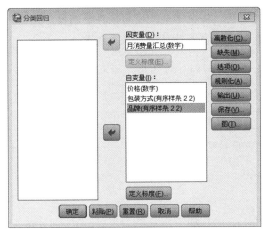
图 8.12 "分类回归"对话框

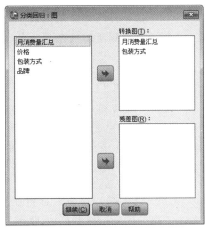
图 8.13 "分类回归:图"对话框

对话框选项设置/说明

"分类回归:图"对话框主要用于绘制最优标度回归分析模型的结果图,其中转换图可输出转换后的变量图,转换图可输出模型的拟合残差图。

设置完毕后,可以单击"继续"按钮返回到"分类回归"对话框。如果只进行系统默认设置,单击"取消"按钮,也可以返回到"分类回归"对话框进行其他设置。本例在"分类回归:图"对话框左侧的列表框中选中"月消费量汇总"和"包装方式",单击 按钮使之进入"转换图"列表框中,单击"继续"按钮,返回到"分类回归"对话框。

04 单击"保存"按钮,弹出"分类回归:保存"对话框,如图 8.14 所示。

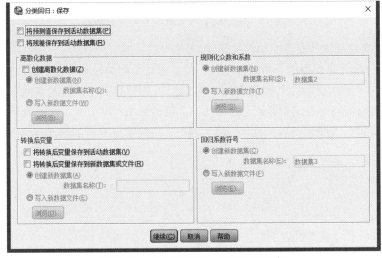
图 8.14 "分类回归:保存"对话框

对话框选项设置/说明

"分类回归：保存"对话框主要用于在活动数据文件中保存预测值、残差和其他对于诊断有用的统计量。

- 将预测值保存到活动数据集：勾选该复选框，将在活动数据集保存预测值。
- 将残差保存到活动数据集：勾选该复选框，将在活动数据集保存残差。

设置完毕后，可以单击"继续"按钮返回到"分类回归"对话框。如果只进行系统默认设置，单击"取消"按钮，也可以返回到"分类回归"对话框进行其他设置。本例采取系统默认设置，单击"取消"按钮，返回到"分类回归"对话框。

05 设置完毕后，单击"确定"按钮，等待输出结果。

结果分析如下：

（1）案例处理汇总、模型汇总和方差分析

图 8.15 的第一部分是模型摘要，调整后的 R 方为 0.821，模型解释能力很好；第二部分是 ANOVA 方差分析，显著性为 0.000，非常显著，模型具有统计学意义。

模型摘要

	复 R	R 方	调整后 R 方	表观预测误差
标准化数据	.907	.822	.821	.178

因变量：月消费量汇总
预测变量：价格 包装方式 品牌

ANOVA

	平方和	自由度	均方	F	显著性
回归	307.786	3	102.595	569.853	.000
残差	66.614	370	.180		
总计	374.400	373			

因变量：月消费量汇总
预测变量：价格 包装方式 品牌

图 8.15　模型摘要和 ANOVA 方差分析

（2）模型中变量系数、变量的相关性和容差

图 8.16 的第一部分是模型的系数及显著性；第二部分是相关性和容差。相关性包括 3 种结果，其中偏相关是控制了其他变量对所有变量影响后的估计，部分相关是只控制其他变量对自变量的影响，重要性分析表明价格对月消费量汇总影响大，品牌的影响很小。变量容差表示该变量对因变量的影响中不能被其他自变量所解释的比例，越大越好，反映了自变量的共线性情况，本例中结果还是比较好的。

系数

	标准化系数 Beta	标准误差的自助抽样(1000)估算	自由度	F	显著性
价格	.674	.220	1	9.400	.002
包装方式	.359	.248	1	2.107	.147
品牌	.286	.259	1	1.220	.270

因变量：月消费量汇总

相关性和容差

	相关性			重要性	容差	
	零阶	偏	部分		转换后	转换前
价格	.821	.803	.568	.673	.709	.628
包装方式	.664	.580	.300	.290	.699	.613
品牌	.105	.552	.279	.036	.956	.943

因变量：月消费量汇总

图 8.16　模型中变量系数、相关性和容差

经过分析可以得到：

① 最终模型为：月消费量汇总 = 0.674291*价格 + 0.359274*包装方式 + 0.285604*品牌。值得一提的是，此处各变量的数据为标准化的数据。

② 模型的拟合优度很好且整体非常显著，显著性水平为 0.000，模型具有统计学意义。

③ 价格对月消费量汇总影响较大，包装方式和品牌对月消费量汇总的影响较小，尤其是品牌的影响可以忽略不计。

（3）原始变量类别与变换后评分的对应图

因为把月消费量汇总设定为等距的数值变量，所以 SPSS 只是对其进行标准变换，在变换中没有改变各数据间的差异，如图 8.17 所示。

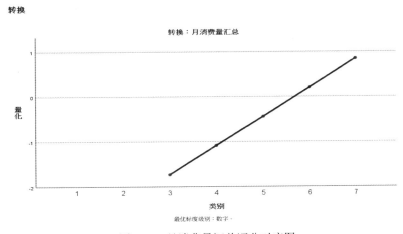

图 8.17　月消费量汇总评分对应图

把包装方式设定为序数变量进行相应变换，改变了数据的初始差异，如图 8.18 所示。这就充分体现了最优标度变换这一要义。

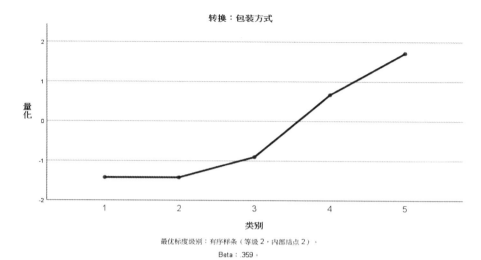

图 8.18　包装方式对应图

2. 联合分析

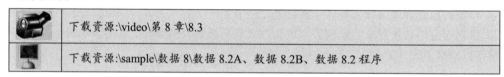

（1）完成数据录入后，如图 8.19 所示。本文件中共有 8 个变量，包括"ID""PREF1~PREF20"，均为数字类型变量。其中"ID"表示被调查者或者采集的样本编号，"PREF1~PREF20"表示偏好顺序，如 PREF1 表示该被调查者认为"……"是其第一偏好，依此类推。

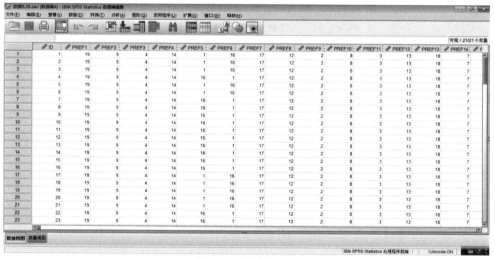

图 8.19　数据 8.2B

（2）将数据移到 D 盘（或其他硬盘），然后选择"文件 | 新建 | 语法"命令，弹出程序编辑窗口。在窗口中依次输入以下命令：

```
CONJOINT
 PLAN='D:\数据 8.2A.SAV'
```

```
/DATA='D:\数据 8.2B.SAV'
/SEQUENCE=PREF1 TO PREF20
/SUBJECT=ID
/FACTORS= PINPAI(DISCRETE ) JIAGE(DISCRETE ) BAOZHUANG(DISCRETE )
/PRINT=SUMMARYONLY
/UTILITY='D:\RUGUTIL.SAV'
/PLOT=SUMMARY.
```

然后单击工具栏中的 ▶ 按钮，运行该程序，即可完成联合分析。

注　意

在上面的命令中，PINPAI(DISCRETE) JIAGE(DISCRETE) BAOZHUANG(DISCRETE) 表示的品牌、价格、包装方式都是离散型的分类变量。

（1）PLAN 子命令指定包含正交设计的文件（在本例中为 D:\案例 8.2A.SAV）。

（2）DATA 子命令指定包含偏好数据的文件（在本例中为 D:\案例 8.2B.SAV）。

（3）SEQUENCE 子命令指定偏好数据中的每个数据点都是一个概要文件编号，以最喜欢的概要文件开始，并以最不喜欢的概要文件结束。

（4）SUBJECT 子命令指定变量 ID 标识主体。

（5）FACTORS 子命令指定描述偏好数据与因子级别之间的期望关系的模型。指定的因子是指在 PLAN 子命令上命名的计划文件中定义的变量。

当因子级别为分类级别且未对级别和数据之间的关系做出任何假设时，使用关键字 DISCRETE。PINPAI(DISCRETE) JIAGE(DISCRETE) BAOZHUANG(DISCRETE)分别代表品牌、价格和包装方式的因子。

当数据期望与因子线性相关时，使用关键字 LINEAR，JIAGE(LINEAR　LESS)表示价格因子。

如果因子未由 DISCRETE、LINEAR、IDEAL 或 ANTIIDEAL 其中之一标注或未包括在 FACTORS 子命令上，就假定为 DISCRETE。

（6）关键字 MORE 和 LESS（在 LINEAR 之后）指示关系的期望方向。由于我们没有期望加高或者较低的偏好，因此没有使用关键字 MORE 和 LESS。

需要特别强调的是，指定 MORE 或 LESS 不会更改系数的符号或影响效用的估计。这些关键字只用于标识估计值不匹配期望方向的主体。

（7）PRINT 子命令指定输出只整体包含主体组的信息（SUMMARYONLY 关键字）。每个主体的信息不单独显示。

结果分析如下：

（1）重要性水平

图 8.20 表示的是消费者群体（106 个样本）对绿茶系列产品各个属性的重要性所做的评价，其中价格是最重要的，也是消费者最为看重的，约占 40%；其次是包装方式，占到 33%左右；最不被重视的，或者说消费者最不在乎的是品牌，占到 27%左右。

（2）结果总结

图 8.21 表示的是消费者群体（106 个样本）对绿茶饮品系列产品每个属性的各个属性水平所做的评价。对品牌而言，消费者最喜欢西湖龙井，其次是太湖碧螺春，再是黄山毛峰，最后是信阳毛尖；对价格而言，消费者喜欢的依次是 150 元、200 元、250 元、100 元；对包装方式而言，消费者的偏好从高到低依次是简易包装、铁盒装、玻璃罐装、散装和陶瓷罐装。

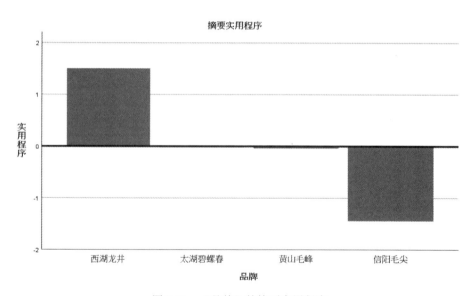

重要性值

PINPAI	27.222
JIAGE	39.658
BAOZHUANG	33.120

平均重要性得分

图 8.20　重要性值

实用程序

		实用程序估算	标准误差
PINPAI	西湖龙井	1.507	1.620
	太湖碧螺春	-.020	1.470
	黄山毛峰	-.041	1.667
	信阳毛尖	-1.445	1.494
JIAGE	150元	2.235	2.192
	200元	1.038	1.370
	250元	.445	1.892
	100元	-3.718	1.887
BAOZHUANG	简易包装	.885	1.782
	铁盒装	.284	1.859
	玻璃罐装	.040	1.944
	陶瓷罐装	-.625	1.952
	散装	-.584	2.453
(常量)		9.969	.867

图 8.21　实用程序

（3）图形展示

图 8.22 是“品牌”的摘要实用程序，从图中可以看出，对品牌而言，消费者最喜欢西湖龙井，其次是太湖碧螺春，再是黄山毛峰，最后是信阳毛尖。

图 8.22　“品牌”的摘要实用程序

图 8.23 是“价格”的摘要实用程序，从图中可以看出，对价格而言，消费者喜欢的依次是 150 元、200 元、250 元、100 元。

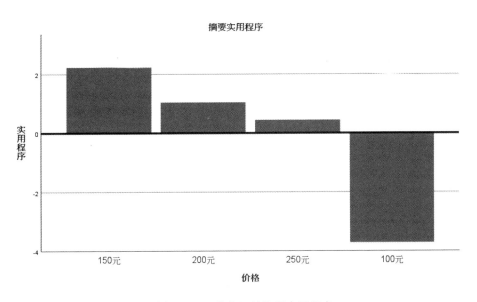

图 8.23 "价格"的摘要实用程序

图 8.24 是"包装方式"的摘要实用程序，从图中可以看出，对包装方式而言，消费者的偏好从高到低依次是简易包装、铁盒装、玻璃罐装、陶瓷罐装和散装。

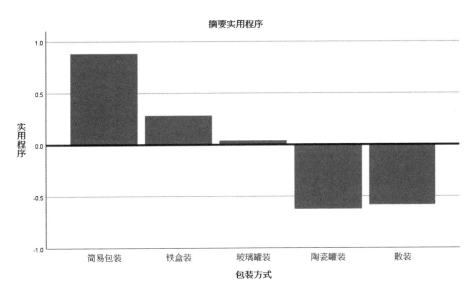

图 8.24 "包装方式"的摘要实用程序

图 8.25 是"重要性"的摘要实用程序，从图中可以看出，价格重要性最大，然后是包装方式，最后是品牌。

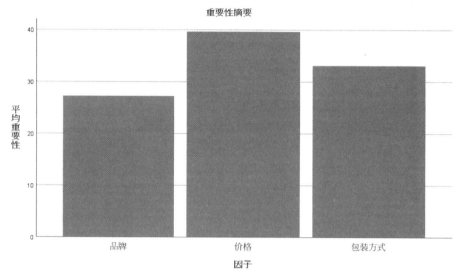

图 8.25　各因子"重要性"的摘要实用程序

3. 交叉表分析

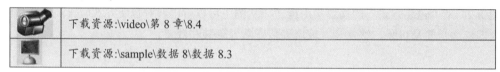

01 进入 SPSS 25.0，打开数据文件 8.3，如图 8.26 所示。

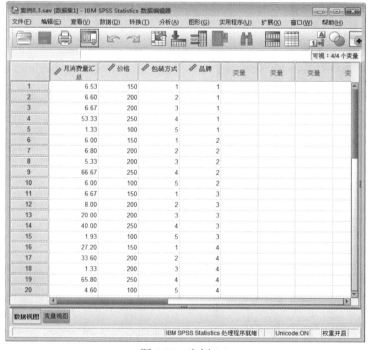

图 8.26　案例 8.3

对数据进行预处理,对变量"频数"进行加权。选择"数据|个案加权"命令,弹出如图8.27所示的对话框。

首先在图8.27对话框右侧选中"个案加权系数"单选按钮,然后在左侧的列表框中选择"月消费量汇总",单击➡按钮使之进入"频率变量"列表框中。单击"确定"按钮,完成数据预处理。

02 选择"分析|描述统计|交叉表"命令,弹出如图8.28所示的对话框。

图8.27 "个案加权"对话框

图8.28 "交叉表格"对话框

首先定义行变量,在如图8.28所示对话框的左侧列表框中选择"价格"和"包装方式",单击➡按钮使之进入右侧的"行"列表框中。然后定义列变量,在左侧列表框中选择"品牌",单击➡按钮使之进入右侧的"列"列表框。因为没有别的变量参与交叉表分析,所以没有层控制变量。最后勾选左下方的"显示集群条形图"复选框。

03 选择列联表单元格中需要计算的指标。单击"交叉表"对话框右侧的"单元格"按钮,弹出如图8.29所示的对话框,在该对话框中可以设置相关输出内容。

图8.29 "交叉表:单元格显示"对话框

我们在"计数"选项组中勾选"实测"复选框，在"百分比"选项组中勾选"行""列"和"总计"复选框。设置完毕后，单击"继续"按钮返回"交叉表格"对话框。

04 其余设置采取系统默认设置即可。

05 设置完毕后，单击"确定"按钮，等待输出结果。

结果分析如下：

（1）本例的数据信息

如图8.30所示，样本数为375，没有缺失值。

个案处理摘要

	个案					
	有效		缺失		总计	
	N	百分比	N	百分比	N	百分比
价格 * 品牌	375	100.0%	0	0.0%	374.400	100.0%
包装方式 * 品牌	376[a]	100.0%	0	0.0%	374.400	100.0%

a. 由于单元格计数进行了四舍五入，因此有效个案数与交叉表中的总计数不同。

图8.30　个案处理摘要

（2）交叉表

如图8.31所示，按品牌来看，信阳毛尖消费最多，占总数的35.5%，西湖龙井消费最少，占总数的19.7%，之间的差距不是很大；按价格来看，250元的消费最多，占总数的60.3%，100元的消费最少，仅占总数的3.7%；按单元格来看，250元的太湖碧螺春消费量最大，占总数的17.9%，100元的西湖龙井消费最少，占总数的0.3%。

价格 * 品牌 交叉表

			品牌				总计
			西湖龙井	太湖碧螺春	黄山毛峰	信阳毛尖	
价格	100	计数	1	6	2	5	14
		占 价格 的百分比	7.1%	42.9%	14.3%	35.7%	100.0%
		占 品牌 的百分比	1.4%	6.6%	2.6%	3.8%	3.7%
		占总计的百分比	0.3%	1.6%	0.5%	1.3%	3.7%
	150	计数	7	6	7	27	47
		占 价格 的百分比	14.9%	12.8%	14.9%	57.4%	100.0%
		占 品牌 的百分比	9.5%	6.6%	9.1%	20.3%	12.5%
		占总计的百分比	1.9%	1.6%	1.9%	7.2%	12.5%
	200	计数	13	12	28	35	88
		占 价格 的百分比	14.8%	13.6%	31.8%	39.8%	100.0%
		占 品牌 的百分比	17.6%	13.2%	36.4%	26.3%	23.5%
		占总计的百分比	3.5%	3.2%	7.5%	9.3%	23.5%
	250	计数	53	67	40	66	226
		占 价格 的百分比	23.5%	29.6%	17.7%	29.2%	100.0%
		占 品牌 的百分比	71.6%	73.6%	51.9%	49.6%	60.3%
		占总计的百分比	14.1%	17.9%	10.7%	17.6%	60.3%
总计		计数	74	91	77	133	375
		占 价格 的百分比	19.7%	24.3%	20.5%	35.5%	100.0%
		占 品牌 的百分比	100.0%	100.0%	100.0%	100.0%	100.0%
		占总计的百分比	19.7%	24.3%	20.5%	35.5%	100.0%

图8.31　价格*品牌交叉表

如图 8.32 所示，按品牌来看，信阳毛尖消费最多，占总数的 35.5%，西湖龙井消费最少，占到总数的 19.7%，之间的差距不是很大；按包装方式来看，陶瓷罐装的消费最多，占总数的 60.1%，散装的消费最少，仅占总数的 3.7%；按单元格来看，陶瓷罐装的太湖碧螺春消费量最大，占总数的 17.8%，散装的西湖龙井消费最少，占总数的 0.3%，这些与"价格*品牌"列联表中的结论是一致的。

包装方式 * 品牌 交叉表

			品牌				总计
			西湖龙井	太湖碧螺春	黄山毛峰	信阳毛尖	
包装方式	简易包装	计数	7	6	7	27	47
		占 包装方式 的百分比	14.9%	12.8%	14.9%	57.4%	100.0%
		占 品牌 的百分比	9.3%	6.6%	9.1%	20.3%	12.5%
		占总计的百分比	1.9%	1.6%	1.9%	7.2%	12.5%
	铁盒装	计数	7	7	8	34	56
		占 包装方式 的百分比	12.5%	12.5%	14.3%	60.7%	100.0%
		占 品牌 的百分比	9.3%	7.7%	10.4%	25.6%	14.9%
		占总计的百分比	1.9%	1.9%	2.1%	9.0%	14.9%
	玻璃罐装	计数	7	5	20	1	33
		占 包装方式 的百分比	21.2%	15.2%	60.6%	3.0%	100.0%
		占 品牌 的百分比	9.3%	5.5%	26.0%	0.8%	8.8%
		占总计的百分比	1.9%	1.3%	5.3%	0.3%	8.8%
	陶瓷罐装	计数	53	67	40	66	226
		占 包装方式 的百分比	23.5%	29.6%	17.7%	29.2%	100.0%
		占 品牌 的百分比	70.7%	73.6%	51.9%	49.6%	60.1%
		占总计的百分比	14.1%	17.8%	10.6%	17.6%	60.1%
	散装	计数	1	6	2	5	14
		占 包装方式 的百分比	7.1%	42.9%	14.3%	35.7%	100.0%
		占 品牌 的百分比	1.3%	6.6%	2.6%	3.8%	3.7%
		占总计的百分比	0.3%	1.6%	0.5%	1.3%	3.7%
总计		计数	75	91	77	133	376
		占 包装方式 的百分比	19.9%	24.2%	20.5%	35.4%	100.0%
		占 品牌 的百分比	100.0%	100.0%	100.0%	100.0%	100.0%
		占总计的百分比	19.9%	24.2%	20.5%	35.4%	100.0%

图 8.32 包装方式*品牌交叉表

（3）频数分布图

交叉表的图形展示如图 8.33 和图 8.34 所示。

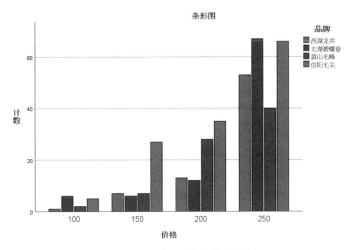

图 8.33 价格*品牌频数分布图

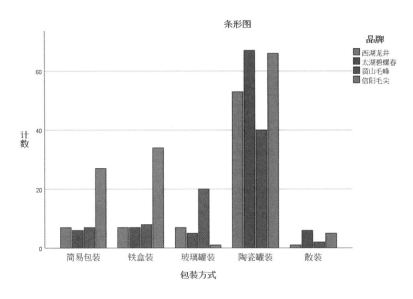

图 8.34　包装方式*品牌频数分布图

8.4　研究结论

依据以上所做的分析，我们可以得出以下结论：

（1）无论是最优标度回归分析还是联合分析，都表明价格是消费者选择的首要考虑因素，消费者最喜欢 150 元的绿茶，同时品牌对消费者来说几乎无差异。由于考虑到包装因素几乎是与价格绑定在一起的，因此最受消费者欢迎以及实际需求量最大的是 150 元的简易包装绿茶。

（2）交叉表分析表明，信阳毛尖消费最多，占总数的 35.5%，西湖龙井消费最少，占总数的 19.7%，之间的差距不是很大。按价格来看，250 元的消费最多，占总数的 60.3%，100 元的消费最少，仅占总数的 3.7%；按单元格来看，250 元的太湖碧螺春消费量最大，占总数的 17.9%，100 元的西湖龙井消费最少，占总数的 0.3%。

第9章

关于企业内部讲师素质与培训效果的调查研究

内部讲师制度不仅有利于公司企业文化的传承,也有利于公司内部知识体系的积累,更有利于公司制度和流程体系的完善。内部讲师更熟悉企业的情况,更加了解这个行业的背景,对公司的业务流程也比较熟悉,一支有效的内部培训师队伍有利于加强企业员工知识分享、帮助员工实现自我价值、加强公司内部沟通。目前,在国内已经有对企业内部讲师素质结构、素质评价体系的初步探索,同时对企业内部讲师素质的现状分析和对策解决也进行了深入探讨,但是对于企业内部讲师素质教学效果的影响还没有详细研究,两者之间的关系也没有建立相关的数学模型。因此,针对企业内部讲师素质与教学成果之间的内部联系,从质量管理的角度,运用系统理论,建立两者间的数学模型,更加直白地认识并运用这一规律,能够更好地为提高内部讲师素质、取得教学成果服务。

9.1 研究背景及目的

9.1.1 研究背景

近年来,内部培训师具有很多外部培训师所不具备的优点和长处,也因此越来越受到企业的重视。内部培训师的培训课程具有较强的针对性和灵活性,同时内部培训师制度的开展使企业的培训体系具备较强的可持续性。内部培训师授课的过程也就是企业现有知识成果不断积累升华的过程,从长远来看,对于企业知识产权的保护和升级具有深远的意义。内部讲师是所有企业教学资源中最宝贵的资源之一,内部讲师的素质直接影响着教学效果,因此企业发展必须重视企业内部讲师素质的培养与提高。

关于企业内部讲师素质与培训效果课题的研究上,依据的相关理论基础主要是人力资源管理领域的国外经典理论,包括 X 理论、Y 理论、Z 理论、激励-保健理论、马斯洛的需求层次理论、期望理论等。

1. X 理论、Y 理论、Z 理论

X 理论、Y 理论由道格拉斯•麦格雷戈(Douglas McGregor)提出,其核心思想在于对人的基

本假设。其中 X 理论阐述的观点是，人的本性是愿意享受闲暇而不愿意努力工作的，是愿意逃避责任而不是积极担当的，如果一个组织想要实现既定的绩效战略目标，就必须对人员实施非常严格的管理。Y 理论阐述的观点是，人的本性是愿意工作的，因为工作使人更加充实，人可以从工作中获得成就感和满足感，在合适的工作环境下人们也愿意承担应有的责任。从两种理论阐述的基本观点可以看出，不同的假设条件下实现人力资源有效管理的路径不同。其中 X 理论侧重于实施更加严厉的人力资源管理措施，强调建立强有力的激烈约束机制并确保得到实施和执行。Y 理论强调采用恰当的人力资源管理措施，激发人们工作的积极主动性，通过营造良好的工作氛围使人们能够自动积极工作。Z 理论是对 X 理论、Y 理论的突破，由威廉·大内提出，其核心思想是认为人的行为不仅仅是个体行为，也是组织行为，当员工积极融入组织共同参与管理时，就能获得强烈的组织认同感和责任感，从而更加自动自发的工作，提高企业经营效能。基于 Z 理论的人力资源管理实施关键在于积极打造以人为本的工作环境，充分挖掘员工的潜能，让员工积极参与管理并获得成长的机会。

2. 激励-保健理论

激励-保健理论由赫茨博格（Frederick Herzberg）提出，其基本思想是把影响员工工作的因素分为两大类：一类是让员工对工作状态感到满意的因素，称为激励因素；另一类是让员工对工作状态感到不满意的因素，称为保健因素。两种因素之间具有显著的不同，当保健因素得到改善时，员工对工作不满意的程度就会得到减轻，当激励因素得到改善时，员工对工作满意的程度就会得到提高。相对于保健因素，激励因素的效用更大。根据以上逻辑，基于激励-保健理论的人力资源管理实施关键在于打造强有力的激励机制，通过对激励因素的重视充分调动员工积极工作的自动自发性。

3. 马斯洛的需求层次理论

马斯洛（Abraham Maslow）提出了需求层次理论，其基本思想是认为人的需求不是千篇一律的，而是呈现出一种层次性，只有当低层次的需求得到了满足，才会引发更高层次的需求。该理论将人们的需求从低到高依次划分为员工心理方面需求、人身安全需求、社会交往需求、个人尊严需求和自我实现需求。因为每个员工自身的实际情况不同，所以注定有不同层次的需求。根据以上逻辑，基于马斯洛的需求层次理论的人力资源管理实施关键在于充分考虑不同员工需求的层次性，并通过工作目标的设置与达成来帮助员工实现对应层次的需求，从而可以实现更加有效率的激励，激发员工工作的主动性与创造性，获得员工对组织的归属感和忠诚度。

4. 期望理论

弗鲁姆（Victor Vroom）提出了期望理论，其基本思想是现实中人们是可以理性预期的，可以合理判断自己的一定工作行为带来的结果，并根据评估结果规划自己的工作行为。该理论建立了三种联系：其一是工作的努力程度与绩效成绩之间的联系，人们会合理评估自己通过一定程度的努力达到一定程度绩效成绩的概率；其二是绩效成绩与奖励兑现之间的联系，人们会合理评估一定程度绩效成绩可以获得一定程度奖励兑现的概率；其三是奖励兑现与个人需求之间的联系，人们会合理评估一定程度奖励兑现对于个人需求的满足程度。根据以上逻辑，基于期望理论的人力资源管理实施关键在于恰当评估员工的个人需求，然后打造科学有效的绩效考核机制，并加强对考核结果的运用，使得员工的积极努力能够有效体现在绩效考核上，并且能够得到应有的奖励兑现以满足员工的个人需求，从而激发其工作热情。

9.1.2 研究目的

本研究通过分析关于企业内部讲师素质方面的影响教学效果的主要因子，建立起企业内部讲师素质与教学效果间的模型，并对员工进行内部讲师素质的评价问卷调查，利用统计分析得出有效的评价。目的是探讨内部讲师素质各因子对教学效果的影响，希望在提高内部讲师素质问题方面给予有效的指导，以获得更好的教学效果。希望这些探讨能给内部讲师、企业人力资源工作人员、企业管理人员在提高内部讲师素质问题上提供有价值的参考。

9.2 研究方法

基本思路是，首先根据研究需要设计出调查问卷，并使用设计好的调查问卷对企业员工展开调查；然后使用 SPSS 的相关数据处理方法对收集的问卷进行处理，提取有效信息，分析变量之间的联系与区别；最后写出研究结论。

采用的数据分析方法主要有因子分析、回归分析等。

9.3 问卷调查与数据获取

9.3.1 根据研究需要设计指标体系和调查问卷

针对目前企业内部讲师队伍的素质现状提出一些内部讲师素质的主要影响因子，以此建立一个内部讲师素质的评价指标体系。本研究构建的指标评价体系如表 9.1 所示。

表 9.1　内部讲师素质调查问卷涉及的因素

一级指标	二级指标	三级指标
企业内部讲师素质综合评价	职业意识	A1 道德修养
		A2 政治觉悟
		A3 教育观念
		A4 合作精神
	知识水平	B1 专业知识
		B2 教育学知识
		B3 综合知识
	能力素质	C1 创新精神
		C2 科研能力
		C3 教学监控能力与引导能力
		C4 教学设备使用熟练程度
		C5 组织管理能力
	身心素质	D1 心理承受能力
		D2 身体素质

通过阅读相关文献，将指标规范成一张问卷。设计完成的调查问卷如下：

内部讲师素质调查表

内部讲师姓名：_____ 所教课程：_____
评价人工龄：_____ 部门：_____
根据你的理解对该内部讲师所具备的一些素质进行评分（5 分最高，1 分最低）。

1. 良好的道德修养和情操
   □1　　□2　　□3　　□4　　□5

2. 较高的政治觉悟
   □1　　□2　　□3　　□4　　□5

3. 以员工为中心，以自己为向导的教育观念
   □1　　□2　　□3　　□4　　□5

4. 精深的专业知识
   □1　　□2　　□3　　□4　　□5

5. 科学的教育学知识
   □1　　□2　　□3　　□4　　□5

6. 综合化知识全面扎实
   □1　　□2　　□3　　□4　　□5

7. 具有创新精神
   □1　　□2　　□3　　□4　　□5

8. 具有较高的科研能力
   □1　　□　　□3　　□4　　□5

9. 卓越的课堂教学监控能力
   □1　　□2　　□3　　□4　　□5

10. 能够熟练使用多媒体教学
    □1　　□2　　□3　　□4　　□5

11. 较强的组织管理能力
    □1　　□2　　□3　　□4　　□5

12. 有合作精神
    □1　　□2　　□3　　□4　　□5

13. 对员工的科研活动的指导与科研积极性的调动能力
    □1　　□2　　□3　　□4　　□5

14. 交往、沟通能力
    □1　　□2　　□3　　□4　　□5

15. 心理承受能力
    □1　　□2　　□3　　□4　　□5

16. 健康的身体素质
    □1　　□2　　□3　　□4　　□5

调查结束，感谢您的参与！

9.3.2 发放问卷进行社会调查并将所得数据录入到 SPSS 中

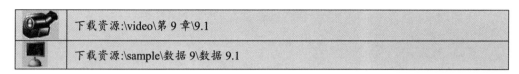

利用随机抽样的方法抽取某企业不同工龄的员工进行调查,要求员工对自己所选课程任课内部讲师进行评价。样本容量为 300 人,其中男员工 256 人,女员工 44 人,问卷回收率为 100%。根据问卷回答情况,将明显有问题的问卷剔除,回收的有效问卷为 277 份(由于一名员工有多门课程,所以每份问卷涉及多名内部讲师),有效回收率为 92.3%。

我们把回收的问卷进行一系列整理,这些问卷涉及了对 32 名内部讲师的评价。每位内部讲师平均有 33.7 名员工对其进行评价(每个班级中的员工人数不同),我们选取了 32 位内部讲师作为研究对象,并制作一个 SPSS 格式的文件。

一共设置了 16 个变量,分别是"道德修养""政治觉悟""教育观念""专业知识""教育学知识""综合知识""创新精神""科研能力""教学能力""身体素质""组织管理能力""多媒体""合作精神""心理""指导能力"和"沟通能力",全部设置为数值类型变量,如图 9.1 所示。

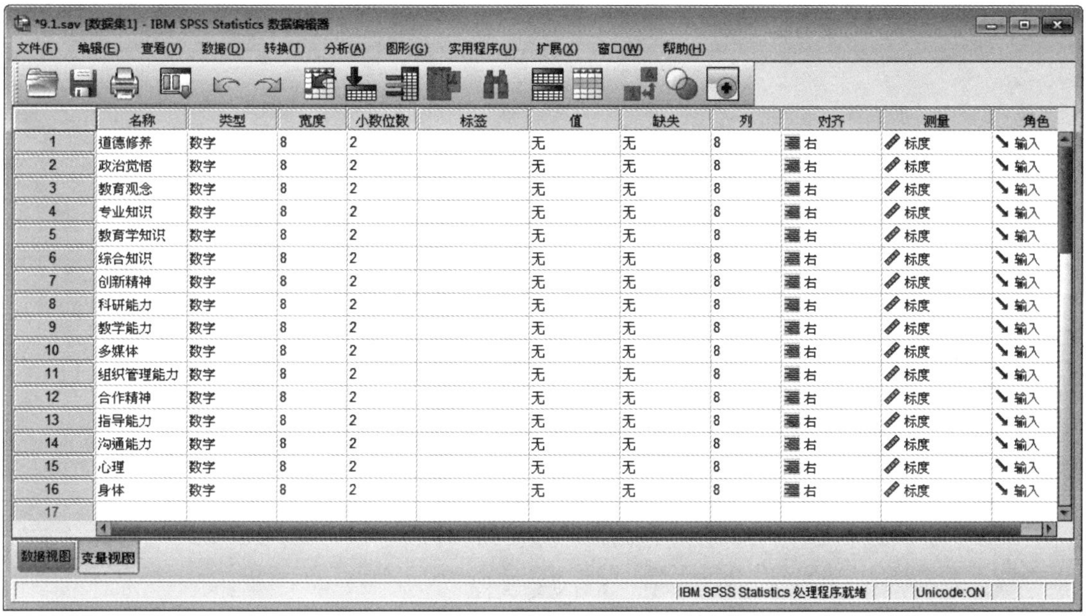

图 9.1 数据 9.1 变量视图

将 32 位内部讲师在这 16 个变量上的得分的平均值作为观测量输入 SPSS,作为评价教学效果的指标。数据录入完成后,如图 9.2 所示。

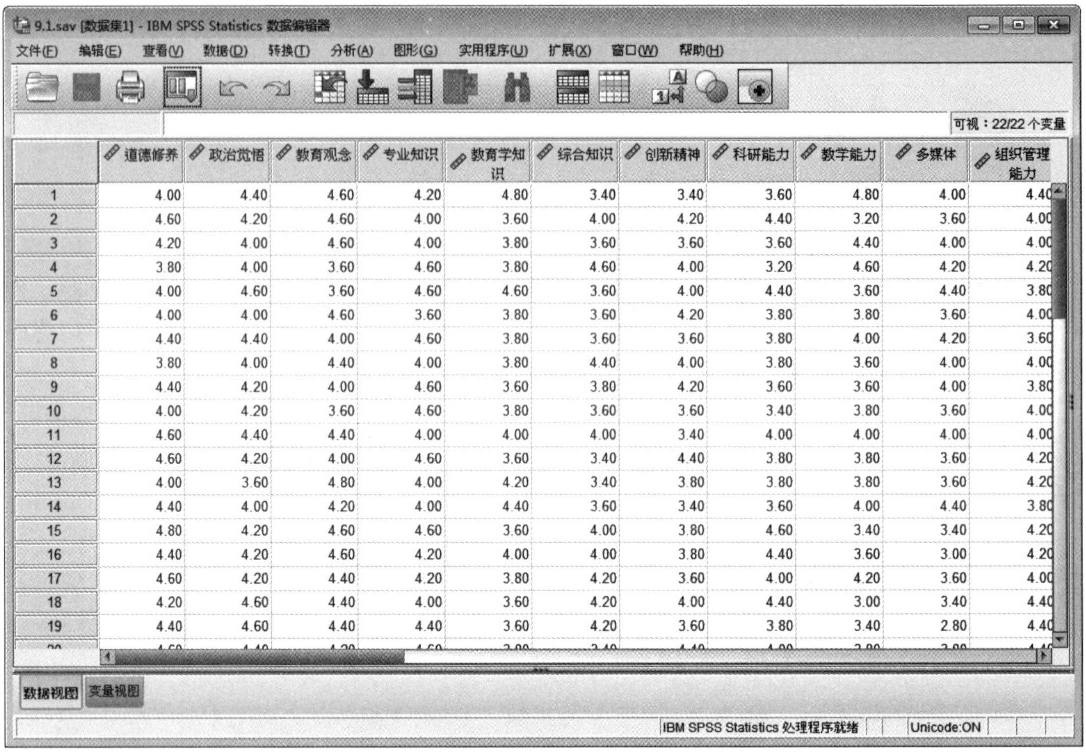

图 9.2 数据 9.1 数据视图

9.3.3 获得教学效果的外部统计数据

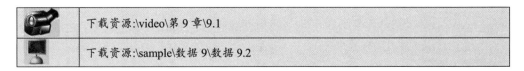

在教学效果方面，我们选取了 3 个不同指标：教学成果获奖情况、内部讲师所教课程达标达优情况和学生评价分数，如图 9.3 所示。这些数据可以通过学校的相关职能部门获得，我们建立"教学成果获奖数""达标达优情况"和"学生评价分数"三个字段。

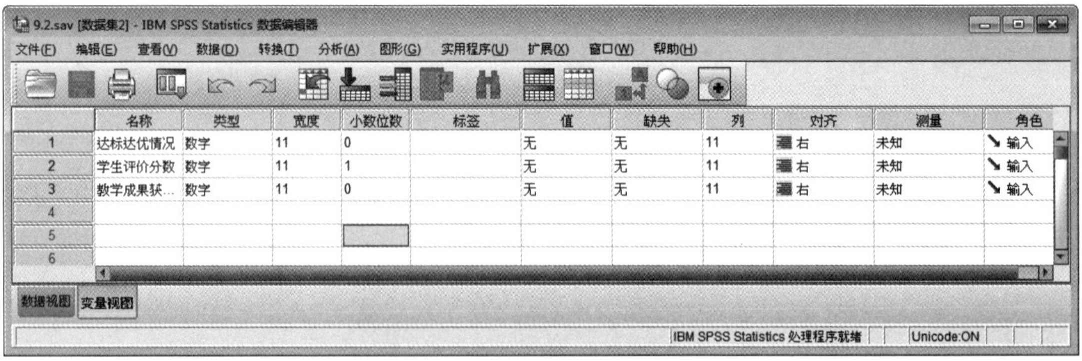

图 9.3 数据 9.2 变量视图

将内部讲师所教课程达标赋值为 1，内部讲师所教课程达优赋值为 2，内部讲师无任何达标或达优课程赋值为 0。数据录入完成后，如图 9.4 所示。

图 9.4　数据 9.2 数据视图

9.4　SPSS 分析

本节首先对衡量内部讲师素质的 16 个变量进行因子分析，找出影响教学水平的重要因素；然后对数据进行整理，建立用于分析的数据文件；最后利用线性回归和有序回归方法对影响教学水平的重要因素和反映内部讲师教学成果的变量进行回归分析，得出内部讲师素质对教学结果影响的分析结论。

9.4.1　因子分析

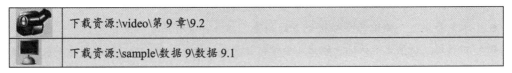

操作步骤如下：

01 打开数据文件 9.1，进入 SPSS 统计数据编辑器窗口，在菜单栏中依次选择"分析 | 降维

"因子"选项,弹出如图9.5所示的对话框。在对话框左侧列表框中选择"道德修养""政治觉悟""教育观念""专业知识""教育学知识""综合知识""创新精神""科研能力""教学能力""多媒体""组织管理能力""合作精神""身体素质""心理""指导能力"和"沟通能力"变量,单击 按钮将其选入"变量"列表框中。

如果需要使用部分观测量参与因子分析,则可从左侧变量列表框中选择一个能够标记需选择的这部分观测量(它们构成观测量的一个子集)的变量移入"选择变量"列表框中,并单击"值"按钮,打开如图9.6所示的"因子分析:设置值"对话框。在"选择变量值"文本框中输入能标记需选择的部分观测量的变量值,如果使用全部观测量,则该步骤可以省略,这里使用全部观测量,省略这一步骤。

图9.5 "因子分析"对话框　　　　图9.6 "因子分析:设置值"对话框

02 单击"描述"按钮,弹出"因子分析:描述"对话框,如图9.7所示。在"统计"和"相关性矩阵"选项组中分别勾选"初始解"和"KMO和巴特利特球形度检验"复选框,单击"继续"按钮,保存设置结果。

图9.7 "因子分析:描述"对话框

=== 对话框选项设置/说明 ===

"统计"选项组中有两个选项。

- 单变量描述:输出各个分析变量的均值、标准差及观测量数。
- 初始解:为系统默认项,输出各个分析变量的初始共同度、特征值及解释方差的百分比。

这里选择"初始解"选项。

"相关性矩阵"选项组中有以下选项。

- 系数：可以分析变量的相关系数矩阵。
- 显著性水平：输出每个相关阵中相关系数为0的单尾显著性水平。
- 决定因子：计算相关系数矩阵的行列式值。
- KMO和巴特利特球形度检验：前者给出抽样充足量的测度，检验变量间的偏相关系数是否过小，后者检验相关系数矩阵是否是单位阵，如果是单位阵，则表明不适合采用因子模型。
- 逆：给出相关系数矩阵的逆矩阵。
- 再生：输出因子分析后的估计相关系数矩阵及残差阵（原始相关阵与再生相关阵的差）。
- 反映像：包括偏相关系数的负数以及偏协方差的负数。在一个好的因子模型中，反映像相关阵中，主对角线之外的元素应很小，主对角线上的元素用于测度抽样的充足量。

这里我们勾选"KMO和巴特利特球形度检验"复选框，读者在实际操作中可以根据上面的介绍自行选择需要输出的统计量。

03 单击"提取"按钮，弹出"因子分析：提取"对话框，如图9.8所示，勾选"碎石图"复选框，其他为系统默认选择，单击"继续"按钮，保存设置结果。

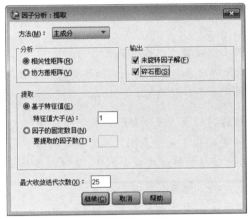

图9.8 "因子分析：提取"对话框

==对话框选项设置/说明==

单击"方法"右侧的下拉按钮，打开下拉列表，从中可以选择公因子提取方法，如主成分、未加权最小平方、广义最小平方、最大似然、主轴因式分解、Alpha因式分解、映像因式分解。

在SPSS官方网站的帮助文档"IBM_SPSS_Statistics_Base"中，对这些公因子提取方法都进行了详细解释。

- 主成分分析（Principal Components Analysis）：该方法作为因子提取方法的一种，用于形成观察变量的不相关的线性组合。在主成分分析中，一个非常重要的特点是，第一个成分具有最大的方差，后面的成分对方差的解释的比例呈现逐渐变小走势，而且这些主成分相互之间均不相关。主成分分析通常用来获取最初因子解，可以在相关性矩阵是奇异矩阵时使用。
- 未加权最小平方（Unweighted Least-Squares Method）：该方法作为因子提取方法的一种，可以使观察的相关性矩阵和再生的相关性矩阵之间的差的平方值之和最小（忽略对角线）。

- 广义最小平方（Generalized Least-Squares Method）：该方法作为因子提取方法的一种，可以使观察的相关性矩阵和再生的相关性矩阵之间的差的平方值之和最小。相关系数要进行加权。权重为它们单值的倒数，这样单值高的变量，其权重比单值低的变量的权重小。
- 最大似然（Maximum-Likelihood Method）：该方法作为因子提取方法的一种，在样本来自多变量正态分布的情况下，其生成的参数估计最有可能生成观察到的相关性矩阵。将变量单值的倒数作为权重对相关性进行加权，并使用迭代算法。
- 主轴因子分解（Principal Axis Factoring）：该方法作为因子提取方法的一种，在初始相关性矩阵中，多元相关系数的平方放置于对角线上作为公因子方差的初始估计值。这些因子载荷用来估计替换对角线中的旧公因子方差估计值的新的公因子方差。继续迭代，直到某次迭代和下次迭代之间公因子方差的改变幅度能满足提取的收敛性条件。
- Alpha 因式分解：该方法作为因子提取方法的一种，将分析中的变量视为来自潜在变量全体的一个样本。此方法使因子的 Alpha 可靠性最大。
- 映像因式分解（Image Factoring）：该方法作为因子提取方法的一种，由 Guttman 开发，基于映像理论。变量的公共部分（偏映像）定义为其对剩余变量的线性回归，而非假设因子的函数。

这里选择"主成分"分析法，读者可以选择其他方法并将其结果与我们的结果进行对比。

"分析"选项组用于选择分析内容，包括相关性矩阵和协方差矩阵，这里选择"相关性矩阵"。

"输出"选项组用于选择需要显示的内容，包括以下两个选项。

- 未旋转因子解：未经旋转的因子载荷矩阵、共同度及特征值。
- 碎石图：是与各因子关联的方差散点图，用它确定有多少因子应予以保留，图上有一个明显的分界点，其左边陡峭的斜坡代表大因子，右边缓变的尾部代表其余小因子（碎石）。

这里为了能够更加详细地说明，把两个选项都选上。

"抽取"选项组用于选择提取公因子的数量，包括以下两个选项。

- 基于特征值：选中该单选按钮并在"特征值大于"文本框中输入一个数值（系统默认值为1），凡特征值大于该数值的因子都将被作为公因子提取出来。
- 因子的固定数目：选中该单选按钮并在"要提取的因子数"文本框中指定提取公因子的数量。

最下面的"最大收敛迭代次数"文本框用以设置最大的迭代步数，系统默认的最大迭代步数为25。这里采用默认设置。

04 单击"旋转"按钮，弹出"因子分析：旋转"对话框，如图 9.9 所示，在"方法"选项组中选中"最大方差法"单选按钮，其他为系统默认设置，单击"继续"按钮，保存设置结果。

图9.9 "因子分析：旋转"对话框

对话框选项设置/说明

"方法"选项组中各选项的含义如下：

- 无：不进行旋转，为系统默认选项。
- 最大方差法：这种旋转方法使每个因子具有高载荷，以使因子的解释得到简化。本例中选择该方法。
- 直接斜交法：选择此项后，可在被激活的 Delta 文本框中输入不超过 0.8 的数值，系统默认的 Delta 值为 0，表示因子分析的解最倾斜。Delta 值可取负值（大于等于-1），Delta 值越接近于-1，旋转越接近正交。
- 四次幂极大法：一种用最少的因子解释每个变量的旋转法。
- 等量最大法：将最大方差法和四次幂极大法相结合，使高载荷因子的变量数和需解释变量的因子数都达到最小的旋转法。
- 最优斜交法（斜交旋转法）：该方法允许因子之间相关，比直接斜交法计算得更快，更适合大量数据的情况。选择此项后，可在被激活的 Kappa 文本框中输入控制斜交旋转的参数值，默认值为 4（此值最适合于分析）。

"输出"选项组用于设置旋转解的输出。

- 旋转后的解：当在"方法"选项组中选择了一种旋转方法后，此项才被激活。对于正交旋转，输出旋转模型矩阵、因子转换矩阵；对于斜交旋转，输出模式、结构和因子相关矩阵。
- 载荷图：用于设置输出的图形。如果选择此项，就会输出前两个公因子的二维载荷图，或前 3 个因子的三维载荷图；如果仅提取一个公因子，则不输出因子载荷图。当选择了一种旋转方法后，"最大收敛迭代次数"文本框被激活，可以在此输入指定的最大迭代次数，系统默认为 25。本例中选择输出载荷图。

05 单击"得分"按钮，弹出"因子分析：因子得分"对话框，如图 9.10 所示，勾选"保存为变量"和"显示因子得分系数矩阵"复选框，单击"继续"按钮，保存设置结果。

图 9.10 "因子分析:因子得分"对话框

━━━━━━━━━━━━━━━ 对话框选项设置/说明 ━━━━━━━━━━━━━━━

勾选"保存为变量"复选框后,对每个公共因子建立一个新变量(根据提取的公共因子的多少,默认的变量名为 fac_i, i=1,2,…),将因子得分保存到当前工作文件中,供其他统计分析时使用。这里勾选该项,此时下方的"方法"选项组被激活,可以从中选择计算因子得分的方法。

- 回归:产生的因子得分的均值等于0,方差等于估计的因子得分与真实的因子值之间的复相关系数的平方。
- 巴特利特:产生的因子得分的均值等于0,变量范围之外的因子的平方和达到最小。
- 安德森-鲁宾:产生的因子得分的均值等于 0,方差等于 1。此方法是对巴特利特法的改进,它保证了被估计因子的正交性。这里选择"回归"法。

勾选最下面的"显示因子得分系数矩阵"复选框后,可以给出变量乘以该矩阵中的系数获得因子得分,此矩阵也可以表示各因子得分之间的相关性。这里为了使分析结果更加清晰,选择此项。

06 单击"继续"按钮,回到"因子分析"对话框,单击"选项"按钮,弹出"因子分析:选项"对话框,如图 9.11 所示。

图 9.11 "因子分析:选项"对话框

━━━━━━━━━━━━━━━ 对话框选项设置/说明 ━━━━━━━━━━━━━━━

"缺失值"选项组用于设置缺失值的处理方式,包括成列排除个案、成对排除个案和替换为平均值。

"系数显示格式"选项组用于控制输出矩阵的外观。

- 按大小排序:将因子载荷矩阵和结构矩阵按数值大小排序,使得对同一因子具有高载荷

- 排除小系数：系统默认的指定值为 0.1，也可以在"绝对值如下"文本框内输入 0~1 之间的任意数值。

这里，按照系统默认设置即可。单击"继续"按钮，回到"因子分析"对话框，单击"确定"按钮，进入计算分析。

图 9.12 给出了 KMO 和巴特利特的检验结果，其中 KMO 值越接近 1，表示越适合做因子分析，从该图可以得到 KMO 的值为 0.416，表示比较适合做因子分析。巴特利特球形度检验的原假设为：相关系数矩阵为单位阵，显著性值为 0.000，小于显著性水平 0.05。因此，拒绝原假设，表示变量之间存在相关关系，适合做因子分析。

KMO 和巴特利特检验

KMO 取样适切性量数		.416
巴特利特球形度检验	近似卡方	211.745
	自由度	120
	显著性	.000

图 9.12 KMO 和巴特利特检验

图 9.13 给出了每个变量公因子方差的结果。该图中的"提取"列表示每个变量可以被提取的公因子所能解释的方差。从图中可以得到，每个变量因子分析的公因子方差都非常高，表明变量中的大部分均能够被因子所提取，说明因子分析的结果是有效的。

图 9.14 给出了总方差解释结果。该图左侧为初始特征值，中间为提取载荷平方和，右侧为旋转载荷平方和。"总计"指因子的特征值，"方差百分比"表示该因子的特征值占总特征值的百分比，"累积%"表示累积的百分比。其中只有前 6 个因子的特征值大于 1，并且前 6 个因子的特征值之和占总特征值的 74.978%，因此，提取前 6 个因子作为主因子。

公因子方差

	初始	提取
道德修养	1.000	.826
政治觉悟	1.000	.892
教育观念	1.000	.826
专业知识	1.000	.543
教育学知识	1.000	.895
综合知识	1.000	.658
创新精神	1.000	.720
科研能力	1.000	.781
教学能力	1.000	.726
多媒体	1.000	.734
组织管理能力	1.000	.787
合作精神	1.000	.702
指导能力	1.000	.753
沟通能力	1.000	.830
心理	1.000	.583
身体	1.000	.742

提取方法：主成分分析法。

图 9.13 公因子方差

总方差解释

成分	初始特征值			提取载荷平方和			旋转载荷平方和		
	总计	方差百分比	累积 %	总计	方差百分比	累积 %	总计	方差百分比	累积 %
1	2.946	18.415	18.415	2.946	18.415	18.415	2.618	16.360	16.360
2	2.621	16.382	34.797	2.621	16.382	34.797	2.617	16.354	32.714
3	2.188	13.675	48.472	2.188	13.675	48.472	2.305	14.408	47.122
4	1.548	9.677	58.149	1.548	9.677	58.149	1.622	10.140	57.262
5	1.474	9.211	67.360	1.474	9.211	67.360	1.569	9.807	67.069
6	1.219	7.618	74.978	1.219	7.618	74.978	1.265	7.908	74.978
7	.928	5.801	80.779						
8	.823	5.144	85.923						
9	.663	4.146	90.069						
10	.467	2.916	92.985						
11	.374	2.337	95.322						
12	.225	1.405	96.727						
13	.221	1.378	98.105						
14	.132	.826	98.931						
15	.092	.573	99.504						
16	.079	.496	100.000						

提取方法：主成分分析法。

图 9.14 总方差解释

图 9.15 给出了旋转之前的成分矩阵。从该图可以得到利用主成分方法提取的两个主因子的载

荷值。为了方便解释因子的含义，需要进行因子旋转。

成分矩阵[a]

	成分					
	1	2	3	4	5	6
道德修养	.065	.256	.040	.167	.846	-.103
政治觉悟	.433	-.013	.627	-.004	.427	-.358
教育观念	.034	-.089	-.130	-.088	.310	.834
专业知识	.559	.312	.346	.033	-.106	-.004
教育学知识	.145	-.162	.227	.788	-.395	.137
综合知识	.348	.473	.065	-.403	-.206	.322
创新精神	.334	.499	-.281	-.207	-.407	-.266
科研能力	.514	.342	-.594	.102	.189	-.036
教学能力	-.471	.243	.551	-.163	.010	.339
多媒体	-.555	.550	.208	.265	-.034	-.089
组织管理能力	.647	-.433	.368	.053	-.179	.105
合作精神	.351	-.481	-.340	.464	.040	.121
指导能力	.557	.546	.351	-.028	-.084	.120
沟通能力	.342	.671	-.127	.454	.122	.162
心理	.250	-.395	.598	-.071	.046	-.004
身体	-.601	.385	.273	.384	-.097	.017

提取方法：主成分分析法。
a. 提取了6个成分。

图 9.15　旋转之前的成分矩阵

图 9.16 给出了旋转后的成分矩阵，其中旋转方法是最大方差法。通过因子旋转，各个因子有了比较明确的含义。因为主成分 1 相关度最高的是"教学能力""多媒体""身体"三项指标，所以将成分 1 规定为"包含教学能力、多媒体使用熟练程度、身体素质的主要因素"。同理可以将其余 5 种主要成分一一定义。

旋转后的成分矩阵[a]

	成分					
	1	2	3	4	5	6
道德修养	.050	-.005	-.030	-.110	.894	.103
政治觉悟	-.063	.266	.665	-.059	.551	-.262
教育观念	-.096	.019	-.054	-.012	.051	.900
专业知识	-.054	.670	.234	.121	.094	-.113
教育学知识	.121	.069	.148	.910	-.150	-.056
综合知识	-.012	.698	-.081	-.282	-.201	.210
创新精神	-.164	.541	-.404	-.163	-.214	-.406
科研能力	-.489	.352	-.554	.055	.330	-.018
教学能力	.716	.066	.251	-.213	-.092	.304
多媒体	.792	.018	-.249	.040	.125	-.163
组织管理能力	-.439	.275	.623	.327	-.149	.043
合作精神	-.549	-.211	-.041	.575	.067	.138
指导能力	.059	.846	.127	.038	.125	-.010
沟通能力	.105	.582	-.428	.352	.411	.067
心理	-.081	.044	.755	.063	-.001	.018
身体	.815	-.085	-.149	.205	.040	-.075

提取方法：主成分分析法。
旋转方法：凯撒正态化最大方差法。
a. 旋转在 8 次迭代后已收敛。

图 9.16　旋转后的成分矩阵

图 9.17 给出了特征值的碎石图，通常该图显示大因子的陡峭斜率和剩余因子平缓的尾部之间明显的中断。一般选取的主因子在非常陡峭的斜率上，而在平缓斜率上的因子对变异的解释非常小。从该图可以看出前 6 个因子都处在非常陡峭的斜率上，从第 7 个因子开始斜率变平缓。

第 9 章 关于企业内部讲师素质与培训效果的调查研究

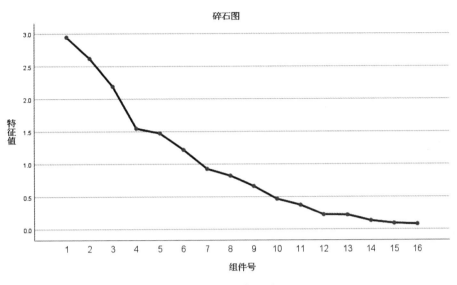

图 9.17 碎石图

图 9.18 给出了成分得分系数矩阵,图 9.19 给出了由成分得分系数矩阵计算的因子得分。其中成分得分系数矩阵是计算因子得分的依据,图 9.19 的结果是由图 9.18 提供的计算公式得到的。

成分得分系数矩阵

	成分					
	1	2	3	4	5	6
道德修养	.006	-.072	.006	-.073	.586	.066
政治觉悟	-.012	.045	.306	-.082	.355	-.213
教育观念	-.019	.051	-.033	.007	.017	.719
专业知识	.013	.253	.102	.059	.009	-.055
教育学知识	.111	.040	.027	.577	-.112	-.018
综合知识	.007	.308	-.025	-.170	-.194	.206
创新精神	-.074	.205	-.172	-.103	-.184	-.294
科研能力	-.195	.091	-.252	.023	.181	-.005
教学能力	.285	.079	.134	-.093	-.071	.258
多媒体	.304	.013	-.087	.081	.072	-.110
组织管理能力	-.124	.112	.247	.154	-.112	.043
合作精神	-.186	-.103	-.059	.333	.057	.097
指导能力	.057	.330	.062	.019	.010	.039
沟通能力	.071	.202	-.191	.243	.207	.094
心理	-.006	.020	.327	.003	.008	.009
身体	.325	-.014	-.052	.185	.023	-.041

提取方法:主成分分析法。
旋转方法:凯撒正态化最大方差法。
组件得分。

图 9.18 成分得分系数矩阵

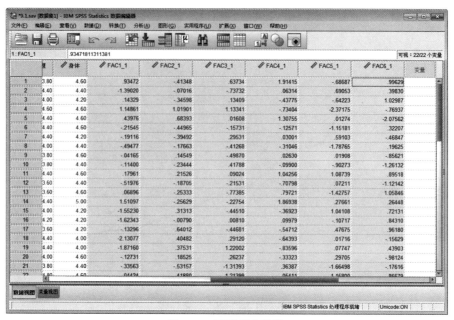

图 9.19　因子得分数据

综上所述，可以用 6 个公因子来描述"道德修养""政治觉悟""教育观念""专业知识""教育学知识""综合知识""创新精神""科研能力""教学能力""多媒体""组织管理能力""合作精神""身体素质""心理""指导能力"和"沟通能力"变量指标的信息。

9.4.2　数据的二次整理

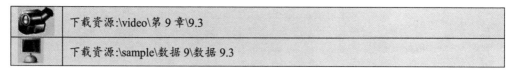

操作步骤如下：

01 打开数据文件 9.3，进入 SPSS Statistics 数据编辑器窗口，建立变量 FAC1~FAC6，如图 9.20 所示。

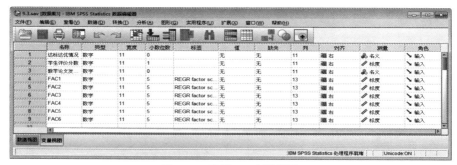

图 9.20　案例 9.3 变量视图

02 将因子分析的得分分别输入上述变量，得到如图 9.21 所示的新数据文件"案例 9.3"。

第 9 章　关于企业内部讲师素质与培训效果的调查研究 | 327

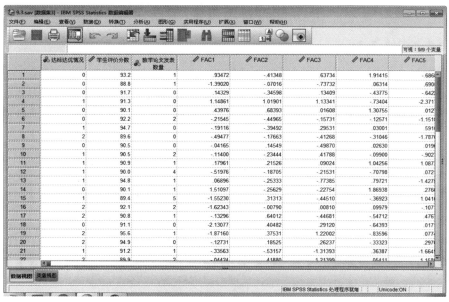

图 9.21　案例 9.3 数据视图

9.4.3　内部讲师素质与获奖成果情况的线性回归分析

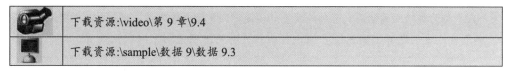

操作步骤如下：

01 打开数据文件 9.3。

02 依次选择"分析 | 回归 | 线性"命令，弹出"线性回归"对话框，如图 9.22 所示。在左侧变量框中选择"教学成果获奖数量"变量并单击 按钮，使之进入"因变量"列表框中，然后选择 FAC1~FAC6 6 个变量并单击 按钮，使之进入"自变量"列表框中作为模型的解释变量。在"方法"下拉列表中指定自变量进入分析的方式，通过选择不同的方法，可对相同的变量建立不同的回归模型。

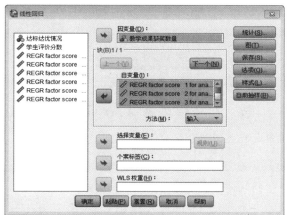

图 9.22　"线性回归"对话框

================ 对话框选项设置/说明 ================

建立多重回归的方法有以下5种。

- 输入：全部备选变量一次进入回归模型。
- 步进：在每一步中，一个最小概率（概率小于设定值）的变量将引入回归方程。若已经引入回归方程的变量的概率大于设定值，则被剔除出回归方程；若无变量被引入或被剔除时，则终止回归过程。
- 除去：将所有不进入方程模型的备选变量一次剔除。
- 后退：一次性将所有变量引入方程，并依次进行剔除。首先剔除与因变量最小相关且符合剔除标准的变量，然后剔除第二个与因变量最小相关并且符合剔除标准的变量，依次类推。若方程中的变量均不满足剔除标准，则终止回归过程。
- 前进：被选变量依次进入回归模型。首先引入与因变量最大相关且符合引入标准的变量，引入第一个变量后，然后引入第二个与因变量最大偏相关并且符合引入标准的变量，依次类推。若无变量符合引入标准，则回归过程终止。

需要注意的是，无论选择哪种汇总引入方法，进入方程的变量必须符合容许偏差，默认的容许偏差是0.0001。同样一个变量若使模型中变量的容许偏差低于默认的容许偏差，则不进入方程。

"选择变量"列表框用于指定分析个案的选择规则；"WLS 权重"列表框利用加权最小平方法给观测量不同的权重值，它可用来补偿或减少采用不同测量方式所产生的误差。需要注意的是，因变量与自变量不能再作为加权变量使用，若加权变量的值是零、负数或缺失值，则相对应的观测量被删除。

在本例中，我们选择"输入"方法进行回归，其他选项采用系统默认设置。

03 单击"统计"按钮，弹出"线性回归：统计"对话框，如图 9.23 所示。

图 9.23 "线性回归：统计"对话框

================ 对话框选项设置/说明 ================

"回归系数"选项组中是有关回归系数的选项。

- 估算值：输出回归系数、回归系数的标准误差、标准化回归系数 Beta、对回归系数进行检验的 T 值、T 值的双侧检验的显著性水平。
- 置信区间：输出每一个非标准化回归系数 95% 的可信区间或一个方差矩阵。
- 协方差矩阵：输出非标准化回归系数的协方差矩阵、各变量的相关系数矩阵。

这里只勾选"估算值"复选框就足够了。右侧是与模型拟合及其拟合效果有关的选项，各选项含义如下：

- 模型拟合：输出产生方程过程中引入模型及从模型中删除的变量，提供复相关系数 R、可决系数及修正的可决系数、估计值的标准误差、方差分析表等，这是默认选项。
- R 方变化量：输出的是当回归方程中引入或剔除一个自变量后 R 平方的变化量，如果较大，就说明进入和从回归方程剔除的可能是一个较好的回归自变量。
- 描述：输出合法观测量的数量、变量的平均数、标准差、相关系数矩阵及其单侧检验显著性水平矩阵。
- 部分相关性和偏相关性：输出部分相关系数、偏相关系数与零阶相关系数。部分相关性是指对于因变量与某个自变量，当已移去模型中的其他自变量对该自变量的线性效应之后，因变量与该自变量之间的相关性。当变量添加到方程时，它与 R 方的更改有关，有时称为半部分相关。偏相关性是指两个变量之间剩余的相关性，对于因变量与某个自变量，当已移去模型中的其他自变量对上述两者的线性效应后，这两者之间的相关性。
- 共线性诊断：输出用来诊断各变量共线性问题的各种统计量和容限值。由于一个自变量是其他自变量的线性函数时所引起的共线性（多重共线性）是不被期望的。显示已标度和未中心化叉乘矩阵的特征值、条件指数和方差-分解比例，以及个别变量的方差膨胀因子（VIF）和容差。

"残差"选项组中是有关残差分析的选项。

- 德宾-沃森（Durbin-Watson 检验统计量）：用来检验残差是否存在自相关。
- 个案诊断：输出观测量诊断表。选择该项后将激活下面两个单选按钮。
    - 离群值（超出 n 倍标准差以上的个案为异常值）：用来设置异常值的判据，默认 n 为 3。
    - 所有个案：表示输出所有观测量的残差值。由于我们的数据是时间序列，有可能存在自相关，因此我们选择德宾-沃森（德宾-沃森检验统计量）来检验残差是否存在自相关。

在本例中，我们选择"德宾-沃森"，输出德宾-沃森 Watson 检验统计量，并勾选"模型拟合"和"描述"复选框，其他选项采用系统默认设置。

04 单击"继续"按钮，回到"线性回归"对话框，单击"图"按钮，打开"线性回归：图"对话框，如图 9.24 所示。

图 9.24 "线性回归：图"对话框

对话框选项设置/说明

这里提供绘制散点图、直方图等功能，通过观察这些图形既有助于确认样本的正态性、线性和等方差性，也有助于发现和察觉异常观测值和超界值。

从左边变量框中选择变量决定绘制哪种散点图，如 DEPENDNT：因变量、ADJPRED：经调整的预测值、ZPRED：标准化预测值、SRESID：学生化残差、ZRESID：标准化残差、SDRESID：学生化剔除残差、DRESID：剔除残差，这里分别把因变量和标准化残差选为 Y 和 X 轴来进行绘图。通过观察残差图，可以验证回归模型是否符合经典回归模型的基本假设。

左下方的"标准化残差图"选项组决定是否输出标准化残差图。这里勾选了"直方图"和"正态概率图"复选框，"生成所有局部图"复选框将输出每一个自变量对于因变量残差的散点图，我们不勾选该选项，因为在实验中并不需要分析所有自变量残差与因变量残差的关系。

05 单击"继续"按钮，回到"线性回归"对话框，单击"保存"按钮，打开"线性回归：保存"对话框，如图 9.25 所示。

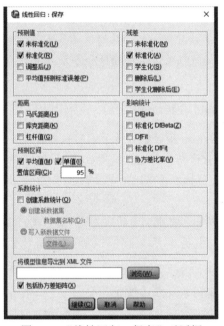

图 9.25 "线性回归：保存"对话框

对话框选项设置/说明

选择该对话框中的选项，可决定将预测值、残差或其他诊断结果值作为新变量保存于当前工作文件或是保存到新文件。

在"预测值"选项组中可以选择输出回归模型中每一个观测值的预测值，包括以下 4 个选项。

- 未标准化：模型中因变量的预测值。
- 标准化：将每个预测值转换为标准化形式，即用预测值与平均预测值之差除以预测值的标准差。
- 调整后：在回归系数的计算中剔除当前个案时，当前个案的预测值。

- 平均值预测标准误差：与自变量相同数值的因变量平均值的标准误差。

这里只选择"标准化"和"未标准化"的预测值。在下面的"距离"选项组中可以将自变量的异常观测值和对回归模型产生较大影响的观测值区分出来，有以下几个选项。

- 马氏距离：又称为 Mahalanobis 距离，是一个测量自变量观测值中有多少观测值与所有观测量平均值不同的测度，把马氏距离数值大的观测量视为极端值。
- 库克距离（Cook 距离）：若一个特殊的观测值被排除在回归系数的计算之外，则库克距离将用于测量所有观测量残差的变化；若库克距离数值大的观测量被排除在回归分析的计算之外，则会导致回归系数发生实质性变化。
- 杠杆值：用于测度回归拟合中一个点的影响，中心化杠杆值范围从 0~(N-1)／N。若拟合中没有影响，则杠杆值为 0。

因为在本次实验中不分析异常值，所以不用选择这几个选项。

"预测区间"选项组中各选项的含义如下：

- 平均值：平均值预测区间的上下限。
- 单值：因变量的单个观测量预测区间的上下限。
- 置信区间：在文本框中输入 1~99.99 中的一个数值，作为预测区间的置信概率，通常选用的置信概率为 90%、95% 或 99%，系统默认值为 95%。

在本次实验中，我们选择平均值、单值，置信区间设置为系统默认值 95%。

"残差"选项组中有以下 5 个选项。

- 未标准化：因变量的实际值与预测值之差。
- 标准化：未标准化残差被估计标准误差除后的数值，即所谓的皮尔逊残差，其平均值为 0，标准差为 1。
- 学生化：从一个观测量到另一个观测量的残差被估计标准差除后的数值。
- 删除后：从回归系数的计算中剔除的观测量的残差，等于因变量的值与经调整的预测值之差。
- 学生化删除后：是一个观测量的剔除残差被它的标准误差除后的数值。

在本次实验中，我们选择"标准化"残差。

"影响统计"选项组中同样包含 5 个选项。

- DfBeta：Beta 值之差，是排除一个特定观测值所引起的回归系数的变化。
- 标准化 DfBeta 值：Beta 值的标准化残差，为剔除一个个案后回归系数改变的大小。
- DfFit：拟合值之差，是由于排除一个特定观测值所引起的预测值的变化。
- 标准化 DfFit：拟合值的标准差。
- 协方差比率：是一个被从回归系数计算中剔除的特定观测值的协方差矩阵与包括全部观测量的协方差矩阵的比率。如果这个比率接近于 1，就说明这个特定观测值对于协方差矩阵的变更没有显著的影响。

选中"系数统计"选项组中的"写入新数据文件"单选按钮，然后单击"文件"按钮，弹出"线性回归：保存到文件"对话框，可以将回归系数或参数估计的值保存到指定的新文件中。最下面是"将模型信息导出到 XML 文件"选项组,可以单击"浏览"按钮指定文件名及路径。

06 单击"继续"按钮,回到"线性回归"对话框,单击"选项"按钮,打开"线性回归:选项"对话框,如图 9.26 所示。

图 9.26 "线性回归:选项"对话框

对话框选项设置/说明

该对话框用于为变量进入方程设置 F 检验统计量的标准值及确定缺失值的处理方式。

"步进法条件"选项组是决定变量进入或移出回归方程的标准,有以下两种选择。

- 使用 F 的概率:使用 F 的概率作为决定变量进入或移出回归方程的标准。在"进入"和"除去"文本框中各输入一个数值,系统默认值分别为 0.05 和 0.10。若 F 统计量的显著性概率小于 0.05,则变量被引入回归方程;若 F 统计量的显著性概率大于 0.10,则变量被移出回归方程。
- 使用 F 值:使用 F 值本身作为决定变量进入或移出回归方程的标准。在"进入"和"除去"文本框中各输入一个数值,系统默认值分别为 3.84 和 2.71。若 F 值大于 3.84,则变量被引入回归方程;若 F 值小于 2.71,则变量被移出回归方程。
- "在方程中包括常量"复选框为系统默认的选项。若不选择该项,则迫使回归方程通过坐标原点。

"缺失值"选项组是对含有缺失值的个案处理方式,有以下 3 个选项。

- 成列排除个案:剔除参与相关分析的变量中有缺失值的观测量,只包括全部变量的有效观测值。
- 成对排除个案:成对剔除计算相关系数的变量中含有缺失值的观测量。
- 替换为平均值:用变量的平均值替代缺失值。

这里选择系统默认的选项,即"成列排除个案"。

07 以上全部设置完毕后单击"继续"按钮,回到"线性回归"对话框,然后单击"确定"按钮,进入计算分析。

图 9.27 给出了基本的描述统计,图中显示了各个变量的全部观测量的平均值、标准偏差和个案数。

figure 9.28 出了相关系数矩阵，图中显示了各个自变量两两间的皮尔逊相关系数，以及关于相关关系等于 0 的假设的单尾显著性检验概率，可以发现被解释变量与各个解释变量之间的相关系数比较小，相关性也都不够显著，而各个解释变量之间是没有相关关系的，这也是前述因子分析的必然结果。

描述统计

	平均值	标准偏差	个案数
教学成果获奖数量	1.34	1.310	32
REGR factor score 1 for analysis 1	.0000000	1.00000000	32
REGR factor score 2 for analysis 1	.0000000	1.00000000	32
REGR factor score 3 for analysis 1	.0000000	1.00000000	32
REGR factor score 4 for analysis 1	.0000000	1.00000000	32
REGR factor score 5 for analysis 1	.0000000	1.00000000	32
REGR factor score 6 for analysis 1	.0000000	1.00000000	32

图 9.27 描述统计

相关性

		教学成果获奖数量	REGR factor score 1 for analysis 1	REGR factor score 2 for analysis 1	REGR factor score 3 for analysis 1	REGR factor score 4 for analysis 1	REGR factor score 5 for analysis 1	REGR factor score 6 for analysis 1
皮尔逊相关性	教学成果获奖数量	1	0.017	0.279	0.005	-0.256	0.355	0.082
	REGR factor score 1 for analysis 1	0.017	1	0	0	0	0	0
	REGR factor score 2 for analysis 1	0.279	0	1	0	0	0	0
	REGR factor score 3 for analysis 1	0.005	0	0	1	0	0	0
	REGR factor score 4 for analysis 1	-0.256	0	0	0	1	0	0
	REGR factor score 5 for analysis 1	0.355	0	0	0	0	1	0
	REGR factor score 6 for analysis 1	0.082	0	0	0	0	0	1
显著性（单尾）	教学成果获奖数量	.	0.464	0.061	0.489	0.079	0.023	0.327
	REGR factor score 1 for analysis 1	0.464	.	0.5	0.5	0.5	0.5	0.5
	REGR factor score 2 for analysis 1	0.061	0.5	.	0.5	0.5	0.5	0.5
	REGR factor score 3 for analysis 1	0.489	0.5	0.5	.	0.5	0.5	0.5
	REGR factor score 4 for analysis 1	0.079	0.5	0.5	0.5	.	0.5	0.5
	REGR factor score 5 for analysis 1	0.023	0.5	0.5	0.5	0.5	.	0.5
	REGR factor score 6 for analysis 1	0.327	0.5	0.5	0.5	0.5	0.5	.
个案数	教学成果获奖数量	32	32	32	32	32	32	32
	REGR factor score 1 for analysis 1	32	32	32	32	32	32	32
	REGR factor score 2 for analysis 1	32	32	32	32	32	32	32
	REGR factor score 3 for analysis 1	32	32	32	32	32	32	32
	REGR factor score 4 for analysis 1	32	32	32	32	32	32	32
	REGR factor score 5 for analysis 1	32	32	32	32	32	32	32
	REGR factor score 6 for analysis 1	32	32	32	32	32	32	32

图 9.28 皮尔逊相关系数矩阵

图 9.29 给出了输入模型和被除去变量的信息，从图中可以看出，因为我们采用的是输入法，所以自变量都进入模型。

图 9.30 给出了模型整体拟合效果的概述，模型的 R 系数为 0.525，反映了模型的拟合效果一般。模型的可决系数（R 方）= 0.276，模型修正的可决系数（调整后 R 方）= 0.102，说明模型的解释能力非常有限。由此可知我们在构建的模型中可能遗漏了重要的解释变量。另外，图中还给出了德宾-沃森检验值 DW=1.787，德宾-沃森检验统计量 DW 是一个用于检验一阶变量自回归形式的序列相关问题的统计量，DW 在数值 2 附近说明模型变量无序列相关，越趋近于 0 说明正的自相关性越强，越趋近于 4 说明负的自相关性越强。

输入/除去的变量

模型	输入的变量	除去的变量	方法
1	REGR factor score 6 for analysis 1, REGR factor score 5 for analysis 1, REGR factor score 4 for analysis 1, REGR factor score 3 for analysis 1, REGR factor score 2 for analysis 1, REGR factor score 1 for analysis 1[b]		输入

a. 因变量：教学成果获奖数量
b. 已输入所请求的所有变量

图 9.29　输入/除去的变量

模型摘要[b]

模型	R	R 方	调整后 R 方	标准估算的错误	德宾-沃森
1	.525[a]	.276	.102	1.242	1.787

a. 预测变量：(常量), REGR factor score 6 for analysis 1, REGR factor score 5 for analysis 1, REGR factor score 4 for analysis 1, REGR factor score 3 for analysis 1, REGR factor score 2 for analysis 1, REGR factor score 1 for analysis 1
b. 因变量：教学成果获奖数量

图 9.30　模型摘要

图 9.31 给出了 ANOVA 方差分析结果，从图中可以看到模型的设定检验 F 统计量的值为 1.586，显著性水平为 0.193，远远大于通常意义上的显著性水平 0.05，说明我们的模型没有通过设定检验，也就是说因变量与自变量之间的线性关系不够显著。

ANOVA[a]

模型		平方和	自由度	均方	F	显著性
1	回归	14.673	6	2.446	1.586	.193[b]
	残差	38.545	25	1.542		
	总计	53.219	31			

a. 因变量：教学成果获奖数量
b. 预测变量：(常量), REGR factor score 6 for analysis 1, REGR factor score 5 for analysis 1, REGR factor score 4 for analysis 1, REGR factor score 3 for analysis 1, REGR factor score 2 for analysis 1, REGR factor score 1 for analysis 1

图 9.31　ANOVA 方差分析

图 9.32 给出了残差统计结果，图中显示了预测值、残差、标准预测值、标准残差的最小值、最大值、平均值、标准偏差及个案数。

残差统计[a]

	最小值	最大值	平均值	标准偏差	个案数
预测值	.22	3.51	1.34	.688	32
标准预测值	-1.634	3.154	.000	1.000	32
预测值的标准误差	.301	1.111	.550	.190	32
调整后预测值	.03	3.10	1.35	.699	32
残差	-1.653	2.894	.000	1.115	32
标准残差	-1.331	2.331	.000	.898	32
学生化残差	-1.489	2.565	.001	.980	32
剔除残差	-2.066	3.507	-.008	1.348	32
学生化剔除残差	-1.528	2.929	.017	1.027	32
马氏距离	.849	23.859	5.813	5.144	32
库克距离	.000	.199	.030	.043	32
居中杠杆值	.027	.770	.188	.166	32

a. 因变量：教学成果获奖数量

图 9.32　残差统计结果

图 9.33 和图 9.34 给出了模型残差的直方图和正态概率 P-P 图，由于我们在模型中始终假设残差服从正态分布，因此可以从这两张图中直观地看出回归后的实际残差是否符合基本的假设。从回归残差的直方图与附于图上的正态分布曲线相比较来看，可以认为残差分布不是明显地服从正态分

布。尽管这样，也不能盲目地否定残差服从正态分布的假设，可能是因为我们用来进行分析的样本太小。

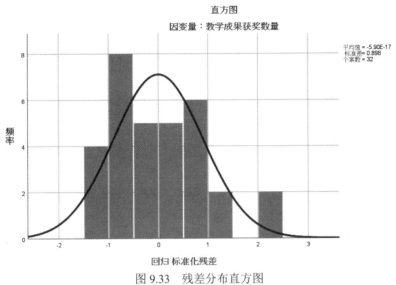

图 9.33　残差分布直方图

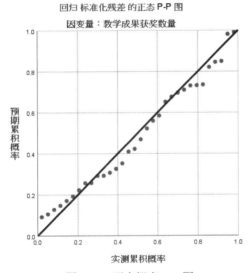

图 9.34　正态概率 P-P 图

从正态概率 P-P 图来看，该图也是用于比较残差分布与正态分布差异的图形，图的纵坐标为期望的累计概率，横坐标为观测的累计概率，图中的斜线对应着一个平均值为 0 的正态分布。如果图中的散点密切地散布在这条斜线附近，就说明随机变量残差服从正态分布，从而证明样本确实是来自正态总体；如果偏离这条直线太远，就应该怀疑随机变量的正态性。基于以上认识，从图中的散点分布状况来看，散点大致散布于斜线附近，可以认为残差分布基本上是正态的。

图 9.35 给出了回归系数和变量显著性检验的 t 值，可以发现，FAC1 的系数为正值，说明其对因变量教学成果获奖数量的影响是正方向的，但是其显著性 P 值为 0.922，如果考虑 5%的显著性水平，那么显然是不够显著的；FAC2 的系数同样为正值，说明其对因变量教学成果获奖数量的影

响同样是正方向的，结合其显著性 P 值 0.114，如果考虑 5%的显著性水平，那么同样是不够显著的；按照同样的逻辑，FAC3、FAC6 对因变量教学成果获奖数量的影响也是正方向的且影响不够显著，FAC4 对因变量教学成果获奖数量的影响是反方向的且影响不够显著。而 FAC5 的系数为正且显著性 P 值为 0.048，说明 FAC5 对因变量教学成果获奖数量的影响是正方向，而且影响也是比较显著的。

变量总资产报酬率 ROA，净资产收益率 ROE（平均），总资产周转率，人力投入回报率（ROP），经营活动净收益/利润总额，EBITDA/利息费用，营业收入（同比增长率），净利润（同比增长率），经营活动产生的现金流量净额（同比增长率）的 t 值太小，没有达到显著性水平。从这里我们也可以看出，模型虽然通过了设定检验，但很有可能不会通过变量的显著性检验。

系数^a

模型		未标准化系数		标准化系数	t	显著性
		B	标准错误	Beta		
1	(常量)	1.344	.220		6.122	.000
	REGR factor score 1 for analysis 1	.022	.223	.017	.099	.922
	REGR factor score 2 for analysis 1	.365	.223	.279	1.637	.114
	REGR factor score 3 for analysis 1	.006	.223	.005	.029	.977
	REGR factor score 4 for analysis 1	-.335	.223	-.256	-1.502	.146
	REGR factor score 5 for analysis 1	.465	.223	.355	2.083	.048
	REGR factor score 6 for analysis 1	.108	.223	.082	.483	.633

a. 因变量：教学成果获奖数量

图 9.35　回归系数

从分析结果来看，系数显著的只有变量 FAC5，表示对教学成果获奖情况影响最大的因素是内部讲师的道德修养。

9.4.4　内部讲师素质与评教得分情况的线性回归分析

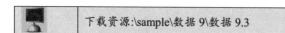

下载资源:\sample\数据 9\数据 9.3

操作步骤如下：

01 打开数据文件 9.3。

02 依次选择"分析｜回归｜线性"命令，弹出"线性回归"对话框，如图 9.36 所示。从左侧变量框中选择"学生评价分数"变量并单击 ▶ 按钮，使之进入"因变量"列表框中，然后选择 FAC1~FAC6 6 个变量并单击 ▶ 按钮，使之进入"自变量"列表框作为模型的解释变量。在"方法"下拉列表中指定自变量进入分析的方式，通过选择不同的方法，可对相同的变量建立不同的回归模型。

03 单击"统计"按钮，弹出"线性回归：统计"对话框，如图 9.37 所示。

第 9 章　关于企业内部讲师素质与培训效果的调查研究 | 337

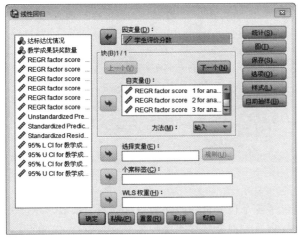

图 9.36　"线性回归"对话框

图 9.37　"线性回归：统计"对话框

04 单击"继续"按钮，回到"线性回归"对话框，单击"图"按钮，打开"线性回归：图"对话框，如图 9.38 所示。

05 单击"继续"按钮，回到"线性回归"对话框，单击"保存"按钮，打开"线性回归：保存"对话框，如图 9.39 所示。

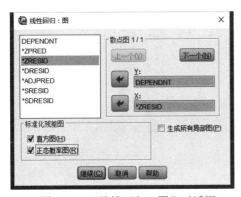

图 9.38　"线性回归：图"对话框

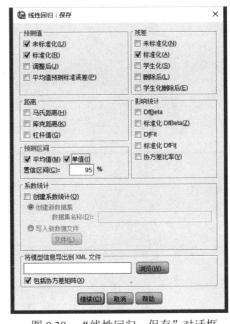

图 9.39　"线性回归：保存"对话框

06 单击"继续"按钮，回到"线性回归"对话框，单击"选项"按钮，打开"线性回归：选项"对话框，如图 9.40 所示。

07 以上全部设置完毕后单击"继续"按钮，回到"线性回归"对话框，然后单击"确定"按钮，进入计算分析。

图 9.41 给出了基本的描述统计，图中显示了各个变量的全部观测量的平均值、标准偏差和个案数。

图 9.40　"线性回归：选项"对话框　　　　图 9.41　描述统计

图 9.42 给出了相关系数矩阵，图中显示了各个自变量两两间的皮尔逊相关系数，以及关于相关关系等于零的假设的单尾显著性检验概率，可以发现被解释变量与各个解释变量之间的相关系数比较小，相关性也都不够显著，而各个解释变量之间是没有相关关系的，这也是前述因子分析的必然结果。

相关性

		学生评价分数	REGR factor score 1 for analysis 1	REGR factor score 2 for analysis 1	REGR factor score 3 for analysis 1	REGR factor score 4 for analysis 1	REGR factor score 5 for analysis 1	REGR factor score 6 for analysis 1
皮尔逊相关性	学生评价分数	1	-0.085	-0.064	0.215	-0.154	-0.244	0.076
	REGR factor score 1 for analysis 1	-0.085	1	0	0	0	0	0
	REGR factor score 2 for analysis 1	-0.064	0	1	0	0	0	0
	REGR factor score 3 for analysis 1	0.215	0	0	1	0	0	0
	REGR factor score 4 for analysis 1	-0.154	0	0	0	1	0	0
	REGR factor score 5 for analysis 1	-0.244	0	0	0	0	1	0
	REGR factor score 6 for analysis 1	0.076	0	0	0	0	0	1
显著性（单尾）	学生评价分数		0.322	0.363	0.119	0.2	0.09	0.339
	REGR factor score 1 for analysis 1	0.322		0.5	0.5	0.5	0.5	0.5
	REGR factor score 2 for analysis 1	0.363	0.5		0.5	0.5	0.5	0.5
	REGR factor score 3 for analysis 1	0.119	0.5	0.5		0.5	0.5	0.5
	REGR factor score 4 for analysis 1	0.2	0.5	0.5	0.5		0.5	0.5
	REGR factor score 5 for analysis 1	0.09	0.5	0.5	0.5	0.5		0.5
	REGR factor score 6 for analysis 1	0.339	0.5	0.5	0.5	0.5	0.5	
个案数	学生评价分数	32	32	32	32	32	32	32
	REGR factor score 1 for analysis 1	32	32	32	32	32	32	32
	REGR factor score 2 for analysis 1	32	32	32	32	32	32	32
	REGR factor score 3 for analysis 1	32	32	32	32	32	32	32
	REGR factor score 4 for analysis 1	32	32	32	32	32	32	32
	REGR factor score 5 for analysis 1	32	32	32	32	32	32	32
	REGR factor score 6 for analysis 1	32	32	32	32	32	32	32

图 9.42　相关系数矩阵

图 9.43 给出了进入模型和被除去变量的信息，从图中可以看出，因为我们采用的是输入法，所以所有自变量都进入模型。

图 9.44 给出了模型摘要，模型的 R 系数为 0.383，反映了模型的拟合效果一般。模型的可决系数（R 方）= 0.146，模型修正的可决系数（调整后 R 方）=-0.058，说明模型的解释能力非常有限。由此可知我们在构建的模型中可能遗漏了重要的解释变量。另外，图中还给出了德宾-沃森检验值 DW=2.070，德宾-沃森检验统计量 DW 是一个用于检验一阶变量自回归形式的序列相关问题的统计量，DW 在数值 2 附近说明模型变量无序列相关，越趋近于 0 说明正的自相关性越强，越趋近于 4 说明负的自相关性越强。

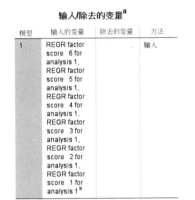

图 9.43 输入/除去的变量　　　　　图 9.44 模型摘要

图 9.45 给出了 ANOVA 方差分析结果，从图中可以看到模型的设定检验 F 统计量的值为 0.715，显著性水平为 0.641，远远大于通常意义上的显著性水平 0.05，说明我们的模型没有通过设定检验，也就是说因变量与自变量之间的线性关系不够显著。

图 9.46 给出了残差统计结果，图中显示了预测值、残差、标准预测值、标准残差的最小值、最大值、平均值、标准偏差及个案数。

图 9.45 ANOVA 方差分析　　　　　图 9.46 残差统计结果

图 9.47 和图 9.48 给出了模型残差的直方图和正态概率 P-P 图，由于我们在模型中始终假设残差服从正态分布，因此可以从这两张图中直观地看出回归后的实际残差是否符合基本的假设。从回

归残差的直方图与附于图上的正态分布曲线相比较来看，可以认为残差分布不是明显地服从正态分布。尽管这样，也不能盲目地否定残差服从正态分布的假设，可能是因为我们用来进行分析的样本太小。

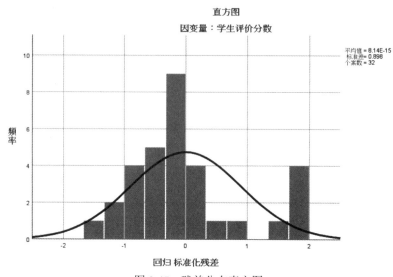

图 9.47　残差分布直方图

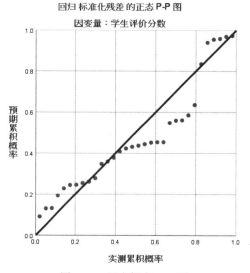

图 9.48　正态概率 P-P 图

从正态概率 P-P 图来看，该图也是用于比较残差分布与正态分布差异的图形，图的纵坐标为期望的累计概率，横坐标为观测的累计概率，图中的斜线对应着一个平均值为 0 的正态分布。如果图中的散点密切地散布在这条斜线附近，就说明随机变量残差服从正态分布，从而证明样本确实是来自正态总体；如果偏离这条直线太远，就应该怀疑随机变量的正态性。基于以上认识，从图中的散点分布状况来看，散点大致散布于斜线附近，可以认为残差分布基本上是正态的。

图 9.49 给出了回归系数和变量显著性检验的 t 值，可以发现，FAC1 的系数为负值，说明其对因变量学生评价分数的影响是反方向的，但是其显著性 P 值为 0.649，如果考虑 5%的显著性水平，

那么显然是不够显著的；FAC2 的系数同样为负值，说明其对因变量学生评价分数的影响同样是反方向的，结合其显著性 P 值 0.730，如果考虑 5%的显著性水平，那么同样是不够显著的；按照同样的逻辑，FAC4、FAC5 对因变量学生评价分数的影响也是反方向的且影响不够显著，FAC3、FAC6 对因变量学生评价分数的影响是正方向的且影响不够显著。

变量总资产报酬率 ROA，净资产收益率 ROE（平均），总资产周转率，人力投入回报率（ROP），经营活动净收益/利润总额，EBITDA/利息费用，营业收入（同比增长率），净利润（同比增长率），经营活动产生的现金流量净额（同比增长率）的 t 值太小，没有达到显著性水平。从这里也可以看出，模型虽然通过了设定检验，但很有可能不会通过变量的显著性检验。

系数^a

模型		未标准化系数		标准化系数	t	显著性
		B	标准错误	Beta		
1	(常量)	91.286	.337		270.637	.000
	REGR factor score 1 for analysis 1	-.158	.343	-.085	-.460	.649
	REGR factor score 2 for analysis 1	-.120	.343	-.064	-.349	.730
	REGR factor score 3 for analysis 1	.399	.343	.215	1.163	.256
	REGR factor score 4 for analysis 1	-.286	.343	-.154	-.834	.412
	REGR factor score 5 for analysis 1	-.452	.343	-.244	-1.318	.199
	REGR factor score 6 for analysis 1	.142	.343	.076	.413	.683

a. 因变量：学生评价分数

图 9.49　回归系数

从分析结果来看，无任何一个主因子的回归系数显著，即表示内部讲师的各项素质对评教得分情况无显著影响。

9.4.5　内部讲师素质与达标达优情况的 Ordinal 回归分析

　下载资源:\sample\数据 9\数据 9.3

操作步骤如下：

01 依次选择"文件｜打开｜数据"命令，打开 9.3.sav 数据表。

02 依次选择"分析｜回归｜有序"命令，弹出"有序回归"对话框。从"有序回归"对话框左侧的源变量列表框中选择"达标达优情况"变量并单击 按钮，使之进入"因变量"列表框中，然后从源变量列表框中选择 FAC1~FAC6 6 个变量并单击 按钮，使之进入"协变量"列表框中。全部设置完毕后，如图 9.50 所示。

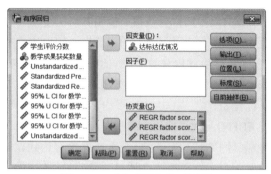

图 9.50 "有序回归"对话框

========对话框选项设置/说明========

从源变量列表框中选择需要进行有序回归分析的被解释变量并单击 按钮，将选中的变量选入"因变量"列表框中；从源变量列表框中选择分类变量并单击 按钮，将选中的变量选入"因子"列表框中；从源变量列表框中选择需要进行有序回归分析的解释变量并单击 按钮，将选中的变量选入"协变量"列表框中。其中：

- "因变量"列表框：该列表框中的变量为有序回归模型中的被解释变量，一般选定一个有序变量作为因变量，数据类型可以是字符串类型或数值类型，但必须对其取值进行升序排列，并指定最小值为第一个类别。
- "因子"列表框：该列表框中的变量为分类变量，因子变量可以是字符类型，但必须用连续整数进行赋值。
- "协变量"列表框：该列表框的变量为有序回归模型的解释变量或控制变量，数据类型一般为数值类型。如果解释变量为分类变量或定性变量，就可以用虚拟变量（哑变量）表示。

03 单击"选项"按钮，弹出"有序回归：选项"对话框，如图 9.51 所示。

图 9.51 "有序回归：选项"对话框

========对话框选项设置/说明========

"有序回归：选项"对话框主要用于对有序回归的迭代步骤、置信区间、奇异性容差进行设置。

- "迭代"选项组：该选项组主要用于设置有序回归的迭代估计的参数。

第9章 关于企业内部讲师素质与培训效果的调查研究

> 最大迭代次数,该文本框用于指定最大迭代步骤数目,必须为整数。若输入 0 值,则仅输出初始值。
> 最大逐步二分次数,该文本框用于指定最大步骤等分值,必须为整数。
> 对数似然收敛,该下拉列表用于指定对数似然性收敛值,共有 6 个不同的指定值。若对数似然估计中的绝对或相对变化小于该值,则迭代会停止。
> 参数收敛,该下拉列表用于指定参数估计值的收敛依据,共有 6 个不同的指定值。若参数估计的绝对或相对变化小于该值,则迭代会停止。

- "置信区间"文本框:该文本框用于指定参数估计的置信区间,输入范围是 0~99。
- "Delta"文本框:该文本框用于指定添加到零单元格频率的值,防止出现加大的估计偏误,输入范围小于 1 的非负值。
- "奇异性容差"下拉列表:该下拉列表用于指定奇异性容许误差值,共有 6 个值。
- "联接"下拉列表:该下拉列表框用于指定对模型累积概率转换的联接函数,包括"逆柯西""互补双对数""分对数""负双对数"和"概率"5 种。5 种函数的数学表达式存在较大的差异,分别使用于不同的应用场景。

> 逆柯西,其函数数学表达式为 $f(x)=\tan(\pi(x-0.5))$,该函数主要适用于潜变量含有较多极端值的情况。
> 互补双对数,其函数数学表达式为 $f(x)=\log(-\log(1-x))$,该函数主要适用于被解释变量值越与概率值同增加的情况。
> 分对数,其函数数学表达式为 $f(x)=\log(x/(1-x))$,该函数主要适用于因变量为均匀分布的情况。
> 负双对数,其函数数学表达式为 $f(x)=-\log(-\log(x))$,该函数主要适用于因变量取值与概率值相反方向运动的情况。
> 概率,其函数数学表达式为 $f(x)=\Phi-1(x)$,该函数主要适用于因变量为正态分布的情况。

设置完毕后,单击"继续"按钮,返回到"有序回归"对话框。若只进行系统默认设置,则单击"取消"按钮,也可以返回到"有序回归"对话框进行其他设置。本例采取系统默认设置,单击"取消"按钮,返回到"有序回归"对话框。

04 单击"输出"按钮,弹出"有序回归:输出"对话框,如图 9.52 所示。

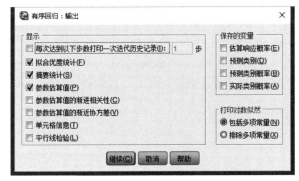

图 9.52 "有序回归:输出"对话框

对话框选项设置/说明

"有序回归：输出"对话框主要用于设置输出的统计量和表及保存变量。

- "显示"选项组：该选项组用于指定要输出的统计摘要表。
  - 每次达到以下步数打印一次迭代历史记录，勾选该复选框，表示打印迭代历史记录。在"步"文本框中输入正整数值，表示输出每隔该值的迭代历史记录，同时输出第一步和最后一步的迭代记录。
  - 拟合优度统计，勾选该复选框，表示输出皮尔逊和卡方统计量。
  - 摘要统计，勾选该复选框，表示输出摘要统计表，该统计表中含有麦克斯、斯奈尔、内戈尔科、麦克法登 R2 统计量。
  - 参数估算值，勾选该复选框，表示输出参数估计表，该表中包括参数估计值、标准偏差和置信区间等。
  - 参数估算值的渐进相关性，勾选该复选框，表示输出参数估计值的相关系数矩阵。
  - 参数估算值的渐近协方差，勾选该复选框，表示输出参数估计值的方差-协方差矩阵。
  - 单元格信息，勾选该复选框，表示输出观察值和期望值的频率和累积频率、频率和累积频率的皮尔逊残差、观察到的和期望的概率，以及以协变量模式表示的观察到的和期望的每个响应类别的累积概率。
  - 平行线检验，勾选该复选框，表示输出平行线检验统计量，该检验的原假设是位置参数在多个因变量水平上都相等，但该项仅适用于位置模型。
- "保存的变量"选项组：该选项组主要用于设置保存变量。
  - 估算响应概率，勾选该复选框，表示保存将观察值按因子变量分类成响应类别的模型估计概率，概率与响应类别的数量相等。
  - 预测类别，勾选该复选框，表示保存模型的预测响应分类。
  - 预测类别概率，勾选该复选框，表示保存模型最大的预测响应分类概率。
  - 实际类别概率，勾选该复选框，表示保存实际类别的响应概率。
- "打印对数似然"选项组：该选项组主要用于设置输出似然对数统计量。
  - 包括多项常量，选中该单选按钮，表示输出包含常数的似然对数统计量。
  - 排除多项常量，选中该单选按钮，表示输出不包含常数的似然对数统计量。

设置完毕后，单击"继续"按钮，回到"有序回归"对话框。若只进行系统默认设置，则可以单击"取消"按钮，回到"有序回归"对话框进行其他设置。本例采取系统默认设置，单击"取消"按钮，返回到"有序回归"对话框。

05 单击"位置"按钮，弹出"有序回归：位置"对话框，如图 9.53 所示。

第 9 章　关于企业内部讲师素质与培训效果的调查研究 | 345

图 9.53　"有序回归：位置"对话框

对话框选项设置/说明

"有序回归：位置"对话框用于指定回归模型中的效应。

- "指定模型"选项组：该选项组用于指定回归模型的具体类型。
  - 主效应，选中该单选按钮，表示采用包含协变量和因子的主效应，但不包含交互效应。
  - 定制，选中该单选按钮，表示采用用户自定义的模型。如果选中"定制"单选按钮，则"因子/协变量""构建项"和"位置模型"被激活。
- "因子/协变量"列表框：该列表框用于存放已经选定的因子变量和协变量。
- "构建项"下拉列表：该下拉列表用于选择模型效应，包括"主效应""交互""所有二阶""所有三阶""所有四阶"和"所有五阶"。选中所要指定的模型效应，单击 按钮就可以进入"位置模型"列表框中。
  - 交互：创建所有选定变量的最高级交互项，这是 SPSS 25.0 软件设置的默认选项。
  - 主效应：为每个选定的变量创建主效应项。
  - 所有二阶：创建选定变量的所有可能的双向交互。
  - 所有三阶：创建选定变量的所有可能的三阶交互。
  - 所有四阶：创建选定变量的所有可能的四阶交互。
  - 所有五阶：创建选定变量的所有可能的五阶交互。
- "位置模型"列表框：该列表框用于存放用户选定的模型效应。

设置完毕后，单击"继续"按钮，回到"有序回归"对话框。若只进行系统默认设置，则可以单击"取消"按钮，返回到"有序回归"对话框进行其他设置。本例采取系统默认设置，单击"取消"按钮，返回到"有序回归"对话框。

以上选项都设置完毕后，单击"继续"按钮，回到"有序回归"对话框，单击"确定"按钮，进入计算分析。

图 9.54 给出了个案处理摘要结果，从图中可以看出参与回归分析的个案数及边际百分比。

图 9.55 给出了模型拟合信息。从该图可以得到仅含截距项的对数似然值为 56.873，最终的模

型的卡方值是 9.438，显著性为 0.150，可见最终模型更为显著。

个案处理摘要

		个案数	边际百分比
达标达优情况	0	15	46.9%
	1	11	34.4%
	2	6	18.8%
有效		32	100.0%
缺失		0	
总计		32	

图 9.54　个案处理摘要

模型拟合信息

模型	-2 对数似然	卡方	自由度	显著性
仅截距	66.311			
最终	56.873	9.438	6	.150

关联函数: 分对数。

图 9.55　模型拟合信息

图 9.56 给出了参数估算值。从分析结果来看，系数显著的只有变量 FAC1，即对内部讲师所教课程达标、达优影响最为显著的因素是内部讲师的教学监控能力、多媒体使用的熟练程度及内部讲师的身体素质。

参数估算值

		估算	标准 错误	瓦尔德	自由度	显著性	95% 置信区间 下限	95% 置信区间 上限
阈值	[达标达优情况 = 0]	-.153	.401	.146	1	.702	-.940	.633
	[达标达优情况 = 1]	1.795	.530	11.475	1	.001	.756	2.834
位置	FAC1	-.994	.417	5.674	1	.017	-1.813	-.176
	FAC2	-.202	.419	.233	1	.629	-1.024	.620
	FAC3	.646	.432	2.237	1	.135	-.201	1.492
	FAC4	-.333	.381	.766	1	.381	-1.080	.413
	FAC5	-.229	.368	.385	1	.535	-.951	.494
	FAC6	.294	.412	.509	1	.476	-.514	1.102

关联函数: 分对数。

图 9.56　参数估算值

9.5　研究结论

通过以上分析，结论如下：

- 员工评教时没有客观评价，而是根据个人的喜好或纯粹应付打分，故无法体现出内部讲师素质对员工评教的影响。或者该校的员工评教系统不够完善，存在严重漏洞，影响了回归结果。
- 内部讲师的道德修养水平影响着内部讲师与员工之间的关系。具有较高道德修养的内部讲师，能够顺利地取得良好的课堂教学效果，从而为其获奖成果的撰写提供保证，反之，内部讲师的道德修养较低，身为人师的资格令员工质疑，无法进行正常的教学。
- 内部讲师的道德修养高低决定着内部讲师如何看待教学这项工作，道德修养高的内部讲师对待教学会一丝不苟，精益求精，不断地总结自己的教学经验，完成获奖成果的数量和质量也都远远高于道德修养较低的内部讲师。
- 首先，可以判断出内部讲师高超的教学监控能力是取得良好的课堂学习效果的保证；其次，熟练地使用多媒体等教学设备，显示出该内部讲师能够熟练运用现代化教学手段，这些都是大多数学校评定课程是否达标、达优时的重要指标；最后，内部讲师的身体素质决定着内部讲师所能同时教授课程的多少，在一定程度上也影响着课堂效果，最终影响课程能否达标、达优。

- 精深的专业知识和广泛的综合知识是顺利发表科研获奖成果、完成研究项目的基础，良好的心理承受能力能够使内部讲师有恒心和毅力去完成获奖成果的调研与书写，最终一个先进的教育观念是企业内部讲师在科研领域不断进取的保证。同时，高尚的道德修养促使内部讲师对待教学一丝不苟，精益求精，不断地总结自己的教学经验，从而提高教学监控能力、教学手段，能够取得更好的教学效果。

第 10 章

员工健康管理数据挖掘实例研究

德鲁克在《21世纪的管理挑战》中说："21世纪，组织（包括企业和非营利性组织）最有价值的资产将是知识工作者及其生产率。"人才是第一生产力，健康的人才是企业的核心竞争力。当前环境下，员工健康管理是一家企业可持续发展的必要条件，员工健康管理有利于提高组织绩效和企业生产力，既有助于增强企业凝聚力、员工的组织认同感和归属感，也有助于降低人才流失的风险，形成可持续性的人力资本，为企业的可持续发展奠定良好的基础。从概念上讲，员工健康管理属于企业管理行为，是通过企业自身或借助第三方力量，应用现代医疗和信息技术从生理、心理角度对企业员工的健康状况进行跟踪、评估，系统维护企业员工的身心健康，降低医疗成本支出，提高企业整体生产效率的行为。近年来，由于统计学的发展和各种技术的进步，对数据进行定量分析被广泛应用到员工健康研究中。本章就来介绍一下 SPSS 在员工健康研究中的应用。

10.1 研究背景及目的

2016 年 10 月 25 日中共中央、国务院印发了《"健康中国 2030"规划纲要》，纲要指出未来 15 年，是推进健康中国建设的重要战略机遇期。健康是促进人的全面发展的必然要求，是经济社会发展的基础条件。实现国民健康长寿，是国家富强、民族振兴的重要标志，也是全国各族人民的共同愿望。党和国家历来高度重视人民健康，新中国成立以来特别是改革开放以来，我国健康领域改革发展取得显著成就，城乡环境面貌明显改善，全民健身运动蓬勃发展，医疗卫生服务体系日益健全，人民健康水平和身体素质持续提高。2015 年我国人均预期寿命已达 76.34 岁，婴儿死亡率、5 岁以下儿童死亡率、孕产妇死亡率分别下降到 8.1‰、10.7‰ 和 20.1/10 万，总体上优于中高收入国家平均水平，为全面建成小康社会奠定了重要基础。

虽然国民健康素质得到了很大程度的提高，但需要密切关注的是，我国企业的员工健康状况令人担忧。据卫生部对 10 个城市的上班族调查显示，亚健康状态的员工已占 48%，尤以经济发达地区为甚，其中北京是 75.3%，上海是 73.49%，广东是 73.41%，而几乎每个参与市场竞争的个体都或多或少患有慢性病和心理疾患。另据全球最大的员工福利咨询公司美世《2008 年中国员工健康和福利现状调研报告》显示，88%的企业对员工现在和未来的健康状况感到担忧。在这种情况下，企业进行员工健康管理尤为必要。

10.2 研究方法

本例采用的数据来源于某企业单位289名员工的体检报告，包括参与体检者的性别、职称、是否吸烟、是否喝酒、是否高血糖、是否高血脂、是否高血压、血清中载脂蛋白A含量、载脂蛋白B含量、载脂蛋白E含量、载脂蛋白C含量、低密度脂蛋白中的胆固醇含量、高密度脂蛋白中的胆固醇含量、白细胞计数、血红蛋白含量、平均血红蛋白含量、血小板计数、淋巴细胞含量、平均红细胞体积、中性粒细胞含量、单核细胞含量等指标。

我们要完成以下分析研究：

（1）对参与体检者的性别、职称、是否吸烟、是否喝酒、是否高血糖、是否高血脂、是否高血压等情况进行列联分析研究，以发现相关变量之间的关系。

（2）对参与体检者低、高密度脂蛋白中的胆固醇含量与各种载脂蛋白的含量之间的关系进行深入分析，以发现相关变量的关系。

（3）对参与体检者的白细胞计数、血红蛋白含量、平均血红蛋白含量、血小板计数、淋巴细胞含量、平均红细胞体积、中性粒细胞含量、单核细胞含量等指标数据进行研究，找出能够代表参与体检者血常规情况的因子。

数据分析方法包括描述分析（含定距变量的描述分析和分类变量的交叉表分析）、相关分析、回归分析、因子分析等。

10.3 数据整理

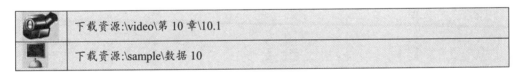

因为本例采用的是现成数据，所以根据前面介绍的方法直接将所用数据录入SPSS中即可。

与各个检测指标相对应，我们设置了21个变量，分别是参与体检者的血清中"载脂蛋白A含量""载脂蛋白B含量""载脂蛋白E含量""载脂蛋白C含量""低密度脂蛋白""高密度脂蛋白""白细胞计数""血红蛋白含量""平均血红蛋白含量""血小板计数""淋巴细胞含量""平均红细胞体积""中性粒细胞含量""单核细胞含量""性别""职称""是否吸烟""是否高血脂""是否高血糖""是否高血压"和"是否喝酒"。

为了便于更加直观地展示分析结果，针对"性别"变量，设定值标签操作，具体用"1"表示"男"，"2"表示"女"，如图10.1所示。

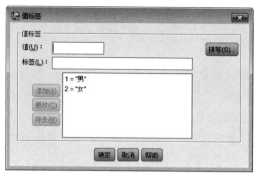

图 10.1 "值标签"对话框

为了便于更加直观地展示分析结果,针对"职称"变量,我们同样设定值标签操作,具体用"1"表示"初级职称","2"表示"中级职称","3"表示"高级职称";针对"是否吸烟"变量,同样设定值标签操作,具体用"0"表示"没有",用"1"表示"有";针对"是否高血脂"变量,同样设定值标签操作,具体用"0"表示"没有",用"1"表示"有";针对"是否高血糖"变量,同样设定值标签操作,具体用"0"表示"没有",用"1"表示"有";针对"是否高血压"变量,同样设定值标签操作,具体用"0"表示"没有",用"1"表示"有";针对"是否喝酒"变量,同样设定值标签操作,具体用"0"表示"没有",用"1"表示"有"。

设置完毕后,数据的变量视图如图 10.2 所示。

图 10.2 数据 10 的变量视图

变量与数据全部录入完成后,数据的数据视图展示如图 10.3 所示。

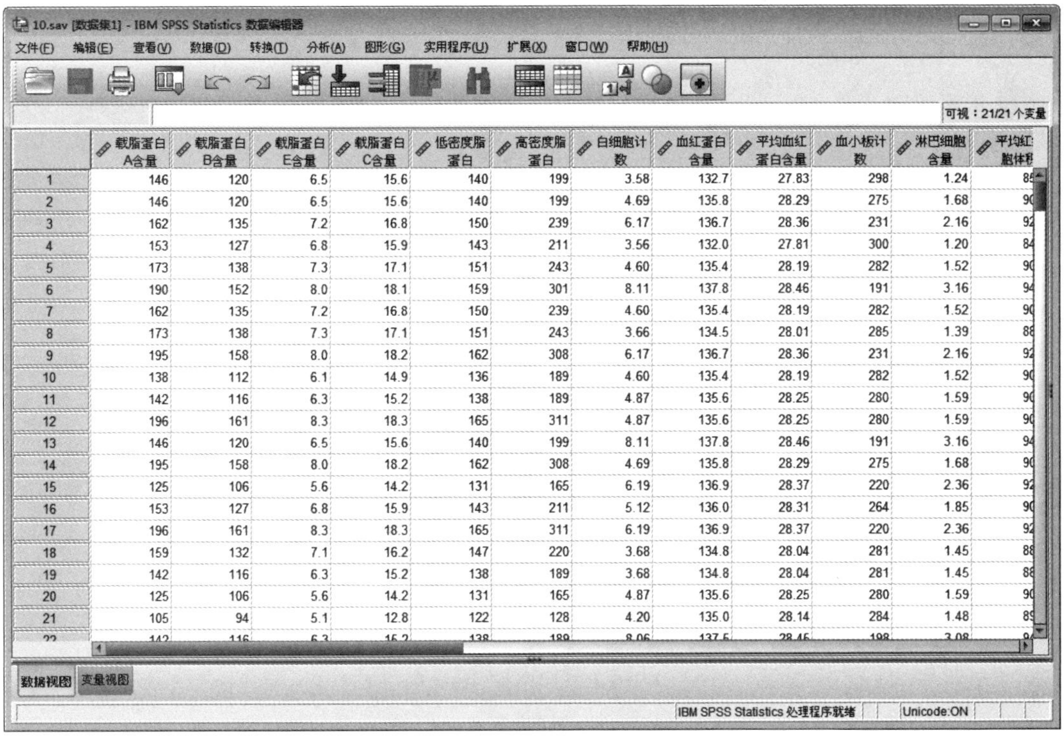

	载脂蛋白A含量	载脂蛋白B含量	载脂蛋白E含量	载脂蛋白C含量	低密度脂蛋白	高密度脂蛋白	白细胞计数	血红蛋白含量	平均血红蛋白含量	血小板计数	淋巴细胞含量	平均红细胞体积
1	146	120	6.5	15.6	140	199	3.58	132.7	27.83	298	1.24	85
2	146	120	6.5	15.6	140	199	4.69	135.8	28.29	275	1.68	90
3	162	135	7.2	16.8	150	239	6.17	136.7	28.36	231	2.16	92
4	153	127	6.8	15.9	143	211	3.56	132.0	27.81	300	1.20	84
5	173	138	7.3	17.1	151	243	4.60	135.4	28.19	282	1.52	90
6	190	152	8.0	18.1	159	301	8.11	137.8	28.46	191	3.16	94
7	162	135	7.2	16.8	150	239	4.60	135.4	28.19	282	1.52	90
8	173	138	7.3	17.1	151	243	3.66	134.5	28.01	285	1.39	88
9	195	158	8.0	18.2	162	308	6.17	136.7	28.36	231	2.16	92
10	138	112	6.1	14.9	136	189	4.60	135.4	28.19	282	1.52	90
11	142	116	6.3	15.2	138	189	4.87	135.6	28.25	280	1.59	90
12	196	161	8.3	18.3	165	311	4.87	135.6	28.25	280	1.59	90
13	146	120	6.5	15.6	140	199	8.11	137.8	28.46	191	3.16	94
14	195	158	8.0	18.2	162	308	4.69	135.8	28.29	275	1.68	90
15	125	106	5.6	14.2	131	165	6.19	136.9	28.37	220	2.36	92
16	153	127	6.8	15.9	143	211	5.12	136.0	28.31	264	1.85	90
17	196	161	8.3	18.3	165	311	6.19	136.9	28.37	220	2.36	92
18	159	132	7.1	16.2	147	220	3.68	134.8	28.04	281	1.45	88
19	142	116	6.3	15.2	138	189	3.68	134.8	28.04	281	1.45	88
20	125	106	5.6	14.2	131	165	4.87	135.6	28.25	280	1.59	90
21	105	94	5.1	12.8	122	128	4.20	135.0	28.14	284	1.48	89

图 10.3　数据 10 的数据视图

先保存数据，然后展开后续分析。

10.4　描述分析

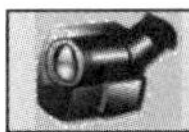	下载资源:\video\第 10 章\10.1
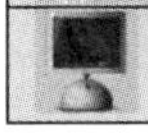	下载资源:\sample\数据 10

本案例的数据变量分为定距变量和分类变量两类。其中定距变量包括“参与体检者的血清中载脂蛋白 A 含量”“载脂蛋白 B 含量”“载脂蛋白 E 含量”“载脂蛋白 C 含量”“低密度脂蛋白”“高密度脂蛋白”“白细胞计数”“血红蛋白含量”“平均血红蛋白含量”“血小板计数”“淋巴细胞含量”“平均红细胞体积”“中性粒细胞含量”“单核细胞含量”等变量。分类变量包括“性别”“职称”“是否吸烟”“是否高血脂”“是否高血糖”“是否高血压”“是否喝酒”变量。

通过进行定距变量的基本描述性统计，可以得到数据的概要统计指标，包括平均值、最大值、最小值、标准差、百分位数、中位数、偏度系数和峰度系数等。我们通过获得这些指标，可以从整体上对拟分析的数据进行宏观把握，为后续进行更精深的数据分析做好必要准备。

通过进行各个分类变量的交叉表分析，我们可以在探索变量数据间的深层次关系。

10.4.1 定距变量的描述分析

01 打开数据文件10，进入SPSS统计数据编辑器窗口，然后在菜单栏中依次选择"分析｜描述统计｜描述"命令，打开"描述"对话框，如图10.4所示。

将"载脂蛋白A含量""载脂蛋白B含量""载脂蛋白E含量""载脂蛋白C含量""低密度脂蛋白""高密度脂蛋白""白细胞计数""血红蛋白含量""平均血红蛋白含量""血小板计数""淋巴细胞含量""平均红细胞体积""中性粒细胞含量""单核细胞含量"选入"变量"列表框中。

图10.4 "描述"对话框

02 单击"选项"按钮，进入"描述：选项"对话框，如图10.5所示。

勾选"平均值"和"合计"复选框；勾选"离散"选项组中的"标准差""最小值""方差""最大值""范围"及"平均值的标准误差"复选框；勾选"分布"选项组中的"峰度""偏度"复选框；可以从"显示顺序"选项组中的"变量列表""字母顺序""按平均值的升序排序"和"按平均值的降序排序"单选按钮中选择其一。这里我们只选中"变量列表"单选按钮，然后单击"继续"按钮，返回"描述"对话框。

图10.5 "描述：选项"对话框

03 设置完毕后，单击"确定"按钮。

实验的描述分析结果及分析

选定需要进行描述分析的变量和设置得到的统计量之后，单击"确定"按钮就可以得到描述统计结果，如图 10.6 所示。

描述统计

	N 统计	范围 统计	最小值 统计	最大值 统计	合计 统计	均值 统计	均值 标准错误	标准 偏差 统计	方差 统计	偏度 统计	偏度 标准错误	峰度 统计	峰度 标准错误
载脂蛋白A含量	289	91	105	196	45424	157.18	1.633	27.761	770.694	-.274	.143	-1.032	.286
载脂蛋白B含量	289	67	94	161	37213	128.76	1.172	19.927	397.083	-.091	.143	-1.130	.286
载脂蛋白E含量	289	3.2	5.1	8.3	1970.5	6.818	.0565	.9608	.923	-.265	.143	-1.070	.286
载脂蛋白C含量	289	5.5	12.8	18.3	4649.5	16.088	.1007	1.7117	2.930	-.428	.143	-.963	.286
低密度脂蛋白	289	43	122	165	42058	145.53	.731	12.427	154.431	-.188	.143	-1.081	.286
高密度脂蛋白	289	183	128	311	65161	225.47	3.287	55.881	3122.701	.044	.143	-1.086	.286
白细胞计数(10^9/L)	289	4.56	3.56	8.12	1500.51	5.1921	.09572	1.62732	2.648	.656	.143	-1.004	.286
血红蛋白(g/L)	289	6.0	132.0	138.0	39149.8	135.466	.0995	1.6908	2.859	-.369	.143	-.805	.286
平均血红蛋白含量(pg)	289	.68	27.81	28.49	8144.56	28.1819	.01371	.23308	.054	-.359	.143	-1.390	.286
血小板计数(10^9/L)	289	118	182	300	74071	256.30	2.329	39.586	1567.024	-.661	.143	-1.179	.286
淋巴细胞(10^9/L)	289	2.05	1.20	3.25	559.35	1.9355	.04078	.69332	.481	.747	.143	-.956	.286
平均红细胞体积(fL)	289	11.1	84.0	95.1	26036.4	90.091	.1925	3.2725	10.710	-.200	.143	-1.058	.286
中性粒细胞(10^9/L)	289	2.77	1.51	4.28	903.92	3.1278	.05334	.90679	.822	-.230	.143	-1.295	.286
单核细胞(10^9/L)	289	.0592	.4258	.4850	131.0674	.453520	.0008686	.0147662	.000	-.046	.143	-.339	.286
有效个案数（成列）	289												

图 10.6　描述统计结果

从该图可以得到各个变量的个数、最大值、最小值、平均值、标准偏差、偏度、峰度等统计量。此处限于篇幅不再对各个变量一一展开说明，仅以变量单核细胞为例进行解释。

（1）统计量

可以看出有 289 个数据参与了分析。

（2）最小值

变量单核细胞最小的数据值分别是 0.4108。

（3）4 个最大值

变量单核细胞最大的数据值分别是 0.485。

（4）平均值和标准偏差

变量单核细胞的平均值为 0.4535204，标准偏差是 0.0147662。

（5）偏度和峰度

变量单核细胞的偏度为-0.046，为负偏度。

变量单核细胞的峰度为-0.339。

从上面的描述统计结果中，我们可以轻松地看出，所有数据中没有极端数据，数据间的量纲差距也在可接受范围之内，可以进入下一步的分析过程。

10.4.2　分类变量的交叉表分析

01 打开据文件 10，进入 SPSS 统计数据编辑器窗口，在菜单栏中依次选择"分析｜描述统计｜交叉表"命令，打开"交叉表"对话框，如图 10.7 所示。

图 10.7 "交叉表"对话框

02 将"性别"变量选入"行"列表框中,将"职称"选入"列"列表框中。选中"是否吸烟""是否高血脂""是否高血糖""是否高血压""是否喝酒"等变量,将它们添加到"层1/1"列表框中。

03 单击"单元格"按钮,弹出"交叉表:单元格显示"对话框,如图 10.8 所示,勾选"实测""行""列""总计"复选框,然后单击"继续"按钮返回"交叉表"对话框。单击"格式"按钮,弹出"交叉表:表格式"对话框,如图 10.9 所示,选中"升序"单选按钮。

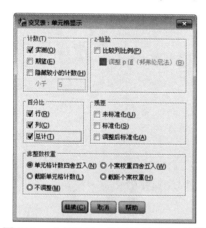

图 10.8 "交叉表:单元格显示"对话框

图 10.9 "交叉表:表格式"对话框

04 在"交叉表"对话框中选中"显示簇状条形图"复选框。

05 其他设置选择默认,单击"确定"按钮就可以输出交叉表分析的结果。

图 10.10 给出了个案处理摘要的结果,可以发现,共有 289 个样本参与了分析,没有任何缺失值情况出现。

个案处理摘要

	个案					
	有效		缺失		总计	
	N	百分比	N	百分比	N	百分比
性别 * 职称 * 是否吸烟	289	100.0%	0	0.0%	289	100.0%
性别 * 职称 * 是否高血脂	289	100.0%	0	0.0%	289	100.0%
性别 * 职称 * 是否高血糖	289	100.0%	0	0.0%	289	100.0%
性别 * 职称 * 是否高血压	289	100.0%	0	0.0%	289	100.0%
性别 * 职称 * 是否喝酒	289	100.0%	0	0.0%	289	100.0%

图 10.10 个案处理摘要

关于性别*职称*是否吸烟交叉表分析结果如图 10.11 所示。在 289 名参与体检者中，有 67 名是男性、初级职称、不吸烟的，占比为总计的 27.9%；有 45 名是男性、中级职称、不吸烟的，占比为总计的 18.8%；有 3 名是男性、高级职称、不吸烟的，占比为总计的 1.3%；有 72 名是女性、初级职称、不吸烟的，占比为总计的 30%；有 47 名是女性、中级职称、不吸烟的，占比为总计的 19.6%；有 6 名是女性、高级职称、不吸烟的，占比为总计的 2.5%。图 10.12 是图 10.11 交叉表的图形化展示，其中的结论与图 10.11 交叉表完全一致，但是呈现更加直观。

性别 * 职称 * 是否吸烟 交叉表

是否吸烟				职称			总计
				初级职称	中级职称	高级职称	
没有	性别	男	计数	67	45	3	115
			占性别的百分比	58.30%	39.10%	2.60%	100.00%
			占职称的百分比	48.20%	48.90%	33.30%	47.90%
			占总计的百分比	27.90%	18.80%	1.30%	47.90%
		女	计数	72	47	6	125
			占性别的百分比	57.60%	37.60%	4.80%	100.00%
			占职称的百分比	51.80%	51.10%	66.70%	52.10%
			占总计的百分比	30.00%	19.60%	2.50%	52.10%
	总计		计数	139	92	9	240
			占性别的百分比	57.90%	38.30%	3.80%	100.00%
			占职称的百分比	100.00%	100.00%	100.00%	100.00%
			占总计的百分比	57.90%	38.30%	3.80%	100.00%
有	性别	男	计数	27	15	3	45
			占性别的百分比	60.00%	33.30%	6.70%	100.00%
			占职称的百分比	100.00%	78.90%	100.00%	91.80%
			占总计的百分比	55.10%	30.60%	6.10%	91.80%
		女	计数	0	4	0	4
			占性别的百分比	0.00%	100.00%	0.00%	100.00%
			占职称的百分比	0.00%	21.10%	0.00%	8.20%
			占总计的百分比	0.00%	8.20%	0.00%	8.20%
	总计		计数	27	19	3	49
			占性别的百分比	55.10%	38.80%	6.10%	100.00%
			占职称的百分比	100.00%	100.00%	100.00%	100.00%
			占总计的百分比	55.10%	38.80%	6.10%	100.00%
总计	性别	男	计数	94	60	6	160
			占性别的百分比	58.80%	37.50%	3.80%	100.00%
			占职称的百分比	56.60%	54.10%	50.00%	55.40%
			占总计的百分比	32.50%	20.80%	2.10%	55.40%
		女	计数	72	51	6	129
			占性别的百分比	55.80%	39.50%	4.70%	100.00%
			占职称的百分比	43.40%	45.90%	50.00%	44.60%
			占总计的百分比	24.90%	17.60%	2.10%	44.60%
	总计		计数	166	111	12	289
			占性别的百分比	57.40%	38.40%	4.20%	100.00%
			占职称的百分比	100.00%	100.00%	100.00%	100.00%
			占总计的百分比	57.40%	38.40%	4.20%	100.00%

图 10.11 交叉表分析结果 1

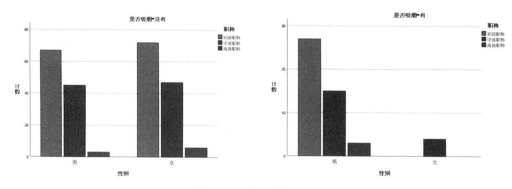

图 10.12　交叉表条形图 1

关于性别*职称*是否高血脂交叉表分析结果如图 10.13 所示。在 289 名参与体检者中，有 59 名是男性、初级职称、没有高血脂的，占比为总计的 26.9%；有 41 名是男性、中级职称、没有高血脂的，占比为总计的 18.7%；有 3 名是男性、高级职称、没有高血脂的，占比为总计的 1.4%；有 66 名是女性、初级职称、没有高血脂的，占比为总计的 30.1%；有 44 名是女性、中级职称、没有高血脂的，占比为总计的 20.1%；有 6 名是女性、高级职称、没有高血脂的，占比为总计的 2.7%。图 10.14 是图 10.13 交叉表的图形化展示，其中的结论与图 10.13 交叉表完全一致，但是呈现的更为直观。

性别 * 职称 * 是否高血脂 交叉表

是否高血脂				职称			总计
				初级职称	中级职称	高级职称	
没有	性别	男	计数	59	41	3	103
			占性别的百分比	57.30%	39.80%	2.90%	100.00%
			占职称的百分比	47.20%	48.20%	33.30%	47.00%
			占总计的百分比	26.90%	18.70%	1.40%	47.00%
		女	计数	66	44	6	116
			占性别的百分比	56.90%	37.90%	5.20%	100.00%
			占职称的百分比	52.80%	51.80%	66.70%	53.00%
			占总计的百分比	30.10%	20.10%	2.70%	53.00%
	总计		计数	125	85	9	219
			占性别的百分比	57.10%	38.80%	4.10%	100.00%
			占职称的百分比	100.00%	100.00%	100.00%	100.00%
			占总计的百分比	57.10%	38.80%	4.10%	100.00%
有	性别	男	计数	35	19	3	57
			占性别的百分比	61.40%	33.30%	5.30%	100.00%
			占职称的百分比	85.40%	73.10%	100.00%	81.40%
			占总计的百分比	50.00%	27.10%	4.30%	81.40%
		女	计数	6	7	0	13
			占性别的百分比	46.20%	53.80%	0.00%	100.00%
			占职称的百分比	14.60%	26.90%	0.00%	18.60%
			占总计的百分比	8.60%	10.00%	0.00%	18.60%
	总计		计数	41	26	3	70
			占性别的百分比	58.60%	37.10%	4.30%	100.00%
			占职称的百分比	100.00%	100.00%	100.00%	100.00%
			占总计的百分比	58.60%	37.10%	4.30%	100.00%
总计	性别	男	计数	94	60	6	160
			占性别的百分比	58.80%	37.50%	3.80%	100.00%
			占职称的百分比	56.60%	54.10%	50.00%	55.40%
			占总计的百分比	32.50%	20.80%	2.10%	55.40%
		女	计数	72	51	6	129
			占性别的百分比	55.80%	39.50%	4.70%	100.00%
			占职称的百分比	43.40%	45.90%	50.00%	44.60%
			占总计的百分比	24.90%	17.60%	2.10%	44.60%
	总计		计数	166	111	12	289
			占性别的百分比	57.40%	38.40%	4.20%	100.00%
			占职称的百分比	100.00%	100.00%	100.00%	100.00%
			占总计的百分比	57.40%	38.40%	4.20%	100.00%

图 10.13　交叉表分析结果 2

第 10 章 员工健康管理数据挖掘实例研究 | 357

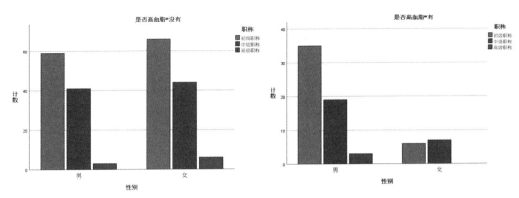

图 10.14 交叉表条形图 2

关于性别*职称*是否高血糖交叉表分析结果如图 10.15 所示。在 289 名参与体检者中，有 52 名是男性、初级职称、没有高血糖的，占比为总计的 26.5%；有 38 名是男性、中级职称、没有高血糖的，占比为总计的 19.4%；有 3 名是男性、高级职称、没有高血糖的，占比为总计的 1.5%；有 57 名是女性、初级职称、没有高血糖的，占比为总计的 29.1%；有 40 名是女性、中级职称、没有高血糖的，占比为总计的 20.4%；有 6 名是女性、高级职称、没有高血糖的，占比为总计的 3.1%。该交叉表的条形图如图 10.16 所示。

图 10.15 交叉表分析结果 3

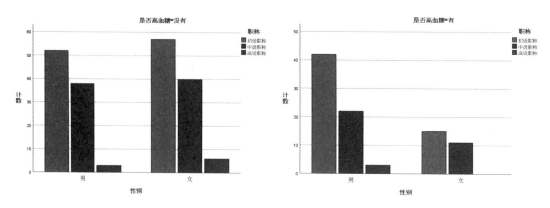

图 10.16　交叉表条形图 3

关于性别*职称*是否高血压的交叉表分析结果如图 10.17 所示。在 289 名参与体检者中，有 49 名是男性、初级职称、没有高血压的，占比为总计的 28.5%；有 35 名是男性、中级职称、没有高血压的，占比为总计的 20.3%；有 3 名是男性、高级职称、没有高血压的，占比为总计的 1.7%；有 46 名是女性、初级职称、没有高血压的，占比为总计的 29.7%；有 33 名是女性、中级职称、没有高血压的，占比为总计的 19.2%；有 6 名是女性、高级职称、没有高血压的，占比为总计的 3.5%。该交叉表的条形图如图 10.18 所示。

图 10.17　交叉表分析结果 4

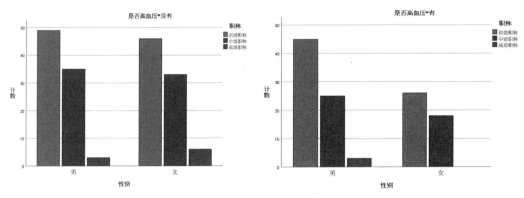

图 10.18　交叉表条形图 4

关于性别*职称*是否喝酒的交叉表分析结果如图 10.19 所示。在 289 名参与体检者中，有 46 名是男性、初级职称、没有喝酒的，占比为总计的 23.5%；有 31 名是男性、中级职称、没有喝酒的，占比为总计的 15.8%；有 3 名是男性、高级职称、没有喝酒的，占比为总计的 1.5%；有 66 名是女性、初级职称、没有喝酒的，占比为总计的 33.7%；有 44 名是女性、中级职称、没有喝酒的，占比为总计的 22.4%；有 6 名是女性、高级职称、没有喝酒的，占比为总计的 3.1%。该交叉表的条形图如图 10.20 所示。

是否喝酒				职称			总计
				初级职称	中级职称	高级职称	
没有	性别	男	计数	46	31	3	80
			占性别的百分比	57.50%	38.80%	3.80%	100.00%
			占职称的百分比	41.10%	41.30%	33.30%	40.80%
			占总计的百分比	23.50%	15.80%	1.50%	40.80%
		女	计数	66	44	6	116
			占性别的百分比	56.90%	37.90%	5.20%	100.00%
			占职称的百分比	58.90%	58.70%	66.70%	59.20%
			占总计的百分比	33.70%	22.40%	3.10%	59.20%
	总计		计数	112	75	9	196
			占性别的百分比	57.10%	38.30%	4.60%	100.00%
			占职称的百分比	100.00%	100.00%	100.00%	100.00%
			占总计的百分比	57.10%	38.30%	4.60%	100.00%
有	性别	男	计数	48	29	3	80
			占性别的百分比	60.00%	36.30%	3.80%	100.00%
			占职称的百分比	88.90%	80.60%	100.00%	86.00%
			占总计的百分比	51.60%	31.20%	3.20%	86.00%
		女	计数	6	7	0	13
			占性别的百分比	46.20%	53.80%	0.00%	100.00%
			占职称的百分比	11.10%	19.40%	0.00%	14.00%
			占总计的百分比	6.50%	7.50%	0.00%	14.00%
	总计		计数	54	36	3	93
			占性别的百分比	58.10%	38.70%	3.20%	100.00%
			占职称的百分比	100.00%	100.00%	100.00%	100.00%
			占总计的百分比	58.10%	38.70%	3.20%	100.00%
总计	性别	男	计数	94	60	6	160
			占性别的百分比	58.80%	37.50%	3.80%	100.00%
			占职称的百分比	56.60%	54.10%	50.00%	55.40%
			占总计的百分比	32.50%	20.80%	2.10%	55.40%
		女	计数	72	51	6	129
			占性别的百分比	55.80%	39.50%	4.70%	100.00%
			占职称的百分比	43.40%	45.90%	50.00%	44.60%
			占总计的百分比	24.90%	17.60%	2.10%	44.60%
	总计		计数	166	111	12	289
			占性别的百分比	57.40%	38.40%	4.20%	100.00%
			占职称的百分比	100.00%	100.00%	100.00%	100.00%
			占总计的百分比	57.40%	38.40%	4.20%	100.00%

图 10.19　交叉表分析结果 5

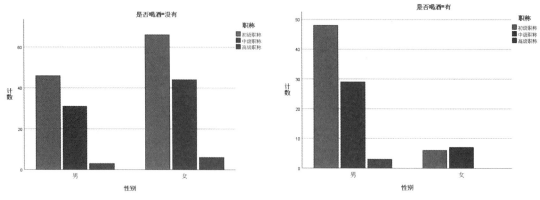

图 10.20 交叉表条形图 5

10.5 相关分析

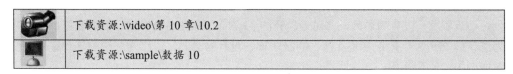

相关分析的过程如下：

第一，对参与体检者低、高密度脂蛋白中的胆固醇含量与各种载脂蛋白的含量（包括"载脂蛋白 A 含量""载脂蛋白 B 含量""载脂蛋白 E 含量""载脂蛋白 C 含量""低密度脂蛋白""高密度脂蛋白"等指标）之间的关系进行简单相关分析。

第二，对参与体检者的血常规情况（包括"白细胞计数""血红蛋白含量""平均血红蛋白含量""血小板计数""淋巴细胞含量""平均红细胞体积""中性粒细胞含量""单核细胞含量"等指标）进行简单相关分析。

1. 对参与体检者低、高密度脂蛋白中的胆固醇含量与各种载脂蛋白的含量进行简单相关分析

操作步骤如下：

01 打开数据文件 10，进入 SPSS 统计数据编辑器窗口，在菜单栏中依次选择"分析 | 相关 | 双变量"命令，打开"双变量相关性"对话框，如图 10.21 所示。

图 10.21 "双变量相关性"对话框

对话框选项设置/说明

"相关系数"选项组主要用于计算变量之间的相关系数,有以下3个选项。

- 皮尔逊:是两个连续型变量之间的相关系数。
- 肯德尔 tau-b:反映两个有序分类变量的一致性。
- 斯皮尔曼:选择该选项后,系统会自动对变量求秩,然后计算其秩分数间的相关系数。

"显著性检验"选项组中有两个选项:"双尾"是双尾显著性检验;"单尾"为单尾显著性检验,用于当相关关系方向明显时,如身高与体重的相关关系。因为这里我们所分析的数据相关关系不明显,因此选择双尾。最下面的"标记显著性相关性"复选框,选择该项后,输出结果中对在显著性水平 0.05 下显著的相关系数用一个星号加以标记,对在显著性水平 0.01 下显著相关的相关系数用两个星号加以标记。

02 将"载脂蛋白 A 含量""载脂蛋白 B 含量""载脂蛋白 E 含量""载脂蛋白 C 含量""低密度脂蛋白""高密度脂蛋白"选入"变量"列表框中。

03 单击"选项"按钮,打开"双变量相关性:选项"对话框,如图 10.22 所示。勾选"平均值和标准差"和"叉积偏差和协方差"复选框,并选中"成对排除个案"单选按钮,然后单击"继续"按钮,保存设置结果。

图 10.22 "双变量相关性:选项"对话框

对话框选项设置/说明

"统计"选项组只能用于皮尔逊相关系数,有以下两个复选框。

- 平均值和标准差:显示每个变量的平均值与标准差及非缺失值的样本数。
- 叉积偏差和协方差:显示每对变量的叉积离差矩阵和协方差矩阵。叉积离差等于均值校正变量积的和,是皮尔逊相关系数的分子;协方差为两个变量关系的非标准化测度,等于叉积离差除以 n−1。

为了展示所有结果,我们把两个选项都勾选。

"缺失值"选项组中有以下两个选项。

- 成对排除个案:除去相关分析中含有缺失值的变量对,由于相关系数是根据特定变量的有效值计算的(每个计算均使用最大的信息),因此相关系数矩阵的相关系数是根据不同的样本数计算而来的。
- 成列排除个案:除去参与相关分析的变量中有缺失值的观测量。

相关分析结果如图 10.23 所示。从图中可以看出，所有参与相关分析的变量之间都具有很强的相关性，并且在 0.01 的显著性水平上显著。

相关性

		载脂蛋白A含量	载脂蛋白B含量	载脂蛋白E含量	载脂蛋白C含量	低密度脂蛋白	高密度脂蛋白
载脂蛋白A含量	皮尔逊相关性	1	.992**	.991**	.996**	.995**	.988**
	Sig.（双尾）		0	0	0	0	0
	平方和与叉积	221960	158044	7616.6	13632.9	98811	441381
	协方差	770.694	548.764	26.447	47.336	343.094	1532.573
	个案数	289	289	289	289	289	289
载脂蛋白B含量	皮尔逊相关性	.992**	1	.996**	.987**	.995**	.988**
	Sig.（双尾）	0		0	0	0	0
	平方和与叉积	158044	114360	5489.86	9697.7	70994	316759
	协方差	548.764	397.083	19.062	33.673	246.507	1099.858
	个案数	289	289	289	289	289	289
载脂蛋白E含量	皮尔逊相关性	.991**	.996**	1	.991**	.992**	.980**
	Sig.（双尾）	0	0		0	0	0
	平方和与叉积	7616.6	5489.86	265.867	469.364	3412.51	15158.46
	协方差	26.447	19.062	0.923	1.63	11.849	52.634
	个案数	289	289	289	289	289	289
载脂蛋白C含量	皮尔逊相关性	.996**	.987**	.991**	1	.991**	.981**
	Sig.（双尾）	0	0	0		0	0
	平方和与叉积	13632.9	9697.7	469.364	843.84	6070.8	27021.4
	协方差	47.336	33.673	1.63	2.93	21.079	93.824
	个案数	289	289	289	289	289	289
低密度脂蛋白	皮尔逊相关性	.995**	.995**	.992**	.991**	1	.988**
	Sig.（双尾）	0	0	0	0		0
	平方和与叉积	98811	70994	3412.51	6070.8	44476	197502
	协方差	343.094	246.507	11.849	21.079	154.431	685.771
	个案数	289	289	289	289	289	289
高密度脂蛋白	皮尔逊相关性	.988**	.988**	.980**	.981**	.988**	1
	Sig.（双尾）	0	0	0	0	0	
	平方和与叉积	441381	316759	15158.46	27021.4	197502	899338
	协方差	1532.573	1099.858	52.634	93.824	685.771	3122.701
	个案数	289	289	289	289	289	289

**.在 0.01 级别（双尾），相关性显著。

图 10.23 相关分析结果 1

比如载脂蛋白 A 含量与载脂蛋白 B 含量的相关性为 0.991982，并且在 0.01 的显著性水平上显著（体现在用两个星号标记），如图 10.24 所示，说明载脂蛋白 A 含量与载脂蛋白 B 含量之间存在非常显著的正相关关系。

		载脂蛋白A含量	载脂蛋白B含量	载脂蛋白E含量	载脂蛋白C含量	低密度用
载脂蛋白A含量	皮尔逊相关性	1	.992**	.991**	.996**	
	Sig.（双尾）		.000			
	平方和与叉积	221960.000	158044.000			

.992
**.在 0.01 级别（双尾），相关性显著。

图 10.24 相关分析结果 2

再比如低密度脂蛋白与低高密度脂蛋白的相关性为 0.987523，并且在 0.01 的显著性水平上显著（体现在用两个星号标记），如图 10.25 所示，同样说明低密度脂蛋白与低高密度脂蛋白之间存在非常显著的正相关关系。

低密度脂蛋白	皮尔逊相关性	.995**	.995**	.992**	.991**	1	.988**	
	Sig.（双尾）	.000	.000	.000	.000		.988	
	平方和与叉积	98811.000	70994.000	3412.510	6070.800	44476.000	197502.000	**.在 0.01 级别（双尾），相关性显著。
	协方差	343.094	246.507	11.849	21.079	154.431	685.771	

图 10.25 相关分析结果 3

2. 对参与体检者的血常规情况进行简单相关分析

操作步骤如下：

01 打开数据文件 10，进入 SPSS 统计数据编辑器窗口，在菜单栏中依次选择"分析 | 相关 | 双变量"命令，打开"双变量相关性"对话框，如图 10.26 所示。

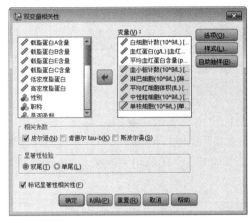

图 10.26 "双变量相关性"对话框

皮尔逊简单相关系数：若随机变量 X、Y 的联合分布是二维正态分布，x_i 和 y_i 分别为 n 次独立观测值，则计算 ρ 和 r 的公式分别定义为

$$\rho = \frac{E[X - E(X)][Y - E(Y)]}{\sqrt{D(X)}\sqrt{D(Y)}}$$

$$r = \frac{\sum_{i=1}^{n}(x_i - \bar{x})(y_i - \bar{y})}{\sqrt{\sum_{i=1}^{n}(x_i - \bar{x})^2}\sqrt{\sum_{i=1}^{n}(y_i - \bar{y})^2}}$$

其中，

$$\bar{x} = \frac{1}{n}\sum_{i=1}^{n}x_i$$

$$\bar{y} = \frac{1}{n}\sum_{i=1}^{n}y_i$$

可以证明，样本相关系数为总体相关系数 ρ 的最大似然估计量。

简单相关系数 r 的性质：

① $-1 \leq r \leq 1$，r 绝对值越大，表明两个变量之间的相关程度越强。
② 若 $0 \leq r \leq 1$，则表明两个变量之间存在正相关；若 $r=1$，则表明变量间存在完全正相关的关系。
③ 若 $-1 \leq r \leq 0$，则表明两个变量之间存在负相关；若 $r=-1$，则表明变量间存在完全负相关的关系。
④ $r=0$，表明两个变量之间无线性相关。

注意，简单相关系数所反映的并不是任何一种关系，而仅仅是线性关系。另外，相关系数所反映的线性关系并不一定是因果关系。

02 将"白细胞计数""血红蛋白含量""平均血红蛋白含量""血小板计数""淋巴细胞含量""平均红细胞体积""中性粒细胞含量""单核细胞含量"选入"变量"列表框中。

03 单击"选项"按钮，打开"双变量相关性：选项"对话框，如图10.27所示。勾选"平均值和标准差"和"叉积偏差和协方差"复选框，并选中"成对排除个案"单选按钮，然后单击"继续"按钮，保存设置结果。

图10.27 "双变量相关性：选项"对话框

从图10.28中可以看出，除了"单核细胞含量"与"血红蛋白含量""平均血红蛋白含量""淋巴细胞含量""平均红细胞体积""中性粒细胞含量"之间的相关系数不够显著之外，其他变量之间的相关很强，在0.01的显著性水平上显著。

相关性

		白细胞计数 (10^9/L)	血红蛋白 (g/L)	平均血红蛋白含量(pg)	血小板计数 (10^9/L)	淋巴细胞 (10^9/L)	平均红细胞体积(fL)	中性粒细胞 (10^9/L)	单核细胞 (10^9/L)
白细胞计数 (10^9/L)	皮尔逊相关性	1	.906**	.893**	-.981**	.988**	.927**	.912**	-.233**
	Sig.(双尾)		0	0	0	0	0	0	0
	平方和与叉积	762.67	718.283	97.569	-18193.871	320.908	1421.958	387.463	-1.611
	协方差	2.648	2.494	0.339	-63.173	1.114	4.937	1.345	-0.006
	个案数	289	289	289	289	289	289	289	289
血红蛋白 (g/L)	皮尔逊相关性	.906**	1	.976**	-.902**	.899**	.995**	.985**	-.126*
	Sig.(双尾)	0		0	0	0	0	0	0.032
	平方和与叉积	718.283	823.304	110.727	-17384.68	303.546	1584.926	434.792	-0.909
	协方差	2.494	2.859	0.384	-60.363	1.054	5.503	1.51	-0.003
	个案数	289	289	289	289	289	289	289	289
平均血红蛋白含量(pg)	皮尔逊相关性	.893**	.976**	1	-.867**	.873**	.982**	.976**	-0.071
	Sig.(双尾)	0	0		0	0	0	0	0.23
	平方和与叉积	97.569	110.727	15.646	-2304.183	40.619	215.753	59.386	-0.07
	协方差	0.339	0.384	0.054	-8.001	0.141	0.749	0.206	0
	个案数	289	289	289	289	289	289	289	289
血小板计数 (10^9/L)	皮尔逊相关性	-.981**	-.902**	-.867**	1	-.992**	-.919**	-.910**	.280**
	Sig.(双尾)	0	0	0		0	0	0	0
	平方和与叉积	-18193.871	-17384.68	-2304.183	451302.81	-7842.076	-34296.447	-9406.224	47.1
	协方差	-63.173	-60.363	-8.001	1567.024	-27.229	-119.085	-32.661	0.164
	个案数	289	289	289	289	289	289	289	289
淋巴细胞 (10^9/L)	皮尔逊相关性	.988**	.899**	.873**	-.992**	1	.919**	.905**	-.199**
	Sig.(双尾)	0	0	0	0		0	0	0.001
	平方和与叉积	320.908	303.546	40.619	-7842.076	138.44	600.8	163.878	-0.586
	协方差	1.114	1.054	0.141	-27.229	0.481	2.086	0.569	-0.002
	个案数	289	289	289	289	289	289	289	289
平均红细胞体积(fL)	皮尔逊相关性	.927**	.995**	.982**	-.919**	.919**	1	.979**	-.136*
	Sig.(双尾)	0	0	0	0	0		0	0.021
	平方和与叉积	1421.958	1584.926	215.753	-34296.447	600.8	3084.348	836.933	-1.887
	协方差	4.937	5.503	0.749	-119.085	2.086	10.71	2.906	-0.007
	个案数	289	289	289	289	289	289	289	289
中性粒细胞 (10^9/L)	皮尔逊相关性	.912**	.985**	.976**	-.910**	.905**	.979**	1	-.135*
	Sig.(双尾)	0	0	0	0	0	0		0.021
	平方和与叉积	387.463	434.792	59.386	-9406.224	163.878	836.933	236.815	-0.522
	协方差	1.345	1.51	0.206	-32.661	0.569	2.906	0.822	-0.002
	个案数	289	289	289	289	289	289	289	289
单核细胞 (10^9/L)	皮尔逊相关性	-.233**	-.126*	-0.071	.280**	-.199**	-.136*	-.135*	1
	Sig.(双尾)	0	0.032	0.23	0	0.001	0.021	0.021	
	平方和与叉积	-1.611	-0.909	-0.07	47.1	-0.586	-1.887	-0.522	0.063
	协方差	-0.006	-0.003	0	0.164	-0.002	-0.007	-0.002	0
	个案数	289	289	289	289	289	289	289	289

**. 在 0.01 级别（双尾），相关性显著。
*. 在 0.05 级别（双尾），相关性显著。

图10.28 相关分析结果4

10.6 回归分析

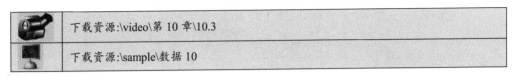

回归分析过程如下:

(1) 以"低密度脂蛋白"为因变量,以"载脂蛋白 A 含量""载脂蛋白 B 含量""载脂蛋白 E 含量""载脂蛋白 C 含量"为自变量进行多重线性回归。

建立线性模型:

低密度脂蛋白= a*载脂蛋白 A 含量 +b*载脂蛋白 B 含量 +c*载脂蛋白 E 含量 +d*载脂蛋白 C 含量 +e+u

(2) 以"高密度脂蛋白"为因变量,以"载脂蛋白 A 含量""载脂蛋白 B 含量""载脂蛋白 E 含量""载脂蛋白 C 含量"为自变量进行多重线性回归。

建立线性模型:

高密度脂蛋白= a*载脂蛋白 A 含量 +b*载脂蛋白 B 含量 +c*载脂蛋白 E 含量 +d*载脂蛋白 C 含量 +e+u

(1) 以"低密度脂蛋白"为因变量,以"载脂蛋白 A 含量""载脂蛋白 B 含量""载脂蛋白 E 含量""载脂蛋白 C 含量"为自变量进行多重线性回归分析。操作步骤及结果如下:

01 打开数据文件 10,进入 SPSS 统计数据编辑器窗口。在菜单栏中选择"分析|回归|线性"命令,打开"线性回归"对话框,如图 10.29 所示,将"低密度脂蛋白"选入"因变量"列表框中,将载脂蛋白 A 含量""载脂蛋白 B 含量""载脂蛋白 E 含量""载脂蛋白 C 含量"选入"自变量"列表框中。

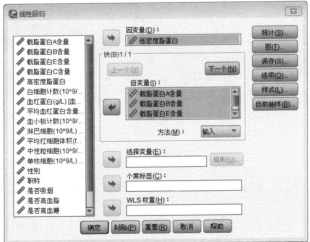

图 10.29 "线性回归"对话框

02 单击"统计"按钮,打开"线性回归:统计"对话框,如图 10.30 所示。勾选"估算值""模型拟合"和"德宾-沃森"复选框,然后单击"继续"按钮,保存设置。

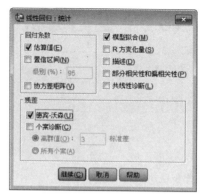

图 10.30 “线性回归：统计”对话框

03 其他使用系统默认设置即可。

04 设置完毕后，单击“确定”按钮，等待输出结果。

图 10.31 给出了输入/除去的变量情况。从图中可以看出，在本实验中采用“输入”方法选择变量，没有变量被除去，输入的变量是“载脂蛋白 C 含量，载脂蛋白 B 含量，载脂蛋白 E 含量，载脂蛋白 A 含量”。

图 10.32 给出了模型摘要。从该图可以得到 R、R 方、调整后 R 方、标准估算的错误及德宾-沃森统计量。从可决系数、修正的可决系数的角度来看，模型的解释能力非常出色，模型的可决系数（R 方）= 0.994，模型修正的可决系数（调整后 R 方）= 0.994，说明模型的解释能力非常优秀、接近完美。从 D-W 统计量来看，模型的多重共线性很不明显。

输入/除去的变量[a]

模型	输入的变量	除去的变量	方法
1	载脂蛋白C含量, 载脂蛋白B含量, 载脂蛋白E含量, 载脂蛋白A含量[b]	.	输入

a. 因变量：低密度脂蛋白

b. 已输入所请求的所有变量。

图 10.31 输入/除去的变量

模型摘要[b]

模型	R	R 方	调整后 R 方	标准估算的错误	德宾-沃森
1	.997[a]	.994	.994	.950	2.171

a. 预测变量：(常量), 载脂蛋白C含量, 载脂蛋白B含量, 载脂蛋白E含量, 载脂蛋白A含量

b. 因变量：低密度脂蛋白

图 10.32 模型摘要

图 10.33 给出了 ANOVA 方差分析的结果。由该图可以得到模型的显著性是 0.000，小于显著性水平 0.05，可以判断模型整体非常显著。模型的 F 值是 12247.57，说明模型整体上是非常显著的。

ANOVA[a]

模型		平方和	自由度	均方	F	显著性
1	回归	44219.656	4	11054.914	12247.578	.000[b]
	残差	256.344	284	.903		
	总计	44476.000	288			

a. 因变量：低密度脂蛋白

b. 预测变量：(常量), 载脂蛋白C含量, 载脂蛋白B含量, 载脂蛋白E含量, 载脂蛋白A含量

图 10.33 ANOVA 统计结果

模型没有经过除去变量直接得到最终结果，如图 10.34 所示。在最终回归模型中，变量载脂蛋

白 A 含量、载脂蛋白 B 含量、载脂蛋白 C 含量、载脂蛋白 E 含量及常量都非常显著。

系数^a

模型		未标准化系数 B	标准错误	标准化系数 Beta	t	显著性
1	(常量)	62.463	2.630		23.754	.000
	载脂蛋白A含量	.125	.030	.280	4.143	.000
	载脂蛋白B含量	.425	.037	.681	11.556	.000
	载脂蛋白E含量	-1.902	.770	-.147	-2.470	.014
	载脂蛋白C含量	1.344	.437	.185	3.075	.002

a. 因变量：低密度脂蛋白

图 10.34 系数统计结果

该回归模型的方程是：

低密度脂蛋白=0.125*载脂蛋白 A 含量+0.425*载脂蛋白 B 含量-1.902*载脂蛋白 E 含量+1.344*载脂蛋白 C 含量+62.463

图 10.35 给出了一些残差的统计量。从该图可以得到预测值、残差、标准预测值和标准残差的最小值、最大值等统计量。

残差统计^a

	最小值	最大值	平均值	标准偏差	个案数
预测值	123.07	164.17	145.53	12.391	289
残差	-1.264	1.941	.000	.943	289
标准预测值	-1.813	1.504	.000	1.000	289
标准残差	-1.331	2.043	.000	.993	289

a. 因变量：低密度脂蛋白

图 10.35 残差统计量

经过以上分析，可以发现参与体检者的血清中低密度脂蛋白的胆固醇含量与载脂蛋白 A 含量、载脂蛋白 B 含量、载脂蛋白 E 含量、载脂蛋白 C 含量都有显著关系。其中载脂蛋白 A 含量、载脂蛋白 B 含量、载脂蛋白 C 含量对低密度脂蛋白的胆固醇含量起正向作用，而载脂蛋白 E 含量对低密度脂蛋白的胆固醇含量起反向作用。

（2）以"高密度脂蛋白"为因变量，以"载脂蛋白 A 含量""载脂蛋白 B 含量""载脂蛋白 E 含量""载脂蛋白 C 含量"等为自变量进行多重线性回归分析。操作步骤及结果如下：

01 打开数据文件 10，进入 SPSS 统计数据编辑器窗口。在菜单栏中选择"分析｜回归｜线性"命令，打开"线性回归"对话框，如图 10.36 所示，将"低密度脂蛋白"选入"因变量"列表框中，将载脂蛋白A含量"载脂蛋白B含量""载脂蛋白E含量""载脂蛋白C含量"选入"自变量"列表框中。

02 单击"统计"按钮，打开"线性回归：统计"对话框，如图 10.37 所示，勾选"估算值""模型拟合"和"德宾-沃森"复选框，然后单击"继续"按钮，保存设置。

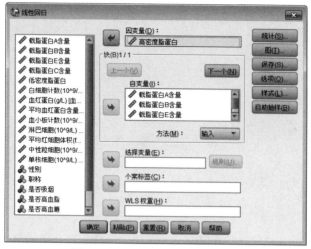

图 10.36 "线性回归"对话框

图 10.37 "线性回归:统计"对话框

03 其他使用系统默认设置即可。
04 设置完毕后,单击"确定"按钮,等待输出结果。

图 10.38 给出了输入/除去的变量情况。从图中可以看出,在本实验中采用"输入"方法选择变量,没有变量被除去,输入的变量是"载脂蛋白 C 含量,载脂蛋白 B 含量,载脂蛋白 E 含量,载脂蛋白 A 含量"。

图 10.39 给出了模型摘要。从该图可以得到 R、R 方、调整后 R 方、标准估算的错误及德宾-沃森统计量。从可决系数、修正的可决系数的角度来看,模型的解释能力非常出色,模型的可决系数(R 方)= 0.991,模型修正的可决系数(调整后 R 方)= 0.983,说明模型的解释能力非常优秀、接近完美。从 D-W 统计量来看,模型的多重共线性很不明显。

输入/除去的变量^a

模型	输入的变量	除去的变量	方法
1	载脂蛋白C含量、载脂蛋白B含量、载脂蛋白E含量、载脂蛋白A含量		输入

a. 因变量:高密度脂蛋白
b. 已输入所请求的所有变量。

图 10.38 输入/除去的变量

模型摘要^b

模型	R	R 方	调整后 R 方	标准估算的错误	德宾-沃森
1	.991^a	.983	.983	7.348	2.160

a. 预测变量:(常量),载脂蛋白C含量、载脂蛋白B含量、载脂蛋白E含量、载脂蛋白A含量
b. 因变量:高密度脂蛋白

图 10.39 模型摘要

图 10.40 给出了 ANOVA 方差分析结果。由该图可以得到模型的显著性是 0.000,小于显著水平 0.05,可以判断模型整体非常显著。模型的 F 值是 4093.304,说明模型整体上是非常显著的。

ANOVA^a

模型		平方和	自由度	均方	F	显著性
1	回归	884004.586	4	221001.147	4093.304	.000^b
	残差	15333.414	284	53.991		
	总计	899338.000	288			

a. 因变量:高密度脂蛋白
b. 预测变量:(常量),载脂蛋白C含量、载脂蛋白B含量、载脂蛋白E含量、载脂蛋白A含量

图 10.40 ANOVA 方差统计结果

模型没有经过除去变量直接得到最终结果，如图10.41所示。在最终回归模型中，变量载脂蛋白A含量、载脂蛋白B含量、载脂蛋白E含量及常量都非常显著。

系数ᵃ

模型		未标准化系数		标准化系数	t	显著性
		B	标准错误	Beta		
1	(常量)	-73.852	20.338		-3.631	.000
	载脂蛋白A含量	1.393	.234	.692	5.951	.000
	载脂蛋白B含量	2.686	.284	.958	9.446	.000
	载脂蛋白E含量	-36.614	5.955	-.630	-6.148	.000
	载脂蛋白C含量	-.983	3.380	-.030	-.291	.771

a. 因变量：高密度脂蛋白

图 10.41 系数统计结果

该回归模型的方程是：

高密度脂蛋白=1.393*载脂蛋白A含量+2.686*载脂蛋白B含量-36.614*载脂蛋白E含量-73.852

图 10.42 给出了一些残差的统计量。从该图可以得到预测值、残差、标准预测值和标准残差的最小值、最大值等统计量。

残差统计ᵃ

	最小值	最大值	平均值	标准偏差	个案数
预测值	125.56	310.97	225.47	55.403	289
残差	-12.512	16.521	.000	7.297	289
标准预测值	-1.803	1.543	.000	1.000	289
标准残差	-1.703	2.248	.000	.993	289

a. 因变量：高密度脂蛋白

图 10.42 残差统计量

经过以上分析，可以发现参与体检者的血清中高密度脂蛋白的胆固醇含量与载脂蛋白A含量、载脂蛋白B含量、载脂蛋白E含量都有显著关系。其中载脂蛋白A含量、载脂蛋白B含量对高密度脂蛋白的胆固醇含量起正向作用，而载脂蛋白E含量对高密度脂蛋白的胆固醇含量起反向作用。

10.7 因子分析

📹	下载资源:\video\第 10 章\10.4
💻	下载资源:\sample\数据 10

因子分析的数学模型可以表示为 $X_{p \times 1} = A_{p \times m} \cdot F_{m \times 1} + e_{p \times 1}$，其中 X 为可实测的 p 维随机向量，其每个分量代表一个指标或变量。$F = (F_1, F_2, ..., F_m)^T$ 为不可观测的 m 维随机向量，其各个分量将出现在每个变量之中，称为公共因子。矩阵 A 称为因子载荷矩阵，矩阵中的每一个元素称为因子载荷，表示第 i 个变量在第 j 个公共因子上的载荷，它们需要由多次观测 X 所得到的样本来估计。向量 e 称为特殊因子，其中包括随机误差，它们满足以下条件：

（1）$Cov(F,e)=0$，即 F 与 e 不相关。
（2）$Cov(F_i, F_j) = 0, i \neq j$；$Var(F_i) = Cov(F_i, F_j) = I$，即向量 F 的协方差矩阵为 m 阶单位阵。

（3）$Cov(e_i, e_j) = 0, i \neq j$；$Var(e_i) = \sigma_i^2$，即向量 e 的协方差矩阵为 p 阶对角阵。

因子分析的基本思想是通过变量的相关系数矩阵内部结构的分析，从中找出少数几个能控制原始变量的随机变量 $F_i(i=1,2,...,m)$，选取公共因子的原则是尽可能多地包含原始变量中的信息，建立模型 $X = A \cdot F + e$，忽略 e，以 F 代替 X，用它再现原始变量 X 的众多分量之间的相关关系，达到简化变量降低维数的目的。

对于因子分析，我们准备对参与体检者的白细胞计数、血红蛋白含量、平均血红蛋白含量、血小板计数、淋巴细胞含量、平均红细胞体积、中性粒细胞含量、单核细胞含量等指标数据提取公因子。

实验的操作步骤如下：

01 打开数据文件 10，进入 SPSS 统计数据编辑器窗口。在菜单栏中依次选择"分析｜降维｜因子"命令，打开"因子分析"对话框，如图 10.43 所示，将"白细胞计数、血红蛋白含量、平均血红蛋白含量、血小板计数、淋巴细胞含量、平均红细胞体积、中性粒细胞含量、单核细胞含量"等 8 个变量选入"变量"列表框中。如果需要使用部分观测量参与因子分析，则从左侧变量列表框中选择一个能够标记这部分观测量（它们构成观测量的一个子集）的变量移入"选择变量"列表框中，并单击右边的"值"按钮，打开如图 10.44 所示的"因子分析：设置值"对话框。在"选择变量值"文本框中输入能标记需选择的这部分观测量的变量值，如果使用全部观测量，则该步骤可以省略。这里我们使用全部的观测量，省略这一步骤。

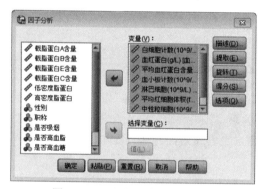

图 10.43 "因子分析"对话框

图 10.44 "因子分析：设置值"对话框

02 单击"描述"按钮，弹出"因子分析：描述"对话框，如图 10.45 所示，在"统计"和"相关性矩阵"选项组中分别勾选"初始解"和"KMO 和巴特利特球形度检验"复选框，单击"继续"按钮，保存设置结果。

图 10.45 "因子分析：描述"对话框

对话框选项设置/说明

"统计"选项组中有以下两个选项。

- 单变量描述：输出各个分析变量的平均值、标准差及观测量数。
- 初始解：为系统默认项，输出各个分析变量的初始共同度、特征值及解释方差的百分比。

这里选择"初始解"选项。

"相关矩阵"选项组中有以下选项。

- 系数：可以分析变量的相关系数矩阵。
- 显著性水平：输出每个相关阵中相关系数为 0 的单尾显著性水平。
- 决定因子：计算相关系数矩阵的行列式值。
- KMO 和巴特利特球形度检验：前者给出抽样充足量的测度，检验变量间的偏相关系数是否过小，后者检验相关系数矩阵是否是单位阵，如果是单位阵，则表明不适合采用因子模型。
- 逆：给出相关系数矩阵的逆矩阵。
- 再生：输出因子分析后的估计相关系数矩阵及残差阵（原始相关阵与再生相关阵的差）。
- 反映像：包括偏相关系数的负数及偏协方差的负数。在一个好的因子模型中，反映像相关阵中，主对角线之外的元素应很小，主对角线上的元素用于测度抽样的充足量。

这里选择"KMO 和巴特利特球形度检验"选项，读者在实际操作中可以根据上面的介绍自行选择需要输出的统计量。

03 单击"提取"按钮，弹出"因子分析：提取"对话框，如图 10.46 所示，勾选"碎石图"复选框，其他为系统默认选择，单击"继续"按钮，保存设置结果。

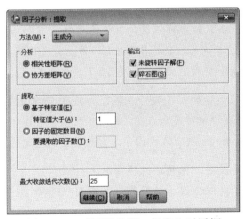

图 10.46 "因子分析：提取"对话框

对话框选项设置/说明

单击"方法"右侧的下拉按钮，打开下拉列表，从中可以选择公因子提取方法，如主成分、未加权最小平方、广义最小平方、最大似然、主轴因式分解、Alpha 因式分解、映像因式分解。

在 SPSS 官方网站的帮助文档"IBM_SPSS_Statistics_Base"中，对这些公因子提取方法都进行了详细解释。

- 主成分分析（Principal Components Analysis）：该方法作为因子提取方法的一种，用于形成观察变量的不相关的线性组合。在主成分分析中，一个非常重要的特点是，第一个成分具有最大的方差，后面的成分对方差的解释的比例呈现逐渐变小走势，而且这些主成分相互之间均不相关。主成分分析通常用来获取最初因子解，可以在相关性矩阵是奇异矩阵时使用。
- 未加权最小平方（Unweighted Least-Squares Method）：该方法作为因子提取方法的一种，可以使观察的相关性矩阵和再生的相关性矩阵之间的差的平方值之和最小（忽略对角线）。
- 广义最小平方（Generalized Least-Squares Method）：该方法作为因子提取方法的一种，可以使观察的相关性矩阵和再生的相关性矩阵之间的差的平方值之和最小，相关系数要进行加权。权重为它们单值的倒数，这样单值高的变量，其权重比单值低的变量的权重小。
- 最大似然法（Maximum-Likelihood Method）：该方法作为因子提取方法的一种，在样本来自多变量正态分布的情况下，其生成的参数估计最有可能生成观察到的相关性矩阵。将变量单值的倒数作为权重对相关性进行加权，并使用迭代算法。
- 主轴因子分解（Principal Axis Factoring）：该方法作为因子提取方法的一种，在初始相关性矩阵中，多元相关系数的平方放置于对角线上作为公因子方差的初始估计值。这些因子载荷是用来估计替换对角线中的旧公因子方差估计值的新公因子方差。继续迭代，直到某次迭代和下次迭代之间公因子方差的改变幅度能满足提取的收敛性条件。
- Alpha 因式分解：该方法作为因子提取方法的一种，将分析中的变量视为来自潜在变量全体的一个样本。此方法使因子的 Alpha 可靠性最大。
- 映像因式分解（Image Factoring）：该方法作为因子提取方法的一种，由 Guttman 开发，基于映像理论。变量的公共部分（偏映像）定义为其对剩余变量的线性回归，而非假设因子的函数。

这里选择"主成分"分析法，读者可以选择其他方法并将其结果与我们的结果进行对比。
"分析"选项组用于选择分析内容，包括相关性矩阵和协方差矩阵，这里选择"相关性矩阵"。
"输出"选项组用于选择需要显示的内容，包括以下两个选项。

- 未旋转因子解：未经旋转的因子载荷矩阵、共同度及特征值。
- 碎石图：是与各因子关联的方差散点图，用它确定有多少因子应予以保留，图上有一个明显的分界点，其左边陡峭的斜坡代表大因子，右边缓变的尾部代表其余的小因子（碎石）。

这里为了能够更加详细地说明，把两个选项都选上。
"抽取"选项组用于选择提取公因子的数量，也有两个选择。

- 基于特征值：选中该单选按钮并在"特征值大于"文本框中输入一个数值（系统的默认值为1），凡特征值大于该数值的因子都将被作为公因子提取出来。
- 因子的固定数目：选中该单选按钮并在"要提取的因子数"文本框中指定提取公因子的数量。

最下面的"最大收敛迭代次数"文本框用于设置最大的迭代步数，系统默认的最大迭代步数为 25。这里我们采用默认设置。

04 单击"旋转"按钮，弹出"因子分析：旋转"对话框，如图 10.47 所示，在"方法"选项组中选中"最大方差法"单选按钮，其他为系统默认，单击"继续"按钮，保存设置结果。

图 10.47 "因子分析：旋转"对话框

=== 对话框选项设置/说明 ===

"方法"选项组中各选项的含义如下：

- 无：不进行旋转，为系统默认选项。
- 最大方差法：使每个因子具有高载荷，以使因子的解释得到简化。本例选择该方法。
- 直接斜交法：选择此项后，可在被激活的 Delta 文本框中输入不超过 0.8 的数值，系统默认的 Delta 值为 0，表示因子分析的解最倾斜。Delta 值可取负值（大于等于-1），Delta 值越接近于-1，旋转越接近正交。
- 四次幂极大法：一种用最少的因子解释每个变量的旋转法。
- 等量最大法：该方法将最大方差法和四次幂极大法相结合，使高载荷因子的变量数和需解释变量的因子数都达到最小的旋转法。
- 最优斜交法，即斜交旋转法，该方法允许因子之间相关，比直接斜交法计算得更快，更适合大量数据的情况。选择此项后，可在被激活的 Kappa 文本框中输入控制斜交旋转的参数值，默认值为 4（此值最适合于分析）。

"输出"选项组用于设置旋转解的输出。

- 旋转后的解：当在"方法"选项组中选择了一种旋转方法后，此选项才被激活。对于正交旋转，输出旋转模型矩阵、因子转换矩阵；对于斜交旋转，输出模式、结构和因子相关矩阵。
- 载荷图：用于设置输出的图形，如果选择此项，就会输出前两个公因子的二维载荷图，或前 3 个因子的三维载荷图。若仅提取一个公因子，则不输出因子载荷图。当选择了一种旋转方法后，"最大收敛迭代次数"文本框被激活，可以输入指定的最大迭代次数，系统默认为 25。本例选择输出载荷图。

05 单击"得分"按钮，弹出"因子分析：因子得分"对话框，如图 10.48 所示，勾选"保存为变量"和"显示因子得分系数矩阵"复选框，单击"继续"按钮，保存设置结果。

图 10.48 "因子分析:因子得分"对话框

对话框选项设置/说明

勾选"保存为变量"复选框时,对每个公共因子建立一个新变量(根据提取的公共因子的多少,默认的变量名为 fac_i,i=1,2,…),将因子得分保存到当前工作文件中,供其他统计分析时使用,这里选择此项。这时下方的"方法"选项组被激活,可以从中选择计算因子得分的方法。

- 回归:产生的因子得分的平均值等于 0,方差等于估计的因子得分与真实的因子值之间的复相关系数的平方。
- 巴特利特:产生的因子得分的平均值等于 0,变量范围之外的因子的平方和达到最小。
- 安德森-鲁宾:产生的因子得分的平均值等于 0,方差等于 1。此方法是对巴特利特法的改进,其保证了被估计因子的正交性。这里我们选择"回归"方法。

勾选最下面的"显示因子得分系数矩阵"复选框后,将给出变量乘以该矩阵中的系数,可获得因子得分,此矩阵也可以表示各因子得分之间的相关性。这里为了使分析结果更加清晰,选择此项。

06 单击"继续"按钮,回到"因子分析"对话框,单击"选项"按钮,弹出"因子分析:选项"对话框,如图 10.49 所示。

图 10.49 "因子分析:选项"对话框

对话框选项设置/说明

"缺失值"选项组用于设置缺失值的处理方式,有成列排除个案、成对排除个案和替换为平均值 3 个选项。

"系数显示格式"选项组用于控制输出矩阵的外观。

- 按大小排序:将因子载荷矩阵和结构矩阵按数值大小排序,使得对同一因子具有高载荷的变量在一起显示。

- 排除小系数：系统默认的指定值为 0.1，也可以在文本框中输入 0~1 之间的任意数值。

在这里，我们按照系统默认设置即可。单击"继续"按钮，回到"因子分析"对话框，单击"确定"按钮，进入计算分析。

图 10.50 给出了 KMO 和巴特利特的检验结果，其中 KMO 值越接近 1，表示越适合做因子分析。从该图可以得到 KMO 的值为 0.705，表示比较适合做因子分析；巴特利特球形度检验的原假设为相关系数矩阵，显著性为 0.000，小于显著水平 0.05。因此，拒绝原假设表示变量之间存在相关关系，适合做因子分析。

图 10.51 给出了公因子方差结果。从该图可以得到，因子分析的变量共同度都非常高，表明变量中的大部分信息均能够被因子所提取，说明因子分析的结果是有效的。

KMO 和巴特利特检验

KMO 取样适切性量数。		.705
巴特利特球形度检验	近似卡方	6898.025
	自由度	28
	显著性	.000

公因子方差

	初始	提取
白细胞计数(10^9/L)	1.000	.948
血红蛋白(g/L)	1.000	.963
平均血红蛋白含量(pg)	1.000	.946
血小板计数(10^9/L)	1.000	.949
淋巴细胞(10^9/L)	1.000	.934
平均红细胞体积(fL)	1.000	.978
中性粒细胞(10^9/L)	1.000	.962
单核细胞(10^9/L)	1.000	.987

提取方法：主成分分析法。

图 10.50　KMO 和巴特利特检验　　　图 10.51　公因子方差

图 10.52 给出了总方差解释的结果，该结果反映的是因子贡献率。该表中左侧部分为初始特征值，中间为提取主因子结果（提取载荷平方和），右侧为旋转后的主因子结果（旋转载荷平方和）。"总计"是指因子的特征值，"方差百分比"表示该因子的特征值占总特征值的百分比，"累积%"表示累积的百分比。其中只有前两个因子的特征值大于 1，并且前两个因子的特征值之和占总特征值的 95.841%，因此，提取前两个因子作为主因子。

总方差解释

成分	初始特征值			提取载荷平方和			旋转载荷平方和		
	总计	方差百分比	累积 %	总计	方差百分比	累积 %	总计	方差百分比	累积 %
1	6.660	83.249	83.249	6.660	83.249	83.249	6.572	82.145	82.145
2	1.007	12.592	95.841	1.007	12.592	95.841	1.096	13.696	95.841
3	.264	3.294	99.135						
4	.033	.411	99.546						
5	.023	.284	99.830						
6	.010	.127	99.956						
7	.003	.033	99.990						
8	.001	.010	100.000						

提取方法：主成分分析法。

图 10.52　总方差解释

图 10.53 给出了旋转之前的成分矩阵。从该图可以得到利用主成分方法提取的两个主因子的载荷值。为了方便解释因子含义，需要进行因子旋转，以方便解释因子的含义。

图 10.54 给出了旋转后的成分矩阵，其中旋转方法是最大方差法。通过因子旋转，各个因子有了比较明确的含义。

成分矩阵[a]		
	成分	
	1	2
白细胞计数(10^9/L)	.972	-.060
血红蛋白(g/L)	.977	.092
平均血红蛋白含量(pg)	.961	.151
血小板计数(10^9/L)	-.968	.111
淋巴细胞(10^9/L)	.966	-.033
平均红细胞体积(fL)	.986	.080
中性粒细胞(10^9/L)	.978	.081
单核细胞(10^9/L)	-.203	.973

提取方法：主成分分析法。
a. 提取了 2 个成分。

图 10.53　旋转之前的成分矩阵

旋转后的成分矩阵[a]		
	成分	
	1	2
白细胞计数(10^9/L)	.957	-.181
血红蛋白(g/L)	.981	-.030
平均血红蛋白含量(pg)	.972	.030
血小板计数(10^9/L)	-.946	.231
淋巴细胞(10^9/L)	.954	-.153
平均红细胞体积(fL)	.988	-.044
中性粒细胞(10^9/L)	.980	-.042
单核细胞(10^9/L)	-.079	.990

提取方法：主成分分析法。
旋转方法：凯撒正态化最大方差法。
a. 旋转在 3 次迭代后已收敛。

图 10.54　旋转后的成分矩阵

图 10.55 给出了特征值的碎石图，通常该图显示大因子的陡峭斜率和剩余因子平缓的尾部之间明显的中断。一般选取的主因子在非常陡峭的斜率上，而在平缓斜率上的因子对变异的解释非常小。从该图可以看出，前两个因子都处在非常陡峭的斜率上，而从第三个因子开始斜率变平缓，因此选择前两个因子作为主因子。

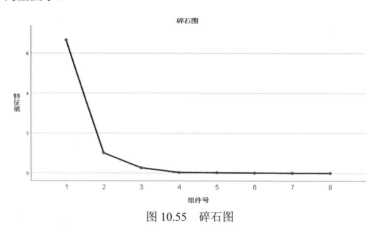

图 10.55　碎石图

图 10.56 给出了成分得分系数矩阵，图 10.57 给出了由成分得分系数矩阵计算的因子得分。其中成分得分系数矩阵是计算因子得分的依据，图 10.57 的结果是由图 10.56 提供的计算公式得到的。

综上所述，可以用两个公因子来描述参与体检者的白细胞计数、血红蛋白含量、平均血红蛋白含量、血小板计数、淋巴细胞含量、平均红细胞体积、中性粒细胞含量、单核细胞含量等血常规指标数据的信息。其中一个公因子主要载荷白细胞计数、血红蛋白含量、平均血红蛋白含量、血小板计数、淋巴细胞含量、平均红细胞体积、中性粒细胞含量等指标的信息，另一个公因子主要载荷单核细胞含量指标的信息。

成分得分系数矩阵

	成分 1	成分 2
白细胞计数(10^9/L)	.137	-.077
血红蛋白(g/L)	.157	.073
平均血红蛋白含量(pg)	.162	.131
血小板计数(10^9/L)	-.130	.128
淋巴细胞(10^9/L)	.140	-.050
平均红细胞体积(fL)	.157	.061
中性粒细胞(10^9/L)	.156	.061
单核细胞(10^9/L)	.090	.962

提取方法：主成分分析法。
旋转方法：凯撒正态化最大方差法。
组件得分。

图 10.56　成分得分系数矩阵

FAC1_1	FAC2_1
-1.36513	.17509
.18404	2.24370
.52109	-1.70203
-1.60145	-.53826
-.23192	.41844
1.47767	-.64392
-.23192	.41844
-.67295	.92390
.52109	-1.70203
-.23192	.41844
-.12116	.10686
-.12116	.10686
1.47767	-.64392
.18404	2.24370
.72531	-1.07838
.33555	1.42251
.72531	-1.07838
-.69328	-.60775
-.69328	-.60775
-.12116	.10686
-.46163	-.08052
1.47046	.48774
.72531	-1.07838
-.12116	.10686

图 10.57　因子得分数据

10.8　研究结论

根据以上所做的分析，我们可以得出以下结论：

（1）描述分析表明

有 289 个人参与了分析，他们的单核细胞最小的数据值分别是 0.4258；最大的数据值分别是 0.4850；平均值为 0.4535204；标准差是 0.0147662；偏度为-0.046，为负偏度；峰度为-0.339。限于篇幅，未列出其他信息。

（2）交叉表分析表明

在 289 名参与体检者中，有 67 名是男性、初级职称、不吸烟的，占比为总计的 27.9%；有 45 名是男性、中级职称、不吸烟的，占比为总计的 18.8%；有 3 名是男性、高级职称、不吸烟的，占比为总计的 1.3%；有 72 名是女性、初级职称、不吸烟的，占比为总计的 30%；有 47 名是女性、中级职称、不吸烟的，占比为总计的 19.6%；有 6 名是女性、高级职称、不吸烟的，占比为总计的 2.5%。限于篇幅，未列出其他信息。

（3）相关分析表明

参与体检者的低、高密度脂蛋白中的胆固醇含量与各种载脂蛋白的含量（包括"载脂蛋白 A 含量""载脂蛋白 B 含量""载脂蛋白 E 含量""载脂蛋白 C 含量""低密度脂蛋白""高密度脂蛋白"的指标）之间的相关系数非常高，而且相关关系非常显著。

参与体检者的血常规情况（包括"白细胞计数""血红蛋白含量""平均血红蛋白含量""血小板计数""淋巴细胞含量""平均红细胞体积""中性粒细胞含量""单核细胞含量"的指标），除了单核细胞含量与其他各个变量之间的相关系数比较小之外，其他变量之间的相关系数比较高。除了"单核细胞含量"与"血红蛋白含量""平均血红蛋白含量""淋巴细胞含量""平均红细胞体积""中性粒细胞含量"之间的相关系数不够显著之外，其他变量之间的相关很强，在 0.01 的显著性水平上显著。

（4）回归分析表明

参与体检者的血清中低密度脂蛋白的胆固醇含量与载脂蛋白 A 含量、载脂蛋白 B 含量、载脂蛋白 E 含量、载脂蛋白 C 含量都有显著关系。其中载脂蛋白 A 含量、载脂蛋白 B 含量、载脂蛋白 C 含量对低密度脂蛋白的胆固醇含量起正向作用，而载脂蛋白 E 含量对低密度脂蛋白的胆固醇含量起反向作用。

参与体检者的血清中高密度脂蛋白的胆固醇含量与载脂蛋白 A 含量、载脂蛋白 B 含量、载脂蛋白 E 含量都有显著关系。其中载脂蛋白 A 含量、载脂蛋白 B 含量对高密度脂蛋白的胆固醇含量起正向作用，而载脂蛋白 E 含量对高密度脂蛋白的胆固醇含量起反向作用。

（5）因子分析表明

可以用两个公因子来描述参与体检者的白细胞计数、血红蛋白含量、平均血红蛋白含量、血小板计数、淋巴细胞含量、平均红细胞体积、中性粒细胞含量、单核细胞含量等血常规指标数据的信息。其中一个公因子主要载荷白细胞计数、血红蛋白含量、平均血红蛋白含量、血小板计数、淋巴细胞含量、平均红细胞体积、中性粒细胞含量等指标的信息，另一个公因子主要载荷单核细胞含量指标的信息。

第 11 章

城镇居民消费支出结构研究及政策启示

"经济从高速增长转向高质量发展,消费升级是主流,消费降级是支流,消费分级是常态,而企业在认清大势之后还是要做好产品,弘扬'工匠精神'。"博鳌亚洲论坛 2019 年年会期间,金融研究院院长管清友在题为"契机·升级·创新——探寻未来高品质发展之路"峰会上表示[1]。我们认为,在消费升级主流、消费降级支流、消费分级常态的大背景下,对于以盈利为目的的企业来说,能否生产出迎合市场需求的产品,并且能够顺利实现销售,在很大程度上会关系到其生产经营的连续性。所以,从这种意义上,企业必须加强市场调研,而市场调研的基础则是需要认真研究目标市场的城镇居民消费支出结构,或者说只有把目标市场的城镇居民消费支出结构研究明白了,才能顺应市场要求,推出相应的产品。SPSS 作为一套功能强大的统计分析软件,完全可以用来研究城镇居民消费支出结构,定量分析变量之间的联系与区别。下面我们就来介绍一下 SPSS 在研究城镇居民消费支出结构中的应用。

11.1 研究背景

国家统计局于 2019 年 01 月 21 日发布了《2018 年居民收入和消费支出情况》[2]。

其中居民收入情况方面,2018 年,全国居民人均可支配收入为 28118 元,比上年名义增长 8.7%,扣除价格因素,实际增长 6.5%。其中,城镇居民人均可支配收入为 39251 元,增长(以下如无特别说明,均为同比名义增长)7.8%,扣除价格因素,实际增长 5.6%;农村居民人均可支配收入为 14617 元,增长 8.8%,扣除价格因素,实际增长 6.6%。全年全国居民人均可支配收入中位数为 24336 元,比上年增长 8.6%,中位数是平均数的 86.2%。其中,城镇居民人均可支配收入中位数为 36413 元,增长 7.6%,是平均数的 92.8%;农村居民人均可支配收入中位数为 13066 元,增长 9.2%,是平均数的 89.4%。按收入来源分,全年全国居民人均工资性收入为 15829 元,比上年增长 8.3%,占可支配收入的比重为 56.1%;人均经营净收入为 4852 元,增长 7.8%,占可支配收入的比重为 17.2%;人均财产净收入为 2379 元,增长 12.9%,占可支配收入的比重为 8.4%;人均转移净收入为 5168 元,增长 8.9%,占可支配收入的比重为 18.3%。

---

[1] http://finance.china.com.cn/news/special/boao2019/20190328/4936681.shtml
[2] http://www.stats.gov.cn/tjsj/zxfb/201804/t20180417_1594342.html

居民消费支出情况方面，2018 年，全国居民人均消费支出为 19853 元，比上年名义增长 8.4%，扣除价格因素，实际增长 6.2%。其中，城镇居民人均消费支出为 26112 元，增长 6.8%，扣除价格因素，实际增长 4.6%；农村居民人均消费支出为 12124 元，增长 10.7%，扣除价格因素，实际增长 8.4%。全年全国居民人均食品烟酒消费支出为 5631 元，比上年增长 4.8%，占人均消费支出的比重为 28.4%；人均衣着消费支出为 1289 元，增长 4.1%，占人均消费支出的比重为 6.5%；人均居住消费支出为 4647 元，增长 13.1%，占人均消费支出的比重为 23.4%；人均生活用品及服务消费支出为 1113 元，增长 9.1%，占人均消费支出的比重为 6.2%；人均交通通信消费支出为 2675 元，增长 7.1%，占人均消费支出的比重为 13.5%；人均教育文化娱乐消费支出为 1126 元，增长 6.7%，占人均消费支出的比重为 11.2%；人均医疗保健消费支出为 1685 元，增长 16.1%，占人均消费支出的比重为 8.5%；人均其他用品及服务消费支出为 477 元，增长 6.8%，占人均消费支出的比重为 2.4%。

表 1 2018 年全国居民收支主要数据

指标	绝对量（元）	比上年增长（%）
（一）全国居民人均可支配收入	28118	8.7（6.5）
按常住地分：		
城镇居民	39251	7.8（5.6）
农村居民	14617	8.8（6.6）
按收入来源分：		
工资性收入	15829	8.3
经营净收入	4852	7.8
财产净收入	2379	12.9
转移净收入	5168	8.9
（二）全国居民人均可支配收入中位数	24336	8.6
按常住地分：		
城镇居民	36413	7.6
农村居民	13066	9.2
（三）全国居民人均消费支出	19853	8.4（6.2）
按常住地分：		
城镇居民	26112	6.8（4.6）
农村居民	12124	10.7（8.4）
按消费类别分：		
食品烟酒	5631	4.8
衣着	1289	4.1
居住	4647	13.1
生活用品及服务	1113	9.1
交通和通信	2675	7.1
教育文化娱乐	1126	6.7
医疗保健	1685	16.1
其他用品及服务	477	6.8

注：

① 居民人均可支配收入 = 城镇居民人均可支配收入*城镇人口比重 + 农村居民人均可支配收入*农村人口比重。

② 居民人均可支配收入实际增速 = [（1+居民人均可支配收入名义增速）/同期居民消费价格指数] - 1；居民人均可支配收入实际增速 = 居民人均可支配收入名义增速/同期居民消费价格指数。

③ 全国居民人均可支配收入是根据全国十几万户抽样调查基础数据，依据每个样本户所代表的户数加权汇总而成。由于受城镇化和人口迁移等因素影响，各时期的分城乡、分地区人口构成发生变化，有时会导致全国居民收入增速超出分城乡居民收入增速区间的现象发生。主要是在城镇化过程中，一部分在农村收入较高的人口进入城镇地区，但在城镇属于较低收入人群，他们的迁移对城乡居民收入均有拉低作用。但无论在城镇还是农村，其收入增长效应都会体现在全体居民收入增长中。

④ 比上年增长栏中，括号中数据为实际增速，其他为名义增速。

⑤ 收入平均数和中位数都是反映居民收入集中趋势的统计量。平均数既能直观反映总体情况，又能反映总体结构，便于不同群体收入水平的比较，但容易受极端数据影响。中位数反映中间位置对象情况，较为稳健，能够避免极端数据影响，但不能反映结构情况。

表2 2018年城乡居民收支主要数据

指标	绝对量（元）	比上年名义增长（%）
（一）城镇居民人均可支配收入	39251	7.8
按收入来源分：		
工资性收入	23792	7.2
经营净收入	4443	9.3
财产净收入	4028	11.7
转移净收入	6988	7.1
（二）城镇居民人均消费支出	26112	6.8
按消费类别分：		
食品烟酒	7239	3.4
衣着	1808	2.9
居住	6255	12.4
生活用品及服务	1629	6.8
交通和通信	3473	4.6
教育文化娱乐	2974	4.5
医疗保健	2046	15.1
其他用品及服务	687	5.5
（三）农村居民人均可支配收入	14617	8.8
按收入来源分：		
工资性收入	5996	9.1
经营净收入	5358	6.6
财产净收入	342	12.9
转移净收入	2920	12.2

(续表)

指标	绝对量（元）	比上年名义增长（%）
（四）农村居民人均消费支出	12124	10.7
按消费类别分：		
食品烟酒	3646	6.7
衣着	648	5.9
居住	2661	13.0
生活用品及服务	720	13.6
交通和通信	1690	12.0
教育文化娱乐	1302	11.1
医疗保健	1240	17.1
其他用品及服务	218	8.7

11.2 研究方法

本文在研究中，对于居民消费结构，依照消费目的把城镇居民的消费支出分为8项：① 食品，包括粮油类、肉禽蛋水产品类、蔬菜类、调味品、糖烟酒饮料类、干鲜瓜果类、糕点及奶制品类、饮食服务等；② 衣着，包括服装、衣料等；③ 居住，包括住房、水、电、燃料等；④ 家庭设备用品及服务，包括耐用消费品、家庭日用品及家庭服务等；⑤ 医疗保健，包括医疗器具、医药费、保健用品等；⑥ 交通和通信，包括家庭交通工具及维修、交通费、通信工具、邮电费；⑦ 教育娱乐文化服务，包括各类教育费、文化娱乐费、书报费等；⑧ 杂项商品和服务，包括个人用品、理发、美容用品、旅游、服务费及其他用品。我们在进行分析研究时，考虑的关于消费支出的变量也与这 8 个方面相吻合。

本例采用的数据有我国《某年 1~4 季度中国大中城市居民家庭收入和支出统计》《某年 1~4 季度中国大中城市居民家庭消费支出统计》等，这些数据都摘编自《中国统计月报》。

采用的数据分析方法主要有：回归分析、相关分析、因子分析、图形分析等。

基本思路是：首先使用回归分析、相关分析等研究可支配收入与消费支出变量之间的关系；然后使用因子分析对各个消费支出变量提取公因子；最后使用图形分析直观展示。

11.3 数据分析与报告

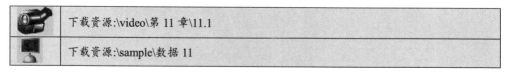

我们共设置了 22 个变量，分别是"城市""食品""粮油类""肉禽蛋水产品类""蔬菜类""调味品""糖烟酒饮料类""干鲜瓜果类""糕点及奶制品类""饮食服务""衣着""家庭设备用品""医疗保健""交通和通信""教育文化娱乐服务""教育""居住""杂项商品和服务"

"家庭总收入""可支配收入""家庭总支出""消费支出"。其中"城市"为字符串变量,其余变量均为数值类型变量,如图 11.1 所示。

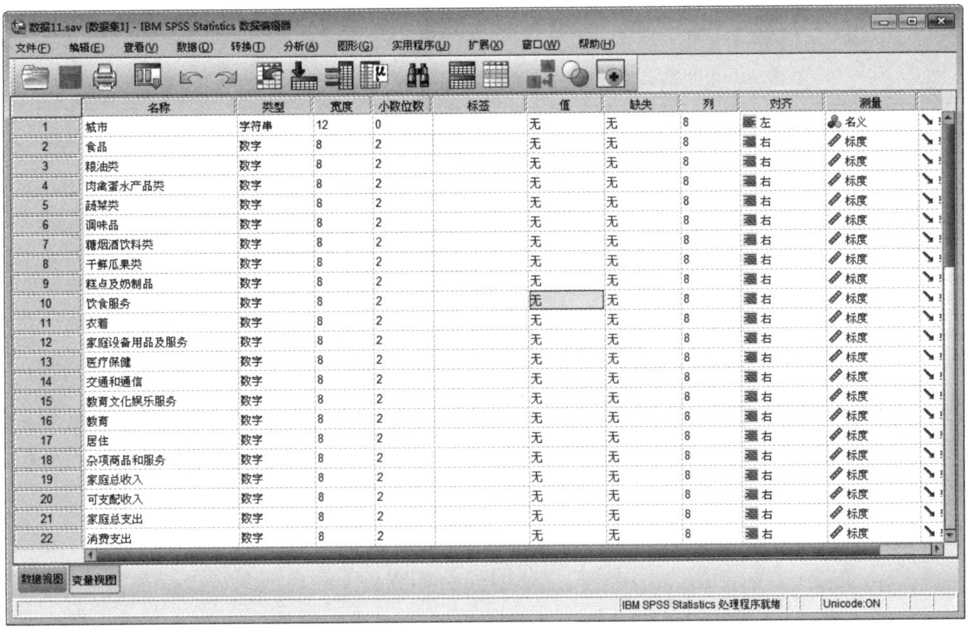

图 11.1 数据 11 变量视图

因为本例采用的是现成的数据,所以根据前面介绍的方法直接将所用数据录入 SPSS 中即可。样本是 36 个大中城市的相关数据,录入完成后,数据如图 11.2 所示。

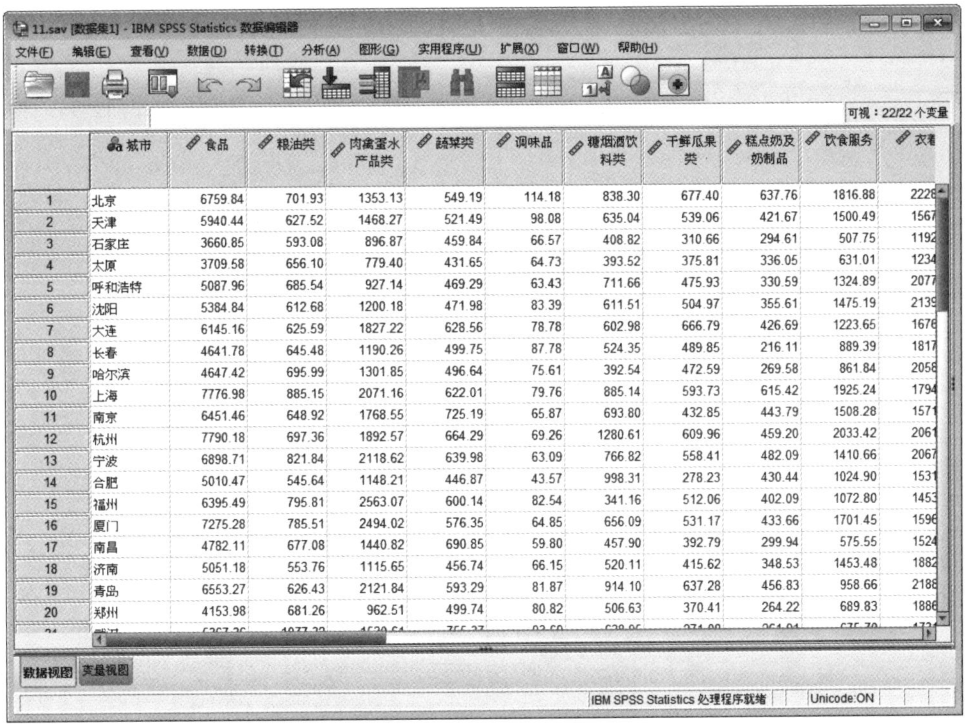

图 11.2 数据 11 数据视图

11.3.1 回归分析

在本文的研究过程中,我们需要特别提示变量"消费支出"包括"食品""衣着""家庭设备用品""医疗保健""交通和通信""教育文化娱乐服务""居住""杂项商品和服务",其中"食品"包括"粮油类""肉禽蛋水产品类""蔬菜类""调味品""糖烟酒饮料类""干鲜瓜果类""糕点及奶制品类""饮食服务"8个变量,而且变量"教育"是变量"教育文化娱乐服务"的一部分。

结合以上情况,回归分析过程如下:

第一,以"消费支出"为因变量,以"家庭总支出"为自变量,进行简单线性回归分析,探索"家庭总支出"对于"消费支出"的影响关系。

第二,以"消费支出"为因变量,以"可支配收入"为自变量,进行简单线性回归分析,探索"可支配收入"对于"消费支出"的影响关系。

第三,以"家庭总支出"为因变量,以"食品""衣着""家庭设备用品""医疗保健""交通和通信""教育文化娱乐服务""居住""杂项商品和服务"为自变量,进行多重线性回归分析,探索"食品""衣着""家庭设备用品""医疗保健""交通和通信""教育文化娱乐服务""居住""杂项商品和服务"对于"家庭总支出"的影响关系。

第四,以"教育"为因变量,以"教育文化娱乐服务"为自变量,进行简单线性回归分析,探索"教育文化娱乐服务"对于"教育"的影响关系。

第五,以"食品"为因变量,以"家庭总支出"为自变量,进行简单线性回归分析,探索"家庭总支出"对于"食品"的影响关系。

(1)以"消费支出"为因变量,以"家庭总支出"为自变量,进行简单线性回归分析。操作步骤如下:

01 进入SPSS 25.0,打开相关数据文件,选择"分析|回归|线性"命令,弹出如图11.3所示的对话框。

图11.3 "线性回归"对话框

02 选择进行简单线性回归分析的变量。在图 11.3 所示对话框左侧的列表框中选中"消费支出"并单击 按钮，使之进入"因变量"列表框中，然后选中"家庭总支出"并单击 按钮，使之进入"自变量"列表框中。在"方法"下拉列表中指定自变量进入分析的方式，通过选择不同的方法，可对相同的变量建立不同的回归模型。设置完毕后如图 11.4 所示。

图 11.4　设置完毕后的"线性回归"对话框

对话框选项设置/说明

建立多重回归的方法有以下 5 种。

- 输入：全部备选变量一次进入回归模型。
- 步进：在每一步中，一个最小概率（概率小于设定值）的变量将引入回归方程。若已经引入回归方程的变量的概率大于设定值，则被剔除出回归方程；若无变量被引入或被剔除，则终止回归过程。
- 除去：将所有不进入方程模型的备选变量一次剔除。
- 后退：一次性将所有变量引入方程，并依次进行剔除。首先剔除与因变量最小相关且符合剔除标准的变量，然后剔除第二个与因变量最小相关并且符合剔除标准的变量，依次类推。若方程中的变量均不满足剔除标准，则终止回归过程。
- 前进：被选变量依次进入回归模型。首先引入与因变量最大相关且符合引入标准的变量，引入第一个变量后，然后引入第二个与因变量最大偏相关并且符合引入标准的变量，依次类推。若无变量符合引入标准，则回归过程终止。

需要注意的是，无论选择哪种汇总引入方法，进入方程的变量必须符合容许偏差，默认的容许偏差是 0.0001。若同样一个变量使模型中变量的容许偏差低于默认的容许偏差，则不进入方程。

"选择变量"列表框用于指定分析个案的选择规则；"WLS 权重"列表框利用加权最小平方法给观测量不同的权重值，它可用来补偿或减少采用不同测量方式所产生的误差。需要注意的是，因变量与自变量不能再作为加权变量使用，如果加权变量的值是零、负数或缺失值，则相对应的观测量将被删除。

在本例中，我们选择"输入"方法进行回归，其他选项采用系统默认设置。

03 单击"统计"按钮,弹出"线性回归:统计"对话框,如图 11.5 所示。

图 11.5 "线性回归:统计"对话框

对话框选项设置/说明

"回归系数"选项组中是有关回归系数的选项。

- 估算值:输出回归系数、回归系数的标准误差、标准化回归系数 Beta、对回归系数进行检验的 T 值、T 值的双尾检验的显著性水平。
- 置信区间:输出每一个非标准化回归系数 95% 的可信区间或一个方差矩阵。
- 协方差矩阵:输出非标准化回归系数的协方差矩阵、各变量的相关系数矩阵。

这里只勾选"估算值"复选框就足够了。右侧是与模型拟合及其拟合效果有关的选项,各选项含义如下。

- 模型拟合:输出产生方程过程中引入模型及从模型中删除的变量,提供复相关系数 R、可决系数及修正的可决系数、估计值的标准误差、ANOVA 方差分析表等,这是默认选项。
- R 方变化量:输出的是当回归方程中引入或剔除一个自变量后 R 平方的变化量,如果较大,就说明进入和从回归方程剔除的是一个较好的回归自变量。
- 描述:输出合法观测量的数量、变量的平均数、标准差、相关系数矩阵及其单尾检验显著性水平矩阵。
- 部分相关性和偏相关性:输出部分相关系数、偏相关系数与零阶相关系数。部分相关性是指对于因变量与某个自变量,当已移去模型中的其他自变量对该自变量的线性效应之后,因变量与该自变量之间的相关性。当变量添加到方程时,它与 R 方的更改有关,有时称为半部分相关。偏相关性是指两个变量之间剩余的相关性,对于因变量与某个自变量,当已移去模型中的其他自变量对上述两者的线性效应之后,这两者之间的相关性。
- 共线性诊断:输出用来诊断各变量共线性问题的各种统计量和容限值。由于一个自变量是其他自变量的线性函数时所引起的共线性(或多重共线性)是不被期望的。显示已标度和未中心化叉积矩阵的特征值、条件指数及方差-分解比例,以及个别变量的方差膨胀因子(VIF)和容差。

"残差"选项组中是有关残差分析的选项。

- 德宾-沃森(Durbin-Watson 检验统计量):用来检验残差是否存在自相关。
- 个案诊断:输出观测量诊断表。选择该项后将激活下面两个单选按钮。

第 11 章 城镇居民消费支出结构研究及政策启示 | 387

> 离群值（超出 n 倍标准差以上的个案为异常值）：用来设置异常值的判据，默认 n 为 3。
> 所有个案：表示输出所有观测量的残差值。由于我们的数据是时间序列，有可能存在自相关，因此选择德宾-沃森（Durbin-Watson 检验统计量）来检验残差是否存在自相关。

在本例中，我们选择"德宾-沃森"，输出德宾-沃森检验统计量，并勾选"模型拟合"和"描述"复选框，其他选项采用系统默认设置。

04 单击"继续"按钮，回到"线性回归"对话框，单击"图"按钮，打开"线性回归：图"对话框，如图 11.6 所示。

图 11.6　"线性回归：图"对话框

对话框选项设置/说明

这里提供绘制散点图、直方图等功能，通过观察这些图形既有助于确认样本的正态性、线性和等方差性，也有助于发现和察觉异常观测值和超界值。

从左边变量框中选择变量决定绘制哪种散点图，如 DEPENDNT：因变量、ADJPRED：经调整的预测值、ZPRED：标准化预测值、SRESID：学生化残差、ZRESID：标准化残差、SDRESID：学生化剔除残差、DRESID：剔除残差，这里分别把因变量和标准化残差选为 Y 和 X 轴来进行绘图。通过观察残差图，我们可以验证回归模型是否符合经典回归模型的基本假设。

左下方的"标准化残差图"选项组可以决定是否输出标准化残差图，在这里勾选了"直方图"和"正态概率图"复选框。勾选"生成所有局部图"复选框，将输出每一个自变量对于因变量残差的散点图。这里不选择该选项，因为在我们的实验中并不需要分析所有自变量的残差与因变量残差的关系。

05 单击"继续"按钮，回到"线性回归"对话框，单击"保存"按钮，打开"线性回归：保存"对话框，如图 11.7 所示。

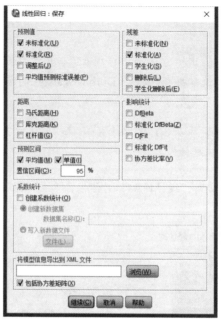

图 11.7 "线性回归:保存"对话框

=== 对话框选项设置/说明 ===

选择该对话框中的选项,可决定将预测值、残差或其他诊断结果值作为新变量保存于当前工作文件或是保存到新文件。

在"预测值"选项组中可以选择输出回归模型中每一观测值的预测值,包括以下 4 个选项。

- 未标准化:模型中因变量的预测值。
- 标准化:将每个预测值转换为标准化形式,即用预测值与平均预测值之差除以预测值的标准差。
- 调整后:在回归系数的计算中剔除当前个案时,当前个案的预测值。
- 平均值预测标准误差:与自变量相同数值的因变量平均值的标准误差。

这里只选择"标准化"和"未标准化"的预测值。在下面的"距离"选项组中可以决定将自变量的异常观测值和对回归模型产生较大影响的观测值区分出来,有以下几个选项。

- 马氏距离:又称为 Mahalanobis 距离,是一个测量自变量观测值中有多少观测值与所有观测量平均值不同的测度,把马氏距离数值大的观测量视为极端值。
- 库克距离(Cook 距离):若一个特殊的观测值被排除在回归系数的计算之外,则库克距离用于测量所有观测量的残差的变化;若库克距离数值大的观测量被排除在回归分析的计算之外,则会导致回归系数发生实质性变化。
- 杠杆值:用于测度回归拟合中一个点的影响,中心化杠杆值范围从 $0 \sim (N-1)/N$。若拟合中没有影响,则杠杆值为 0。

在本次实验中,我们不分析异常值,因此不选择这几个选项。

"预测区间"选项组中各选项的含义如下:

- 平均值：平均值预测区间的上下限。
- 单值：因变量的单个观测量预测区间的上下限。
- 置信区间：在文本框中输入 1~99.99 中的一个数值，作为预测区间的置信概率。通常选用的置信概率为 90%、95% 或 99%，系统默认值为 95%。

在本次实验中，我们选择平均值、单值，置信区间设置为系统默认值 95%。

"残差"选项组中有以下 5 个选项。

- 未标准化：因变量的实际值与预测值之差。
- 标准化：未标准化残差被估计标准误差除后的数值，即所谓的皮尔逊残差，其平均值为 0，标准差为 1。
- 学生化：从一个观测量到另一个观测量的残差被估计标准差除后的数值。
- 删除后：从回归系数的计算中剔除的观测量的残差，等于因变量的值与经调整的预测值之差。
- 学生化删除后：是一个观测量的剔除残差被其标准误差除后的数值。

在本次实验中，我们选择"标准化"残差。

"影响统计"选项组中同样包含 5 个选项。

- DfBeta：Beta 值之差，是排除一个特定观测值所引起的回归系数的变化。
- 标准化 DfBeta 值：Beta 值的标准化残差，为剔除一个个案后回归系数改变的大小。
- DfFit：拟合值之差，是由于排除一个特定观测值所引起的预测值的变化。
- 标准化 DfFit：拟合值的标准差。
- 协方差比率：是一个被从回归系数计算中剔除的特定观测值的协方差矩阵与包括全部观测量的协方差矩阵的比率，如果这个比率接近于 1，就说明这个特定观测值对于协方差矩阵的变更没有显著的影响。

选中"系数统计"选项组中的"写入新数据文件"单选按钮，然后单击"文件"按钮，弹出"线性回归：保存到文件"对话框，将回归系数或参数估计的值保存到指定的新文件中。最下面是"将模型信息导出到 XML 文件"选项组，单击"浏览"按钮即可指定文件名及路径。

06 单击"继续"按钮，回到"线性回归"对话框，单击"选项"按钮，打开"线性回归：选项"对话框，如图 11.8 所示。

图 11.8 "线性回归：选项"对话框

对话框选项设置/说明

该对话框用于为变量进入方程设置 F 检验统计量的标准值及确定缺失值的处理方式。

在"步进法条件"选项组中可以设置变量进入或移出回归方程的标准,有以下两种选择。

- 使用 F 的概率:使用 F 的概率作为决定变量的进入或移出回归方程的标准。在"进入"和"除去"文本框中各输入一个数值,系统默认值分别为 0.05 和 0.10。若 F 统计量的显著性概率小于 0.05,则变量被引入回归方程;若 F 统计量的显著性概率大于 0.10,则变量被移出回归方程。
- 使用 F 值:使用 F 值本身作为决定变量的进入或移出回归方程的标准。在"进入"和"除去"文本框中各输入一个数值,系统默认值分别为 3.84 和 2.71。若 F 值大于 3.84,则变量被引入回归方程,若 F 值小于 2.71,则变量被移出回归方程。

"在方程中包括常量"复选框为系统默认选项,如果不选择该项,则迫使回归方程通过坐标原点。

"缺失值"选项组中设置的是对含有缺失值的个案处理方式,有以下 3 个选项。

- 成列排除个案:剔除参与分析的变量中有缺失值的观测量,即只包括全部变量的有效观测值。
- 成对排除个案:成对剔除计算相关系数的变量中含有缺失值的观测量。
- 替换为平均值:用变量的均值替代缺失值。

在这里选择系统默认的选项,即"成列排除个案"。

07 以上全部设置完毕后,单击"继续"按钮,回到"线性回归"对话框,然后单击"确定"按钮,进入计算分析。

图 11.9 给出了基本的描述统计量,图中显示了各个变量的全部观测量的平均值、标准偏差和个案数。

图 11.10 给出了相关系数矩阵,图中显示了各个自变量两两间的皮尔逊相关系数,以及关于相关关系等于零的假设的单尾显著性检验概率,可以发现因变量和自变量之间的相关系数非常高,呈现正相关关系。

描述统计

	平均值	标准偏差	个案数
消费支出	15569.3786	3779.94298	36
家庭总支出	20946.3386	5729.04079	36

图 11.9 描述统计

相关性

		消费支出	家庭总支出
皮尔逊相关性	消费支出	1.000	.978
	家庭总支出	.978	1.000
显著性(单尾)	消费支出	.	.000
	家庭总支出	.000	.
个案数	消费支出	36	36
	家庭总支出	36	36

图 11.10 相关系数矩阵

图 11.11 给出了输入模型和除去变量的信息,从图中可以看出,因为我们采用的是输入法,所以自变量都进入模型。

图 11.12 给出了模型摘要,模型的 R 系数为 0.978,反映了模型的拟合效果非常不错。表里还

显示了 R 平方以及经调整的 R 值估计标准误差。模型的可决系数（R 方）= 0.956，模型修正的可决系数（调整后 R 方）= 0.955，说明模型的解释能力非常优秀。另外，图表中还给出了德宾-沃森检验值 DW=1.882，德宾-沃森检验统计量 DW 是一个用于检验一阶变量自回归形式的序列相关问题的统计量，DW 在数值 2 附近说明模型变量无序列相关，越趋近于 0 说明正的自相关性越强，越趋近于 4 说明负的自相关性越强。

图 11.11　输入/除去的变量　　　　　图 11.12　模型摘要

图 11.13 给出了 ANOVA 方差分析结果，从图中可以看到模型的设定检验 F 统计量的值为 736.117，显著性水平为 0，说明我们的模型通过了设定检验，也就是说因变量与自变量之间的线性关系明显。

图 11.13　ANOVA 方差分析结果

图 11.14 给出了残差统计结果，图中显示了预测值、残差、标准预测值、标准残差的最小值、最大值、平均值、标准偏差及个案数。

图 11.14　残差统计结果

图 11.15 和图 11.16 给出了模型残差的直方图和正态概率 P-P 图，由于我们在模型中始终假设残差服从正态分布，因此可以从这两张图中直观地看出回归后的实际残差是否符合基本的假设。从回归残差的直方图与附于图上的正态分布曲线相比较来看，可以认为残差分布近似的服从正态分布。

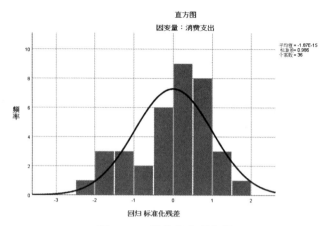

图 11.15 残差分布直方图

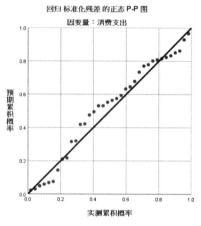

图 11.16 正态概率 P-P 图

从正态概率 P-P 图来看，该图也是用于比较残差分布与正态分布差异的图形，图的纵坐标为期望的累计概率，横坐标为观测的累计概率，图中的斜线对应着一个平均值为 0 的正态分布。如果图中的散点密切地散布在这条斜线附近，就说明随机变量残差服从正态分布，从而证明样本确实是来自正态总体；如果偏离这条直线太远，就应该怀疑随机变量的正态性。基于以上认识，从图中的散点分布状况来看，散点大致散布于斜线附近，可以认为残差分布基本上是正态的。

图 11.17 给出了回归系数和变量显著性检验的 t 值，我们发现，变量家庭总支出的显著性水平还是很高的。从这里也可以看出，模型通过变量的显著性检验。

系数ª

模型		未标准化系数 B	标准错误	标准化系数 Beta	t	显著性
1	(常量)	2057.787	515.796		3.990	.000
	家庭总支出	.645	.024	.978	27.131	.000

a. 因变量：消费支出

图 11.17 回归系数表

最终模型的表达式为：消费支出 = 2057.787 + 0.645*家庭总支出

第 11 章　城镇居民消费支出结构研究及政策启示 | 393

这意味着家庭总支出每增加一点，消费支出就增加 0.645 点；模型中各个变量显著性均为 0.000，所以两个系数都是显著的。

结论：通过以上的简单线性回归分析，可以看出我国城镇居民的支出结构，他们用于消费的总支出与用于其他方面的支出大致相等，但要稍高一些。

（2）以"消费支出"为因变量，以"可支配收入"为自变量，进行简单线性回归分析。操作步骤如下：

01 进入 SPSS 25.0，打开相关数据文件，选择"分析｜回归｜线性"命令，弹出如图 11.18 所示的对话框。

图 11.18　"线性回归"对话框

02 选择进行简单线性回归分析的变量。在如图 11.19 所示对话框左侧的列表框中选中"消费支出"并单击➡按钮，使之进入"因变量"列表框中，然后选中"可支配收入"并单击➡按钮，使之进入"自变量"列表框中。在"方法"下拉列表中指定自变量进入分析的方法，通过选择不同的方法，可对相同的变量建立不同的回归模型，本例中选择系统默认的"输入"方法。

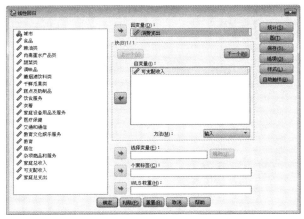

图 11.19　"线性回归"对话框

03 单击"统计"按钮，弹出"线性回归：统计"对话框，如图 11.20 所示。在本例中勾选"回归系数"选项组中的"估算值"复选框，同时勾选对话框右侧的"模型拟合""描述"复选框及"残差"选项组中的"德宾-沃森"复选框。

04 单击"继续"按钮，回到"线性回归"对话框，单击"图"按钮，打开"线性回归：图"

对话框，如图 11.21 所示。

图 11.20　"线性回归：统计"对话框　　　图 11.21　"线性回归：图"对话框

这里提供绘制散点图、直方图等功能，通过观察这些图形既有助于确认样本的正态性、线性和等方差性，也有助于发现和察觉异常观测值和超界值。这里分别把 DEPENDNT：因变量和 ZRESID：标准化残差选为 Y 和 X 轴来进行绘图，通过观察残差图，可以验证回归模型是否符合经典回归模型的基本假设。

在左下方的"标准化残差图"选项组中可以决定是否输出标准化残差图，我们在这里勾选了"直方图"和"正态概率图"复选框。

05 单击"继续"按钮，回到"线性回归"对话框，单击"保存"按钮，打开"线性回归：保存"对话框，如图 11.22 所示。在"预测值"选项组中勾选"未标准化"和"标准化"复选框，在"残差"选项组中勾选"标准化"复选框，在"预测区间"选项组中勾选"平均值"和"单值"复选框，同时勾选"包括协方差矩阵"复选框。

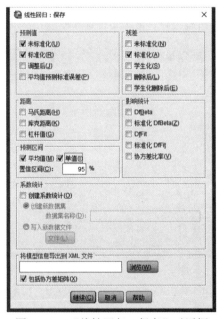

图 11.22　"线性回归：保存"对话框

06 单击"继续"按钮，回到"线性回归"对话框，单击"选项"按钮，打开"线性回归：选项”对话框，如图 11.23 所示。“线性回归：选项”对话框采用系统默认设置即可。

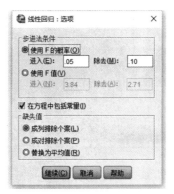

图 11.23　“线性回归：选项”对话框

07 以上全部设置完毕后，单击“继续”按钮，回到“线性回归”对话框，然后单击“确定”按钮，进入计算分析。

图 11.24 给出了基本的描述统计量，图中显示了各个变量的全部观测量的平均值、标准偏差个案数。

图 11.25 给出了相关系数矩阵，图中显示了各个自变量两两间的皮尔逊相关系数，以及关于相关关系等于零的假设的单尾显著性检验概率，可以发现因变量和自变量之间的相关系数非常高，呈现正相关关系。

描述统计

	平均值	标准偏差	个案数
消费支出	15569.3786	3779.94298	36
可支配收入	21722.0486	5521.13016	36

图 11.24　描述性统计量

相关性

		消费支出	可支配收入
皮尔逊相关性	消费支出	1.000	.948
	可支配收入	.948	1.000
显著性（单尾）	消费支出	.	.000
	可支配收入	.000	.
个案数	消费支出	36	36
	可支配收入	36	36

图 11.25　相关系数矩阵

图 11.26 给出了进入模型和被除去变量的信息，从图中可以看出，因为我们采用的是输入法，所以自变量都进入模型。

输入/除去的变量[a]

模型	输入的变量	除去的变量	方法
1	可支配收入[b]	.	输入

a. 因变量：消费支出

b. 已输入所请求的所有变量

图 11.26　输入/除去的变量

图 11.27 给出了模型摘要，模型的 R 系数为 0.948，反映了模型的拟合效果非常好。表里还显示了 R 平方以及经调整的 R 值估计标准误差。模型的可决系数（R 方）= 0.899，模型修正的可决系数（调整后 R 方）= 0.896，说明模型的解释能力是非常不错的。另外，图中还给出了德宾-沃森检验值 DW=1.634，德宾-沃森检验统计量 DW 是一个用于检验一阶变量自回归形式的序列相关问

题的统计量，DW 在数值 2 附近说明模型变量无序列相关，越趋近于 0 说明正的自相关性越强，越趋近于 4 说明负的自相关性越强。

图 11.28 给出了 ANOVA 方差分析结果，从图中可以看到模型的设定检验 F 统计量的值为 301.324，显著性水平为零，说明我们的模型通过了设定检验，也就是说因变量与自变量之间的线性关系明显。

模型摘要[b]					
模型	R	R 方	调整后 R 方	标准估算的错误	德宾-沃森
1	.948[a]	.899	.896	1221.20086	1.634

a. 预测变量：(常量), 可支配收入
b. 因变量：消费支出

图 11.27　模型摘要

ANOVA[a]					
模型		平方和	自由度	均方	F	显著性
1	回归	449373640.7	1	449373640.7	301.324	.000[b]
	残差	50705272.28	34	1491331.538		
	总计	500078913.0	35			

a. 因变量：消费支出
b. 预测变量：(常量), 可支配收入

图 11.28　AVOVA 方差分析

图 11.29 给出了残差统计结果，图中显示了预测值、残差、标准预测值、标准残差的最小值、最大值、平均值、标准偏差及个案数。

残差统计[a]					
	最小值	最大值	平均值	标准偏差	个案数
预测值	10597.9365	22486.9004	15569.3786	3583.18948	36
标准预测值	-1.387	1.931	.000	1.000	36
预测值的标准误差	204.166	447.473	279.459	69.929	36
调整后预测值	10567.9336	22437.3301	15566.5929	3571.56345	36
残差	-2773.47144	3642.51978	.00000	1203.62871	36
标准残差	-2.271	2.983	.000	.986	36
学生化残差	-2.317	3.149	.001	1.019	36
剔除残差	-2885.48145	4059.10620	2.78572	1287.51199	36
学生化剔除残差	-2.487	3.686	.011	1.086	36
马氏距离	.006	3.727	.972	1.022	36
库克距离	.000	.567	.035	.095	36
居中杠杆值	.000	.106	.028	.029	36

a. 因变量：消费支出

图 11.29　残差统计结果

图 11.30 和图 11.31 给出了模型残差的直方图和正态概率 P-P 图，由于我们在模型中始终假设残差服从正态分布，因此可以从这两张图中直观地看出回归后的实际残差是否符合基本的假设。从回归残差的直方图与附于图上的正态分布曲线相比较来看，可以认为残差分布近似的服从正态分布。

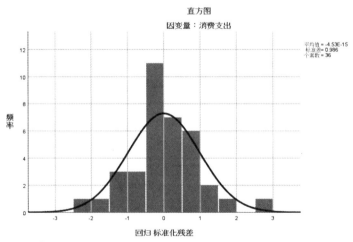

图 11.30　残差分布直方图

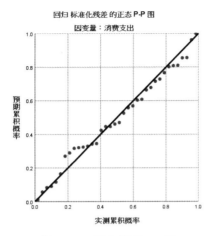

图 11.31　正态概率 P-P 图

从正态概率 P-P 图来看,该图也是用于比较残差分布与正态分布差异的图形,图的纵坐标为期望的累计概率,横坐标为观测的累计概率,图中的斜线对应着一个平均值为 0 的正态分布。如果图中的散点密切地散布在这条斜线附近,就说明随机变量残差服从正态分布,从而证明样本确实是来自正态总体;如果偏离这条直线太远,就应该怀疑随机变量的正态性。基于以上认识,从图中的散点分布状况来看,散点大致散布于斜线附近,可以认为残差分布基本上是正态的。

图 11.32 给出了回归系数和变量显著性检验的 t 值,可以发现,变量可支配收入的显著性水平还是很高的。从这里也可以看出,模型通过变量的显著性检验。

模型		未标准化系数		标准化系数	t	显著性
		B	标准错误	Beta		
1	(常量)	1471.863	837.247		1.758	.088
	可支配收入	.649	.037	.948	17.359	.000

a. 因变量：消费支出

图 11.32　回归系数

最终模型的表达式为：消费支出 = 1471.863453 + 0.648996*可支配收入

这意味着可支配收入每增加一点,消费支出就增加 0.648996 点。

结论：通过以上的简单线性回归分析,可以看出我国城镇居民的可支配收入与消费之间的关系,他们的边际消费倾向为 0.648996。

（3）以"家庭总支出"为因变量,以"食品""衣着""家庭设备用品""医疗保健""交通和通信""教育文化娱乐服务""居住""杂项商品和服务"为自变量,进行多重线性回归分析。操作步骤如下：

01 进入 SPSS 25.0,打开相关数据文件,选择"分析｜回归｜线性"命令,弹出如图 11.33 所示的对话框。

图 11.33 "线性回归"对话框

02 选择进行简单线性回归分析的变量。在如图 11.34 所示对话框左侧的列表框中选中"家庭总支出"并单击 ➡ 按钮,使之进入"因变量"列表框中,然后选中"食品""衣着""家庭设备用品""医疗保健""交通和通信""教育文化娱乐服务""居住""杂项商品和服务"并单击 ➡ 按钮,使之进入"自变量"列表框中。在"方法"下拉列表中指定自变量进入分析的方式,通过选择不同的方法,可对相同的变量建立不同的回归模型,本例中选择系统默认的"输入"方法。

图 11.34 "线性回归"对话框

03 单击"统计"按钮,弹出"线性回归:统计"对话框,如图 11.35 所示。在本例中勾选"回归系数"选项组中的"估算值"复选框,同时勾选对话框右侧的"模型拟合""描述"复选框及"残差"选项组中的"德宾-沃森"复选框。

04 单击"继续"按钮,回到"线性回归"对话框,单击"图"按钮,打开"线性回归:图"对话框,如图 11.36 所示。

第 11 章 城镇居民消费支出结构研究及政策启示 | 399

图 11.35 "线性回归：统计"对话框

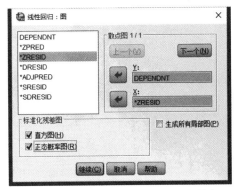

图 11.36 "线性回归：图"对话框

这里提供绘制散点图、直方图等功能，通过观察这些图形既有助于确认样本的正态性、线性和等方差性，也有助于发现和察觉异常观测值和超界值。这里分别把 DEPENDNT：因变量和 ZRESID：标准化残差选为 Y 和 X 轴来进行绘图，通过观察残差图，可以验证回归模型是否符合经典回归模型的基本假设。

左下方的"标准化残差图"选项组可以决定是否输出标准化残差图，我们把"直方图"和"正态概率图"复选框都勾选了。

05 单击"继续"按钮，回到"线性回归"对话框，单击"保存"按钮，打开"线性回归：保存"对话框，如图 11.37 所示。在"预测值"选项组中勾选"未标准化"和"标准化"复选框，在"残差"选项组中勾选"标准化"复选框，在"预测区间"选项组中勾选"平均值"和"单值"复选框，同时勾选"包括协方差矩阵"复选框。

06 单击"继续"按钮，回到"线性回归"对话框，单击"选项"按钮，打开"线性回归：选项"对话框，如图 11.38 所示。"线性回归：选项"对话框采用系统默认设置即可。

07 以上全部设置完毕后，单击"继续"按钮，回到"线性回归"对话框，然后单击"确定"按钮，进入计算分析。

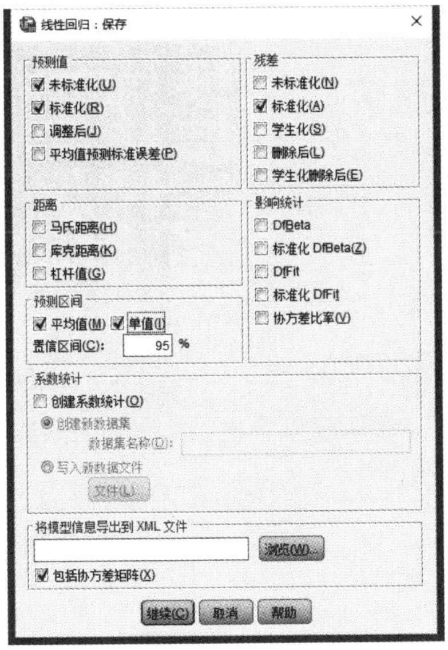

图 11.37 "线性回归：保存"对话框

图 11.38 "线性回归：选项"对话框

图 11.39 给出了基本的描述统计,图中显示了各个变量的全部观测量的平均值、标准偏差和个案数。

描述统计

	平均值	标准偏差	个案数
家庭总支出	20946.3386	5729.04079	36
食品	5553.6892	1264.84181	36
衣着	1627.6694	360.15805	36
家庭设备用品及服务	1037.6283	311.26629	36
医疗保健	992.7300	273.90328	36
交通和通信	2380.8428	896.74401	36
教育文化娱乐服务	1933.9150	802.90002	36
居住	1450.6708	398.65010	36
杂项商品和服务	592.2322	202.51944	36

图 11.39　描述统计

图 11.40 给出了相关系数矩阵,图中显示了各个自变量两两间的皮尔逊相关系数,以及关于相关关系等于 0 的假设的单尾显著性检验概率,可以发现因变量和自变量之间的相关系数非常高,呈现正相关关系。

相关性

		家庭总支出	食品	衣着	家庭设备用品及服务	医疗保健	交通和通信	教育文化娱乐服务	居住	杂项商品和服务
皮尔逊相关性	家庭总支出	1.000	.924	.552	.792	.316	.904	.861	.831	.799
	食品	.924	1.000	.462	.707	.115	.854	.769	.770	.701
	衣着	.552	.462	1.000	.497	.550	.364	.458	.402	.624
	家庭设备用品及服务	.792	.707	.497	1.000	.395	.704	.785	.736	.762
	医疗保健	.316	.115	.550	.395	1.000	.135	.418	.329	.433
	交通和通信	.904	.854	.364	.704	.135	1.000	.713	.806	.657
	教育文化娱乐服务	.861	.769	.458	.785	.418	.713	1.000	.662	.795
	居住	.831	.770	.402	.736	.329	.806	.662	1.000	.580
	杂项商品和服务	.799	.701	.624	.762	.433	.657	.795	.580	1.000
显著性（单尾）	家庭总支出		.000	.000	.000	.030	.000	.000	.000	.000
	食品	.000		.002	.000	.251	.000	.000	.000	.000
	衣着	.000	.002		.001	.000	.015	.002	.008	.000
	家庭设备用品及服务	.000	.000	.001		.008	.000	.000	.000	.000
	医疗保健	.030	.251	.000	.008		.216	.006	.025	.004
	交通和通信	.000	.000	.015	.000	.216		.000	.000	.000
	教育文化娱乐服务	.000	.000	.002	.000	.006	.000		.000	.000
	居住	.000	.000	.008	.000	.025	.000	.000		.000
	杂项商品和服务	.000	.000	.000	.000	.004	.000	.000	.000	
个案数	家庭总支出	36	36	36	36	36	36	36	36	36
	食品	36	36	36	36	36	36	36	36	36
	衣着	36	36	36	36	36	36	36	36	36
	家庭设备用品及服务	36	36	36	36	36	36	36	36	36
	医疗保健	36	36	36	36	36	36	36	36	36
	交通和通信	36	36	36	36	36	36	36	36	36
	教育文化娱乐服务	36	36	36	36	36	36	36	36	36
	居住	36	36	36	36	36	36	36	36	36
	杂项商品和服务	36	36	36	36	36	36	36	36	36

图 11.40　相关系数矩阵

图 11.41 给出了进入模型和被除去的变量的信息,从图中可以看出,因为我们采用的是输入法,所以自变量都进入模型。

第 11 章 城镇居民消费支出结构研究及政策启示

输入/除去的变量

模型	输入的变量	除去的变量	方法
1	杂项商品和服务, 医疗保健, 居住, 衣着, 教育文化娱乐服务, 家庭设备用品及服务, 交通和通信, 食品 [b]	.	输入

a. 因变量：家庭总支出
b. 已输入所请求的所有变量

图 11.41　输入/除去的变量

图 11.42 给出了模型摘要，模型的 R 系数为 0.982，反映了模型的拟合效果非常好。表里还显示了 R 平方以及经调整的 R 值估计标准误差。模型的可决系数（R 方）= 0.963，模型修正的可决系数（调整后 R 方）= 0.953，说明模型的解释能力非常优秀。另外，图中还给出了德宾-沃森检验值 DW=2.163，德宾-沃森检验统计量 DW 是一个用于检验一阶变量自回归形式的序列相关问题的统计量，DW 在数值 2 附近说明模型变量无序列相关，越趋近于 0 说明正的自相关性越强，越趋近于 4 说明负的自相关性越强。

模型摘要 [b]

模型	R	R 方	调整后 R 方	标准估算的错误	德宾-沃森
1	.982[a]	.963	.953	1246.80546	2.163

a. 预测变量：(常量), 杂项商品和服务, 医疗保健, 居住, 衣着, 教育文化娱乐服务, 家庭设备用品及服务, 交通和通讯, 食品
b. 因变量：家庭总支出

图 11.42　模型摘要

图 11.43 给出了 ANOVA 方差分析结果，从图中可以看到模型的设定检验 F 统计量的值为 88.998，显著性水平为 0，说明我们的模型通过了设定检验，也就是说因变量与自变量之间的线性关系明显。

ANOVA [a]

模型		平方和	自由度	均方	F	显著性
1	回归	1106794648	8	138349331.0	88.998	.000[b]
	残差	41972144.29	27	1554523.863		
	总计	1148766793	35			

a. 因变量：家庭总支出
b. 预测变量：(常量), 杂项商品和服务, 医疗保健, 居住, 衣着, 教育文化娱乐服务, 家庭设备用品及服务, 交通和通讯, 食品

图 11.43　ANOVA 方差分析结果

图 11.44 给出了残差统计结果，图中显示了预测值、残差、标准预测值、标准残差的最小值、最大值、平均值、标准偏差及个案数。

残差统计[a]

	最小值	最大值	平均值	标准偏差	个案数
预测值	11871.5645	34613.0117	20946.3386	5623.40682	36
标准预测值	-1.614	2.430	.000	1.000	36
预测值的标准误差	346.666	916.622	608.259	138.510	36
调整后预测值	11635.5156	34605.9297	20959.3232	5590.30275	36
残差	-2351.02319	2335.50684	.00000	1095.08179	36
标准残差	-1.886	1.873	.000	.878	36
学生化残差	-2.301	2.016	-.004	1.001	36
剔除残差	-3500.55737	2888.27344	-12.98458	1439.50461	36
学生化剔除残差	-2.518	2.146	-.001	1.041	36
马氏距离	1.734	17.945	7.778	4.019	36
库克距离	.000	.288	.036	.060	36
居中杠杆值	.050	.513	.222	.115	36

a. 因变量：家庭总支出

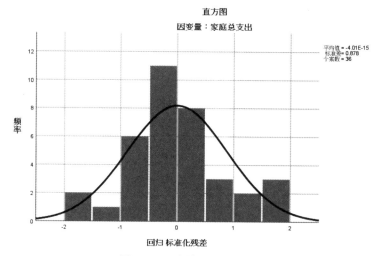

图 11.44　残差统计结果

图 11.45 和图 11.46 给出了模型残差的直方图和正态概率 P-P 图，由于我们在模型中始终假设残差服从正态分布，因此可以从这两张图中直观地看出回归后的实际残差是否符合基本的假设。从回归残差的直方图与附于图上的正态分布曲线相比较来看，可以认为残差分布近似的服从正态分布。

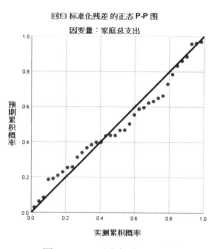

图 11.45　残差分布直方图

图 11.46　正态概率 P-P 图

从正态概率 P-P 图来看，该图也是用于比较残差分布与正态分布差异的图形，图的纵坐标为期望的累计概率，横坐标为观测的累计概率，图中的斜线对应着一个平均值为 0 的正态分布。如果图中的散点密切地散布在这条斜线附近，就说明随机变量残差服从正态分布，从而证明样本确实是来自正态总体；如果偏离这条直线太远，就应该怀疑随机变量的正态性。基于以上认识，从图中的散点分布状况来看，散点大致散布于斜线附近，可以认为残差分布基本上是正态的。

图 11.47 给出了回归系数和变量显著性检验的 t 值，可以发现，变量食品、交通和通信、教育文化娱乐服务的显著性水平还是很高的。从这里也可以看出，模型通过变量的显著性检验。

系数^a

模型		未标准化系数		标准化系数	t	显著性
		B	标准错误	Beta		
1	(常量)	-1049.807	1467.253		-.715	.480
	食品	1.427	.427	.315	3.340	.002
	衣着	1.458	.886	.092	1.645	.112
	家庭设备用品及服务	-.628	1.328	-.034	-.473	.640
	医疗保健	.693	1.200	.033	.577	.569
	交通和通信	1.991	.528	.312	3.769	.001
	教育文化娱乐服务	1.618	.581	.227	2.787	.010
	居住	1.714	1.106	.119	1.550	.133
	杂项商品和服务	2.200	2.119	.078	1.039	.308

a. 因变量：家庭总支出

图 11.47 回归系数

最终 6A21 型的表达式为：

家庭总支出=-1049.807042 + 1.427370*食品 + 1.457745*衣着-0.627930*家庭设备用品及服务 + 0.692565*医疗保健 + 1.991409*交通和通信 + 1.618383*教育文化娱乐服务 + 1.713729*居住 + 2.200439*杂项商品和服务

结论：通过以上的简单线性回归分析，可以看出我国城镇居民的家庭总支出的构成，食品、交通和通信、教育文化娱乐服务对家庭总支出有显著影响。其中食品支出每增长 1 元会带来总支出 1.427370*元的增长，交通和通信支出每增长 1 元会带来总支出 1.991409 元的增长，教育文化娱乐服务支出每增长 1 元会带来总支出 1.618383 元的增长。

（4）以"教育"为因变量，以"教育文化娱乐服务"为自变量，进行简单线性回归分析。操作步骤如下：

01 进入 SPSS 25.0，打开相关数据文件，选择"分析|回归|线性"命令，弹出如图 11.48 所示的对话框。

02 选择进行简单线性回归分析的变量。在如图 11.49 所示对话框左侧的列表框中选中"教育"并单击 按钮，使之进入"因变量"列表框中，然后选中"教育文化娱乐服务"并单击 按钮，使之进入"自变量"列表框中。在"方法"下拉列表中指定自变量进入分析的方式，通过选择不同的方法，可对相同的变量建立不同的回归模型。本例中选择系统默认的"输入"方法。

图 11.48 "线性回归"对话框　　　　图 11.49 "线性回归"对话框

03 单击"统计"按钮，弹出"线性回归：统计"对话框，如图 11.50 所示。在本例中勾选"回归系数"选项组中的"估算值"复选框，同时勾选对话框右侧的"模型拟合"和"描述"复选框及"残差"选项组中的"德宾-沃森"复选框。

图 11.50 "线性回归：统计"对话框

04 单击"继续"按钮，回到"线性回归"对话框，单击"图"按钮，打开"线性回归：图"对话框，如图 11.51 所示。

这里提供绘制散点图、直方图等功能，通过观察这些图形既有助于确认样本的正态性、线性和等方差性，也有助于发现和察觉异常观测值和超界值。这里分别把 DEPENDNT：因变量和 ZRESID：标准化残差选为 Y 和 X 轴来进行绘图，通过观察残差图，可以验证回归模型是否符合经典回归模型的基本假设。

左下方的"标准化残差图"选项组可以决定是否输出标准化残差图，在这里勾选"直方图"和"正态概率图"复选框。

05 单击"继续"按钮，回到"线性回归"对话框，单击"保存"按钮，打开"线性回归：保存"对话框，如图 11.52 所示。在"预测值"选项组中勾选"未标准化"和"标准化"复选框，在"残差"选项组中勾选"标准化"复选框，在"预测区间"选项组中勾选"平均值"和"单值"复选框，同时勾选"包括协方差矩阵"复选框。

第 11 章 城镇居民消费支出结构研究及政策启示 | 405

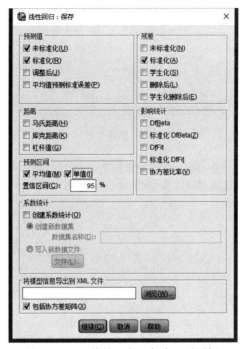

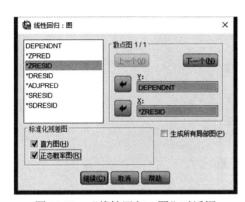

图 11.51 "线性回归：图"对话框　　　　图 11.52 "线性回归：保存"对话框

06 单击"继续"按钮，回到"线性回归"对话框，单击"选项"按钮，打开"线性回归：选项"对话框，如图 11.53 所示。"线性回归：选项"对话框采用系统默认设置即可。

图 11.53 "线性回归：选项"对话框

07 以上全部设置完毕后，单击"继续"按钮，回到"线性回归"对话框，然后单击"确定"按钮，进入计算分析。

图 11.54 给出了基本的描述统计，图中显示了各个变量的全部观测量的平均值、标准偏差和个案数。

图 11.55 给出了相关系数矩阵，图中显示了各个自变量两两间的皮尔逊相关系数，以及关于相关关系等于 0 的假设的单尾显著性检验概率，可以发现因变量和自变量之间的相关系数非常高，呈现正相关关系。

描述统计

	平均值	标准偏差	个案数
教育	776.9358	304.91931	36
教育文化娱乐服务	1933.9150	802.90002	36

图 11.54 描述统计

相关性

		教育	教育文化娱乐服务
皮尔逊相关性	教育	1.000	.812
	教育文化娱乐服务	.812	1.000
显著性（单尾）	教育		.000
	教育文化娱乐服务	.000	
个案数	教育	36	36
	教育文化娱乐服务	36	36

图 11.55 相关系数矩阵

图 11.56 给出了输入模型和被除去的变量的信息，从图中可以看出，因为我们采用的是输入法，所以自变量都进入模型。

输入/除去的变量[a]

模型	输入的变量	除去的变量	方法
1	教育文化娱乐服务[b]	.	输入

a. 因变量：教育
b. 已输入所请求的所有变量

图 11.56 输入/除去的变量

图 11.57 给出了模型摘要，模型的 R 系数为 0.812，反映了模型的拟合效果比较好。表里还显示了 R 平方以及经调整的 R 值估计标准误差。模型的可决系数（R 方）= 0.659，模型修正的可决系数（调整后 R 方）= 0.649，说明模型的解释能力是比较好。另外，图中还给出了德宾-沃森检验值 DW=1.872，德宾-沃森检验统计量 DW 是一个用于检验一阶变量自回归形式的序列相关问题的统计量，DW 在数值 2 附近说明模型变量无序列相关，越趋近于 0 说明正的自相关性越强，越趋近于 4 说明负的自相关性越强。

模型摘要[b]

模型	R	R 方	调整后 R 方	标准估算的错误	德宾-沃森
1	.812[a]	.659	.649	180.72843	1.872

a. 预测变量：(常量), 教育文化娱乐服务
b. 因变量：教育

图 11.57 模型摘要

图 11.58 给出了 ANOVA 方差分析，从图中可以看到模型的设定检验 F 统计量的值为 65.629，显著性水平为 0，说明我们的模型通过了设定检验，也就是说因变量与自变量之间的线性关系明显。

ANOVA[a]

模型		平方和	自由度	均方	F	显著性
1	回归	2143618.524	1	2143618.524	65.629	.000[b]
	残差	1110534.035	34	32662.766		
	总计	3254152.559	35			

a. 因变量：教育
b. 预测变量：(常量), 教育文化娱乐服务

图 11.58 ANOVA 方差分析

图 11.59 给出了残差统计结果，图中显示了预测值、残差、标准预测值、标准残差的最小值、最大值、平均值、标准偏差及个案数。

第 11 章 城镇居民消费支出结构研究及政策启示

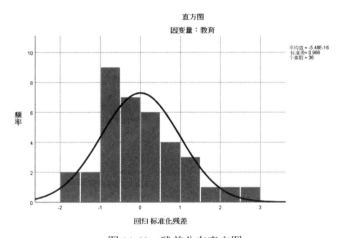

图 11.59 残差统计结果

图 11.60 和图 11.61 给出了模型残差的直方图和正态概率 P-P 图，由于我们在模型中始终假设残差服从正态分布，因此可以从这两张图中直观地看出回归后的实际残差是否符合基本的假设。从回归残差的直方图与附于图上的正态分布曲线相比较来看，可以认为残差分布近似的服从正态分布。

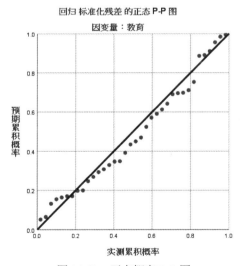

图 11.60 残差分布直方图

图 11.61 正态概率 P-P 图

从正态概率 P-P 图来看，该图也是用来比较残差分布与正态分布差异的图形，图的纵坐标为期望的累计概率，横坐标为观测的累计概率，图中的斜线对应着一个平均值为 0 的正态分布。如果图中的散点密切地散布在这条斜线附近，就说明随机变量残差服从正态分布，从而证明样本确实是来自正态总体；如果偏离这条直线太远，就应该怀疑随机变量的正态性。基于以上认识，从图中的散点分布状况来看，散点大致散布于斜线附近，可以认为残差分布基本上是正态的。

图 11.62 给出了回归系数和变量显著性检验的 t 值，可以发现，变量可支配收入的显著性水平还是很高的。从这里也可以看出，模型通过变量的显著性检验。

模型		未标准化系数		标准化系数	t	显著性
		B	标准错误	Beta		
1	(常量)	180.841	79.508		2.274	.029
	教育文化娱乐服务	.308	.038	.812	8.101	.000

a. 因变量：教育

图 11.62　回归系数

模型的表达式为：教育 = 180.840608 + 0.308232*教育文化娱乐服务

这意味着教育文化娱乐服务支出每增加一点，教育支出就增加 0.308232 点；模型中各个变量显著性均小于 0.05，所以两个系数都是显著的。

结论：通过以上的简单线性回归分析，可以看出我国城镇居民在教育文化娱乐服务支出中用于教育方面的支出只有近 30%，大部分还是用于娱乐等支出。

（5）以"食品"为因变量，以"家庭总支出"为自变量，进行简单线性回归分析。操作步骤如下：

01 进入 SPSS 25.0，打开相关数据文件，选择"分析｜回归｜线性"命令，弹出如图 11.63 所示的对话框。

图 11.63　"线性回归"对话框

02 选择进行简单线性回归分析的变量。在如图 11.64 所示对话框左侧的列表框中选中"食品"并单击 按钮，使之进入"因变量"列表框中，然后选中"家庭总支出"并单击 按钮，使之进入

"自变量"列表框中。在"方法"下拉列表中指定自变量进入分析的方式，通过选择不同的方法，可对相同的变量建立不同的回归模型。本例中选择系统默认的"输入"方法。

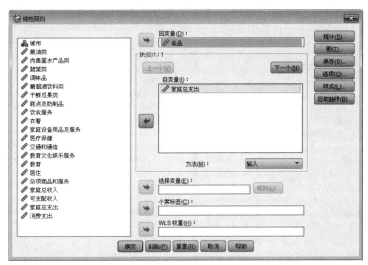

图 11.64　"线性回归"对话框

03 单击"统计"按钮，弹出"线性回归：统计"对话框，如图 11.65 所示。在本例中勾选"回归系数"选项组中的"估算值"复选框，同时勾选对话框右侧的"模型拟合"和"描述"复选框及"残差"选项组中的"德宾-沃森"复选框。

04 单击"继续"按钮，回到"线性回归"对话框，单击"图"按钮，打开"线性回归：图"对话框，如图 11.66 所示。

图 11.65　"线性回归：统计"对话框

图 11.66　"线性回归：图"对话框

这里提供绘制散点图、直方图等功能，通过观察这些图形既有助于确认样本的正态性、线性和等方差性，也有助于发现和察觉那些异常观测值和超界值。这里分别把 DEPENDNT：因变量和 ZRESID：标准化残差选为 Y 和 X 轴来进行绘图，通过观察残差图，可以验证回归模型是否符合经典回归模型的基本假设。

左下方的"标准化残差图"选项组可以决定是否输出标准化残差图，在这里勾选了"直方图"和"正态概率图"复选框。

05 单击"继续"按钮，回到"线性回归"对话框，单击"保存"按钮，打开"线性回归：保存"对话框，如图 11.67 所示。在"预测值"选项组中勾选"未标准化"和"标准化"复选框，在

"残差"选项组中勾选"标准化"复选框,在"预测区间"选项组中勾选"平均值"和"单值"复选框,同时勾选"包括协方差矩阵"复选框。

06 单击"继续"按钮,回到"线性回归"对话框,单击"选项"按钮,打开"线性回归:选项"对话框,如图11.68所示。"线性回归:选项"对话框采用系统默认设置即可。

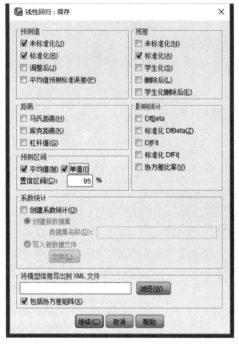

图11.67 "线性回归:保存"对话框

图11.68 "线性回归:选项"对话框

07 以上全部设置完毕后,单击"继续"按钮,回到"线性回归"对话框,然后单击"确定"按钮,进入计算分析。

图11.69给出了基本的描述统计,图中显示了各个变量的全部观测量的平均值、标准偏差和个案数。

图11.70给出了相关系数矩阵,图中显示了各个自变量两两间的皮尔逊相关系数,以及关于相关关系等于0的假设的单尾显著性检验概率,可以发现因变量和自变量之间的相关系数非常高,呈现正相关关系。

描述统计

	平均值	标准偏差	个案数
食品	5553.6892	1264.84181	36
家庭总支出	20946.3386	5729.04079	36

相关性

		食品	家庭总支出
皮尔逊相关性	食品	1.000	.924
	家庭总支出	.924	1.000
显著性(单尾)	食品		.000
	家庭总支出	.000	
个案数	食品	36	36
	家庭总支出	36	36

图11.69 描述统计　　　图11.70 相关系数矩阵

图11.71给出了输入模型和被除去变量的信息,从图中可以看出,因为我们采用的是输入法,所以自变量都进入模型。

第 11 章 城镇居民消费支出结构研究及政策启示

图 11.71 输入/除去的变量

图 11.72 给出了模型摘要，模型的 R 系数为 0.924，反映了模型的拟合效果比较好。模型的可决系数（R 方）为= 0.854，模型修正的可决系数（调整后 R 方）为 0.850，说明模型的解释能力是比较好。另外，图中还给出了德宾-沃森检验值 DW=1.213，德宾-沃森检验统计量 DW 是一个用于检验一阶变量自回归形式的序列相关问题的统计量，DW 在数值 2 附近说明模型变量无序列相关，越趋近于 0 说明正的自相关性越强，越趋近于 4 说明负的自相关性越强。

图 11.73 给出了 ANOVA 方差分析，从图中可以看到模型的设定检验 F 统计量的值为 198.980，显著性水平为 0，说明我们的模型通过了设定检验，也就是说因变量与自变量之间的线性关系明显。

图 11.72 模型摘要

图 11.73 ANOVA 方差分析

图 11.74 给出了残差统计结果，图中显示了预测值、残差、标准预测值、标准残差的最小值、最大值、平均值、标准偏差及个案数。

图 11.74 残差统计结果

图 11.75 和图 11.76 给出了模型残差的直方图和正态概率 P-P 图，由于我们在模型中始终假设残差服从正态分布，因此可以从这两张图中直观地看出回归后的实际残差是否符合基本的假设，从回归残差的直方图与附于图上的正态分布曲线相比较来看，可以认为残差分布近似的服从正态分布。

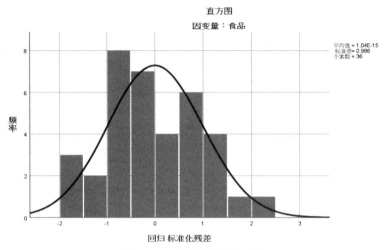

图 11.75 残差分布直方图

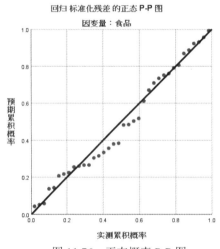

图 11.76 正态概率 P-P 图

从正态概率 P-P 图来看，该图也是用来比较残差分布与正态分布差异的图形，图的纵坐标为期望的累计概率，横坐标为观测的累计概率，图中的斜线对应着一个平均值为 0 的正态分布。如果图中的散点密切地散布在这条斜线附近，就说明随机变量残差服从正态分布，从而证明样本确实是来自正态总体；如果偏离这条直线太远，就应该怀疑随机变量的正态性。基于以上认识，从图中的散点分布状况来看，散点大致散布于斜线附近，可以认为残差分布基本上是正态的。

图 11.77 给出了回归系数和变量显著性检验的 t 值，可以发现，变量可支配收入的显著性水平还是很高的。从这里也可以看出，模型通过变量的显著性检验。

系数^a

模型		未标准化系数		标准化系数	t	显著性
		B	标准错误	Beta		
1	(常量)	1279.952	313.797		4.079	.000
	家庭总支出	.204	.014	.924	14.106	.000

a. 因变量：食品

图 11.77 回归系数

模型的表达式为：食品 = 1279.952100 + 0.204033*家庭总支出

这意味着家庭总支出每增加一点，用于食品方面的支出就增加 0.204033 点；模型中各个变量显著性均小于 0.05，所以两个系数都是显著的。

结论：通过以上的简单线性回归分析，可以看出我国城镇居民用于食物方面的支出占总支出的比例还是比较可观的，超过 1/5，这说明居民的恩格尔系数还没有很低。

11.3.2 相关分析

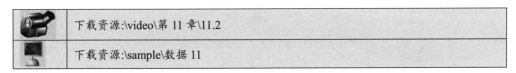

相关分析的过程如下：

第一，对"消费支出"的 8 个组成部分："食品""衣着""家庭设备用品""医疗保健""交通和通信""教育文化娱乐服务""居住""杂项商品和服务"进行简单相关分析。

第二，对"食品"的 8 个组成部分："粮油类""肉禽蛋水产品类""蔬菜类""调味品""糖烟酒饮料类""干鲜瓜果类""糕点及奶制品类""饮食服务"进行简单相关分析。

第三，对"家庭总收入""可支配收入""家庭总支出""消费支出"4 个变量进行简单相关分析。

第四，对"教育"和"教育文化娱乐服务"进行简单相关分析。

（1）对"消费支出"的 8 个组成部分："食品""衣着""家庭设备用品""医疗保健""交通和通信""教育文化娱乐服务""居住""杂项商品和服务"进行简单相关分析。操作步骤如下：

01 进入 SPSS 25.0，打开相关数据文件，选择"分析 | 相关 | 双变量"命令，弹出如图 11.78 所示的对话框。

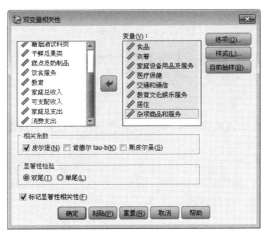

图 11.78 "双变量相关性"对话框

02 选择进行相关分析的变量。在如图 11.78 所示对话框左侧的列表框中选中"食品""衣着""家庭设备用品""医疗保健""交通和通信""教育文化娱乐服务""居住""杂项商品和服务"并单击 按钮，使之进入"变量"列表框中。

03 其他使用系统默认设置即可。

04 设置完毕后，单击"确定"按钮，等待输出结果。

从图 11.79 所示的分析结果可以看出，构成"消费支出"的 8 个组成部分："食品""衣着""家庭设备用品及服务""医疗保健""交通和通信""教育文化娱乐服务""居住""杂项商品和服务"之间大多具有比较强的相关性。其中"食品"与除"医疗保健"之外的所有变量之间的相关性非常显著，而且相关系数很高，"衣着"与所有变量之间的相关性比较显著，"家庭设备用品及服务"与所有变量之间的相关性非常显著，"教育文化娱乐服务"与所有变量之间的相关性非常显著。

相关性

		食品	衣着	家庭设备用品及服务	医疗保健	交通和通信	教育文化娱乐服务	居住	杂项商品和服务
食品	皮尔逊相关性	1	.462**	.707**	.115	.854**	.769**	.770**	.701**
	Sig.（双尾）		.005	.000	.503	.000	.000	.000	.000
	个案数	36	36	36	36	36	36	36	36
衣着	皮尔逊相关性	.462**	1	.497**	.550**	.364*	.458**	.402*	.624**
	Sig.（双尾）	.005		.002	.001	.029	.005	.015	.000
	个案数	36	36	36	36	36	36	36	36
家庭设备用品及服务	皮尔逊相关性	.707**	.497**	1	.395*	.704**	.785**	.736**	.762**
	Sig.（双尾）	.000	.002		.017	.000	.000	.000	.000
	个案数	36	36	36	36	36	36	36	36
医疗保健	皮尔逊相关性	.115	.550**	.395*	1	.135	.418*	.329	.433**
	Sig.（双尾）	.503	.001	.017		.433	.011	.050	.008
	个案数	36	36	36	36	36	36	36	36
交通和通信	皮尔逊相关性	.854**	.364*	.704**	.135	1	.713**	.806**	.657**
	Sig.（双尾）	.000	.029	.000	.433		.000	.000	.000
	个案数	36	36	36	36	36	36	36	36
教育文化娱乐服务	皮尔逊相关性	.769**	.458**	.785**	.418*	.713**	1	.662**	.795**
	Sig.（双尾）	.000	.005	.000	.011	.000		.000	.000
	个案数	36	36	36	36	36	36	36	36
居住	皮尔逊相关性	.770**	.402*	.736**	.329	.806**	.662**	1	.580**
	Sig.（双尾）	.000	.015	.000	.050	.000	.000		.000
	个案数	36	36	36	36	36	36	36	36
杂项商品和服务	皮尔逊相关性	.701**	.624**	.762**	.433**	.657**	.795**	.580**	1
	Sig.（双尾）	.000	.000	.000	.008	.000	.000	.000	
	个案数	36	36	36	36	36	36	36	36

**. 在 0.01 级别（双尾），相关性显著。
*. 在 0.05 级别（双尾），相关性显著。

图 11.79 相关分析结果

（2）"食品"的 8 个组成部分有"粮油类""肉禽蛋水产品类""蔬菜类""调味品""糖烟酒饮料类""干鲜瓜果类""糕点及奶制品类""饮食服务"，对它们进行简单相关分析。操作步骤如下：

01 进入 SPSS 25.0，打开相关数据文件，选择"分析｜相关｜双变量"命令，弹出如图 11.80 所示的对话框。

02 选择进行相关分析的变量。在如图 11.80 所示对话框左侧的列表框中选中"粮油类""肉禽蛋水产品类""蔬菜类""调味品""糖烟酒饮料类""干鲜瓜果类""糕点及奶制品类""饮食服务"并单击 按钮，使之进入"变量"列表框中。

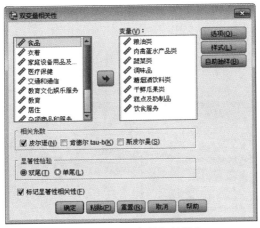

图 11.80 "双变量相关性"

03 其他使用系统默认设置即可。
04 设置完毕后,单击"确定"按钮,等待输出结果。

结果分析如下:

从图 11.81 所示的分析结果可以看出,构成"食品"的 8 个组成部分有"粮油类""肉禽蛋水产品类""蔬菜类""调味品""糖烟酒饮料类""干鲜瓜果类""糕点及奶制品类""饮食服务",它们之间具有一定的相关性。其中"粮油类"与"肉禽蛋水产品类""调味品""蔬菜类""糕点及奶制品类"之间的相关性非常显著,而且相关系数比较高,"肉禽蛋水产品类"与除"调味品""糖烟酒饮料类"之外的所有变量之间的相关性比较显著。

相关性

		粮油类	肉禽蛋水产品类	蔬菜类	调味品	糖烟酒饮料类	干鲜瓜果类	糕点及奶制品	饮食服务
粮油类	皮尔逊相关性	1	.421*	.580**	.363*	.198	.233	.332*	.199
	Sig.(双尾)		.011	.000	.030	.247	.172	.048	.246
	个案数	36	36	36	36	36	36	36	36
肉禽蛋水产品类	皮尔逊相关性	.421*	1	.622**	.145	.165	.536**	.538**	.511**
	Sig.(双尾)	.011		.000	.398	.336	.001	.001	.001
	个案数	36	36	36	36	36	36	36	36
蔬菜类	皮尔逊相关性	.580**	.622**	1	.289	.325	.267	.273	.362*
	Sig.(双尾)	.000	.000		.087	.053	.115	.107	.030
	个案数	36	36	36	36	36	36	36	36
调味品	皮尔逊相关性	.363*	.145	.289	1	.211	.391*	.362*	.099
	Sig.(双尾)	.030	.398	.087		.216	.018	.030	.567
	个案数	36	36	36	36	36	36	36	36
糖烟酒饮料类	皮尔逊相关性	.198	.165	.325	.211	1	.425**	.510**	.390*
	Sig.(双尾)	.247	.336	.053	.216		.010	.001	.019
	个案数	36	36	36	36	36	36	36	36
干鲜瓜果类	皮尔逊相关性	.233	.536**	.267	.391*	.425**	1	.686**	.545**
	Sig.(双尾)	.172	.001	.115	.018	.010		.000	.001
	个案数	36	36	36	36	36	36	36	36
糕点及奶制品	皮尔逊相关性	.332*	.538**	.273	.362*	.510**	.686**	1	.643**
	Sig.(双尾)	.048	.001	.107	.030	.001	.000		.000
	个案数	36	36	36	36	36	36	36	36
饮食服务	皮尔逊相关性	.199	.511**	.362*	.099	.390*	.545**	.643**	1
	Sig.(双尾)	.246	.001	.030	.567	.019	.001	.000	
	个案数	36	36	36	36	36	36	36	36

图 11.81 相关分析结果

(3) 对"家庭总收入""可支配收入""家庭总支出""消费支出" 4 个变量进行简单相关分析。操作步骤如下：

01 进入 SPSS 25.0，打开相关数据文件，选择"分析 | 相关 | 双变量"命令，弹出如图 11.82 所示的对话框。

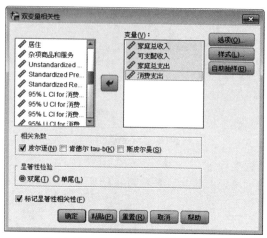

图 11.82　"双变量相关性"对话框

02 选择进行相关分析的变量。在如图 11.82 所示对话框左侧的列表框中选中"家庭总收入""可支配收入""家庭总支出""消费支出"并单击 ➡ 按钮，使之进入"变量"列表框中。

03 其他使用系统默认设置即可。

04 设置完毕后，单击"确定"按钮，等待输出结果。

结果分析如下：

从图 11.83 所示的相关分析结果可以看出，"家庭总收入""可支配收入""家庭总支出""消费支出"之间的相关性非常高。各变量之间的相关系数均超过了 0.9，而且相关关系都在 0.01 的显著性水平上显著。

相关性

		家庭总收入	可支配收入	家庭总支出	消费支出
家庭总收入	皮尔逊相关性	1	.994**	.955**	.958**
	Sig.（双尾）		.000	.000	.000
	个案数	36	36	36	36
可支配收入	皮尔逊相关性	.994**	1	.932**	.948**
	Sig.（双尾）	.000		.000	.000
	个案数	36	36	36	36
家庭总支出	皮尔逊相关性	.955**	.932**	1	.978**
	Sig.（双尾）	.000	.000		.000
	个案数	36	36	36	36
消费支出	皮尔逊相关性	.958**	.948**	.978**	1
	Sig.（双尾）	.000	.000	.000	
	个案数	36	36	36	36

**. 在 0.01 级别（双尾），相关性显著。

图 11.83　相关分析结果

(4) 对"教育"和"教育文化娱乐服务"，进行简单相关分析。操作步骤如下：

01 进入 SPSS 25.0，打开相关数据文件，选择"分析 | 相关 | 双变量"命令，弹出如图 11.84

所示的对话框。

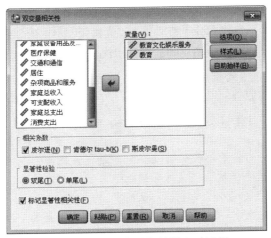

图 11.84 "双变量相关性"对话框

02 选择进行相关分析的变量。在如图 11.84 所示对话框左侧的列表框中选中"教育"和"教育文化娱乐服务"并单击➡按钮，使之进入"变量"列表框中。

03 其他使用系统默认设置即可。

04 设置完毕后，单击"确定"按钮，等待输出结果。

结果分析如下：

从图 11.85 所示的相关分析结果可以看出，"教育"和"教育文化娱乐服务"之间的相关性非常高。变量之间的相关系数为 0.812，而且这种相关关系在 0.01 的显著性水平上显著。

相关性

		教育文化娱乐服务	教育
教育文化娱乐服务	皮尔逊相关性	1	.812**
	Sig.（双尾）		.000
	个案数	36	36
教育	皮尔逊相关性	.812**	1
	Sig.（双尾）	.000	
	个案数	36	36

**. 在 0.01 级别（双尾），相关性显著。

图 11.85 相关分析结果

11.3.3 因子分析

📹	下载资源:\video\第 11 章\11.3
💻	下载资源:\sample\数据 11

通过相关分析可以看出，构成消费支出的各变量之间和构成食物支出的各变量之间有一定的相关关系，这在直接对变量进行分析时势必存在信息重叠。所以，我们有必要通过因子分析来简化模型，找出各变量之间的公因子，以便进一步进行后续分析。

因子分析的过程如下：

第一，对"消费支出"的 8 个组成部分"食品""衣着""家庭设备用品""医疗保健""交通和通信""教育文化娱乐服务""居住""杂项商品和服务"进行因子分析。

第二，对"食品"的 8 个组成部分"粮油类""肉禽蛋水产品类""蔬菜类""调味品""糖烟酒饮料类""干鲜瓜果类""糕点及奶制品类""饮食服务"进行因子分析。

（1）对"消费支出"的 8 个组成部分"食品""衣着""家庭设备用品""医疗保健""交通和通信""教育文化娱乐服务""居住""杂项商品和服务"进行因子分析。操作步骤如下：

01 进入 SPSS 25.0，打开相关数据文件，选择"分析 | 降维 | 因子"命令，弹出如图 11.86 所示的对话框。

02 选择进行因子分析的变量。在如图 11.86 对话框左侧的列表框中依次选择"食品""衣着""家庭设备用品""医疗保健""交通和通信""教育文化娱乐服务""居住""杂项商品和服务"并单击➡按钮，使之进入"变量"列表框中。

03 选择输出系数相关矩阵。单击"因子分析"对话框右上角的"描述"按钮，弹出如图 11.87 所示的对话框。

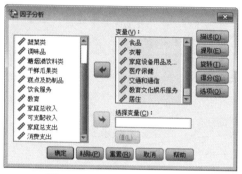
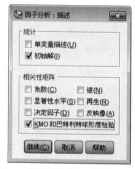

图 11.86 "因子分析"对话框　　　　图 11.87 "因子分析：描述"对话框

在"相关性矩阵"选项组中勾选"KMO 和巴特利特的球形度检验"复选框，单击"继续"按钮返回"因子分析"对话框。

04 设置对提取公因子的要求及相关输出内容。单击"因子分析"对话框右上角的"提取"按钮，弹出如图 11.88 所示的对话框。在"输出"选项组中勾选"碎石图"复选框，单击"继续"按钮返回"因子分析"对话框。

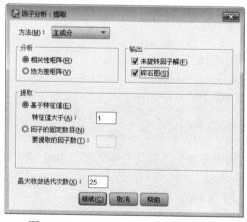

图 11.88 "因子分析：提取"对话框

05 设置因子旋转方法。单击"因子分析"对话框右上角的"旋转"按钮，弹出如图11.89所示的对话框。在"方法"选项组内选中"最大方差法"单选按钮，最大方差法又称正交旋转，能够使每个因子上具有最高载荷的变量数最小。然后单击"继续"按钮返回"因子分析"对话框。

图 11.89 "因子分析：旋转"对话框

对话框选项设置/说明

"方法"选项组中的各选项的含义如下：

- 无：不进行旋转，为系统默认项。
- 最大方差法：使每个因子具有高载荷，以使因子的解释得到简化。本例选择该方法。
- 直接斜交法：选择此项后，可在被激活的 Delta 文本框中输入不超过 0.8 的数值，系统默认的 Delta 值为 0，表示因子分析的解最倾斜。Delta 值可取负值（大于等于-1），Delta 值越接近于-1，旋转越接近正交。
- 四次幂极大法：一种用最少的因子解释每个变量的旋转法。
- 等量最大法：该方法将最大方差法和四次幂极大法相结合，使高载荷因子的变量数和需解释变量的因子数都达到最小的旋转法。
- 最优斜交法，即斜交旋转法，该方法允许因子之间相关，比直接斜交法计算得更快，更适合大量数据的情况。选择此项，在被激活的 Kappa 文本框中输入控制斜交旋转的参数值，默认值为 4（此值最适合于分析）。

"输出"选项组用于设置旋转解的输出。

- 旋转后的解：当在"方法"选项组中选择了一种旋转方法后，此选项才被激活。对于正交旋转，输出旋转模型矩阵、因子转换矩阵；对于斜交旋转，输出模式、结构和因子相关矩阵。
- 载荷图：用于设置输出的图形。若选择此项，则会输出前两个公因子的二维载荷图，或前 3 个因子的三维载荷图；若仅提取一个公因子，则不输出因子载荷图。当选择了一种旋转方法后，"最大收敛迭代次数"文本框被激活，可以输入指定的最大迭代次数，系统默认为 25。

---

06 设置有关因子得分的选项。单击"因子分析"对话框右上角的"得分"按钮，弹出如图11.90所示的对话框，勾选"保存为变量"和"显示因子得分系数矩阵"复选框，然后单击"继续"按钮，返回"因子分析"对话框。

图 11.90 "因子分析：因子得分"对话框

07 其余采用系统默认设置即可。

08 设置完毕后，单击"确定"按钮，等待输出结果。

结果分析如下：

（1）KMO 和巴特利特检验

KMO 检验是为了看数据是否适合进行因子分析，其取值范围是 0~1。其中 0.9~1 表示极好、0.8~0.9 表示可奖励的、0.7~0.8 表示还好、0.6~0.7 表示中等、0.5~0.6 表示糟糕、0~0.5 表示不可接受。如图 11.91 所示，本例中 KMO 的取值为 0.818，表明很适合进行因子分析。巴特利特检验是为了看数据是否来自服从多元正态分布的总体，本例中显著性为 0.000，说明数据来自正态分布总体，适合做进一步分析。

（2）公因子方差

公因子方差是表示各变量中所含原始信息能被提取的公因子所解释的程度，如图 11.92 所示。因为本例中公因子方差都在 70%以上，所以提取的这几个公因子对各变量的解释能力还不错。

KMO 和巴特利特检验

KMO 取样适切性量数		.818
巴特利特球形度检验	近似卡方	227.372
	自由度	28
	显著性	.000

图 11.91 KMO 和巴特利特检验

公因子方差

	初始	提取
食品	1.000	.882
衣着	1.000	.700
家庭设备用品及服务	1.000	.788
医疗保健	1.000	.834
交通和通信	1.000	.877
教育文化娱乐服务	1.000	.793
居住	1.000	.752
杂项商品和服务	1.000	.782

提取方法：主成分分析法。

图 11.92 公因子方差

（3）总方差解释

由图 11.93 可知，"初始特征值"一列显示只有前两个特征值大于 1，故 SPSS 只选择了前两个公因子；"提取载荷平方和"一列显示第一公因子的方差贡献率是 64.735%，前两个公因子的方差占所有主成分方差的 80.106%。由此可见，选前两个公因子分已足够替代原来的变量，几乎涵盖了原变量的全部信息；"旋转载荷平方和"一列显示的是旋转以后的因子提取结果，与未旋转之前差别不大。

第 11 章 城镇居民消费支出结构研究及政策启示

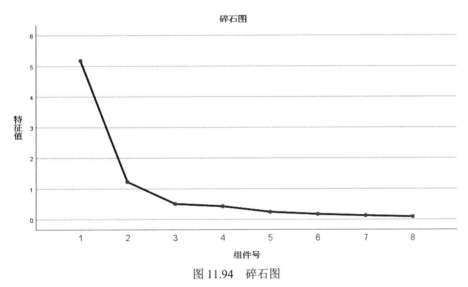

图 11.93　总方差解释

（4）碎石图

如图 11.94 所示，有两个成分的特征值超过了 1，故只考虑这两个成分即可。

图 11.94　碎石图

（5）旋转后的成分矩阵

如图 11.95 所示，第一个因子在食品、家庭设备用品及服务、交通和通信、教育文化娱乐服务、居住、杂项商品和服务上有较大的载荷，其反映的是这些变量的信息，第二个因子在衣着、医疗保健上有较大的载荷，反映的是这两个变量的信息。

图 11.95　旋转后的成分矩阵

（6）成分得分系数矩阵

图 11.96 给出了成分得分系数矩阵，据此可以直接写出各公因子的表达式。值得一提的是，在表达式中各个变量已经不是原始变量而是标准化变量。

	成分 1	成分 2
食品	.280	-.168
衣着	-.091	.440
家庭设备用品及服务	.156	.072
医疗保健	-.219	.607
交通和通信	.293	-.203
教育文化娱乐服务	.159	.067
居住	.222	-.071
杂项商品和服务	.096	.179

提取方法：主成分分析法。
旋转方法：凯撒正态化最大方差法。
组件得分。

图 11.96　成分得分系数矩阵

F1 = 0.280*食品 − 0.091*衣着 + 0.156*家庭设备用品及服务 − 0.219*医疗保健 + 0.293*交通和通信 + 0.159*教育文化娱乐服务 + 0.222*居住 + 0.096*杂项商品和服务

F2 = − 0.168*食品 + 0.440*衣着 + 0.072*家庭设备用品及服务 + 0.607*医疗保健 − 0.203*交通和通信 + 0.067*教育文化娱乐服务 − 0.071*居住 + 0.179*杂项商品和服务

然后可以用"消费支出"作为因变量，以这两个公因子作为自变量进行多重线性回归分析。步骤如下：

01 进入 SPSS 25.0，打开相关数据文件，依次选择"分析｜回归｜线性"命令，弹出如图 11.97 所示的对话框。

02 选择进行简单线性回归分析的变量。在图 11.97 所示对话框左侧的列表框中选中"消费支出"并单击 按钮，使之进入"因变量"列表框中，然后选中"REGR factor score 1 for analysis 1"和"REGR factor score 2 for analysis 1"并单击 按钮，使之进入"自变量"列表框中。

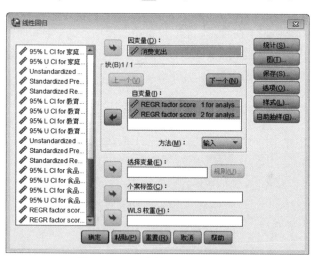

图 11.97　"线性回归"对话框

03 其他使用系统默认设置即可。

04 设置完毕后，单击"确定"按钮，等待输出结果。

结果分析如下：

（1）模型摘要

调整后 R 方为 0.989，如图 11.98 所示，模型的解释能力接近完美。

模型摘要

模型	R	R方	调整后R方	标准估算的错误
1	.995a	.990	.989	390.94247

a. 预测变量：(常量), REGR factor score 2 for analysis 1, REGR factor score 1 for analysis 1

图 11.98　模型摘要

（2）ANOVA 方差分析

模型的检验显著性为 0.000，小于 0.05，如图 11.99 所示，模型整体很显著。

ANOVA^a

模型		平方和	自由度	均方	F	显著性
1	回归	495035324.5	2	247517662.2	1619.498	.000b
	残差	5043588.545	33	152836.017		
	总计	500078913.0	35			

a. 因变量：消费支出
b. 预测变量：(常量), REGR factor score 2 for analysis 1, REGR factor score 1 for analysis 1

图 11.99　ANOVA 方差分析

（3）回归方程的系数及系数的检验结果（见图 11.100）

系数^a

模型		未标准化系数		标准化系数	t	显著性
		B	标准错误	Beta		
1	(常量)	15569.379	65.157		238.951	.000
	REGR factor score 1 for analysis 1	3510.878	66.081	.929	53.130	.000
	REGR factor score 2 for analysis 1	1348.184	66.081	.357	20.402	.000

a. 因变量：消费支出

图 11.100　系数

最终模型的表达式为：消费支出 = 15569.378611 + 3510.878432*F1 + 1348.183611*F2

这意味着，F1 每增加一点，消费支出就增加 3510.878432 点；F2 每增加一点，消费支出就增加 1348.183611 点；模型中各个变量显著性均小于 0.05，所以三个系数都是显著的。

结论：通过以上的分析，可以看出我国城镇居民的消费支出与两个因子都是正相关的，而且第一个因子（代表食品、家庭设备用品及服务、交通和通信、教育文化娱乐服务、居住、杂项商品和服务）对消费支出的影响远远大于第二个因子（代表衣着、医疗保健）。

（2）对"食品"的 8 个组成部分："粮油类""肉禽蛋水产品类""蔬菜类""调味品""糖烟酒饮料类""干鲜瓜果类""糕点及奶制品类""饮食服务"进行因子分析。操作步骤如下：

01 进入 SPSS 25.0，打开相关数据文件，依次选择"分析|降维|因子分析"命令，弹出如图 11.101 所示的对话框。

02 选择进行因子分析的变量。在如图 11.101 对话框左侧的列表框中依次选择"粮油类""肉禽蛋水产品类""蔬菜类""调味品""糖烟酒饮料类""干鲜瓜果类""糕点及奶制品类""饮食服务"并单击 按钮，使之进入"变量"列表框中。

03 选择输出系数相关矩阵。单击"因子分析"对话框右上角的"描述"按钮，弹出如图 11.102 所示的对话框。

图 11.101 "因子分析"对话框　　　　图 11.102 "因子分析：描述"对话框

在"相关性矩阵"选项组中勾选"KMO 和巴特利特的球形度检验"复选框，单击"继续"按钮，返回"因子分析"对话框。

04 设置对提取公因子的要求及相关输出内容。单击"因子分析"对话框右上角的"提取"按钮，弹出如图 11.103 所示的对话框。在"输出"选项组中勾选"碎石图"复选框，单击"继续"按钮，返回"因子分析"对话框。

05 设置因子旋转方法。单击"因子分析"对话框右上角的"旋转"按钮，弹出如图 11.104 所示的对话框。在"方法"选项组内选中"最大方差法"单选按钮，最大方差法又称正交旋转，能够使每个因子上具有最高载荷的变量数最小，然后单击"继续"按钮，返回"因子分析"对话框。

图 11.103 "因子分析：提取"对话框　　　图 11.104 "因子分析：旋转"对话框

06 设置有关因子得分的选项。单击"因子分析"对话框右上角的"得分"按钮，弹出如图 11.105 所示的对话框，勾选"保存为变量"和"显示因子得分系数矩阵"复选框，然后单击"继续"按钮，返回"因子分析"对话框。

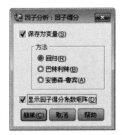

图 11.105　“因子分析：因子得分”对话框

07 其余采用系统默认设置即可。

08 设置完毕后，单击“确定”按钮，等待输出结果。

结果分析如下：

（1）KMO 和巴特利特检验

KMO 检验是为了看数据是否适合进行因子分析，其取值范围是 0~1。其中 0.9~1 表示极好、0.8~0.9 表示可奖励的、0.7~0.8 表示还好、0.6~0.7 表示中等、0.5~0.6 表示糟糕、0~0.5 表示不可接受。如图 11.106 所示，本例中 KMO 的取值为 0.660，表明比较适合进行因子分析。巴特利特检验是为了看数据是否来自服从多元正态分布的总体，本例中显著性为 0.000，说明数据来自正态分布总体，适合做进一步分析。

（2）公因子方差

公因子方差是表示各变量中所含原始信息能被提取的公因子所解释的程度。如图 11.107 所示，提取的这几个公因子对各变量的解释能力尚可。

KMO 和巴特利特检验

KMO 取样适切性量数。		.660
巴特利特球形度检验	近似卡方	116.533
	自由度	28
	显著性	.000

图 11.106　KMO 和巴特利特检验

公因子方差

	初始	提取
粮油类	1.000	.748
肉禽蛋水产品类	1.000	.805
蔬菜类	1.000	.791
调味品	1.000	.845
糖烟酒饮料类	1.000	.498
干鲜瓜果类	1.000	.728
糕点及奶制品	1.000	.801
饮食服务	1.000	.754

提取方法：主成分分析法。

图 11.107　公因子方差

（3）总方差解释

由图 11.108 可知，“初始特征值”一列显示只有前三个特征值大于 1，故 SPSS 只选择了前三个公因子；“提取载荷平方和”一列显示第一公因子的方差贡献率是 46.610%，前三个公因子的方差占所有主成分方差的 74.631%。由此可见，选前三个公因子已可以替代原来的变量，涵盖了原变量的大部分信息。“旋转载荷平方”一列显示的是旋转以后的因子提取结果，与未旋转之前差别不大。

总方差解释

成分	初始特征值			提取载荷平方和			旋转载荷平方和		
	总计	方差百分比	累积 %	总计	方差百分比	累积 %	总计	方差百分比	累积 %
1	3.729	46.610	46.610	3.729	46.610	46.610	2.721	34.008	34.008
2	1.240	15.498	62.108	1.240	15.498	62.108	2.071	25.890	59.898
3	1.002	12.523	74.631	1.002	12.523	74.631	1.179	14.733	74.631
4	.752	9.405	84.036						
5	.460	5.754	89.790						
6	.403	5.042	94.832						
7	.274	3.423	98.255						
8	.140	1.745	100.000						

提取方法：主成分分析法。

图 11.108　总方差解释

（4）碎石图

如图 11.109 所示，有三个成分的特征值超过了 1，故只考虑这三个成分即可。

图 11.109　碎石图

（5）旋转后的成分矩阵

如图 11.110 所示，第一个因子在糖烟酒饮料类、干鲜瓜果类、糕点及奶制品、饮食服务上有较大的载荷，其反映的是这些变量的信息；第二个因子在粮油类、肉禽蛋水产品类、蔬菜类上有较大的载荷，反映的是这三个变量的信息；第三个因子在调味品上有较大的载荷，反映的是这一个变量的信息。

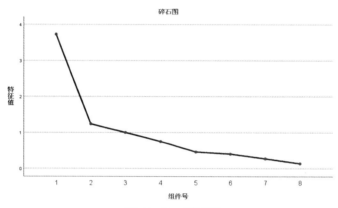

图 11.110　旋转后的成分矩阵

（6）成分得分系数矩阵

图 11.111 给出了成分得分系数矩阵，据此可以直接写出各公因子的表达式。值得一提的是，

在表达式中各个变量已经不是原始变量而是标准化变量。

成分得分系数矩阵

	成分		
	1	2	3
粮油类	-.205	.430	.254
肉禽蛋水产品类	.069	.389	-.332
蔬菜类	-.140	.500	-.028
调味品	-.027	-.063	.778
糖烟酒饮料类	.278	-.180	.198
干鲜瓜果类	.332	-.118	.087
糕点及奶制品	.344	-.097	.055
饮食服务	.336	.024	-.333

提取方法：主成分分析法。
旋转方法：凯撒正态化最大方差法。

图 11.111　成分得分系数矩阵

F1 = -0.204868*粮油类 + 0.068807*肉禽蛋水产品类 - 0.139975*蔬菜类 - 0.026963*调味品 + 0.278499*糖烟酒饮料类 + 0.332316*干鲜瓜果类 + 0.343942*糕点及奶制品 + 0.336064*饮食服务

F2 = 0.430006*粮油类 + 0.388580*肉禽蛋水产品类 + 0.499667*蔬菜类 - 0.063492*调味品 -0.179989*糖烟酒饮料类 - 0.118036*干鲜瓜果类 - 0.097492*糕点及奶制品+0.024478*饮食服务

F3 = 0.254390*粮油类 - 0.332319*肉禽蛋水产品类 - 0.027834*蔬菜类 + 0.777521*调味品 +0.197537*糖烟酒饮料类 + 0.087098*干鲜瓜果类 + 0.054779*糕点及奶制品 - 0.332523*饮食服务

然后可以用"食品"作为因变量，以这三个公因子作为自变量进行多重线性回归分析。步骤如下：

01 进入 SPSS 25.0，打开相关数据文件，依次选择"分析|回归|线性"命令，弹出如图 11.112 所示的对话框。

02 选择进行简单线性回归分析的变量。在如图 11.112 所示对话框左侧的列表框中选中"食品"并单击 按钮，使之进入"因变量"列表框中，然后选中"REGR factor score 2 for analysis 2" "REGR factor score 2 for analysis 2"和"REGR factor score 3 for analysis 2"并单击 按钮，使之进入"自变量"列表框中。

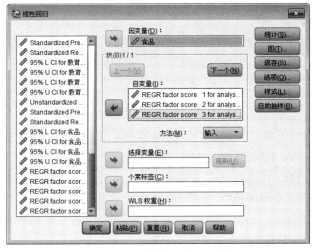

图 11.112　"线性回归"对话框

03 其他使用系统默认设置即可。

04 设置完毕后，单击"确定"按钮，等待输出结果。

结果分析如下：

（1）模型摘要

调整后 R 方为 0.985 中，如图 11.13 所示，模型的解释能力很好。

模型摘要

模型	R	R 方	调整后 R 方	标准估算的错误
1	.993ª	.986	.985	153.77966

a. 预测变量：(常量), REGR factor score 3 for analysis 2, REGR factor score 2 for analysis 2, REGR factor score 1 for analysis 2

图 11.113　模型摘要

（2）ANOVA 方差分析

模型的检验显著性为 0.000，小于 0.05，如图 11.114 所示，模型整体很显著。

ANOVAª

模型		平方和	自由度	均方	F	显著性
1	回归	55237126.05	3	18412375.35	778.596	.000ᵇ
	残差	756741.847	32	23648.183		
	总计	55993867.89	35			

a. 因变量：食品
b. 预测变量：(常量), REGR factor score 3 for analysis 2, REGR factor score 2 for analysis 2, REGR factor score 1 for analysis 2

图 11.114　ANOVA 方差分析

（3）回归方程的系数及系数的检验结果（见图 11.115）

系数ª

模型		未标准化系数		标准化系数		
		B	标准错误	Beta	t	显著性
1	(常量)	5553.689	25.630		216.688	.000
	REGR factor score 1 for analysis 2	994.000	25.994	.786	38.240	.000
	REGR factor score 2 for analysis 2	767.240	25.994	.607	29.517	.000
	REGR factor score 3 for analysis 2	-38.875	25.994	-.031	-1.496	.145

a. 因变量：食品

图 11.115　系数

最终模型的表达式为：食品 = 5553.689167 + 993.999725*F1 + 767.239794*F2 - 38.874755*F3

这意味着，F1 每增加一点，食品支出就增加 993.999725 点；F2 每增加一点，食品支出就增加 767.239794 点；模型中 F1、F2 变量显著性均小于 0.05，所以这两个系数都是显著的。

结论：通过以上的分析，可以看出我国城镇居民的食品支出与三个因子都是正相关的，且第一个因子（代表糖烟酒饮料类、干鲜瓜果类、糕点及奶制品、饮食服务）对食品支出的影响要大于第二个因子（代表粮油类、肉禽蛋水产品类、蔬菜类），而第三个因子（代表调味品）则影响不够显著。

11.3.4 图形分析

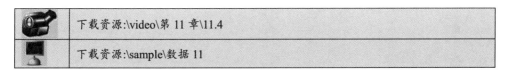

为研究我国居民消费性支出结构的区域差异，我们有必要对因子分析的结果做进一步分析。下面对"消费支出"的 8 个组成部分的因子分析结果进行图形分析。操作步骤如下：

01 依次选择"图形｜旧对话框｜散点图/点图"命令，弹出如图 11.116 所示的对话框。

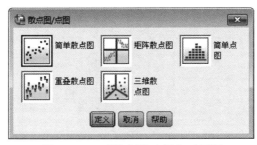

图 11.116 "散点图/点图"对话框

单击"定义"按钮，弹出如图 11.117 所示的对话框。

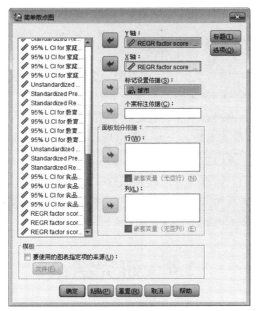

图 11.117 "简单散点图"对话框

02 选择"REGR factor score 1 for analysis 1"并单击 ▶ 按钮，使之进入"Y 轴"列表框中，选择"REGR factor score 2 for analysis 1"并单击 ▶ 按钮，使之进入"X 轴"列表框中，选择"城市"并单击 ▶ 按钮，使之进入"标记设置依据"列表框中。

03 单击"确定"按钮，等待输出结果。

结果分析如下：

如图 11.118 所示,结合前面因子分析的结果,第一个因子代表食品、家庭设备用品及服务、交通和通信、教育文化娱乐服务、居住、杂项商品和服务;第二个因子代表衣着、医疗保健。

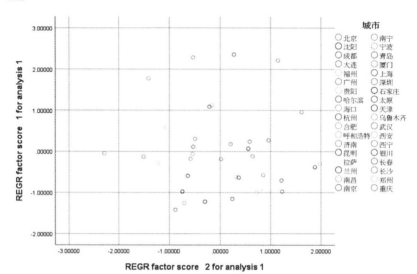

图 11.118　散点图

位于第一象限的有上海、广州、北京、南京、青岛、大连、天津,表示这 7 个城市在消费支出的各个方面都领先其他城市。

位于第二象限的有济南、武汉、呼和浩特、沈阳、重庆、西安、银川、长春、哈尔滨、郑州、太原,表示这 11 个城市在影响消费支出因子一方面,也就是食品、家庭设备用品及服务、交通和通信、教育文化娱乐服务、居住、杂项商品和服务等方面有优势,在其他方面不如平均水平。

位于第三象限的有海口、南昌、南宁、合肥、贵阳、昆明、拉萨、石家庄、兰州、乌鲁木齐、西宁,表示这 11 个城市在消费支出的各个方面都落后于总体平均水平。

位于第四象限的有深圳、厦门、宁波、杭州、福州、长沙、成都,表示这 7 个城市在影响消费支出因子两方面,也就是衣着、医疗保健方面有优势,在其他方面不如平均水平。

图形上如果看不清楚或者有所失真,请参照 SPSS 数据集中每个城市对应的"REGR factor score 1 for analysis 1"和"REGR factor score 2 for analysis 1"的值作出判断。

11.4　研究结论

根据以上所做的分析,我们可以得出以下结论:

(1)我国城镇居民的总支出结构是:用于消费的总支出与用于其他方面的支出大致相等,但要稍高一些。

(2)我国城镇居民的边际消费倾向为 0.648996,还是比较高的。

(3)在我国城镇居民的家庭总支出的构成中,食品、交通和通信、教育文化娱乐服务对家庭总支出有显著影响。其中食品支出每增长 1 元会带来总支出 1.427370*元的增长,交通和通信支出每增长 1 元会带来总支出 1.991409 元的增长，教育文化娱乐服务支出每增长 1 元会带来总支出 1.618383 元的增长。

（4）我国城镇居民在教育文化娱乐服务支出中用于教育方面的支出只有近 30%，大部分还是用于娱乐等支出。

（5）我国城镇居民用于食物方面的支出占总支出的比例还是比较可观的，超过 1/5，这说明居民的恩格尔系数还没有很低。

（6）构成我国城镇居民"消费支出"的 8 个组成部分："食品""衣着""家庭设备用品及服务""医疗保健""交通和通信""教育文化娱乐服务""居住""杂项商品和服务"之间具有比较强的相关性。

（7）构成我国城镇居民"食品"支出的 8 个组成部分是"粮油类""肉禽蛋水产品类""蔬菜类""调味品""糖烟酒饮料类""干鲜瓜果类""糕点及奶制品类""饮食服务"，它们之间具有一定的相关性。

（8）我国城镇居民的"家庭总收入""可支配收入""家庭总支出""消费支出"之间的相关性非常高。

（9）我国城镇居民的"教育"支出和"教育文化娱乐服务"支出之间的相关性非常高。

（10）鉴于构成我国城镇居民"消费支出"的 8 个组成部分之间存在的高相关性，通过因子分析，可以把这些变量浓缩为两个公因子。我国城镇居民的消费支出与两个因子都是正相关的，而且第一个因子（代表食品、家庭设备用品及服务、交通和通信、教育文化娱乐服务、居住、杂项商品和服务）对消费支出的影响远远大于第二个因子（代表衣着、医疗保健）。

（11）鉴于构成我国城镇居民"食品"支出的 8 个组成部分之间存在的高相关性，通过因子分析，可以把这些变量浓缩为三个公因子。我国城镇居民的食品支出与三个公因子都是正相关的，而且第一个因子（代表糖烟酒饮料类、干鲜瓜果类、糕点及奶制品、饮食服务）对食品支出的影响要大于第二个因子（代表粮油类、肉禽蛋水产品类、蔬菜类），而第三个因子（代表调味品）则影响不够显著。

（12）上海、广州、北京、南京、青岛、大连、天津这 7 个城市在消费支出的各个方面都领先于其他城市。

（13）济南、武汉、呼和浩特、沈阳、重庆、西安、银川、长春、哈尔滨、郑州、太原这 11 个城市在影响消费支出因子一方面，也就是食品、家庭设备用品及服务、交通和通信、教育文化娱乐服务、居住、杂项商品和服务等方面有优势，在其他方面不如平均水平。

（14）海口、南昌、南宁、合肥、贵阳、昆明、拉萨、石家庄、兰州、乌鲁木齐、西宁这 11 个城市在消费支出的各个方面都落后于总体平均水平。

（15）深圳、厦门、宁波、杭州、福州、长沙、成都这 7 个城市在影响消费支出因子两方面，也就是衣着、医疗保健等方面有优势，在其他方面不如平均水平。

根据研究结论，总结如下：

（1）从回归分析的结论来看，我们大中城市居民的边际消费倾向比较高，恩格尔系数较低，说明我国居民的生活水平还是很不错的。这在政策上的含义是当前市场需求还算比较旺盛，如果企业能够进一步加强市场调研与产品研发，推出适销对路的产品，还是可以有所作为的。

（2）另外一个需要注意的情况是，我国城镇居民消费支出的各个组成部分之间相关性比较高且均为正相关,这在很大程度上说明我们消费者对每种消费品的消费有一种齐头并进的倾向,而不是过于偏好某种特定生活用品。

(3) 消费结构的地区性差异明显。上海、广州、北京、南京、青岛、大连、天津等东部大城市在消费支出的各个方面领先于其他地区,海口、南昌、南宁、合肥、贵阳、昆明、拉萨、石家庄、兰州、乌鲁木齐、西宁等西部城市在消费支出的各个方面都落后一些,其他城市的消费支出结构之间存在较大的差异。这对于企业的政策启示就是,企业要根据区域城市居民的具体消费特点去开展经营。比如尽量把店址选在上海、广州、北京、南京、青岛、大连、天津等东部大城市,因为这些地区消费比较旺盛,尽量不要把店址选在海口、南昌、南宁、合肥、贵阳、昆明、拉萨、石家庄、兰州、乌鲁木齐、西宁等城市,因为这些城市消费相对比较低。又比如不考虑前述绝对消费支出或很大或很小的城市,如果企业提供的商品或服务内容是"食品、家庭设备用品及服务、交通和通信、教育文化娱乐服务、居住、杂项商品和服务",那么最好把经营地址选在济南、武汉、呼和浩特、沈阳、重庆、西安、银川、长春、哈尔滨、郑州、太原等城市,成功的概率就会大一些;如果企业提供的商品或服务内容是"衣着、医疗保健",最好把经营地址选在深圳、厦门、宁波、杭州、福州、长沙、成都等城市,成功的概率就会大一些。

第 12 章

关于大学生就业相关问题的调查研究

　　大学生就业之所以存在问题，实质上是因为无法实现这部分资源最优配置的问题。解决好大学生就业问题，充分发挥好这部分宝贵的人力资源的作用，使其有效地为国民经济的发展创造出应有的价值，毫无疑问具有十分重要的意义。SPSS 作为一套功能强大的统计分析软件，完全可以用来进行大学生就业问题的相关调查研究，从定量分析的角度关注变量之间的联系与区别。下面我们就来介绍一下 SPSS 在大学生就业调查研究中的应用。

12.1　研究背景及目的

　　为了响应国家的号召，做好高校毕业生尤其是本科毕业生的就业工作，我们一方面要强化高校毕业生就业服务和就业指导，充分发挥人力资源市场配置资源的作用，强化公共就业服务的功能，另一方面要提升高校毕业生就业能力，比如大力组织以促进就业为目的的实习实践，确保高校毕业生在离校前都能参加实习实践活动等。但这两个方面得以有效实行的前提是要了解学生的就业观念以及就业意向等问题，只有先搞清楚学生想得到的究竟是什么，才能去解决问题。比如经过调研发现某高校大部分的学生都想去外企工作，这样我们就可以一方面试图联系更多的外企走进校园招聘，另一方面可以按外企要求侧重培养学生的各方面的素质以增加其成功机会。

　　基于以上考虑，某高校就业指导中心的相关工作人员决定对其学校面临毕业的大学生进行相关调查研究，以发现学生的就业理念，从而为其部门后续的就业指导工作的开展做好准备。比如把有就业意愿的离校未就业高校毕业生全面纳入就业帮扶，落实实名制就业服务，对需要岗位信息的开展职业介绍，对需要求职技巧的提供职业指导，对需要提升技能的提供职业培训，对需要增加经验的提供见习机会，对有志创业的提供创业服务，对就业困难的开展就业援助，使有需要的高校毕业生都能得到相应的就业服务和政策扶持等。

12.2 研究方法

基本思路是：首先根据研究需要设计出调查问卷《关于 2019 年毕业生就业情况的调查问卷》。然后使用设计好的调查问卷对面临毕业的大学生展开调查，问卷编辑与发送通过问卷星来进行。问卷星是一个专业的在线问卷调查、测评、投票平台，专注于为用户提供功能强大、人性化的在线设计问卷、采集数据、自定义报表、调查结果分析系列服务。与传统调查方式和其他调查网站或调查系统相比，问卷星具有快捷、易用、低成本的明显优势，已经被大量企业和个人广泛使用。在完成调查收集完毕信息后，使用 SPSS 的相关数据处理方法对收集的问卷进行处理，提取有效信息，分析变量之间的联系与区别。最后写出研究结论。如图 12.1 所示。

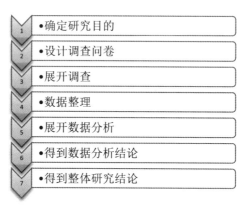

图 12.1 研究方法流程图

采用的数据分析方法主要有：

（1）交叉表分析

（2）ANOVA 方差分析

（3）相关分析

（4）聚类分析

12.3 研究过程

12.3.1 根据研究需要设计调查问卷

该高校就业指导中心针对 2019 年毕业生进行调查，组织设计了《关于 2019 年毕业生就业情况的调查问卷》。该调查问卷包括 22 道题目，其中包括 7 道关于个人基本信息的题目和 15 道关于就业情况调查的题目。题目全部采用单选题的方式，在设计的过程中充分征求了就业专业、往届毕业生和其他高校就业指导中心工作者的意见，并结合来自各方的意见进行了修改完善。最终设计完成的调查问卷如下所示：

关于2019年毕业生就业情况的调查问卷

尊敬的各位学生，大家好！为帮助大家就业，我们设计了该调查问卷，征求大家的意见，以便我们更好地开展就业指导工作，期待您的真诚配合，感谢支持！

一、学生基本情况调查

1. 您的性别为？
   A. 男　　　　　　B. 女

2. 您在本校就读期间的校内考核等级为？
   A. 优秀　　　　　B. 良好　　　　　C. 中等　　　　　D. 差

3. 您在本校就读期间获得的最高荣誉为？
   A. 省级以上　　　B. 市县级或者校院级　　　C. 未获荣誉

4. 您在本校就读专业是？
   A. 理工农医类　　B. 经管法社科类　　　　　C. 艺体类

5. 您的就业情况是？
   A. 未签约　　　　B. 已签约

6. 您在本校就读期间的实习情况为？
   A. 3次以上　　　　B. 1~2次　　　　C. 0次

7. 您的籍贯住址位于？
   A. 农村　　　　　B. 城市

二、就业影响因素调查

8. 您认为性别对就业的影响？
   A. 很大　　　B. 较大　　　C. 一般　　　D. 较小

9. 您认为籍贯对就业的影响？
   A. 很大　　　B. 较大　　　C. 一般　　　D. 较小

10. 您认为外语水平对就业的影响？
    A. 很大　　　B. 较大　　　C. 一般　　　D. 较小

11. 您认为计算机水平对就业的影响？
    A. 很大　　　B. 较大　　　C. 一般　　　D. 较小

12. 您认为毕业院校对就业的影响？
    A. 很大　　　B. 较大　　　C. 一般　　　D. 较小

13. 您认为所学专业对就业的影响？
    A. 很大　　　B. 较大　　　C. 一般　　　D. 较小

14. 您认为社会资格证书对就业的影响？
    A. 很大　　　B. 较大　　　C. 一般　　　D. 较小

15. 您认为实习对就业的影响？
    A. 很大　　　B. 较大　　　C. 一般　　　D. 较小

16. 您认为校内考核等级对就业的影响？
    A. 很大　　　B. 较大　　　C. 一般　　　D. 较小

17. 您的就业信心是？
    A. 很强　　　B. 较强　　　C. 一般　　　D. 比较弱　　　E. 很弱

18. 您的理想月薪是？
    A. 5000元以下　　B. 5000~7000元　　C. 7000~10000元　　D. 10000元以上

19. 您的就业意向是？
    A. 党政机关　　B. 事业单位或参照事业管理单位　　C. 国有企业　　D. 外资企业　　E. 民营企业

20. 您认为大学教育与工作能力之间？
    A. 结合很好　　　B. 差强人意　　　C. 不太匹配　　　D. 差距甚远

21. 您觉得努力学习与就业能力之间？
    A. 关联度很高　　　B. 关联度一般　　　C. 关联度较弱

22. 您认为最终就业与所学专业之间？
    A. 一致　　　B. 不要差距很大　　　C. 可以没什么关联

各位学生，调查结束，感谢您的参与，祝愿您就业顺利，前程似锦！

12.3.2　发放问卷进行社会调查并将所得数据录入到SPSS中

该高校就业指导中心针对2019年毕业生进行调查，将设计好的520份调查问卷随机发放到面临毕业的大学生手中，回收517份，回收率为517/520*100%=99.42%，且回收上来的均为有效调查问卷，回收效果还是不错的。

该高校就业指导中心把回收上来的问卷进行一系列整理，并制作成一个SPSS格式的文件。其中设置了22个变量，分别是"学生性别""校内考核""获得荣誉情况""就读专业""就业情况""实习情况""籍贯住址""性别对就业影响""籍贯对就业影响""外语水平对就业影响""计算机水平对就业影响""毕业院校对就业影响""所学专业对就业影响""社会资格证书对就业影响""实习对就业影响""校内考核对就业影响""就业信心""理想月薪""就业意向""大学教育与工作能力""努力学习与就业能力""最终就业与所学专业"。数据12的变量视图如图12.2所示。

第 12 章 关于大学生就业相关问题的调查研究 | 437

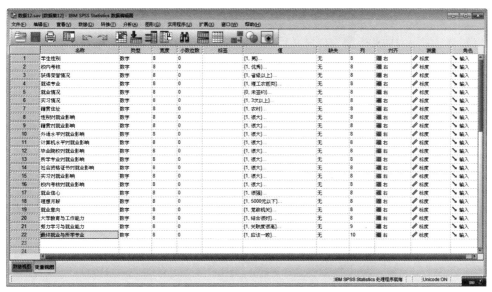

图 12.2 数据 12 的变量视图

我们把所有变量均定义为数值类型变量，并进行相应值的标签操作。

（1）对"学生性别"，用"1"表示"男"，"2"表示"女"。

（2）对"校内考核"，用"1"表示"优秀"，"2"表示"良好"，"3"表示"中等"，"4"表示"差"。

（3）对"获得荣誉情况"，用"1"表示"省级以上"，"2"表示"市县级或者校院级"，"3"表示"未获荣誉"。

（4）对"就读专业"，用"1"表示"理工农医类"，"2"表示"经管法社科类"，"3"表示"艺体类"。

（5）对"就业情况"，用"0"表示"未签约"，"1"表示"已签约"。

（6）对"实习情况"，用"1"表示"3次以上"，"2"表示"1~2次"，"3"表示"0次"。

（7）对"籍贯住址"，用"1"表示"农村"，"2"表示"城市"。

（8）对"性别对就业影响"，用"1"表示"很大"，"2"表示"较大"，"3"表示"一般"，"4"表示"较小"。

（9）对"籍贯对就业影响"，用"1"表示"很大"，"2"表示"较大"，"3"表示"一般"，"4"表示"较小"。

（10）对"外语水平对就业影响"，用"1"表示"很大"，"2"表示"较大"，"3"表示"一般"，"4"表示"较小"。

（11）对"计算机水平对就业影响"，用"1"表示"很大"，"2"表示"较大"，"3"表示"一般"，"4"表示"较小"。

（12）对"毕业院校对就业影响"，用"1"表示"很大"，"2"表示"较大"，"3"表示"一般"，"4"表示"较小"。

（13）对"所学专业对就业影响"，用"1"表示"很大"，"2"表示"较大"，"3"表示"一般"，"4"表示"较小"。

（14）对"社会资格证书对就业影响"，用"1"表示"很大"，"2"表示"较大"，"3"

表示"一般","4"表示"较小"。

（15）对"实习对就业影响",用"1"表示"很大","2"表示"较大","3"表示"一般","4"表示"较小"。

（16）对"校内考核对就业影响",用"1"表示"很大","2"表示"较大","3"表示"一般","4"表示"较小"。

（17）对"就业信心",用"1"表示"很强","2"表示"比较强","3"表示"一般","4"表示"比较弱","5"表示"很弱"。

（18）对"理想月薪",用"1"表示"5000元以下","2"表示"5000~7000元","3"表示"7000~10000元","4"表示"10000元以上"。

（19）对"就业意向",用"1"表示"党政机关","2"表示"事业单位或参照事业管理单位","3"表示"国有企业","4"表示"外资企业","5"表示"民营企业"。

（20）对"大学教育与工作能力",用"1"表示"结合很好","2"表示"差强人意","3"表示"不太匹配","4"表示"差距甚远"。

（21）对"努力学习与就业能力",用"1"表示"关联度很高","2"表示"关联度一般","3"表示"关联度较弱"。

（22）对"最终就业与所学专业",用"1"表示"一致","2"表示"不要差距很大","3"表示"可以没什么关联"。

录入完成后,数据如图12.3所示。

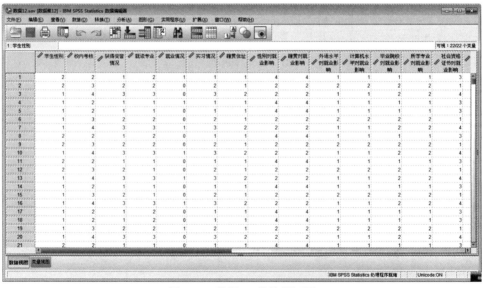

图12.3　数据12的数据视图

12.3.3　SPSS分析

本小节我们分四个部分进行分析。

1. 交叉表分析第一部分

本部分我们针对"学生性别"与"就读专业"和"籍贯住址"等变量开展交叉表分析。操作步骤如下：

01 进入 SPSS 25.0，依次选择"分析|描述统计|交叉表"命令，弹出如图 12.4 所示的对话框。

图 12.4 "交叉表"对话框

首先定义行变量，在如图 12.4 所示对话框的左侧列表框中选择"学生性别"并单击 按钮，使之进入"行"列表框中，然后定义列变量，在左侧列表框中选择"就读专业"和"籍贯住址"并单击 按钮，使之进入"列"列表框中。因为没有别的变量参与交叉表分析，所以这里没有层控制变量。

═══════ **对话框选项设置/说明** ═══════

左侧列表框中选择"学生性别"并单击 按钮，将其选入右侧的"行"列表框中，然后在左侧列表框中选择"就读专业"和"籍贯住址"并单击 按钮，将其选入右侧的"列"列表框中。如果选择控制变量并移入"层 1/1"列表框中，就可以决定交叉表频数分布的层，称这个变量为层变量。可以选择多个层变量，通过"下一个"按钮依次移入，单击"上一个"按钮，可以选择前面已经选定的变量，如果不选择层变量，则对全部数据形成交叉表。因为这里需要将全部数据输入交叉表，所以不选择层变量。下面的"显示簇状条形图"复选框将对每个层变量分类中每一个行变量和列变量的组合输出一张分簇的条形图。显示簇状条形图可以帮助汇总个案组的数据。对于在"行"列表框中指定的变量的每个值，均有一个簇状条形图。定义每个聚类内的条形图的变量就是在"列"列表框中指定的变量。对于此变量的每个值，均有一组不同颜色或图案的条形图。如果在"列"或"行"列表框中指定多个变量，就为每个双变量组合生成一个簇状条形图。如果勾选"禁止显示表"复选框，在结果中就不会显示交叉表。这里需要显示交叉表，因此不选择该项。

02 选择交叉表单元格中需要计算的指标。单击"交叉表"对话框右侧的"单元格"按钮，弹出如图 12.5 所示的对话框，在该对话框中可以设置相关的输出内容。

图 12.5 "交叉表：单元格显示"对话框

对话框选项设置/说明

"计数"选项组中有以下 3 个选项。

- 实测：表示显示观测值频数，为系统默认项。
- 期望：如果行、列变量在统计意义下相互独立或不相关，就显示期望或预测的观测值频数。
- 隐藏较小的计数：如果数值小于下方文本框中所设置的值，就不予显示。

"百分比"选项组用于选择交叉表单元格中的百分比显示格式，各选项含义如下：

- 行：显示观测值数占该行观测值总数的百分比。
- 列：显示观测值数占该列观测值总数的百分比。
- 总计：显示观测值数占全部观测值总数的百分比。这里我们把全部选项都选上。

"残差"选项组用于选择交叉表单元格中的残差显示格式，各选项含义如下：

- 未标准化：指的是单元格中的观测值与预测值之差。如果两个变量之间没有关系，那么期望值是期望在单元格中出现的个案数；如果行变量和列变量独立，那么正的残差表示单元格中的实际个案数多于期望的个案数。
- 标准化：指的是平均值为 0、标准偏差为 1 的皮尔逊残差。
- 调整后标准化：指的是观测值与预测值之差除以标准差的值。生成的标准化残差表示为平均值上下的标准差单位。

"非整数权重"选项组中设置的是非整数加权变量作为单元格计数以及参与计算的处理方式。单元格计数表示每个单元格的计数，在一般情况下为整数，若数据文件的加权变量含有小数，则单元格计数也为小数。读者可在计算单元格之前或之后进行截去或舍入小数点后的数字，也可以在交叉表中显示含小数的单元格计数并且参与统计量的计算，有以下 5 种方式。

- 单元格计数四舍五入：对单元格的累计权重进行四舍五入后才进行统计量的计算。

- 截断单元格计数：对单元格的累计权重进行舍位（截去小数点后的数字）后才进行统计量的计算。
- 个案权重四舍五入：在加权前对个案权重重新进行四舍五入。
- 截断个案权重：在加权前对个案权重重新进行舍位。
- 不调整：选择该项，个案权重及单元格计数均使用小数，然而若选择了精确概率统计量，则在计算精确概率检验统计量之前仍会对单元格的累计加权进行舍入或舍位。

这里无论选择哪一个选项都是一样的，因为单元格计数都是整数。

我们在"计数"选项组中勾选"实测"复选框，在"百分比"选项组中勾选"行""列"和"总计"复选框。设置完毕后，单击"继续"按钮，返回"交叉表"对话框。

03 单击"统计"按钮，弹出"交叉表：统计"对话框，如图12.6所示。

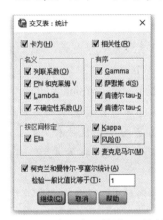

图12.6 "交叉表：统计"对话框

=== 对话框选项设置/说明 ===

"卡方"复选框对行变量和列变量的独立性进行卡方检验，包括皮尔逊卡方检验、似然比检验、Linear-by-Linear Association（依线性的线性关联）检验等。对于两行两列的表，可选择卡方以计算皮尔逊卡方、似然比卡方、费雪的精确检验和耶茨修正卡方（连续性修正）。对于 2×2 表，如果表并非源自包含期望频率小于 5 的单元格的较大表中的缺失行或缺失列，就计算费雪精确检验。对于所有其他 2×2 表，计算耶茨修正卡方。对于具有任意行列数的表，选择卡方来计算皮尔逊卡方和似然比卡方。当两个表变量都是定量变量时，卡方将产生线性关联检验。需要特别说明的是，对于基于卡方的统计（Phi 和克莱姆 V，列联系数），数据应该是来自多项分布的随机样本。

"相关性"复选框可以计算皮尔逊相关系数，用于检验两个变量的线性相关程度。选择该选项，还可以计算斯皮尔曼相关系数，用于检验秩排序之间的关联度。二者的取值都在-1（完全负相关）和+1（完全正相关）之间，若取值为 0，则表示二者不存在线性相关关系。具体来说，对于行和列都包含排序值的表，相关将生成斯皮尔曼相关系数 rho（仅数值数据）。斯皮尔曼的 rho 是等级顺序之间的相关性测量。当两个表变量（因子）都是定量变量时，相关产生皮尔逊相关性系数 r，这是变量之间的线性相关性测量。

"名义"选项组主要针对定类测度或名义测度的数据资料,包括以下几个选项。

- 列联系数:可以根据卡方统计量计算的关联测度,其值严格大于 0 小于 1,若这个系数的值接近于 0 或接近于 1,则分别表示行、列变量之间无关联或高度关联。列联系数的大小与表中行列的数目有关。
- Phi 和克莱姆 V:根据卡方统计量经修改计算得到的反映变量关联测度的值,其中 Phi 系数的值等于卡方统计量除以样本容量后的平方根,克莱姆值也是根据卡方统计量计算得到的。
- Lambda:反映用自变量值预测因变量值时的误差比率。若 Lambda 值为 1,则表示自变量值可以很好地预测因变量的值;若 Lambda 值为 0,则表示自变量值无助于预测因变量的值。
- 不确定性系数:反映用一个变量值预测另一个变量值时的误差比率。

"有序"选项组用于处理定序测度的数据资料,包括以下几个选项。

- Gamma(伽马系数):反映两个定序测度变量的对称关联程度,其值在-1 与 1 之间。Gamma 值按绝对值接近于 1,表明两个变量之间具有高度线性关系;Gamma 值按绝对值接近于 0,表明变量之间有低度线性关系或无线性关系,对二维表显示 0 序 Gamma 值,对三维或三维以上的交叉表将显示条件 Gamma 值。
- 萨默斯 d(S)(Somer 系数):是 Gamma 系数的非对称性推广,其意义与 Gamma 系数基本相同,不同点仅在于其包括与自变量不相关的成对数据。
- 肯德尔 tau-b(肯德尔 tau-b 系数):反映相关的定序变量或秩变量的非参数关联程度,其值在-1 与 1 之间。系数的符号反映相关方向,其绝对值越大,表明变量的相关程度越高。
- 肯德尔 tau-c(肯德尔 tau-c 系数):反映忽略定序变量之间相关关系的非参数关联程度,其取值范围和意义与肯德尔 tau-b 系数一致。

"按区间标定"选项组中的 Eta 系数反映行列变量的关联程度,其值在 0 与 1 之间。Eta 值越接近于 1,表明变量的关联程度越高;反过来,Eta 值越接近于 0,表明变量的关联程度越低。该系数适用于一个名义测度(如性别)变量与定比测度(如工资收入)变量之间关联程度的检验。

Kappa,即 Kappa 系数,用来检验两个模型对同一对象进行评估时是否具有相同的判断。Kappa 值为 1,表明二者判断完全相同;Kappa 值为 0,表明二者没有共同点。注意,Kappa 系数只用于正方表,即两个变量有相等数量的分类。"风险",即相对风险比率系数,反映一个因素与发生的某一特定事件之间的关联程度,此统计量的置信区间包含 1,表示因素与事件无联系。麦克尼马尔,即 McNemar 系数,适用于对二维交叉表的非参数检验,用于探索在"验前-验后"试验设计中由于试验的干扰而引起的变化。

"柯克兰和曼特尔-亨赛尔统计"用于检验二值因变量与二值响应变量之间的独立性。"检验一般比值比等于"的默认值是 1。在我们的实验中,为了展示尽可能多的结果,把所有的选项都勾选上。

04 其余采用系统默认设置即可。
05 设置完毕后,单击"确定"按钮,等待输出结果。

结果分析如下:

（1）本例的数据信息

如图 12.7 所示是个案处理摘要，样本数为 517，没有缺失值。

个案处理摘要

	个案					
	有效		缺失		总计	
	N	百分比	N	百分比	N	百分比
学生性别 * 就读专业	517	100.0%	0	0.0%	517	100.0%
学生性别 * 籍贯住址	517	100.0%	0	0.0%	517	100.0%

图 12.7　个案处理摘要

（2）交叉表

如图 12.8 所示，参与调查的男生有 259 人，占总数的 50.1%，女生有 258 人，占 49.9%。参与调查的理工农医类专业的学生共 212 人，占总数的 41.0%，其中包括 107 名男生和 105 名女生；经管法社科类专业的学生共 211 人，占总数的 40.8%，其中包括 76 名男生和 135 名女生；艺体类专业的学生共 94 人，占总数的 18.2%，其中包括 76 名男生和 18 名女生。这说明样本无论在性别还是在专业方面都是很有代表性的。

学生性别 * 就读专业

交叉表

			就读专业			总计
			理工农医类	经管法社科类	艺体类	
学生性别	男	计数	107	76	76	259
		占学生性别的百分比	41.3%	29.3%	29.3%	100.0%
		占就读专业的百分比	50.5%	36.0%	80.9%	50.1%
		占总计的百分比	20.7%	14.7%	14.7%	50.1%
	女	计数	105	135	18	258
		占学生性别的百分比	40.7%	52.3%	7.0%	100.0%
		占就读专业的百分比	49.5%	64.0%	19.1%	49.9%
		占总计的百分比	20.3%	26.1%	3.5%	49.9%
总计		计数	212	211	94	517
		占学生性别的百分比	41.0%	40.8%	18.2%	100.0%
		占就读专业的百分比	100.0%	100.0%	100.0%	100.0%
		占总计的百分比	41.0%	40.8%	18.2%	100.0%

图 12.8　学生性别*就读专业交叉表

图 12.9 给出了卡方检验的结果，从图中可以看到各个统计量的值和显著性水平。检验统计量的显著性水平均在 0.05 以下，都是统计显著的，这说明行变量和列变量的独立性是可以保证的。

卡方检验

	值	自由度	渐进显著性（双侧）
皮尔逊卡方	52.302[a]	2	.000
似然比	55.234	2	.000
线性关联	11.307	1	.001
麦克尼马尔-鲍克检验			[b]
有效个案数	517		

a. 0 个单元格 (0.0%) 的期望计数小于 5。最小期望计数为 46.91。
b. 仅针对 PxP 表进行计算（其中 P 必须大于 1）。

图 12.9　卡方检验结果

如图 12.10 所示，参与调查的籍贯住址为农村的学生有 356 人，占总数的 68.9%，其中包括 98 名男生和 258 名女生；籍贯住址为城市的学生有 161 人，占总数的 31.1%，其中包括 161 名男生和 0 名女生。从籍贯住址分布的角度来看，样本的代表性也是可以接受的。

学生性别 * 籍贯住址

交叉表

			籍贯住址 农村	城市	总计
学生性别	男	计数	98	161	259
		占学生性别的百分比	37.8%	62.2%	100.0%
		占籍贯住址的百分比	27.5%	100.0%	50.1%
		占总计的百分比	19.0%	31.1%	50.1%
	女	计数	258	0	258
		占学生性别的百分比	100.0%	0.0%	100.0%
		占籍贯住址的百分比	72.5%	0.0%	49.9%
		占总计的百分比	49.9%	0.0%	49.9%
总计		计数	356	161	517
		占学生性别的百分比	68.9%	31.1%	100.0%
		占籍贯住址的百分比	100.0%	100.0%	100.0%
		占总计的百分比	68.9%	31.1%	100.0%

图 12.10　学生性别*籍贯住址交叉表分析结果

图 12.11 给出了卡方检验的结果，从图中可以看到各个统计量的值和显著性水平。检验统计量的显著性水平均在 0.05 以下，都是统计显著的，这说明行变量和列变量的独立性是可以保证的。

卡方检验

	值	自由度	渐进显著性（双侧）	精确显著性（双侧）	精确显著性（单侧）
皮尔逊卡方	232.909[a]	1	.000		
连续性修正[b]	230.019	1	.000		
似然比	297.742	1	.000		
费希尔精确检验				.000	.000
线性关联	232.459	1	.000		
麦克尼马尔检验				.000[c]	
有效个案数	517				

a. 0 个单元格 (0.0%) 的期望计数小于 5。最小期望计数为 80.34。
b. 仅针对 2x2 表进行计算
c. 使用了二项分布。

图 12.11　卡方检验结果

2. 交叉表分析第二部分

📹	下载资源:\video\第 12 章\12.2
💾	下载资源:\sample\数据 12

本部分我们针对"就业情况""就业信心""理想月薪""就业意向""大学教育与工作能力""努力学习与就业能力"和"最终就业与所学专业"等变量开展交叉表分析。具体操作步骤如下：

01 依次选择"分析 | 描述统计 | 交叉表"命令，弹出如图 12.12 所示的对话框。

首先定义行变量，在如图 12.12 所示对话框的左侧列表框中选择"就业情况"并单击➡按钮，使之进入右侧的"行"列表框中。

然后定义列变量，在左侧的列表框中选择"就业信心""理想月薪""就业意向""大学教育与工作能力""努力学习与就业能力"和"最终就业与所学专业"并单击➡按钮，使之进入右侧的"列"列表框中。

因为没有别的变量参与交叉表分析，所以这里没有层控制变量。

然后勾选对话框下方的"显示簇状条形图"复选框。在我们的分析结果中要求显示簇状条形图，供分析参考。

02 选择交叉表单元格中需要计算的指标。单击"交叉表"对话框右侧的"单元格"按钮，弹出如图 12.13 所示的对话框，在"计数"选项组中勾选"实测"复选框，在"百分比"选项组中勾选"行""列"和"总计"复选框。设置完毕后，单击"继续"按钮，返回"交叉表"对话框。

图 12.12　"交叉表"对话框

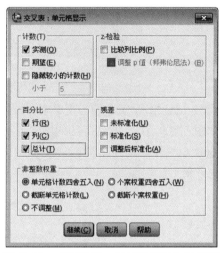
图 12.13　"交叉表：单元格显示"对话框

03 单击"交叉表"对话框右侧的"统计"按钮，弹出如图 12.14 所示的对话框，在"交叉表：统计"对话框中勾选"卡方"选项，输出卡方检验的结果。其余采取系统默认设置即可。

图 12.14　"交叉表：统计"对话框

04 设置完毕后，单击"确定"按钮，等待输出结果。

结果分析如下：

（1）本例的数据信息

如图 12.15 所示是个案处理摘要，样本数为 517，没有缺失值。

个案处理摘要

	个案					
	有效		缺失		总计	
	N	百分比	N	百分比	N	百分比
就业情况 * 就业信心	517	100.0%	0	0.0%	517	100.0%
就业情况 * 理想月薪	517	100.0%	0	0.0%	517	100.0%
就业情况 * 就业意向	517	100.0%	0	0.0%	517	100.0%
就业情况 * 大学教育与工作能力	517	100.0%	0	0.0%	517	100.0%
就业情况 * 努力学习与就业能力	517	100.0%	0	0.0%	517	100.0%
就业情况 * 最终就业与所学专业	517	100.0%	0	0.0%	517	100.0%

图 12.15　个案处理摘要

（2）就业情况*就业信心交叉表分析结果

如图 12.16 所示，已经签约的学生占到总调查人数的 33.8%，还没有签约的学生占到总调查人数的 66.2%，其中已经签约的学生中有 61.1%的人就业信心比较强,而没有签约的学生中仅有 26.0%的人就业信心比较强。

就业情况 * 就业信心 交叉表

			就业信心		总计
			比较强	比较弱	
就业情况	未签约	计数	89	253	342
		占 就业情况 的百分比	26.0%	74.0%	100.0%
		占 就业信心 的百分比	45.4%	78.8%	66.2%
		占总计的百分比	17.2%	48.9%	66.2%
	已签约	计数	107	68	175
		占 就业情况 的百分比	61.1%	38.9%	100.0%
		占 就业信心 的百分比	54.6%	21.2%	33.8%
		占总计的百分比	20.7%	13.2%	33.8%
总计		计数	196	321	517
		占 就业情况 的百分比	37.9%	62.1%	100.0%
		占 就业信心 的百分比	100.0%	100.0%	100.0%
		占总计的百分比	37.9%	62.1%	100.0%

图 12.16　就业情况*就业信心交叉表

图 12.17 给出了卡方检验的结果，从图中可以看到各个统计量的值和显著性水平。检验统计量的显著性水平均在 0.05 以下，都是统计显著的，这说明行变量和列变量的独立性是可以保证的。

卡方检验

	值	自由度	渐进显著性（双侧）	精确显著性（双侧）	精确显著性（单侧）
皮尔逊卡方	60.658[a]	1	.000		
连续性修正[b]	59.175	1	.000		
似然比	60.215	1	.000		
费希尔精确检验				.000	.000
线性关联	60.541	1	.000		
有效个案数	517				

a. 0 个单元格 (0.0%) 的期望计数小于 5，最小期望计数为 66.34。
b. 仅针对 2x2 表进行计算

图 12.17　就业情况*就业信心卡方检验结果

图 12.18 给出了就业情况*就业信心的条形图，可以让我们非常直观而明确地看出基本的分析结果。从图中可以看到，在没有签约的学生中，就业信心比较弱的学生数量明显高于就业信心比较强的学生。而在已经签约的学生中，就业信心比较强的学生数量明显高于就业信心比较弱的学生。

这一点的分析结论是交叉表的结果是一致的。

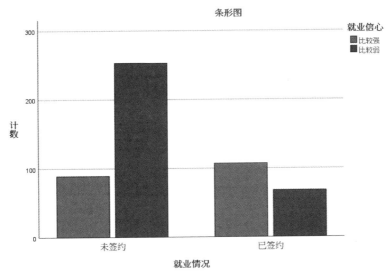

图 12.18　就业情况*就业信心条形图

（3）就业情况*理想月薪交叉表分析结果

如图 12.19 所示，理想月薪为 5000~7000 元的学生占总数的 37.9%，理想月薪为 7000~10000 元的学生占总数的 62.1%，其中已经签约的学生中有 61.1%的人的理想月薪为 5000~7000 元，而没有签约的学生的理想月薪要显著高于已经签约的学生，有 74%的人的理想月薪为 7000~10000 元。

就业情况 * 理想月薪 交叉表

就业情况			理想月薪		总计
			5000~7000元	7000~10000元	
就业情况	未签约	计数	89	253	342
		占 就业情况 的百分比	26.0%	74.0%	100.0%
		占 理想月薪 的百分比	45.4%	78.8%	66.2%
		占总计的百分比	17.2%	48.9%	66.2%
	已签约	计数	107	68	175
		占 就业情况 的百分比	61.1%	38.9%	100.0%
		占 理想月薪 的百分比	54.6%	21.2%	33.8%
		占总计的百分比	20.7%	13.2%	33.8%
总计		计数	196	321	517
		占 就业情况 的百分比	37.9%	62.1%	100.0%
		占 理想月薪 的百分比	100.0%	100.0%	100.0%
		占总计的百分比	37.9%	62.1%	100.0%

图 12.19　就业情况*理想月薪交叉表

图 12.20 给出了就业情况*理想月薪卡方检验的结果，从图中可以看到各个统计量的值和显著性水平。检验统计量的显著性水平均在 0.05 以下，都是统计显著的，这说明行变量和列变量的独立性是可以保证的。

图 12.20　就业情况*理想月薪卡方检验结果

图 12.21 给出了就业情况*理想月薪的条形图，可以让我们非常直观而明确地看出基本的分析结果。如图所示，在没有签约的学生中，理想月薪比较高的学生数量明显高于理想月薪比较低的学生。而在已经签约的学生中，理想月薪比较低的学生数量明显高于理想月薪比较高的学生。这一点的分析结论是交叉表的结果是一致的。

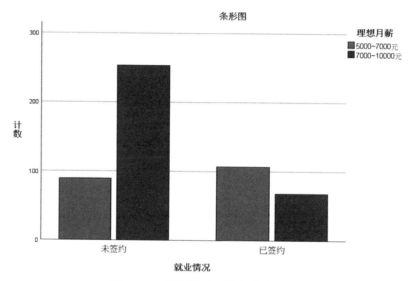

图 12.21　就业情况*理想月薪条形图

（4）就业情况*就业意向交叉表分析结果

如图 12.22 所示，就业意向为党政机关的学生在全体参与调查学生中的占比为 47.2%；就业意向为国有企业的学生在全体参与调查学生中的占比为 32.3%；就业意向为外资企业的学生在全体参与调查学生中的占比为 17.2%；就业意向为民营企业的学生在全体参与调查学生中的占比为 3.3%。就业意向为党政机关的学生和就业意向为国有企业的学生合计占比接近 80%。就业意向为党政机关的学生中有 76.6%的人没有签约；就业意向为国有企业的学生中有 92.8%的人没有签约；就业意向为外资企业的学生已经全部完成签约；就业意向为民营企业的学生也已经全部完成签约。

就业情况 * 就业意向

交叉表

			就业意向				总计
			党政机关	国有企业	外资企业	民营企业	
就业情况	未签约	计数	187	155	0	0	342
		占就业情况的百分比	54.7%	45.3%	0.0%	0.0%	100.0%
		占就业意向的百分比	76.6%	92.8%	0.0%	0.0%	66.2%
		占总计的百分比	36.2%	30.0%	0.0%	0.0%	66.2%
	已签约	计数	57	12	89	17	175
		占就业情况的百分比	32.6%	6.9%	50.9%	9.7%	100.0%
		占就业意向的百分比	23.4%	7.2%	100.0%	100.0%	33.8%
		占总计的百分比	11.0%	2.3%	17.2%	3.3%	33.8%
总计		计数	244	167	89	17	517
		占就业情况的百分比	47.2%	32.3%	17.2%	3.3%	100.0%
		占就业意向的百分比	100.0%	100.0%	100.0%	100.0%	100.0%
		占总计的百分比	47.2%	32.3%	17.2%	3.3%	100.0%

图 12.22　就业情况*就业意向交叉表

图 12.23 给出了就业情况*就业意向卡方检验的结果，从图中可以看到各个统计量的值和显著性水平。检验统计量的显著性水平均在 0.05 以下，都是统计显著的，这说明行变量和列变量的独立性是可以保证的。

卡方检验

	值	自由度	渐进显著性（双侧）
皮尔逊卡方	272.165[a]	3	.000
似然比	310.205	3	.000
线性关联	89.468	1	.000
有效个案数	517		

a. 0 个单元格 (0.0%) 的期望计数小于 5。最小期望计数为 5.75。

图 12.23　就业情况*就业意向卡方检验结果

图 12.24 给出了就业情况*就业意向的条形图，可以让我们非常直观而明确地看出基本的分析结果。从图中可以看到在没有签约的学生中，都是就业意向为党政机关的学生和就业意向为国有企业的学生。这一点的分析结论是交叉表的结果是一致的。

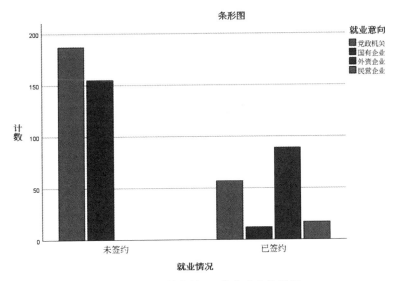

图 12.24　就业情况*就业意向条形图

（5）就业情况*大学教育与工作能力交叉表分析结果

如图 12.25 所示，认为大学教育与工作能力结合很好的学生在全体参与调查学生中的占比为 23.4%；认为大学教育与工作能力不太匹配的学生在全体参与调查学生中的占比为 32.9%；认为大学教育与工作能力差距甚远的学生在全体参与调查学生中的占比为 43.7%。认为大学教育与工作能力结合很好的学生已经全部完成签约，而认为大学教育与工作能力不太匹配的学生则全部没有完成签约。

交叉表

			大学教育与工作能力			总计
			结合很好	不太匹配	差距甚远	
就业情况	未签约	计数	0	170	172	342
		占 就业情况 的百分比	0.0%	49.7%	50.3%	100.0%
		占 大学教育与工作能力 的百分比	0.0%	100.0%	76.1%	66.2%
		占总计的百分比	0.0%	32.9%	33.3%	66.2%
	已签约	计数	121	0	54	175
		占 就业情况 的百分比	69.1%	0.0%	30.9%	100.0%
		占 大学教育与工作能力 的百分比	100.0%	0.0%	23.9%	33.8%
		占总计的百分比	23.4%	0.0%	10.4%	33.8%
总计		计数	121	170	226	517
		占 就业情况 的百分比	23.4%	32.9%	43.7%	100.0%
		占 大学教育与工作能力 的百分比	100.0%	100.0%	100.0%	100.0%
		占总计的百分比	23.4%	32.9%	43.7%	100.0%

图 12.25　就业情况*大学教育与工作能力交叉表

图 12.26 给出了就业情况*大学教育与工作能力卡方检验的结果，从图中可以看到各个统计量的值和显著性水平。检验统计量的显著性水平均在 0.05 以下，都是统计显著的，这说明行变量和列变量的独立性是可以保证的。

卡方检验

	值	自由度	渐进显著性（双侧）
皮尔逊卡方	333.460[a]	2	.000
似然比	413.257	2	.000
线性关联	209.434	1	.000
有效个案数	517		

a. 0 个单元格 (0.0%) 的期望计数小于 5。最小期望计数为 40.96。

图 12.26　就业情况*大学教育与工作能力卡方检验结果

图 12.27 给出了就业情况*大学教育与工作能力的条形图，可以让我们非常直观而明确地看出基本的分析结果。从图中可以看到，认为大学教育与工作能力结合很好的学生已经全部完成签约，而认为大学教育与工作能力不太匹配的学生则全部没有完成签约。这一点的分析结论是交叉表的结果是一致的。

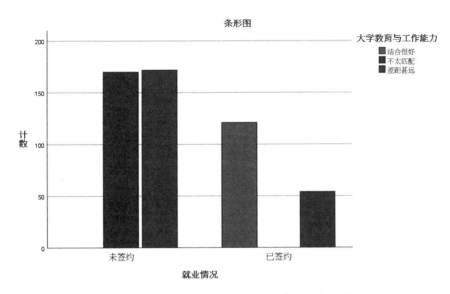

图 12.27　就业情况*大学教育与工作能力条形图

（6）就业情况*努力学习与就业能力交叉表分析结果

如图 12.28 所示，认为努力学习与就业能力关联度很高的学生在全体参与调查学生中的占比为 25.3%；认为努力学习与就业能力关联度一般的学生在全体参与调查学生中的占比为 74.7%。认为努力学习与就业能力关联度很高的学生已经全部完成签约，而认为努力学习与就业能力关联度一般的学生则有 88.6% 没有完成签约。

图 12.28　就业情况*努力学习与就业能力交叉表

图 12.29 给出了就业情况*努力学习与就业能力卡方检验的结果，从图中可以看到各个统计量的值和显著性水平。检验统计量的显著性水平均在 0.05 以下，都是统计显著的，这说明行变量和列变量的独立性是可以保证的。

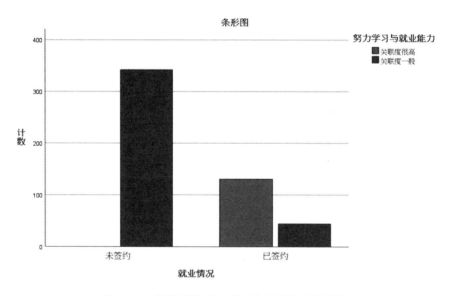

图 12.29 就业情况*努力学习与就业能力卡方检验结果

图 12.30 给出了就业情况*努力学习与就业能力的条形图,可以让我们非常直观而明确地看出基本的分析结果。从图中可以看到,认为努力学习与就业能力关联度很高的学生已经全部完成签约,而认为努力学习与就业能力关联度一般的学生则有大部分没有完成签约。

图 12.30 就业情况*努力学习与就业能力条形图

（7）就业情况*最终就业与所学专业交叉表分析结果

如图 12.31 所示,认为最终就业与所学专业应该一致的学生在全体参与调查学生中的占比为 56.7%;认为最终就业与所学专业不要差距很大的学生在全体参与调查学生中的占比为 43.3%。认为最终就业与所学专业应该一致的学生,已经完成签约的占比为 16.7%,认为最终就业与所学专业不要差距很大的学生则有 43.8%没有完成签约。认为最终就业与所学专业应该一致的学生,签约人数要显著少于未签约人数,而认为最终就业与所学专业不要差距很大的学生,则恰好相反,未签约人数要显著少于签约人数。

交叉表

			最终就业与所学专业		总计
			应该一致	不要差距很大	
就业情况	未签约	计数	244	98	342
		占 就业情况 的百分比	71.3%	28.7%	100.0%
		占 最终就业与所学专业 的百分比	83.3%	43.8%	66.2%
		占总计的百分比	47.2%	19.0%	66.2%
	已签约	计数	49	126	175
		占 就业情况 的百分比	28.0%	72.0%	100.0%
		占 最终就业与所学专业 的百分比	16.7%	56.3%	33.8%
		占总计的百分比	9.5%	24.4%	33.8%
总计		计数	293	224	517
		占 就业情况 的百分比	56.7%	43.3%	100.0%
		占 最终就业与所学专业 的百分比	100.0%	100.0%	100.0%
		占总计的百分比	56.7%	43.3%	100.0%

图 12.31　就业情况*最终就业与所学专业交叉表

图 12.32 给出了就业情况*最终就业与所学专业卡方检验的结果，从图中可以看到各个统计量的值和显著性水平。检验统计量的显著性水平均在 0.05 以下，都是统计显著的，这说明行变量和列变量的独立性是可以保证的。

卡方检验

	值	自由度	渐进显著性（双侧）	精确显著性（双侧）	精确显著性（单侧）
皮尔逊卡方	342.896[a]	1	.000		
连续性修正[b]	338.951	1	.000		
似然比	387.903	1	.000		
费希尔精确检验				.000	.000
线性关联	342.233	1	.000		
有效个案数	517				

a. 0 个单元格 (0.0%) 的期望计数小于 5。最小期望计数为 44.34
b. 仅针对 2x2 表进行计算

图 12.32　就业情况*最终就业与所学专业卡方检验结果

图 12.33 给出了就业情况*最终就业与所学专业的条形图，可以让我们非常直观而明确地看出基本的分析结果。从图中可以看到，认为最终就业与所学专业应该一致的学生，签约人数要显著少于未签约人数，而认为最终就业与所学专业不要差距很大的学生，则恰好相反，未签约人数要显著少于签约人数。

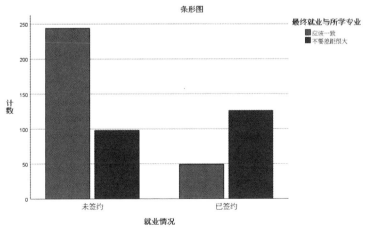

图 12.33　就业情况*最终就业与所学专业条形图

3. 方差分析第一部分

📹	下载资源:\video\第 12 章\12.3
🖼	下载资源:\sample\数据 12

本部分我们以"性别对就业影响""籍贯对就业影响""外语水平对就业影响""计算机水平对就业影响""毕业院校对就业影响""所学专业对就业影响""社会资格证书对就业影响""实习对就业影响""校内考核对就业影响"作为因变量,以"学生性别"作为因子,开展单因素 ANOVA 检验分析。操作步骤如下:

01 依次选择"文件|打开|数据"命令,打开 12.sav 数据表。

02 依次选择"分析|比较平均值|单因素 ANOVA 检验"命令,弹出"单因素 ANOVA 检验"对话框,在左侧变量框中选择"性别对就业影响""籍贯对就业影响""外语水平对就业影响""计算机水平对就业影响""毕业院校对就业影响""所学专业对就业影响""社会资格证书对就业影响""实习对就业影响""校内考核对就业影响"并单击 ➡ 按钮,使之进入"因变量列表"列表框中,然后选择"学生性别"并单击 ➡ 按钮,使之进入"因子"列表框中,如图 12.34 所示。

03 单击"对比"按钮,弹出"单因素 ANOVA 检验:对比"对话框,如图 12.35 所示。

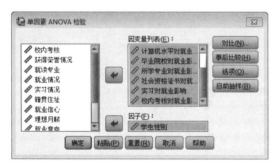

图 12.34 "单因素 ANOVA 检验"对话框　　　图 12.35 "单因素 ANOVA 检验:对比"对话框

对话框选项设置/说明

勾选"多项式"复选框后,可以激活其右侧的"等级"参数框,单因素方差分析允许构造高达 5 次的均值多项式,读者可以根据自己研究的需要输入多项式的次数。单击"等级"参数框后面的向下箭头,展开次级菜单,可以选择的次数有线性、二次、三次、四次和五次。系统将在输出中给出指定次数和低于指定次数的各阶的平方和分解结果以及各次数的自由度、F 值和 F 检验的概率值。

以下选项是关于指定系数的:

① 在"系数"文本框中输入一个系数,单击"添加"按钮,"系数"文本框中的系数将进入下面的列表框中。

② 重复以上操作,依次输入各组平均值的系数,在列表框中呈现一列数值。因素变量有几个水平(分为几组)就输入几个系数,多出的无意义,不参与比较的分组系数应该为 0。如果多项式中只包括第 1 组与第 4 组的平均值的系数,就必须把第 2 个、第 3 个系数输入为 0 值;如果只包括第 1 组与第 1 组的平均值,就只需要输入前两个系数,第 3、4 个系数不输入,可以同时进行多组平均值组合比较。

③ 一组系数输入结束后激活"下一页"按钮,单击该按钮后"系数"文本框被清空,准备接

受下一组系数数据，最多可以输入 10 组系数。如果认为输入的几组系数中有错误，则可以分别单击"上一页"或"下一页"按钮前后翻，找到出错的一组数据。单击出错的系数，该系数将显示在编辑框中，可以在此进行修改，更改后单击"更改"按钮，在系数显示框中出现正确的系数值。

04 单击"继续"按钮，回到"单因素 ANOVA 检验"对话框，单击"事后比较"按钮，弹出"单因素 ANOVA 检验：事后多重比较"对话框，如图 12.36 所示。

图 12.36　"单因素 ANOVA 检验：事后多重比较"对话框

对话框选项设置/说明

在"假定等方差"选项组中可以选择平均值比较的方法，有 14 种，分别介绍如下。

- LSD：用 t 检验完成各组平均值间的配对比较，对多重比较误差率不进行调整。
- 邦弗伦尼：计算学生统计量，完成各组间平均值的配对比较，它通过设置每个检验的误差率来控制整个误差率。
- 斯达克：计算 t 统计量进行多重配对比较，调整多重比较的显著性水平，限制比邦弗伦尼检验更严格。
- 雪费：对所有可能的组合进行同步进入的配对比较，这些选项可以同时选择若干个，以便检验各种平均值比较方法的结果。
- R-E-G-W F：使用基于 F 检验的逐步缩小的多重比较检验，显示一致性子集表。
- R-E-G-W Q：使用基于学生化值域的逐步缩小的多元统计过程，进行子集一致性检验。
- S-N-K：使用学生化值域统计量，进行子集一致性检验。
- 图基：用 Student Range（学生氏极差）统计量进行所有组间平均值的配对比较，用所有配对比较的累计误差率作为实验误差率，还可以进行子集一致性检验。
- 图基 s-b（可靠显著检验法）：用学生氏极差分布进行组间平均值的配对比较，其精确值为前两种检验相应值的平均值。
- 邓肯：指定一系列的区间值，逐步进行计算比较得出结论，显示一致性子集检验结果。
- 霍赫伯格 GT2：该方法是基于学生化最大模数检验，与图基类似，进行组平均值成对比较和检测一致性子集，除非单元格含量非常不平衡，该检验甚至适用于方差不齐的情况。
- 加布里埃尔：根据学生化最大模数进行平均值多重比较和子集一致性检验。若单元格含量不等时，则该方法比霍赫伯格 GT2 更有效，若单元格含量较大，则该方法比较自由。
- 沃勒-邓肯：用 t 统计量进行子集一致性检验，使用贝叶斯逼近。
- 邓尼特：使用 t 检验进行各组平均值与对照组平均值的比较，指定此选项，进行各组与对照组的平均值比较，默认的对照组是最后一组。

在"不假定等方差"选项组中可以选择检验各均数间是否有差异的方法,有以下4个选项。

- 塔姆黑尼T2:表示用t检验进行各组平均值配对比较。
- 邓尼特T3:表示用学生化最大模数检验进行各组平均值间的配对比较。
- 盖姆斯-豪厄尔:表示进行各组平均值配对比较检验,该方法比较灵活。
- 邓尼特C:表示用学生化极差分布检验进行组平均值配对比较。

可以在最下面的"显著性水平"文本框中设定各种检验的显著性概率临界值,默认值为0.05。

在这里我们先在"假定等方差"选项组中勾选"LSD"复选框,用 t 检验完成各组平均值间的配对比较,对多重比较误差率不进行调整;然后在"假定等方差"选项组中勾选"邓肯"复选框,指定一系列的区间值,逐步进行计算比较得出结论,显示一致性子集检验结果;最后在"不假定等方差"选项组中勾选"塔姆黑尼T2"复选框,用 t 检验进行各组平均值配对比较。选择结束后单击"继续"按钮返回。

05 单击"继续"按钮,回到"单因素 ANOVA 检验"对话框,单击"选项"按钮,弹出"单因素 ANOVA 检验:选项"对话框,如图 12.37 所示。

图 12.37　"单因素 ANOVA 检验:选项"对话框

对话框选项设置/说明

在"统计"选项组中可以设置需要输出的统计量,有以下 5 个选项。

- 描述:要求输出描述统计量,选择此项,会计算并输出双测量数目、平均值、标准偏差、标准错误、量小值、最大值、各组中每个因变量的95%置信区间。
- 固定和随机效应:输出固定效应模型的标准偏差、标准错误和95%置信区间,以及随机效应模型的标准错误、95%置信区间和方差成分间估测值。
- 方差齐性检验:进行方差同质性检验并输出检验结果,用 Levene 检验计算每个观测量与其组平均值之差,然后对这些差值进行一维方差分析。
- 布朗-福塞斯:检验各组均数是否相等,当不能确定方差齐性假设时,该统计量优于 F 统计量。
- 韦尔奇:用来检验各组均数是否相等,当不能确定方差齐性假设时,该统计量优于 F 统计量。

勾选"平均值图"复选框,将根据因素变量值所确定的各组平均值描绘出因变量的均值分布情况。

在"缺失值"选项组中可以选择缺失值处理方法。

- 按具体分析排除个案:只有被选择参与分析且变量含缺失值的观测量才会从分析中剔除。
- 成列排除个案:剔除参与相关分析的变量中有缺失值的观测量,也就是将所有含有缺失值的观测量从分析中剔除。

在这里我们先勾选"描述"复选框,输出描述统计量;然后可勾选"方差齐性检验"复选框,进行方差齐性检验,同时勾选"平均值图"复选框,描绘平均值分布图;最后选中"按具体分析排除个案"单选按钮,剔除参与分析的变量中有缺失值的观测量。

06 全部设置完毕后,单击"继续"按钮,回到"单因素 ANOVA 检验"对话框,单击"确定"按钮,进入计算分析。

结果分析如下:

如图 12.38 所示的描述统计结果,图中给出了"性别对就业影响""籍贯对就业影响""外语水平对就业影响""计算机水平对就业影响""毕业院校对就业影响""所学专业对就业影响""社会资格证书对就业影响""实习对就业影响""校内考核对就业影响"等变量的个案数、平均值、标准偏差、标准错误、平均值的 95% 置信区间以及最小值和最大值。

描述						平均值的 95%置信区间			
		个案数	平均值	标准偏差	标准错误	下限	上限	最小值	最大值
性别对就业影响	男	259	2.23	0.961	0.060	2.11	2.35	1	4
	女	258	2.65	1.211	0.075	2.50	2.80	1	4
	总计	517	2.44	1.111	0.049	2.34	2.54	1	4
籍贯对就业影响	男	259	2.23	0.960	0.060	2.11	2.35	1	4
	女	258	2.65	1.211	0.075	2.50	2.80	1	4
	总计	517	2.44	1.111	0.049	2.34	2.54	1	4
外语水平对就业影响	男	259	1.58	0.998	0.062	1.46	1.71	1	4
	女	258	1.89	0.984	0.061	1.77	2.01	1	4
	总计	517	1.74	1.002	0.044	1.65	1.82	1	4
计算机水平对就业影响	男	259	1.58	0.998	0.062	1.46	1.71	1	4
	女	258	1.89	0.984	0.061	1.77	2.01	1	4
	总计	517	1.74	1.002	0.044	1.65	1.82	1	4
毕业院校对就业影响	男	259	1.77	0.423	0.026	1.72	1.82	1	2
	女	258	1.47	0.500	0.031	1.41	1.53	1	2
	总计	517	1.62	0.486	0.021	1.58	1.66	1	2
所学专业对就业影响	男	259	1.77	0.423	0.026	1.72	1.82	1	2
	女	258	1.47	0.500	0.031	1.41	1.53	1	2
	总计	517	1.62	0.486	0.021	1.58	1.66	1	2
社会资格证书对就业影响	男	259	3.33	1.051	0.065	3.20	3.46	1	4
	女	258	2.05	1.000	0.062	1.93	2.18	1	3
	总计	517	2.69	1.207	0.053	2.59	2.80	1	4
实习对就业影响	男	259	1.46	0.845	0.053	1.36	1.57	1	3
	女	258	2.05	1.000	0.062	1.93	2.18	1	3
	总计	517	1.76	0.971	0.043	1.67	1.84	1	3
校内考核对就业影响	男	259	3.62	0.486	0.030	3.56	3.68	3	4
	女	258	3.00	0.000	0.000	3.00	3.00	3	3
	总计	517	3.31	0.464	0.020	3.27	3.35	3	4

图 12.38 描述统计结果

图 12.39 给出了"性别对就业影响""籍贯对就业影响""外语水平对就业影响""计算机水平对就业影响""毕业院校对就业影响""所学专业对就业影响""社会资格证书对就业影响""实习对就业影响""校内考核对就业影响"等变量的方差齐性检验结果,该结果主要看最右列的显著

性值，若显著性值大于等于 0.05，就说明各组的方差在 0.05 水平上没有显著性差异，即方差具有齐性；若显著性值小于 0.05，就说明各组的方差在 0.05 水平上没有显著性差异，即方差具有齐性。

图 12.40 给出了以“性别对就业影响”“籍贯对就业影响”“外语水平对就业影响”“计算机水平对就业影响”“毕业院校对就业影响”“所学专业对就业影响”“社会资格证书对就业影响”“实习对就业影响”“校内考核对就业影响”作为因变量，以“学生性别”作为因子的 ANOVA 方差分析结果，与未使用选项的输出结果一样,给出了组间、组内的偏差平方和、均方、F 值和显著性。从显著性水平小于 0.05 可以看出，各组间平均值在 0.05 水平上具有显著性差异。所有因变量的显著性均小于 0.05，说明这些变量都在 0.05 的显著性水平上显著。这意味着，不同性别的被调查者在“性别对就业影响”“籍贯对就业影响”“外语水平对就业影响”“计算机水平对就业影响”“毕业院校对就业影响”“所学专业对就业影响”“社会资格证书对就业影响”“实习对就业影响”“校内考核对就业影响”这些因素方面的看法都是显著不同的。

方差齐性检验

		莱文统计	自由度 1	自由度 2	显著性
性别对就业影响	基于平均值	81.727	1	515	0.000
	基于中位数	37.723	1	515	0.000
	基于中位数并具有调整后自由度	37.723	1	508.171	0.000
	基于剪除后平均值	86.578	1	515	0.000
籍贯对就业影响	基于平均值	82.810	1	515	0.000
	基于中位数	38.344	1	515	0.000
	基于中位数并具有调整后自由度	38.344	1	508.225	0.000
	基于剪除后平均值	87.774	1	515	0.000
外语水平对就业影响	基于平均值	0.963	1	515	0.327
	基于中位数	4.246	1	515	0.040
	基于中位数并具有调整后自由度	4.246	1	446.809	0.040
	基于剪除后平均值	0.003	1	515	0.955
计算机水平对就业影响	基于平均值	0.963	1	515	0.327
	基于中位数	4.246	1	515	0.040
	基于中位数并具有调整后自由度	4.246	1	446.809	0.040
	基于剪除后平均值	0.003	1	515	0.955
毕业院校对就业影响	基于平均值	100.421	1	515	0.000
	基于中位数	35.076	1	515	0.000
	基于中位数并具有调整后自由度	35.076	1	501.048	0.000
	基于剪除后平均值	100.421	1	515	0.000
所学专业对就业影响	基于平均值	100.421	1	515	0.000
	基于中位数	35.076	1	515	0.000
	基于中位数并具有调整后自由度	35.076	1	501.048	0.000
	基于剪除后平均值	100.421	1	515	0.000
社会资格证书对就业影响	基于平均值	16.573	1	515	0.000
	基于中位数	9.209	1	515	0.003
	基于中位数并具有调整后自由度	9.209	1	513.744	0.003
	基于剪除后平均值	19.219	1	515	0.000
实习对就业影响	基于平均值	100.421	1	515	0.000
	基于中位数	35.076	1	515	0.000
	基于中位数并具有调整后自由度	35.076	1	501.048	0.000
	基于剪除后平均值	100.421	1	515	0.000
校内考核对就业影响	基于平均值	4086.648	1	515	0.000
	基于中位数	156.436	1	515	0.000
	基于中位数并具有调整后自由度	156.436	1	258.000	0.000
	基于剪除后平均值	3264.086	1	515	0.000

图 12.39　方差齐性检验结果

ANOVA

		平方和	自由度	均方	F	显著性
性别对就业影响	组间	22.746	1	22.746	19.056	0.000
	组内	614.705	515	1.194		
	总计	637.451	516			
籍贯对就业影响	组间	23.166	1	23.166	19.426	0.000
	组内	614.164	515	1.193		
	总计	637.331	516			
外语水平对就业影响	组间	12.298	1	12.298	12.518	0.000
	组内	505.926	515	0.982		
	总计	518.224	516			
计算机水平对就业影响	组间	12.298	1	12.298	12.518	0.000
	组内	505.926	515	0.982		
	总计	518.224	516			
毕业院校对就业影响	组间	11.284	1	11.284	52.633	0.000
	组内	110.410	515	0.214		
	总计	121.694	516			
所学专业对就业影响	组间	11.284	1	11.284	52.633	0.000
	组内	110.410	515	0.214		
	总计	121.694	516			
社会资格证书对就业影响	组间	209.756	1	209.756	199.180	0.000
	组内	542.345	515	1.053		
	总计	752.101	516			
实习对就业影响	组间	45.136	1	45.136	52.633	0.000
	组内	441.642	515	0.858		
	总计	486.778	516			
校内考核对就业影响	组间	49.944	1	49.944	422.217	0.000
	组内	60.919	515	0.118		
	总计	110.863	516			

图 12.40　ANOVA 方差分析结果

4. 方差分析第二部分

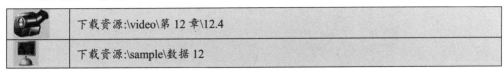

本部分我们以"性别对就业影响""籍贯对就业影响""外语水平对就业影响""计算机水平对就业影响""毕业院校对就业影响""所学专业对就业影响""社会资格证书对就业影响""实习对就业影响""校内考核对就业影响"作为因变量,以"就读专业"作为因子,开展单因素 ANOVA 检验分析。操作步骤如下:

01 进入 SPSS,打开相关数据文件,依次选择"分析|比较平均值|单因素ANOVA"命令,弹出如图 12.41 所示的对话框。

02 在如图 12.41 所示对话框左侧的列表框中选择"性别对就业影响""籍贯对就业影响""外语水平对就业影响""计算机水平对就业影响""毕业院校对就业影响""所学专业对就业影响""社会资格证书对就业影响""实习对就业影响"和"校内考核对就业影响"并单击 ➡ 按钮,使之进入"因变量列表"列表框中,然后选择"就读专业"并单击 ➡ 按钮,使之进入"因子"列表框中。

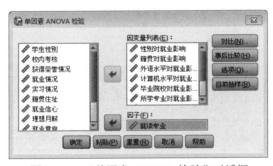

图 12.41 "单因素 ANOVA 检验"对话框

03 其他采用系统默认设置即可。
04 设置完毕后,单击"确定"按钮,等待输出结果。

结果分析如下:

如图 12.42 所示,所有因变量的显著性水平小于 0.05,说明这些变量均在 0.05 的显著性水平上显著。这意味着,不同就读专业的被调查者在"性别对就业影响""籍贯对就业影响""外语水平对就业影响""计算机水平对就业影响""毕业院校对就业影响""所学专业对就业影响""社会资格证书对就业影响""实习对就业影响""校内考核对就业影响"这些因素方面的看法都是显著不同的。

图 12.42 ANOVA 方差分析结果

5. 方差分析第三部分

📹	下载资源:\video\第 12 章\12.5
📁	下载资源:\sample\数据 12

本部分我们以"性别对就业影响""籍贯对就业影响""外语水平对就业影响""计算机水平对就业影响""毕业院校对就业影响""所学专业对就业影响""社会资格证书对就业影响""实习对就业影响""校内考核对就业影响"作为因变量,以"籍贯住址"作为因子,开展单因素 ANOVA 检验分析。操作步骤如下:

01 进入 SPSS 25.0,打开相关数据文件,依次选择"分析 | 比较平均值 | 单因素 ANOVA"命令,弹出如图 12.43 所示的对话框。

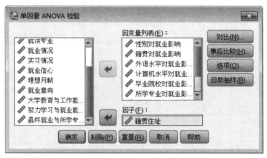

图 12.43 "单因素 ANOVA 检验"对话框

02 在如图 12.43 所示对话框左侧的列表框中选择"性别对就业影响""籍贯对就业影响"

"外语水平对就业影响""计算机水平对就业影响""毕业院校对就业影响""所学专业对就业影响""社会资格证书对就业影响""实习对就业影响"和"校内考核对就业影响"并单击➡按钮,使之进入"因变量列表"列表框中,然后选择"籍贯住址"并单击➡按钮,使之进入"因子"列表框中。

03 其他采用系统默认设置即可。

04 设置完毕后,单击"确定"按钮,等待输出结果。

结果分析如下:

如图 12.44 所示,所有因变量的显著性水平小于 0.05,说明这些变量均在 0.05 的显著性水平上显著。这意味着,不同籍贯住址类别的被调查者在"性别对就业影响""籍贯对就业影响""外语水平对就业影响""计算机水平对就业影响""毕业院校对就业影响""所学专业对就业影响""社会资格证书对就业影响""实习对就业影响""校内考核对就业影响"这些因素方面的看法都是显著不同的。

ANOVA

		平方和	自由度	均方	F	显著性
性别对就业影响	组间	93.849	1	93.849	88.912	0.000
	组内	543.601	515	1.056		
	总计	637.451	516			
籍贯对就业影响	组间	95.121	1	95.121	90.347	0.000
	组内	542.210	515	1.053		
	总计	637.331	516			
外语水平对就业影响	组间	7.929	1	7.929	8.002	0.005
	组内	510.296	515	0.991		
	总计	518.224	516			
计算机水平对就业影响	组间	7.929	1	7.929	8.002	0.005
	组内	510.296	515	0.991		
	总计	518.224	516			
毕业院校对就业影响	组间	33.605	1	33.605	196.462	0.000
	组内	88.090	515	0.171		
	总计	121.694	516			
所学专业对就业影响	组间	33.605	1	33.605	196.462	0.000
	组内	88.090	515	0.171		
	总计	121.694	516			
社会资格证书对就业影响	组间	399.741	1	399.741	584.252	0.000
	组内	352.360	515	0.684		
	总计	752.101	516			
实习对就业影响	组间	134.418	1	134.418	196.462	0.000
	组内	352.360	515	0.684		
	总计	486.778	516			
校内考核对就业影响	组间	110.863	1	110.863		
	组内	0.000	515	0.000		
	总计	110.863	516			

图 12.44 ANOVA 方差分析结果

6. 方差分析第四部分

📹	下载资源:\video\第 12 章\12.6
💾	下载资源:\sample\数据 12

本部分我们以"性别对就业影响""籍贯对就业影响""外语水平对就业影响""计算机水平对就业影响""毕业院校对就业影响""所学专业对就业影响""社会资格证书对就业影响""实习对就业影响""校内考核对就业影响"作为因变量,以"就业情况"作为因子,开展单因素 ANOVA 检验分析。操作步骤如下:

01 进入 SPSS 25.0，打开相关数据文件，选择"分析|比较平均值|单因素 ANOVA"命令，弹出如图 12.45 所示的对话框。

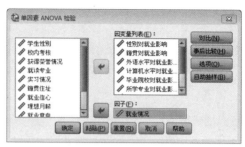

图 12.45 "单因素 ANOVA 检验"对话框

02 在如图 12.45 所示对话框左侧的列表框中选择"性别对就业影响""籍贯对就业影响""外语水平对就业影响""计算机水平对就业影响""毕业院校对就业影响""所学专业对就业影响""社会资格证书对就业影响""实习对就业影响"和"校内考核对就业影响"并单击 ▶ 按钮，使之进入"因变量列表"列表框中，然后选择"就业情况"并单击 ▶ 按钮，使之进入"因子"列表框中。

03 其他采用系统默认设置即可。

04 设置完毕后，单击"确定"按钮，等待输出结果。

结果分析如下：

如图 12.46 所示，所有因变量的显著性水平小于 0.05，说明这些变量均在 0.05 的显著性水平上显著。这意味着，不同就业情况类别的被调查者在"性别对就业影响""籍贯对就业影响""外语水平对就业影响""计算机水平对就业影响""毕业院校对就业影响""所学专业对就业影响""社会资格证书对就业影响""实习对就业影响""校内考核对就业影响"这些因素方面的看法都是显著不同的。

ANOVA

		平方和	自由度	均方	F	显著性
性别对就业影响	组间	53.671	1	53.671	47.348	0.000
	组内	583.779	515	1.134		
	总计	637.451	516			
籍贯对就业影响	组间	54.133	1	54.133	47.803	0.000
	组内	583.197	515	1.132		
	总计	637.331	516			
外语水平对就业影响	组间	4.961	1	4.961	4.978	0.026
	组内	513.263	515	0.997		
	总计	518.224	516			
计算机水平对就业影响	组间	4.961	1	4.961	4.978	0.026
	组内	513.263	515	0.997		
	总计	518.224	516			
毕业院校对就业影响	组间	14.278	1	14.278	68.455	0.000
	组内	107.416	515	0.209		
	总计	121.694	516			
所学专业对就业影响	组间	14.278	1	14.278	68.455	0.000
	组内	107.416	515	0.209		
	总计	121.694	516			
社会资格证书对就业影响	组间	5.759	1	5.759	3.974	0.047
	组内	746.342	515	1.449		
	总计	752.101	516			
实习对就业影响	组间	57.112	1	57.112	68.455	0.000
	组内	429.665	515	0.834		
	总计	486.778	516			
校内考核对就业影响	组间	2.956	1	2.956	14.106	0.000
	组内	107.907	515	0.210		
	总计	110.863	516			

图 12.46 ANOVA 方差分析结果

7. 相关分析

	下载资源:\video\第 12 章\12.7
	下载资源:\sample\数据 12

本部分我们针对"校内考核""获得荣誉情况""就业情况"和"实习情况"等四个变量开展相关分析。操作步骤如下：

01 进入 SPSS 25.0，打开相关数据文件，依次选择"分析 | 相关 | 双变量"命令，弹出如图 12.47 所示的对话框。

图 12.47 "双变量相关性"对话框

=== 对话框选项设置/说明 ===

"相关系数"选项组中有 3 个选项，用于计算变量之间的相关系数。

- 皮尔逊：是两个连续型变量之间的相关系数。
- 肯德尔 tau-b：反映两个有序分类变量的一致性。
- 斯皮尔曼：系统会自动对变量求秩，然后计算其秩分数间的相关系数。

这里把三种相关系数都选上。

"显著性检验"选项组中有两个选项："双尾"是双尾显著性检验；"单尾"为单尾显著性检验，用于当相关关系方向明显时，如身高与体重的相关关系。这里因为我们所分析的数据相关关系不明显，因此选择双尾。勾选最下面的"标记显著性相关性"复选框，会使得输出结果中对在显著性水平 0.05 下显著的相关系数用一个星号加以标记，而对在显著性水平 0.01 下显著相关的相关系数用两个星号加以标记。

02 选择进行相关分析的变量。在如图 12.47 所示对话框左侧的列表框内选中"校内考核""获得荣誉情况""就业情况"和"实习情况"并单击 ➡ 按钮，使之进入"变量"列表框中。

03 其他采用系统默认设置即可。

04 设置完毕后，单击"确定"按钮，等待输出结果。

结果分析如下：

从如图 12.48 所示的皮尔逊相关分析结果可以看出，"校内考核""获得荣誉情况"和"实习情况"3 个变量之间是高度显著正相关的，这很好理解，因为学生的校内考核等级、实习情况都是与获得荣誉情况直接挂钩的。"就业情况"与其他 3 个变量之间是显著负相关的。因为我们在进行值标签操作时，对"校内考核""获得荣誉情况"和"实习情况"3 个变量设置的是越小越优秀（校内考核等级高、获得荣誉情况高、实习情况次数多均被设为 1），而对于"就业情况"采用的是 1 表示签约且 0 表示未签（大数字表示签约），所以我们的结论就是优秀的学生签约的可能性会大。

从如图 12.49 所示的肯德尔和斯皮尔曼相关分析结果可以看出，"校内考核""获得荣誉情况"和"实习情况"3 个变量之间也是高度显著正相关的，这很好理解，因为学生的校内考核等级、实习情况都是与获得荣誉情况直接挂钩的。"就业情况"与其他 3 个变量之间也是显著负相关的。因为我们在进行值标签操作时，对"校内考核""获得荣誉情况"和"实习情况"3 个变量设置的是越小越优秀（校内考核等级高、获得荣誉情况高、实习情况次数多均被设为 1），而对于"就业情况"采用的是 1 表示签约且 0 表示未签（大数字表示签约），所以我们的结论就是优秀的学生签约的可能性会大。

图 12.48　皮尔逊相关分析结果　　图 12.49　肯德尔和斯皮尔曼相关分析结果

8. 聚类分析

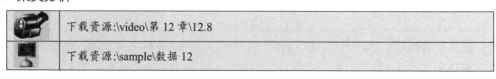

下载资源:\video\第 12 章\12.8

下载资源:\sample\数据 12

本部分我们以"性别对就业影响""籍贯对就业影响""外语水平对就业影响""计算机水平对就业影响""毕业院校对就业影响""所学专业对就业影响""社会资格证书对就业影响""实

习对就业影响""校内考核对就业影响"等变量对各个样本观测值进行聚类分析。由于观察到不同变量的数量级相差不大,因此不必先对数据进行标准化处理,直接进行分析即可。操作步骤如下:

01 依次选择"文件|打开|数据"命令,打开 12.sav 数据表。

02 依次选择"分析|分类|K-均值聚类"命令,弹出"K 均值聚类分析"对话框,如图 12.50 所示。

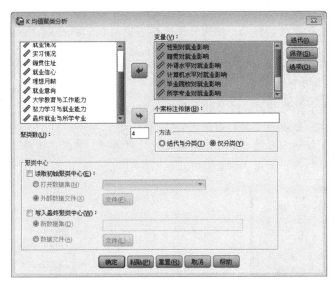

图 12.50 "K 均值聚类分析"对话框

对话框选项设置/说明

在如图 12.50 所示对话框左侧的列表框中,选择"性别对就业影响""籍贯对就业影响""外语水平对就业影响""计算机水平对就业影响""毕业院校对就业影响""所学专业对就业影响""社会资格证书对就业影响""实习对就业影响"和"校内考核对就业影响"并单击 按钮,使之进入"变量"列表框中,在"聚类数"文本框中输入聚类分析的类别数,本例输入 4。之所以输入数值 4,是因为研究者认为分成 4 类是最合适的,如果其他研究者根据实际情况和研究目的认为分类更多或更少更合适,就可以进行修正。其他选择默认值。

在"方法"选项组中可以选择一种聚类方法。

- 迭代与分类:为系统默认项,聚类的迭代过程中使用 K-平均值算法不断计算类中心,并根据结果更换类中心,把观测量分派到与之最近的以类中心为标志的类中。
- 仅分类:根据初始类中心进行聚类,在聚类过程中不改变类中心。

我们在"方法"选项组中勾选"仅分类"复选框。

最下面的"聚类中心"选项组中包括两个复选框。

- 读取初始聚类中心:选择此项并单击下方"外部数据文件"单选按钮右侧的"文件"按钮,会打开选择文件对话框,在其中选择事先保存初始聚类中心数据的文件,该文件中的观测量将作为当前聚类分析的初始聚类中心。
- 写入最终聚类中心:选择此项并单击下方"数据文件"单选按钮右侧的"文件"按钮,会打开保存文件对话框,在其中指定路径和文件名,将当前聚类分析的最终聚类中心数据保存到该文件中，提供给别的样品聚类分析时作为初始聚类中心数据使用。

这里不需要设置这两个选项，因为我们的分析任务是相对独立的，并没有初始的聚类中心数据文件，也不需要保存聚类后的聚类中心数据文件。

03 单击"迭代"按钮，弹出"K-均值聚类分析：迭代"对话框，如图12.51所示。在"最大迭代次数"框中输入一个整数限定迭代步数，系统默认值为10。在"收敛准则"框中输入一个不超过1的正数作为判定迭代收敛的标准，默认的收敛标准值为0，表示当两次迭代计算的聚心之间距离的最大改变量小于初始聚心间最小距离的0%时终止迭代。由于我们的样本很小，迭代结果是要求十分准确的，因此这里选择默认设置，即要求两次迭代计算的聚心之间的距离的最大改变量为0。勾选"使用运行平均值"复选框，在迭代过程中，当每个观测量被分配到一类后，随即计算新的聚心，并且数据文件中观测量的次序可能会影响聚心。若不勾选该复选框，则在所有观测量分配完后再计算各类的聚心，可以节省迭代时间。

04 单击"继续"按钮，回到"K均值聚类分析"对话框，单击"保存"按钮，弹出"K-均值聚类：保存新变量"对话框，如图12.52所示。

图12.51　"K-均值聚类分析：迭代"对话框

图12.52　"K-均值聚类：保存新变量"对话框

对话框选项设置/说明

我们可以在该对话框中选择保存新变量的方式。

- 聚类成员：选择该复选框，即在工作文件中建立一个名为"qcl_1"的新变量，其值为各观测量的类别。若事先指定的聚类数为m，则其值为1,2,…,m。
- 与聚类中心的距离：在工作文件中建立一个名为"qcl_2"的新变量，其值为各观测量与所属类聚心之间的欧氏距离。

这里我们勾选"与聚类中心的距离"复选框。

05 单击"继续"按钮，回到"K均值聚类分析"对话框，单击"选项"按钮，弹出"K-均值聚类分析：选项"对话框，如图12.53所示。

图12.53　"K-均值聚类分析：选项"对话框

对话框选项设置/说明

"统计"选项组用于指定输出统计量值。

- 初始聚类中心：为系统默认项，输出初始聚类中心表。
- ANOVA 表：输出分析表。
- 每个个案的聚类信息：显示每个观测量的聚类信息，包括各观测量最终被聚入的类别，各观测量与最终聚心之间的欧氏距离，以及最终各类聚心之间的欧氏距离。

"缺失值"选项组用于指定缺失值处理方式。

- 成列排除个案：为系统默认项，除去聚类分析变量中有缺失值的观测量。
- 成对排除个案：选择此单选按钮，凡聚类分析变量中有缺失值的观测量全部予以剔除，分配观测量聚类是根据所有分析变量中皆无缺失值的观测量计算距离来决定的。

06 这里采用系统默认设置。单击"继续"按钮，回到"K 均值聚类分析"对话框，单击"确定"按钮，进入计算分析。

结果分析如下：

（1）最终聚类中心

从图 12.54 中可以看出，各类学生都认为校内考核对就业的影响一般或较小。

除校内考核对就业影响因素外，第一类学生认为"外语水平对就业影响""计算机水平对就业影响""毕业院校对就业影响""所学专业对就业影响"这四个因素对于就业的影响非常大，其他各种因素对于就业的影响都一般或较小。

第二类学生认为"社会资格证书对就业影响""实习对就业影响"这两个因素对于就业的影响非常大，除"社会资格证书对就业影响""实习对就业影响""校内考核对就业影响"之外，其他各种因素对于就业的影响都比较大。

第三类学生认为"外语水平对就业影响""计算机水平对就业影响"这两个因素对于就业的影响很大，"社会资格证书对就业影响"这个因素对于就业的影响很小。

第四类学生认为"外语水平对就业影响""计算机水平对就业影响"这两个因素对于就业的影响较小，而"性别对就业影响""籍贯对就业影响"这两个因素则对于就业的影响很大。

最终聚类中心

	聚类			
	1	2	3	4
性别对就业影响	4	2	2	1
籍贯对就业影响	4	2	2	1
外语水平对就业影响	1	2	1	4
计算机水平对就业影响	1	2	1	4
毕业院校对就业影响	1	2	2	2
所学专业对就业影响	1	2	2	2
社会资格证书对就业影响	3	1	4	3
实习对就业影响	3	1	2	2
校内考核对就业影响	3	2	4	3

图 12.54　最终聚类中心

（2）每个聚类中的样本数

从图 12.55 中可以知道，聚类 1 所包含样本数最多，有 160 个，聚类 4 所包含样本数最少，有 77 个。

每个聚类中的个案数目

聚类	1	160.000
	2	142.000
	3	138.000
	4	77.000
有效		517.000
缺失		.000

图 12.55　每个聚类中的个案数目

（3）个案距离其分类聚类中心的距离

图 12.56 给出了每一个样本观测值与其分类聚类中心的距离。

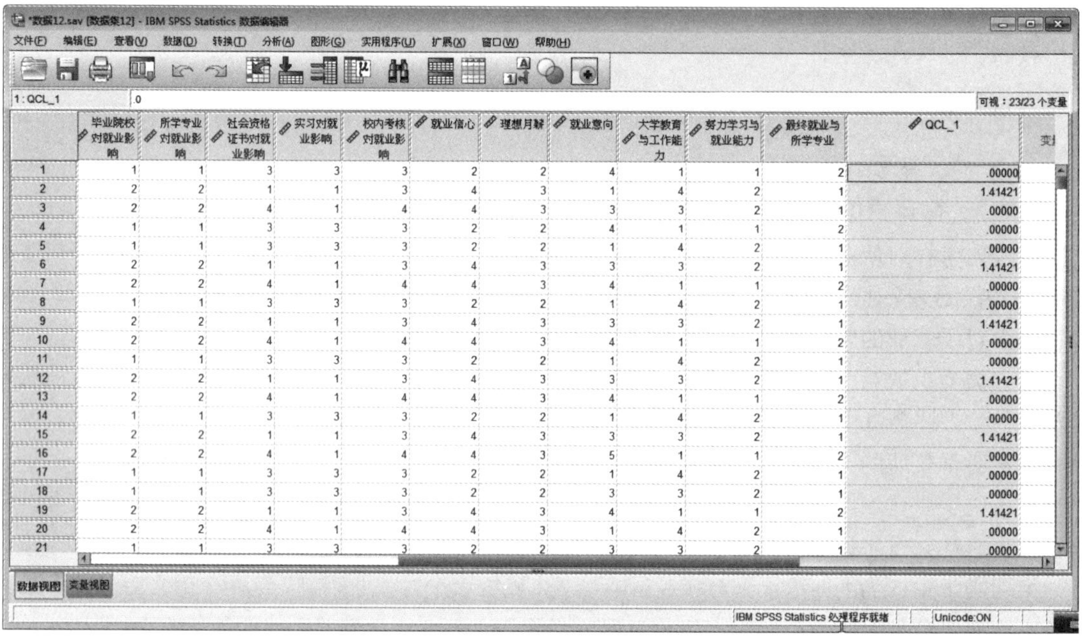

	毕业院校对就业影响	所学专业对就业影响	社会资格证书对就业影响	实习对就业影响	校内考核对就业影响	就业信心	理想月薪	就业意向	大学教育与工作能力	努力学习与就业能力	最终就业与所学专业	QCL_1
1	1	1	3	3	3	2	2	4	1	1	2	.00000
2	2	2	1	1	3	4	3	1	4	2	1	1.41421
3	2	2	4	1	4	4	3	3	3	2	1	.00000
4	1	1	3	3	3	2	2	4	1	1	2	.00000
5	1	1	3	3	3	2	2	1	4	2	1	.00000
6	2	2	1	1	3	4	3	3	3	2	1	1.41421
7	2	2	4	1	4	4	3	4	1	1	2	.00000
8	1	1	3	3	3	2	2	1	4	2	1	.00000
9	2	2	1	1	3	4	3	3	3	2	1	1.41421
10	2	2	4	1	4	4	3	4	1	1	2	.00000
11	1	1	3	3	3	2	2	1	4	2	1	.00000
12	2	2	1	1	3	4	3	3	3	2	1	1.41421
13	2	2	4	1	4	4	3	4	1	1	2	.00000
14	1	1	3	3	3	2	2	1	4	2	1	.00000
15	2	2	1	1	3	4	3	3	3	2	1	1.41421
16	2	2	4	1	4	4	3	5	1	1	2	.00000
17	1	1	3	3	3	2	2	1	4	2	1	.00000
18	1	1	3	3	3	2	2	3	3	2	1	.00000
19	2	2	1	1	3	4	3	4	1	1	2	1.41421
20	2	2	4	1	4	4	3	1	4	2	1	.00000
21	1	1	3	3	3	2	2	3	3	2	1	.00000

图 12.56　个案距离其分类聚类中心的距离

12.4　研究结论

根据以上所做的分析，我们可以得出以下结论：

（1）我们选取的样本无论是从学生性别、就读专业还是籍贯住址的角度来看，都是很具有代表性的。

（2）已经签约的学生与没有签约的学生存在以下不同：